O QUARTO REICH

CB033409

Gavriel D. Rosenfeld

O QUARTO REICH

Da Segunda Guerra Mundial aos Dias de Hoje, a Ameaça do Fantasma do Nazismo e o Avanço da Extrema Direita Autoritária

Tradução
Mário Molina

Editora Cultrix
SÃO PAULO

Título do original: *The Fourth Reich – The Specter of Nazism from World War II to the Present.*

Copyright © 2019 Gavriel D. Rosenfeld.

Publicado mediante acordo com Cambridge University Press.

Copyright da edição brasileira © 2022 Editora Pensamento-Cultrix Ltda.

1ª edição 2022.

Todos os direitos reservados. Nenhuma parte desta obra pode ser reproduzida ou usada de qualquer forma ou por qualquer meio, eletrônico ou mecânico, inclusive fotocópias, gravações ou sistema de armazenamento em banco de dados, sem permissão por escrito, exceto nos casos de trechos curtos citados em resenhas críticas ou artigos de revistas.

A Editora Cultrix não se responsabiliza por eventuais mudanças ocorridas nos endereços convencionais ou eletrônicos citados neste livro.

Editor: Adilson Silva Ramachandra
Gerente editorial: Roseli de S. Ferraz
Preparação de originais: Alessandra Miranda de Sá
Produção editorial: Indiara Faria Kayo
Editoração Eletrônica: Join Bureau
Revisão: Claudete Agua de Melo

Dados Internacionais de Catalogação na Publicação (CIP)
(Câmara Brasileira do Livro, SP, Brasil)

Rosenfeld, Gavriel D.
O Quarto Reich: da Segunda Guerra Mundial aos dias de hoje, a ameaça do fantasma do nazismo e o avanço da extrema direita autoritária / Gavriel D. Rosenfeld ; tradução Mário Molina. – 1. ed. – São Paulo: Editora Cultrix, 2022.

Título original: The Fourth Reich: the specter of Nazism from World War II to the present
Bibliografia.
ISBN 978-65-5736-148-1

1. Alemanha – Política e governo – 1945-1990 2. Alemanha – Política e governo – 1990- 3. Extremistas de direita – Alemanha 4. Medo – Aspectos políticos – Países ocidentais 5. Memória coletiva – Países ocidentais 6. Nacional socialismo – História 7. Nazismo – História 8. Política cultural – Alemanha 9. Política cultural – Países ocidentais I. Título.

22-100697 CDD-320.533

Índices para catálogo sistemático:

1. Nazismo: Ciência política 320.533
Cibele Maria Dias – Bibliotecária – CRB-8/9427

Direitos de tradução para o Brasil adquiridos com exclusividade pela
EDITORA PENSAMENTO-CULTRIX LTDA., que se reserva a
propriedade literária desta tradução.
Rua Dr. Mário Vicente, 368 — 04270-000 — São Paulo, SP – Fone: (11) 2066-9000
http://www.editoracultrix.com.br
E-mail: atendimento@editoracultrix.com.br
Foi feito o depósito legal.

SUMÁRIO

LISTA DE ILUSTRAÇÕES

PREFÁCIO

"Que tipo de pessoa escreveria sobre algo que ela sabe que não existe?"
– Philip K. Dick

Não existe o Quarto Reich. Nunca existiu. Então por que alguém escreveria um estudo histórico sobre ele? A pergunta de Philip K. Dick sugere que o autor de tal estudo deve ser alguém realmente do contra. Não me considero uma pessoa desse tipo. Mas sem dúvida a ideia de um Quarto Reich há muito tempo me fascina. Eu me deparei com ela ao escrever meus livros *The World Hitler Never Made: Alternate History and the Memory of Nazism* (2005) e *Hi Hitler! How the Nazi Past is Being Normalized in Contemporary Culture* (2015). Ambos lidam com o tema de uma história contrafactual – com narrativas "e se?" sobre o Terceiro Reich. Durante a pesquisa para esses estudos, eu me deparava vez por outra com obras de literatura, cinema e televisão que imaginavam nazistas do pós-guerra tentando voltar ao poder e estabelecer um "Quarto Reich". Na época, eu não cheguei a refletir com mais profundidade sobre esse cenário, porque ele estava fora da minha área de interesse. Ele estava mais voltado para o que ainda podia acontecer no futuro do que para o que podia ter acontecido no passado.

Aos poucos, no entanto, percebi que o conceito de um Quarto Reich era profundamente histórico. No decorrer da última década, reparei como o conceito continuava aparecendo na cobertura dada pela mídia às notícias do dia. Depois que irrompeu a Grande Recessão de 2008, analistas políticos europeus acusaram a chanceler alemã, Angela Merkel, de impor um Quarto Reich sobre a Europa ao forçar outros países da União Europeia a adotar medidas de austeridade. Ativistas políticos de esquerda rotularam o governo israelense como um Quarto Reich por causa de suas ações militares em Gaza e no Líbano. E analistas políticos americanos fizeram soar o alarme de que o presidente Donald Trump estava ameaçando instalar um Quarto Reich nos Estados Unidos. Diante de todas essas correntes, tive curiosidade de saber por que os críticos estavam articulando seus medos políticos de um modo tão polêmico e comecei a pesquisar as origens do Quarto Reich como conceito. Logo percebi que era uma história longa e complexa. O medo de um retorno dos nazistas ao poder fora uma presença constante na vida política, intelectual e cultural do Ocidente no pós-guerra.

Estudar esse medo em termos históricos é complicado, pois nos coloca na difícil posição de julgar pessoas que não tinham meios de saber se suas preocupações eram legítimas ou não. Hoje, desfrutamos do benefício de ver a coisa em retrospecto e podemos avaliar sem dificuldade que as inquietações do pós-guerra sobre uma volta dos nazistas ao poder na Alemanha – ou em outro lugar – eram exageradas. Aqueles, no entanto, que viveram os primeiros anos do pós-guerra não tinham ideia de como o futuro iria se desenrolar. Tentar nos colocar na mente dessas pessoas, identificar-nos com seus medos apesar de nosso conhecimento do que veio depois é desafiador. Mas é possível.

Todos nós fomos reféns do medo em algum momento de nossa vida. Penso nos meus anos de garoto na bucólica cidade universitária de Bloomington, em Indiana. No verão de 1983, ao voltar da temporada de um mês em um acampamento, ouvi de meus pais a notícia chocante de que nossa sinagoga local havia sido alvo de um ataque incendiário.

Desconhecidos tinham iniciado um incêndio na base da arca da Torá, de onde o fogo se espalhou para o santuário antes de ser extinto, deixando um prejuízo de dezenas de milhares de dólares.[1] Sem qualquer vislumbre de solução do caso, o mal-estar persistiu. Então, um ano mais tarde, em outubro de 1984, tivemos outro choque: a casa de uma fraternidade judaica no *campus* da Universidade de Indiana, a menos de 10 minutos a pé de minha casa, fora incendiada, matando um estudante e ferindo outros 34.[2] Tendo sido criado por um pai que era professor de literatura do Holocausto e diretor do programa de estudos judaicos da universidade, eu estava bem ciente da história do antissemitismo e me convenci de que uma onda de violência antijudaica caía sobre nós. Meus medos foram um tanto abrandados pela revelação de que o perpetrador do ataque à fraternidade havia se envolvido numa briga de bêbados no início daquela noite e estava procurando vingança, não uma ação com motivações antissemitas.[3] Mas os temores acabaram sendo reforçados quando mais tarde o FBI prendeu um grupo de supremacistas brancos pelo ataque à sinagoga.[4] Felizmente, os membros do grupo foram levados com rapidez ao tribunal e a ameaça foi neutralizada. Não demorei muito a reconhecer que meus temores de uma onda antissemita haviam sido exagerados. A constelação de eventos locais fora uma coincidência, não um presságio. Meu conhecimento do trágico passado judeu havia distorcido minha visão do futuro.

Desde essas experiências da infância, tenho sido sensível aos paradoxos da memória histórica. Estou bem ciente da famosa afirmação de George Santayana de que aqueles que esquecem a história estão condenados a repeti-la. Mas estou igualmente ciente da observação de Otto Friedrich de que "aqueles que não conseguem esquecer o passado estão condenados a entendê-lo mal".[5] Assim como não devemos ser francamente ingênuos quanto à possível recorrência de ameaças históricas, também não devemos ser francamente alarmistas. Não é nada fácil prestar atenção nos dias de hoje a uma advertência como essa. Estamos vivendo em uma era de medos onipresentes – de instabilidade econômica, de ruptura social, de revolta política e de conflito cultural. O choque entre globalistas e nacionalistas, o potencial "choque de civilizações" entre os mundos ocidental e muçulmano, o reaparecimento do populismo autoritário, o possível retorno do fascismo – todas essas coisas têm nos passado uma insegurança profunda acerca de nosso futuro coletivo. Sem saber como tudo isso vai acabar, preferimos errar por um excesso de vigilância e chamar a atenção para as "lições" do passado de modo a nos precavermos contra sua repetição.

É bastante adequado, portanto, reavaliar como gerações passadas responderam a seus próprios medos analisando a história pós-guerra de um pesadelo que nunca aconteceu – a criação de um Quarto Reich. Pode ser confortador reconhecer como as pessoas, não há muito tempo, ficaram paralisadas por preocupações que provaram não ter fundamento. Talvez também nós olhemos um dia para trás, para nossas inquietações dos dias de hoje, e admitamos com timidez que estávamos nos preocupando com nada. Por outro lado, estudar o Quarto Reich nos ajuda a perceber que os temores do pós-guerra de um retorno nazista ao poder também se baseavam em perigos reais – perigos que podiam ter se concretizado se as circunstâncias tivessem sido um pouco diferentes. Revelando como as contingências podem determinar a história – lembrando-nos de que o mundo que temos agora dificilmente era inevitável –, este livro nos alerta contra a complacência. Revelando como nossos piores medos não se tornaram realidade, ele adverte contra a histeria. Examinando como as pessoas enfrentaram seus medos no passado, ele mostra como elas podem lidar com o medo no presente.

INTRODUÇÃO

As florestas de Taunus foram inundadas por uma escura maré humana...

Depois do anoitecer, fogueiras ardiam a intervalos regulares ao longo da encosta. Cada vez que uma nova luz perfurava a escuridão, milhares de alto-falantes roncavam: "O objetivo está à vista". Muitos estavam usando festivos "trajes típicos de pastores" e distintivos ornamentais. Havia também muitos uniformes similares aos da antiga *Wehrmacht*, a força aérea alemã, mas com a suástica substituída por um cajado de pastor com uma fita, cujas pontas estavam presas nos bicos de pombas.

Dez minutos antes da meia-noite, Friedolin apareceu em uma clareira onde uma pilha de madeira havia sido preparada. Estava acompanhado pelos Pastores, cinco marechais-de-campo, dois grandes-almirantes e um brigadeiro-do-ar...

Na clareira, algumas centenas de convidados de honra – alemães assim como estrangeiros – estavam à espera...

Um marechal-de-campo segurou um microfone prateado. Milhares de alto-falantes transmitiram o grito estridente de Friedolin: "O Quarto e Eterno Reich está à vista!".

Então a pilha de madeira na clareira irrompeu em chamas. A massa humana rugiu; força reunida como uma nuvem de trovoada.[1]

Quando a Segunda Guerra Mundial estava perdendo a força, no outono de 1944, Erwin Lessner, um escritor austríaco residente nos Estados Unidos, publicou um romance distópico chamado *Phantom Victory* que deu voz ao medo que surgia entre muita gente no mundo de fala inglesa. A trama do romance, ambientado nos anos 1945-1960, retratava um pastor humilde, mas carismático, chamado Friedolin substituindo Adolf Hitler como novo Führer da Alemanha e liderando a nação em uma tentativa renovada de conquistar o poder mundial. *Phantom Victory* refletia preocupações cada vez maiores de que os perigos do passado recente pudessem retornar em um futuro próximo. No momento da publicação do livro, as forças aliadas estavam rapidamente impelindo a *Wehrmacht* de volta ao território alemão. A conclusão do romance, no entanto, sugeria que a força militar não seria suficiente para garantir um triunfo final. A menos que os Aliados se mantivessem vigilantes, determinados a impedir o renascimento de ideias nazistas, a derrota iminente do Terceiro Reich poderia se mostrar passageira – uma "vitória fantasma" – e ser seguida pela ascensão de um Quarto Reich ainda mais letal.

A narrativa de Lessner foi uma das primeiras a articular um medo que pairou sobre todo o período do pós-guerra. Desde o colapso do Terceiro Reich em 1945, um espectro assombrou a vida ocidental – o espectro do ressurgir do nazismo. Por toda a Europa e América do Norte, persistiram as inquietações sobre nazistas fanáticos retornando ao poder e estabelecendo um Quarto Reich. Essas inquietações foram expressas não só em romances como o de Lessner, mas em queixas políticas, matérias jornalísticas, filmes consagrados, programas de TV no horário nobre e populares histórias em quadrinhos. Eles imaginavam uma série de ameaças – golpes políticos, ataques terroristas e invasões militares – emanando de cenários variados que incluíam a Alemanha, a América Latina e os Estados Unidos. Os temores de um Quarto Reich flutuaram no decorrer do tempo, avolumando-se em certas épocas e refluindo em outras. Mas o pesadelo que imaginaram nunca chegou a ocorrer. Até agora, a perspectiva de um Reich renascido tem permanecido confinada à imaginação.

A princípio pode parecer absurdo examinar a história do Quarto Reich. Afinal, a história costuma ser entendida como documentação e interpretação de eventos que realmente ocorreram. Contudo, como Hugh Trevor-Roper comentou de forma eloquente há mais de uma geração, "a história não é apenas o que aconteceu: é o que aconteceu no contexto do que poderia ter acontecido".[2] É verdade que não surgiu um Quarto Reich nos anos que se seguiram à Segunda Guerra Mundial. Mas poderia ter surgido? A reflexão sobre uma questão tão contrária aos fatos nos ensina alguma coisa sobre a história real? Este livro sugere que a resposta é sim.

Da perspectiva de hoje, os medos de um Quarto Reich surgidos no pós-guerra parecem grosseiramente exagerados. A Alemanha não entrou em uma ditadura após 1945. Pelo contrário, o país se transformou em uma democracia estável. É, então, de todo apropriado ver a história da Alemanha do pós-guerra como uma história política de sucesso. Ao fazê-lo, no entanto, não podemos correr o risco de retratar a democratização do país como algo mais ou menos inevitável. Isso implicaria considerar que o Quarto Reich estava destinado a se manter como um pesadelo não realizado e é difícil dizer se essa suposição pode ser verdadeira. Até agora, houve pouca pesquisa séria sobre o tema do Quarto Reich. Em virtude disso, os historiadores têm se mantido ignorantes quanto à complexa história do pós-guerra. Em geral, têm-se desprezado o fato de que, em todas as fases de existência da República Federal, persistiram temores por todo o mundo ocidental de que um novo Reich estivesse no horizonte. Os historiadores não procuraram examinar as razões desses medos. E deixaram de perguntar se esses temores tinham alguma base na realidade, e ainda menos de responder a essa pergunta. Essa última omissão é bastante problemática, pois houve, após 1945, um bom número de episódios em que a Alemanha enfrentou sérias ameaças de grupos nazistas procurando voltar ao poder. Todos esses esforços acabaram falhando. Mas vale a pena investigar se poderiam ter sido bem-sucedidos. Ao revisitar esses episódios e imaginar cenários em que eles poderiam ter se desenrolado de maneira diferente, podemos avaliar melhor a consistência das inquietações do pós-guerra.

Além disso, ao examinar a história do que poderia ter acontecido, podemos entender melhor a memória do que de fato ocorreu. A evolução do Quarto Reich como ideia na vida intelectual e cultural do Ocidente no pós-guerra reflete como as pessoas recordaram os doze anos da história do Terceiro Reich. A evolução da ideia, no entanto, não mostra apenas como as pessoas recordavam passivamente os acontecimentos do passado. Mostra como empregaram de forma ativa essas memórias para moldar o futuro. O medo de um retorno nazista ao poder motivou, durante muito tempo, iniciativas públicas para impedir que essa possibilidade viesse de fato a se concretizar. O medo estimulou as pessoas a impedir um renascimento nazista não só na Alemanha, mas em qualquer outra parte do mundo. No decorrer da era pós-guerra, o Quarto Reich foi universalizado como um significante global de ressurgimento do nazismo e do fascismo. No processo, a ideia funcionou como uma profecia de volta automática ao passado. Ao inspirar, no entanto, a vigilância popular, sua existência no reino das ideias impediu sua concretização na realidade. Para compreender esse fenômeno paradoxal, é necessário examinar as origens e evolução do Quarto Reich na consciência ocidental. Ao fazê-lo, podemos ver como a história do pós-guerra foi moldada por um espectro.

Historicizando o Quarto Reich

Até agora houve pouca pesquisa sistemática sobre o Quarto Reich. Em consequência disso, a maioria das pessoas tem sido exposta ao tema por intermédio de histórias sensacionalistas nos meios de comunicação de massa. Durante décadas, mas em especial desde a virada do milênio, jornais europeus em países da Espanha à Rússia têm alertado sobre um Quarto Reich – nenhum com mais frequência que os tabloides britânicos, que têm publicado regularmente histórias com manchetes de impacto, como "Arquivos do MI5: Nazistas Planejaram um 'Quarto Reich' na Europa do Pós-Guerra" e "Aurora do Quarto Reich: Por que o Dinheiro está Alimentando Novos Medos Europeus de uma Alemanha Hegemônica".[3] Histórias semelhantes têm aparecido na imprensa norte-americana, em particular desde a eleição de Donald Trump em 2016, com um jornalista estreante declarando de modo espetacular que os esforços dos grupos "antifa" de esquerda para combater a "direita alternativa" faziam parte de uma campanha maior de "proteção... contra um Quarto Reich".[4] Dando uma contribuição adicional a essa tendência sensacionalista têm surgido estudos não acadêmicos que associaram a ideia de um Quarto Reich a várias conspirações globais. Livros como *The Rise of the Fourth Reich: The Secret Societies That Threaten to Take Over America* (2008), de Jim Marrs, e *The Nazi Hydra in America: Suppressed History of a Century – Wall Street and the Rise of the Fourth Reich* (2008), de Glen Yeadon, fizeram afirmações bizarras que pouco têm ajudado a aproximar o tema da credibilidade acadêmica.[5]

A proliferação desses textos sensacionalistas ajuda a explicar por que os historiadores têm evitado estudar o Quarto Reich. O que não quer dizer que tenham se esquivado inteiramente. Na realidade, acadêmicos e outros escritores têm produzido monografias, matérias para revistas e artigos de opinião com títulos atraentes nos quais se destaca a expressão "O Quarto Reich".[6] Depois, no entanto, de captar a atenção dos leitores, esses textos em geral não têm conseguido explicar a ideia com um mínimo de profundidade e mostrar como ela foi compreendida, usada e explorada. Deficiências semelhantes têm marcado estudos acadêmicos que mencionam, mas sem nunca definir de modo satisfatório, a ideia do Quarto Reich. Em seu livro, *A History of Germany 1918-2008*, Mary Fulbrook, por exemplo, afirmou que, após o fim da Segunda Guerra Mundial, "muitos [alemães] viram a ocupação pelos Aliados como um 'Quarto Reich' não melhor que o Terceiro".[7] Do mesmo modo, em seu estudo *The Nazi Legacy*, Magnus Linklater declarou que, após 1945, "o povo alemão, totalmente exausto da guerra e da política, pensava apenas em sobreviver: um quilo de batatas... tinha mais importância que os sonhos de um Quarto Reich".[8] Esses dois trechos revelam compreensões muito diferentes do Quarto Reich; contudo, como nem um nem outro darão ao conceito qualquer interpretação mais aprofundada, seu significado se mantém obscuro.[9] O fracasso dos estudiosos em fazer avançar nossa compreensão do Quarto Reich tem sido agravado por historiadores que rejeitaram por completo o conceito. No livro *O Terceiro Reich em Guerra*, Richard J. Evans declarou de forma categórica que "a história não se repete. Não haverá um Quarto Reich".[10] Em *The Nature of Fascism*, Roger Griffin descartou os "temores... [de] um Quarto Reich na Alemanha" como "histéricos".[11] E em *The Spirit of the Berlin Republic*, Dieter Dettke concluiu que "é inconcebível que a República de Berlim venha um dia a se tornar um Quarto Reich alemão".[12] Esses comentários ásperos são compreensíveis, dadas as invocações sensacionalistas do conceito. No entanto, ao rejeitar sua seriedade, desencorajam os esforços para investigar sua história mais profunda.

Em vista de como o Quarto Reich tem sido mal teorizado e mal documentado, está mais do que na hora de historicizá-lo. Para fazer isso é preciso desvendar as origens da expressão e traçar sua evolução no discurso intelectual, político e cultural do Ocidente. Essa tarefa implica um exame dos modos como o Quarto Reich tem sido imaginado por intelectuais, políticos, jornalistas, romancistas e cineastas. Requer que se explique como a evolução da ideia refletiu forças políticas e culturais mais amplas. Por fim, envolve uma compreensão de como o conceito se relaciona com temas mais amplos de história e memória.

O Quarto Reich como Símbolo

O primeiro passo para historicizar o Quarto Reich envolve o reconhecimento de sua ambiguidade semântica.[13] No nível mais elementar, o Quarto Reich é um símbolo linguístico – isto é, uma palavra ou expressão que emprega descrição ou sugestão para comunicar algum tipo de significado relativo a alguma entidade externa.[14] O Quarto Reich é também uma metáfora, uma expressão que significa literalmente uma coisa, mas é usada em sentido figurado para representar outra coisa. Mais importante ainda, o Quarto Reich é um *slogan*. É um significante altamente retórico que emprega uma expressão que prende a atenção para informar e persuadir. A expressão pode ser aspiracional ou oposicional, positiva ou negativa, mas reformula ideias sociais e políticas complexas em termos mais simplificados. Ao fazê-lo, um *slogan* forja solidariedade entre pessoas de diferentes pontos de vista políticos, dando-lhes uma ideia comum em torno da qual se reunir. Ao mesmo tempo, um *slogan* também pode promover a polarização social, provocando oposição de grupos cujos membros têm crenças diferentes.[15]

Desde sua concepção até os dias de hoje, o Quarto Reich tem exibido quase todas essas características. Como símbolo, metáfora e *slogan* onipresentes na vida ocidental do pós-guerra, há muito tem se definido pela ambiguidade. Isso é particularmente verdadeiro em um sentido temporal. Como expressão, o Quarto Reich tem sido usado sobretudo em referência ao futuro – a uma realidade ainda por vir. Mas também tem sido usado em referência ao presente – a uma realidade que (supostamente) já passou a existir. O Quarto Reich também é ambíguo em um sentido espacial. Tem sido empregado na maioria das vezes para se referir a uma Alemanha futura ou à Alemanha atual, mas também foi aplicado a outros países. Nos dois domínios – temporal e espacial – o Quarto Reich comunicou um significado tanto denotativo quanto conotativo. Foi usado de forma literal, simbólica e metafórica para descrever uma realidade corrente ou futura – democrática ou totalitária – em diferentes locais. A expressão também tem sido empregada em sentido retórico para evocar visões concorrentes sobre essa realidade. Visões tanto positivas quanto negativas, tendo expressado fantasias assim como medos. Em ambos os casos, a ideia do Quarto Reich galvanizou apoio assim como oposição. Ao fazê-lo conquistou a lealdade, e despertou a inimizade, de milhões de pessoas na Alemanha e ao redor do mundo.

Por todas essas razões, rastrear a história do Quarto Reich fornece uma compreensão mais profunda de uma das ideias mais influentes, embora mal examinada, da era do pós-guerra.

O Quarto Reich e a História da Alemanha no Pós-Guerra

Historicizar o Quarto Reich abre novas perspectivas sobre a história da Alemanha no pós-guerra. É especialmente útil para nos ajudar a repensar a "narrativa central" da República Federal. Estudiosos têm tradicionalmente retratado o desenvolvimento pós-guerra da Alemanha como uma "história de sucesso" (*Erfolgsgeschichte*).[16] Atribuíram esse sucesso a uma série de fatores, incluindo o impulso reconstrutor da política de ocupação dos aliados ocidentais, a prosperidade gerada pelo milagre econômico do país (*Wirtschaftswunder*), a estabilidade trazida pela busca do ex-chanceler Konrad Adenauer de integração ocidental (*Westbindung*) e os efeitos salutares da "modernização" geral do país. Políticos há muito adotaram a crença de que essa combinação de fatores fez da Alemanha um modelo a ser imitado – em especial o ex-chanceler Helmut Schmidt que, em 1976, cunhou o famoso *slogan* de campanha, "*Modell Deutschland*" (Modelo Alemão).[17] A narrativa "história de sucesso" também foi institucionalizada em museus, como o Haus der Geschichte, em Bonn, cuja exibição permanente apresenta uma inconfundível história de progresso da ditadura à democracia.[18] Apesar, no entanto, desse consenso, algumas questões continuam sendo debatidas. Estudiosos têm discordado sobre *quando* a Alemanha do pós-guerra se estabilizou de uma vez por todas, com os conservadores optando por meados dos anos 1950 e os liberais apontando para a "segunda fundação" liberal do país nas décadas de 1960 e 1970.[19] A maioria, porém, concorda que, com a reunificação da Alemanha nos anos 1989-1990, o sucesso do país ficou patente. Nesse momento, o distorcido caminho histórico de desenvolvimento da Alemanha (ou *Sonderweg*) enfim se concluía.[20]

Não há nada de inerentemente falso na narrativa "história de sucesso", mas às vezes ela tem emprestado ao sucesso da República Federal uma aura de inevitabilidade. Poucos historiadores fizeram essa afirmação de maneira explícita, mas a tendência de alguns de retratar a democratização do país como um processo que avançou de forma ininterrupta torna o raciocínio vulnerável a certas armadilhas interpretativas.[21] Um problema potencial é o "viés retrospectivo". Essa falácia comum usa nosso conhecimento sobre o resultado final de um evento histórico para retratá-lo como sobredeterminado e, no essencial, inevitável; ao fazê-lo, reproduz os problemas familiares associados a visões teleológicas ou "*whiggish*"* da história.[22] Para citar um exemplo: um viés retrospectivo sem dúvida informou um discurso proferido pelo presidente da Alemanha Horst Köhler em 2005, em que ele elogiou o "sucesso" da "ordem democrática" do pós-guerra alemão, concluindo que "a retrospectiva mostra, de forma clara, que todas [as]... decisões [que foram tomadas] estavam corretas".[23] O viés retrospectivo está intimamente relacionado à estratégia narrativa, não menos problemática, do "prenúncio", em que acontecimentos históricos, decisões e fenômenos são retratados – e ainda pior, julgados – como em progressão suave para resultados inevitáveis que "deveriam" ter sido visíveis para os contemporâneos.[24] Essas duas deficiências interpretativas estão relacionadas ao problema maior do "presentismo".[25] A tendência de ver o passado exclusivamente do privilegiado ponto de vista do presente traz consigo distorções inevitáveis de perspectiva histórica. Além de promover o pensamento determinista, ignora a existência de caminhos alternativos de desenvolvimento e deixa de imaginar como a história poderia ter sido diferente.

Em anos recentes, historiadores têm chamado a atenção para os traços presentistas da narrativa central da Alemanha do pós-guerra.

---

* Visão característica dos Whigs, em que a história avança por uma trilha de progresso e aperfeiçoamento inevitáveis e o passado é avaliado com as premissas do presente. (N. do T.)

Eles têm feito isso, de forma bem compreensível, por causa de importantes mudanças na vida alemã dos dias atuais. A narrativa da "história de sucesso" atingiu o pico nos anos que antecederam a unificação da Alemanha em 1990 e nos que vieram logo a seguir – uma época em que muitos alemães encaravam o desenvolvimento de seu país no pós-guerra com autêntico orgulho.[26] Desde a virada do milênio, no entanto, novas preocupações com problemas contemporâneos – estagnação econômica, declínio social e anomia cultural – levaram estudiosos a repensar criticamente a narrativa "história de sucesso". Alguns têm insistido em questionar os "mitos" e "aspectos sombrios" que estão por trás da era pós-guerra.[27] Outros lamentaram o fato de o sucesso da Alemanha ser visto como indiscutível e insistiram em desafiar sua aura de inevitabilidade.[28] Outros ainda têm criticado os paradigmas da "ocidentalização", "modernização" e "democratização" como francamente "*whiggish*".[29] Da perspectiva desses críticos, nenhuma das realizações pós-guerra da Alemanha *tinham* de acontecer. "Outros caminhos de desenvolvimento", declarou um observador, "eram... concebíveis".[30]

Contudo, embora estudiosos tenham admitido que havia caminhos alternativos para o desenvolvimento da Alemanha do pós-guerra, poucos investigaram *como* eles poderiam realmente ter-se apresentado. Poucos especularam de forma mais detida sobre que alternativas específicas existiam. Um número ainda menor deles refletiu sobre quais teriam sido as consequências. Decisões alternativas teriam tornado as coisas melhores? Ou as teriam piorado?

História Contrafactual

Para responder a essas questões especulativas, é útil empregar um raciocínio contrafactual. Nos últimos anos, estudiosos nas áreas das humanidades e das ciências sociais têm abordado cada vez mais perguntas "*e se*" em trabalhos acadêmicos. Eles têm produzido extensos "contrafactuais de forma longa", dedicados a especular sobre assuntos tão variados quanto a Teoria da Evolução de Darwin, a Primeira Guerra Mundial e o Holocausto.[31] Têm introduzido "contrafactuais de forma média", mais breves, em narrativas sobre a ascensão do Ocidente, o Iluminismo e a ditadura de Joseph Stalin.[32] E têm produzido "contrafactuais de forma curta", efêmeros, sobre uma infinidade de outros assuntos. Ao fazê-lo, os estudiosos têm desafiado a visão de que a história se refere apenas a eventos que de fato aconteceram, pois investigam eventos que *nunca aconteceram*. Produziram "cenários de fantasia" para mostrar como os acontecimentos poderiam ter sido melhores; imaginaram "cenários de pesadelo" para mostrar como os acontecimentos poderiam ter sido piores; e montaram "cenários de estase" para mostrar como a história teve finalmente de ocorrer como ocorreu. No processo, adotaram diversas estratégias retóricas para convencer os leitores de que estavam trabalhando com cenários plausíveis. Empregaram contrafactuais *causais*, *emotivos*, *temporais*, *espaciais*, *existenciais* e *maneiristas* para mexer com as emoções e a razão dos leitores.[33]

Essa teorização recente deixa claro que o raciocínio contrafactual é indispensável para compreender a causalidade histórica. Há contrafactuais embutidos em todas as afirmações causais: quando declaramos que "x é causa de y", por exemplo, afirmamos de maneira implícita que "y não teria ocorrido na ausência de x".[34] Contrafactuais também podem nos ajudar a diferenciar entre diferentes níveis de causalidade: entre causas imediatas, intermediárias e distantes; entre causas excepcionais e gerais; e entre causas necessárias e suficientes.[35] De fato pode ser difícil distinguir entre a importância relativa dessas causas, mas, como Max Weber argumentou há mais de um século, podemos determinar a importância de um fator singular para provocar um acontecimento histórico se o eliminarmos (ou alterarmos) para especular como isso afetaria o evento.[36] Ao revelar a relação de eventos que aconteceram e não aconteceram, os contrafactuais nos permitem classificar a influência relativa de contigência e determinismo nos acontecimentos históricos. Os contrafactuais nos permitem repensar as visões teleológicas da história – em particular, os efeitos de distorção do viés retrospectivo e do prenúncio – e revelar os caminhos alternativos que a história poderia ter seguido.[37] Por fim, a história contrafactual fornece uma nova e importante flecha para a aljava metodológica dos historiadores quando eles estão correndo atrás do ardiloso ideal da verdade histórica. Talvez os céticos questionem se investigar acontecimentos que nunca ocorreram pode nos colocar mais perto desse ideal. Mas como John Stuart Mill apontou muito tempo atrás, adquirimos uma "percepção mais clara e uma impressão mais nítida da verdade" quando ela é posta em "colisão com o erro".[38] Da mesma forma, podemos compreender melhor o que de fato aconteceu no passado examinando-o ao lado *do que poderia ter acontecido.*

Seguir esse caminho não convencional de análise não é apenas vantajoso, mas oportuno. Vivemos em uma era que está inclinada ao pensamento contrafactual. O pensamento especulativo prospera em períodos de rápida mudança. Enquanto as visões ortodoxas do passado são fáceis de manter em períodos de estabilidade, os desafios revisionistas ganham suporte em épocas de turbulência. É fácil tomar o curso da história como inevitável – percebê-lo como pré-ordenado em termos determinísticos – quando a ordem existente não está ameaçada por quaisquer alternativas à espreita; ao contrário, quando o *status quo* começa a desmoronar diante de forças novas, os caminhos alternativos de desenvolvimento se tornam cada vez mais claros.[39] O interesse corrente em contrafactuais reflete essa mesma tendência. Embora o "*e se?*" dificilmente fosse desconhecido durante a Guerra Fria, foi após sua conclusão que ele proliferou. O fim do mundo bipolar, de relativa estabilidade, trouxe uma nova era de incertezas marcada por crises inesperadas. Elas começaram nos anos 1990 com a Guerra Civil Iugoslava, intensificaram-se após a virada do milênio com a globalizada "guerra ao terror" e alcançaram o clímax após 2008, com a eclosão da Grande Recessão e a ascensão do populismo de direita e de esquerda. Todos esses desenvolvimentos lançaram dúvidas sobre certezas anteriores – em especial a eficácia do capitalismo e a inevitabilidade da democracia – e estimularam a tendência a especular sobre como o passado e o presente poderiam ter ocorrido de outra maneira.[40]

Contrafactuais e História da Alemanha no Pós-Guerra

Esse novo clima moldou percepções da história da Alemanha no pós--guerra. Até há pouco tempo, a validade da narrativa "história de sucesso" da República Federal era mais ou menos aceita como definitiva. Quando a narrativa se consolidou nos anos que antecederam o quadragésimo aniversário, em 1989, da República Federal, poucas razões havia para questionar os compromissos da Alemanha Ocidental com a democracia e a aliança ocidental; houve ainda menos razão para questionar esses compromissos durante o período de euforia que se seguiu à unificação em 1990, quando as afirmações de Francis Fukuyama sobre o triunfo inevitável do liberalismo fizeram a democratização da Alemanha do pós--guerra parecer igualmente inevitável.[41] Contudo, a incerteza cada vez maior do mundo contemporâneo desafiou o determinismo desse ponto de vista. Também nos ajudou a compreender as inseguranças do início da época do pós-guerra. Como no momento em que estou escrevendo (2018) não conhecemos o resultado final da "guerra ao terror", nem o futuro da União Europeia pós-Brexit ou o destino dos Estados Unidos com o presidente Donald Trump, podemos entender melhor as preocupações das pessoas que, após 1945, temiam que a jovem democracia da Alemanha pudesse ser ameaçada por um Quarto Reich. Conscientes como estamos do caráter contingente de nosso próprio mundo, não é improvável que levantemos "e ses" também sobre o período do pós-guerra.

Talvez pareça pouco ortodoxo especular sobre eventos que poderiam ter ocorrido, mas estudiosos alemães há muito perceberam o potencial de uma tal iniciativa. Já uma geração atrás, Hans-Peter Schwarz argumentou que a história alemã do pós-guerra poderia muito bem ser explicada pelo conceito de "a catástrofe que nunca aconteceu".[42] Examinando o que deixou de acontecer, sugeriu ele, os historiadores poderiam compreender melhor o que houve – a saber, por que a história alemã do pós-guerra acabou sendo tão estável. Outros estudiosos fizeram eco a essa tese e pediram uma "história imaginária" da República Federal – uma história "do que era esperado, mas nunca aconteceu".[43] Até agora, porém, poucos se esforçaram para avançar nesse sentido.

Como isso poderia ser feito? Para começar, ajuda adotar uma perspectiva alternativa sobre a "história de sucesso" da Alemanha do pós-guerra. Enquanto a maioria dos historiadores costuma explicar o sucesso do país se concentrando no que deu certo, podemos nos concentrar no que não deu errado; em vez de examinar por que a Alemanha foi bem-sucedida, podemos pôr em evidência por que ela não fracassou. Simplificando, podemos investigar por que a República Federal nunca caiu em um Quarto Reich. Reformular dessa maneira a narrativa da história alemã no pós-guerra não é uma escorregadia questão de semântica. Diz respeito a examinar os dois lados de uma relação causal. Normalmente os acontecimentos históricos resultam da ação recíproca entre os "sistemas" existentes e "forças" externas.[44] Quanto mais estável o sistema, mais dificuldade tem uma força externa para afetá-lo; quanto menos estável o sistema, mais fácil para uma força externa influir sobre ele. Historiadores aplicaram com frequência esse modo de raciocínio para explicar a ascensão dos nazistas. Heinrich August Winkler, por exemplo, endossou o argumento de que "Hitler chegou ao poder... não porque os nacional-socialistas... [fossem] tão numerosos... mas porque não havia um número suficiente de democratas... para defender [a República de Weimar]".[45] Estudiosos que analisaram a República Federal no pós-guerra compartilharam esse foco no "sistema" existente, não em "forças" de oposição, preferindo examinar as políticas que estabilizavam o Estado do pós-guerra em vez dos esforços nazistas para desafiá-lo.[46]

Essa tendência reflete a crença generalizada de que o nazismo foi uma força extremamente fraca na Alemanha do pós-guerra. Ainda na década de 1950, jornalistas insistiam que não havia "[qualquer possibilidade] de reviver o cadáver nacional-socialista" na República Federal, enquanto nos anos 1960 os historiadores repudiavam de modo confiante o "medo de que possa haver uma repetição dos acontecimentos de 1933".[47] Muitos estudiosos recentes expuseram teses parecidas, declarando que o nazismo após 1945 foi "esmagado" como tradição política, "fracassou por completo" como movimento e "nunca [constituiu] uma ameaça séria para a democracia na Alemanha Ocidental".[48] Convencidos de que, após 1945, o apelo do nazismo só alcançava um ou dois "maníacos", os estudiosos insistiam que "uma direita antidemocrática não tem a menor chance na República Federal".[49]

Embora sejam factualmente precisas, essas declarações desfrutam do benefício da visão retrospectiva e marginalizam as situações em que, após 1945, forças nazistas ameaçaram derrubar a democracia alemã. Esses esforços eclodiram pela primeira vez no período de ocupação, quando campanhas conspiratórias para resistir à instalação de uma ordem democrática foram lançadas por fanáticos do plano dos *Werwolf* sublevados, líderes impenitentes da Juventude Hitlerista, homens comprometidos com a SS e veteranos da *Wehrmacht* que não curvavam a cabeça. Nos primeiros anos do governo do chanceler Konrad Adenauer, entre 1949 e o início da década de 1950, medos de "renazificação" foram despertados pela ascensão do Partido Socialista do Reich (*Sozialistische Reichspartei,* SRP) e a descoberta da infame "Conspiração Gauleiter", encabeçada por um ex-delegado do Ministério da Propaganda da época nazista, Werner Naumann. Logo depois, a eclosão da "Epidemia da Suástica"* de 1959-1960 reviveu preocupações sobre a persistência de elementos leais aos nazistas na Alemanha Ocidental, o mesmo acontecendo quando da ascensão do Partido Nacional Democrático da Alemanha (*Nationaldemokratische Partei Deutschlands*, NPD) nos anos 1964-1969.

---

* Conhecido por esse nome por historiadores, esse evento teve início na véspera de Natal de 1959 em uma sinagoga em Colônia, na Alemanha, e se espalhou pelo mundo como um incêndio, com cerca de 500 incidentes nos primeiros vinte dias. No final de 1960, já havia ocorrido 2.500 incidentes desse tipo, sendo a maioria deles concentrados nos primeiros meses de 1960. (N. do E.)

Nas décadas de 1970 e 1980, o aparecimento de demagogos da extrema-direita, como Manfred Roeder e Michael Kühnen, espalhou temores de ressurgimento do nazismo. E nas décadas que se seguiram à unificação alemã, preocupações com o crescente extremismo de direita foram alimentadas pela ascensão de grupos de *skinheads* neonazistas e organizações da Nova Direita filiadas à revista *Staatsbriefe*, ao Instituto Alemão (Deutsches Kollege) e ao Movimento de Cidadãos do Reich (*Reichsbürgerbewegung*, RBB).

Os historiadores estão familiarizados com todos esses movimentos e os têm examinado com diferentes graus de detalhe. Mas têm negligenciado seus laços com a ideia de um Quarto Reich. O descuido é surpreendente, dada a frequente evocação dessa ideia tanto por seus partidários quanto por seus oponentes. Durante todo o período do pós-guerra, os nazistas e outros ativistas radicais de direita perseguiram com energia a criação de um novo Reich e empregaram o conceito como palavra de ordem para inspirar os adeptos. Nesse meio-tempo, seus críticos, na Alemanha e no exterior, levantaram a alarmante perspectiva de um Quarto Reich como meio de mobilizar a resistência popular. Documentar empiricamente o emprego do conceito no discurso político do pós-guerra é o primeiro passo para escrever a história do Quarto Reich. O segundo passo não é menos importante e é mais desafiador – interpretar a importância geral do conceito. É de conhecimento geral que todos os esforços nazistas para criar um Quarto Reich fracassaram. Contudo, para entender de modo pleno as razões do fracasso, precisamos perguntar o quanto chegaram perto de ser bem-sucedidos.

Empregar um raciocínio contrafactual e examinar cenários em que a história poderia ter sido diferente ajuda a encaminhar essa questão importante. Sem dúvida, a tarefa representa um desafio metodológico pela óbvia razão de ser impossível provar qualquer coisa sobre eventos que nunca ocorreram. Não obstante, se explorarmos cenários contrafactuais de maneira responsável, avaliando de forma cuidadosa até que ponto eles são plausíveis, podemos garantir que o exercício especulativo não fique sobrecarregado por um excesso de imaginação. Em parte, isso requer trabalhar com diferentes pontos de divergência do registro histórico estabelecido e imaginar suas variadas consequências. O raciocínio contrafactual, no entanto, não precisa ser uma iniciativa apenas subjetiva. A rica literatura secundária sobre a história alemã do pós-guerra contém um número supreendentemente grande de hipóteses contrafactuais que podem ser empregadas quando estamos tentando responder a diferentes indagações começadas por "e se". A tarefa de sintetizar novas e velhas afirmações especulativas é desafiadora, mas vale o esforço. Examinando como foi por pouco que a República Federal evitou um Quarto Reich, podemos obter uma nova perspectiva sobre as razões da estabilidade do país no pós-guerra.

Ao imaginar como a história poderia ter sido diferente, também podemos tratar de outra questão importante: saber se os temores de um Quarto Reich no pós-guerra eram justificados. A rigor, a dúvida responde a si própria. Como os nazistas nunca atingiram seus objetivos após 1945, os temores de um Quarto Reich parecem exagerados. Contudo, seria errado descartá-los como de todo infundados. Significaria, antes de qualquer coisa, tanto reproduzir quanto perpetuar a principal fraqueza da narrativa "história de sucesso" – isto é, sua sugestão de que a democratização da Alemanha no pós-guerra era mais ou menos inevitável. Hoje, sabemos como terminou a dramática história da recuperação da Alemanha no pós-guerra da derrota militar. Mas o que é agora um passado estabelecido ainda se encontrava no futuro. Nos anos após 1945, a narrativa pós-guerra da Alemanha ainda estava em aberto – um fato que causava ansiedade em todo o mundo ocidental. Colocarmo-nos na posição de contemporâneos dessa época e encarar com seriedade seus temores nos habilita a compreender melhor os fatores que moldaram os acontecimentos do período. O temor tem sido há muito tempo uma força ativa na história. Como fica claro na maneira como movimentos políticos modernos, seja o conservadorismo do século XIX ou o fascismo do século XX, exploram os temores de uma revolução iminente, esses medos de possíveis acontecimentos futuros têm moldado com frequência os eventos que acabam ocorrendo.[50] Alguns historiadores têm se esforçado para aplicar essa percepção à República Federal do pós-guerra e têm insistido em enquadrar a história pós-guerra do país como uma "história de medos".[51] Outros têm procurado explicar por que a intensidade desses medos era desproporcional à realidade estável do país.[52] Com base nessas abordagens, podemos avaliar de modo proveitoso a legitimidade dos temores pós-guerra de um Quarto Reich.

O Quarto Reich e a Memória do Nazismo

Agindo assim, podemos entender melhor o papel que a memória desempenhou na "história de sucesso" da República Federal no pós-guerra. Desde o colapso do regime nazista em 1945, inúmeros observadores pediam com insistência que os alemães se lembrassem das "lições" do Terceiro Reich de modo a impedir que a história se repetisse. Tentando avaliar se os alemães cumpriam com êxito essa recomendação, estudiosos examinaram como eles se desincumbiam da difícil tarefa de "acertar as contas" com a experiência nazista. A teorização sobre a *Vergangenheitsbewältigung* ou "reconciliação com o passado", como é conhecida na Alemanha, é vasta e tem sido desenvolvida a partir de muitas perspectivas metodológicas.[53] Até o momento, no entanto, poucos estudiosos reconheceram que o discurso pós-guerra sobre o Quarto Reich foi uma parte crucial desse processo mais amplo de confrontar o passado recente.

Nos anos após 1945, o Quarto Reich era um processo significante de posições concorrentes na memória. A questão de como responder à experiência nazista dividia as pessoas tanto na Alemanha quanto no exterior. Algumas, sobretudo na ala da esquerda liberal do espectro político, pediam que nada fosse esquecido, exigindo que os crimes do período nazista fossem documentados e os perpetradores levados aos tribunais. Outros, em geral de centro-direita, defendiam amnésia e anistia, querendo que os delitos da era nazista fossem esquecidos e seus perpetradores integrados à sociedade pós-guerra. Essas opiniões opostas sobre o passado da Alemanha estavam diretamente vinculadas a preocupações sobre a eventualidade de emergir um novo Reich no futuro do país. De um lado, os "alarmistas" na Alemanha e no exterior se mostravam comprometidos em preservar a memória e, de modo coerente, alimentavam temores sobre a possibilidade de um retorno nazista ao poder. Por outro lado, os "apaziguadores" acreditavam que o nazismo fora relegado, de modo permanente, ao passado e rejeitavam, como injustificados, os temores do pós-guerra. Examinar como ambos os grupos empregavam a ideia de um Quarto Reich revela que ela era influenciada por diferentes motivos – alguns puros, outros nem tanto. Entre os alarmistas, alguns acreditavam com sinceridade que um novo Reich representava uma séria possibilidade, enquanto outros exploravam de modo instrumental o conceito com segundas intenções. Entre os apaziguadores, alguns realmente duvidavam que o nazismo representasse uma real ameaça no pós-guerra, enquanto outros o menosprezavam de forma deliberada para ajudar a melhorar a imagem internacional da Alemanha. Comparar o intenso debate dos dois grupos sobre o Quarto Reich nos ajuda a entender como forças do presente moldaram visões do passado.

Além disso, estudar o Quarto Reich como um reflexo da memória nos permite compreender não apenas as tendências alemãs, mas também globais, em termos de preservação da lembrança. Desde os anos 1960, o conceito do Quarto Reich tornou-se cada vez mais normalizado. Em vez de ser visto como significante de um renascimento nazista na Alemanha, foi universalizado como um prenúncio metafórico do fascismo global. Desde a Epidemia da Suástica em 1959-1960 e a captura e julgamento de Adolf Eichmann em 1960-1961, muita gente se convenceu de que a ameaça nazista podia emanar de locais fora da Alemanha – fosse a América Latina, o Oriente Médio ou os Estados Unidos. Logo depois, ativistas políticos e intelectuais de esquerda nos Estados Unidos e na Europa – incluindo H. Rap Brown, James Baldwin e Régis Debray – empregaram o conceito de um Quarto Reich para atacar o racismo contra afro-americanos, a guerra no Vietnã e o escândalo Watergate. Durante as décadas de 1970 e 1980, o termo foi ainda mais globalizado para se referir a outros Estados autoritários, como a junta militar da Grécia ou o regime do *apartheid* na África do Sul. Por fim, desde a unificação da Alemanha em 1990, o Quarto Reich continuou sendo inflado como significante de má conduta global. Nacionalistas europeus de direita na Grã-Bretanha, na Rússia e na Polônia empregaram a ideia para atacar a integração europeia, a globalização e a ocidentalização. Enquanto isso, ativistas de esquerda nos EUA, empregavam o termo para atacar símbolos de populismo autoritário, como a decisão da Grã-Bretanha de sair da União Europeia e a eleição de Donald Trump para presidente dos Estados Unidos.

Além de se tornar universalizado, o Quarto Reich ficou estetizado. Desde o final da década 1960 e início dos anos 1970, a ideia de um Reich renovado esteve cada vez mais presente em romances populares, filmes, programas de televisão, histórias em quadrinhos e até em músicas de *punk rock*. Os exemplos de maior destaque incluem romances *best sellers* (e mais tarde filmes de sucesso), como *O Dossiê de Odessa* (*The Odessa File*, 1972), de Frederick Forsyth, *Os Meninos do Brasil* (*The Boys from Brazil*, 1978), de Ira Levin e *O Documento Holcroft* (*The Holcroft Covenant*, 1985), de Robert Ludlum; episódios das séries de TV nas décadas de 1960 e 1970, como *Missão: Impossível* (*Mission: Impossible*, 1966-1973), *O Agente da U.N.C.L.E.* (*The Man from U.N.C.L.E.*,1964-1968) e *Mulher Maravilha* (*Wonder Woman*, 1975-1979; edições de quadrinhos da DC e da Marvel, como *Batman* e *Capitão América* ; e canções dos Dead Kennedys e Lookouts. Essa tendência continuou até os dias atuais, quer em filmes irônicos, como *Deu a Louca nos Nazis* (*Iron Sky*, 2012), ou em ambiciosos dramas da internet, como *Os Caçadores* (*The Hunt*, 2020), da Amazon. Tais obras foram inspiradas por uma variedade de motivos, mas muitas delas exploraram a premissa de um ressurgimento nazista visando ao lucro e ao entretenimento, enfraquecendo assim seu alcance moral. Como resultado dessas tendências normalizadoras, a ideia do Quarto Reich ficou desvinculada de seu referente original – a ideia de um retorno dos nazistas ao poder na Alemanha – e se transformou em um versátil significante do mal. Nesse processo, perdeu parte de sua credibilidade como elemento de advertência.

O Quarto Reich na História e na Memória

Este livro examina a evolução do Quarto Reich na vida ocidental do pós-guerra adotando uma abordagem tanto cronológica quanto temática. A primeira parte se concentra nas origens do Quarto Reich na Alemanha e em seu impacto sobre o país do começo dos anos 1930 ao início da década de 1950. O Capítulo 1 mostra como a ideia emergiu como uma divisa de mobilização antinazista entre uma ampla variedade de grupos dissidentes, incluindo exilados judeus-alemães de esquerda, oficiais conservadores da *Wehrmacht* e renegados nacional-socialistas. Em resposta, autoridades do governo nazista procuraram suprimir o conceito, fato que de início levou observadores britânicos e americanos a encarar o Quarto Reich como símbolo esperançoso de uma futura Alemanha democrática. À medida, no entanto, que a Segunda Guerra Mundial se aproximou de sua conclusão, os temores anglo-americanos de que os partidários nazistas estivessem entrando na clandestinidade para resistir às forças aliadas transformou o Quarto Reich em um símbolo de advertência contra um inveterado fanatismo nazista. O Capítulo 2 se concentra na subsequente ocupação aliada da Alemanha de 1945 a 1949 e descreve como oficiais militares norte-americanos e britânicos, além de jornalistas, grupos de pressão da sociedade civil, literatos e cineastas continuavam a advertir sobre a possibilidade do ressurgimento de um Quarto Reich se os Aliados não expurgassem o nazismo de todas as áreas da vida alemã. Esse medo refletia o fato de militantes nazistas procurarem ativamente, durante esse período, derrotar a ocupação aliada e reviver o Reich. Foi parte disso a sublevação dos *Werwolf* de 1944-1946, a tentativa de golpe comandada pelo líder Artur Axmann, da Juventude Hitlerista, em 1945-1946 e a trama do *Deutsche Revolution*

[Revolução Alemã] liderada por veteranos da SS e da *Wehrmacht* em 1946-1947. As forças aliadas acabaram suprimindo as revoltas, mas é possível ver, imaginando certos cenários contrafactuais, como elas poderiam ter sido bem-sucedidas. O Capítulo 3, investigando a ascensão do SRP e a descoberta da Conspiração *Gauleiter* nos anos 1950-1952, examina como os movimentos de resistência nazista persistiram após a criação da República Federal da Alemanha em 1949. Como as tentativas de golpe do período de ocupação, essas ameaças também foram esmagadas. Poderiam, no entanto, ter se saído melhor se as circunstâncias fossem um pouco diferentes. Ao reconhecermos a vulnerabilidade da Alemanha Ocidental à ameaça nazista durante esse período, fica claro que os temores de um Quarto Reich dificilmente seriam infundados.

A segunda parte do livro cobre os anos 1960 até o presente e examina como a ideia de um Quarto Reich se difundiu além da Alemanha, mas acabou retornando a ela. O Capítulo 4 descreve como os medos de um retorno ao nazismo na República Federal foram revividos pela eclosão da " Epidemia da Suástica", em 1959-1960, e a ascensão do NPD de 1964 a 1969. Esses temores acabaram se mostrando injustificados, mas não chegaram a desaparecer por completo. Mais ou menos na mesma época, surgiram novas suspeitas de que o nazismo estivesse emergindo nos Estados Unidos. Durante os anos 1960, a ascensão do Partido Nazista Americano, a reação racista contra o Movimento pelos Direitos Civis, a escalada da guerra no Vietnã e o comportamento escandaloso do governo Nixon levaram norte-americanos da esquerda liberal a declarar que um Quarto Reich estava despontando na América. Ao universalizar seu significado, essas declarações desempenharam um importante papel na normalização do Quarto Reich. O processo de normalização foi também promovido pela estetização do Quarto Reich na cultura popular. O Capítulo 5 explica como, durante a "longa década de 1970", o medo de um retorno nazista ao poder foi transformado em uma fonte de entretenimento de massa por obras anglo-americanas de literatura, cinema e televisão. Essa virada cultural representou um importante desenvolvimento na evolução pós-guerra do Quarto Reich, mas foi bruscamente interrompida em 1989-1990, com o colapso do Muro de Berlim e a unificação da Alemanha. O Capítulo 6 mostra como, a partir dos anos 1990 e continuando após a virada do milênio, o Quarto Reich foi "regermanizado" e se tornou um tema de renovada preocupação política. Em toda a Europa, observadores inquietos expressaram o medo de que a República Federal estivesse tomando um rumo de direita, talvez neonazista. Algumas colocações se apoiavam em preocupações legítimas, visto que intelectuais alemães de direita mostravam empenho em teorizar sobre a base política de um futuro Quarto Reich. Outras, no entanto, em especial as articuladas na sequência da crise financeira de 2008 em países como Grécia, Itália e Rússia, eram mais tendenciosas, expressando um cinismo estratégico para tratar problemas de política doméstica e política externa.

Como o Quarto Reich evoluirá no futuro é incerto. Mas a conclusão do livro explora a possibilidade de que continue sendo um significante atraente em um mundo de crescente incerteza. Até o momento, a expressão tem servido de maneira ampla como um ameaçador *slogan* de advertência. Mas não se pode dizer que não evoluirá para uma expressão de inspiração. Considerando como grupos nazistas mantiveram viva a expressão desde 1945, é concebível que um dia, nas condições certas, a ideia de um Quarto Reich possa experimentar um renascimento popular.

1 ENTRE FANTASIA E PESADELO: INVENTANDO O QUARTO REICH NO TERCEIRO REICH

O Quarto Reich é um Reich de paz. Ele se vê de forma consciente como um Reich europeu. Procura ser membro ativo de uma Liga de Nações em que todas as pessoas da Terra trabalham juntas, em igualdade democrática, para defender cada nação contra aqueles que perturbem a paz.[1]

Georg Bernhard, "Projeto de Constituição para o Quarto Reich" (1936)

A verdadeira questão sobre o fim de Hitler, real ou simulado, é como os nazistas pretendem usar isso.

Dias antes... de o almirante Doenitz anunciar a morte do Führer, porta-vozes nazistas começaram a [criar] de modo febril... a lenda de um... líder abnegado que estava pronto a dar a vida por seu país e de fato o fez.

[Os]... nazistas são mentirosos monumentais... Mas mentem com um objetivo... [N]este caso... salvar dos destroços dos planos de Hitler algo sobre o qual... [possam] construir um Quarto Reich em alguma época futura.[2]

Barnet Nover, *The Washington Post* (3 de maio de 1945)

Durante os anos do Terceiro Reich, muitas pessoas contemplaram ativamente a possibilidade de que o regime de Hitler fosse um dia substituído por um Quarto Reich. Na Alemanha e no exterior, políticos, jornalistas e acadêmicos imaginavam de modo vigoroso como poderia ser um Estado pós-nazista. Seus motivos e conclusões variaram de forma considerável. Como foi demonstrado pelo projeto de Constituição escrito em 1936 por Georg Bernhard, um jornalista judeu-alemão exilado, algumas pessoas nos anos que precederam a Segunda Guerra Mundial esperavam com otimismo que a queda final de Hitler possibilitasse a criação de um Quarto Reich progressista, democrático, superior em todos os aspectos ao Terceiro. À medida, no entanto, que a guerra avançou e os Aliados foram ficando cada vez mais convencidos da vitória final, certos críticos previram um futuro mais preocupante para a Alemanha. O comentário ansioso do jornalista americano Barnet Nover, em maio de 1945, expressava o medo de que, após o colapso do Terceiro Reich, nazistas impenitentes tentassem retornar ao poder e criar um Estado no espírito de seu antecessor. Durante os anos da ditadura nazista, em suma, a perspectiva de um Quarto Reich inspirou tanto fantasias quanto pesadelos na imaginação ocidental.

A Frustração do Quarto Reich: a Ideia do Terceiro Reich

A ideia do Quarto Reich foi concebida durante o Terceiro Reich e desenvolvida em reação a ele. Explicar as origens do Quarto requer uma discussão das origens do Terceiro. Atualmente, no uso convencional, o Terceiro Reich se refere aos anos da ditadura nazista de 1933 a 1945. No entanto, nada é tão simples quanto parece. Persiste o desacordo sobre a conveniência de empregar a expressão "Terceiro Reich" para descrever esse momento da história. Alguns estudiosos sustentam que isso atribui legitimidade ao uso propagandístico da expressão. Como consequência, preferem colocá-la entre aspas (referindo-se ao "Terceiro Reich", não ao Terceiro Reich) ou evitá-la inteiramente em proveito de designações moralistas, como "Regime de Terror Nacional-socialista" (*Nationalsozialistische Gewaltherrschaft*).[3] Essas estratégias são bem-intencionadas, mas apresentam desvantagens. Abster-se da referência ao "Terceiro Reich" pode ser um tiro pela culatra, concedendo à expressão o tipo de aura que é comum a todos os tabus. Além disso, evitar a expressão na esperança de desmitificá-la também pode reduzir nossa capacidade de compreender sua função propagandística original. Sem dúvida, mencionar de forma ingênua o Terceiro Reich, sem nenhuma atenção à sua carga histórica, também não é aconselhável. Mas empregar a expressão em um sentido acadêmico não significa endossá-la.

Dados os problemas de emprego que cercam o conceito, o Terceiro Reich fica mais bem compreendido ao ser historicizado dentro do contexto mais amplo da história alemã. O modo mais fácil de começar é com o termo "Reich" em si. Traduzido para a nossa língua, a palavra alemã "*Reich*" tem o sentido geral de "reino" sendo, no entanto, traduzida com mais frequência como "império" ou "domínio". O termo, portanto, é tanto uma designação espacial quanto um significante para uma formação política. No contexto da história alemã, o termo "Reich" tem sido aplicado a vários Estados que existiram em um período de cerca de mil anos. O primeiro foi o Sacro Império Romano-Germânico, com seu início geralmente datado do ano 800, com sua fundação criada após a coroação de Carlos Magno, rei dos francos (ou, em outros relatos, por seu sucessor, Otto I, em 962), até sua dissolução por Napoleão Bonaparte em 1806. O segundo foi o Império Guilhermino, conhecido por *Kaiserreich* ou Império Alemão, que durou de 1871 até seu colapso em 1918. O terceiro foi o regime nazista. Essa definição em três partes aparece com regularidade em pesquisas sobre a história alemã. A definição, no entanto, é incompleta, pois reduz o termo "Reich" a mera designação política.

Na verdade, a ideia do Reich também possui intensas conotações espirituais – na realidade místicas. Essas conotações têm raízes profundas na teologia cristã, em particular na ideia quiliástica do Reino (*Reich*) final de Deus na Terra. Segundo os últimos capítulos do Livro do Apocalipse, o reino tomaria a forma de um período de paz de mil anos (conhecido como o "milênio") que tanto precederia a batalha de Jesus com Satanás quanto se seguiria a ela. A crença correspondente de que esse reino representaria um *terceiro* Reich, por sua vez, surgiu durante a Idade Média. Foi trazida por Joachim de Fiore, um teólogo italiano do século XII que encarava o período como um estágio final da escatologia cristã. Inspirado pela ideia da Santíssima Trindade e expressando uma longa tradição de especulação triádica no pensamento ocidental, Joachim definiu o Terceiro Reich como a esperada fase terceira e final da história do mundo. A primeira era e a original, ele argumentou, foi o Reino do Pai, significando a era da religião hebraica. O segundo Reino foi o do Filho, que remetia ao nascimento do cristianismo. Ainda estava por vir o reino terceiro e final do Espírito Santo, que surgiria após uma confrontação apocalíptica entre as forças do mal e seus oponentes, os "homens espirituais", que estavam destinados a inaugurar uma era milenarista de perfeição. Graças a essa batalha titânica, a chegada do Terceiro Reich representaria o fim de toda e qualquer história terrena.[4]

Com o tempo, a ideia do Terceiro Reich ultrapassou seu significado religioso original e foi secularizada. No alvorecer da era moderna, a ideia começou a acomodar uma série de visões divergentes. No século XIX, a crença na espera ansiosa pela vinda da "terceira idade", como era com frequência denominada, atraiu muitos intelectuais europeus, do socialista utópico Claude-Henri de Rouvroy, Conde de Saint-Simon ao nacionalista italiano Giuseppe Mazzini.[5] Motivava, no entanto, em particular os alemães, graças à sua histórica falta de unidade nacional. Durante a Idade Média e no início da era moderna, muitos alemães viam o Sacro Império Romano-Germânico, com seu governo conjunto de papa e imperador, como "o precursor do Reino de Deus na terra".[6] Contudo, o declínio gradual do Império no rastro da Reforma e seu desaparecimento definitivo após a invasão dos exércitos de Napoleão no início do século XIX tornaram cada vez mais difícil sustentar essa visão. Dolorosamente conscientes dos riscos de divisão interna, os alemães se apropriaram do conceito de "nação" como uma nova fonte de unidade popular. Como parte desse processo, a ideia do Reich acabou sendo nacionalizada como veículo do renascimento alemão. Convencidos de que o *Volk* alemão merecia sua própria *Vaterland* [pátria], nacionalistas alemães começaram a conceber diferentes estratégias de unificar o povo alemão em um novo Reich. Duas visões emergiram: a primeira era um império universal, *grossdeutsch*, abrangendo tanto os territórios da Confederação Germânica quanto as terras austríacas da monarquia dos Habsburgos; a segunda era um império *kleindeutsch* [um pequeno império alemão], mais particularista, governado pela monarquia Hohenzollern da Prússia. Quis o destino que a segunda solução saísse vitoriosa. Logo após as vitórias das forças armadas da Prússia sobre a Áustria e a França nos anos 1866-1870, o segundo Império Alemão foi enfim proclamado em 18 de janeiro de 1871 no Salão dos Espelhos, em Versalhes.

O Segundo Reich era uma construção política secular, mas manteve uma dimensão quase religiosa. Isso ficou claro alguns anos depois da fundação do Reich, quando a euforia que inicialmente o cercava começou a declinar. O catalisador desse desdobramento foi o colapso financeiro de 1873 e a depressão econômica que se seguiu. Com esse evento traumático, certos alemães começaram a perder a fé no novo Estado e a questionar suas fundações. Esses críticos sentiram que o *Kaiserreich* era definido, de forma esmagadora, por forças materialistas – antes de qualquer coisa pelo capitalismo de livre mercado e o liberalismo político – e não possuía uma dimensão mais profunda, espiritual. Reagindo a isso, conceberam visões utópicas de um novo Reich que substituiria o que acabara de ser criado. Muitas dessas visões foram concebidas por ativistas *völkisch*, de direita, como Paul de Lagarde, Julius Langbehn e Heinrich Class. Com algumas exceções, eles não se referiam de forma explícita ao futuro Reich com o adjetivo "Terceiro", preferindo os termos "novo" ou "próximo".[7] Afirmaram que seria um "Grande Reich Alemão" imperialista, governado por um Führer e comprometido com as velhas virtudes "teutônicas" de liberdade, igualdade e altruísmo. Mais ou menos na mesma época, outros pensadores de direita, como Guido von List, Jörg Lanz von Liebensfels e Houston Stewart Chamberlin, acrescentaram elementos racistas e antissemitas a essa visão, exigindo que o Reich fosse purgado de estrangeiros e de minorias, e que se unisse com base no sangue.[8] Em geral essa concepção do Reich era secular. Contudo, o zelo missionário de seus apoiadores expressava um espírito milenarista.

O desejo de um novo Reich se intensificou ainda mais após os eventos calamitosos de 1914-1918. Durante a Primeira Guerra Mundial, vez por outra a expressão "Terceiro Reich" se manifestava em um contexto espiritual, pacifista.[9] Mas, depois da derrota militar da Alemanha, a expressão foi em geral adotada por representantes da direita política. Abalados pelo colapso da monarquia Hohenzollern em novembro de 1918 e enfurecidos com a ratificação do Tratado de Versalhes pelo governo revolucionário de Weimar, em julho de 1919, conservadores e alemães *völkisch* acreditaram que fosse necessária uma reação radical para ajudar o país a sair de uma crise sem precedentes. Desde o início da década de 1920, diversos escritores adotaram uma perspectiva milenarista e fizeram apelos pela criação de um "Terceiro Reich". A figura mais importante a participar disso foi o escritor conservador Arthur Moeller van den Bruck, cujo famoso livro *Das Dritte Reich* (1923), deu ao conceito anteriormente religioso uma nítida interpretação política.[10] Tomando por base o pensamento medieval de Joachim de Fiore, Moeller assegurava que, logo após a ascensão e queda do Sacro Império Romano-Germânico e do *Kaiserreich*, um Terceiro Reich estava destinado a surgir. Seria estabelecido, argumentava ele, por meio de uma revolução conservadora que reconciliaria as contradições do nacionalismo e do socialismo, encontrando um terceiro caminho entre eles. Como acontecia no esquema de Joachim, Moeller acreditava que o processo envolveria uma luta entre as forças do bem e do mal. Este, acreditava Moeller, era exemplificado pelo liberalismo, mas incluía todas as formas de pensamento marxista e, de modo mais amplo, a própria República de Weimar.[11] Ele sugeriu ainda que a nova ordem só poderia ser criada pela violência. Moeller, no entanto, acreditava que o Terceiro Reich, uma vez estabelecido, permaneceria fiel a suas origens medievais e se manteria como uma "ideia de paz eterna".[12] Com sua criação, o povo alemão "cumpriria seu destino na Terra", inaugurando uma era de dominação nacional alemã.[13]

Embora Moeller fosse o expoente mais famoso do Terceiro Reich durante a República de Weimar, ele não foi o primeiro. Foi precedido na adoção do conceito pelo poeta de direita e membro-fundador do Partido Nazista Dietrich Eckart. Eckart atribuiu ao Terceiro Reich uma destinação antissemita ao encará-lo como o *telos* utópico da histórica luta mundial da Alemanha contra o mal judeu.[14] Eckart odiava os judeus por uma variedade de razões políticas e econômicas, mas que fundiu em uma visão abrangente, apocalíptica. Como deixou claro em uma série de ensaios publicados em sua revista, *Auf gut Deutsch*, nos anos 1919-1920, Eckart encarava os judeus como nada menos que o Anticristo. Era missão sagrada da Alemanha, acreditava ele, destruí-los e, assim, salvar o mundo. Ficou célebre a declaração que fez em julho de 1919: "Não há povo na Terra mais qualificado... para tornar realidade o Terceiro Reich que o nosso!"[15]

Ainda não está claro como e quando a ideia do Terceiro Reich penetrou na ideologia nazista. Hitler parece ter sido influenciado tanto por Eckart quanto por Moeller. O líder nazista reconheceu o primeiro como seu mentor político e foi apresentado ao segundo por um de seus colegas membros do partido, Otto Strasser, que também endossava a necessidade de um "Terceiro Reich".[16] Seja como for, Hitler e outros membros importantes do Partido Nazista (Partido Nacional-Socialista dos Trabalhadores Alemães, NSDAP) estavam certamente conscientes da expressão que ganhava popularidade na Alemanha nos anos 1920. Nesse período, porém, a expressão não foi monopolizada pelo Partido Nazista; na verdade, ela encontrou guarida em uma ampla gama de círculos políticos. Pensadores conservadores tradicionais, por exemplo, imaginavam o Terceiro Reich como um renascimento da monarquia com os Hohenzollerns ou os Habsburgos.[17] Mais à direita, apoiadores da militarista Tannenberg Union (*Tannenbergbund*), do general Erich Ludendorff, e do Partido Popular Nacional Alemão (*Deutschnationale Volkspartei*, DNVP), de

Alfred Hugenberg, também pediam um Terceiro Reich.[18] Havia ainda elucubrações literárias sobre o Terceiro Reich de romancistas folhetinescos *völkisch* e poetas intelectualizados.[19] Dado o amplo apelo do Terceiro Reich como ideia, era previsível que importantes ideólogos nazistas também passassem a adotá-lo. Depois de Otto Strasser, o mais proeminente foi Joseph Goebbels, que em 1927 escreveu o tratado *Wege ins Dritte Reich* [Caminhos para o Terceiro Reich], e Alfred Rosenberg, que invocou "o Terceiro Reich em ascensão" em seu Der *Mythus des zwanzigsten Jahrhunderts* [O Mito do Século XX], de 1930.[20] Por sua parte, Hitler não parece ter empregado o conceito do Terceiro Reich com muita frequência nos anos 1920, mas é provável que simpatizasse com a ideia. Na primeira página de *Mein Kampf*, pediu um novo (e implicitamente um terceiro) Reich quando declarou: "Um só sangue exige um Reich". Mais adiante no livro, transmitiu as dimensões místicas do conceito quando expressou o desejo de "um Reich ideal".[21] Nem Hitler nem qualquer outro líder nazista, no entanto, se preocuparam em dar à ideia do Terceiro Reich qualquer conteúdo político específico. Em vez de servir como um projeto claro para um futuro governo, ela serviu basicamente como palavra de ordem de regeneração nacional.

A função de mobilização do termo tornou-se cada vez mais clara à medida que os nazistas se aproximavam da tomada do poder. Embora raramente aparecesse na grande mídia alemã durante os anos 1920, a expressão "Terceiro Reich" se tornou mais comum após o desempenho inovador do NSDAP nas eleições de 1930 para o *Reichstag*.[22] Não é verdade que a ideia de um "Terceiro Reich" tenha sido popularizada pela mídia estrangeira.[23] Embora mencionada na imprensa anglo-americana desde 1930, a expressão sempre apareceu com muita frequência nos jornais alemães.[24] Isso refletia o fato de que os próprios nazistas começavam cada vez mais a usá-la como um *slogan* de campanha. Apelos por um Terceiro Reich apareciam nas páginas de orgãos de imprensa nazistas, como o *Völkische Beobachter* e *Der Angriff*.[25] Estavam presentes nos discursos de políticos nazistas.[26] E faziam parte das reuniões dos membros do partido.[27] Além disso, as expressões de apoio ao Terceiro Reich não eram apenas retórica política. Elas articulavam os anseios milenaristas de alemães comuns.[28]

Nem todas as invocações do Terceiro Reich, no entanto, pretendiam ser positivas. Os oponentes políticos dos nazistas costumavam invocar a ideia para depreciá-la. Em 1930, o *Hamburger Anzeiger* criticou a "arrebatadora adoração do lendário Terceiro Reich" praticada pelos nazistas como uma "utopia" rocambolesca.[29] Cartazes de campanha produzidos pelo Partido Social-Democrata (SPD) para a eleição de 1932 do *Reichstag* ilustravam o título "O Terceiro Reich" com imagens de lápides e esqueletos (Figura 1.1).[30] Em 1931, a Rowohlt Verlag, uma importante editora alemã, enfrentou uma batalha legal no tribunal do distrito de Berlim com a editora do livro *Das Dritte Reich* [O Terceiro Reich], de Moeller van den Bruck, após ter produzido em 1923 um livro zombeteiro com o mesmo título que tornou "risível o sentido espiritual do nacional-socialismo".[31] Tais críticas não emanavam apenas da esquerda, vinham também da direita. Em 1932, Erich Ludendorff tentou comprometer a ideia do Terceiro Reich com a marca da homossexualidade condenando a decisão tomada por Hitler de manter seu (abertamente *gay*) chefe da *SA* Ernst Röhm dizendo: "É bem conhecido que aqueles que preferem seu próprio sexo são chamados o 'terceiro sexo'. Que insensatez, portanto, chamar o partido de Hitler de 'Terceiro Reich!'".[32] Em vista das inúmeras críticas da expressão nesse período, pode não ser surpreendente que Hitler tenha se esquivado de usá-la. Embora já a empregasse de forma explícita em 1930, deixou a tarefa de promovê-la para seus subordinados.[33]

Isso mudou depois que Hitler se tornou chanceler em 1933. No dia seguinte à sua indicação pelo presidente Paul von Hindenburg, em 30 de janeiro, o *Völkischer Beobachter* declarou em um tom triunfante que a decisão "lançava as bases para o Terceiro Reich".[34] Com o novo Reich agora mais perto da realidade, Hitler adotava cada vez mais a expressão.[35] Como mostra a abrangente compilação feita por Max Domarus de discursos do líder nazista, Hitler evocava repetidamente a ideia do Terceiro Reich nos primeiros anos de sua ditadura.[36] Em maio de 1933, por exemplo, falou no Primeiro Congresso da Frente Alemã para o Trabalho sobre a importância de conquistar a lealdade do *Volk* alemão "para o vindouro Reich, nosso Terceiro Reich" (deixando claro que ele ainda não fora criado).[37] Em falas subsequentes, Hitler evocou "a água batismal do Terceiro Reich" (Munique, 1934), saudou a "bandeira do Terceiro Reich" (Coburg, 1935) e se referiu à Alemanha como "o Terceiro Reich Nacional-Socialista" (Nuremberg, 1936).[38] Em 1937, sugeriu que o Reich finalmente havia chegado, dizendo ao *Reichstag*, em 30 de janeiro, que novas organizações nazistas, como a SA, a SS e a Juventude Hitlerista, haviam se tornado "tijolos na orgulhosa estrutura de nosso Terceiro Reich".[39]

Nos anos que se seguiram, porém, o uso do Terceiro Reich feito por Hitler declinou. Após a anexação dos Sudetos pela Alemanha, no outono de 1938, ele foi despojando cada vez mais a expressão de sua ênfase em proveito de designações mais amplas, como *Grossgermanisches Reich* ["Grande Reich Germânico"].[40] Então, no verão de 1939, Hitler ordenou que o Ministério da Propaganda banisse o "Terceiro Reich" de todos os comunicados oficiais.[41] As razões disso continuam obscuras, mas é possível que a expressão tenha passado a ser vista como demasiado pacifista.[42] Como a noção cristológica original de um "Terceiro Reich" sugeria uma era de paz e harmonia, a continuação de seu uso pelo regime nazista poderia sugerir que o regime não tinha planos para novas ações revolucionárias. Essa perspectiva, no entanto, passava longe da mente de Hitler. No final da década de 1930, o líder nazista estava empenhado em se apropriar de *Lebensraum* [espaço vital] mediante a guerra. Para mobilizar apoio para esse objetivo, era necessário um novo termo. Assim, em junho de 1939, Hitler instruiu a mídia alemã para empregar as expressões *Germanisches Reich deutscher Nation* ["Império Germânico da Nação Alemã"] e *Grossgermanisches Reich* ["Grande Reich Germânico"]. Ambas eram preferíveis, ele explicou, visto que a Alemanha estava destinada a se tornar um "Estado conquistador".[43] Desse momento em diante, diminuíram muito as referências ao Terceiro Reich na Alemanha nazista. Embora a imprensa alemã continuasse a usar a expressão nos primeiros anos da guerra, e embora o próprio Hitler vez por outra também o fizesse, ela foi aos poucos desaparecendo do discurso público alemão.[44]

As Origens do Quarto Reich

Outra razão pela qual os nazistas abandonaram a expressão Terceiro Reich foi o fato de os oponentes do regime a terem depreciado em termos retóricos, promovendo o conceito alternativo de Quarto Reich.[45] Baseada em precedentes mais antigos, a ideia do Quarto Reich surgiu de início como palavra de ordem da resistência antinazista após 1933. Na Alemanha, assim como no exterior, tanto a esquerda progressista quanto a direita reacionária haviam adotado o conceito como um *slogan* idealista prometendo um futuro otimista, pós-nazista. O Quarto Reich, contudo, não foi visto durante esse período apenas como antítese do Terceiro Reich. Embora ele mantivesse conotações positivas em círculos antinazistas antes de 1939, a eclosão da Segunda Guerra Mundial foi aos poucos emprestando ao conceito um significado mais ambíguo. Em particular entre os observadores Aliados, o Quarto Reich acabou ficando mais associado a medos e fantasias.

O Quarto Reich antes de 1933

Como no caso do Terceiro, a ideia do Quarto Reich tem profundas raízes religiosas. Podemos fazê-la remontar ao Livro de Daniel da Bíblia, em especial ao segundo e sétimo capítulos, que introduziram no pensamento ocidental o influente conceito das quatro monarquias ou reinos mundiais (*Reiche*, em alemão). No capítulo 2, Daniel interpreta um sonho do rei babilônico, Nabucodonosor II (cerca de 634-562 a.C.), em que o monarca testemunha a destruição de uma enorme estátua feita de quatro metais (ouro, prata, bronze e ferro) por uma grande rocha. Mais tarde, no capítulo 7, Daniel descreve um de seus próprios sonhos apocalípticos, dessa vez com quatro animais – leão, urso, leopardo e besta com dez chifres. Eles emergem do mar e acabam sendo destruídos pelo juízo de Deus (Figura 1.2). Nos dois capítulos, o número quatro possui um importante simbolismo político relacionado ao contexto histórico imediato do Livro de Daniel. Composto por judeus vivendo sob o domínio opressivo da monarquia selêucida grega no século II a.C., o Livro lançava uma extensa condenação às quatro monarquias que haviam oprimido o povo judeu desde o início da história. A tradição considera que as três primeiras eram as dos babilônios, medas e persas; o quarto reino – o *viertes Reich* em alemão – era o do grande rei grego Antíoco IV Epifânio (cerca de 215-164 a.C.). Aludindo por meio de uma alegoria à destruição desse último reino, os contos do Livro de Daniel transmitiram aos judeus oprimidos uma mensagem inspiradora, anti-imperialista, sobre o triunfo do bem contra o mal e a iminência da salvação divina.[46]

Na era pós-bíblica, os pensadores cristãos reinterpretaram o Livro de Daniel e alteraram sua mensagem de forma profunda. Ao longo do final da Antiguidade, da Idade Média e do início da era moderna, figuras religiosas da Europa usaram a narrativa bíblica para periodizar a história universal e dar sentido a suas próprias realidades históricas. A preocupação maior era determinar a que monarquia histórica o Quarto Reino bíblico se referia. Os primeiros pensadores cristãos mudaram a interpretação tradicional do Quarto Reino, passando-o dos gregos para os romanos; essa interpretação refletia a opressão inicial da seita cristã pelo Império Romano e preservava as conotações *negativas* do "Quarto" Reino. No entanto, à medida que o cristianismo foi aos poucos se tornando a religião do Estado de Roma, a mensagem anti-imperialista do Livro de Daniel foi invertida para um endosso *positivo* do *status quo* imperial. Em vez de indicar a última fase de sofrimento antes de um momento culminante de liberação, o Quarto Reino passou a ser visto como o último baluarte contra um apocalipse de destruição.[47]

Com o passar do tempo, essa narrativa foi adotada pelo mundo de língua alemã. No início da Idade Média, os alemães chegaram a se ver como herdeiros do legado da Roma Imperial. Embora em teoria o colapso do Império Ocidental no século V d.C. devesse ter provocado o esperado apocalipse, os alemães empregaram o princípio do *translatio imperii* ("transferência de poder") e declararam que o Império vivia no novo Sacro Império Romano-Germânico de Carlos Magno e Otto I.[48] A partir desse momento, a ideia de que o Sacro Império Romano-Germânico representava o Quarto Reino, ou *Reich*, evoluiu em uma direção coerente. Durante a Reforma Protestante, dissidentes religiosos, como Lutero, Calvino e Melâncton adotaram uma visão presentista do Quarto Reich e usaram o termo para defender o Império contra novos representantes do "Anticristo", como os turcos otomanos.[49] Durante as Guerras de Religião, a Revolução Francesa e as Guerras Napoleônicas, o conceito do Quarto Reich conservou seu apelo retórico para os alemães, que procuravam defender a ordem imperial existente contra novas ameaças apocalípticas.[50] À medida, no entanto, que o século XIX progredia, o Quarto Reich perdeu boa parte de seu poder profético. O surgimento de modos seculares de pensamento político e investigação histórica despojou o conceito de sua anterior relevância – a tal ponto que, no início do século XX, ele havia se reduzido a uma noção religiosa arcana, de interesse apenas para clérigos e acadêmicos.[51]

Só no início dos anos 1930, o Quarto Reich evoluiu para um conceito político mais secular. Essa transformação começou com o aparecimento do livro de Kurt van Emsen, *Adolf Hitler und die Kommenden* [Adolf Hitler e Aqueles Que Ainda Estão por Vir].[52] Publicado em 1932, nas vésperas da tomada do poder nazista, o livro era uma meditação extensa, embora extremamente idiossincrática, sobre o papel que um Terceiro *e* um Quarto Reich estavam destinados a desempenhar no futuro político da Alemanha. O autor do livro (que na realidade era o médico alemão e diretor de sanatório Karl Strünckmann) foi influenciado por uma eclética variedade de ideias, incluindo apocalipticismo cristão, astrologia, numerologia, ocultismo, ciência racial, pensamento völkisch, pangermanismo e as obras filosóficas de Hegel, Marx e Nietzsche.[53] O ponto de partida de Van Emsen era a crença messiânica de que a Alemanha estava destinada a dar origem "ao Quarto Reich 'daqueles que ainda estão por vir'".[54] Essa frase ressonante, incluída no título do livro, destacava como Van Emsen alterava o significado tradicional do Quarto Reich de uma realidade do tempo presente para um ideal orientado para o futuro. "A tarefa de depois de amanhã no Quarto Reich", ele afirmou, era que os alemães "se tornassem pioneiros de novas criações transnacionais, portadores de uma forma federal de 'universalismo' em termos de Estado, igreja e economia."[55] Essa visão utópica se assemelhava à noção do Terceiro Reich de Moeller van den Bruck, na medida em que concebia uma missão histórica mundial, redentora, para o povo alemão. A visão de Van Emsen, no entanto, tinha uma diferença importante. Concebida quase uma década *após* o livro de Moeller, refletia o fato de o Terceiro Reich não estar mais disponível como significante para sua desejada utopia, já tendo sido apropriado pelo Partido Nazista. Van Emsen, então, teve de se referir à sua visão futura como um *Quarto* Reich, que só poderia ser estabelecido na esteira de um antecessor nazista ainda-a-ser-criado.

Ao mapear esse processo, Van Emsen empregava uma filosofia dialética da história, prevendo que o futuro da Alemanha seria determinado por uma série de eventos revolucionários iniciados por ninguém menos que Adolf Hitler. Como "percussionista da revolução alemã", Hitler estava destinado a sanar as crônicas divisões de classe, religiosas e raciais da Alemanha estabelecendo um "Terceiro Reich Alemão Grão-Prussiano" que iria finalmente reconciliar nacionalismo e socialismo, integrando o "quarto estado" (o proletariado) ao "organismo social".[56] Contudo, embora Van Emsen o visse como "o começo de uma reviravolta", Hitler era apenas "o símbolo da fase de transição"; "assim que seu papel esteja cumprido", escreveu Van Emsen, "outros tomarão seu lugar".[57] A "pequena revolução alemã" de Hitler seria apenas um prelúdio particularista, "*völkisch*", para a "revolução mundial" mais universal que deveria ocorrer em fins do século XX (Figura 1.3).[58] Isso traria o "grande renascimento" capaz de sanar as históricas divisões religiosas da Alemanha ao criar uma nova "irmandade comunista-cristã" e facilitar o surgimento do "Quarto Reich, o Reich de Deus".[59]

Esse processo acarretaria uma fase violenta, nietzschiana, de destruição criativa. "Os últimos bastiões do passado", Van Emsen declarou, "terão de ser inteiramente destruídos" antes que o Quarto Reich possa emergir.[60] Citando velho *Edda* da poesia nórdica antiga, escreveu que os alemães teriam de passar "pelas mais terríveis profundezas do inferno" e chegar até o fim da "era do machado [*Beilzeit*]" antes de atingirem "a era da cura [*Heilzeit*]".[61] No período inicial, os alemães forjariam, "mediante ferro e sangue", um império colonial nacionalmente unificado na Europa Central e Oriental.[62] Mas daí em diante buscariam um processo mais pacífico de unificação cultural, no qual "construiriam pontes" para "círculos culturais hindus" na Ásia e se conectariam com "a mais antiga pátria espiritual e religiosa dos 'arianos'".[63] O resultado seria o estabelecimento de um definitivo "Reich Arianista-Atlântico da Nação Alemã" e a criação de uma "nova humanidade".[64] Como Van Emsen, em termos místicos, colocou:

> Hoje, estamos experimentando a transição catastrófica da Era de Peixes para a Era de Aquário. Encontramo-nos em um crucial momento eônico, como na época do nascimento de Jesus... quando um mundo antigo declinava e um novo surgia: o do Ocidente cristão. Depois de dois mil anos, outra ascensão e queda está sobre nós: o declínio do Ocidente e a ascensão do novo mundo Atlântico. É papel do Terceiro Reich desmantelar os restos moribundos do Ocidente. É tarefa do Quarto Reich ajudar a formar o novo mundo cultural atlântico.[65]

O Quarto Reich acabaria por inaugurar uma era de paz universal, uma "Pax teutônica". Surgiria uma "nova terra" e a Alemanha seria seu "anjo da guarda".[66]

Depois de 1933: o Quarto Reich na Incubação Estrangeira

Não se sabe até que ponto o livro de Van Emsen foi lido, mas forneceu um *slogan* duradouro para os antinazistas depois de 1933. Emigrantes alemães foram os primeiros a promover o conceito de um Quarto Reich. Uma figura inicial nesse esforço foi um aristocrata católico bávaro, príncipe Hubertus zu Loewenstein (1906-1984). Estudiosos afirmaram que Loewenstein promoveu a ideia de um "Quarto Reich pós-nazista" em vários livros que escreveu após trocar a Alemanha por Los Angeles em 1933.[67] Loewenstein foi uma figura ativa em círculos teuto-americanos, ajudando a fundar a Liga Antinazista de Hollywood em 1936 e escrevendo inúmeros livros em defesa de um futuro Reich. Mas ele nunca se referiu à sua Alemanha futura como um Quarto Reich; na realidade a encarava como um Terceiro Reich reformado. Em seu livro de 1934, *After Hitler's Fall: Germany's Coming Reich*, Loewenstein deixou claro desde o início que "após o colapso do atual pseudo-Reich, devemos estar prontos para o verdadeiro Terceiro Reich Vindouro, isto é, a terceira encarnação histórica da Ideia do Ocidente em um povo".[68] Ao explicar seu raciocínio para esse futuro Estado, Loewenstein fez a ideia do Reich remontar à antiga Roma e definiu-a, em termos platônicos, como o ideal de uma "comunidade cultural europeia" comprometida com uma visão de "responsabilidade universal frente à humanidade".[69]

Conquanto encarnada no Sacro Império Romano-Germânico, ela era dedicada à ideia cristã de "serviço e amor", um fato que explicava por que o Terceiro Reich dos nazistas "não tem conexão com ela", já que "a ideia do Reich nunca pode ser realizada onde impera a violência... [e] a liberdade e a justiça foram destruídas".[70] O Reich vindouro seria, portanto, uma ideia espiritual baseada na "irmandade universal do homem".[71] Como aconteceu com a antiga visão de Moeller van den Bruck sobre o Terceiro Reich, Loewenstein acreditava que a Alemanha teria "um papel especial a desempenhar" na criação do Quarto Reich. Assim como havia liderado o Sacro Império Romano-Germânico durante mil anos, a Alemanha seria responsável pela guarda da ideia essencial do Reich – "o conteúdo do Ocidente" – e por servir ao futuro da Europa lançando um alicerce de paz, liberdade e justiça.[72]

Em contraste com o conservador Loewenstein, outros defensores do Quarto Reich vieram da ala liberal de esquerda do espectro político. Um dos mais destacados foi o jornalista e ex-deputado do SPD no *Reichstag* Georg Bernhard. Em 1933, Bernhard trocou a Alemanha por Paris, onde ajudou a fundar o principal jornal alemão no exílio, o *Pariser Tageblatt.* Como editor, Bernhard se dedicou à missão do jornal de ser "uma afiada arma espiritual dos alemães que vivem no exterior contra a barbárie [*Unkultur*] do Terceiro Reich".[73] Boa parte de seu trabalho foi dedicada a alertar os países ocidentais sobre os objetivos agressivos da política externa dos nazistas e "desmascarar a mentira" que servia de base à propaganda nazista. Mas Bernhard também se via como parte de uma "vanguarda intelectual" exilada que poderia formular uma alternativa política ao nacional-socialismo.[74] Nos anos 1935-1937, ele participou com outros emigrantes de destaque – incluindo Heinrich Mann, Lion Feuchtwanger e Konrad Heiden – no grande esforço patrocinado pelos comunistas de reunir forças esquerdistas e liberais em uma *Volksfront* [frente popular] antinazista.[75] Como parte desse esforço, Bernhard e um colega jornalista, Leopold Schwarzschild, foram indicados para um subcomitê conhecido como Comissão Lutetia e se prontificaram a redigir anteprojetos de constituições para uma nova Alemanha.[76]

De forma significativa, Bernhard chamou sua versão de "Projeto de uma Constituição para o Quarto Reich".[77] O documento, extremamente detalhado, era liberal em seus princípios, comprometido com a "liberdade de consciência... e a igualdade de todas as classes e raças". Além disso dedicava-se a "purgar todos os sinais de barbárie [nazista]" do futuro Estado, insistindo que, "no Quarto Reich, ninguém que tenha participado da liderança do Partido Nazista poderá ocupar qualquer cargo público".[78] O documento incluía muitos detalhes sobre a reorganização das forças armadas, burocracia, judiciário, sistema escolar e economia. Unindo todas essas recomendações havia uma rejeição da violência. "O Quarto Reich", segundo o documento de Bernhard, seria "um Reich de Paz" que rejeitava quaisquer formas de "nacionalismo pan-alemão" e de "política colonial" como "criminosas". Seu compromisso era com "democracia global e igualdade".[79] Como era esperado, o documento de Bernhard, assim como o "projeto de Constituição" redigido por Schwarzschild para o mesmo período provocaram um vigoroso debate entre as facções liberais e comunistas do *Volksfront*.[80] Mas isso acabou sendo irrelevante pois, enquanto os nazistas estiveram no poder, o projeto de Constituição permaneceu letra morta.[81]

A ideia do Quarto Reich não era somente política. O fato de que tanto Bernhard quanto Schwarzschild – como muitos outros jornalistas exilados – serem judeus mostrava como a ideia também passou a adquirir uma inflexão judaica.[82] Nesse período, os judeu-alemães costumavam encarar a ideia de um Quarto Reich com um certo grau de esperança e, às vezes, até humor. Os refugiados judeu-alemães, em particular, cultivavam uma ingênua expectativa de que a queda de Hitler fosse iminente e tentavam encontrar aspectos positivos em sua provação. Entre a grande quantidade de imigrantes judeu-alemães que fugiram para os Estados Unidos, muitos se congregaram na cidade de Nova York, em especial em Washington Heights.[83] A certa altura, no final da década de 1930, a área foi apelidada de "O Quarto Reich". As origens precisas do apelido são desconhecidas, mas parece que foram os próprios judeu-alemães que atribuíram essa denominação ao novo bairro em que viviam – ainda que de modo "brincalhão", "irônico" ou "sarcástico".[84] Seja como for, é provável que o significado do nome tenha penetrado mais fundo que aquilo que Ernest Stock, após a guerra, chamou de "brincadeira pesada".[85] Pouco se duvida de que a expressão representava uma espécie de mecanismo de enfrentamento. Judeu-alemães em Washington Heights se empenhavam em preservar, em seu novo país, o máximo que pudessem de suas tradições culturais. Ao chamar o bairro de Quarto Reich, refugiados judeu-alemães empregavam humor negro associando o novo lar àquele do qual haviam fugido.[86] Isso é sugerido pelo aparecimento de uma bem conhecida "piada sussurrada" (*Flüsterwitz*) durante a era nazista: "Um judeu visita um parente que conseguira emigrar para Nova York e, para sua surpresa, encontra um retrato de Hitler na sala de estar. Ao perguntar o que aquilo significava, o morador lhe diz: 'É para afastar a saudade de casa'".[87] À luz dessa realidade, o apelido irônico "Quarto Reich" pode ser visto como reflexo da esperança dos judeu-alemães de que o regime nazista não duraria para sempre.

Essa esperança estava presente em algumas das referências ao Quarto Reich que apareceram na imprensa judaica nos anos 1930. No outono de 1935, Baruch Charney Vladeck, líder trabalhista judeu americano e diretor do jornal *Forward*, proclamou em um tom confiante que o Terceiro Reich dos nazistas logo seria substituído por um Estado mais progressista composto de forças democráticas. Depois de assegurar que o "movimento socialista na Europa... está, em definitivo, se recuperando do primeiro choque... de hitlerismo e... partiu para a ofensiva", previu a ascensão de um "movimento de massas" de elementos trabalhistas e liberais contra o fascismo. O desfecho, acrescentou, era que "o Quarto Reich... trará uma união de trabalhadores e das classes médias baseada na igualdade e democracia".[88] O mesmo tipo de esperança encontrou expressão, no ano seguinte, em um ensaio publicado num jornal semanal de judeu-alemães baseado na América, o *Aufbau*. Em janeiro de 1936, o jornal publicou um resumo futurista ficcional de uma comemoração de Ano-Novo na cidade de Nova York em 1956. Depois de descrever o evento imaginário, que incluía "uma transmissão ao vivo de TV do primeiro ato de *Parsifal*, de Wagner, na grande Ópera Nacional de Tel Aviv", o relato observava com otimismo que "entre os espectadores... estavam o cônsul-geral alemão, doutor Wolfgang Isidor Nathan...

acompanhado pelo editor-chefe do *Staatszeitung* de Nova York, doutor Hadubrand Krause, cujo apoio corajoso à democracia e ao socialismo no Quarto Reich ganhou toda a nossa simpatia".[89] Ao mostrar a convivência entre alemães e judeus, o *Aufbau* apresentava uma simpática fantasia de reconciliação. Essa esperança foi articulada com uma dose adicional de desafio em outro artigo do *Aufbau*, publicado em agosto de 1939. Motivado pela remoção pelos nazistas de uma estátua de um pensador filossemita do Iluminismo do século XVIII, Gotthold Ephraim Lessing, da Judenplatz, de Viena, o artigo declarava de forma resoluta: "E fazem muito bem! O autor de *Nathan* [O Sábio] não precisa ser um herói para os nazistas", acrescentando que o crime só seria retificado "no Quarto Reich!".[90] Por fim, as esperanças de que os judeus se associassem à ideia do Quarto Reich foram expressas no livro do rabino (e mais tarde capelão naval dos EUA) Charles Shulman, *Europe's Conscience in Decline* 1939). Na obra, que era uma acusação contra o antissemitismo da época, Shulman escreveu com empatia que os judeus da Alemanha "pensavam que, com o fim da [Primeira] Guerra Mundial... o ódio tinha chegado ao fim. Perceberam que estavam de novo enganados ao testemunhar a ascensão de Hitler... Na Alemanha e no exílio eles não aceitaram o regime nazista como a Alemanha imaginada por suas últimas esperanças. Estão esperando o Quarto Reich".[91] No uso judaico, em suma, o Quarto Reich simbolizava a esperança de uma versão futura ideal da Alemanha.

Assim que a guerra começou, a imprensa judaica previu que o próximo Reich alemão seria um Estado progressista. Para garantir que essa possibilidade se concretizasse, alguns jornais insistiram que qualquer futuro acordo de paz precisaria evitar os problemas do Tratado de Versalhes e tratar a Alemanha de forma branda e não punitiva. Em 1940, Ben Mordecai declarou em *The Jewish Advocate* que, "apesar de tudo que sofremos nas mãos de Hitler... se insistirmos em acorrentar a Nova Alemanha... ao Quarto Reich, apresentando uma enorme conta por todos os pecados e depredações de seu governo anterior, conseguiremos apenas tornar impossível uma vida normal para esse infeliz país... Os agitadores então vão... dizer que são os judeus que estão retardando a reconstrução da Alemanha".[92] Essa postura de contenção pode parecer surpreendente à luz das subsequentes demandas judaicas após 1945 para que a Alemanha fosse punida por seus crimes de guerra. Mas na época em que Mordecai estava escrevendo as piores perseguições do regime nazista ainda não haviam ocorrido. Além disso, os judeus americanos eram sensíveis à acusação de que eram "belicistas" tentando envolver o governo do presidente Franklin D. Roosevelt em uma guerra estrangeira a que se opunham os isolacionistas norte-americanos. Artigos na imprensa judaica se empenhavam em parecer otimistas acerca de um futuro Quarto Reich.

Uma aversão semelhante à vingança foi expressa em uma história de ficção escrita por Martin Panzer e publicada no *The Jewish Exponent*, na primavera de 1941, sobre "o que podia acontecer a Hitler após o término da guerra". A visão de Panzer era branda, com o Führer ganhando um mero "puxão de orelhas" pelos seus crimes. Ambientada em um mundo futuro "três meses após o tratado de paz... e cinco meses após... o Quarto Reich ter começado a funcionar quase sem problemas", o novo governo alemão captura Hitler e o leva a julgamento. Transcorrem semanas de testemunho e interrogatório, mas o resultado inesperado é que Hitler emerge como "uma figura patética em sua solidão", a ponto de as pessoas começarem a vê-lo como "um coitado". Quando chega a hora de anunciar o veredito, Hitler é considerado culpado, mas ganha apenas uma sentença com *sursis*. Por incrível que pareça, poucas pessoas acham a sentença injusta, pois encaram "o velhote" como essencialmente "incapaz". A fantasia termina com uma cena de justiça poética, ainda que ridícula:

> Vários produtores ofereceram a Hitler gordas somas de dinheiro para ele aparecer no palco e na tela. Uma grande companhia de seguros fez uma oferta de 50 mil dólares anuais se Hitler aceitasse uma

> vice-presidência. Mas Hitler não se interessou por nenhuma das ofertas. Alugou um quartinho sobre uma *delicatessen* e não parava de escrever. Ao seu redor se desenvolveu um pequeno partido chamado Futuro Partido Alemão. Um policial ficava de guarda diante do edifício para protegê-lo.[93]

A história de Panzer estava longe de se mostrar competente ao tentar prever a reputação de Hitler no pós-guerra. Mas chamava a atenção para as sensibilidades dos judeus americanos em uma época em que o país ainda estava neutro e suas lealdades continuavam suspeitas. Ao se retratarem como dispostos a perdoar a Alemanha por seus crimes e confiar que o novo governo do pós-guerra defenderia a causa da justiça, os judeus americanos endossavam a ideia de um Quarto Reich.

O Quarto Reich na Alemanha: Visões da Direita

Voltando à Alemanha, o esforço para imaginar um Quarto Reich emergiu de uma ala muito diferente do espectro político. Antes da eclosão da Segunda Guerra Mundial, a maioria das alternativas ao regime nazista foi concebidas em círculos da direita. Uma das visões mais proeminentes de um futuro Reich foi promovida pelo renegado ex-nazista Otto Strasser (Figura 1.4). Strasser ingressou no NSDAP em 1925, mas saiu em 1930, achando que Hitler havia abandonado os princípios socialistas do partido em favor de uma aliança com forças capitalistas reacionárias. Strasser fundou o movimento dissidente da "Frente Negra" para promover o que acreditava ser uma forma genuína de "socialismo alemão". A Frente Negra foi vista durante muito tempo como pertencente ao campo "revolucionário conservador" ou "nacional-bolchevique" em virtude de seu desejo de misturar princípios nacionalistas e socialistas.[94] Não causa supresa que a organização de Strasser tenha entrado em choque com os nazistas logo depois que estes tomaram o poder em 1933. Após o assassinato, na Noite das Facas Longas (30 de junho de 1934) do irmão Gregor Strasser, que durante muito tempo fora o segundo homem no comando nazista, Otto fugiu para a Tchecoslováquia, mudando-se depois, em 1939, para Paris. Em 1940, deixou de vez a Europa, acabando por se fixar no Canadá, onde permaneceu durante toda a duração da Segunda Guerra Mundial. Nesse período, Strasser recebeu considerável atenção do mundo anglófono como governador de um possível Quarto Reich, graças a livros publicados em 1940: seu próprio volume autobiográfico, *Hitler and I*, e a simpática biografia do jornalista britânico Douglas Reed, *Nemesis? The Story of Otto Strasser and the Black Front.*[95]

Strasser não se referiu de maneira explícita a um "Quarto Reich" em seus escritos, mas ainda assim veio a ser associado ao conceito na Grã-Bretanha e nos EUA em razão da reembalagem feita por Reed de sua visão política. Reed empregou a ideia de um novo Reich do início ao fim do *Nemesis?*, afirmando que Strasser "falava com frequência da nova Alemanha que ele gostaria de construir como o Quarto Reich".[96] Pessoalmente, Reed acreditava que o futuro Estado seria melhor servido por um "nome [inteiramente] novo... não uma edição revista da velha denominação desacreditada", mas não obstante endossou a ideia de um Quarto Reich ao discutir a agenda de Strasser.[97] Reed deu total apoio ao objetivo de Strasser de derrubar Hitler e de construir uma "nova ordem" com o emprego da Frente Negra para lançar uma "revolução vinda de cima" e criar um "socialismo alemão".[98] Valendo-se do livro de 1932 de Strasser, *Aufbau des deutschen Sozialismus* [A Estrutura do Socialismo Alemão] (que foi atualizada e publicada em 1940, em inglês, como *Germany Tomorrow*), Reed explicou que a visão da Frente Negra para o novo Reich acarretava uma mistura de políticas radicais e reacionárias, incluindo a abolição da propriedade privada e a reintrodução de guildas; um sistema político autoritário governado por um presidente do Reich nomeado para mandato vitalício; e uma estrutura federal com a Prússia exercendo menos influência. Por fim, a nova Alemanha rejeitaria os métodos "repugnantes" usados por Hitler para resolver a "questão judaica", permitindo que os judeus "levassem uma existência digna", embora ao mesmo tempo limitando sua "imoderada... influência".[99]

O próprio Strasser não descreveu essa visão como um Quarto Reich, mas sugeriu que o futuro Estado Alemão poderia ser considerado como tal. Ele comentava com frequência que a Alemanha depois de Hitler continuaria a ser um Reich.[100] Em *Hitler and I*, Strasser recordava como, em uma discussão com Hitler duas décadas antes, em 1920, este afirmou constituir ele próprio o Terceiro Reich, ao que Strasser retrucou: "Não... Möller van den Bruck disse que o Primeiro Reich foi o Sacro Império Romano-Germânico cristão e federal de Carlos Magno, o segundo foi o de Guilherme e Bismarck, e o terceiro deve ser outra vez federal, cristão e europeu".[101] Como Hubertus zu Loewenstein, Strasser acreditava que um futuro Reich alemão tinha de fazer parte de uma comunidade europeia mais ampla. Por esse motivo, comprometeu-se a combater os maiores promotores da versão de Hitler do nacional-socialismo – "industriais pan-germânicos... [e] *junkers** prussianos" – e prometeu lealdade eterna ao que chamou o verdadeiro "Programa Nacional-Socialista" para "tornar a Alemanha um membro da grande família europeia".[102] Agindo assim, Strasser buscava o apoio do povo alemão. Argumentando que "10 milhões de seres humanos [na Alemanha] sofriam pessoalmente com os métodos de Hitler", previu que os alemães estavam preparados para apoiar "uma revolução nacional e social" por meio da "destruição das raízes do... pangermanismo" e procurando seguir "o espírito da unidade europeia... [não da] dominação europeia".[103]

Talvez Strasser nunca tenha empregado a expressão Quarto Reich no que escreveu, mas outros o associaram a ela. Já em 1930, a mídia alemã descrevia num tom zombeteiro seu rompimento com Hitler como parte do "Terceiro ou Quarto Reich de Strasser".[104] Acusações semelhantes

---

* Assim era denominada a aristocracia germânica durante o Segundo Reich (ou Império Alemão, entre os anos 1871 e 1918), composta por membros da nobreza, militares de altas patentes e grandes prospietários de terras. (N. do E.)

vieram também de círculos nazistas. Em 1935, o periódico da SS, *Das Schwarze Korps*, atacou Strasser – que se encontrava então em um exílio tcheco – por aceitar fundos de exilados alemães em Praga, declarando que "para camuflar seus recursos financeiros... Strasser está angariando 'tijolos' para seu 'Quarto Reich' [que] serão... 'reembolsados' assim que a 'Frente Negra' assumir o poder".[105] Por fim, as resenhas anglo-americans de *Hitler and I*, *Germany Tomorrow* e *Nemesis* [Hitler e Eu, Alemanha Amanhã e Nêmesis] fizeram eco à avaliação do *New York Times* de que Strasser estava perseguindo o objetivo de "formar um Quarto Reich".[106]

Além de Strasser, outros dissidentes nazistas, revolucionários conservadores e nacional-bolcheviques estavam ligados à perspectiva de um Quarto Reich. Um dos mais proeminentes foi o líder radical da SA, Ernst Röhm. Antes da Noite das Facas Longas, correram rumores de que Röhm estava planejando um novo Reich como parte de uma suposta rebelião contra o governo de Hitler. Pelo menos foi essa a alegação de Hermann Goering que, nos Julgamentos de Nuremberg em março de 1946, afirmou que "algumas semanas antes do *Putsch* de Röhm, uma liderança de baixo escalão da SA me passou a informação... de que uma ação contra o Führer... estava sendo planejada para substituir o quanto antes o Terceiro Reich por um definitivo Quarto Reich, uma expressão que aquelas pessoas usavam".[107] É difícil saber se Goering estava sendo sincero ou apenas tentando justificar o assassinato de Röhm. Mas suas alegações não se deviam apenas ao contexto do pós-guerra. Já em 1934, o próprio Otto Strasser tivera de insistir que "Röhm era apenas um militar. Não entendia absolutamente nada de política. Dizer que estava tramando um Quarto Reich é lhe dar uma importância que ele nunca teve".[108]

Além da SA, outros partidários dos princípios socialistas do Partido Nazista estavam ligados à possibilidade de um Quarto Reich. Em 1941, o *New York Times* informou que o ex-partidário nazista e revolucionário conservador Hermann Rauschning estava planejando "erigir um Quarto Reich cristão sobre uma base conservadora tradicional, legítima".[109] Rauschning usou a expressão em um livro de 1941, *The Conservative*

Revolution, observando com uma considerável autopiedade que o futuro Estado alemão procuraria usar a Prússia como bode expiatório pela ascensão do nazismo, concluindo: "Nós, prussianos, estamos destinados a ser os judeus do Quarto Reich".[110] Mais ou menos na mesma época, o ex-esquerdista que tinha virado nacional-bolchevique, Ernst Niekisch, foi descrito como "defensor da criação de um 'Quarto Reich' que... eliminaria todos os elementos burgueses e... cooperaria com a Rússia Soviética".[111] Por fim, o escritor de direita Ernst von Salomon foi descrito em 1944 como um "profeta do Quarto Reich" que, depois a guerra, esperava estabelecer um regime conforme as linhas nacionais bolcheviques.[112]

Além desses representantes radicais, conservadores tradicionais flertaram com a ideia de um Quarto Reich como parte de uma monarquia restaurada. No outono de 1933, o *Vossische Zeitung* usou a convocação do Congresso Católico Alemão em Viena como oportunidade para condenar certos "trovadores" que supostamente esperavam criar um "Quarto Reich" sob a liderança dos Habsburgos e o governo do arquiduque Otto.[113] Vários anos mais tarde, quando Hitler estava desenvolvendo planos para a anexação da Áustria, o jornal de Joseph Goebbels, *Der Angriff*, condenou a perspectiva de um retorno dos Habsburgos ao poder, acusando o arquiduque Otto de conspirar para "destruir a unidade da Alemanha e esperar em Viena como o futuro monarca de um 'Quarto Reich' católico".[114] É difícil confirmar essas afirmações de jornais do governo nazista e elas devem ser encaradas com reserva, em vista do modo como o regime usava a expressão como instrumento para desacreditar adversários políticos. Mas elas explicam como Quarto Reich acabou se tornando uma expressão antinazista na Alemanha.

Essa tendência ficou ainda mais visível nos relatórios de planos que supostamente estariam sendo idealizados pelos militares alemães. Em 1935, agentes da Gestapo reportaram ansiosamente que veteranos da *Reichswehr** foram ouvidos entoando um poema marcial que terminava

* As forças armadas alemãs. (N. do T.)

com as frases: "No Terceiro Reich estamos marchando, no Quarto Reich estaremos governando!"[115] Nesse mesmo ano, a imprensa anglófona reportou que, entre "membros jovens" de círculos militares conservadores, havia "uma conversa sobre um Quarto Reich em que a *Reichswehr* e a Stahlhelm governariam tendo um general como chanceler".[116] Outras histórias citavam oficiais militares alemães resmungando sobre a interferência nazista no exército e prevendo que "assim que tivermos jovens suficientes em nossas fileiras e [pudermos]... ensinar-lhes nosso ponto de vista, teremos dado um grande passo em direção a um Quarto Reich".[117] Esses relatórios alimentavam a fantasia aliada de que os nazistas poderiam ser derrubados internamente, sem a eclosão de uma guerra. Mesmo após o início das hostilidades, no outono de 1939, tais desejos continuaram a ser expressos. Após a fracassada tentativa de assassinato de Georg Elser contra Hitler, em 8 de novembro de 1939, a imprensa britânica especulou que, se o atentado tivesse sido bem-sucedido, Hermann Goering teria "formado um governo temporário" e "pedido que os Aliados parassem a guerra para facilitar a tarefa de reorganização do 'Quarto Reich'".[118]

À medida que a Segunda Guerra Mundial avançava, a resistência alemã adotava cada vez mais a ideia do Quarto Reich como princípio mobilizador. Membros do Círculo Bosch, um grupo de tendência liberal criado em torno do industrial alemão Robert Bosch (1861-1942), empregaram a ideia de um novo Reich em reuniões secretas com funcionários consulares americanos para ajudar a resistência antinazista a dar um fim precoce à guerra.[119] A resistência católica baseada em Colônia também fez isso, como ficou demonstrado pela invocação do Quarto Reich por Laurentius Siemer, provincial dos dominicanos, e pelo padre jesuíta Alfred Delp, que lideraram discussões vigorosas sobre os princípios subjacentes a um Estado pós-nazista.[120] Foi amplamente informado que o ex-prefeito de Leipzig e membro do Círculo Kreisau, Carl Goerdeler, seria o chanceler designado para o Quarto Reich.[121] Gabriel Almond, funcionário do Gabinete de Informações de Guerra dos Estados

Unidos (Office of War Information – OWI) e mais tarde cientista político, reportou que, em 1944, um grupo de resistência antinazista de Dresden enviou uma carta anônima aos funcionários nazistas locais com a assinatura "O Governo Provisório do Quarto Reich".[122] Finalmente, perto da conclusão da guerra, o oficial da *Wehrmacht* e membro da resistência Hans Bernd Gisevius escreveu em seu diário que o chefe de inteligência estrangeira do Serviço de Segurança Nazista (SD), Walter Schellenberg, estava "tentando se conectar com a oposição... [e] salvar-se passando para o Quarto Reich".[123]

O conceito do Quarto Reich permitiu que alemães comuns praticassem uma forma mais sutil de *Resistenz* de oposição. O famoso professor de literatura e cronista Victor Klemperer, de Dresden, salientou como o conceito conseguira chegar às populares "piadas sussurradas" antirregime.[124] Quando de sua prisão temporária no final de junho de 1941, Klemperer lembrou que "uma piada muito antiga do Terceiro Reich... me trouxe um verdadeiro consolo. Questionário do Quarto Reich: 'Quando você foi preso pelo governo anterior? Se não, por quê?'".[125] O apelo da piada era claro; expressava a esperança de que, no futuro próximo, a concepção distorcida que os nazistas tinham de criminalidade seria revertida e um devido equilíbrio moral restabelecido. Outros alemães usaram o Quarto Reich como símbolo de perseverança. Em suas memórias, *Berlin Underground*, a jornalista e figura da resistência Ruth Andreas-Friedrich recordou uma conversa que teve na primavera de 1941 com seus amigos Erich e Karla Tuch, que estavam deixando Berlim para assumir um posto diplomático no Extremo Oriente. Ao se despedir, o sr. Tuch começou a dizer: "Vamos vê-la de novo no..." antes de ser dominado pela emoção e não conseguir completar a frase. A reação de Andreas-Friedrich foi muda: "... no Quarto Reich, completamos em silêncio para Tuch. E balançamos a cabeça para mostrar que havíamos entendido".[126] Essas e outras conversas nas memórias de Andreas-Friedrich mostram como a perspectiva de um novo Reich servia como laço de ligação entre os adversários do regime de Hitler.[127]

É de se prever que a crescente associação do Quarto Reich à resistência anti-hitlerista tenha instigado os nazistas a suprimi-lo. Em 1934, funcionários do governo menosprezaram a conversa "sobre um iminente Quarto Reich" como "conversa fiada de emigrantes".[128] Alguns anos mais tarde, as autoridades começaram a usar uma linguagem mais estridente. Em 4 de março de 1936, em um discurso em Altona, o *gauleiter* Wilhelm Kube advertiu "aqueles que sonham com um Quarto Reich" que eles "não têm mais nada a dizer sobre o destino de nosso povo", acrescentando que "o 'Quarto Reich' foi guardado por tempo indefinido atrás dos muros dos campos de concentração".[129] Mais tarde, no entanto, os nazistas tentaram suprimir a ideia com medidas mais punitivas. Em 1940, a imprensa britânica publicou uma história (talvez apócrifa) de como uma musicista alemã estava fazendo um exame de qualificação do Estado quando lhe foi feita a pergunta: "O que virá após o governo do Terceiro Reich na Alemanha?". A história do jornal continuou: "Por mero senso de humor, ela escreveu 'o Quarto Reich' e foi reprovada. A resposta que devia ter dado era 'eu não sei o que virá após a eternidade'".[130] De forma mais letal, em 1944, o *Volksgerichtshof* [tribunal popular] nazista condenou à morte Hans-Konrad Leipelt, membro da Rosa Branca,* por atividades antinazistas, o que incluía sua disposição de "depreciar o nacional-socialismo" redigindo e publicando um satírico "Questionário no Quarto Reich".[131]

Enquanto a guerra se arrastava, os nazistas empregaram de forma mais agressiva, como arma de propaganda, o conceito de Quarto Reich. Usaram-no em particular para fazer penetrar um espírito de combate no povo alemão, assustando-o sobre planos aliados de vingança. Afirmando que os planos de ocupação aliada para a Alemanha do pós-guerra eram inspirados por "um programa de extermínio de autoria dos judeus internacionais", a imprensa nazista previu que "era provável que os termos [de paz] impostos ao Quarto Reich não fossem em nada melhores

---

* Movimento da resistência antinazista alemã. (N. do T.)

que aqueles que o Terceiro Reich podia esperar".[132] Em outras declarações, o regime enfatizava a falta de clemência aliada dizendo que "após a derrota do Terceiro Reich, não seria permitida a existência de um Quarto Reich, nem de qualquer outro Reich dos alemães".[133] Esses empregos da expressão visavam contrapor-se à ansiedade do povo alemão para se render aos Aliados quando eles entrassem em território alemão. Para completar, os nazistas também usavam o terror para extinguir qualquer esperança popular de criação de um Estado pós-nazista. Quando a guerra abrandou, jornalistas estrangeiros reportaram em várias ocasiões que os nazistas estavam procurando "liquidar... todas as pessoas... suspeitas de... estarem trabalhando por um Quarto Reich" ou qualquer outro "regime de capitulação".[134]

O Quarto Reich na Imaginação Aliada

Embora a ideia do Quarto Reich, na Alemanha, fosse sem a menor dúvida antinazista, seu significado nos países aliados era mais ambíguo. Durante os anos iniciais e intermediários da guerra, muita gente usava a expressão como uma designação progressista para a Alemanha futura. Contudo, à medida que a guerra se aproximava do fim, certos críticos começaram a associar o Quarto Reich à perspectiva de um Estado nazista restabelecido. As visões divergentes quanto à natureza do Quarto Reich refletiam a incerteza mais ampla dentro das nações aliadas sobre como tratar a Alemanha após a conclusão da guerra. Durante os últimos anos do conflito, irrompeu um furioso debate nos governos americano e britânico, bem como na mídia anglo-americana e no seio da comunidade exilada alemã sobre se a paz que iriam impor à Alemanha deveria ser branda ou dura. Grande parte da indecisão refletia um profundo desacordo quanto ao caráter do povo alemão – especificamente, se os alemães eram capazes de uma reabilitação democrática e se deveriam ser tratados com moderação ou se eram incorrigíveis militaristas a serem punidos por seus crimes. Ao externarem suas opiniões, os defensores de cada posição empregavam diferentes conceitos de um Quarto Reich. Os que propunham uma paz indulgente procuravam reter o significado progressista do conceito, insistindo que a turbulenta história da Alemanha do século XX era fruto de fatores contingentes e recomendando que o país fosse reconstruído com um generoso acordo de paz. Os defensores de uma paz severa, ao contrário, argumentavam que os alemães eram um povo ferozmente militarista e antidemocrático que precisava ser punido para que não estabelecesse um Quarto Reich e deflagrasse uma Terceira Guerra Mundial.[135]

Os que propunham uma paz indulgente, em especial entre exilados alemães, expressavam na mídia anglófona suas esperanças e colocavam sob um foco positivo a ideia de um Quarto Reich. Em março de 1939, logo após a ocupação alemã da Boêmia e Morávia, Otto Sattler, o líder socialista exilado da Liga Teuto-Americana para a Cultura, baseada em Nova York, expressou sua vergonha pelo "estupro da Tchecoslováquia" e a esperança de que uma revolução contribuísse para "a ascensão... de um Quarto Reich: um Reich para a liberdade e para a cultura, unido à marcha incansável da humanidade para... a paz universal".[136] Na primavera de 1940, a *The New Leader* publicou as opiniões do jornalista vienense de esquerda Johann Hirsch e do ex-ministro do Interior da era Weimar, Wilhelm Sollmann, que falaram com prudência da esperança de que "fosse dada aos socialistas alemães... por um mundo cansado de guerra, a oportunidade de construir o Quarto Reich como um estável centro europeu".[137] Um ano mais tarde, em seu livro de 1941, *Thinker versus Junker* (1941), o jornalista alemão de esquerda Will Schaber reimprimiu o ensaio de 1931 do romancista alemão Heinrich Mann, "Deutsche Entscheidung" ["A Decisão Alemã"], com um novo título: "Outlook on the Fourth Reich" ["Visão do Quarto Reich"]. Nesse curto ensaio sobre o futuro político da Alemanha, Mann – que já então havia adquirido a alcunha de "presidente não coroado do Quarto Reich" – equiparava o futuro Estado alemão à democracia, prevendo que ela triunfaria "num combate" contra o regime nazista, que só seria derrubado "com derramamento de sangue".[138] Mais ou menos na mesma época, o irmão de Heinrich Mann, o ganhador do Prêmio Nobel Thomas Mann, foi descrito na *The New Yorker* como "o presidente ideal do Quarto Reich, assim que os nazistas sejam derrotados".[139] Os refugiados socialistas alemães que editaram o volume *The Next Germany* em 1943 presumiram que a Alemanha desfrutaria de um "sistema democrático de governo em um Quarto Reich".[140] Por fim, um livro de 1943 de um jornalista exilado judeu-alemão (mais tarde convertido ao catolicismo), R. G. Waldeck, *Meet Mr. Blank: The Leader of Tomorrow's Germans* antecipava com cautela "um grande futuro para o liberalismo na Alemanha" e previa que a fé em ideias liberais seria "mais forte entre os jovens que... desempenharão o papel decisivo no Quarto Reich".[141]

Muitos desses alemães exilados encontraram apoio em círculos americanos. Escrevendo no *The Boston Globe*, a influente colunista e, mais tarde, defensora de uma paz branda, Dorothy Thompson, citou alemães anônimos "que ocupam posições importantes no Terceiro Reich... [e que] vêm se preparando para [a época] depois de Hitler". Ela assegura aos leitores que "o Quarto Reich que eles têm em vista não é comunista... [mas sim] uma república democrática".[142] Wallace Deuel, um jornalista americano e funcionário do Escritório de Serviços Estratégicos (Office of Strategic Services – OSS), declarou ao *New York Times* em 1944 que o Estado alemão do pós-guerra seria "um Quarto Reich livre e democrático com o qual o mundo poderia viver em paz".[143] Por fim, em fevereiro de 1945, o projeto de propaganda clandestina do OSS, "Operação Musac" (que transmitia para a Alemanha falsas canções populares alemãs pela Soldatensender Calais, ou "Rádio Calais dos Soldados", baseada na Grã-Bretanha), irradiou uma nova canção intitulada "In the Fourth Reich" ["No Quarto Reich"], que concluía com o otimismo dos seguintes versos:

> Sim, no Quarto Reich
> o Senhor Deus vem para ficar

enquanto Goering se afasta,
pois o Quarto Reich
será no devido tempo o lar da justiça.
Assim que os nazistas forem tirados,
a Alemanha terá acordado,
e sido também ressuscitada,
pois neste adorável Quarto Reich,
não haverá mais Goebbels, esse embuste mentiroso,
nem enganações cuspidas pelo rádio,
nem mais gritos de raiva de Hitler,
nem os violentos extermínios de Himmler,
nem a amargura autoritária de Schirach,
nem mais de Ribbentrop, esse ladrão,
nem mais Rosenberg ofegante,
ou o berreiro embriagado de Ley –
no Quarto Reich
todos eles irão direto para o inferno![144]

Em contraste com essas previsões otimistas, observadores mais céticos temiam que um futuro Reich alemão fosse de orientação nazista. Alguns estavam convencidos de que, quando a guerra acabasse, os líderes do regime nazista não aceitariam a derrota e ficariam escondidos até poderem voltar ao poder. Em 1944, o livro *The Nazis Go Underground*, do escritor alemão exilado Curt Riess, advertia que a liderança do Partido Nazista ia se abster de resistir com violência à ocupação aliada em prol da criação de "células clandestinas" de militantes leais do partido. Elas poderiam se infiltrar na vida alemã do pós-guerra e miná-la de dentro.[145] Segundo Riess, Heinrich Himmler já tinha reunido "um grupo de uns 200 mil a 300 mil homens" na Alemanha e "um exército de milhões de simpatizantes" em países como Argentina e Espanha.[146] Seu trabalho era esperar "até que o mundo tenha tido tempo de esquecer o que os nazistas fizeram na Alemanha", quando então poderiam começar "a sussurrar sobre os velhos e bons tempos... do governo de Hitler" até chegar a hora de atacar.[147] Riess não quis se arriscar a prever quem seria "o cabeça do Quarto Reich", mas não tinha dúvida de que o objetivo final da liderança nazista era "chegar ao poder para... que pudessem iniciar a Terceira Guerra Mundial".[148]

A mesma suspeita estava presente no ensaio de ficção escrito em 1944 pelo jornalista britânico Gordon Young, *Mein Zweiter Kampf* [Minha Segunda Luta].[149] Publicado no *Daily Express* de Londres, o ensaio especulava sobre como seria um segundo volume de *Mein Kampf* se Hitler o tivesse escrito. No texto imaginário, Hitler identifica de forma sóbria as diferentes razões para a derrota militar da Alemanha ("má inteligência/estratégia militar", recursos insuficientes etc.), mas esboça de forma sagaz um plano "para cada alemão leal trabalhar... para o terceiro e último conflito que finalmente trará para o Reich o poder mundial". Argumentando que a Alemanha não conseguiu atingir seu objetivo via força militar, Hitler declara que "o Quarto Reich terá sucesso... parecendo ser mais democrático do que as próprias democracias". "Sob o pretexo de promover a ciência e a cultura mundiais", a Alemanha mandaria sua elite cultural e intelectual "a todos os congressos internacionais", mas ao mesmo tempo trabalharia para espionar "o que nossos inimigos fazem e dizem". Ex-militares confraternizariam com seus colegas estrangeiros, enquanto o "Estado-Maior deve trabalhar em segredo" para "desenvolver novas armas de guerra". No segundo volume de *Mein Kampf*, Hitler chega a admitir que "a Nova Alemanha terá de cultivar a boa vontade dos judeus" oferecendo-lhes "reintegração, compensação e apoio para todas as suas reivindicações". O objetivo supremo, no entanto, era claro: "Enquanto essa nova Alemanha 'reformada' apresenta uma gigantesca máscara para o mundo, podemos organizar em casa nosso secreto Quarto Reich, que vai preparar nossa guerra final".

Os temores de Riess e Young de que os nazistas do pós-guerra agissem como lobos em pele de cordeiro foram compartilhados por outros observadores anglo-americanos. Em junho de 1944, Vincent Church escreveu no *Daily Mail* que "certos membros da Gestapo, do Partido e do Exército... vão entrar na clandestinidade durante um longo tempo... e se preparar em segredo para um Quarto Reich".[150] Em outubro de 1944, Maxwell McCartney e J. H. Freeman insistiram no mesmo ponto no suplemento literário do *The Times*, observando: "O Quarto Reich já está lançando sua sombra sobre o mundo e, neste momento, é provável que os alemães já estejam mais bem preparados para vencer a terceira guerra alemã do que os Aliados para conquistar a paz".[151] Do mesmo modo, o jornalista americano Barnet Nover via o perigo que chegasse um dia "em que um novo Hitler, à frente de um Quarto Reich, deflagrasse uma Terceira Guerra Mundial".[152]

Outros observadores alertaram que os nazistas tentariam lançar as bases de um Quarto Reich criando uma visão mítica de Adolf Hitler. Após a fracassada tentativa de assassinato de 20 de julho de 1944 contra Hitler, o oficial de inteligência do OSS Wallace Deuel escreveu a seu chefe, William Donovan, que "um dos ângulos... mais interessantes dos acontecimentos dos últimos dias... é que agora o Quarto Reich tem seu álibi para a guerra atual". Ao fazer essa observação, Deuel sugeria que nazistas inveterados atribuiriam a iminente derrota militar da Alemanha "à deslealdade de um pequeno grupo de generais traidores" e absolveriam Hitler de qualquer responsabilidade política, pavimentando assim o caminho para sua reabilitação.[153] Do mesmo modo, em fevereiro de 1945, o diplomata britânico e defensor da paz severa Robert Vansittart previu que Hitler estava destinado a uma forma mítica de "estrelato" no pós-guerra devido à queda do povo alemão por lideres autoritários, carismáticos. Convencidos de que os alemães não estavam se importando que "o cabo Hitler... fracassasse como Führer", Vansittart advertiu que "ele pode ser de grande utilidade como mito para apoiar um Quarto Führer e um Quarto Reich", concluindo que a palavra "Reich" deveria ser inteiramente "proibida se fôssemos prudentes".[154]

De todas as advertências contra o surgimento de um Quarto Reich, no entanto, a mais estridente veio de um romance de 1944, *Phantom Victory* (Figura 1.5) do escritor austríaco exilado Erwin Lessner. Com o subtítulo *The Fourth Reich, 1945-60*, o livro era a assustadora história futura de um mundo em que os nazistas arrancam a vitória das garras da derrota. Quando o romance começa, a Segunda Guerra Mundial está perto de seu término e a liderança alemã adota uma postura de cooperação superficial com os Aliados. Liderando tal esforço está uma fraternidade recém-criada chamada "Potsdam Bund", que é formada por líderes do Estado-Maior Alemão. O Bund instrui os soldados da *Wehrmacht* a depor suas armas e ordena que a população alemã pratique uma resistência passiva. Sem ter nenhum exército com que negociar, os Aliados forjam uma "paz separada" em troca do abandono pelos alemães da resistência passiva. Atendendo a uma condição do Pacto, o Bund entrega Hitler aos Aliados, mas, num indício de uma futura duplicidade, ele se revela como um sósia. Incapazes de localizar o verdadeiro Führer, os Aliados logo abandonam o programa de desnazificação. Embora obriguem alemães comuns a preencher questionários sobre o comportamento político que tiveram no passado, os 62 milhões de formulários que daí resultam são tão extensos que processá-los iria requerer que "a maquinaria legal das Nações Unidas... suspendesse todas as suas outras tarefas por cinco gerações e meia".[155]

Contra esse cenário nada promissor, o romance passa a mostrar como um desacordo aliado sobre a ocupação da Alemanha pavimenta o caminho para o desastre. Dois jornalistas americanos personificam esse desacordo: o cauteloso linha-dura Donald Donnelly, que quer atribuir a todos os alemães a responsabilidade pelos crimes do país e Rose Flag, de um ingênuo otimismo, que apela em uma transmissão de rádio para que o povo alemão faça penitência e conquiste a reabilitação. Em resposta ao apelo de Flag, o personagem central do romance, um pastor modesto, mas carismático das Montanhas Taunus chamado Friedolin emerge para liderar um movimento de massas de "penitentes" alemães.

Usando braçadeiras recicladas, com as suásticas carimbadas com um 'B' de *büssen* (expiar), os membros do movimento penitente vão aos poucos exibindo traços quase nazistas e se cumprimentam com a saudação *Buss Heil!* (Salve a Penitência!). Quando uma onda de contrição se espalha pela Alemanha, as autoridades americanas se convencem de que o país completou de um modo eficaz o processo de exame de consciência e está pronto para o renascimento econômico. Os Estados Unidos estão particularmente ansiosos para que isso ocorra porque continuam em guerra com o Japão e precisam de armamentos da Alemanha para triunfar no teatro do Pacífico.[156]

A dependência dos EUA da Alemanha se mostra no entanto fatal, pois dá a Friedolin a vantagem de que ele precisa para adquirir poder. Donald Donnelly é o primeiro a reconhecer essa ameaça, lamentando com um *barman* no meio do romance "que daremos [a Friedolin] qualquer coisa que ele venha a exigir – e sangraremos na Ásia enquanto os alemães enriquecem... Depois um novo ato na farsa de Friedolin: o Quarto Reich. Cada novo Reich dá início a uma guerra. Peço que perdoe minha profecia, mas não vamos vencer a Terceira Guerra Mundial".[157] Os temores de Donnelly não demoram a se tornar realidade à medida que Friedolin explora a crescente fraqueza econômica dos Estados Unidos para recuperar a soberania nacional da Alemanha, forçando tropas americanas a deixar o país em 1947. Embora os EUA acabem derrotando o Japão, o endividamento do país com a Alemanha permite que o governo de Friedolin force uma união econômica com seus vizinhos europeus e africanos. Saudando a criação da "Euráfrica", o "Conselho dos Pastores" de Friedolin se gaba em 1950 de que a Alemanha "realizou mais por métodos pacíficos do que antigos governos alemães sonharam em alcançar pela força das armas."[158] Em 1952, Friedolin organiza um gigantesco espetáculo de propaganda em um prado perto das Montanhas Taunus, onde aparece em trajes de pastor e anuncia a proclamação do "Quarto e Eterno Reich".[159] Cuspindo novos *slogans* como "um rebanho, um pasto, um pastor" e ostentando o novo emblema alemão com "dois cajados de pastor cruzados", a nova Alemanha emerge como uma versão moderna da ditadura nazista.[160]

A partir daí, os Aliados experimentam uma interminável série de desastres. O novo Reich usa seu poder econômico para forçar as nações europeia, asiática e latino-americana a ingressar na agora chamada "União Alemã", patrocina levantes anticoloniais contra o Império Britânico e, em 1960, lança uma bem-sucedida invasão militar aos Estados Unidos. Com "esquadrões de bombardeiros inimigos... espalhando morte e destruição" em cidades americanas, Donald Donnelly tenta freneticamente mobilizar uma resistência, mas é baleado e morto por um adolescente pró-nazista em Yorkville, um bairro de densa população alemã em Manhattan. Na conclusão do romance, Friedolin faz um discurso na "Grande Yorkville" (o novo nome da cidade de Nova York) e revela que é um ex-integrante da SS que fora treinado para o dia em que os nazistas retornassem ao poder. Ele também transmite a impressionante notícia de que Hitler está vivo e em breve estará "ocupando seu lugar ao meu lado". Em um zombeteiro comentário final, Friedolin se vangloria: "Os reeducadores queriam que fizéssemos penitência. Agora colhem o que plantaram. Servirão como nossos rebanhos por toda a duração do Quarto Reich – por toda a eternidade!".[161]

Como obra de literatura de franca intenção propagandística, *Phantom Victory* empregava o conceito do Quarto Reich para conseguir apoio americano à imposição de uma paz severa à Alemanha do pós-guerra. O romance foi publicado em um momento crucial na formulação das políticas americanas. Do início ao fim de 1944, organizações lobistas americanas, como a radical Sociedade para a Prevenção da Terceira Guerra Mundial, não pararam de advertir sobre outro conflito armado com a Alemanha se o poderio militar do país não fosse para sempre destruído. Nesse mesmo período, autoridades do governo americano estavam analisando o punitivo Plano Morgenthau para a desindustrialização da Alemanha. Era nesse clima que *Phantom Victory* encorajava o procedimento punitivo. Lessner, aliás, também apoiava uma paz severa por razões pessoais. Como jornalista austríaco que havia lutado com a Alemanha na Primeira Guerra Mundial, opôs-se ativamente ao regime nazista após a ascensão de Hitler ao poder, acabando por fugir da Áustria para a Tchecoslováquia em 1938 e, mais tarde, para a Noruega, onde foi capturado e torturado pela Gestapo. Após fugir para os Estados Unidos em 1941, tornou-se um porta-voz da luta para erradicar o militarismo alemão como a mais importante pré-condição da paz no pós-guerra.[162] A postura severa de Lessner ficou visível no capítulo final de *Phantom Victory*, que era constituído por uma única frase dizendo: "E quanto ao resto, digo que a Alemanha deve ser destruída".[163] Essa alusão à famosa observação de Catão, o Velho, "*Carthago delenda est*" ["Cartago deve ser destruída"], que era proferida durante as Guerras Púnicas para expressar a determinação da República Romana em eliminar Cartago como futura ameaça militar, deixava claro que Lessner apoiava uma paz cartaginesa para a Alemanha que a impedisse de ameaçar os países ocidentais. Seu pesadelo de um Quarto Reich pretendia garantir que a futura Alemanha jamais se tornasse um revivido Estado nazista.

Phantom Victory teve uma recepção ampla e em geral favorável. O *New York Times* elogiou o enredo do romance como "de extrema engenhosidade", enquanto outros jornalistas concluíram que o livro "deixa o leitor com o arrepiante sentimento de quem acabou de viver um pesadelo particularmente horrível".[164] Nem todas as críticas foram positivas: um comentarista duvidou que o apelo de Lessner pela destruição da Alemanha pudesse "descartar... a ameaça espiritual que é o nazismo", enquanto outro rejeitava seu retrato da credulidade americana diante da penitência dos alemães, insistindo que eles seriam capazes de "perceber o jogo alemão".[165] No geral, porém, os críticos apreciaram a mensagem de vigilância de Lessner. O *Hartford Courant* escreveu que *Phantom Victory* era "um tônico saudável para quem... achava que a guerra tinha ficado para trás e que podemos voltar àquele estado de sonho que caracterizou nosso pensamento antes de Pearl Harbor".[166] A revista *Life* fez uma observação parecida, declarando em uma destacada resenha do livro, em maio de 1945, que suas "fantásticas previsões saltaram... para as manchetes... de hoje" e tinham "dado... aos leitores americanos... muitas coisas para pensar".[167] Essas reações positivas a *Phantom Victory* testemunharam sua importância para alertar os americanos do perigo potencial de um Quarto Reich.

Conclusão

Durante os anos da ditadura nazista e, em especial, no decorrer da Segunda Guerra Mundial, a ideia do Quarto Reich se desenvolveu de forma dramática como significante de uma Alemanha alternativa. As visões desse Estado futuro tiveram uma considerável variação. Elas foram originalmente concebidas, nos primórdios do regime nazista, por uma diversificada gama de alemães: exilados no exterior e dissidentes domésticos, judeus e cristãos, liberais e conservadores, socialistas tradicionais e nazistas cismáticos. Na maioria de suas visões, o Quarto Reich representava um Estado pós-nazista ligado a valores humanistas e guiado pelo Estado de direito. O fato de o regime nazista ter tentado suprimir o conceito deixou claro que o Quarto Reich era em geral encarado como um significante progressista que se colocava do lado "certo" da história. Com o início da Segunda Guerra Mundial, no entanto, o conceito passou por uma transformação. Embora a ideia de um Quarto Reich continuasse tendo apoio e fosse adotada pela resistência alemã, ela também atraiu novas críticas. À medida que a vitória dos Aliados se tornava cada vez mais provável, observadores no mundo anglo-americano começaram a julgar com preocupação que os nazistas não aceitariam a derrota militar e passariam à clandestinidade na esperança de conseguir um retorno ao poder. A ideia do Quarto Reich ficou assim associada a um risco futuro. Na ocupação subsequente da Alemanha durante os anos 1945-1949, essas visões concorrentes do futuro da Alemanha continuariam a se chocar.

2 DA OPERAÇÃO *Werwolf* de 1944 AOS DEMOCRATAS: O QUARTO REICH SOB OCUPAÇÃO ALIADA

> Com o fim do exército prussiano, a situação alemã é agora um pouco diferente do que era em 1919, quando o Alto Comando Alemão conseguiu sair do desastre... intacto e acabou... recuperando o controle da nação. Desta vez... há uma oportunidade de ouro para os civis antinazistas preencherem o vácuo deixado pelos *junkers* e estabelecerem, de uma vez por todas, um Quarto Reich não militarista, não agressivo, não imperialista.[1]
>
> *Commentary* (1º de julho de 1947)

> Os franceses nos lembram que, se deixarmos os alemães voltarem a suas minas, suas chaminés e seus tubos de ensaio, existe o risco de um Quarto Reich avançando a passo de ganso para a guerra com armas de novo escondidas sob chaminés... Mil anos de história francesa tornam o lembrete mais do que plausível. O perigo está aí.[2]
>
> *The Dallas Morning News* (27 de junho de 1947)

Com o início da ocupação aliada da Alemanha, o conceito do Quarto Reich entrou em uma nova fase de evolução. Durante os anos de 1945 a 1949, persistiu a divergência sobre como encarar o futuro Estado alemão. Como mostrado pelo duelo de editoriais de jornais no verão de 1947, alguns observadores continuaram a associar o Quarto Reich com uma nova e progressista Alemanha, enquanto outros o associavam a um retorno nazista ao poder. As duas perspectivas coexistiram no decorrer da ocupação. Com o tempo, no entanto, a segunda adquiriu maior influência que a primeira. Observadores críticos na Europa Ocidental e nos Estados Unidos citavam a continuidade do ativismo nazista nas zonas de ocupação americana, britânica e francesa como prova de que um futuro Quarto Reich teria um caráter ditatorial. O mesmo faziam as autoridades comunistas na zona soviética, muitas usando o conceito para atacar o ressurgimento "fascista" no Ocidente. Essas acusações, alimentadas pela intensificação das tensões da Guerra Fria, levaram a uma enxurrada de revides ocidentais de que era na Alemanha Oriental, sob ocupação comunista, que um autoritário Quarto Reich estava de fato emergindo. Contudo, assim como os esforços dispersos para preservar a neutralidade do conceito, essas réplicas não prevaleceram. Na época em que foram criados os Estados alemães do Ocidente e do Oriente, no outono de 1949, o discurso havia mudado. O conceito de Quarto Reich tinha se ligado com firmeza à perspectiva de um renascimento nazista.

Como sabemos hoje, esses medos se mostraram infundados. Nenhum Quarto Reich jamais passou a existir durante os anos da ocupação. Na realidade, o período de transição se encerrou com a criação da liberal, democrática República Federal da Alemanha (RFA) e a comunista República Democrática Alemã (RDA). Esse resultado torna fácil descartar as primeiras preocupações do pós-guerra como produto de ansiedades irracionais ou das crenças políticas da Guerra Fria. As preocupações, no entanto, não eram de todo infundadas. Embora a perspectiva de um Quarto Reich comunista fosse o produto quimérico de uma retórica guerra de palavras entre Oriente e Ocidente, o mesmo não pode ser dito da possibilidade de um Quarto Reich nazista. Houve mais que umas poucas ameaças genuínas de direita ao esforço Aliado de reconstruir a Alemanha como um Estado democrático nos anos 1945-1949. Durante os primeiros tempos da ocupação, nazistas impenitentes se esforçaram para explorar as sombrias condições do pós-guerra em proveito de seus objetivos políticos, incubando variadas conspirações para retornar ao poder. Graças à rápida ação dos Aliados, as conspirações foram suprimidas. Mas seu fracasso não era inevitável. Examinando as origens das tramas e especulando sobre como elas poderiam ter se desenrolado de maneira diferente, podemos apreciar melhor a profundidade dos temores no início do pós-guerra e compreender por que a história acabou acontecendo como aconteceu.

Debatendo a Possibilidade de um Quarto Reich

Quando os Aliados começaram a ocupar a Alemanha, foi retomado o debate sobre se o país acabaria se tornando um Quarto Reich. O debate já fora intenso durante os anos de guerra, mas foi aguçado pelas tensões no início do pós-guerra. De 1945 a 1947, os Aliados lutaram de forma vigorosa para restaurar a ordem na Alemanha. A imensa destruição material em todo o país – cidades arruinadas, infraestrutura destroçada, aguda escassez de alimentos – era por si só assustadora. Mas era agravada por problemas adicionais: deslocamento social em massa sob a forma de milhões de refugiados alemães, sobreviventes do Holocausto judeu e trabalhadores escravos europeus tentando encontrar seu caminho para pátrias antigas ou novas; agudo desespero econômico na forma de desemprego em massa e pobreza; e crescente descontentamento político com as políticas punitivas de desnazificação, desmilitarização e não fraternização dos Aliados. Por fim, uma mistura inflamável de memórias e emoções traumáticas – humilhação, culpa e privação – contribuíram para criar um clima psicológico e cultural volátil. Foi contra esse pano de fundo nada animador que foi retomado o debate do pós-guerra sobre o Quarto Reich.

Uma razão para o debate era a ambiguidade do *status* legal do Reich que se seguiu à guerra. Com a rendição aos Aliados das forças armadas alemãs em 8 de maio de 1945, o regime nazista de Adolf Hitler chegou a um fim desonroso. O Reich alemão, no entanto, continuou tecnicamente a existir. Durante várias semanas, o sucessor designado de Hitler, o Grande-Almirante Karl Doenitz, comandou como presidente do Reich (*Reichspräsident*) um provisório "governo do Reich alemão" (*Deutsche Reichsregierung*) em Flensburg, que foi tolerado pelos Aliados durante algum tempo (embora sem reconhecimento oficial) até ser dissolvido por insistência soviética em 23 de maio de 1945. Na sequência, Doenitz e todo o seu gabinete no Reich foram aprisionados, seguindo-se um vácuo de poder até os Aliados emitirem a Declaração de Berlim de 5 de junho, que despojava formalmente a Alemanha de soberania e colocava a "autoridade suprema" nas mãos dos quatro poderes de ocupação. Depois disso os Aliados presumiram que o Reich havia deixado de existir e passaram a se referir à "Alemanha" em vez de ao "Reich" em documentos oficiais. No dia a dia, porém, a maioria dos alemães agia como se o Reich tivesse sobrevivido: partidos políticos, indo da União Democrata Cristã (*Christlich-Demokratische Union Deutschlands*, CDU) ao Partido Comunista da Alemanha (*Kommunistische Partei Deutschlands*, KPD), formulavam novas plataformas para o futuro "do Reich", enquanto cidadãos comuns compravam bens com Reichsmarks, viajavam de trem no *Reichsbahn* e seguiam várias leis (*Reichsgesetze*) que sugeriam a continuação do Reich.[3] Só nos anos 1948-1949 a questão da existência formal do Reich seria abordada de forma mais direta – e mesmo então, não seria resolvida de modo efetivo.

Em vista dessa ambiguidade inicial, os primeiros observadores do pós-guerra costumavam encarar o conceito de um Quarto Reich em termos neutros, quando não favoráveis. Alguns usavam a expressão como um marcador de espaço, talvez hipotético, mas que era lógico em termos de sequência numérica e servia para designar o eventual sucessor do Terceiro Reich. Dois dias após o Dia da Vitória, em 10 de maio de 1945, um correspondente da imprensa australiana baseado em Londres informava: "Levará anos até que haja um Quarto Reich, pois no futuro imediato a Alemanha estará sob ocupação militar aliada, que pode muito bem se estender por uns dez anos".[4] Em julho de 1945, a imprensa britânica informou que era provável que a próxima conferência de Potsdam fosse diferente da conferência anterior de Yalta, pois esta havia tratado de planos de ocupação, enquanto em Potsdam "será levantada a questão... de um 'Quarto Reich'".[5] Em setembro, a revista *Time* informou que os "contornos de um Quarto Reich" pareciam estar emergindo na Alemanha ocupada.[6] A questão da capital do futuro país era uma preocupação específica, com observadores debatendo se Berlim ou alguma outra cidade alemã "se tornariam a capital do 'Quarto Reich'".[7] As futuras fronteiras da Alemanha ainda não estavam determinadas, embora uma matéria jornalística identificasse a linha Oder-Neisse como a "permanente fronteira oriental do Quarto Reich".[8] Em certa medida, a ideia do futuro Reich ainda estava sendo moldada por influências externas. Informando sobre os esforços aliados "para resolver o futuro da Alemanha" na conferência de ministros do Exterior em Moscou, em março de 1947, o *New York Times* reconhecia, de forma realista, que todos os participantes estavam tentando "moldar o Quarto Reich mais ou menos à sua própria imagem".[9] Com quase dois anos de ocupação, o conceito continuava sendo uma abstração em aberto.

Por outro lado, observadores mais pessimistas punham a ideia de um Quarto Reich sob uma luz mais negativa e retratavam a futura Alemanha como ainda apegada às tradições destrutivas do militarismo, imperialismo e nacionalismo. No Dia da Vitória, o *The Cleveland Plain Dealer* comemorou a vitória dos Aliados, mas advertiu que "enfrentar um Quarto Reich renascido e rearmado" continuaria sendo um dos grandes desafios para "a próxima geração do mundo livre".[10] Algumas semanas mais tarde, o *New York Times* comentou que havia um consenso entre os Aliados "de que Berlim, berço do imperialismo alemão, nunca mais haveria de se erguer de suas cinzas como capital de um Quarto Reich".[11] Com quase um ano de ocupação, no entanto, uma disputa crescente entre os Aliados e o crescimento de um "movimento nacional alemão" levaram o ministro do Exterior britânico, Anthony Eden, a advertir que "não vai demorar muito para os alemães acharem que na desunião dos Aliados pode estar a oportunidade para o Quarto Reich".[12] Os que temiam essa perspectiva nem sempre concordavam sobre como ela poderia se manifestar. O jornalista britânico Sefton Delmer previu que o esforço para "erguer a Alemanha como um novo... e militante Quarto Reich" estaria "baseado em Viena, em vez de Berlim".[13] Por outro lado, o presidente francês da União Pan-Europeia, Richard Coudenhove-Kalergi, se mostrava preocupado com uma União Europeia dominada pela Alemanha, observando em 1946 que "nenhum dos vizinhos da Alemanha estaria disposto a se unir a uma federação europeia em torno de um Quarto Reich... por medo que isso pudesse reviver as políticas de seus predecessores".[14]

O medo mais agudo, no entanto, era de que o Quarto Reich pudesse ser usado como um conceito de mobilização por nazistas intransigentes. Em seu livro de publicação póstuma, *Hitler and Beyond* (1945), o político e ex-ministro do governo da era Weimar Erich Koch-Weser (1875-1944) advertiu que "elementos [obstinados] entre o povo alemão" estavam se recusando a reconhecer "a culpa sangrenta do nacional-socialismo" e continuavam a "sonhar com um Quarto Reich para durar mil anos".[15] Preocupações semelhantes foram expressas um ano mais tarde, em 1946, nos Julgamentos de Nuremberg, quando a mídia soviética criticou o tribunal militar aliado por permitir que criminosos de guerra nazistas condenados fizessem discursos de despedida antes de serem executados, declarando que eles poderiam criar um "novo mito para um Quarto Reich".[16] Essas preocupações foram amplificadas no outono do mesmo ano, quando a imprensa deu a notícia sensacional de que um dos principais réus em Nuremberg, o ex-delegado de Hitler, Rudolf Hess, estava secretamente "elaborando planos para um Quarto Reich".[17]

Muitos desses comentários foram feitos de passagem, mas também surgiram reflexões mais detidas sobre os perigos de um Quarto Reich de direita. Uma das primeiras apareceu em 1946 com a publicação do livro do historiador suíço Friedrich Gaupp, *Deutsche Fälschung der abendländischen Reichsidee* [A Falsificação Alemã da Ideia Ocidental do Reich].[18] Num esforço para abordar os sérios desafios que se colocavam perante o mundo no início do pós-guerra, o estudo de Gaupp procurava desmascarar o que ele acreditava ser a ideia perigosa do Reich alemão. Embora acreditasse que o "agressivo Estado militar" da Alemanha tivesse sido destruído na guerra, afirmava que a ideia do "Reich alemão" havia sobrevivido e conservado o potencial para provocar desordem".[19] "Será que não se percebe como a palavra 'Reich' possui há muito tempo um fascínio místico, religioso, irracional?", perguntava ele.[20] Convencido de sua inerente destrutividade, Gaupp argumentou que "está mais do que na hora de denunciar de forma clara a... ideia do Reich... [como] uma das maiores falsificações da história... já impingida à humanidade".[21]

Para denunciar a mentira, ele apresentou um levantamento histórico sobre a evolução da ideia do Reich, do antigo império de Alexandre, o Grande, à moderna ditadura da Alemanha nazista. Para Gaupp, o momento fatídico ocorrera na Idade Média, quando o nacionalismo alemão corrompeu a noção original do Reich como uma entidade não partidária, transnacional e cosmopolita em termos culturais. Graças ao "golpe" praticado pelo rei saxão Otto I, em 962, o Reich foi transfigurado de conceito universal, humanista, em um conceito especificamente alemão, tendência que culminou com a apropriação autoritária da ideia do Reich feita pela Prússia em 1871.[22] Graças a esse processo, Gaupp argumentou, "a maior mentira de toda a história ocidental" tomou forma: ou seja, a noção de que "a ideia do Reich continental foi uma ideia alemã" que "justificava a pretensão dos alemães de dominar outros povos e raças".[23] Esse desdobramento teve consequências catastróficas. "Nas mãos dos alemães", Gaupp escreveu, "a noção do Reich tornou-se a mortal inimiga de todos".[24] "Nenhuma outra ideia hoje... está tão associada a culpa, sangue, destruição e crimes hediondos quanto o conceito do Reich".[25] Tendo "custado a vida de milhões de pessoas", a ideia tinha de ser eliminada.[26] O "conceito do Reich", ele concluiu, "não merece sobreviver. Nem mesmo a palavra devia ter permissão para ser usada".[27]

Contudo, a despeito de suas advertências, Gaupp temia que alemães do pós-guerra pudessem ainda assim flertar com a possibilidade de um Quarto Reich. Parte da do risco emanava da frouxidão dos Aliados. Embora eles controlassem a Alemanha, Gaupp argumentou, "é de se temer que subestimem... o potencial que tem [a ideia do Reich] de sobreviver".[28] Por essa razão, perguntou ele, "como pode alguém esperar 'reeducar' democraticamente os alemães" ou "defender a criação de uma república federativa de Estados europeus" quando se permite "que o fantasma... do 'Reich' sobreviva?".[29] Havia pouca dúvida de que os alemães "continuarão perigosos enquanto lhes for permitido considerarem a si próprios como um 'Reich'".[30] Ele se preocupava em particular com a possibilidade de que uma "nova falsificação" da ideia do Reich pudesse penetrar "na mente de gerações mais novas" e manifestar-se em um Estado sucessor.[31] Como dizia Gaupp, havia a possibilidade de que "do colapso físico e psicológico do Terceiro Reich emergisse em algum momento um Quarto Reich, uma nova encarnação da ideia do Reich transnacional estabelecida pela espada alemã". Gaupp achava que era um mau presságio que as pessoas continuassem a "falar de um 'governo do Reich'... [e] de uma unificada 'administração do Reich'". Por essa razão, reiterava ele, a "eliminação [da ideia do Reich] é tão importante para o futuro da humanidade quanto todos os outros problemas internacionais".[32]

No entanto, embora muitas pessoas associassem o Quarto Reich ao pensamento de direita – senão ao próprio nazismo – muitos alemães conservadores se recusavam a se associar ao conceito. Isso foi deixado claro em uma palestra feita no rádio, no início de 1946, pelo jornalista alemão liberal e mais tarde cientista político Dolf Sternberger. Intitulada "Desilusões Contemporâneas", sua fala procurava explicar o aparecimento de um "dito popular humorístico" (*Volkswitz*) que estava sendo disseminado na Alemanha na época. Expressando o que Sternberger chamou a "vox populi", o dito assumia a forma de uma "pequena prece" e era o seguinte: "Senhor, por favor nos conceda o Quinto Reich. O Quarto é exatamente como o Terceiro".[33] Ao interpretar o sentido do gracejo, Sternberger observou que de fato não era "sem humor", na medida em que zombava de como "a expressão mágica Terceiro Reich um dia pareceu santa e nobre".[34] Mas ele temia que o tom sem esperança da prece "expressasse uma decisiva infelicidade com a situação atual na Alemanha".[35] A "desesperança" de muitos alemães, disse ele, refletia o reconhecimento de que o "anseio tão elogiado e há muito cultivado pela liberdade em nosso Quarto Reich" não chegou a ser satisfeito e é provável que nunca houvesse uma nova "idade dourada".[36] Essas expectativas frustradas estavam enraizadas no despertar do reconhecimento pelos alemães de que eles não tinham sido libertados, mas conquistados, pelos Aliados. Embora muitos alemães antinazistas "tivessem desejado a derrota de seu próprio país", os Aliados os haviam "posto em um mesmo saco" com aqueles que haviam dado apoio ao regime. "Nem mesmo os americanos", observou Sternberger, "vieram até nós, os alemães oprimidos, como amigos". Os americanos forçaram os alemães a compreender que "[a guerra] tinha sido perdida não apenas por Hitler e pelo NSDAP, mas pela nação alemã". A decepção também refletia o reconhecimento de que a nova "democracia" dos alemães não tinha vindo de um "levante interno", mas "fora comandada... de fora" da Alemanha. "Não há como contornar o fato", Stenberger declarou, " de que não provocamos a derrubada [do regime nazista]." A "causa dessas decepções", ele concluiu, "reside, antes de qualquer coisa, em nós mesmos".[37]

Sternberger comentou, então, que a recusa dos alemães em reconhecer suas próprias falhas havia produzido uma reação preocupante. Ela os havia levado a relativizar os crimes dos nazistas ao compará-los com os delitos supostamente cometidos pelas forças de ocupação aliada. Sternberger criticou o fato de muitos alemães estarem afirmando que "as denúncias são de novo abundantes, só que agora feitas por outros..., que mais uma vez existe uma polícia socreta, só que agora dos americanos..., que as pessoas... estão sendo... impedidas de votar – em nome da... democracia". Essas alegações que tudo relativizam explicavam, segundo Sternberger, a popularidade do *Volkswitz* sobre o Quinto Reich. Comparando o Quarto Reich (entendido como a era da ocupação aliada) ao Terceiro Reich, o *Volkswitz* permitia que os alemães assumissem uma postura autopiedosa de vitimização e se abstivessem de enfrentar sua própria culpabilidade pelos crimes do regime nazista. Sternberger não acusou os alemãos que expunham essas visões de serem nazistas, mas ainda assim os censurou, concluindo sua palestra com a seguinte exortação:

> Não existe "Quarto Reich", já que não estamos de forma alguma vivendo num Reich, mas numa condição de dependência, que é inteiramente diferente da do Terceiro Reich, mas que por infelicidade nos lembra todo dia... das origens do Terceiro Reich... Além disso, estamos vivendo numa condição que deveria enfim nos levar a adotar uma postura de... autonomia e responsabilidade frente à nossa realidade... de modo algum ideal. É por isso que não deveríamos pedir num tom ridículo a Deus... um Quinto Reich... mas aceitar nosso destino.[38]

A fala no rádio de Sternberger revelava que a ideia do Quarto Reich continuou circulando nos primeiros tempos da ocupação. Embora observadores aliados associassem a ideia com a extrema-direita alemã, alemães da ala conservadora do espectro político evitavam usar a expressão. Em 1946-1947, artigos em inglês relatavam que os nacionalistas alemães estavam formulando sua oposição à administração aliada chamando-a de "Quinto Reich".[39] O *New York Times*, por exemplo, comentava que nazistas impenitentes haviam alterado o fraseado do *Volkswitz* discutido por Sternberger para: "Querido Senhor, por favor, dê-nos um Quinto Reich que se pareça com o Terceiro".[40] Enquanto isso, a imprensa australiana relatava que prisioneiros libertados de campos de concentração tinham sido ameaçados por uma carta anônima dizendo: "Cuidado com o que faz no Quarto Reich. Ou você será enforcado no Quinto".[41] Como revelavam essas visões concorrentes, o significado do Quarto Reich permaneceu instável no início da ocupação. Contudo, como quer que o Reich fosse chamado, a possibilidade de que nazistas fanáticos pudessem tentar voltar ao poder continuava sendo um medo real.

Da Operação *Werwolf* e a Ameaça de uma Insurreição Nazista

A primeira ameaça nazista surgiu com o movimento *Werwolf** (Lobisomem em alemão). Essa violenta insurgência partidária emergiu durante os últimos meses da guerra, mas continuou atuando até um momento avançado da ocupação. Entre 1945 e 1947, insurgentes nazistas lançaram centenas de ataques contra forças aliadas e supostos colaboradores alemães. Esses ataques tiraram a vida de vários milhares de pessoas, destruíram partes essenciais da infraestrutura e criaram um clima de medo entre líderes políticos, a imprensa e o público em geral nas nações aliadas e na própria Alemanha. A rigor, os *Werwolf* não pretendiam criar um Quarto Reich. Estavam originalmente comprometidos em defender seu ainda existente predecessor retardando a invasão da Alemanha pelos Aliados, adiando a derrota militar e ganhando tempo para obter uma paz em separado. Os *Werwolf* não conseguiram atingir sua meta. Mas ajustaram os objetivos após a rendição da Alemanha e trabalharam para encurtar a ocupação que se seguiu.[42] Também nesse caso os *Werwolf* se depararam com o fracasso, enquanto os Aliados continuaram sendo uma presença firme na vida alemã até a criação da RFA e da RDA em 1949. Contudo, em um certo sentido, os *Werwolf* se saíram bem na missão maior de assegurar a sobrevivência do nazismo. Mesmo após a dispersão do movimento, muitos dos participantes originais passaram a formar grupos clandestinos que buscavam um retorno nazista ao poder.

Os estudiosos não têm se dado conta do pleno significado do movimento *Werwolf*. Dos poucos que o estudaram, a maioria concordou que

---

* Referência ao nome de uma milícia chamada *Wehrwölfe* – composta por vizinhos – que perseguem soldados na Guerra dos Trinta Anos (1618-1648) no livro *Der Wehrwolf*, romance de Hermann Löns publicado em 1910. O nome da milícia vem de seu protagonista, um camponês chamado Dano Wulf. (N. do E.)

foi um completo fracasso.[43] Um dos motivos para difundirem essa visão era o desejo de repudiar o neonazismo. Perry Biddiscombe e Volker Koop, por exemplo, têm procurado contar a "história real" dos *Werwolf* para se contraporem ao recente empenho dos neonazistas em romantizar o movimento e justificar seus atos violentos.[44] Outros estudiosos procuraram desmitificar o movimento *Werwolf* para combater tentativas políticas conservadoras de ampliar seu significado histórico. Durante a Guerra do Iraque, o secretário de Defesa dos Estados Unidos, Donald Rumsfeld, e a secretária de Estado Condoleeza Rice citaram a derrota dos *Werwolf* pelos Aliados em 1945 ao garantir aos críticos da guerra que as Forças americanas esmagariam de forma inevitável a insurgência iraquiana que irrompeu em seguida à derrota de Saddam Hussein em 2003.[45] Por fim, a resposta acadêmica é também uma reação contra recentes relatos da mídia que têm exaltado o movimento dos *Werwolf* – por exemplo, reportagens de tabloides britânicos revelando o plano do movimento de combater os Aliados com armas no estilo de James Bond, incluindo salsichas envenenadas e isqueiros tóxicos.[46]

O esforço dos estudiosos para desfazer a auréola mítica do movimento dos *Werwolf* é compreensível, mas teve o efeito de subestimar sua importância. Por um lado, reforçou o fenômeno problemático do viés retrospectivo e fez a derrota do movimento pelos Aliados parecer praticamente inevitável. Esse ponto de vista obscurece a natureza contingente dos eventos da época e nos impede de reconhecer como as coisas poderiam ter sido diferentes. Também nos impede de entender a sinceridade, e avaliar a legitimidade, dos medos gerados na época pelo movimento. Para enfrentar essas armadilhas, o raciocínio contrafactual tem um valor considerável. Explorando os "e ses", as alternativas relacionadas ao movimento *Werwolf*, podemos reconhecer que sua derrota dificilmente era uma conclusão inevitável. Ao fazê-lo, podemos apreciar melhor como o sucesso dos Aliados nesse combate contribuiu para a recuperação da Alemanha no pós-guerra.

As origens dos *Werwolf* remontam ao outono de 1944, quando o governo nazista decidiu formar um movimento de resistência para combater a chegada iminente das forças aliadas à Alemanha. A figura mais importante desse esforço foi o chefe da SS Heinrich Himmler, que instruiu o *Obergruppenführer* da SS, Hans-Adolf Prützmann, a coordenar um encontro regional de unidades de guerrilha para lutar com os Aliados (Figura 2.1). Prützmann não era um líder de grande eficiência, mas no final de 1944 já havia reunido um grupo com cerca de 5 mil combatentes.[47] Ao mesmo tempo, outras autoridades nazistas tentaram moldar o movimento. O líder da Juventude Hitlerista (HJ) Artur Axmann, o ministro da Propaganda Joseph Goebbels, o vice-ministro da Propaganda Werner Naumann e o editor do *Der Stürmer*, Julius Streicher, trabalharam no recrutamento e na publicidade.[48] O secretário de Hitler, Martin Bormann, o chefe da Frente Alemã para o Trabalho (DAF), Robert Ley, e o chefe do Gabinete Central da Segurança do Reich (RSHA), Ernst Kaltenbrunner, avaliaram questões operacionais.[49] Consultoria militar foi fornecida pelo *SS-und Polizeiführer* Jürgen Stroop (conhecido por esmagar o levante do gueto de Varsóvia em 1943) e pelo *SS-Standartenführer* alemão Otto Skorzeny.[50]

O objetivo geral dos *Werwolf* era sustentar o moral da população civil alemã e, ao lançar ataques contra os Aliados que se aproximavam, neutralizar qualquer clima de derrotismo. Seguiam a tradição de movimentos anteriores de guerrilha na história alemã, como os bandos partidários na Guerra dos Sete Anos, o *Landsturm* das Guerras Napoleônicas e os *Freikorps* [Brigadas Livres] após a Primeira Guerra Mundial.[51] De forma mais sinistra, também recorreram ao precedente das cortes vigilantes [tribunais secretos] medievais (conhecidas como *Vehme*) e usaram o terror contra a população alemã para impedi-la de se render.[52] Para adicionar ao movimento uma aura extra de ameaça, os nazistas selecionaram o nome *Werwolf*, recorrendo ao romance recordista de vendas de 1914, *Der Wehrwolf* [O *Werwolf*], do escritor alemão Hermann Löns, sobre uma luta partidária na Guerra dos Trinta Anos, que o regime republicou em 1944.[53] Todos esses elementos estavam visíveis no discurso febril de Joseph Goebbels transmitido em 1º de abril de 1945, quando da inauguração de sua rede *Werwolf* de rádio. Começava dizendo:

> Somos a voz dos combatentes alemães pela liberdade...
>
> O inimigo assaltou nossa casa e violou o solo sagrado de nossa Pátria. Homens e mulheres alemães tiveram de suportar profanação e assassinato.... Nessa hora fatídica para nosso povo, tanto no Ocidente quanto no Oriente ocupados, um número incontável de homens e mulheres, rapazes e moças se uniram em uma resistência nacional-socialista sob o nome *Werwolf*. Resolvemos com alegria jamais nos submetermos ao inimigo...
>
> Cuidado ingleses, americanos, judeus e bolcheviques!...
>
> O ódio é a nossa oração e a vingança nosso grito de guerra.
>
> Três vezes ai dos traidores que se colocam à disposição do inimigo. *Werwolf*, não poupem as vidas do inimigo que querem destruir as vidas de nosso povo...
>
> Ao trabalho, *Werwolf*, lutem pela liberdade e a honra de nosso povo! Longa vida ao movimento *Werwolf* nacional-socialista! Longa vida a nosso Führer Adolf Hitler! Longa vida a nosso povo![54]

Inspirados por essa exortação, bandos de *Werwolf* na última fase da guerra lançaram numerosos ataques contra americanos, britânicos e franceses no oeste e soviéticos no leste.[55] Os ataques incluíam sobretudo atos de sabotagem contra redes de comunicação e transporte: explosão de pontes, destruição de barreiras nas estradas, interrupção de linhas de suprimento e bombardeamento de instalações militares.[56] Mas havia também disparos mortais de *snipers* e ataques especiais contra tropas aliadas.[57] Todos essas ações provocavam violentas contramedidas aliadas, incluindo prisões em massa, toques de recolher e execuções. A maioria dos ataques dos *Werwolf*, no entanto, foi dirigida contra o povo alemão.[58] Em 24 de março de 1945, o assassinato de Franz Oppenhoff, prefeito de Aachen designado pelos americanos, foi o primeiro assassinato de alguém do alto escalão reivindicado pelos *Werwolf*; Goebbels o anunciou como advertência a potenciais colaboradores alemães. Na realidade, esse ataque infame foi uma operação cumprida pela SS, não pelo *Werwolf*. Não obstante, muitos ataques genuínos de *Werwolf* foram lançados contra outros alemães "derrotistas", de políticos locais de pouca importância a trabalhadores comuns.[59] Em certos casos, houve mortes em grande escala, como na chamada "noite da massacre de Penzberg", em 28 de abril de 1945, quando o fanático ativista nazista Hans Zoeberlein liderou um massacre *Werwolf*, nos arredores de Munique, de dezesseis membros de um grupo de insurreição antinazista conhecido como Ação para a Liberdade da Bavária.[60] No final da guerra, ataques de *Werwolf* e represálias aliadas já haviam causado a morte de vários milhares de pessoas.[61]

Quando as notícias sobre os *Werwolf* começaram a proliferar na imprensa anglo-americana, em abril de 1945, muitos observadores aliados temeram o pior.[62] Os relatos eram ameaçadores. Alguns afirmavam que oficiais do Partido Nazista estavam "abandonando seus postos... para assumir comandos clandestinos na 'guerra dos *Werwolf*'".[63] Outros declaravam que os alemães haviam posicionado 200 mil soldados em um impenetrável "reduto alpino" na Bavária para travar uma luta prolongada contra forças aliadas.[64] Outros ainda insistiam que os *Werwolf* eram tão fanáticos que "não abandonarão seu trabalho quando a guerra terminar [mas]... levarão à frente o terrorismo político até porem as mãos no último de seus inimigos e acabarem com ele".[65] As autoridades aliadas acreditavam fielmente nessas histórias. O supremo comandante aliado, Dwight D. Eisenhower, disse ao presidente Franklin D. Roosevelt, em abril de 1945, quc seria necessário "um número muito grande de soldados" para suprimir a "guerra de guerrilhas" alemã.[66] Só pelo esmagamento do "exército subterrâneo" dos *Werwolf*, acreditava ele, poderiam ser estabelecidas condições adequadas para uma bem-sucedida ocupação aliada.[67]

Por outro lado, outros comentaristas achavam que a ameaça dos *Werwolf* era encarada com um certo exagero. No início de abril, jornais americanos rejeitaram histórias dos *Werwolf* como "contos fantásticos" que podiam ter sido "tirados das páginas de Sherlock Holmes", enquanto a imprensa britânica desconfiava que "a organização... só existe na imaginação... dos radialistas de Berlim".[68] No final do mês, o *New York Times* observou que a campanha *Werwolf* havia "sumido por completo" e descartou-a como o "último fracasso" de Hitler.[69] Ao explicar por que os *Werwolf* tinham sido um "fiasco como efetiva oposição guerrilheira", alguns jornalistas relataram que em geral eles eram "adolescentes desesperados", com no máximo 15 anos de idade, mal preparados para reunir outros "assassinos de jardim de infância" e enfrentar forças aliadas.[70] Reforçando ainda mais o ceticismo desse ponto de vista, havia relatos de que os próprios alemães estavam "zombando" da ideia de um movimento *Werwolf*.[71] Talvez o sinal mais indicativo de que a ameaça dos *Werwolf* não foi encarada com seriedade tenha sido o aparecimento da paródia musical do compositor americano Irving Caesar em abril de 1945. Composta para responder à "Canção do *Werwolf*" dos nazistas, interpretada por "Lily, o *Werwolf*", a letra de Caesar zomba da ameaça do *Werwolf* ao declarar num tom de desafio:

> Quem tem medo do lobisomem grande e mau,
> Lá no seu covil na montanha?
> De dia ele rosna, à noite ele uiva,
> Mas Joe, o soldado americano, não se assusta.
> O lobisomem se esconde em cavernas, bravatas e ondas de raiva
> Este superariano.
> Mas graças a Ike, está morrendo como
> Um verdadeiro bárbaro.
> Quem tem medo do lobisomem grande e mau?
> Ninguém sabe.
> Só temos medo de chegar perto demais
> De um gambá vestido de lobisomem.[72]

Presos entre essas visões concorrentes da ameaça dos *Werwolf* estavam observadores que não conseguiam concluir o quanto ela podia ser encarada com seriedade. Quando Joseph Goebbels creditou ao grupo insurgente o assassinato do prefeito de Aachen, na primavera de 1945, oficiais aliados desconfiaram de um "truque" alemão, acreditando que o regime estava tentando fugir às suas responsabilidades por um assassinato direcionado, atribuindo-o à ação de grupos formados de modo "espontâneo".[73] O repórter Drew Middleton, do *New York Times*, também duvidou da força da rebelião, escrevendo que a Alemanha não seria capaz de "sustentar um movimento clandestino com um mínimo de força" porque nenhum exército alemão mais amplo poderia lhe dar apoio. Contudo, ele se manteve cauteloso e enfatizou que "assim que vissem uma oportunidade de revidar", contra-atacando os Aliados, os alemães levantariam a bandeira da "hora da vingança" e o fariam.[74] O *Los Angeles Times* adotou uma postura similar, comentando que, embora os *Werwolf* tivessem sido até aquele momento "um fiasco como efetiva oposição guerrilheira", ainda era preciso encará-los com seriedade, pois poderiam acabar se tornando "uma nova sociedade de assassinos... que poderia exigir anos para ser liquidada".[75] Resumindo essa posição, o *The Oregonian* concluía que os *Werwolf* representavam uma "estranha... combinação de absurdo e... mal".[76]

Com o fim da guerra, no entanto, os temores aliados dos *Werwolf* começaram a declinar. O anúncio formal do sucessor de Hitler, Karl Doenitz, em 5 de maio de 1945, de que toda a atividade dos *Werwolf* chegaria ao fim diminuiu as expectativas aliadas acerca de uma rebelião prolongada.[77] Os suicídios de Heinrich Himmler e Hans-Adolf Prützmann despojaram ainda mais o movimento de seus principais líderes.[78] Em maio e junho de 1945, os Aliados estavam se convencendo cada vez mais de que a ameaça dos *Werwolf* fora uma "alucinação".[79] Autoridades americanas de ocupação informaram que o assassinato do prefeito de Aachen teve "pouco efeito sobre as autoridades alemãs que estavam trabalhando para os Aliados".[80] E comentaram com alívio que "por ora os *Werwolf* parecem estar quietos".[81]

Os medos se reduziram ainda mais depois que oficiais americanos foram informados por líderes alemães capturados de que a ameaça do *Werwolf* era "puro absurdo" e poderia ser "prontamente eliminada" onde quer que surgisse.[82] De fato, após a rendição de maio de 1945, assassinatos cometidos por *Werwolf* – quer de soldados aliados, quer de colaboradores alemães – tornaram-se extremamente raros.[83]

Dentro de certos círculos, no entanto, persistiam as suspeitas. Embora a atividade dos *Werwolf* declinasse de imediato após o Dia da Vitória, ela cresceu com o ritmo arrastado da ocupação. Aprofundamento da miséria econômica e ressentimento com relação à desnazificação provocaram novos casos de vandalismo e sabotagem em toda a Alemanha e chegaram a inspirar assassinatos esparsos nos Sudetos.[84] Contínuas reportagens de jornal sobre as prisões de bandos de *Werwolf* e descobertas de esconderijos de armas mantiveram o movimento sob os olhos do público.[85] Esses casos deixavam claro que os *Werwolf* conservavam uma presença na vida alemã. Embora autoridades do governo militar fizessem declarações públicas sobre o "colapso dos *Werwolf* ", no final do verão elas também anunciaram suas suspeitas de que uma "agência de propaganda clandestina nazista" estava difundindo rumores e desinformação contra os Aliados.[86] Ainda no outono, analistas continuavam a advertir que os *Werwolf* continuavam sendo uma ameaça de longo prazo. Em outubro de 1945, a Sociedade para a Prevenção da Terceira Guerra Mundial declarou que era "ingênuo" suspeitar que a "atividade clandestina antialiada começaria imediatamente após a derrota militar". Na realidade, salientava ela, "o verdadeiro problema surgirá nos anos à frente, quando a pressão da ocupação aliada for relaxada e os líderes do *Werwolf* considerarem ter chegado o momento de dar início à ação". Em vez de "levarem na brincadeira... o *Werwolf* como... coisa de um 'desenho de Walt Disney'", o manifesto aconselhava os leitores a "duplicarem a vigilância" para evitar "problemas à frente".[87]

O que, no entanto, os observadores temiam no outono de 1945 nunca veio a acontecer; o *Werwolf* nunca cumpriram as ameaças de desafiar seriamente a ocupação aliada da Alemanha. Mas o fracasso deles seria inevitável? A maioria dos estudiosos parecem dizer que sim. Koop, por exemplo, declara que as ações dos *Werwolf* estavam "condenadas desde o início ao fracasso".[88] Outros estudiosos são menos enfáticos, mas ainda assim têm afirmado que os *Werwolf* agiram de forma muito improvisada ao tentar realizar seus objetivos. O planejamento começou tarde.[89] A liderança estava dividida de modo caótico entre a SS, um grupo rival e organizações do Estado.[90] Os recursos eram escassos.[91] A população alemã estava exausta, desmoralizada e sem disposição para dar continuidade às hostilidades.[92] Por fim, os nazistas foram incapazes, em termos ideológicos, de organizar uma insurreição guerrilheira pela simples razão de que o partido "presumiu que não poderia morrer".[93] Incapaz de imaginar a possibilidade de que o Terceiro Reich não conseguisse durar os mil anos, a liderança do NSDAP não conseguiu criar um plano de contingência, deixando de garantir a si própria os meios para uma sobrevivência futura. Considerando todos esses fatores, parece que os temores dos Aliados não tinham fundamento.[94]

E, no entanto, podemos imaginar maneiras pelas quais os *Werwolf* poderiam ter sido mais bem-sucedidos. Em especial à luz da prolongada insurgência rebelde que irrompeu contra as forças aliadas no Iraque após 2003, é possível imaginar cenários contrafactuais em que a ocupação aliada da Alemanha poderia ter sido mais complicada do que na realidade foi.[95] Certos historiadores flertaram com alguns desses cenários de pesadelo. Koop especulou, por exemplo, que "a [campanha] dos *Werwolf* podia ter sido mais bem-sucedida, do ponto de vista da liderança nazista, se tivesse sido planejada e montada de modo mais adequado".[96] Biddiscombe se interrogou sobre o efeito desastroso que os ataques dos *Werwolf* "provavelmente... teriam tido" se os Aliados não tivessem dado uma resposta tão "dura" ao movimento.[97] Essas colocações refletem um sentimento de alívio pelo fato de a história ter se desenrolado de um modo favorável. Mas deixam de explorar em toda a sua extensão como as coisas poderiam ter sido diferentes.

Podemos perceber todo o potencial dessas possibilidades hipotéticas concebendo certos cenários imaginários. Por exemplo: e se a Alemanha não tivesse ficado submetida a uma ocupação partilhada entre os Aliados? Na realidade, a divisão da Alemanha em zonas separadas moldou a natureza da resistência do *Werwolf*. Logo após o final da Segunda Guerra Mundial, a atividade dos *Werwolf* foi mais comum na Alemanha Oriental do que na Ocidental. Isto se deveu em grande parte à violência ser mais severa na frente oriental que na ocidental. Durante a guerra em si e no período inicial do pós-guerra, foi intensa a violência entre o Exército Vermelho e a *Wehrmacht*, bem como entre soldados soviéticos e civis alemães (muitos dos quais sendo também atacados por seus vizinhos poloneses e tchecos). Assassinato, estupro e deportações eram comuns. Assim, muitos alemães juntaram-se aos *Werwolf* no Oriente movidos pelo desejo de vingar os crimes cometidos contra eles.[98] Essa reação recebeu um estímulo ainda maior com a violenta resposta das tropas soviéticas aos ataques dos *Werwolf*, que incluía o fuzilamento de reféns civis, o incêndio de aldeias e a execução de prisões em massa.[99] Esse ciclo de violência no Oriente, por sua vez, pode ter moldado o comportamento civil alemão no Ocidente. A percepção alemã da brutalidade do Exército Vermelho pode ter dissuadido a resistência em grande escala do *Werwolf* contra tropas de ocupação britânicas, francesas e americanas. Já durante a guerra, a percepção alemã das atrocidades do Exército Vermelho tinha estimulado civis e soldados a fugir para a relativa segurança da parte ocidental do país na expectativa de um tratamento mais brando.[100] Do mesmo modo, após o término da guerra, a resistência *Werwolf* no Ocidente pode ter sido mais suave devido ao alívio relativo do povo alemão acerca de sua situação e sua consciência de que sofreriam mais se os soviéticos substituíssem as forças anglo-americanas como seus ocupantes. Muitos alemães, em suma, podem ter continuado passivos no Ocidente porque era a melhor opção que tinham para manter sua segurança.

Mas e se os soviéticos tivessem tomado toda a Alemanha? Teria ocorrido maior oposição do *Werwolf*? A dura punição coletiva imposta pelos soviéticos teria envolvido um número muito maior de alemães inocentes e teria o potencial de impeli-los para a resistência, que seria assim ampliada. Sem a possibilidade de fugir para outras zonas de ocupação aliada, muitos alemães poderiam achar que nada tinham a perder ingressando no movimento *Werwolf*. Na realidade, a maioria dos alemães fora condicionada, por mais de uma geração, a temer o bolchevismo – antes mesmo do Terceiro Reich. Além disso, uma ocupação soviética punitiva teria redimido, pelo menos em parte, o NSDAP ao validar, de forma ostensiva, a postura antibolchevique do partido. É impossível saber quantos alemães teriam dado uma segunda chance ao nazismo logo após o colapso do Terceiro Reich em 1945, mas uma ocupação soviética brutal teria jogado mais combustível em qualquer insurreição nazista.

Curiosamente, a mesma coisa também poderia ter ocorrido se os aliados ocidentais tivessem conquistado toda a Alemanha após o Dia D. Tivessem os alemães se encontrado sob controle aliado ocidental e não precisassem temer uma severa alternativa soviética, eles poderiam ter se rebelado de forma mais ativa. Muitos alemães tinham sido alimentados por uma dieta constante de propaganda antibritânica e antiamericana pelo regime nazista e se ressentiam da chegada de forças anglo-americanas ao solo alemão. A possibilidade de que pudessem ter se rebelado com maior violência é em parte sugerida pelo curso da insurreição no Iraque.[101] Um fator que contribuiu para a erupção da rebelião sunita de longo prazo e das rebeliões xiitas de curto prazo contra as forças de coalizão aliada no Iraque foi o fato de os rebeldes terem sido capazes de direcionar sua agressão contra uma única força ocupante e não temerem que suas ações pudessem pavimentar o caminho para uma ocupação pior por uma força externa presente nas vizinhanças.[102] Como o Iraque não foi dividido em distintas zonas de ocupação, não havia o equivalente do Exército Vermelho soviético administrando uma parte do país e agindo como elemento de dissuasão para potenciais rebeldes em outra. Na verdade, o oposto é que se deu: países vizinhos, como a Arábia Saudita e os Estados do Golfo, contribuiram para o surgimento de grupos rebeldes sunitas, enquanto o Irã dava suporte a milícias xiitas locais (por outro lado, a impossibilidade de os *Werwolf* receberem apoio de quaisquer vizinhos da Alemanha após 1945 contribuiu para o fracasso do movimento). Essas comparações revelam algo importante sobre a ocupação aliada da Alemanha. O fato de que os quatro poderes tenham adotado uma política de dividir e conquistar o país foi crucial para limitar a resistência do *Werwolf*. Encarnando de forma efetiva uma versão de "bom policial" e "mau policial", os aliados ocidentais e os soviéticos ajudaram a tornar o povo alemão dócil em vez de rebelde.

Sem dúvida, esses cenários levantam questões básicas do que é plausível ou não. Poderiam os soviéticos ou os aliados ocidentais terem ocupado sozinhos a Alemanha? É improvável, mas não impossível. É bem conhecido que os Aliados concordaram em dividir a Alemanha em zonas distintas de ocupação antes do final da guerra. No outono de 1944, na conferência de ministros do Exterior em Londres, autoridades dos Aliados no Conselho Consultivo Europeu delimitaram três zonas, que foram mais tarde expandidas para quatro na Conferência de Yalta em fevereiro de 1945. Por razões políticas, era mais ou menos inevitável que a Alemanha fosse submetida a um governo compartilhado. Não obstante, podemos imaginar cenários em que os soviéticos – e talvez também os aliados ocidentais – pudessem ter ocupado toda a Alemanha sozinhos.

No verão de 1944, enquanto tropas anglo-americanas ainda estavam na França, forças do Exército Vermelho tinham alcançado os subúrbios orientais de Varsóvia e estavam prontas para avançar até a Alemanha. Nesse momento, porém, Stalin ordenou que algumas de suas forças parassem (permitindo que os nazistas esmagassem o levante de Varsóvia de agosto de 1944), enquanto enviava outras para os Bálcãs, para ocupar a Romênia, a Bulgária, a Iugoslávia e a Hungria.[103] Se os soviéticos tivessem tomado outra decisão, poderiam ter adiantado a marcha para a

Alemanha e, talvez, tomado sozinhos a maior parte do país. O próprio Stalin tinha fantasias de continuar o avanço até a França.[104] Por seu lado, britânicos e americanos tinham visto a possibilidade de um tal cenário desde a vitória dos soviéticos em Stalingrado e, em junho de 1944, abriram uma segunda frente na Normandia, em parte para impedir que ele ocorresse.[105] Preocupações de que os soviéticos pudessem tomar a maior parte da Alemanha também instigaram os aliados ocidentais a convocar a Conferência de Yalta, em fevereiro de 1945 (a intenção era fazer os soviéticos se comprometerem a respeitar zonas de ocupação pré-negociadas num momento em que o Exército Vermelho estava a apenas 80 quilômetros de Berlim e os aliados ocidentais ainda estavam se recuperando da extenuante Batalha das Ardenas). O comportamento britânico e americano nos anos 1944-1945, em suma, revela que uma conquista completa da Alemanha pelos soviéticos era plausível.[106]

O mesmo pode ser dito sobre a possibilidade de os aliados ocidentais tomarem a Alemanha sozinhos. Se a Grã-Bretanha e os EUA tivessem dedicado menos tempo e recursos à invasão da África do Norte e se concentrado no bombardeio estratégico da Alemanha nos anos 1942-1943, poderiam ter aberto uma segunda frente na França dois anos antes do que acabaram fazendo. Se tivessem feito isso, segundo Jacques Pauwels, “poderiam ter penetrado com muito mais profundidade... na Alemanha... e se verem instalados em Berlim, talvez até mesmo em Varsóvia”, no final da guerra.[107] Outros escritores, como Caleb Carr, imaginaram os Aliados invadindo a Alemanha com uma estratégia de “ataque profundo” no estilo *Blitzkrieg* [Guerra Relâmpago] (em vez de uma abordagem de “frente ampla”), que os poderia ter capacitado a se apoderarem de Berlim, forçando uma rendição alemã em novembro de 1944, impedindo assim uma presença soviética no Reich.[108] Outro possível cenário envolve os Aliados tendo êxito na Operação Market Garden em setembro de 1944. Se tivessem sido capazes de cruzar o Reno e se apoderar da capacidade industrial do Ruhr, os aliados ocidentais poderiam ter tomado com mais rapidez toda a Alemanha e terminado a guerra no Natal de 1944, antes de fazer quaisquer concessões definitivas em Yalta.[109] Todos esses cenários teriam exigido maior sacrifício anglo-americano e é provável que levassem os soviéticos a acelerar sua ofensiva para Oeste. Mas podiam ter possibilitado uma ocupação exclusivamente anglo-americana da Alemanha e, com ela, uma campanha de guerrilhas mais agressiva por parte dos *Werwolf*.

É impossível saber se esses resultados tinham alguma chance de se tornarem realidade, mas são mais do que exemplos de especulação ociosa. Sem dúvida, eles nos permitem entender melhor o que de fato aconteceu após 1945. No nível mais óbvio, contemplar esses cenários alternativos nos ajuda a perceber como a política aliada na Alemanha poupou o mundo do pós-guerra do tipo de pesadelo insurgente que irrompeu no Iraque. Em outras palavras, tais cenários nos permitem apreciar como a história poderia ter sido pior. Contudo, eles também nos instigam a perguntar como a história poderia ter sido melhor. Na conclusão de seu livro *The Last Nazis*, Perry Biddiscombe explica como o significado supremo do movimento *Werwolf* se encontra no domínio dos eventos que nunca ocorreram. O *Werwolf*, escreve ele, foi crucial por afetar de modo negativo os primórdios da história política da Alemanha no pós-guerra, pois...

> na aurora mesma da... "Hora Zero"... quando os alemães teriam estado mais abertos à mudança, os Aliados estavam tão ocupados empunhando os instrumentos de opressão que dificilmente poderiam encorajar um processo desses ou... permitir que ele emergisse de modo espontâneo de fontes alemãs. Graças pelo menos em parte ao *Werwolf*, a revolução política, social e cultural de 1945 tornou-se o grande não acontecimento da moderna história alemã.[110]

Encorajando medidas repressivas por parte dos Aliados, os *Werwolf* impediram os alemães de buscar um começo realmente novo. Essa afirmação é sem dúvida questionável, já que houve uma série de fatores envolvidos na manutenção das continuidades entre a fase de ocupação e a subsequente República Federal. Mas o caso do *Werwolf* nos lembra que, mesmo movimentos fracassados podem moldar a história. A insurreição natimorta revela como foi difícil para a Alemanha do pós-guerra ajustar realmente as contas com o passado. Com certeza poderia ter sido pior. Mas, mesmo fracassando, o movimento *Werwolf* revela que o nazismo não morreu em 1945, mas sobreviveu durante a ocupação.

Primeiras Conspirações Nazistas do Pós-Guerra e Reações dos Aliados

Os Aliados ficaram dolorosamente conscientes desse fato no início de 1946, quando se depararam com novas iniciativas de nazistas fanáticos para se impor na Alemanha ocupada. Representando grupos distintos, mas ideologicamente relacionados, de antigos líderes partidários, oficiais da SS, figuras militares e membros da Juventude Hitlerista, esses esforços assumiram a forma de conspirações para infiltrar, nas nascentes instituições da Alemanha ocupada, partidários ansiosos para explorar a insatisfação popular com o governo aliado e facilitar um retorno nazista ao poder. Em 1946 e 1947, oficiais da inteligência aliada tomaram ciência dessas conspirações e lançaram duas importantes campanhas de detenção para suprimi-las: "Operação Berçário" e "Operação Comitê de Seleção". Ambas foram bem-sucedidas. Mas expuseram a influência persistente das ideias nazistas e emprestaram credibilidade aos temores sobre a possibilidade de um Quarto Reich.

A Conspiração da Juventude Hitlerista e a Operação Berçário

A primeira conspiração estava associada ao antigo nazista e líder da Juventude Hitlerista Artur Axmann. Membro do partido desde 1931, Axmann substituiu Baldur von Schirach como chefe da Juventude Hitlerista (HJ) em 1940 e logo foi admitido no círculo próximo a Hitler.

Nas últimas semanas da guerra, Axmann passou considerável tempo no Führerbunker de Berlim, ajudando a coordenar a defesa da cidade direcionando membros da Juventude Hitlerista para a *Volkssturm* e a *Waffen-SS*. Após o suicídio de Hitler em 30 de abril, Axmann, sob fogo pesado das tropas do Exército Vermelho, fugiu do *bunker* com seus leais colegas nazistas Werner Naumann e Martin Bormann. No caos, os homens se dispersaram, mas Axmann conseguiu chegar ao estado de Mecklenburg, na zona soviética. A partir daí ele desapareceu e foi considerado morto pelas autoridades aliadas. Na realidade, Axmann tinha mudado seu nome para Erich Siewert, havia passado à clandestinidade e começado a implementar os primeiros estágios de um plano de resistência no pós-guerra.[111] Elaborado no início da primavera de 1945, o plano estava baseado na suposição de que as forças anglo-americanas e soviéticas se dividiriam com o fim da guerra, fornecendo assim uma oportunidade para os militantes da Juventude Hitlerista se juntarem às primeiras contra as segundas. Para avançar nesse objetivo, Axmann ordenou, na primavera de 1945, que 35 mil líderes da HJ viajassem para o terreno montanhoso do sul da Alemanha, onde dariam apoio ao movimento *Werwolf* e aguardariam ordens para desenvolver outras atividades de resistência.[112]

Embora essa ordem tenha surgido do envolvimento de Axmann com o movimento *Werwolf*, concentrou-se menos em resistir ativamente, por ação militar, ao governo aliado do que em subvertê-lo a partir de dentro.[113] Logo após a guerra, enquanto estava no norte da Alemanha, Axmann instruiu os líderes da Juventude Hitlerista do sul, como o HJ *Oberbannführer* Willi Heidemann, a usar determinados fundos para organizar operações comerciais – em especial empresas de caminhões – que estavam destinadas a "se tornar influentes na nova vida econômica da Alemanha".[114] Ao mesmo tempo, outros membros da Juventude Hitlerista receberam instruções para procurar emprego junto a funcionários do governo militar e ganhar sua confiança. O plano dos conspiradores era se manterem serenos, ir aos poucos ganhando força econômica e então passar a "influir nos partidos existentes segundo princípios nazistas".[115] Por sua parte, Axmann se manteve bastante comprometido com o *Führerprinzip*, que pretendia aplicar a uma nova versão da Juventude Hitlerista.[116] Seu objetivo final era ressuscitar o Partido Nazista e tornar-se o novo líder da Alemanha.[117] Fazendo isso, esperava mostrar com seus colegas conspiradores que os doze anos do Terceiro Reich "não [tinham sido] em vão".[118]

Antes, no entanto, que o grupo de Axmann pudesse desenvolver seus planos, os oficiais de inteligência americanos e britânicos acabaram com eles na Operação Berçário. Com o nome inspirado pela pouca idade dos indivíduos escalados para a prisão, a operação se estendera por dez meses, durante os quais oficiais aliados coletaram informações passadas por ex-nazistas que haviam se infiltrado no grupo como espiões.[119] Grande parte das informações foi descoberta graças à ruptura cada vez maior entre duas facções do grupo, que tinham começado a divergir sobre a estratégia a ser seguida.[120] Em dezembro de 1945, forças de contrainteligência fizeram uma primeira onda de prisões, capturando Axmann e mais de duzentas pessoas, embora a princípio as notícias fossem mantidas em segredo. Então, em março de 1946, cerca de 7 mil soldados aliados se espalharam por mais de duzentas cidades nas zonas de ocupação ocidental e detiveram mais de mil suspeitos das fileiras da Juventude Hitlerista. Em muitos casos, foram trocados tiros entre soldados aliados e alemães que estavam nas listas de prisão. Tropas aliadas também recuperaram mais de 1 milhão de Reichsmarks em fundos nazistas e foram alertadas sobre munições armazenadas em locais secretos nas montanhas.[121]

Quando as notícias sobre as ações repressivas começaram a surgir nos EUA e na Grã-Bretanha, manchetes sensacionalistas de jornais, como "Ataques Esmagam Conspiração para Reimplantar Nazismo na Alemanha", enfatizaram a importância da ação aliada. Muitos relatos da imprensa citavam a declaração do general-de-brigada Edwin Sibert de que as prisões tinham frustrado um grande esforço para "reviver... a ideologia nazista na Alemanha" e escolher um "novo Führer".[122] Autoridades americanas asseguraram ao público que a conspiração fora abortada enquanto ainda era não violenta, acrescentando que ela não estava "voltada para uma ação combativa no estilo dos Maquis francês".[123] Porém, salientaram que "foi a ameaça mais perigosa à nossa segurança... desde a guerra". Na verdade, embora muitos jornais citassem a declaração confiante de Sibert de que "a espinha dorsal do movimento fora quebrada", todos continuaram a insistir na necessidade de vigilância.[124] Muitos destacavam a necessidade de que as tropas aliadas permanecessem na Alemanha. Nos EUA, um jornal falou do perigo de "os alemães... criarem um novo programa nazista, revigorado e talvez camuflado", enquanto outro enfatizava a necessidade de os Aliados darem prosseguimento ao esforço de "expor e destruir... esse mal".[125] A imprensa australiana se referiu de modo vibrante à persistência de um "movimento clandestino de chacais", constituído de "nazistas... ainda lutando como cães selvagens encurralados".[126] Na Alemanha ocupada, enquanto isso, coexistiam reações divergentes: um jornal da zona americana mencionava, quase em tom de remorso, as durezas da vida diária sob governo aliado como a razão pela qual alemães comuns acreditavam que "os *Werwolf* nazistas podiam melhorar a situação e Axmann e seus camaradas eram patriotas"; fazendo contraste, outro jornal expressava alívio por terem salvo o que estava "quase perdido" e especulava num tom autocrítico que "se os planos [de Axmann]... tivessem se tornado realidade, a população da Alemanha teria deixado de... ter qualquer direito à existência no mundo".[127] Por fim, a imprensa comunista na zona da Alemanha Oriental concluía que os esforços em curso, de nazistas fanáticos, para "tramar... conspirações" um ano após a derrota da Alemanha provavam a irremediável incapacidade que eles tinham de reconhecer seu papel na "catástrofe" do país.[128]

Mas a ameaça era de fato tão extrema? À primeira vista, a resposta pareceria ser não. A literatura sobre a ocupação aliada da Alemanha tem em grande parte ignorado a conspiração.[129] O mesmo se aplica aos obituários de Axmann que apareceram logo após à sua morte em 1996.[130] Essa falta de atenção sugere que, para muitos observadores, a conspiração estava condenada ao fracasso e nem valia a pena ser lembrada. Nos últimos tempos, no entanto, a agenda subversiva da Juventude Hitlerista recebeu nova atenção com o livro de Scott Selby, *The Axmann Conspiracy*, em que é afirmado que ela fazia parte de um "plano [maior] para um Quarto Reich".[131] Esse renovado interesse pela conspiração nos lembra com que seriedade os contemporâneos encaravam a ameaça do ressurgimento nazista.

Já no inverno de 1945-1946, os Aliados reconheceram que a aridez da vida sob a ocupação estava mantendo vivas as ideias nazistas entre certos alemães. Nessa época, os prognósticos para a economia alemã iam de sombrios a medonhos. A escassez de alimentos era tão aguda que a imprensa britânica previu que estavam destinadas a morrer mais pessoas que as que tinham sido mortas pelas "primeiras duas bombas da época atômica".[132] Em março de 1946, a redução das rações diárias para cerca de mil calorias na zona britânica provocou distúrbios em Hamburgo, com inúmeros atos de pilhagem, furto e vandalismo.[133] Como resposta, os britânicos praticaram detenções em massa e anunciaram que "estavam preparados para usar armamento militar na repressão aos famintos desordeiros alemães".[134] Essas ameaças, no entanto, pouco efeito tiveram para deter a crise.[135] No final de 1946, a imprensa anglófona estava publicando lúgubres reportagens sobre fanáticos "canibais" nazistas matando pessoas para fazer "salsichas humanas" para venda no mercado negro.[136] Não era somente a escassez de alimentos que contribuía para o clima de desespero. A falta de moradia e o desemprego continuavam a afligir milhões de alemães, em particular os expatriados, os refugiados e soldados retornando do cativeiro aliado. Não causa espanto que autoridades políticas dos Aliados advertissem que a situação econômica poderia ter "potencialidades explosivas" e "lançar grandes massas do povo alemão para os campos políticos extremistas tanto da direita quanto da esquerda".[137] Esse pesadelo político parecia cada vez mais provável à luz da incapacidade de os Aliados decidirem se estavam mais interessados em "tornar a Alemanha impotente ou tornar a Alemanha democrática".[138] Muitos comentaristas temiam que a situação política pudesse ser facilmente explorada por "nazistas sobreviventes" que "veriam sua oportunidade" ao tomar partido de um lado contra o outro.[139]

Na primavera de 1946, os Aliados perceberam que, apesar do sucesso da Operação Berçário, as ideias nazistas haviam sido meramente "arranhadas – não destruídas".[140] Observadores políticos e jornalistas aliados estavam bem cientes do fato de que os alemães mais novos – em especial mulheres e meninas – permaneciam presos a ideias nazistas.[141] Algumas semanas após a Operação Berçário, o *New York Times* publicou uma reportagem, que despertou grande interesse, com o título "Vírus Nazista Prospera na Zona Americana". Ela afirmava que, por toda a Baviera, sem chamar a atenção, representantes da "resistência clandestina" nazista estavam "se reorganizando para voltar ao poder pela retomada do controle das instituições democráticas que nós criamos". Como autoridades do governo militar americano tinham confiado de forma ingênua nas recomendações pessoais de "elementos conservadores" que eram "simpáticos" aos nazistas, alemães de direita estavam se "infiltrando em posições [cruciais]" na zona americana e calmamente oferecendo seus serviços até que "houvesse condições favoráveis" para solapar o governo aliado. Só a presença das forças armadas dos EUA mantinha o "caos" a distância.[142]

Essa avaliação sombria, que era repetida por vários observadores americanos e alemães, levanta a questão contrafactual de imaginar se a crise poderia ter se transformado em uma situação revolucionária que possibilitasse um retorno nazista.[143] Desespero econômico, inquietação social e desilusão política têm sido há muito pré-condições da agitação revolucionária. A Alemanha teve em abundância todas essas coisas em 1946. O único ingrediente que faltou foi um ato catalisador de violência para aguçar problemas estruturais e fazê-los irromper em acontecimentos dramáticos, que marcariam época.

Sem dúvida, a violência na Alemanha se intensificou nos meses que se seguiram. Em 19 de outubro de 1946, várias bombas explodiram no prédio de um tribunal de desnazificação e na cadeia da polícia militar dos EUA em Stuttgart. Nesse mesmo dia, outra bomba explodiu no prédio de uma junta de desnazificação em uma cidade próxima, Backnang, enquanto uma semana depois explodia outra bomba na cidade vizinha de Esslingen. Esses ataques, que causaram prejuízo estrutural, mas não feriram pessoas, levantaram temores da intensificação de um radicalismo nazista.[144] O *The Boston Globe* descreveu as bombas como "o primeiro ataque abertamente violento às forças armadas americanas e à polícia civil alemã feito pelo movimento clandestino nazista" e afirmou que elas representavam um "sério" desdobramento.[145] Muitos observadores conjecturaram que os ataques representavam protestos de células sobreviventes do *Werwolf* contra o programa de desnazificação aliada, com alguns suspeitando que pretendiam sabotar o julgamento, marcado para breve, do ex-chefe do *Reichsbank*, Hjalmar Schacht.[146] Essa impressão foi reforçada pelo aparecimento na mesma área de cartazes nacionalistas afirmando que os Julgamentos de Nuremberg "não eram julgamentos, mas assassinatos".[147] Esse pico de violência era alarmante em si e por si mesmo, mas se tornou ainda mais preocupante depois que autoridades americanas declararam, em outubro de 1946, que "esperavam mais atentados a bomba... contra o programa de desnazificação".[148] Não demorou muito para esses medos se revelarem justificados, pois em janeiro e fevereiro de 1947 explosões em Nuremberg causaram danos a escritórios de funcionários de desnazificação incumbidos de processar o ex-chanceler alemão, e partidário de Hitler, Franz von Papen.[149] Houve ainda outros ataques, mais ou menos na mesma época, a cortes de desnazificação em Munique e Kassel, enquanto pouco depois o promotor (*Spruchkammer*) de um tribunal de desnazificação era assassinado na cidade de Öhringen, em Württemberg.[150]

Se a violência tivesse continuado sem oposição, o desenvolvimento futuro da Alemanha poderia ter tomado uma direção diferente, mas no final das contas a reação foi rápida e forte. Primeiro que tudo, muitos alemães se opunham aos ataques. Em Stuttgart, 75 mil trabalhadores participaram de uma curta greve geral em 22 de outubro para protestar contra a insistência de "antigos nazistas" em desafiar a ordem do pós-guerra.[151] Outras manifestações convocadas por sindicatos foram realizadas em Nuremberg.[152] A imprensa alemã condenou de forma decidida os ataques, enquanto os jornais da Alemanha Oriental comunista destacavam a contínua ameaça de "reacionários" fascistas e "*Werwolf*".[153] De modo fulminante, os Aliados também mostraram uma forte reação. Em curto espaço de tempo, as autoridades americanas foram capazes de rastrear os perpetradores dos ataques na área de Stuttgart até uma célula de fanáticos nazistas comandados por um ex-elemento da SS, de 23 anos, chamado Siegfried Kabus. Sua intenção fora mobilizar a ira popular contra a desnazificação e lançar um movimento pelo renascimento nacional da Alemanha tendo ele próprio como o novo Führer. Os Aliados também conseguiram pegar o culpado dos ataques de Nuremberg, cometidos por outro nazista radical, um ex-soldado da *Waffen-SS* e ativista *Werwolf*, Alfred Zitzmann. Tanto Kabus quanto Zitzmann eram jovens, cujo ativismo da era nazista havia deixado com poucas perspectivas para o futuro imediato. Seus partidários eram quase todos ex-membros da Juventude Hitlerista e da *Waffen-SS*, com opções igualmente mínimas. As ações violentas de Kabus e Zitzmann acabaram não levando a parte alguma.[154] Mas deram testemunho da sobrevivência de ideias nazistas entre segmentos da população alemã. Sem dúvida, certos observadores alemães tentaram desqualificar Kabus como uma aberração, chamando a atenção para sua excentricidade (ele embelezou de modo frenético seu registro de guerra e afirmava estar em contato com Martin Bormann).[155] Outros alemães, no entanto, temiam que a resultante condenação de Kabus e resultante sentença de morte (mais tarde comutada) acabassem por transformá-lo em um "mártir" que poderia inspirar outros fanáticos à ação radical.[156] Esses medos tiveram eco nos

Estados Unidos, onde novas histórias sobre a dedicação de Kabus a "planos elaborados para um 'quarto Reich'" alimentaram ansiedades sobre um retorno nazista.[157]

O Grupo Deutsche Revolution e a Operação Comitê de Seleção

O desejo de evitar essa possibilidade explica, em parte, por que no início de 1947 autoridades aliadas na zona ocidental lançaram a Operação Comitê de Seleção. A campanha era especificamente dirigida contra um grupo nazista clandestino conhecido como *Deutsche Revolution* [Revolução Alemã].[158] Na realidade esse movimento era constituído por vários grupos, vagamente afiliados, de ex-oficiais da SS e veteranos da *Wehrmacht* nas zonas de ocupação britânica e americana. O grupo principal era o próprio *Deutsche Revolution*, também conhecido como Organização para o Socialismo Alemão (*Organization für den Deutschen Sozialismus*) e comandado pelo *SS-Oberscharführer* Bernhard Gericke. Juntando-se a ele havia a Organização da Alemanha do Sul (*Organisation Süddeutschland*), comandada pelo ex-*SS-Oberführer* Kurt Ellersiek, e duas células anônimas de oficiais da SS e da *Wehrmacht* comandadas pelo *SS-Hauptsturmführer* (e ex-chefe da Gestapo de Lyon) Klaus Barbie, pelo *SS-Brigadeführer* Christof Naumann e pelo oficial da *Wehrmacht* Ernst Gunther Jahnke (Figura 2.2). Os grupos tinham origens independentes, mas encontraram o caminho para se associarem graças a conexões pessoais e princípios ideológicos compartilhados. Estudiosos têm argumentado que os membros dos grupos viam-se como "núcleo de um novo movimento nazista, a ponta de lança de um Quarto Reich".[159] Mas assim como na conspiração de Axmann, não há evidência de que as células empregassem o conceito de um Reich em sua trama. Defendiam, no entanto, o retorno do nazismo ao poder.

Os conspiradores acreditavam que, com certos ajustes, o nacional-socialismo poderia conservar sua validade no mundo pós-guerra. Segundo Gericke, que era o principal teórico da conspiração, as ideias de

Hitler tinham sido abertamente nacionalistas e racistas, um inconveniente que poderia ser reparado pela defesa de um tipo mais cosmopolita de nazismo (que Gericke chamou de "Socialismo Alemão"), comprometido com um bloco europeu unido, antissoviético.[160] Como eram realistas o bastante para reconhecer que, no rastro imediato da guerra, métodos violentos não os levariam a parte alguma, os conspiradores procuraram infiltrar partidários, gente que pensava como eles, na vida alemã.[161] Ellersiek, por exemplo, recorreu à sua experiência em uma organização estudantil da universidade da SS de antes da guerra, conhecida como *Mannschaftshäuser* ["casas de unidade"], e procurou inserir antigos homens da SS em instituições acadêmicas alemães do pós-guerra; Gericke procurou colocar nazistas no *establishment* político do pós-guerra e Barbie usava transações no mercado negro, assaltos e falsificação para ajudar antigos camaradas da SS a criar novas identidades e a se evadir da detenção pelos Aliados. Ao desenvolver essas atividades secretas, os conspiradores não só expressavam um sólido compromisso com ideais nazistas, mas também revelavam sua incapacidade de aceitar a realidade da nova ordem pós-guerra. Como o comprometimento de seus passados os excluía do centro da vida alemã, os conspiradores percebiam que não tinham muita opção senão "justificar... sua inevitável existência clandestina" – como explicaram os agentes do Corpo de Contrainteligência dos Estados Unidos (CIC) em 1947 – mantendo o sistema de crenças de que dispunham.[162]

O objetivo imediato do *Deutsche Revolution* era convencer os aliados ocidentais, em especial os britânicos, a juntar forças com eles em uma nova aliança contra os soviéticos. Tentando explorar o aumento das tensões Leste-Oeste e aproveitar a experiência que haviam tido no trabalho de inteligência anticomunista em tempo de guerra, o grupo esperava negociar sua colaboração por uma série de concessões aliadas: mais notadamente, um fim da desnazificação, a libertação de nazistas de campos de internamento, a devolução pela Polônia de territórios orientais da Alemanha e um fim das reparações econômicas.[163] No final de 1946 e início de 1947, os conspiradores, liderados por Ellersiek, tentaram estabelecer contato com funcionários britânicos que eram considerados simpáticos à causa e convencê-los a colaborar.[164] Infelizmente para os conspiradores, os Aliados já tinham penetrado sua organização com espiões que estavam informando com regularidade sobre o progresso da conspiração. Os britânicos e os americanos permitiram que o planejamento continuasse até princípios de 1947. No entanto, em janeiro desse ano, foram forçados a agir por novos desdobramentos. A publicação, no final do mês, com manchete de impacto, do relatório de uma organização lobista internacional privada, o Comitê Internacional para o Estudo de Questões Europeias, afirmava que sinistros grupos clandestinos nazistas estavam sabotando os esforços de desnazificação na zona ocidental.[165] Temendo que os soviéticos usassem a informação para obter uma vantagem propagandística na iminente conferência de ministros do Exterior em Moscou – programada para discutir, no início de março, o destino da Alemanha –, os Aliados decidiram agir.[166]

Na noite de 22 de fevereiro, vários milhares de soldados aliados se espalharam pelas zonas de ocupação ocidentais, sob um tempo glacial, para deter mais de uma centena de suspeitos associados ao *Deutsche Revolution*.[167] Muitos dos líderes mais importantes, como Ellersiek e Gericke, foram capturados, assim como dezenas de ex-oficiais da SS, oficiais da *Wehrmacht* e lideranças intermediárias do Partido Nazista, incluindo o chefe da Juventude Hitlerista na Polônia, general Walter Schimmelpfennig, e o ex-*Gauleiter* [líder provincial] de Württemberg, Helmut Baunert. Tropas aliadas também detiveram outros nazistas que não estavam diretamente conectados com a conspiração. O procedimento mais notável foi a detenção de oficiais associados com o "Grupo para Pesquisa de Guerra Bacteriológica", da *Wehrmacht*, como Hans-Georg Eismann e Karl Rosenberg, sob a acusação específica de ameaçar forças aliadas com a guerra biológica. Apesar dessas prisões, a operação não foi um sucesso absoluto. Certas figuras importantes, como Klaus Barbie, escaparam da captura e outras entraram na clandestinidade.[168]

Logo após o anúncio das prisões, a imprensa anglo-americana expressou choque e alarme. Apresentando manchetes como "Investida Inesperada dos Aliados Esmaga Conspiração Nazista", um dilúvio de novas reportagens descreviam a conspiração como mais perigosa que a trama da Juventude Hitlerista desbaratada um ano atrás na Operação Berçário.[169] A maior parte dos artigos reportavam de modo vibrante que os conspiradores tinham "como objetivo [consciente] dar nova vida... ao nazismo", com o *New York Times* declarando que eles representavam "o mais ambicioso movimento clandestino alemão para construir uma nova ditadura sobre as ruínas nazistas".[170] Alguns chegaram a ponto de declarar que a conspiração era parte de um "plano mundial" nazista para "iniciar... um ataque contra a própria civilização".[171] Essas declarações estridentes estavam parcialmente enraizadas na preocupante revelação de que os conspiradores possuíam "uma arma bacteriológica secreta", que planejavam usar para "chantagear os aliados ocidentais", fazendo com que "adotassem uma política antirrussa".[172] Segundo os relatos da imprensa, "o bando visava à introdução do antraz e do bacilo da peste bubônica na Inglaterra e nos Estados Unidos" enviando agentes com treinamento especial e equipados com formas líquidas e em pó de germes escondidos em bengalas, guarda-chuvas e pastas para cidades britânicas e americanas, onde deveriam ser liberados durante um período de cinco dias – em estações do metrô, restaurantes e outros lugares públicos – "infectando 12 mil pessoas por dia".[173] A despeito das declarações aliadas tranquilizando que o plano fora completamente desbaratado, as revelações deram origem a manchetes alarmistas, como "Ameaça de Germes Nazistas na Grã-Bretanha", e aumentaram as inquietações públicas.[174]

Na Alemanha ocupada, a reação foi dividida. A maioria dos jornais na zona ocidental relatou de forma correta os fatos da conspiração, mas negou que ela representasse um perigo real. *Der Spiegel* referiu-se com desdém ao esforço inepto do *Deutsche Revolution* para criar uma "segunda edição do Terceiro Reich", enquanto outras publicações garantiam que os conspiradores não falavam pela maioria do povo alemão.[175] O ceticismo dessa visão foi confirmado por levantamentos de opinião pública feitos pelo CIC, que reportaram que os alemães estavam perplexos com as notícias das medidas enérgicas tomadas pelos Aliados, acreditando que elas haviam sido aplicadas para neutralizar críticas soviéticas de indulgência nas políticas anglo-americanas de desnazificação.[176] Ao mesmo tempo, opiniões divergentes corriam entre jornais alemães-ocidentais, algumas advertindo contra a tendência a "minimizar" o fato de que "conspiradores nazistas... [estavam] tentando articular conexões nas zonas [de ocupação]".[177] A imprensa comunista na zona alemã-oriental enfatizou esse ponto, afirmando que as prisões provavam que ainda existiam "círculos que queriam empregar forças reacionárias para reviver o sistema de Hitler".[178]

Em vista da maciça cobertura de imprensa da Operação Comitê de Seleção, é supreendente que o episódio tenha recebido uma atenção relativamente pequena dos teóricos da ocupação aliada.[179] É provável que grande parte dessa negligência reflita a crença de que o *Deutsche Revolution* representou uma intimidação menor, que nunca chegou a ameaçar seriamente o governo aliado. Tal desatenção, no entanto, é injustificada. Vistos a partir da perspectiva de inícios de 1947 – uma época em que a reconstrução da Alemanha mal havia começado e sua democratização estava longe de estar assegurada –, é difícil que os temores de um retorno nazista pudessem ser irracionais. Na verdade, é fácil imaginar alternativas em que a conspiração poderia ter sido mais bem-sucedida.

Isso é especialmente verdadeiro dada a inclinação tanto dos contemporâneos quanto de observadores subsequentes a empregar um raciocínio contrafactual para explicar as medidas severas. Ao avaliar os resultados da operação no verão de 1947, funcionários do CIC americano especularam que, se os conspiradores tivessem

> tido êxito... [em] obter a aprovação britânica ao que parecia ser uma inócua teoria política, o resultado teria sido consolidar as fileiras dos

> que simpatizavam com idealistas nazistas; e eles finalmente teriam se infiltrado e infectado movimentos mais respeitáveis que desfrutassem de sentimentos políticos similares. Mais cedo ou mais tarde é provável que esse tipo de desdobramento tivesse trazido ao governo aliado um problema sem dúvida mais difícil de resolver.[180]

A imprensa alemã argumentou de modo semelhante, com o *Kasseler Zeitung* declarando que, sem a intervenção aliada, os conspiradores poderiam ter conseguido "atrair um grande número de simpatizantes das fileiras de infelizes fanáticos nazistas" e "se transformarem em um poderoso movimento que poderia representar uma séria ameaça para a segurança da ocupação".[181] Estudiosos têm feito eco aos temores aliados de que o plano "poderia ter tido um efeito considerável sobre parcelas da população [alemã]" se tivesse continuado.[182] Perry Biddiscombe, por exemplo, especulou que "sem intervenção aliada, o *Deutsche Revolution* poderia ter emergido como uma força poderosa na direita alemã, com o potencial de fazer o relógio andar para trás".[183]

Essa declaração é sugestiva, mas sugere a questão do que poderia ter impedido os Aliados de fechar o cerco ao movimento naquele momento. Uma pista pode ser encontrada no fracasso que tiveram ao tentar prender Klaus Barbie. Os indícios sugerem que Barbie já estava sendo recrutado pelo CIC para ajudar nas tarefas da inteligência americana contra a União Soviética e que talvez o tivessem deixado, de forma deliberada, escapar do arrastão da Operação Comitê de Seleção.[184] Isso pode ter ocorrido *apesar* do fato de Barbie ter continuado a ser um nazista inveterado – um homem que o agente do CIC (e mais tarde recrutador de Barbie) Robert S. Taylor descreveu como "um idealista nazista que acredita que... suas crenças foram traídas pelos nazistas no poder".[185] Barbie também nunca rompeu os laços com seus camaradas da SS, embora fazê-lo fosse, em teoria, uma condição para trabalhar com os americanos.[186] O fato é que dificilmente o caso de Barbie era excepcional. Na época, americanos e britânicos mostravam poucos escrúpulos morais em fazer causa comum com ex-inimigos. Estavam em especial interessados em recrutar agentes de inteligência nazistas, muito particularmente o chefe da Abwehr para assuntos soviéticos, Reinhard Gehlen, que recebeu permissão de Alan Dulles e William Donovan para manter intacta sua rede de inteligência e fazer seus membros trabalharem para os americanos. Dado esse e outros exemplos, é teoricamente possível que os Aliados pudessem ter trabalhado *com* o *Deutsche Revolution* e dado apoio a seu desejo de uma campanha conjunta contra os soviéticos.[187] Se isso tivesse acontecido, as forças de direita teriam sido fortalecidas.

Como os eventos deixaram claro, no entanto, o *timing* dos conspiradores teve problemas. A princípio, havia condições adequadas para os subversivos tomarem a iniciativa. O inverno de 1946-1947 foi o mais frio de que se tinha notícia e as condições econômicas nas zonas ocidentais de ocupação eram péssimas. O descontentamento público estava crescendo e os Aliados nunca haviam se mantido tão na defensiva. Os conspiradores, no entanto, abordaram os Aliados cedo demais. No início de 1947, com a conferência dos ministros do Exterior se aproximando em Moscou, os americanos e os britânicos ainda não tinham abandonado a ideia de administrar a Alemanha em conjunto com os soviéticos. Tivessem os conspiradores esperado até que a tensões Leste-Oeste se intensificassem – digamos, até a época da crise de Berlim, um ano mais tarde – e poderiam ter se encontrado numa situação mais vantajosa, em que poderiam infiltrar um número maior de seus membros no nascente *establishment* alemão e fazer progredir sua agenda ideológica. A impaciência, em última análise, provou ser a condenação do *Deutsche Revolution*. O movimento não conseguiu mudar o curso da história alemã do pós-guerra. O que não significa, no entanto, que tenha sido sem importância. Sua mera existência fornece novas evidências de que as ideias nazistas não haviam se extinguido com o fim da Segunda Guerra Mundial, mas sobreviviam teimosamente em pleno período da ocupação. Ela também nos ajuda a entender o papel crucial dos Aliados para impedir que tais ideias pusessem em risco a nascente democratização da Alemanha.[188]

A Operação Comitê de Seleção foi o último evento importante, durante a ocupação, em que Aliados usaram o porrete em vez da motivação para enfrentar a ameaça de um ressurgimento nazista. Embora muitos observadores continuassem a achar que a Alemanha precisava ser punida por razões morais, eles começaram a admitir que era mais provável que a reabilitação fosse o melhor caminho para promover a democracia. No final de fevereiro de 1947, o *New York Times* declarou que, embora a prisão de líderes nazistas fosse importante, não bastava simplesmente usar uma "força... esmagadora... para fazer a resistência parecer inútil". Como "o verdadeiro perigo reside no estado mental do povo alemão, que o transforma em vítima fácil desses líderes", precisa ser dado ao cidadão "um escoamento para suas energias a serviço da... reconstrução" e precisa lhe ser mostrado "um meio para sua reabilitação como membro respeitado da família de nações".[189] Em 1947 foi feito um comentário parecido pelo agente da inteligência britânica e historiador Hugh Trevor-Roper. Ele disse que, para se contrapor ao "perigo real" de que uma "nova forma de nazismo" pudesse manobrar populares "descontentes" e mobilizar apoio para um Estado "totalitário", a economia alemã tinha de ser restaurada.[190]

Quando essas e outras histórias semelhantes começaram a proliferar, os aliados ocidentais decidiram adotar uma política de ocupação com reconstrução.[191] Logo após a proclamação da Diretiva 1779 do Estado-Maior Conjunto dos Estados Unidos (Joint Chiefs of Staff, JCS), em julho de 1947, que declarou que "uma Europa ordeira, próspera, requer as contribuições econômicas de uma Alemanha estável e produtiva", as autoridades aliadas aumentaram o envio de alimentos e outros suprimentos para suas zonas, distribuindo por volta de 14 milhões de toneladas de material militar, sementes e equipamento agrícola entre 1947 e 1949.[192] Sem essa mudança, o historiador Harold Zink, falando em termos contrafactuais, observou em 1955 que "teria... havido uma fome maciça" na Alemanha, acrescentando: "Na ausência do mais extenso programa de alívio da fome jamais empreendido, é quase impossível imaginar o que poderia ter acontecido".[193] É provável que a relutância de Zink em especular sobre as ramificações políticas dos Aliados sem revisitar suas políticas de ocupação refletisse uma relutância psicológica em lidar com as assustadoras consequências de um desastre só recentemente evitado. Mas vista da perspectiva de hoje há pouca dúvida de que, se os Aliados não tivessem feito a mudança política que fizeram, a agitação nazista teria continuado e é provável que encontrasse um público mais receptivo. O ajustamento político, em última análise, mostrou-se crucial para estabilizar a vida na Alemanha.

O Quarto Reich na Cultura do Início do Pós-Guerra

A mudança na política aliada, contudo, não baniu por completo as preocupações de um renascimento nazista. Os temores de um Quarto Reich também não demoraram a se espalhar na cultura pós-guerra. Filmes davam particular atenção à persistente capacidade dos nazistas de semear o caos pelo mundo afora. Durante a Segunda Guerra Mundial, a malignidade nazista foi um tema comum em filmes americanos e britânicos, e alguns que foram lançados perto do final da guerra, como *The Master Race* (1944), voltavam-se para o futuro descrevendo militaristas nazistas planejando um retorno após a derrota da Alemanha. Filmes do pós-guerra retomavam incessantemente esse tema. Nos anos 1945-1948, filmes britânicos e americanos retratavam o nazismo como um perigo duradouro. Muitos o faziam adotando a premissa cada vez mais popular do *film noir* de que o mal espreitava por trás da fachada de normalidade. Mesmo que a Alemanha estivesse segura sob a ocupação aliada, o potencial para um Quarto Reich permanecia ativo.

Um dos primeiros filmes de destaque a lembrar os espectadores da persistente ameaça nazista foi a importante produção de Hollywood de 1946, *O Estranho* (*The Stranger*) (Figura 2.3). Dirigido por Orson Welles, o filme traça o perfil de um investigador da Comissão Aliada para os Crimes de Guerra, Mr. Wilson (Edward G. Robinson), tentando rastrear um criminoso de guerra nazista, Franz Kindler (Welles), que mudou de identidade e se fazia passar por um professor de escola preparatória, chamado Charles Rankin, na pequena cidade de Harper, em Connecticut. Tão bem-sucedida é a dissimulação de Rankin que ele se torna noivo de Mary Longstreet (Loretta Young), filha um juiz da Suprema Corte. O mundo de Rankin, no entanto, vem abaixo no dia de seu casamento, quando um ex-associado nazista, Konrad Meinike, lhe faz uma visita de surpresa. Depois de fugir da Alemanha para a América Latina após a guerra, Meinike experimenta uma conversão religiosa e quer que Kindler se junte a ele na redescoberta da clemência de Deus. Kindler, porém, defende sua nova identidade, declarando que "[minha] camuflagem é perfeita. Quem pensaria em procurar o famigerado Franz Kindler... no meio dos filhos das mais antigas famílias da América?" Num tom ameaçador, Rankin acrescenta: "E ficarei escondido... até o dia em que retomarmos a luta". Quando Meinike exclama: "Franz! Haverá outra guerra?", Rankin responde: "É claro que sim" e, logo depois, mata seu antigo camarada e enterra seu corpo no bosque.

À medida que a trama se desenvolve, *O Estranho* deixa claro que a ameaça nazista tem de ser enfrentada com vigilância. A maior parte do filme retrata a dificuldade de Mary em reconhecer e aceitar a verdadeira identidade do marido. Prejudicada pela ingenuidade (a certa altura ela declara, em um tom despreocupado, que "não há nada a se temer numa cidade como Harper"), é quase morta por Rankin, que tenta fazê-la subir uma escada sabotada que leva à torre da igreja da cidade. A principal mensagem de *O Estranho* é uma inversão do seu título. Embora advertindo de modo ostensivo que o perigo vem de fora, o filme revela que ele pode emanar de dentro. Em um diálogo fundamental, Mary, indignada, diz a Mr. Wilson que seu marido não pode ser um criminoso de guerra, acrescentando: "Eu nunca cheguei sequer a ver um nazista". Em resposta, o funcionário aliado declara: "Bem, pode ter visto sem nem mesmo se dar conta. Eles se parecem como todo mundo e agem como todo mundo... quando isso lhes traz benefícios". Na conclusão do filme, Rankin encontra um justo fim quando morre ao cair da torre da igreja. O vilão é derrotado, mas a mensagem continua inquietante: os nazistas têm um plano de longo prazo a que precisamos resistir.

Ao fazer o filme, Welles tinha óbvias intenções políticas.[194] Adversário do fascismo com inclinações para a esquerda, estava chocado com os crimes da Alemanha no período da guerra e procurava mantê-los sob o olhar do público.[195] *O Estranho* foi, de fato, a primeira produção de Hollywood a mostrar trechos documentais filmados em um campo de concentração (Mr. Wilson mostra a Mary partes de um filme para instruí-la sobre os crimes de Kindler).[196] Welles queria impedir um ressurgimento fascista na Alemanha. Contudo, ele também nutria preocupações acerca dos Estados Unidos. Quando começou a trabalhar no roteiro do filme, no verão de 1945, os primeiros sinais da virada anticomunista do país estavam sendo expressos por políticos, como um membro do Partido Democrata no Mississippi, John E. Rankin, um antissemita e ex-simpatizante do Ku Klux Klan (KKK) que usava o Comitê de Atividades Antiamericanas da Câmara de Representantes (House Um-American Activities Committee, HUAC) para investigar comunistas na vida americana, em especial na indústria cinematográfica. Welles acreditava que "o falso medo do comunismo" de Rankin era "uma cortina de fumaça para ocultar a ameaça real de renascimento do fascismo", que ele também via encarnado no tratamento racista que veteranos negros da Segunda Guerra Mundial recebiam no Sul e nos testes atômicos no atol de Bikini.[197] Para se contrapor simbolicamente a essa tendência, Welles batizou o arquivilão de seu filme com o nome do político do Mississippi. Ao fazê-lo, universalizou a ideia de um renascimento nazista, advertindo que ele não estava restrito à Alemanha, mas possivelmente se estendia a todas as partes do mundo.

Estabelecendo um contraste, o filme britânico *Bloqueado pela Neve* (1948) proporcionava um retrato mais particularista de um renascimento nazista

(Figura 2.4). Dirigido por David MacDonald, o filme é ambientado no isolamento de uma pousada de esquiadores no alto da cadeia das Dolomitas, na Itália, onde um grupo de personagens britânicos e do sul da Europa vêm se reunindo, à primeira vista para desfrutar o ar revigorante das montanhas. Como em *O Estranho*, no entanto, todos os personagens têm uma intenção secreta: estão à procura do ouro pilhado pelos nazistas na Segunda Guerra Mundial. Boa parte do filme retrata os personagens se movendo com extremo cuidado em torno de suas identidades secretas, mas não demora muito para que um personagem grego, Keramikos, admita que é, na verdade, um alemão chamado Von Kellerman, que serviu como chefe da Gestapo em Veneza e ordenou, perto do final da guerra, a transferência de reservas de ouro da Itália para o Reich. Ele explica que confiou a um subordinado a transferência do ouro, mas este instruiu seus soldados a enterrá-lo sob a pousada. Kellerman declara que voltou para pegar o ouro e passa a forçar dois personagens britânicos, Wesson e Blair, a procurá-lo sob o chalé.

Kellerman quer o ouro não por razões econômicas, mas por razões políticas. Como Franz Kindler de *O Estranho*, é um homem comprometido de modo fanático com a causa nazista. Durante um confronto no chalé, Kellerman grita para Engles: "A Alemanha agora está destruída, mas um dia vão reconstruí-la... Um dia, pode ter certeza, o fascismo vencerá de novo. Todos veremos isso". Pouco depois, o chalé acidentalmente pega fogo e, quando Kellerman vai investigar, um dos personagens britânicos, Wesson, grita: "Deixe a porta aberta, OK? Há muita fumaça aqui dentro!". Seu amigo Blair entra na conversa: "Os restos do Terceiro Reich!". Em resposta ao sarcasmo desse comentário, Kellerman responde em um tom de desafio:

> Continuem cavando! E embaixo das ruínas... do Terceiro Reich, vão encontrar o ouro que ajudará a instalar seu sucessor... Acham isso engraçado... Bem, eu também acho. É muito engraçado que os inimigos do Terceiro Reich devam ser de tanta utilidade na fundação

do Quarto Reich. Bem, não se iludam, meus amigos britânicos, haverá outro Reich, só que dessa vez ele se espalhará pelo mundo todo!

Como é previsível, Kellerman não consegue atingir seu objetivo e as chamas não demoram a alcançá-lo. Os espectadores, no entanto, entendem que um novo Reich continua sendo uma possibilidade real.

Como outros filmes do pós-guerra, *Bloqueado pela Neve* traz uma advertência sobre a necessidade de a Grã-Bretanha dar continuidade a uma política externa vigilante após 1945. Em certo momento do filme, Kellerman adverte Blair: "Não se trata de sua ilhota inglesa... cumpridora da lei. Trata-se da Europa... após sete anos de guerra, onde as pessoas... têm ódio e continuam lutando. É uma selva. Por aqui não é bom você se meter em assuntos que não lhe dizem respeito". A exigência de que a Inglaterra se mantenha fora dos assuntos da Europa, partindo do arquivilão do filme, tornava válida a intervenção do país na Segunda Guerra Mundial e sua ocupação da Alemanha no pós-guerra. A última lição de *Bloqueado pela Neve* era simples: só permanecendo envolvida no mundo e não cedendo o controle do continente à rival derrotada, poderia a Grã-Bretanha impedir que a Alemanha se tornasse uma ameaça futura.

Mensagem semelhante foi trazida por outro filme lançado em 1948, *Counterblast* [Reação Violenta]. Dirigido por Paul L. Stein, é provável que o filme tenha sido inspirado pelos eventos sensacionais da Operação Comitê de Seleção no ano anterior, em particular a revelação de que cientistas alemães haviam tomado parte em um plano mais amplo de lançar uma guerra bacteriológica contra a Grã-Bretanha e os Estados Unidos. No início do filme, um cientista nazista e criminoso de guerra, doutor Bruckner (a "Besta de Ravensbrück"), escapou da detenção na Inglaterra com a ajuda de um movimento clandestino nazista com base na Grã-Bretanha. Bruckner quer fugir para a América Latina, mas o informam de que primeiro ele tem de ajudar os nazistas a lançarem uma guerra bacteriológica contra seus antigos inimigos. Em uma tentativa de cumprir sua missão de desenvolver uma vacina que possa proteger o povo alemão, Bruckner mata, e depois toma o lugar de um cientista australiano recém-chegado chamado Forrester, ganhando acesso aos equipamentos do laboratório de um instituto de pesquisa perto de Oxford. Ele então contrata dois jovens assistentes de laboratório, Paul Rankin e Tracy Hart, para auxiliá-lo. Bruckner mantém em segredo sua verdadeira identidade e sua missão, mas explica a Tracy que cientistas alemães descobriram como transformar em armamento culturas bacterianas de doença cardíaca, advertindo que "qualquer nação fraca ou derrotada poderia solapar a energia de uma nação maior. É a próxima guerra – não declarada e na escuridão. O micróbio. A arma invisível". Embora essa proclamação sem dúvida reflita os objetivos da Alemanha, Bruckner deixa Tracy pensar que o projeto de criar uma "vacina eficiente" visa beneficiar o povo britânico. No decorrer dos acontecimentos, porém, Bruckner falha em sua missão. Embora desenvolva uma vacina usando Tracy como cobaia voluntária, seu desconfiado assistente Rankin (e amante de Tracy) descobre sua verdadeira identidade. Depois de uma longa perseguição, Bruckner encontra a morte num ato de justiça poética. Após se esconder como clandestino em um navio transoceânico, acaba asfixiado quando o barco é dedetizado com gás venenoso para eliminar uma infestação de ratos. Com esse final, *Counterblast* faz eco a *O Estranho* e *Bloqueado pela Neve* ao encorajar uma vigilância continuada contra a oculta ameaça alemã.

Mais brando em sua descrição da ameaça alemã foi o filme *O Expresso de Berlim* (*Berlin Express*, 1948). Dirigido por Jacques Tournier, apresenta um grupo de variados personagens aliados e alemães que, viajando de trem de Paris a Berlim, se veem de repente enfrentando assassinato e intriga política. A jornada tem início de modo bastante pacífico mas, assim que o trem deixa o território francês e entra na cidade alemã de Sulzbach, uma granada de mão explode no compartimento do famoso pacifista alemão o doutor Heinrich Bernhard. Após, no entanto, todos os passageiros serem interrogados em Frankfurt pelas autoridades americanas de ocupação é transmitida a chocante notícia de que, na realidade, o professor Bernhard havia sobrevivido (estava viajando com nome falso e disfarçado como um de seus supostos companheiros de viagem – quem morrera fora esse agente designado para protegê-lo). Bernhard resolve continuar sua missão, que implica seguir para uma conferência patrocinada pelos Aliados em Berlim e apresentar seu plano para reunir os Aliados em torno de uma discussão sobre a unidade alemã. Antes que possa fazer isso, no entanto, um grupo misterioso o sequestra na estação ferroviária de Frankfurt e ele some do mapa.

O grupo que pratica o ataque é retratado de forma ambígua. Por um lado, é descrito como uma ameaça séria. Quando o doutor Bernhard insiste em viajar para Berlim apesar da tentativa contra sua vida, sua secretária Lucienne o adverte: "O perigo nunca acaba. Será que o atentado já não mostrou o que estamos enfrentando? É um movimento clandestino, preparado para não se deter diante de nada". Por outro lado, *O Expresso de Berlim* nunca chega de fato a descrever os adversários do doutor Bernhard como nazistas, mas apenas como "fanáticos" e "o inimigo". O filme mostra além do mais que há bons alemães. O principal personagem americano, Lindley, reflete sobre seu primeiro encontro com um passageiro alemão no trem: "Lá estava ele, o primeiro alemão. Sabe como é... levou em duas guerras uma surra nossa e ainda não estamos de todo seguros de ter o controle. Mas eu posso estar errado. Talvez ele fosse um cara legal". Esse retrato sutil do povo alemão refletia a mudança provocada pela Guerra Fria na política de ocupação aliada e a crença cada vez maior de que os alemães precisavam ser engajados na luta contra os soviéticos. Ainda assim, *O Expresso de Berlim* apresentava o nazismo como uma ameaça em curso. Na conclusão do filme, um dos passageiros do trem, um empresário francês que parecia íntegro, é desmascarado como membro do movimento clandestino nazista e perpetrador da tentativa original de assassinato contra o doutor Bernhard. *O Expresso de Berlim* lembra assim os espectadores da capacidade de dissimulação dos nazistas.

Além de estarem sempre em destaque nos primeiros filmes do pós-guerra, nazistas inveterados também apareciam como vilões de bastidores. Além de se infiltrarem na vida americana, britânica e alemã do pós-guerra, os nazistas eram com frequência retratados conspirando na América Latina. Em um clássico de Alfred Hitchcock, *Interlúdio* (*Notorious*, 1946), Cary Grant e Ingrid Bergman enfrentam uma célula de nazistas baseados no Brasil que estão estocando urânio para construir uma bomba atômica e retornar ao poder. O filme de estreia de Rita Hayworth, *Gilda* (1946), apresentava alemães baseados na Argentina que esperavam explorar um monopólio de tungstênio para "governar o mundo". O filme *Acossado* (*Cornered*, 1945), estrelado por Dick Powell como um veterano da força aérea canadense que buscava vingança pelo assassinato, durante a guerra, de sua esposa na França de Vichy, é ambientado numa Buenos Aires povoada por fascistas que "não se consideram derrotados".[198] Esses filmes não chegavam realmente a concentrar seu foco na perspectiva de um retorno nazista ao poder; usavam com frequência a premissa como um contexto dramático secundário para as tramas fundamentais envolvendo relacionamentos românticos. A ameaça nazista, em outras palavras, funcionava em geral como o que Hitchcock chamava de *Macguffin*, um dispositivo narrativo que era mais ou menos como um comentário da trama maior.[199] Contudo, mesmo se os nazistas entravam como coadjuvantes, sua ubiquidade cinematográfica bastava para confirmá-los como um perigo que persistia.

Essa visão foi confirmada pela recepção dos filmes do período. O mais amplamente comentado foi *O Estranho*, que a imprensa anglófona aclamou como um "genial melodrama" e elogiou por ter mostrado um nazista impenitente "se preparando para o Quarto Reich".[200] Muitas resenhas de *Bloqueado pela Neve* também mencionaram a perspectiva de um "Quarto Reich" ao endossar a narrativa do filme.[201] A trama de *Counterblast*, por seu lado, foi louvada como "não somente atual, mas... incomodamente plausível".[202] Outros filmes, ao contrário, foram criticados por subestimar a ameaça nazista. *O Expresso de Berlim* teria falhado ao reduzir o movimento clandestino nazista a um monte de "bandidos esfarrapados".[203] *Gilda* foi criticada por ser uma trama confusa sobre "uma espécie de cartel nazista".[204] E os vilões nazistas de *Notorious B.I.G. – Nenhum Sonho é Grande Demais* (*Notorious*, 2009) foram descartados como "rotina".[205] Essas queixas sugeriam que os espectadores ocidentais esperavam que o nazismo fosse retratado como uma ameaça mais séria. Ao mesmo tempo, porém, os comentários revelavam que a ameaça estava saindo do centro das atenções e sendo substituída por novas preocupações políticas.[206]

O Quarto Reich na Guerra Fria

No final dos anos 1940, a intensificação da Guerra Fria começou a moldar as visões ocidentais do Quarto Reich. Esse desdobramento atingiu um ponto crítico nos anos 1947-1948, quando os aliados ocidentais adotaram uma política mais reconstrucionista ao aprovar o Plano Marshall e os soviéticos responderam com o Bloqueio de Berlim. As tensões se aprofundaram, a imprensa comunista empregava de modo retórico o conceito do Quarto Reich para atacar o nascente Estado alemão-ocidental. Já em fevereiro de 1947, o *Berliner Zeitung* rotulou polemicamente um juiz alemão-ocidental como "juiz do Quarto Reich" por declarar um soldado alemão culpado por desertar do "exército de Hitler" durante a guerra.[207] Vários meses depois, *Neues Deutschland* reportou que o jornal soviético *Isvestia* tinha chamado o incipiente esforço para criar uma federação de zonas ocidentais da Alemanha de "cavalo de batalha para um Quarto Reich" que refletisse a ambição de industrias britânicos e americanos de criar um hegemônico "monopólio mundial".[208] Por fim, durante o primeiro estágio do Bloqueio de Berlim, em setembro de 1948, o coronel soviético Serge Ivanovich Tulpanov enviou uma advertência ralamente velada às potências ocidentais ao declarar de modo sinistro que "a União Soviética destruirá aqueles... que tentam criar um Quarto Reich".[209]

Enquanto isso, na América do Norte e na Europa Ocidental, observadores empregavam a ideia do Quarto Reich para descrever desdobramentos na zona oriental. Em 1946, a *The New Leader* argumentava que uma forma antirrussa de comunismo conhecida como Bolchevismo Nacional estava criando raízes em um "Quarto Reich" alemão-oriental.[210] Em abril de 1947, o *New York Times* afirmou que "a União Soviética quer um Quarto Reich extremamente centralizado", um ponto também levantado pelo diplomata britânico Robert Vansittart que advertiu sobre "os russos... querendo estabelecer o Quarto Reich como seu maior... satélite".[211] Alguns meses depois, o *The Times* desenvolveu essa afirmação em uma reportagem sobre o Ruhr, especulando que "um Quarto Reich poderia muito bem crescer entre as ruínas do Terceiro Reich se as forças produtivas dessa parte da Alemanha Ocidental estivessem à disposição de um grupo de homens que, por razões marxistas ou não marxistas, rejeitassem os princípios da liberdade doméstica".[212] Na França, observadores dispersos expressaram o temor de que "um governo alemão centralizado possa... acabar existindo em Berlim como um 'Quarto Reich' totalitário sob cobertura vermelha".[213] Nas zonas de ocupação alemãs-ocidentais, por fim, notícias de uma decisão alemã-oriental de recrutar jovens para períodos de dois anos na *Volkspolizei* foi descrita como um "Caminho para o Quarto Reich".[214]

Ironicamente, os medos ocidentais de um Quarto Reich foram reafirmados por um importante residente alemão da zona de ocupação soviética, o professor de literatura, de Dresden, Victor Klemperer (Figura 2.5). Como ficou claro em seu trabalho escrito no início do pós-guerra, Klemperer não demorou muito depois do Dia da Vitória para associar a vida na zona oriental com a noção de um Quarto Reich. Em seu diário pós-guerra – mais tarde publicado como *The Lesser Evil: The Diaries of Victor Klemperer, 1945-1949* – o estudioso viu muitas semelhanças entre a "linguagem do Terceiro Reich" (a que tinha se referido durante os anos do regime nazista como "LTI" ou "*lingua tertii imperii*") e o que chamou de "linguagem do Quarto Reich" (a "LQI" ou "*lingua quarti imperii*"). Em

4 de julho de 1945, Klemperer escreveu que "a LTI sobrevive" na imprensa da zona oriental sob a forma de "analogias entre linguagens de caráter nazista e bolchevique", em particular na predileção por superlativos. "Nos artigos sobre Stalin", observou ele, "o comandante supremo da União Soviética é o mais brilhante general de todos os tempos e o mais brilhante de todos os homens vivos".[215] Esses e outros exemplos mostravam a Klemperer que, embora estivessem fazendo sérios esforços para "erradicar a mentalidade fascista", as autoridades da Alemanha Oriental estavam permitindo que "a linguagem do Terceiro Reich... sobrevivesse em... certas expressões características [que] acabaram... [se tornando] um traço permanente da língua alemã".[216] A repetida presença de "expressões dúbias" na imprensa comunista, como "orientação", "ação" e "militante", revelava que não havia "diferença... entre LTI e LQI".[217] Essa percepção foi desanimadora para Klemperer, que havia esperado que o comunismo oferecesse à Alemanha uma oportunidade melhor de redenção pós-guerra. Contudo, a despeito de sua observação em novembro de 1945 de que "a equivalência de LTI e LQI... é assustadora", ele nunca deixou a Alemanha Oriental.[218]

O Fim da Ocupação e o Espectro da Renazificação

No final das contas, a associação do Quarto Reich com o comunismo alemão-oriental teve vida curta. Como a Guerra Fria continuou e as três zonas ocidentais forjaram laços econômicos e políticos mais estreitos, a perspectiva de união política entrou em pauta. As discussões que se seguiram sobre a elaboração de uma Constituição para uma Alemanha Ocidental independente levantaram a questão de definir se o novo Estado seria um Reich ou uma República. Ao mesmo tempo, a decisão dos Aliados de permitir a formação de partidos políticos de nível nacional em 1947 levantou a possibilidade de que partidos de extrema-direita pudessem emergir e receber apoio popular. O fato de terem surgido alguns deles, por sua vez, fez o conceito do Quarto Reich passar da esquerda novamente para a direita.

No outono de 1948, o Conselho Parlamentar responsável pela elaboração de uma Constituição para a Alemanha Ocidental debateu se o futuro Estado deveria ser chamado de Reich ou República. Como a maioria dos representantes queria enfatizar que o futuro Estado da Alemanha Ocidental se reservava o direito de falar por toda a nação (metade da qual estava sob governo comunista), eles se recusaram a declarar o Reich abolido; ao mesmo tempo, admitiram que adotar o termo "Reich" na denominação do novo país seria controverso em termos políticos. Em uma discussão em 6 de outubro sobre a redação do preâmbulo da Constituição, o político do Partido Social Democrata (SPD) Carlo Schmid (Figura 2.6) declarou que havia "razões psicológicas... para evitar a palavra. Para nossos vizinhos, a palavra 'Reich' tem um timbre agressivo... e é entendida como implicando uma reivindicação de domínio". Schmid expressou sua preferência pela palavra "República", observando que suas "associações... estão voltadas para dentro, enquanto [a palavra] "Reich" faz reivindicações orientadas para o exterior". Em resposta, o político da União Democrata Cristã (CDU) Jakob Kaiser objetou que "se abandonarmos o conceito de Reich e mudarmos para fórmulas mais sóbrias, dentro de alguns anos surgirá um movimento no seio de nosso povo pedindo a volta do Reich".[219] Apontando a palavra "Reich" como "um nome muito bonito", Kaiser sugeria que sua manutenção poderia ajudar a impedir o ressurgimento do nacionalismo alemão. Algumas semanas depois, em 20 de outubro, Hans-Christoph Seebohm do Partido Alemão (*Deutsche Partei*), de direita, adotou a ideia de Kaiser ao encaminhar uma moção pedindo que o preâmbulo da Constituição "preservasse o velho nome, Reich alemão" para o Estado alemão.[220] Em resposta, Schmid tornou a rejeitar a denominação "Reich alemão", observando que ela ficara "cercada de certas sugestões... que tiveram um efeito desastroso em anos recentes". Ele reiterou a necessidade de escolher um nome como "República... que pode inspirar os alemães a praticarem grandes feitos de paz".[221] Nenhuma decisão foi tomada no outono de 1948. Mas o assunto foi finalmente resolvido em 6 de maio de 1949, quando, durante a segunda leitura da Lei Fundamental da República Federal da Alemanha (*Grundgesetz* für die Bundesrepublik Deutschland), Seebohm renovou seu pedido para que a "ideia do Reich" fosse preservada.[222] Schmid respondeu que, embora a expressão "Reich alemão" tivesse uma "honrosa tradição", a "memória dos delitos cometidos em seu nome pela ditadura nacional-socialista está muito fresca e é ainda muito grande o perigo de que o nome antigo possa obscurecer a nova realidade com ... afirmações românticas que não pertencem mais ao nosso século".[223] Na votação que se seguiu, convocada por Konrad Adenauer, a emenda foi derrotada e o novo Estado alemão virou suas costas para o Reich.[224]

A decisão enviou um forte sinal mas, durante o período em que a matéria permaneceu indefinida, observadores ocidentais, como o *New York Herald Tribune*, questionaram se "a Alemanha Ocidental" [seria] conhecida como o "Quarto Reich".[225] A especulação se intensificou em várias outras ocasiões: na aprovação da *Grundgesetz* em 8 de maio, na proclamação da República Federal em 23 de maio e nas primeiras eleições federais em 14 de agosto de 1949. Nesse período de transição, líderes franceses, incluindo Charles De Gaulle, esperavam que a futura Alemanha fosse "uma federação de estados alemães, mas não um Quarto Reich" comprometido com forças nacionalistas.[226] Na Grã-Bretanha, o *Daily Mail* se preocupava com o fato de "os alemães [estarem]... pensando em um Quarto Reich" e argumentou que "devemos ter cuidado com qualquer coisa que... desagrade os franceses".[227] Mesmo depois que o novo Estado alemão foi proclamado república, o *Los Angeles Times* declarou, em agosto de 1949, que "no nome, senão na forma, o Quarto Reich já existe".[228]

Esses comentários invocaram o conceito de maneira neutra, mas outros expressaram o temor de que o Quarto Reich tivesse uma orientação direitista. Em 1949, alguns comentaristas afirmaram que a decisão ocidental de integrar a Alemanha Ocidental no bloco anticomunista mais amplo trazia o risco de intensificar as tendências nacionalistas do povo alemão. Na convocação do *Bundestag* em setembro de 1949, o *Los Angeles Times* opinava que a nova assembleia "lançaria o Quarto Reich", acrescentando que estava "tudo pronto para combater o bolchevismo em nome da civilização ocidental, mas também [em nome]... de um futuro Reich alemão".[229] Alguns meses depois, o *The Christian Science Monitor* perguntava se a Europa Ocidental poderia ser "salva da União Soviética... sem se entregar a algum Quarto Reich não regenerado."[230] Como era de se esperar, muitos jornalistas responderam com uma negativa. Um jornal australiano de tendência esquerdista afirmou que o governo "nacionalista" e "antibritânico" de Konrad Adenauer havia frustrado as esperanças de que seria "moderado" e tentaria "curar as feias feridas deixadas pelo nazismo; em vez disso, concluía o artigo, "o mundo está testemunhando o nascimento do Quarto Reich".[231]

Essas alegações não eram apenas retóricas, mas refletiam as preocupações ocidentais com o surgimento de partidos de direita no panorama político da Alemanha. Quando autoridades aliadas permitiram o funcionamento de partidos políticos no nível regional em 1946, grupos de direita conseguiram se formar e disseminar seus objetivos entre os eleitores alemães. Esses partidos negavam qualquer lealdade ao ilegal NSDAP, mas suas plataformas políticas, origens dos líderes e apelos a votantes ex-nazistas atraíram uma atenção ansiosa de observadores aliados. Isso foi especialmente verdadeiro quando os partidos começaram a alcançar sucessos eleitorais. Na zona britânica em 1948, o Partido Conservador Alemão – Partido da Direita Alemã (*Deutsche Konservative Partei – Deutsche Rechtspartei*, DKP-DRP), liderado pelos nacionalistas de direita Adolf von Thadden e Franz Leonhard Schlüter, registrou um impressionante total de votos em partes da Baixa Saxônia, em particular nas cidades de Göttingen e Wolfsburg, onde a oposição do partido à desnazificação e o apoio a prisioneiros de guerra e a expatriados apelava a ex-nazistas, ex-membros da Juventude Hitlerista e refugiados que procuravam revanche.[232] O partido ampliou sua votação na eleição de 1949 para o *Bundestag*, onde ganhou cinco assentos no *Bundestag* da Baixa Saxônia.[233] Na zona americana, o Partido Nacional Democrático (*Nationaldemokratische Partei*, NDP), liderado pelo nacionalista extremista Heinrich Leuchtgens, pelo ex-membro da *Waffen-SS* Carl C. Heinz e pelo líder da Juventude Hitlerista Karl-Heinz Priester, também registrou um sucesso semelhante. Em 1948, o partido obteve pelo menos 10% dos votos em quase todos os distritos eleitorais de Hessen e 26% (o terceiro maior total) em Wiesbaden. Nas eleições de 1949 para o *Bundestag*, as proscrições aliadas forçaram o NDP a entrar em coalizão com o Partido Democrático Livre (Free Democratic Party – FDP), mas ainda assim o partido recebeu o segundo maior total de votos (28%) na zona americana.[234] Por fim, outro partido de direita, o Bloco Alemão (*Der Deutsche Block*, DB), liderado na Baviera pelo ex-comandante da Central de Trabalho do Reich, Karl Meissner, inflamou preocupações generalizadas ao organizar comícios de propaganda estilo nazista, repletos de palavras de ordem *völkisch*, música marcial, bandeiras imperiais e guarda-costas usando coturnos.[235]

À luz desses desdobramentos, aumentaram os temores de que um renascimento nazista pudesse estar a caminho. O governador militar americano Lucius Clay lhes deu credibilidade em janeiro de 1949, quando advertiu que "grupos nacionalistas de inclinação nazista" estavam em marcha na Alemanha.[236] Alguns meses depois, o *The Wisconsin Jewish Chronicle* se queixou da reação passiva das autoridades americanas ao Partido da Direita Alemã e provocou polêmica ao acusar os EUA de "viabilizarem a instalação de um Quarto Reich".[237] Mais ou menos na mesma época, a imprensa australiana levantou a possibilidade de que "o Quarto Reich... [possa] realmente... [ser] tão mau quanto indicam as expectativas", enquanto o *Daily Mail* britânico advertia que "os países ocidentais deviam... ficar de guarda, caso contrário um novo nazismo alemão... renascerá".[238]

De todas as supostas ameaças que surgiram nesse período, nenhuma recebeu tanta atenção quanto a de quem já fora um renegado nazista, Otto Strasser. Desde a emigração para o Canadá em 1941, Strasser estava esperando o momento certo para retornar à Alemanha e reviver a Frente Negra. No outono de 1948, permitiu que seus seguidores em Bad Kissingen fundassem a Liga pela Renovação da Alemanha (*Bund für Deutschlands Erneuerung*), cuja plataforma estava baseada em um manifesto lançado em 1946 por Strasser, *Renovação da Alemanha* (*Deutschlands Erneuerung*). Nesse trabalho, Strasser emitiu um "Chamado aos Combatentes da Frente Negra!", no qual absolveu seu movimento de qualquer responsabilidade pela situação pós-guerra da Alemanha, declarando: "A Frente Negra não é responsável por essa miséria... e tentou impedi-la". Seu trabalho agora era "resolvê-la". E proclamou: "Depois da era do machado [*Beilzeit*] vem a era da cura [*Heilzeit*]! É esse o novo lema da Frente Negra".[239] *Renovação da Alemanha* era no essencial uma reformulação das ideias pré-guerra de Strasser, embora tenha ocorrido uma virada conservadora no sentido de adotar valores cristãos.[240] O manifesto não deixava de flertar com a noção de um Quarto Reich.[241] Embora Strasser nunca tenha evocado a expressão de maneira explícita, seu apelo a todas as "tribos germânicas" para forjar uma "união eterna" em um "novo Reich alemão" sugeriu seu apoio ao conceito.[242]

No final de 1948 e início de 1949, começaram a aparecer histórias na imprensa ocidental sobre a possibilidade de Strasser retornar à Alemanha. Apresentando manchetes ameaçadoras, como "Frente Negra Cresce no Reich", jornais reportaram que Strasser havia solicitado um passaporte e estava planejando viajar do Canadá à Alemanha para retomar sua carreira política.[243] Poucos tinham alguma ilusão sobre suas intenções. Embora não tenham chegado a ponto de advertir, como a mídia australiana, que Strasser estava correndo atrás de um potencial "Quarto Reich", a maioria dos jornais encontrou inúmeros motivos de preocupação.[244] O *New York Times* observou que os seguidores de Strasser defendiam a adoção "dos 'melhores' aspectos do nacional-socialismo".[245] A imprensa escocesa advertiu que "o sinistro Otto Strasser" estava "recebendo ex-nazistas como membros" de seu partido e descartando a democracia como um "cadáver mumificado".[246] Na própria Alemanha, o serviço de imprensa do SPD afirmou que Strasser estava dizendo a antigos nazistas: "Vim como o novo Führer e vou conduzir os alemães para a liberdade".[247] Jornais da Alemanha Oriental, enquanto isso, reprovavam a recém-descoberta influência de Strasser na disposição do SPD alemão-ocidental de permitir a sobrevivência da "indústria pesada".[248]

Até que ponto eram realistas as preocupações de que Strasser pudesse reviver um novo movimento nazista na Alemanha do pós-guerra? Dada a influência que ele e o irmão Gregor desfrutaram nos anos 1920 e início da década de 1930, o medo não era sem fundamento. Oficiais da inteligência aliada estavam bem conscientes do apelo carismático de Strasser e declararam, em 1948, que "seu grande poder inspirador no campo da agitação" o transformava em um "modelo em menor escala de Hitler".[249] Chamando Strasser de "mais papal que o papa no que dizia respeito ao nazismo", funcionários do CIC mantiveram-se atentos a seus planos de retorno político, bem como às atividades de seus seguidores na Alemanha.[250] Sabiam que estes estavam distribuindo milhares de panfletos "pregando... numa incitação demagógica da pior espécie" contra o governo aliado – dizendo aos alemães, por exemplo, que eles estavam "vivendo em campos de concentração [*Konzentrationslager* – KL's]". Os oficiais do CIC temiam que o retorno de Strasser à cena política alemã "causasse... uma tremenda confusão".[251] Se tivessem permitido que Strasser voltasse à Alemanha em 1949, talvez ele tivesse conseguido unir muitos dos diferentes grupos de direita sob sua liderança e forjar uma frente mais sólida de oposição à nascente ordem democrática da Alemanha Ocidental. Esse cenário estava na mente das autoridades britânicas, que estimaram que um bloco unido de direita poderia obter um sexto dos votos em sua área.[252] Strasser, no entanto, teria de enfrentar dissidências internas dentro do movimento. Após a guerra, a adoção do cristianismo, diluição do socialismo e liderança imperiosa renderam-lhe uma oposição crescente entre seus seguidores na Alemanha. No final das contas, os Aliados negaram à Liga pela Renovação da Alemanha de Strasser autorização de funcionamento em vários estados, considerando a organização antidemocrática.[253] Também rejeitaram repetidas vezes, e até 1955, sua solicitação de um retorno à Alemanha.[254] A possibilidade de um renascimento nazista conduzido por Strasser foi assim eliminada. Reconhecer, no entanto, que ela existiu dá destaque à importância dos Aliados como ponto de apoio garantindo a estabilidade política da Alemanha.

Conclusão

Sabendo o que sabemos hoje sobre o desenvolvimento da República Federal da Alemanha após1949, é fácil descrever a ocupação aliada como um sucesso. Seria, no entanto, um erro, enraizado num viés retrospectivo, encarar esse sucesso como inevitável. Embora o fim da Segunda Guerra Mundial tenha significado um importante revés para o nazismo, não o extinguiu por completo. O esforço persistente de nazistas inveterados para minar a ocupação, impedir a criação de uma democracia estável e planejar um retorno ao poder revelava que o nazismo havia sobrevivido na era pós-guerra. A tendência acadêmica de ignorar momentos cruciais do período de ocupação, quando células nazistas procuravam agir com base em suas crenças, obscurece como a ocupação foi de fato vulnerável nos anos 1945-1949. Graças a exemplos decisivos de intervenção aliada, como a Operação Berçário e a Operação Comitê de Seleção, a ameaça nazista foi neutralizada. Mas a reação de observadores no momento em que os acontecimentos se deram mostra que as inquietações da época eram genuínas. De modo significativo, essas inquietações foram cada vez mais expressas nas referências a um futuro "Quarto Reich". Embora o conteúdo da expressão fosse controverso desde a primeira hora da ocupação, os desdobramentos políticos da época levaram-no, aos poucos, a ficar associado à direita política.

Sem dúvida, aqueles que temiam a expressão empregavam-na com mais frequência que aqueles que lhe davam suporte; o fato é que os próprios nazistas se esquivavam dela durante o período, deixando que seus oponentes a usassem como um termo de vigilante advertência. Na virada, porém, dos anos 1950, essa tendência começou a mudar diante das novas conspirações nazistas.

3 O QUARTO REICH VIRA À DIREITA: RENAZIFICANDO A ALEMANHA NOS ANOS 1950

> [Ontem em] Dannenberg, Baixa Saxônia..., o ex-representante do Estado [Hermann] Heimhardt anunciou em uma reunião do Partido Socialista do Reich que o SRP transformou a criação de um "Quarto Reich" em um de seus objetivos. "Visamos assegurar que a Alemanha mais uma vez se torne uma terra orgulhosa e livre, um país respeitado no mundo inteiro", disse o orador, sem mencionar a ironia de que a liderança do partido tivesse sido obrigada a providenciar segurança para o local em caso de tumulto.[1]
>
> *Mittelbayerische Zeitung* (25 de fevereiro de 1950)

Não muito tempo depois da fundação da República Federal em 1949, os temores de um retorno dos nazistas ao poder se intensificaram na Europa, na América do Norte e em outras partes do mundo ocidental. Esses temores foram expressos na preocupação cada vez maior de que a Alemanha Ocidental estivesse experimentando uma onda crescente de "renazificação".

Brotando de tendências que começaram no final do período de ocupação, as preocupações com a renazificação aumentaram de forma acentuada no final de 1949 e persistiram até meados da década de 1950.[2] Encontraram farta expressão em notícias alarmistas de jornais, resenhas em reportagens e estudos monográficos, todos alcançando uma ampla gama de leitores. Os relatos se concentravam nos esforços crescentes de ex-nazistas da República Federal para formar novos partidos políticos e planejar conspirações para voltar ao poder. Esse novo ativismo de direita, afirmavam os críticos, indicava um renovado empenho nazista para substituir a nova democracia da Alemanha Ocidental por um Quarto Reich. Ao fazer uma acusação tão sensacional, os críticos estavam levando os ex-nazistas ao pé da letra. Como foi revelado pela proclamação do membro do Partido Socialista do Reich e *ex-SA-Sturmbannführer* Hermann Heimhardt, pela primeira vez, desde o término da guerra, os antigos apoiadores do Terceiro Reich haviam posto a criação de um Quarto Reich no centro de sua agenda política.

Como era de se prever, a declaração de que ex-nazistas estavam se mobilizando para criar um Quarto Reich não ficou sem contestação. Na realidade, provocou um debate mais amplo sobre até que ponto a República Federal estava de fato correndo o risco de ser renazificada. Em resposta à disseminação de argumentos alarmistas promovendo essa visão, defensores mais sóbrios da República Federal descartaram a ameaça como puro exagero. Tanto na Alemanha Ocidental quanto no exterior, insistiam eles, o apoio popular ao nazismo na República Federal era fraco, não representando grande perigo para o novo sistema democrático de governo do país. Tendo o povo alemão se comprometido com sua nova república, havia pouca chance de as pessoas adotarem mais uma vez um Reich.

Sabendo o que sabemos hoje sobre a evolução política da Alemanha Ocidental durante a era Adenauer, podemos dizer que os alarmistas sem dúvida exageravam o perigo que a renazificação representava para o país. A maior parte dos estudiosos concorda que a República Federal da Alemanha nunca correu o risco de ser substituída por um Quarto Reich nos anos 1950.[3] Essa visão, no entanto, apesar do caráter inegável de seus méritos, revela várias deficiências: projeta, à maneira *whiggish*, o sucesso da democratização na Alemanha Ocidental nas condições de períodos anteriores, quando esse sucesso era mais incerto;

deixa de explicar, de forma plena, a intensidade dos temores cultivados na época acerca de um ressurgimento nazista; e subestima a força real do movimento nazista no período. De fato, os temores sobre a possível renazificação da Alemanha Ocidental não eram sem fundamento. Havia nazistas impenitentes seriamente comprometidos com a derrubada da ordem democrática na República Federal no início dos anos 1950. Se as circunstâncias tivessem sido um pouco diferentes, eles poderiam ter chegado perto de serem bem-sucedidos. Revisitando o esforço nazista para estabelecer um Quarto Reich no contexto contrafactual do que poderia ter acontecido, podemos chegar a uma compreensão mais profunda de como e por que os contemporâneos encararam a ameaça nazista do modo como fizeram.

No processo, podemos determinar como memórias concorrentes do Terceiro Reich influenciaram a evolução da República Federal no pós-guerra. O debate sobre a renazificação dos anos 1950 não foi apenas sobre o presente da Alemanha Ocidental, mas sobre o passado nazista. Os alarmistas e os apologistas cultivavam visões diferentes quanto aos méritos da memória. Os primeiros acreditavam nas virtudes da recordação, afirmando que o único meio de impedir uma repetição do desastre nazista seria forçar o povo alemão a refletir sobre a magnitude dos crimes sem precedentes do Terceiro Reich. Os segundos, ao contrário, encaravam a recordação como uma desvantagem, argumentando que as memórias do passado nazista estavam distorcendo a realidade do presente alemão e levando as pessoas no exterior a duvidar do compromisso do país com a democracia. No final das contas, foi a visão destes que prevaleceu. Desde o momento em que ascendeu à chancelaria em 1949, Konrad Adenauer evitou um pleno acerto de contas com os crimes do Terceiro Reich e preferiu integrar seus antigos partidários na nova política democrática. Graças à bem-sucedida democratização da República Federal nos anos 1950, muitos estudiosos têm defendido essa abordagem como correta. Outros, no entanto, têm questionado sua sabedoria e sugerido que estratégias alternativas poderiam ter sido seguidas. Quais teriam sido seus resultados não pode ser determinado com um mínimo de certeza. Mas explorando caminhos que não foram seguidos e especulando sobre aonde eles poderiam ter levado, podemos chegar a um veredito mais abrangente sobre o que realmente ocorreu.

As Origens do Debate sobre a Renazificação

O debate sobre a renazificação ocorreu durante um período sensível no início da história da República Federal. Embora tivesse recuperado um importante grau de autonomia em 1949, a Alemanha Ocidental tinha ainda de recuperar sua plena soberania. De 1949 a 1955 – anos do Alliedrun, Alto Comissariado para a Alemanha Ocupada (High Commission for Occupied Germany, HICOG) – o governo de Adenauer se empenhou em negociar com os Aliados os termos do Tratado Geral (*Generalvertrag*), que definia o término do estatuto de ocupação e trazia a República Federal para a aliança ocidental.[4] Essas negociações foram particularmente difíceis devido ao polêmico plano anglo-americano de rearmar a Alemanha Ocidental e admiti-la na proposta Comunidade Europeia de Defesa (European Defese Community, EDC). Embora muitos encarassem o rearmamento da Alemanha como uma necessidade urgente, sobretudo depois da eclosão da Guerra da Coreia em 1950, outros nutriam dúvidas sobre se a República Federal havia se tornado um aliado democrático digno de confiança. Esses céticos se perguntavam se, ao reconstruir a Alemanha Ocidental como um baluarte contra o comunismo soviético, os Aliados não a haviam tornado suscetível a um renascimento do nazismo. Ao abandonar suas políticas iniciais de desnazificação, desmilitarização e descartelização, os Aliados permitiram que membros da elite do Terceiro Reich – ex-membros do Partido Nazista, generais da *Wehrmacht* e capitães da indústria – recuperassem posições influentes no novo Estado alemão-ocidental. A tendência para que isso acontecesse já havia começado nos últimos anos da ocupação e foi mencionada de modo disperso na mídia ocidental, em especial nas publicações de organizações de vigilância, como a Sociedade para a Prevenção da Terceira Guerra Mundial.[5] Porém, seu alcance popular foi relativamente pequeno. Assim, no entanto, que notícias sobre o retorno de ex-nazistas à vida alemã-ocidental passaram a ser mais amplamente difundidas logo após a declaração da independência da Alemanha Ocidental, foi montado o cenário para o protesto público.

Desde fins de 1949, observadores nos Estados Unidos e na Grã-Bretanha deram o alarme de uma suposta "renazificação" da Alemanha Ocidental. Nos EUA, o jornalista do *New York Times* Drew Middleton iniciou a discussão em novembro, ao publicar uma série de artigos (editados mais tarde, em fins de 1949, em um pequeno volume intitulado *The Renazification of Germany* que chamaram atenção para o "retorno de... antigos nazistas ao poder" na vida da Alemanha Ocidental.[6] Apontando industriais, professores e jornalistas, Middleton comentou que, na nova democracia, estavam sendo atribuídas importantes responsabilidades às mesmas pessoas que haviam apoiado a extinta ditadura alemã. No início de dezembro, a página editorial do *New York Times* endossou a posição de Middleton em um artigo intitulado "Renazificação", advertindo que se "nazistas convictos... [estão] fazendo seu retorno... nós perdemos a guerra".[7] Aliás, já no início do outono daquele ano, outro jornalista do *New York Times*, Delbert Clark, havia publicado um livro contundente, *Again the Goose Step* , prevendo de modo sombrio que, logo após a retirada das tropas aliadas da Alemanha Ocidental, os alemães estariam "prontos para seguir o novo Führer quando ele aparecesse".[8] Na Grã-Bretanha, havia o mesmo sentimento pessimista. Sefton Delmer, o repórter mais famoso do maior jornal do mundo, o *Daily Express*, proclamou num tom sinistro que o "espírito da suástica" estava retornando à Alemanha Ocidental e ameaçando convocar "o nazista que está à espreita no coração de cada alemão".[9] A razão disso, comentava ele, era a transferência de poder dos Aliados para os alemães, um evento que simbolizava o fato de os últimos terem sido agora "lançados com segurança na estrada para o nazismo".[10] Em futuras eleições, ele previu, "os nazistas entrarão em cena e... receberão um substancial apoio". No início de 1950, outros jornalistas se juntaram ao coro. William Shirer criticou as políticas americanas da Guerra Fria que estavam "reconstruindo o Monstro Militar-Industrial que quase escravizou o mundo", garantindo assim que "a Alemanha... revertesse ao nazismo".[11] E no verão de 1950, a Sociedade para a Prevenção da Terceira Guerra Mundial condenou o preenchimento das vagas "do funcionalismo alemão... com figurões pró-nazistas" e "a reciclagem de ex-diplomatas nazistas para continuar de onde haviam parado sob o governo de Hitler".[12]

Além de jornalistas liberais, organizações de esquerda, bem como grupos judaicos se mostraram preocupados. Publicaram, a partir de 1950, uma série de panfletos informativos, incluindo: *Nazis Preferred: The Renazification of Western Germany* [Nazistas Preferidos: A Renazificação da Alemanha Ocidental] (1950), do ativista comunista judeu Moses Miller (Figura 3.1); *Shadow of the Swastika: German Rearmament & Renazification. The Road to World War III* [Sombra da Suástica: Rearmamento Alemão & Renazificação. A Estrada para a Terceira Guerra Mundial] (1950), do Comitê da Área Ocidental contra a Renazificação da Alemanha, uma entidade de esquerda baseada em Los Angeles; e *German's New Nazis* [Novos Nazistas da Alemanha] (1951), da Associação Anglo-Judaica baseada em Londres.[13] Todas essas publicações denunciavam interesses capitalistas de reindustrializar e rearmar a Alemanha, pavimentando assim o caminho para o retorno de ex-nazistas ao poder. Jornais de esquerda apresentaram argumentos semelhantes. Em 1950, o *The Nation* atribuiu o ressurgimento nazista aos mesmos "sinistros interesses financeiros que foram diretamente responsáveis pelo... regime nazista", enquanto o *Jewish Life* declarava que "a renazificação da Alemanha Ocidental constitui um dos perigos supremos para a humanidade... hoje".[14] O Comitê Judaico Americano e a Liga Antidifamação também expressaram alarme sobre a "renazificação" em comunicados à imprensa.[15]

Críticas alemãs tiveram seu peso na discussão. Tanto a imprensa alemã-ocidental quanto a alemã-oriental empregaram o termo "renazificação" a partir de 1948 e continuaram a fazê-lo nas novas reportagens que se seguiram à independência da RFA e da RDA em 1949.[16] Líderes intelectuais também comentaram a ameaça. Em setembro de 1949, o romancista Thomas Mann observou que "os desdobramentos estão se encaminhando com rapidez para a renazificação sob auspícios anglo-americanos. Acredito que em dois anos teremos uma Alemanha Ocidental plenamente fascista".[17] Nesse mesmo ano, um jornalista que sobreviveu a Buchenwald, Eugen Kogon, especulou num clima pessimista que, "se Hitler voltasse, muitos tornariam a segui-lo".[18] Mesmo políticos conservadores alemães-ocidentais aludiram à realidade da renazificação – embora culpem os Aliados por isso, um ponto que foi levantado em um debate do *Bundestag* em 1950 pelo representante do FDP August-Martin Euler, que a atribuiu ao programa "superzeloso da desnazificação" dos Estados Unidos.[19]

Muitos desses observadores vincularam a nova renazificação à perspectiva de um Quarto Reich. Escrevendo em *The Nation* em abril de 1950, J. Alvarez Del Vayo atribuiu "o ressurgimento do nazismo" à Guerra Fria, que, disse ele, estava "preparando o Quarto Reich" para cumprir a "missão [original de Hitler] de liderar a Europa contra o Oriente".[20] No *The Christian Science Monitor*, Ernest Pisko temia que o nazismo estivesse emboscado "nos bastidores na Alemanha" e que os "alarmistas" tivessem razão em temer que "no Quarto Reich, assim como no segundo e no terceiro, os pontos negros tomassem conta das áreas brilhantes".[21] Da mesma maneira, uma publicação da Associação Anglo-Judaica, *Germany's New Nazis* [Novos Nazistas da Alemanha], advertia que a sobrevivência de "crenças nazistas" em "áreas que à primeira vista são democráticas" poderia acabar levando à mais ampla "tentativa de recriar um Quarto Reich".[22]

Nem todos os observadores compartilhavam desses medos. Logo após as eleições de setembro de 1949, o *Daily Mail*, de Londres, noticiou com sobriedade que os delegados do *Bundestag* estavam se reunindo para "formar o Quarto Reich", repercutindo a afirmação do início do pós-guerra de que tal Estado poderia ser democrático.[23] Em dezembro de

1949, o *The Dallas Morning News* insistiu que não havia necessidade de "começar a arrancar os cabelos apenas porque alguns alemães de direita estão agora falando de um Quarto Reich". Como o jornal explicava, o problema não se encontrava "no nome em si", mas no fato de que "extremistas de direita [estavam] fazendo mal-uso dele". O objetivo, portanto, "devia ser ajudar os alemães a ler, com seu sentido correto, o termo histórico que usam para se referir à nação alemã".[24] Essa tentativa de tranquilizar, no entanto, foi a exceção a uma regra que se expandia. Com a difusão de notícias sobre a presença de ex-nazistas na nova democracia alemã, comentaristas preocupados tinham um temor crescente de que um futuro Quarto Reich se colocasse na extrema-direita.

A Direita do Pós-Guerra e a Busca de um Quarto Reich

Essas preocupações foram ampliadas pelo surgimento simultâneo de partidos políticos neonazistas. Antes do estabelecimento da República Federal em 1949, os requisitos de registro dos Aliados tinham em geral impedido o surgimento de partidos de extrema-direita. Em março de 1950, porém, o abandono dessas exigências permitiu que tais partidos se formassem e ganhassem destaque.[25] Alguns deles estavam na extrema-direita nacionalista e irredentista, como a Liga dos Expatriados Alemães e Daqueles Privados de Direitos (*Bund der Heimatvertriebenen und Entrechteten* – BHE), que representava interesses de refugiados e expatriados; e a Comunidade Alemã (*Deutsche Gemeinschaft* – DG) que durante algum tempo serviu como parceira de coalizão da BHE na Baviera. Outros, no entanto, foram classificados como neonazistas graças ao passado político e esforços para reviver ideais nazistas de seus membros. Em março de 1950, a Sociedade para a Prevenção da Terceira Guerra Mundial apresentou uma lista de dez diferentes "neopartidos atuais" que exigiam cuidado.[26]

O primeiro desses partidos a atrair atenção foi o Partido do Reich Alemão (*Deutsche Reichspartei* – DRP), formado no início de 1950 de uma fusão do Partido Conservador Alemão – Partido da Direita Alemã (*Deutsche Konservative Partei - Deutsche Rechtspartei*, DKP-DRP) com o Partido Nacional Democrático (*Nationaldemokratische Partei* – NDP). Como seu nome já deixava claro, o DRP foi um dos primeiros partidos do pós-guerra na República Federal a adotar de forma explícita a ideia do Reich e reabilitá-la para uso no pós-guerra. Como muitos partidos de direita, o DRP assumiu uma decidida postura nacionalista, condenando os "crimes" dos Aliados contra o povo alemão – em especial a "expulsão de milhões... de antigos territórios alemães do Leste" – e exigindo a restauração do "Reich alemão onde todos os alemães que assim desejarem podem encontrar sua pátria".[27] O partido alcançou notoriedade pela primeira vez em 1950 graças a uma escandalosa associação com o ex-político nazista Wolfgang Hedler. Membro de longa data da Stahlhelm e do NSDAP, Hedler chegou às manchetes nacionais como representante no *Bundestag* do Partido Alemão (*Deutsche Partei* – DP) de direita em 26 de novembro de 1949, quando fez um discurso inflamado que caluniava membros da resistência alemã conservadora e expressava opiniões antissemitas sobre o Holocausto.[28] Embora tenha sido expulso do DP e julgado por difamação no início de 1950, sua posterior absolvição por um tribunal de Neumünster formado por ex-nazistas – e posterior admissão no DRP – provocou um escândalo nacional.[29] Muitos alemães e críticos ocidentais estavam preocupados com a popularidade de Hedler em círculos da direita e ficaram horrorizados com a propagação de uma expressão sugestiva – "*Heil Hedler*!" entre alguns de seus partidários. A imprensa alemã-oriental chegou a ponto de descrever a ascensão de Hedler como prova da "marcha [da República Federal] para o Quarto Reich!"[30]

Ao mesmo tempo, outro membro do DRP, Franz Richter, fornecia mais indícios de que um Quarto Reich de direita poderia estar a caminho. Richter se assemelhava a Hedler por ser um membro de longa data do NSDAP. Mas como Charles Rankin em *O Estranho*, ele também estava escondendo uma identidade secreta: na realidade era um ex-funcionário do Ministério da Propaganda Nazista, Fritz Rößler, que tinha assumido a falsa identidade de Richter após 1945 para escapar da desnazificação.[31] No início de 1950, a verdadeira origem de Richter ainda era desconhecida quando ele ocupou as manchetes internacionais por fazer algo que nenhum outro político alemão de direita tinha feito desde o fim da Segunda Guerra Mundial. Como amplamente noticiado na imprensa americana, britânica e alemã, Richter pronunciou um discurso, em janeiro de 1950, em que prometia abertamente dar apoio a um "Quarto Reich".[32] Como era de se esperar, Richter acabou sendo descrito como um "novo Hitler" e sofreu um intenso escrutínio público.[33] Em pouco tempo, essa atenção levou ao desmascaramento e cassação do mandato político de Richter.[34] Mas isso confirmou a crença cada vez maior, expressa por *The New Republic*, de que "o neonazismo cresce com a recuperação do país, está bem organizado e tem líderes sérios".[35] Mais importante ainda, mostrou uma nova disposição de políticos de direita para adotar a ideia de um Quarto Reich.

A Ascensão e Queda do Partido Socialista do Reich

Tal disposição tornou-se cada vez mais clara no final de 1950 com a repentina ascensão do Partido Socialista do Reich (*Sozialistische Reichspartei* – SRP). Entre sua criação no início de outubro de 1949 e sua proibição em 1952, o SRP despertou temores na Alemanha e no exterior de que estivesse procurando reviver o NSDAP. Sem dúvida, o SRP tinha muitos laços com o antigo Partido Nazista. Setenta por cento dos líderes políticos do SRP eram ex-nazistas, tendo a maioria saído das fileiras médias e inferiores da liderança do NSDAP. Após 1945, muitos deles enfrentaram um período difícil, sendo temporariamente internados e encontrando dificuldades para conseguir emprego no novo Estado alemão-ocidental.[36] Um caso que se destacou foi o do líder fundador do SRP, Fritz Dorls. Membro de longa data do NSDAP e homem da SA, Dorls foi internado após a guerra e depois lutou para encontrar trabalho como jornalista. Em 1949, ingressou no DKP-DRP, mas foi expulso depois de supostamente ter feito contato com Otto Strasser e expressado opiniões inconvenientes sobre a perseguição aos judeus feita pelos nazistas.[37] Seguindo um caminho parecido estava o suplente e colega de Dorls no DKP-DRP, Otto Ernst Remer (Figura 3.2). Oficial de longa data da *Wehrmacht*, Remer ganhara fama nacional durante o Terceiro Reich por seu papel na repressão da tentativa da resistência conservadora alemã de assassinar Hitler e se apoderar do poder no fracassado golpe militar "Operação Valquíria", de 20 de julho de 1944.[38] Os feitos de Remer trouxeram-lhe a gratidão de Hitler (para não mencionar uma promoção ao posto de major-general) e o transformaram em um decidido partidário do regime. Após a guerra, no entanto, Remer foi detido e internado até 1947, quando teve de lutar para conseguir trabalho como pedreiro. Tendo em vista seus anos de glória, acabou retornando ao movimento que originalmente o tornara famoso. Em 1949, Remer havia ingressado no SRP e não demorou a se tornar seu líder mais carismático. Mais ou menos na mesma época, o partido deu as boas-vindas a Franz Richter/Fritz Rößler em suas fileiras, bem como a outros ex-nazistas, como o antigo responsável pela Secretaria de Imprensa do Reich (*Reichspressekammer*) e membro da SS Wolf Graf von Westarp e o líder pós-guerra do *Deutsche Revolution* (suprimida na Operação Comitê de Seleção), Bernhard Gericke.[39] O SRP também incluiu entre seus membros um importante oficial nazista: o ex-secretário do Ministério do Interior, participante da conferência de Wannsee e condenado por crimes de guerra Wilhelm Stuckart. Por fim, o SRP mantinha íntimas conexões com ex-generais da *Wehrmacht* e oficiais da SS por intermédio da organização de quadros semissecretos mantida pela SS e conhecida como *Bruderschaft*, que foi fundada em 1949 para promover uma agenda política nacionalista radical.[40]

Além das origens de seus líderes e membros, o SRP adotou um programa político que também mostrava coesão com o Partido Nazista. Embora os líderes do SRP negassem que o partido fosse um "sucessor do NSDAP" ou estivesse buscando sua "restauração", eles abraçaram plenamente os princípios nazistas.[41] Ao descrever a perspectiva do partido, um porta-voz, ex-funcionário da Central de Trabalho do Reich (*Reichsarbeitsdienst*) e homem da SA, Ulrich Freiherr von Bothmer, declarou que o partido "tinha o mesmo tipo sanguíneo que o NSDAP".[42] O SRP procurava, abertamente, apoios entre antigos membros do NSDAP. Em 1949, Remer admitiu: "Não escondo o fato de que estamos apelando sobretudo a ex-nazistas. Nós os queremos; precisamos deles, sabemos que nem sempre eles foram companheiros tão ruins".[43] Para ganhar seu apoio, Remer não apenas se opunha à desnazificação, como também expressava o compromisso de "preservar o bem contido no nacional-socialismo e constuir sobre ele".[44] Isso incluía princípios nazistas como o da *Volksgemeinschaft* (Comunidade Popular Nacional), a crença em uma ordem econômica orientada para o coletivo (*Deutscher Sozialismus*) e a adoção de uma forma autoritária de democracia (*Führungsdemokratie*).[45] Remer reconhecia que o NSDAP, como muitos movimentos revolucionários, tinha adotado métodos inadequados e acabara por degenerar em uma ditadura.[46] Por essa razão, ele e outros líderes do partido rejeitavam oficialmente o antissemitismo (culpavam pelo Holocausto antes carreiristas que idealistas nazistas).[47] Esses erros, no entanto, não impediram que o SRP evocasse sem nenhum constrangimento a nostalgia do Terceiro Reich. E Remer perguntava a seus apoiadores: "As coisas não eram melhores no tempo de Hitler?".[48]

Para enfatizar esse ponto, o SRP tentava deslocar dos nazistas para os Aliados os ressentimentos alemães do pós-guerra. O partido negava que a Alemanha fosse culpada pela guerra e tentava isentar o NSDAP de responsabilidade pela derrota militar do país criando uma nova lenda da "punhalada nas costas".[49] Remer costumava condenar os conspiradores de 20 de julho de 1944 como traidores e argumentava que, se não fossem suas ações, a Alemanha não teria perdido a guerra.[50] Ao tentar explorar as queixas dos alemães que tinham sofrido devido ao conflito, o SRP se apresentava como parte de uma "resistência nacional" contra o domínio conjunto dos Aliados e do governo Adenauer.[51]

O SRP se opunha com veemência à adesão do governo alemão-ocidental à integração e rearmamento do Ocidente. Queria, na realidade, que a Alemanha se tornasse uma "terceira força" e assumisse um papel neutro de mediação entre Oriente e Ocidente.[52] O SRP dava assim expressão a persistentes sentimentos nacionalistas entre alemães de direita.

Um dos objetivos mais importantes que o SRP agitava para mobilizar forças nacionalistas era a criação de um novo Reich alemão. Como sugerido pelo nome do partido, o conceito do Reich se encontrava no centro da agenda do SRP.[53] Vinha expresso logo no primeiro ponto do "Programa de Ação", que proclamava que "todos os alemães devem estar unidos em um único Reich alemão".[54] Muitas outras referências ao Reich apareciam no documento: da invocação feita pelo partido da "lealdade do Reich" à sua afirmação do "conceito do Reich" como o "princípio organizador [preferido] dos alemães".[55] Ao desenvolver essas afirmações, o SRP se esquivava de explicar como sua visão do Reich se relacionava com a antiga visão dos nazistas. Por um lado, o partido abandonava o esforço nazista para identificar o Reich com noções raciais de superioridade ariana; isso indicava que seu apelo pelo "restabelecimento" do Reich procurava criar alguma coisa nova.[56] Ao mesmo tempo, no entanto, os líderes do SRP acreditavam na existência *de jure* do Terceiro Reich Alemão no pós-guerra sob a liderança do sucessor de Hitler, Karl Doenitz, argumentando que ele tinha sido ilegalmente dissolvido pelos Aliados logo após ao colapso do regime nazista.[57] Essa declaração sugeria que o SRP reconhecia a continuação da existência do *Terceiro* Reich e procurava restabelecê-la no presente.[58] Não está claro até que ponto os líderes do partido se preocuparam em resolver a questão da identidade numérica de seu Reich preferido. Mas é significativo que alguns deles tenham invocado a ideia de um "Quarto Reich" em aparições e discursos de campanha. Franz Richter ainda não era membro do SRP quando usou pela primeira vez a expressão em janeiro de 1950, mas em fevereiro do mesmo ano o porta-voz do SRP, Hermann Heimhardt, deu uma palestra na qual pediu "a fusão de todas as regiões alemãs, mesmo aquelas que hoje não se encontram sob controle alemão, em um 'Quarto Reich'".[59] Remer também pediu um Quarto Reich em discursos de campanha.[60]

Ao apresentar sua agenda de política interna e externa, o SRP empregou muitos métodos nazistas. Os comícios de campanha do partido usavam e abusavam de imagens visuais, exibindo bandeiras com o símbolo do partido, uma águia negra contra um fundo vermelho, evocando o esquema de cores da bandeira nazista com a suástica. Música marcial era tocada com frequência, como a Marcha de Badenweiler, que era muito apreciada pelos membros do NSDAP. Essas imagens, combinadas com discursos inflamados, evocavam de forma deliberada o clima carregado de emoção dos comícios de campanhas nazistas. Os eventos públicos do SRP atraíam grandes multidões – às vezes compareciam mais de mil pessoas – e levavam com frequência a distúrbios violentos, como acontecia nas concentrações nazistas da era Weimar. Em 1950, irromperam confrontos sangrentos nos eventos do SRP em Wilhelmshaven, Wolfsburg e Berlim.[61] Em algumas dessas ocasiões, manifestantes de esquerda atacaram Remer como um "cão fascista" e o ameaçaram fisicamente.[62] O SRP também imitava os nazistas na criação de uma série de organizações subsidiárias: o *Reichsfront*, que lembrava a SA; o *Reichsjugend*, que plagiava a Juventude Hitlerista; e o *Frauenbund*, que imitava a *Frauenschaft* nazista.[63] O partido também procurava recrutar famosas figuras militares alemãs do Terceiro Reich, como o general Heinz Guderian e o ás da Luftwaffe Hans-Ulrich Rudel, além de buscar alianças com fascistas no exterior.[64] Ao empregar esses métodos, o SRP lutava por nada menos que a derrubada do Estado alemão-ocidental. Em 1952, Fritz Dorls antecipou que, dentro de dois anos, o partido seria "forte o bastante para assumir o governo do Reich".[65]

Em 1951, o SRP deu o primeiro passo para alcançar seu objetivo ao registrar sucessos notáveis em eleições regionais. O primeiro grande avanço do partido foi em maio, quando recebeu cerca de 400 mil votos (11% do total) na Baixa Saxônia. Em certos distritos, o partido recebeu mais de 30% dos votos e chegou a conseguir maioria absoluta em 35 pequenas comunidades.[66] Vários meses depois, no outono de 1951, o partido recebeu 7,7% dos votos em Bremen. O SRP também se saiu bem em Lüneburg, onde, em coligação com o BHE, recebeu entre 40 e 50% dos votos. Durante esse período, o partido atraiu consideráveis multidões, algumas com mais de 2.500 pessoas.[67] Ao mesmo tempo, líderes do partido afirmaram que tinham entre 30 mil e 40 mil filiados.[68]

O sucesso eleitoral do SRP refletia a popularidade do partido entre alemães descontentes. A Baixa Saxônia tinha uma tradição de votar no NSDAP antes de 1933, visto que sua população protestante, rural e de baixa classe média adotava uma visão de mundo *völkisch* e direitista.[69] Depois de 1945, a Baixa Saxônia teve muitos e sérios problemas econômicos e sociais. Havia no estado uma taxa de desemprego de 14% e muita gente simpatizava com a agenda do SRP.[70] A maioria dos eleitores do SRP tinha sofrido na guerra e criticava o novo Estado alemão-ocidental. Eram, em sua grande maioria, jovens e do sexo masculino (poucas mulheres davam apoio ao partido) e incluíam veteranos da *Wehrmacht*, ex-membros do Partido Nazista, produtores rurais e expatriados.*[71] Veteranos de guerra e membros do partido ressentiam-se de experiências de internamento e desnazificação.[72] Produtores rurais, que haviam conseguido belos lucros nos primeiros anos do pós-guerra, quando havia escassez de alimentos, perderam terreno depois que a reforma monetária de 1948 permitiu o livre comércio e a concorrência estrangeira.[73] Por fim, os expatriados formavam um círculo eleitoral importante na Baixa Saxônia (representando um terço da população, que havia aumentado em 50% após 1945) e ansiavam por recuperar o que haviam perdido no Oriente.[74] A dificuldade que esses grupos enfrentavam de conquistar segurança no pós-guerra aumentava o apoio que davam ao

---

* Os expatriados eram alemães étnicos de cultura germânica que fugiram ou foram expulsos, juntamente com os exércitos nazistas, dos países invadidos pela *Wehrmacht* (N. do T.)

SRP. Cerca de 30% dos membros do SRP estavam desempregados.[75] Antes de 1949, esses eleitores descontentes haviam dado apoio a partidos de direita, como o DRP e o DP (embora evitassem a União Democrata Cristã, ou CDU, como demasiado católica). Porém, como esses partidos não cumpriram suas promessas, voltaram-se para o SRP, transformando-o em um bem-sucedido partido de oposição.[76] Se não tivesse de competir com o BHE, o partido teria conseguido ainda mais votos.

Os sucessos eleitorais do SRP dispararam alarmes na mídia. Escrevendo no *New York Times* em julho de 1951, Drew Middleton observou que o SRP havia convencido eleitores alemães insatisfeitos de que o nazismo "poderia ser novamente tentado e dar certo – sem os erros cometidos por Hitler".[77] Muitos outros jornais equiparavam os líderes do SRP a Hitler, destacando que Remer desejava se tornar um "novo Hitler" ou um "novo Führer".[78] Certos jornalistas viam paralelos entre a ascensão de Hitler ao poder e a estratégia intransigente adotada por Remer. A *Reader's Digest* se inquietava achando que, "mesmo que fosse capturado... Remer [não] ficaria angustiado em excesso... [pois] Adolf Hitler também foi capturado e mandado para a prisão... mas saiu de lá para conquistar a Alemanha".[79]

Muitos comentaristas garantiram que o SRP estava ansioso para estabelecer um Quarto Reich. Um dos mais importantes foi Sefton Delmer, que fez essa afirmação em uma série de artigos sensacionalistas para o *Daily Express* em julho de 1951. Em um ensaio de 6 de julho, intitulado "Is a New Hitler Rising?" ["Está Surgindo um Novo Hitler?"], Delmer chamou Remer de "o profeta ativo de um quarto Reich nazista" e, em um artigo escrito alguns dias depois, insistiu para que seus leitores não subestimassem o líder do SRP, sublinhando que "achou Remer muito mais impressionante do que tinha achado Hitler no mesmo estágio da carreira dele".[80] Em junho de 1951, a revista britânica *Picture Post* publicou um artigo intitulado "Are the Nazis Coming Back?" ["Os Nazistas estão Voltando?"] que traçava o perfil da liderança do SRP e assegurava que "embora o Partido Nazista tenha morrido com Hitler e o Terceiro Reich na primavera de 1945... [isso] não significa que não existam diversos ex-nazistas planejando o Quarto".[81] Fontes da mídia norte-americana fizeram afirmações parecidas. *The Seattle Times* escreveu que Remer "faz campanha pelo renascimento de uma grande Alemanha unida em um Quarto Reich Nazista".[82] *Collier's* chamava atenção para o flerte de Remer com a União Soviética e declarava que "os nazistas que ressurgem na Alemanha concordarão em trabalhar com qualquer um que os ajude a construir um Quarto Reich".[83] E um famoso jesuíta americano, John Lafarge, insistiu sobre a necessidade de resistir a um "Quarto Reich unido sob um hitlerismo renascido".[84]

Na República Federal e na República Democrática Alemã, havia um cenário variado. A mídia alemã-ocidental evitava ao máximo evocar qualquer possível Quarto Reich ao defender uma reação contra o SRP.[85] Mas na Alemanha Oriental a mídia controlada pelo Estado usava liberalmente a expressão, com o *Die Neue Zeit* declarando em um tom sarcástico, em fevereiro de 1950, que as pessoas na Alemanha Ocidental estavam "marchando [com estridência] para o 'Quarto Reich'" com o objetivo de reviver "tudo que era bom no NSDAP".[86]

O alarme crescente da mídia colocava grande pressão sobre a ordem política alemã. Adenauer reconheceu o perigo do SRP, mas durante a maior parte de 1950-1951 ele foi ignorado por seu governo na esperança de que o partido perdesse a força quando a economia do país melhorasse.[87] Essa prática refletia a estratégia do chanceler de integrar ex-nazistas na política da República Federal, mas se arriscava a legitimar o SRP. Em meados de 1951, a CDU da Baixa Saxônia chegou a flertar com a possilidade de formar uma coalizão com o SRP e o DP num esforço para substituir o governo do SPD no comando do Estado.[88] Em contrapartida, o SPD alertou que "tolerar o partido equivaleria a um suicídio nacional". Os sociais-democratas não estavam, porém, isentos de responsabilidade pela ascensão do SRP. O governo do SPD na Baixa Saxônia decidiu não banir o partido (embora dispusesse de um material capaz de incriminá-lo) porque o SRP retirava votos da CDU e mantinha os conservadores divididos.[89] Em vez de forjar uma frente unida contra o SRP, os partidos tradicionais tentaram manipulá-lo para favorecer seus próprios objetivos.

Por seu lado, os aliados ocidentais enfrentaram uma situação difícil. Americanos e britânicos procuravam minimizar as reportagens alarmistas da mídia sobre o SRP para mostrar fé em Adenauer, embora ao mesmo tempo se precavendo para que os alemães não chegassem a descartar por completo a ameaça. A princípio o Alto Comissário John McCloy negou que o SRP representasse um problema imediato e classificou seu sucesso como não representativo do grande eleitorado alemão.[90] No início de 1952, porém, ele se convenceu de que o partido representava um "perigo potencial" e exigiu que os alemães "repudiassem" todas as tendências neonazistas, acrescentando que os EUA interviriam se necessário.[91] Preocupações de política externa moldaram em grande parte essa mudança, em especial o medo de que o SRP contribuísse para o objetivo da União Soviética de bloquear a integração da Alemanha na aliança ocidental.[92] Os Aliados também estavam preocupados com a ameaça que o partido representava para a democracia alemã. Em 1951, o secretário de Estado dos EUA Dean Acheson chegou a perguntar a McCloy: "O que aconteceria se o SRP desse um golpe?".[93] Enquanto isso, os britânicos acreditavam que a ascensão do SRP representava uma "fase extremamente crítica" na evolução pós-guerra da Alemanha e precisava ser enfrentada o mais depressa possível. Tanto os EUA quanto os britânicos estavam particularmente ansiosos para intervir, pois se davam conta de que seu controle sobre os assuntos alemães estava diminuindo ante a crescente importância militar do país. Em função disso, pressionaram Adenauer a acelerar a criação do Tribunal Constitucional da República Federal, que poderia tomar medidas legais contra o partido.[94]

Diante da pressão aliada, o governo Adenauer tomou a iniciativa de "silenciar" o SRP. O ministro do Interior Robert Lehr liderou o esforço, convencido de que o SRP queria "promover uma revolta contra o Estado".[95] Por outro lado, apenas uma minoria de alemães comuns (23%)

queria o banimento do partido.[96] As primeiras medidas para combater o SRP incluíram proibições de manifestações regionais e, em 1950-1951, decretos tornando ilegais organizações subsidiárias, como a *Reichsfront*; nesse período o governo federal também declarou o partido "hostil ao Estado" (*staatsfeindlich*).[97] O próprio Remer foi submetido a vários julgamentos por difamação em 1951-1952 e sentenciado a penas curtas de prisão por difamar o governo federal e a resistência conservadora antinazista.[98] Por fim, Adenauer decidiu pelo completo banimento do partido. Em seguida a discussões entre os Ministérios da Justiça e do Interior, o governo apresentou seu pedido de proscrição em 16 de novembro de 1951 ao Tribunal Constitucional Federal em Karlsruhe, que havia sido criado dois meses antes. Em 23 de outubro de 1952, o tribunal emitiu um veredito proibindo a ação do partido, definida como inconstitucional em virtude de suas "afinidades" com o nacional-socialismo.[99] Nesse dia, o SRP já estava morto e extinto. Várias semanas antes, o partido havia voluntariamente se dissolvido em uma antecipação do banimento e num esforço para escapar de batidas policiais e sobreviver na clandestinidade.[100] Esse plano, no entanto, não teve qualquer efeito. Embora os líderes do partido procurassem ingressar em outros partidos de direita de orientação semelhante, rixas mortíferas condenaram seus esforços e o SRP desapareceu da vida política alemã.[101]

Logo após a dissolução do partido, observadores na Alemanha e no exterior reagiram com um misto de alívio e triunfalismo. Representantes do campo alarmista expressaram satisfação pela "ameaça nazista de um retorno" ter sido "explodida".[102] O Partido Comunista Alemão-Ocidental assegurou que coube ao Tribunal Constituicional garantir o "fracasso do Quarto Reich".[103] Muitos observadores, no entanto, permaneceram cautelosos, endossando a advertência do *Die Welt* de que os alemães "tinham de continuar vigilantes" contra futuros movimentos de direita.[104] Por outro lado, o campo apologista se considerou justificado por ter menosprezado, de modo incessante, a seriedade da ameaça do SRP. O *Die Zeit* declarou que o partido havia "estourado como uma bolha de sabão" e insistiu que sua dissolução provava que "desde o início, não estava baseado em nada".[105] Mais ou menos na mesma época, Hugh Trevor-Roper desqualificava o SRP como "mero fogo de palha", enquanto Fritz René Allemann declarava mais tarde que o partido havia se "dissolvido da noite para o dia".[106] Nesse estágio do debate sobre a renazificação, o destino do SRP parecia justificar essas conclusões. Mas no final das contas era cedo demais para eles cantarem vitória.

A Conspiração de Naumann

Em questão de meses, irrompeu uma ameaça nazista ainda mais séria à jovem democracia da Alemanha. Na manhã de 16 de janeiro de 1953, as autoridades britânicas prenderam meia dúzia de destacados ex-nazistas que estariam planejando a derrubada do governo alemão-ocidental. Na liderança da conspiração estava o ex-secretário de Estado no Ministério da Propaganda do Reich, Werner Naumann, e um conjunto de outras figuras pertencentes ao chamado "Círculo *Gauleiter*" de partidários nazistas, baseados em Düsseldorf e Hamburgo. Ao contrário do SRP, que adotava táticas demagogas na defesa de um novo Reich alemão, a conspiração de Naumann, como passou a ser conhecida, recorria a expedientes mais camuflados contra o sistema político alemão. Como as primeiras tramas nazistas durante o período de ocupação, essa conspiração também terminou em fracasso, mas não sem antes levantar novas indagações sobre a relação da Alemanha Ocidental com seu passado nazista.

O líder da conspiração, Werner Naumann, era um dos ex-nazistas de maior destaque na República Federal. Membro do NSDAP desde 1928, Naumann ocupou posições de destaque na SA, na SS e no Ministério da Propaganda do Reich, onde serviu como secretário de Estado subordinado diretamente a Goebbels e ganhando suficiente influência para ser indicado como seu sucessor no testamento político com as últimas vontades de Hitler.[107] No final da guerra, Naumann foi um dos poucos ativistas do partido presentes no *Führerbunker* de Berlim, onde desempenhou um papel importante criando propaganda para o movimento *Werwolf*.[108] Em 2 de maio, Naumann fugiu do *bunker* junto com Martin Bormann e Artur Axmann, dirigindo-se depois para o sul da Alemanha. Nos cinco anos seguintes, viveu na clandestinidade, evadindo-se da desnazificação e trabalhando como pedreiro.[109] Em 1950, após a aprovação da primeira Lei de Anistia, Naumann ressurgiu no noroeste da Alemanha como gerente de uma firma de exportação baseada em Düsseldorf, de propriedade do ex-nazista e oficial de propaganda da *Wehrmacht* Herbert Lucht.[110]

A partir daí, Naumann procurou retornar ao mundo da política restabelecendo contato com ex-colegas do NSDAP. Ao fazê-lo, desenvolveu o alicerce da infraestrutura estabelecida por uma organização semiclandestina de direita, a *Bruderschaft*. Desde sua fundação em 1949, a *Bruderschaft* tinha associado muitos destacados ex-funcionários nazistas e oficiais da *Wehrmacht* que se abstinham das atividades abertamente políticas do SRP e preferiam esperar até que o previsto declínio do sistema político alemão-ocidental lhes oferecesse uma oportunidade de agir.[111] Naumann estava pessoalmente conectado com muitos membros da *Bruderschaft* e, quando ela se dispersa devido a uma luta interna de facções em 1951, ele os conduz para seu amplo círculo de contatos. Estimada em mais de mil pessoas, a rede de Naumann incluía um pequeno "círculo interno" e um "círculo externo" maior.[112] Entre seus confidentes, seus amigos íntimos do "círculo interno" – que se encontrava baseado em Düsseldorf e era conhecido como "Círculo *Gauleiter*" – estavam o ex-*Gauleiter* de Salzburgo, Gustav Scheel, indicado como ministro da Cultura no testamento com as últimas vontades de Hitler; o ex-*Gauleiter* de Hamburgo, Karl Kaufmann; o ex-*Gauleiter* de Düsseldorf, Friedrich Karl Florian; e o ex-*Gauleiter* de Colônia-Aachen, Josef Grohé. O círculo também incluía uma variedade de outros funcionários nazistas, entre eles o *SS-und Polizeiführer* Paul Zimmermann, o teórico racial Heinrich Haselmeyer, o funcionário do Ministério da Propaganda Karl Scharping, o *Ortsgruppenleiter* (Líder do Grupo Local) nazista Heinz Siepen e o funcionário da Juventude Hitlerista Friedrich Karl Bornemann.[113] O círculo externo, que era dirigido de Hamburgo por Scheel, compreendia uma variedade de militares e organizações políticas de direita representando centenas de ex-nazistas que ocupavam posições de menor importância. Fora esses dois grupos, Naumann estava em contato frequente com outros membros da elite do Terceiro Reich. Incluíam-se entre eles figuras importantes na Alemanha, como Artur Axmann, o ex-diretor do *Reichsbank* Hjalmar Schacht, o escultor da corte de Hitler, Arno Breker, os generais da *Wehrmacht* Heinz Guderian e Hermann Ramcke, e o comandante da *Waffen-SS* Paul Hausser. Entre eles também estavam também ex-nazistas e colaboradores fascistas de outros países, como Otto Skorzeny e Hans-Ulrich Rudel, o funcionário do Ministério da Propaganda e antissemita Johann von Leers, o chefe da União Britânica de Fascistas Oswald Mosley e o líder rexista* belga Léon Degrelle.[114] Todos expressaram apoio à agenda de Naumann.

No início de 1952, membros do grupo de Naumann começaram a planejar sua estratégia. Assim como o SRP, procuravam reabilitar o nacional-socialismo e criar um movimento político de massas, de direita, dedicado a restabelecer o Reich alemão. Naumann continuou sendo um verdadeiro crente nos princípios nazistas. "Não se pode simplesmente abandonar um ideal em que se acreditou durante tanto tempo, como eu acreditei", escreveu ele em 1950.[115] "Talvez mais valores se encontrem [enterrados] nas ruínas da chancelaria do Reich do que imaginam críticos apressados."[116] Convencido de que o regime nazista havia produzido "grandes obras de bem-estar social" que tinham beneficiado a *Volksgemeinschaft*, Naumann criticou os "excessos" criminosos do regime como "desagradáveis efeitos da puberdade". Acrescentou que eles empalideciam em comparação com os "gigantescos êxitos" do regime na área da política externa.[117] Nessas condições, Naumann

* Isto é, membro do movimento político fascista Rexista, fundado por ele próprio. (N. do T.)

promoveu um "nacional-socialismo purificado" que continuaria a batalha contra o bolchevismo, restabeleceria um "Reich nacional-socialista" unificado e asseguraria a predominância da Alemanha em uma "ordem europeia comum".[118]

Ao contrário do SRP, Naumann não empregava de maneira explícita o conceito de um "Quarto Reich" ao esboçar sua visão. É provável que a razão tivesse menos a ver com alguma aversão ideológica ao conceito – que ele endossava, de forma implícita, ao defender um Reich renascido – que com certas considerações táticas. Em vista do banimento do SRP no início de 1952, Naumann compreendeu que tinha de evitar os métodos agressivos do partido ao procurar cumprir sua agenda.[119] Em vez de empregar uma estratégia "propagandística" tradicional, ele procurou relançar ideias nazistas com um "novo estilo" – que era "severo, objetivo e sério" – e introduzi-las devagar na cultura política da República Federal.[120] Qualquer entrada prematura no sistema político evocaria protestos estrangeiros e repressão doméstica.[121] Por essa razão, Naumann recomendava o uso de "métodos evolucionários" em vez de "revolucionários" para criar um partido político nacional unificado.[122] Ele esperava continuar nos bastidores antes de retomar a exposição pública para as eleições federais de 1957.[123] Sem dúvida, acreditava Naumann, o "dia da decisão" ia chegar e ele poderia finalmente agir "para ressuscitar o Reich como uma força ordeira na Europa Central e um baluarte... contra o Oriente".[124]

Naumann deu seus primeiros passos para esse objetivo investigando a possibilidade de trabalhar com representantes do Partido Democrático Livre (*Freie Demokratische Partei* – FDP), de centro-direita. Em agosto de 1950, o proeminente advogado baseado em Essen e político do FDP Ernst Achenbach abordou Naumann e perguntou sobre seu interesse em infiltrar ex-nazistas no partido. Membro do NSDAP desde 1937, Achenbach tivera uma ligação íntima com o Estado nazista, tendo servido na equipe diplomática do embaixador alemão para a França de Vichy, Otto Abetz. Em Paris, como adido, participou da deportação de judeus para campos do Leste.[125] Depois da guerra, Achenbach defendeu vários agentes nazistas que estavam sendo julgados em Nuremberg e filiou-se a grupos de direita. Em 1950, começou a trabalhar com Friedrich Middelhauve, presidente da Renânia do Norte-Vestfália e vice-presidente nacional do FDP, empurrando decididamente o partido para a direita. Crítico de longa data do parlamentarismo de Weimar, Middelhauve queria que o FDP organizasse um novo bloco conservador conhecido como "Reunião Nacional" (*Nationale Sammlung*), que ficaria à direita da CDU e constituiria o terceiro maior partido no cenário político da Alemanha Ocidental.[126] Middelhauve pretendia levar o FDP para uma aliança com o DP e a BHE e cortejar sua base de eleitores ex-nazistas.[127] Achenbach, enquanto isso, estava interessado em usar Naumann para colocar ex-nazistas em posições de liderança dentro do FDP.[128]

No período que se seguiu, Naumann recrutou um novo grupo de proeminentes ex-nazistas para seu círculo em expansão e os filiou mais estreitamente ao FDP.[129] Um dos mais importantes foi o professor de direito internacional, ex-nazista e fervoroso antissemita Friedrich Grimm que, em 1951, trabalhou com Achenbach para organizar o "Centro por uma Anistia Ampla", que pressionaria os Aliados a aprovar um programa de anistia geral para todos os criminosos de guerra nazistas condenados. Graças a essa conexão, Naumann estabeleceu contato com dois funcionários particularmente proeminentes do núcleo de Achenbach e Grimm: o ex-oficial da Gestapo, vice-diretor do Serviço de Segurança de Heydrich (*Sicherheits Dienst*, SD) e *Reichskommissar* para a Dinamarca, Werner Best (há pouco libertado após cumprir um período de quatro anos numa prisão dinamarquesa), e o ex-*SS-Obergruppenführer* e oficial responsável pela "pesquisa do inimigo" no Gabinete Central de Segurança do Reich (*Reichssicherheitshauptamt*, RSHA), Franz Alfred Six.[130] Grimm e Achenbach também ajudaram a preparar a contratação do ex-*SS-Standartenführer*, funcionário do Ministério da Propaganda, e do ativista antissemita Wolfgang Diewerge para a secretaria pessoal de Middelhauve e como representante do FDP.[131] Por fim, Grimm colocou

Naumann em contato com o ex-diretor de rádio do Ministério da Propaganda e réu nos Julgamentos de Nuremberg do pós-guerra Hans Fritzsche e com o *Reichsjugendführer* e membro da *Waffen-SS* Siegfried Zoglmann, que colaborou com o esforço de Naumann para disseminar artigos pró-nazistas na mídia impressa em língua alemã, em especial no semanário do FDP, no jornal semanal *Die Deutsche Zukunft*.[132]

Contra o pano de fundo dessa atividade, Achenbach cada vez mais levou a cabo medidas para deslocar o FDP para a direita. O passo crucial foi a apresentação de um novo manifesto do partido, conhecido como "Programa Alemão", no congresso do FDP em novembro de 1952, em Bad Ems. Elaborado por Zoglmann, Best, Grimm, Diewerge e Fritzsche, esboçava uma acentuada trajetória nacionalista, exigindo o fim da integração ocidental da Alemanha, a adoção de uma política externa de "terceira via" entre as superpotências da Guerra Fria, o fim da desnazificação, a aprovação da reintegração profissional de ex-nazistas e uma "anistia geral" para criminosos de guerra aprisionados.[133] O documento também aderia, de maneira explícita, à ideia de restabelecer um Reich alemão. Embora o Programa Alemão procurasse não usar o adjetivo "Quarto", ele era implicitamente endossado no preâmbulo, que declarava: "Prometemos lealdade ao Reich alemão como um modo de vida herdado de nosso *Volk* e realização de sua unidade".[134] O programa pedia ainda o restabelecimento do Reich como um "Estado unitário" que permitisse que o povo alemão "compreendesse sua individualidade", "superasse a catástrofe que nos aconteceu" e mais uma vez "ganhasse respeito mundial".[135] O Programa Alemão foi apoiado pelos comitês estaduais do FDP em Hesse e na Renânia do Norte-Vestfália, mas sofreu oposição dos delegados partidários de outros estados, que reagiram encaminhando um programa mais liberal. A recusa final do FDP em adotar o Programa Alemão e a crescente oposição liberal à ala direita do partido fizeram Naumann duvidar se o FDP poderia de fato se tornar veículo de um ressurgimento nazista.[136] Mas ainda assim ele decidiu levar adiante sua agenda dando continuidade às conversas com outros partidos de direita, incluindo a BHE, o DP e o DRP. Esperava que as próximas eleições de 1953 "levassem ao último... *Bundestag*" a ser democraticamente eleito.[137]

Entretanto, nenhum dos objetivos subversivos de Naumann chegou a acontecer. Em meados de 1952, autoridades britânicas de ocupação e o governo Adenauer tomaram conhecimento dos planos de Naumann.[138] No início, não conseguiam chegar a um acordo sobre como proceder. As primeiras queriam intervir de imediato contra os conspiradores, enquanto o segundo queria recolher provas suficientes antes de fazê-lo. No final do ano, porém, o alto comissário britânico *sir* Ivone Kirkpatrick decidiu, de forma unilateral, desbaratar o Círculo Naumann de uma vez por todas.[139] Na noite de 14-15 de janeiro de 1953, autoridades britânicas deram início à "Operação Terminus", detendo Naumann em sua casa e apreendendo milhares de documentos num esforço para expor os planos conspiratórios do Círculo *Gauleiter*. Prenderam, simultaneamente, naquele mesmo dia, cinco outros membros do círculo e vários outros nas semanas que se seguiram. Ao explicar suas ações, as autoridades britânicas declararam em um comunicado público que "um grupo de ex-nazistas de projeção vinha planejando retornar ao poder na Alemanha Ocidental", deixando claro que o estatuto da ocupação autorizava os britânicos a intervir de modo a prevenir uma "ameaça à segurança das forças aliadas".[140] Também descreveram o Círculo Naumann como uma ameaça à Constituição, à unidade europeia e à defesa ocidental.[141]

Quando as notícias das prisões vieram a público, a imprensa anglo-americana se mostrou chocada. O retorno do que o *New York Herald Tribune* chamou de "Novo Espectro Nazista na Alemanha Ocidental" foi motivo de grande alarme.[142] Em uma reportagem de primeira página, o *New York Times* descreveu a conspiração como "a primeira conspiração séria que se conhece para a restauração do poder nazista na Alemanha" e publicou um editorial declarando que, embora "o neonazismo não seja muito mais que um movimento de minoria... se lhe fosse dado tempo e uma determinada cadeia de circunstâncias, uma forma de nazismo poderia ascender de novo ao poder na Alemanha".[143] Na Grã-Bretanha, o *Daily Mail* noticiou a "conspiração para construir um novo regime nazista das cinzas ainda fumegantes do velho", enquanto *The Times*, de Londres, disse que Naumann se imaginava como um "Führer do futuro".[144] Na França, o *Le Monde* falava de "velhos nazistas voltando à ativa na Alemanha Ocidental".[145] Grupos judaicos, como o Comitê Judaico Americano (American Jewish Committee – AJC), estavam particularmente preocupados, assim como organizações de vigilância, como a Sociedade para a Prevenção da Terceira Guerra Mundial, que indicava a "Ameaça do Círculo Naumann" como mais uma prova da "renazificação da Alemanha".[146]

Com a cobertura do SRP, ressaltaram muitos jornais, o Círculo Naumann estava decidido a estabelecer um Quarto Reich. Escrevendo num momento em que os detalhes da conspiração ainda não estavam confirmados, Sefton Delmer observou que "não é de modo algum impossível que Naumann encare a vontade de Hitler como encargo sagrado de reconstruir o Quarto Reich. Naumann pode muito bem ter dado os primeiros passos nessa direção".[147] O *The Jerusalem Post* descreveu as prisões como fruto do "primeiro grande plano, desde a guerra, para estabelecer um 'Quarto Reich'".[148] Nos Estados Unidos, o *The Cleveland Plain-Dealer*, o *Los Angeles Times* e *The Boston Globe* publicaram matérias parecidas – embora com a afirmação errada de que a visão desposada por Naumann de um "Quarto Reich" era "apoiada pelos comunistas".[149] Relatos posteriores da mídia sobre os esforços de outros grupos de direita na Alemanha Ocidental para forjar um "Quarto Reich", em conjunto com a divulgação dos resultados da pesquisa do HICOG revelando um crescente apoio popular ao nazismo entre alemães comuns, tornaram mais digno de fé o medo de que a República Federal estivesse enfrentando a real perspectiva de um Reich renascido.[150]

Em contrapartida, a reação alemã-ocidental à operação aliada foi mais crítica. Jornalistas alemães se queixaram de que as prisões tinham sido cumpridas pelos britânicos, não pelas autoridades alemãs, que tiveram assim sua soberania violada; alegaram que as autoridades britânicas violaram normas de *habeas corpus* ao prender os conspiradores; suspeitavam que os britânicos estivessem deliberadamente ressuscitando o espectro de ressurgimento do nazismo para retardar a integração da Alemanha na aliança militar ocidental; e especularam que as prisões visavam desacreditar o FDP, aliado da CDU, forçando o partido de Adenauer a formar uma grandiosa coligação com o SPD.[151] Todos esses críticos duvidavam que o grupo de Naumann representasse uma ameaça séria para a República Federal. O *Die Welt* opinou que os conspiradores eram pouco mais que "palhaços patológicos".[152] E a *Der Spiegel* comparava a Operação Terminus à Operação Comitê de Seleção, enfatizando que ambas eram campanhas politicamente motivadas direcionadas contra conspirações menores.[153] Como concluía a revista, a incapacidade de os jornalistas estrangeiros perceberem que o Círculo *Gauleiter* era pouco mais que uma "sociedade nostálgica" levou-os a distorcer a face democrática da Alemanha Ocidental, transformando-a em uma "caveira nazista" (*Totenschädel*).[154]

Apesar dessas críticas, os políticos alemães ocidentais deram suporte às ações das autoridades britânicas. Como era de se esperar, líderes do SPD usaram as prisões para criticar a morosidade da CDU para confrontar a ameaça nazista.[155] Autoridades da CDU, no entanto, também expressaram preocupação. O ministro do Interior Thomas Dehler argumentou que Naumann era um perigoso "guardião de ideias nacional-socialistas", que precisava ser confrontado como "figura mobilizadora do povo [que procurava]... um novo Estado autoritário com um caráter nacional-socialista".[156] Até mesmo Adenauer deu apoio. Embora se queixasse publicamente de estar sendo ignorado pelos britânicos, confidenciava que as prisões o haviam poupado da obrigação de agir contra o grupo de Naumann, o que poderia ter custado à CDU o apoio de eleitores de direita nas próximas eleições de 1953. Sem ter de se preocupar com o suporte a seu flanco direito, o chanceler estava confiante de que a República Federal tinha se esquivado de um tiroteio e avançaria agora com mais calma. Na realidade, ele acreditava que o risco de um futuro renascimento nazista fora sem dúvida alguma detido.[157]

O aniquilamento da conspiração de Naumann pareceu confirmar as críticas que diziam que ela nunca havia representando uma ameaça real para a República Federal. Depois que os britânicos passaram a tarefa de processar o Círculo Naumann para o governo Adenauer em março de 1953, foi feita uma investigação pelas autoridades alemãs que não apresentou indícios suficientes para provar a existência de uma "organização nacional-socialista" constituindo ameaça para as forças aliadas.[158] As acusações foram finalmente retiradas e Naumann e seus colegas libertados em 28 de julho de 1953. Essa decisão parecia justificar as dúvidas de que algum dia tivesse realmente havido uma conspiração neonazista. Nessas circunstâncias, Naumann procurou capitalizar sua recém-descoberta proeminência nacional concorrendo a um cargo público. Depois de se estilizar como uma vítima patriótica de intriga aliada num livro publicado às pressas, no verão de 1953, intitulado *Nau Nau gefährdet das Empire* [Nau Nau Ameaça o Império], ele decidiu usar a chapa de direita do DRP e concorrer, junto com Hans-Ulrich Rudel e vários outros candidatos, nas eleições federais que se aproximavam.[159] Naumann soube seguir sua trilha de campanha e atraiu grandes multidões para seus comícios, estimulando jornais ocidentais a perguntar se ele não representava outro "novo Hitler".[160] Naumann, no entanto, acabou tendo de enfrentar uma grande decepção.[161] Depois de ser bombardeado por ovos e tomates podres em uma aparição em Kiel, foi submetido a procedimentos posteriores de desnazificação pelo governo do estado da Renânia do Norte-Vestfália no final de agosto, que o classificaram como "perpetrador" e lhe retiraram o direito de concorrer a um cargo público.[162] Como aconteceu no banimento do SRP, a decisão de tirar Naumann da concorrência ao cargo revelou o compromisso do governo da Alemanha Ocidental de defender a democracia contra ameaças da direita.

As eleições que ocorreram em setembro confirmaram a fraqueza das forças neonazistas na Alemanha Ocidental.[163] A CDU venceu com folga, superando seu desempenho de 1949 ao receber 45,2% dos votos. Por outro lado, os partidos inclinados para a direita, incluindo FDP, DP, DRP e BHE, todos perderam apoios.[164] Esse resultado mostrou a dificuldade de organizar um partido de "oposição nacional" à direita da CDU.[165] Adenauer havia conseguido atrair muitos dos eleitores que até então gravitavam para partidos de direita como o SRP.[166] O eleitorado alemão-ocidental mostrou assim que rejeitava o radicalismo de direita. Apesar dessa mensagem, Naumman recusou-se a desistir e, depois de ser inocentado de todas as acusações em 1954, tentou entrar novamente na vida política. A essa altura, porém, era tarde demais. Ele acabou se deslocando para o setor privado, sendo contratado como diretor da empresa eletrotécnica Busch Jaeger, do enteado de Joseph Goebbels, Harald Quandt.[167] O perigo imediato de uma infiltração nazista no sistema político alemão-ocidental havia passado.

Retomando o Debate da Renazificação

Ao banir o SRP e desbaratar a conspiração de Naumann, o governo Adenauer evitou uma grave crise, mas os dois episódios, como era de se esperar, deram novo alento ao debate da renazificação. De 1952 até meados da década, críticos e defensores da República Federal publicaram uma torrente de livros e artigos sobre até que ponto o país fora ameaçado por nazistas impenitentes. Foi um debate não apenas sobre como avaliar a política do momento, mas sobre como relembrar o passado. Aqueles que continuavam desconfiados da Alemanha insistiam na necessidade de preservar as lições do Terceiro Reich, responsabilizando antigos nazistas pelas ações passadas. Por outro lado, os defensores da República Federal enfatizavam que as perspectivas democráticas do país eram mais bem atendidas pela política de anistia e amnésia de Adenauer. À medida que se desenrolava, o debate se encaixava na discussão em curso sobre se era ou não possível que a República Federal se tornasse um Quarto Reich.

Uma das análises mais críticas apareceu em 1953 com o livro do jornalista alemão exilado T. H. Tetens, *Germany Plots with the Kremlin*.[168] Recorrendo às notícias sobre a presença de ex-nazistas no governo alemão-ocidental, sobre a ascensão do SRP e a extração de concessões dos Aliados praticada por Adenauer em troca de rearmamento, Tetens alertou que a República Federal estava organizando secretamente um plano astucioso para "implantar um Quarto Reich livre do controle dos Aliados".[169] Era o cúmulo da tolice, argumentava Tetens, acreditar que "a perspectiva política [dos alemães]... se alterou ou que eles podem ser considerados um aliado confiável".[170] A curto prazo, a Alemanha Ocidental poderia sentir-se feliz ao aceitar a ajuda americana para se rearmar e recuperar sua força econômica, mas ela acabaria por abandonar a aliança ocidental e celebrar um acordo com os soviéticos para se tornar um "terceiro bloco de poder" independente das superpotências.[171] Para Tetens, o plano de criar uma Europa unificada dominada pela Alemanha datava da era nazista, quando "era um objetivo estratégico do Terceiro Reich de Hitler".[172] O plano ganhou impulso adicional no final da guerra quando o Alto Comando aliado percebeu que, se todos os países europeus após 1945 "[abrissem mão] de sua soberania", a Alemanha "ganharia automaticamente um *status* de igualdade e o estigma seria removido da terra natal".[173] Para Tetens, a continuidade, em termos de pessoal, do Terceiro Reich no governo de Adenauer provava que o chanceler estava "executando... [um] plano nazista".[174] "Movimentos neonazistas estão todo dia ganhando força", avisou ele, "e muitos se vangloriam dizendo que em 1956 será restabelecida uma ditadura nazista".[175] A lição, para Tetens, era clara. Como ele expôs no prefácio do livro, intitulado "Carta Aberta ao Presidente Eisenhower", "não aprendemos nossas lições do passado. Duas vezes no período de uma geração fomos à guerra para deter a agressão alemã... Se os alemães tiverem condições vai acontecer de novo... e os Estados Unidos vão... se defrontar com o maior desastre de sua história".[176]

Mais ou menos na mesma época, o jornalista judeu-húngaro Hans Habe apresentou um argumento semelhante em seu livro, *Our Love Affair with Germany* (1953).[177] Como Tetens, Habe criticava a política de ocupação aliada e indicava como ela havia "plantado as sementes do novo nazismo" na República Federal.[178] Habe foi particularmente crítico com relação à decisão aliada de rearmar a Alemanha como parte da aliança ocidental, escrevendo que "a remilitarização [do país] é a mesma coisa que a sua renazificação".[179] Habe, no entanto, também estava preocupado com tendências políticas domésticas na República Federal. A ascensão dos FDP, DP, BHE e SRP provava que "os nazistas já estão de volta" e estavam empenhados em "derrubar o governo'.[180] Sua estratégia era "abrir túneis clandestinos" para se infiltrarem nos partidos existentes na República Federal até o dia em que estivessem prontos para "vir à superfície".[181] Nesse momento, a República Federal já seria o país mais poderoso da Europa e "retornaria a uma forma de governo que poderia não se autodenominar nacional-socialista, mas que corresponderia no essencial a essa descrição".[182] O único modo de evitar esse resultado, Habe assegurava, era respeitar a memória. Só se os EUA rejeitassem "uma anistia geral" para ex-nazistas e os proibissem de ingressar nas forças armadas seria possível "impedir a renazificação".[183]

Os livros de Tetens e Habe chegaram a um grande número de leitores e ganharam sua parcela de apoiadores, mas seus argumentos não ficaram sem contestação.[184] Enquanto os dois autores insistiam que a indiferença à lembrança tinha levado observadores ocidentais a ignorar a ameaça de um renascimento nazista, os críticos responderam que um excesso de memória os levara a exagerar uma tal ameaça. Liderando a reação estava o jornalista alemão emigrado Norbert Muhlen, que em seu livro *The Return of Germany* (1953), assim como em uma série de ensaios escritos mais ou menos na mesma época, insistia que o nazismo fora tornado impotente na República Federal.[185] Segundo Muhlen, além de "um pequeno núcleo radical de nazistas", a maioria dos alemães tinha sido "não nazistas passivos" durante o Terceiro Reich e constituía a "maioria apolítica" do povo na República Federal.[186] Por essa razão, havia pouca justificativa para temer qualquer ameaça emanando do SRP, um partido que a falta de uma liderança forte e de uma base de massas havia tornado "destinado ao fracasso".[187] Muhlen receava que, ainda assim, observadores ocidentais continuassem a exagerar a força do neonazismo na Alemanha. Esse impulso alarmista, ele argumentou, estava enraizado na necessidade psicológica de compensar por terem deixado de "encarar o nazismo com muita seriedade... nos anos 1930" e garantir que não se tornassem "culpados de tolerar um novo regime nazista na Alemanha" hoje.[188] Embora a intenção fosse boa, o desejo de lembrar as lições do passado recente promovia uma visão distorcida de que "a Alemanha [era] para sempre nazista", obscurecendo assim a nova realidade democrática do país.[189] Pior ainda, a democratização da Alemanha Ocidental era dificultada toda vez que a mídia americana exibia uma "indiscriminada hostilidade para com as coisas alemãs", pois fornecia aos alemães de direita um pretexto para se oporem à reforma democrática ao permitir que afirmassem: "Vejam, os americanos... não têm fé em nós, não importa o que façamos!".[190] Como Muhlen concluiu: "Não podemos ter esperanças de uma Alemanha estável, livre, se a virmos basicamente como medonhos estereótipos baseados nos crimes do regime nazista; ameaçando a nação alemã como uma criminosa jamais regenerada, abortamos a possibilidade real de regeneração".[191]

Outros críticos fizeram eco às preocupações de Muhlen. Em um ensaio de novembro de 1953 em *Commentary*, o jornalista suíço Peter Schmid reclamou que um número muito grande de observadores americanos e alemães tendia a "ver o nazismo emboscado em todo lugar, inalterado sob a máscara democrática e esperando apenas outra chance para o ressurgimento". Foi só por essa razão, ele argumentou, "que Werner Naumann... pôde ser encarado como uma figura política de importância". Essa reação exagerada, junto ao pânico da resposta aliada a Otto Ernst Remer, refletia a tendência de observadores estrangeiros serem vítimas de "ilusões de ótica" e "inflarem... um nazista de terceira categoria como um novo Hitler".[192] Tal prática, no entanto, pode ser um tiro pela culatra por estar promovendo uma profecia autorrealizável em que o passado se repetiria. Em um artigo em *Commentary*, em fevereiro de 1952, o jornalista suíço Herbert Lüthy sugeriu que a tendência de observadores estrangeiros de questionar a sabedoria de integrar a República Federal na aliança ocidental se arriscava a engendrar o próprio nacionalismo que eles temiam. Nesse caso, isso capacitaria o mundo a justificar, de modo perverso, "as opiniões que ele sempre cultivou sobre uma Alemanha que nunca se corrige".[193] Escrevendo em *The New Leader*, Richard Lowenthal fez eco a essa visão após o caso Naumann, argumentando que, a não ser que os britânicos fornecessem prova real de uma ameaça, "políticos nacionalistas na Alemanha" apontariam as prisões como parte de uma campanha "antialemã" para difamar o nome da República Federal perante a opinião mundial.[194] O jornalista alemão-ocidental Paul Sethe foi ainda mais longe, argumentando no *Frankfurter Allgemeine Zeitung für Deutschland* que as prisões de Naumann acabaram promovendo apoio ao nazismo entre o povo alemão.[195] A implicação era clara: só permitindo que os alemães esquecessem o passado e se concentrassem no presente eles poderiam tornar-se politicamente estáveis.

Em resposta, o campo alarmista insistiu na necessidade de preservar a memória. Na Grã-Bretanha, Sefton Delmer provocou polêmica em 1954 ao publicar uma série de artigos no *Daily Express* denunciando a presença de ex-nazistas no *establishment* político da Alemanha Ocidental.[196] Começando com um ensaio vibrante "How Dead is Hitler?" [Até que Ponto Hitler está Morto?], Delmer assegurava que uma "camarilha secreta" de antigos membros do NSDAP e homens da SS no gabinete de Adenauer – incluindo o ministro para os Refugiados, Theodore Oberländer, o ministro para Missões Especiais, Waldemar Kraft, o ministro da Habitação, Victor Preusker, o ministro das Comunicações Hans-Christoph

Seebohm, o diretor da Chancelaria Federal Hans Globke e o último chefe do Serviço Federal de Inteligência, Reinhold Gehlen – estavam se esforçando para garantir que "os germes da liberdade democrática já estivessem sendo extintos antes mesmo do nascimento da nova máquina".[197] Essas histórias enfureceram o governo da Alemanha Ocidental, que tentou desacreditar Delmer divulgando informações sobre seu papel na difusão de "propaganda negra" para o governo britânico durante a Segunda Guerra Mundial.[198] Mas outros veículos chamaram a atenção para a matéria de Delmer. Em 1954, o livro de Lord Russell of Liverpool, *The Scourge of the Swastika* narrou com nitidez como os capangas nazistas de Hitler perpetraram "crimes de guerra... em uma escala sem precedentes" como parte de um "plano... preconcebido para aterrorizar 'quaisquer grupos' que pudessem se opor ao plano dos alemães de conquista do mundo".[199] Dois anos depois, um estudo mais comedido do jornalista britânico Alistair Horne, *Return to Power: A Report on the New Germany* (1956) revisitou os escândalos envolvendo o SRP e o Círculo Naumann, concluindo que, se as condições não melhorassem na Alemanha Ocidental, nacionalistas com ideias semelhantes "poderão muito bem ter mais chance da próxima vez".[200]

Enquanto o debate sobre a renazificação continuava, muitos críticos temeram que a República Federal estivesse em processo de se tornar um Quarto Reich. Essas preocupações foram motivadas pelas difíceis negociações do Tratado Geral e da EDC no início dos anos 1950 e se intensificaram quando a Alemanha Ocidental já se aproximava da plena soberania em 1955. Em 1952, Jacques Soustelle escreveu em *Foreign Affairs* [Relações Exteriores] que, com os "contornos do Quarto Reich aparecendo no horizonte", os franceses estavam ficando temerosos de que "o chauvinismo alemão [estivesse] em pleno renascimento".[201] Nesse mesmo ano, o historiador britânico *sir* Lewis Namier argumentou em seu livro *Avenues of History* que "assim que os alemães [recuperassem] força e liberdade de manobra", iriam "fundar seu Quarto Reich", explorando em seu proveito o conflito Leste-Oeste.[202] Em 1955, a revista

The Nation questionou a decisão do Ocidente de "rearmar... um Quarto Reich para 'defender a civilização'", quando na realidade os alemães tinham "menos a contribuir" do que qualquer outro povo devido à sua tendência a mergulhar na "autopiedade, medo, ódio, covardia e escapismo".[203] Por fim, o *The Pittsburgh Press* concluiu que "com a ratificação dos pactos de Paris, o Quarto Reich passa a existir", advertindo que "um dia" ele pode se tornar vulnerável a "um renascimento tipo nazista".[204]

As avaliações mais alarmistas apareceram na Alemanha Oriental, onde observadores declararam que um Quarto Reich nazista já tinha chegado. Isso foi deixado claro pelo aparecimento de uma antologia de contundentes caricaturas políticas do artista comunista francês Louis Mitelberg, intitulada *The Fourth Reich* [O Quarto Reich] (Figura 3.3).[205] Publicada em 1955, numa época em que o governo da Alemanha Oriental estava intensificando sua campanha de propaganda contra a "renazificação" da Alemanha Ocidental, o livro apresentava cerca de sessenta charges sobre uma variedade de temas.[206] A maior parte delas equiparava a Alemanha Ocidental a um Estado nazista restaurado, retratando Adenauer trabalhando com sinistras autoridades nazistas, homens macabros da SS e generais prussianos da *Wehrmacht* em nome da integração ocidental. Ao explicar as intenções de Mitelberg no prefácio do livro, o escritor, editor e mais tarde diretor de cinema da Alemanha Oriental Walter Heynowski escreveu que as charges expressavam "a solidariedade... da classe trabalhadora francesa... com a população alemã-oriental" e sua "fúria crescente... contra o Quarto Reich".[207] Segundo Heynowski, Mitelberg acreditava que "charges satíricas eram a 'arte da vigilância'" e esperava que suas "críticas ao 'Quarto Reich'" sacudissem "olhos, mentes e corações alemães". Segundo ele, "Mitelberg é um radiologista que ilumina seus 'pacientes' contra a vontade deles ao colocá-los na frente da tela da verdade. Seus desenhos em raios X do 'Quarto Reich'... permitem que a carne podre do milagre econômico [da Alemanha Ocidental]... caia e revele... o esqueleto de um organismo militarista e nazista". Ao alertar os leitores para essa realidade, concluía

Heynowski, Mitelberg pode ajudar o tema profético do livro – *Das vierte Reich – Aufstieg und Fall* [O Quarto Reich, Ascensão e Queda] – a se tornar realidade.

Avaliando o Debate sobre a Renazificação: os E Se?

Após atingir seu pico em meados da década de 1950, o debate sobre a renazificação começa a declinar. No processo, deixa um legado contraditório. Embora o debate tenha sido marcado por preocupações cada vez mais explícitas acerca de um Quarto Reich, nenhuma delas jamais se concretizou. A Alemanha Ocidental nunca sucumbiu a um ressurgimento nazista. Por essa razão, os estudiosos têm encarado os temores dos anos 1950 como exagerados.[208] A maioria tem argumentado que o fim do SRP e da conspiração de Naumann provam que a República Federal nunca correu o risco de ser substituída por um Quarto Reich. A supressão da ameaça nazista absolveu a política de Konrad Adenauer de integrar ex-nazistas na ordem democrática alemã-ocidental no pós-guerra. Estudiosos da atualidade, no entanto, questionaram essa visão. Trataram com mais seriedade a ameaça nazista e levantaram questões sobre se poderia ter havido alternativas à política de anistia e amnésia de Adenauer. Ao apresentar seus argumentos, ambos os grupos empregaram modos contrafactuais de argumentação. Os defensores de Adenauer empregaram contrafactuais "deterministas", enraizados em cenários de "estase", para argumentar que a história não teria sido diferente se tivesse sido adotada uma abordagem alternativa; eles também apresentaram contrafactuais "complicados", enraizados em cenários "de pesadelo", para argumentar que poderia ter sido pior. Ao fazê-lo, validaram a história como ela realmente se desenrolou. Por outro lado, os críticos de Adenauer questionaram o registro histórico real empregando contrafactuais de "oportunidade perdida" enraizados em cenários "de fantasia" para mostrar como as coisas poderiam ter sido melhores. Embora as alegações de ambos os grupos sejam sugestivas, elas foram feitas em geral de passagem e não exploraram toda a gama de possibilidades contrafactuais. Ao complementá-las com outros cenários "e se", podemos desenvolver todo o seu potencial e determinar melhor como a história poderia ter sido diferente.

Os Defensores de Adenauer

Segundo muitos historiadores, a política de Adenauer de integrar ex-nazistas no Estado da Alemanha Ocidental foi um método extremamente eficaz de garantir a democratização da República Federal.[209] Alguns chegaram até mesmo a falar de um "milagre de integração" comparável ao "milagre econômico" do país.[210] Quando assumiu a chancelaria no outono de 1949, Adenauer apelou a eleitores alemães de direita, prometendo acabar com o tão odiado programa de desnazificação dos Aliados (Figura 3.4).[211] Especialmente depois dos resultados da eleição de 1949 revelarem a existência de um bloco votante direitista de ex-nazistas e revanchistas expatriados, Adenauer reconheceu a importância de conquistá-los para a CDU, impedindo-os de adotar os novos partidos de extrema-direita.[212] Ele ofereceu aos eleitores de inclinação direitista um acordo simples, embora rigoroso: o novo governo alemão-ocidental os perdoaria por terem apoiado o Terceiro Reich aprovando um generoso programa de anistia que lhes permitiria encontrar emprego na República Federal do pós-guerra.[213] Em troca, os ex-nazistas tinham de abandonar sua lealdade às ideias nazistas e se comprometerem com firmeza com a democracia.[214] O fato é que muitos ex-membros do partido nazista aceitaram com avidez o acordo, sobretudo quando a economia da República Federal começou a se estabilizar no início da década de 1950. Como o colapso do Terceiro Reich representava o maior fracasso em suas carreiras, a maior parte dos ex-nazistas queria deixar o passado para trás e recebeu muito bem a oportunidade de recuperar um certo nível de segurança econômica.[215] Na verdade, depois que partidos de direita não conseguiram registrar grandes sucessos nas eleições de 1953, a maioria dos ex-nazistas foi gradualmente perdendo interesse pelo ativismo político e se recolhendo à vida privada.[216] Desse ponto em diante, a democracia alemã estava segura. Temores de um retorno nazista não mais se justificavam.

Durante algum tempo, essa afirmação foi reforçada por argumentos contrafactuais. Em meados dos anos 1980, o filósofo suíço-alemão Hermann Lübbe sugeriu talvez a fórmula mais conhecida, quando apresentou a tese polêmica de que "um certo silêncio [sobre o passado nazista] era a pré-condição sociopsicológica e política para a transformação de nossa população pós-guerra em cidadãos da República Federal". Segundo Lübbe, o fato de que "uma maioria da população... tivesse abraçado o nazismo" significava que a "ordem pós-guerra não poderia ter sido estabelecida contra a vontade dessa maioria".[217] O desejo que eles tinham de fugir da discussão do passado recente devia, então, ser respeitado. Isso era particularmente verdadeiro, Lübbe acrescentou; sem a participação de ex-nazistas, "teria sido impossível, por razões organizacionais, reconstruir a sociedade civil".[218] A tese de Lübbe é um exemplo de um contrafactual determinista, uma expressão hipotética da crença de que o curso da história era inevitável. Muitos estudiosos têm respaldado essa visão em termos contrafactuais. Christian Meier escreveu que é duvidoso que "a sociedade alemã-ocidental tivesse outra opção... além de silenciar sobre o que aconteceu", enquanto Götz Aly tem argumentado que "sem silêncio e repressão, um novo começo [para a Alemanha] teria sido impossível".[219] Tais comentários atribuem de maneira implícita a Adenauer o mérito de ter tomado uma sábia decisão na elaboração de sua política.

Por outro lado, outros estudiosos endossaram a tese de Lübbe de um modo mais qualificado, salientando que o chanceler não tinha alternativa a não ser integrar ex-nazistas na sociedade alemã do pós-guerra. Norbert Frei argumentou que, dado seu imenso tamanho e desejo de anistia, os ex-nazistas foram capazes de ditar os termos de sua integração pós-guerra.[220] Outros estudiosos, no entanto, argumentaram que, embora a estratégia de Adenauer fosse inevitável, ela acarretou certos custos. Thomas Schmid admitiu que "não havia alternativa ao silêncio", mas acrescentou que ainda assim isso foi "vergonhoso".[221] Partindo de uma perspectiva um tanto diferente, Edgar Wolfrum argumentou que Adenauer só agiu do modo como agiu devido à pressão aliada, especulando que "se os Aliados não tivessem advertido continuamente os políticos alemães para que fossem mais restritivos [sobre a questão da anistia a ex-nazistas], pode-se presumir que o resultado teria sido mais generoso e preocupante".[222] Adenauer, segundo essas colocações, não deveria ficar com tanto crédito por ter feito o que não poderia ser evitado.

A tese de Lübbe, no entanto, não se baseava apenas em um contrafactual determinista, mas em um implícito cenário de pesadelo. Sugeria que, se durante os anos 1950 os alemães ocidentais não tivessem silenciado sobre o passado nazista – se tivessem, por exemplo, numa iniciativa em nome da moral, posto no ostracismo antigos membros do partido –, a democratização da Alemanha teria estado em risco.[223] Muitos observadores endossaram essa opinião, tanto na época quanto mais tarde. No início dos anos 1950, o governador militar americano, general Lucius Clay, declarou que "se os membros nominais do Partido [Nazista] não tivessem recuperado seus direitos civis e a possibilidade de levar uma vida normal, teria surgido, mais cedo ou mais tarde, uma séria fonte de inquietação política.[224] O historiador Hans-Ulrich Wehler apoiou mais tarde essa conclusão, especulando que uma "rigorosa ruptura com o passado" poderia ter gerado "um enorme potencial de [pessoas] insatisfeitas, prejudicadas... que poderiam ter se fundido em uma... força altamente explosiva", colocando em risco a jovem democracia da Alemanha Ocidental.[225] Se os Aliados tivessem "realmente tentado punir todo o povo", acrescentou Fritz Stern, "metade dos alemães... teria sido posta diante de um juiz" e teria sido impossível "transformá-los em democratas".[226] Pior ainda, segundo Klaus Epstein, seria se ex-nazistas tivessem sido "empurrados para um gueto de miséria e desespero", o que "engendraria um risco genuíno de que... fossem impelidos para o neonazismo".[227] Alemães comuns também poderiam ter sido afetados de modo negativo. Por essa razão, concluiu Rudolf Augstein, "nenhum chanceler poderia ter tido êxito se colocasse a monstruosidade do passado recente no centro de suas atividades e ideias".[228] A estratégia de Adenauer foi então a correta.

Defensores dessa posição argumentaram que sua sabedoria foi confirmada pelo sucesso do modo como ele tratou a ameaça colocada pelo SRP e o Círculo Naumann no início dos anos 1950. Ao fazer essa afirmação, eles empregaram cenários contrafactuais de "estase" para mostrar que, graças a forças deterministas maiores, era improvável que a história se passasse de modo muito diferente de como realmente ocorreu. Henning Hansen afirmou que, mesmo sem qualquer intervenção por parte de Adenauer ou dos Aliados, "o SRP acabaria perdendo o fôlego antes que pudesse representar uma ameaça para a República Federal".[229] Quanto à conspiração de Naumann, os estudiosos dizem que ela também teria se dissipado por si mesma, ainda que não houvesse a intervenção dos britânicos. Beate Baldow observou que é "duvidoso" que Naumann tivesse ganho grande suporte eleitoral se não o tivessem impedido de ser candidato em 1953.[230] Günter Trittel acrescentou que podemos "presumir que o plano retrógrado de Naumann... teria fracassado mesmo sem a intervenção [dos britânicos]", pois ele "superestimou, de forma grotesca", sua capacidade de inspirar eleitores ex-nazistas a abraçar uma versão "higienizada" do nacional-socialismo, bem como a falta de disposição do regime de Adenauer para "combater de forma efetiva inimigos da direita".[231] Todas essas declarações sustentam que a política de integração de Adenauer garantiu que a ameaça nazista nunca ultrapassasse certos limites.

Outros estudiosos apresentaram uma versão mais qualificada dessa tese. Embora concordassem que a política de anistia e integração de Adenauer acabara dando certo, encaravam a ameaça feita por ex-nazistas com mais seriedade, argumentando que ela só fora suprimida graças ao vigoroso apoio das forças de ocupação aliadas.[232] Esses estudiosos haviam sugerido contrafactuais de decisão difícil para refletir sobre como o desfecho da história poderia ter sido pior. Ao fazê-lo, repercutiram os argumentos de *sir* Ivone Kirkpatrick, cuja ação foi decisiva para desbaratar a ameaça nazista naquele momento. Em suas memórias, Kirkpatrick explicou sua decisão de prender Naumann, opinando que "a tentativa feita por Naumann de entrar na política [não] havia sido um fenômeno isolado", mas fazia parte de um "ressurgimento [mais amplo] do nazismo" associado com o SRP de Remer. Ele concluiu:

> Se eu hesitasse [em agir]... nunca mais teríamos condições de reclamar com um governo alemão independente da tolerância para com um renascimento do nazismo. Além disso, com o correr do tempo as atividades políticas de Naumann se tornariam mais amplamente conhecidas e a excessiva tolerância por parte das autoridades britânicas seria fonte de um perigoso desencorajamento às forças democráticas na Alemanha.[233]

Observadores subsequentes fizeram eco a essa posição. No final dos anos 1960, K. P. Tauber argumentou que a agenda nazista de Naumann "poderia muito bem ter tido êxito se os quadros não fossem dispersos [pelos britânicos] antes de estarem estabelecidos com firmeza".[234] Mais recentemente, Norbert Frei escreveu que continua sendo uma "questão em aberto saber se, por si só, a classe política da jovem república alemã do Ocidente teria sido capaz de controlar de forma efetiva... o nacionalismo [e]... o neonazismo".[235] "Sem a intervenção permanente dos Aliados", ele argumentou, "o risco de uma fusão organizativa de correntes políticas nacionalistas e nazistas teria sido muito maior. E, na época, ninguém poderia dizer com certeza se o resultado teria sido a revelação de uma energia já de todo consumida ou de um fresco e sombrio manancial".[236]

Houve ainda estudiosos que chegaram mais longe e imaginaram catastróficas possibilidades sem uma presença aliada na Alemanha. Kristian Buchna escreveu que, sem pressão aliada, os alemães não teriam intervindo contra a trama de Naumann, capacitando assim o FDP a estabelecer um "partido nacionalista [populista] à direita da CDU", um partido que teria dado apoio à "ideia do Reich".[237] Outros ainda levantaram a possibilidade de que, se o período tivesse sido menos estável, os planos dos ex-nazistas poderiam ter tido uma chance maior de sucesso. Ulrich Herbert salientou que o SRP não costumava atrair nazistas importantes, a maioria dos quais preferia renunciar a objetivos políticos para correr atrás de objetivos econômicos na florescente RFA; contudo, ele admite que uma pergunta hipotética "não pode ser respondida: como esses círculos teriam se comportado em tempos de convulsão política e social".[238] Da mesma forma, Trittel observou que é uma questão "em aberto" saber se "uma crise externa ou doméstica aguda" poderia ter "dado impulso a ideias nacionais-socialistas", capacitando-as a "pôr em sério risco a nova democracia [alemã]" sob a forma de um "tipo renovado de neofascismo".[239] Sem dúvida, todas essas hipóteses justificam como a história realmente aconteceu. Ao mesmo tempo, destacam a contingência, em vez da inevitabilidade do resultado.

Os Críticos do Chanceler

Por outro lado, outros estudiosos desafiaram a afirmação determinista de que não havia alternativas à abordagem de Adenauer e têm apresentado cenários de fantasia contrafactual que imaginam a história terminando melhor. Esses críticos têm enfatizado os custos elevados da estratégia de anistia de Adenauer. Para começar, eles consideram que a presença de ex-nazistas em pontos importantes da vida alemã organizou a democracia da Alemanha Ocidental sobre uma base imoral de esquecimento e injustiça. A integração de ex-nazistas permitiu ainda que sentimentos de direita se infiltrassem na sociedade do pós-guerra, enfraquecendo assim suas bases democráticas.[240] Essas tendências, acrescentam os críticos, criaram uma desconfiança profunda entre observadores estrangeiros com relação à República Federal. Ela se estendeu por décadas após o fim da Segunda Guerra Mundial. Além disso, na própria Alemanha Ocidental, a estratégia de anistia acabou plantando as sementes da divisão social que acabou explodindo na rebelião de gerações dos anos 1960. Desde então, sustentam os críticos, a República Federal tem se mantido amargamente dividida sobre como lidar com "um passado que não passará".[241]

Esses comentaristas insistem que havia alternativas para a política de Adenauer. Já no início do período do pós-guerra, Hannah Arendt e Walter Dirks censuraram a orientação "restauracionista" da República Federal e indagaram se não seria possível que ocorresse uma "revolução".[242] Desde então, estudiosos têm oferecido variações sobre o tema. No início dos anos 1980, Hans-Ulrich Wehler contestou a tese de Hermann Lübbe sobre a inevitabilidade do silêncio argumentando que "o implicado criminalmente podia ter sido levado aos tribunais... Os custos sociais teriam se tornado visíveis na eficiência do governo, no sistema de justiça e na economia. Mas teriam sido defensáveis... [dada] a barbárie do nacional-socialismo".[243] De modo semelhante, Wilfried Loth criticou o fato de as elites políticas dos anos 1950 "terem sucumbido às ameaças dos perpetradores [nazistas] e seus lobistas", argumentando que Adenauer poderia ter assumido mais riscos ao confrontar a era nazista sem comprometer a estabilidade da nação. Não há razão, argumentou ele, para pensar que "uma consulta mais ampla aos exilados alemães teria posto em risco a democratização".[244] Peter Graf Kielmansegg acrescentou que uma das "principais omissões" de Adenauer foi não ter submetido funcionários públicos – em especial juízes – à rigorosa triagem imposta a oficiais e generais no *Bundeswehr* (forças armadas).[245] E Klaus Epstein escreveu que Adenauer poderia ter integrado ex-nazistas "por métodos que não incluíssem nomeações para o gabinete".[246]

Segundo alguns estudiosos, a melhor chance para uma abordagem alternativa teria surgido, antes de qualquer coisa, se Konrad Adenauer nunca tivesse se tornado chanceler. Levantaram a possibilidade de que a história teria se saído melhor se o rival de Adenauer no SPD, Kurt

Schumacher, tivesse se tornado chanceler no lugar dele. De acordo com Jeffrey Herf, Schumacher poderia ter seguido "um caminho diferente para a democratização da Alemanha Ocidental... [que] combinasse o governo exercido por pessoas de moral rigorosa com um confronto legal com a criminalidade nazista".[247] Da mesma forma, Jason Dawsey observou que "seria possível imaginar um clima cultural e político muito diferente para o *Vergangenheitsbewältigung* [enfrentamento do passado] na RFA se Kurt Schumacher, e não Adenauer, tivesse tomado a frente".[248] Por fim, Peter Merseburger escreveu que "se os social-democratas tivessem vencido as primeiras eleições federais e Schumacher tivesse se tornado chanceler", a "nova abordagem de Schumacher, tanto em termos políticos quanto culturais, teria sido muito mais decidida".[249]

Pesando os "E se?"

É impossível determinar a "verdade" dessas afirmações contrafactuais concorrentes, mas podemos avaliar sua relativa plausibilidade fazendo algumas perguntas "e se" adicionais. Para estimar o sucesso da política de anistia de Adenauer, por exemplo, podemos especular sobre situações em que ela poderia ter saído pela culatra. Também podemos investigar se a abordagem de Schumacher – se tivesse sido tentada – teria tornado as coisas melhores ou piores. Por fim, podemos perguntar se um ou outro desses cenários alternativos poderia ter permitido um retorno nazista ao poder. Quanto mais a resposta pareça ser que sim, mais os temores pós-guerra de um Quarto Reich pareceriam justificados.

Uma Fracassada Chancelaria Adenauer?

Embora a política de Adenauer tivesse méritos inegáveis, ela veio com riscos óbvios. Para começo de conversa, é provável que tenha subestimado o perigo potencial de subversão nazista. Durante grande parte do período pós-guerra, estudiosos rejeitaram a possibilidade de que ex-nazistas representassem uma ameaça ao Estado alemão-ocidental devido aos vínculos do tema com a propaganda comunista e os *thrillers* de *pulp fiction*.[250] Em anos recentes, no entanto, os estudiosos têm encarado o tema com maior seriedade e revelado o número absurdamente grande de ex-nazistas que trabalhavam no *establishment* alemão-ocidental no início do pós-guerra. Para citar apenas alguns exemplos: cerca de 80% dos juízes do país (e um percentual mais ou menos semelhante dos funcionários da Corte Suprema Federal ou *Bundesgerichtshof*) eram ex-membros do NSDAP; dois terços do comando da Polícia Criminal Federal (a *Bundeskriminalamt* – BKA) tinham sido homens da SS; e grande parte do pessoal do Serviço Federal de Inteligência (*Bundesnachrichtendienst* – BND) havia trabalhado para a Gestapo, a SS e o SD. Muitos ex-nazistas também tinham sido funcionários do Ministério das Relações Exteriores (*Auswärtiges Amt* – AA) e do Gabinete Federal para a Proteção da Constituição (*Bundesamt für Verfassungschutz* – BfV).[251]

Os números são impressionantes, mas é difícil interpretar seu significado. Alguns estudiosos concluíram que a presença de ex-nazistas "de modo algum representava um perigo para o funcionamento do Estado democrático".[252] Outros, no entanto, questionaram essa afirmação tranquilizadora mostrando como ex-nazistas comprometeram, de maneira sutil, a integridade das instituições da Alemanha Ocidental no pós-guerra. Funcionários do judiciário, por exemplo, foram nitidamente indulgentes ao julgar ex-nazistas – mesmo criminosos de guerra – após 1945.[253] Os quadros do BND, BKA, BfV e AA ajudaram ex-nazistas, como Adolf Eichmann e Klaus Barbie, a não serem detectados e presos no exterior.[254] Por fim, a presença de ex-nazistas trabalhando para a mais importante revista alemã, *Der Spiegel*, ajuda a explicar sua habitual subestimação da ameaça nazista no início dos anos 1950 e levanta questões sobre a objetividade da cobertura das notícias alemãs no início do pós-guerra.[255]

Todos esses exemplos levantam questões sobre a eficiência da estratégia de integração de Adenauer. Embora tenha sido considerada um sucesso, ela pode ter sido menos efetiva do que se presume. Sem nenhuma dúvida fracassou na tentativa de integrar os nazistas inveterados, ideologicamente engajados, que davam suporte ao SRP e ao Círculo Naumann, nenhum dos quais aceitou a legitimidade da República Federal. Ela também pode não ter integrado por completo alguns dos "simpatizantes" que haviam ingressado no NSDAP por razões oportunistas. Ainda não se esclareceu até que ponto esses antigos membros do partido estavam de fato comprometidos com a democracia. Muito do apoio à República Federal mostrado por ex-nazistas era motivado por considerações econômicas, não possuía uma genuína convicção política.[256] Sem dúvida, alguns ex-nazistas na ordem política do pós-guerra tinham "vida dupla", por fora prestando apoio à democracia, mas se mantendo intimamente comprometidos com princípios de direita.[257] Apesar dessa evidência, poucos estudiosos consideraram a possibilidade de que a adoção da democracia por esses ex-nazistas – e o abandono do nazismo – pudesse ter sido temporária em vez de permanente.[258] Poucos levaram em conta cenários em que antigos membros do partido pudessem ter reconsiderado seu compromisso com a República Federal e revertido a velhas práticas.

O que aconteceria, por exemplo, se a economia da Alemanha não tivesse melhorado no início dos anos 1950? O milagre econômico (*Wirtschaftswunder*) foi crucial para integrar ex-nazistas e outros céticos na nova democracia.[259] Mas a recuperação econômica estava longe de inevitável. "Não se devia esquecer", nos lembra Dirk van Laak, "que a antiga República Federal repousava sobre uma base precária."[260] No início de 1950, a economia da Alemanha Ocidental estava em péssimas condições. Embora tenha havido um breve crescimento após a reforma monetária de 1948-1949, a entrada da nova década testemunhou uma dramática reviravolta. Cortes de energia (devido a carências estruturais na região carbonífera do Ruhr) limitaram a produção industrial, provocaram um grande déficit orçamentário e desaceleraram o crescimento econômico. No início de 1950, os salários estavam ficando estagnados e o desemprego era de 13,5%. A economia alemã foi ainda mais sobrecarregada pela obrigação de pagar uma dívida externa de cerca de 30 bilhões de marcos alemães e os custos substanciais da ocupação aliada, totalizando cerca de 35% do orçamento total do Estado.[261] Por fim, o governo de Adenauer também enfrentou a imensa despesa de absorção de mais de 8 milhões de refugiados, alemães étnicos, pela sociedade alemã-ocidental. Em vista desses desafios, rumores de descontentamento político se tornaram mais altos no início de 1950. Na esquerda, o SPD declarou a economia social de mercado um fracasso e pediu a renúncia de Adenauer.[262] Na direita, o SRP apelou a eleitores alemães insatisfeitos invocando a visão de um novo Reich alemão.

Alguns eventos foram importantes para neutralizar essa situação potencialmente desestabilizadora. O primeiro foi o papel da Guerra da Coreia na criação do chamado "*boom* da Coreia". Embora a guerra no Extremo Oriente tenha de início provocado escassez e inflação, em meados de 1951 ela havia estimulado a demanda mundial precisamente pelo tipo de bens industriais – máquinas-ferramentas, automóveis, produtos elétricos e químicos – que a Alemanha estava em condições de produzir e exportar.[263] Desse momento em diante, a economia alemã-ocidental se pôs em marcha para registrar um crescimento pós-guerra. O segundo evento fundamental foi a renegociação da dívida externa da Alemanha que, no início de 1953, cortou pela metade o débito, vindo da era de Weimar, que a República Federal devia a nações estrangeiras.[264] Sem esses importantes desdobramentos, é provável que o milagre econômico da Alemanha Ocidental tivesse sido adiado e a democratização do país negativamente afetada.[265]

Não havia, contudo, garantia de que tais desdobramentos tivessem de ocorrer como ocorreram. A Guerra da Coreia poderia ter sido evitada de várias maneiras: se os Estados Unidos tivessem convencido a União Soviética e a China de que resistiriam a uma incursão comunista na Coreia; se os Estados Unidos tivessem mantido sua prontidão para o combate depois de 1945 em vez de reduzir o tamanho de suas forças armadas; ou se o exército do Kuomintang, de Chiang Kai Shek, tivesse derrotado as forças comunistas de Mao e vencido a Guerra Civil Chinesa.[266] Quanto ao problema da dívida da Alemanha, as negociações da dívida em Londres em 1952 quase não conseguiram apresentar uma solução devido à oposição de políticos conservadores (e do público alemão) à insistência dos Estados Unidos em vincular a redução da dívida ao pagamento de reparações a Israel.[267]

Se essas medidas tivessem retardado ou impedido a recuperação econômica da Alemanha Ocidental, é provável que o país tivesse guinado para a direita política. Adenauer teria tido muito mais dificuldade em atrair alemães de direita para a CDU e integrá-los na nova ordem democrática. Isso se aplica, sem dúvida, a milhões de antigos membros do NSDAP. Sem o milagre econômico, muitos ex-nazistas teriam continuado desempregados e sem nenhuma simpatia pelo novo Estado. Além disso, sem o acordo da dívida de 1952, a Alemanha talvez tivesse de pagar reparações ainda maiores em data posterior, uma realidade que, segundo Adam Tooze, teria exacerbado ainda mais "o ressentimento nacionalista que continuava a ferver sob a superfície" da vida alemã-ocidental.[268] A oposição à democracia, em suma, teria apenas aumentado. Exatamente as mesmas pessoas que tinham sido cooptadas de modo ostensivo para o sistema democrático poderiam ter se transformado em cavalos de Troia tentando miná-la de dentro.

Além de impedir a integração de ex-nazistas, uma economia estagnada teria impedido Adenauer de integrar os expatriados. Na história real, eles acabaram sendo absorvidos graças à Lei da Equalização de Encargos (*Lastenausgleich*) que, após ser aprovada em agosto de 1952, aplicou um imposto sobre o capital aos alemães que possuíam propriedades, de modo a compensar os alemães que haviam perdido suas posses na guerra.[269] A lei, no entanto, só se tornou possível graças ao milagre econômico.[270] Sem ela, os expatriados poderiam ter continuado empobrecidos e se transformado em um elemento de desordem, pronto a apoiar a visão política radical da BHE.[271] Os representantes oficiais do partido, Waldemar Kraft e Egon Hermann, teriam feito mais força para recuperar terras perdidas no Leste e forçar Adenauer, que com frequência se entregava a essas fantasias, a respaldá-los de maneira mais enfática para que o problema não caísse nas mãos da extrema-direita.[272] Em um clima de insegurança econômica, uma população refugiada menos integrada teria sido levada a tomar medidas desesperadoras. Poderiam inclusive ter dado apoio às minorias extremistas nazistas.[273]

Um desdobramento como esse poderia ter tido grandes consequências para as ações do SRP e o Círculo Naumann no início dos anos 1950. Embora possa parecer exagero imaginar cenários em que ambos os grupos fossem mais bem-sucedidos do que foram na história real, é importante entender que os próprios ex-nazistas pensavam com frequência em termos contrafactuais e recorriam a cenários "e se?" para reabilitar sua filosofia política. Alguns, como Otto Ernst Remer, fantasiaram que, se os conspiradores do 20 de julho de 1944 não tivessem "traído" o exército alemão, os nazistas poderiam ter vencido a guerra.[274] Outros, como Werner Naumann, empregaram cenários de pesadelo para justificar a cruzada dos nazistas contra o bolchevismo, argumentando que "sem o 30 de janeiro de 1933, a Europa teria há muito tempo se tornado bolchevique", acrescentando que, embora houvesse milhões de comunistas na Alemanha em 1933, não havia nenhum em 1945.[275] Resumindo a inclinação nazista para a autojustificativa no pós-guerra, Theodor Adorno escreveu em 1959 que "a simpatia que sobrevive pelo nacional-socialismo não precisa empregar muitos sofismas para se convencer... de que as coisas poderiam muito bem ter tido resultados diferentes; que o que aconteceu foi, de fato, devido apenas a erros e que a derrocada de Hitler foi um acidente histórico mundial que o espírito do mundo ainda poderia corrigir".[276]

Num clima de insegurança econômica, os alemães-ocidentais poderiam ter achado convincentes essas alegações contrafactuais. Embora se acreditasse que apenas 20% da população após 1945 achava que os nazistas poderiam ter vencido a guerra, uma maior insegurança doméstica no início dos anos 1950 teria agravado os temores da Guerra Fria e convencido um número maior de pessoas de que os nazistas tinham estado certos quanto ao comunismo.[277] Se eles teriam dado ou não outra oportunidade aos partidos neonazistas de moldar o futuro político da Alemanha Ocidental dependeria em parte dos ex-nazistas que ocupavam posições influentes no Estado alemão. É possível que, em circunstâncias mais instáveis, o judiciário, a polícia e os serviços de inteligência da Alemanha Ocidental – todos repletos de ex-nazistas – pudessem ter sido mais simpáticos ao SRP e ao Círculo Naumann, e se mostrassem mais relutantes em suprimi-los. Se um dos grupos, para não falar de ambos, tivesse sido capaz de levar adiante seus planos, o impacto sobre o sistema político alemão-ocidental poderia ter sido desestabilizador. Tivessem os membros do Círculo Naumann sido capazes de se infiltrar no FDP e DP, poderiam ter conseguido explorar as inquietações econômicas do eleitorado e seus partidos teriam se saído melhor nas eleições de 1953. Se isso tivesse acontecido, Adenauer teria sido obrigado a forjar uma coalizão com eles – desagradando ainda mais a opinião estrangeira – ou forjar uma grande coalizão com o SPD, algo que ele já havia rejeitado em 1949.[278] Tivesse ele feito a primeira escolha, o país teria se deslocado perigosamente para a direita. Por fim os Aliados teriam sido forçados a intervir e cumprir seu papel de ponto de apoio da Alemanha contra a reação política. É difícil dizer quais teriam sido as consequências, dada a dificuldade de projetar contrafactuais de longo alcance no futuro. Mas é provável que o desenvolvimento democrático da Alemanha Ocidental viesse a sofrer. Se isso tivesse acontecido, a estratégia de Adenauer de integrar ex-nazistas à República Federal teria sido encarada como um colossal equívoco.

Uma Chancelaria Bem-Sucedida com Schumacher?

Se esses eventos tivessem ocorrido, muitos alemães poderiam ter lamentado que a chancelaria não tivesse ficado nas mãos de Kurt Schumacher. Mas teria feito diferença? Os historiadores têm explorado várias maneiras de o líder do SPD ter se tornado líder do governo da Alemanha Ocidental.[279] Para começar, ele poderia ter se tornado chanceler nas eleições federais de setembro de 1949. À primeira vista, esse cenário parece plausível. Às vésperas da eleição, o SPD tinha altas expectativas de que se sairia bem. Schumacher via a si mesmo e a seu partido como portadores da autoridade moral para liderar o país após a horrível experiência nazista.[280] A história pessoal de Schumacher como um veemente antinazista que havia cumprido mais de dez anos em campos de concentração (incluindo Dachau e Neuengamme) punha em destaque sua condição de mártir pela causa da social-democracia que, acreditava ele, oferecia à Alemanha o único caminho a seguir. No final das contas, o SPD se saiu pior do que Schumacher esperava, mas a votação total do partido quase empatou com a da CDU. A CDU ficou com 31% dos votos e 139 assentos no *Bundestag*, enquanto o SPD recebeu 29,2% e 131 assentos. Além disso, nas eleições seguintes para a chancelaria, Adenauer só venceu por um único voto – o dele.[281] De fato, esse único voto quase não lhe garantiu o cargo. Adenauer se beneficiou das ações de um político dissidente do Partido da Baviera, Johann Wartner, que desobedeceu ao seu partido (que queria extrair concessões da CDU) recusando-se a se abster de votar em Adenauer.[282] Se Wartner tivesse agido como lhe fora ordenado, talvez Adenauer não tivesse ganho. Dito isso, uma derrota de Adenauer não teria se traduzido numa vitória de Schumacher. Muitos representantes do *Bundestag* se abstiveram de votar no primeiro turno da eleição (que Adenauer venceu por uma estreita margem), mas teriam votado nele em um hipotético segundo ou terceiro turno de votação.[283] Schumacher só poderia ter vencido se os deputados de tendência esquerdista, mas de regiões não votantes, como a de Berlim (então excluída da República Federal) e a do Sarre (então sob controle francês), tivessem recebido permissão para votar.[284] Na época, porém, não havia condição para isso acontecer.

Uma segunda possibilidade de fazer Schumacher chanceler estava em um governo de coalizão. Muitos políticos no SPD e na CDU quiseram esse arranjo após as eleições de 1949.[285] Mas Schumacher rejeitou categoricamente a possibilidade. O líder do SPD, amargurado e fisicamente enfraquecido depois de anos em campos de concentração, acreditava que seu partido tinha o direito moral de governar sozinho a Alemanha Ocidental, sem quaisquer parceiros de coalizão.[286] Ele também acreditava que a República Federal precisava de um forte partido de oposição para o bem da democracia do país. Por fim, esperava que o governo liderado pela CDU de Adenauer fosse temporário.[287] Poderia ter havido um meio de Schumacher pensar num governo de coalizão? Talvez, se tivesse evitado a prisão em campos de concentração nazistas – digamos, indo para o exílio como Willy Brandt, mais tarde líder do SPD – tivesse sido mais flexível e considerado a possibilidade. Mas a perspectiva de uma coalizão permanece duvidosa, em especial devido à própria relutância autocrática de Adenauer em compartilhar o poder.

Uma terceira possibilidade é que Schumacher poderia ter se tornado chanceler se – como esboçado no Capítulo 2 – os aliados ocidentais tivessem de alguma maneira assumido o controle de toda a Alemanha e negado aos soviéticos uma zona de ocupação no fim da Segunda Guerra Mundial. Como os cinco estados que acabaram constituindo a República Democrática Alemã tinham uma forte presença da classe operária e inclinação socialista, sua inclusão nas eleições nacionais unificadas de 1949 poderia ter permitido que o SPD vencesse a eleição e tornasse Schumacher chanceler. Sem dúvida, esse cenário é menos provável que os outros já discutidos. Um ponto de divergência tão dramático teria alterado um número tão grande de outras coisas na história do primeiro período do pós-guerra – incluindo o curso da Guerra Fria – que é difícil especular sobre como isso teria se desenrolado.

O último modo e o de maior probabilidade para que Schumacher pudesse se tornar chanceler ocorreria se Adenauer tivesse sido forçado a renunciar ao seu posto no início dos anos 1950. Hans-Peter Schwarz argumentou que, à luz da "heterogênea coalizão do país, de sua péssima situação econômica [e] da difícil constelação internacional, era sem dúvida possível que Adenauer pudesse ter falhado em qualquer momento antes de 1952".[288] Em 1951, seus índices de aprovação haviam caído abaixo de 23%.[289] Além disso, ele quase foi vítima de um escândalo. Em abril de 1950, Adenauer violou a posição de seu governo acerca do rearmamento e, em sigilo, ofereceu-se para criar uma força policial federal alemã de 30 mil homens (*Bundespolizei*) para ajudar os EUA a defender a fronteira leste da Alemanha Ocidental na eventualidade de uma invasão soviética. Dois anos mais tarde, vazou a notícia de que, nesse meio-tempo, essa oferta secreta tinha levado à formação de unidades paramilitares de "serviço técnico" constituídas por soldados que tinham sido recrutados nas fileiras da *Waffen-SS*, alguns dos quais teriam preparado uma lista de políticos comunistas e do SPD a serem assassinados em caso de guerra com os soviéticos. Como era de se prever, as notícias provocaram furor na Alemanha Ocidental, com manchetes sensacionalistas descrevendo planos para "a ressurreição dos *Werwolf* de Hitler".[290] Schwarz especula que "se os sociais-democratas [tivessem] sabido disso em agosto, novembro ou dezembro de 1950, Adenauer teria sido "comido vivo" e seria obrigado a renunciar como chanceler da República Federal".[291] Nesse cenário, novas eleições teriam sido realizadas, a CDU teria perdido votos para o SPD e Schumacher poderia ter organizado um governo de coalizão com o FDP e outros partidos menores a partir de uma plataforma nacionalista.[292] Na verdade, Schumacher não teria tido uma grande estabilidade no comando da República Federal; sua saúde estava precária e ele acabou morrendo em agosto de 1952. Mas ainda teria contado com mais de um ano e meio para causar um impacto na vida alemã-ocidental.

Como poderia o chanceler Schumacher ter enfrentado o passado nazista da Alemanha? À primeira vista, é fácil imaginá-lo buscando uma abordagem mais vigorosa do que Adenauer. Como líder da oposição, ele se manifestou bravamente após 1945 sobre a necessidade de o povo alemão enfrentar sua culpa pelo Terceiro Reich, mobilizar-se contra o neonazismo e criticar a presença de antigos membros do NSDAP no Ministério do Exterior e nas fileiras militares da Alemanha Ocidental.[293] Ele também condenou o antissemitismo, enfatizou a culpa alemã pelo Holocausto e liderou o esforço para conceder reparações ao Estado de Israel.[294] Contudo, embora se comportasse de maneira respeitosa com relação às vítimas judias dos nazistas, Schumacher era mais ambivalente sobre a questão do que fazer com os que cometeram os crimes. Apesar de seus discursos moralistas, ele apoiou grande parte da política de integração de Adenauer e é provável que tivesse se comportado da mesma maneira como chanceler.[295] Como seu rival na CDU, Schumacher manifestou-se contra o caráter generalizado do programa de desnazificação dos Aliados e as deficiências de seus tribunais de crimes de guerra.[296] Percebeu a necessidade de incorporar "pequenos nazistas" – em especial ex-membros da Juventude Hitlerista – ao Estado, chegando a ponto de exigir a inclusão de membros da *Waffen-SS*.[297] Ele também deu apoio à "Lei 131" de Adenauer, de 1951, que concedia pensões e direitos de voto a ex-burocratas do NSDAP, policiais e outros funcionários.[298] E chegou a protestar contra a execução dos últimos dos principais criminosos de guerra em Landsberg em 1951.[299] Schumacher acreditava que seria errado em termos morais, e potencialmente perigoso, colocar ex-nazistas em um permanente ostracismo e que seria de longe preferível ganhá-los para a social-democracia. Essa estratégia pragmática poderia estigmatizar Schumacher como um hipócrita, mas refletia seu desejo nacionalista de convencer os eleitores alemães de que o SPD estava mais comprometido em defender os interesses nacionais que as políticas pró-Aliados da CDU de Adenauer. Schumacher teve de supercompensar os inconvenientes de sua biografia pessoal. Como escreveu Ina Brandes, "a própria existência [de Schumacher] para o povo alemão era um lembrete constante de um passado sórdido. Em sua aparência física, esse homem ferido, mas cheio de energia, era um símbolo da culpa que eles haviam acumulado sobre si mesmos. Ele os avaliava conforme padrões morais que alcançavam picos inatingíveis e os lembrava sem cessar de como eles haviam fracassado como indivíduos".[300]

No fundo, Schumacher certamente sabia disso. Ao reconhecer que o povo alemão resistiria a um acerto de contas mais completo com o legado nazista, ele estava endossando os sentimentos nacionalistas. Em resumo, é provável que Schumacher como chanceler não tivesse feito muito mais que Adenauer na frente doméstica.

Em política externa, no entanto, a história poderia ter sido diferente. Uma das mais famosas questões contrafactuais na história alemã do pós-guerra é se as Alemanhas Ocidental e Oriental poderiam ter sido capazes de se reunificar mais cedo se Adenauer tivesse considerado – ou mesmo aceitado – a famosa "mensagem de Stalin" de março de 1952.[301] Encaminhada num momento em que a Alemanha Ocidental estava no meio de delicadas negociações sobre seu ainda não resolvido *status* econômico, político e militar, a mensagem oferecia a tentadora possibilidade de uma Alemanha unificada se os Aliados removessem suas forças de ocupação e permitissem que o país assumisse uma condição neutra entre os blocos ocidental e oriental. Os estudiosos debateram durante anos essa questão sem resolver o assunto. Mas ela levanta a questão relacionada de avaliar como Schumacher teria reagido se fosse ele o chanceler. É bem conhecido que o líder do SPD estava mais ansioso que Adenauer para refletir sobre a oferta soviética.[302] Schumacher acreditava que o povo alemão só abraçaria de fato a democracia dentro de um país unificado e temia que se 18 milhões de alemães-orientais tivessem negada sua liberdade, o próprio conceito de democracia na Alemanha ficaria marcado por uma aura de impotência, como acontecera na época da era de Weimar.[303] Dadas as opiniões de Schumacher, quais eram as chances de ele ter aceito a oferta de Stalin e ter sido capaz de reunificar a Alemanha?

Embora o cenário seja atraente, as chances estavam todas contra ele. Com toda a probabilidade, Stalin não pretendia levar adiante a oferta e apenas a sugeriu para sabotar o objetivo americano de integrar uma Alemanha Ocidental rearmada na aliança ocidental.[304] Mesmo que o líder soviético tivesse falado sério, os EUA teriam feito imensa pressão sobre o chanceler Schumacher para que ele rejeitasse o acordo.

É provável que Schumacher tivesse resistido à pressão e sondado a viabilidade do acordo, mas no final acabaria sendo obrigado a respeitar as circunstâncias do momento. E é duvidoso que algum acerto pudesse ter sido negociado antes da morte de Schumacher alguns meses mais tarde, em agosto de 1952. Enquanto isso, do lado soviético, a morte de Stalin e a crise sucessória que surgiu em março também teria inibido um possível pacto. Dada a incerteza política em ambos os países, é duvidoso que um ou outro tivesse sido capaz de levar à frente um plano que desde o início era um tiro no escuro.

Quais teriam sido as consequências políticas para a República Federal? Com toda a probabilidade as eleições que aconteceriam em 1953 – sem o desacreditado Adenauer como candidato – teriam colocado o sucessor de Schumacher, Erich Ollenhauer, contra um candidato da CDU, possivelmente o antigo dirigente da CDU em Berlim Oriental, Jakob Kaiser. O apoio de Kaiser à política externa nacionalista de Schumacher poderia ter lhe dado uma vantagem sobre Ollenhauer, um burocrata nada carismático; poderia inclusive ter havido uma chance de forjar uma coalizão SPD-CDU, já que os líderes de ambas as partes estavam de acordo sobre a importância da unificação.[305] Independentemente de quem vencesse a eleição, o novo chanceler teria de lidar com partidos de direita mais determinados, que teriam descarregado sua ira contra o governo se ele não conseguisse tornar realidade o objetivo de unidade nacional. Essa raiva da direita teria sido mais ou menos volátil dependendo das condições da economia da Alemanha Ocidental, mas de qualquer forma o novo chanceler da Alemanha Ocidental teria sido obrigado a se deslocar para a direita para cooptar a mensagem nacionalista dessa facção política. Observadores estrangeiros teriam se sentido alarmados pela reviravolta dos acontecimentos, mas é provável que o novo chanceler não deixasse de trabalhar para alinhar de maneira mais estreita a República Federal com o Ocidente. Isso é especialmente verdadeiro dada a probabilidade de que o levante dos trabalhadores de 17 de junho, em Berlim Oriental, tivesse acontecido como na história real, reforçando o sentimento anticomunista na Alemanha Ocidental e deslocando com maior firmeza o país para o campo antissoviético liderado pelos americanos.[306] Se, como seria de esperar, as forças da Guerra Fria continuassem a fomentar a economia alemã-ocidental, é provável que o curso dos eventos subsequentes tivesse seguido a trajetória real da expansão econômica e da estabilização política. O resultado teria sido um exemplo de "reversão contrafactual", no qual a história de repente voltou sobre as pegadas de sua trajetória real.

Conclusão

O que esses cenários hipotéticos nos permitem concluir sobre o debate sobre a renazificação do início dos anos 1950? Para começar, eles sugerem que é improvável que houvesse muitas alternativas viáveis para a estratégia da República Federal de lidar com o passado nazista após 1945. A despeito do fato de Adenauer ou Schumacher terem sido chanceleres, é provável que a política de integrar ex-nazistas na ordem social e política do pós-guerra fosse inevitável. O modo como a história de fato se desenvolveu, assim como os possíveis modos de as coisas poderem ter sido diferentes validam o curso dos eventos como eles realmente aconteceram. Justificam a sabedoria da estratégia de integração de Adenauer como meio de promover a democratização da Alemanha.

Isso não significa, porém, que o debate sobre o risco da renazificação tenha sido inútil. Em certo sentido, ambas as partes saíram vitoriosas. Por um lado, ficou provado que os defensores da incipiente democracia da Alemanha Ocidental estavam certos em exigir que os céticos confiassem na nova república. Por outro lado, os críticos que temiam que a Alemanha Ocidental continuasse vulnerável às tentativas nazistas de retomar o controle não estavam de todo errados. Sem dúvida tinham razão ao ver os defensores da República Federal como francamente complacentes acerca da realidade da ameaça nazista. Embora os temores possam parecer hoje exagerados, isso só acontece porque sabemos, ao olhar para trás, que os ex-nazistas nunca se saíram bem. Dada a tremenda incerteza da época, os críticos foram de uma total prudência. Não havia garantias, no início dos anos 1950, de que a República Federal se transformaria em uma história de sucesso econômico e político. Se as circunstâncias tivessem sido um pouco diferentes, a Alemanha Ocidental poderia ter tomado um sentido mais direitista. Esse fato justifica a insistência de estrangeiros céticos sobre a necessidade de relembrar o passado nazista. Ao manifestar a preocupação de que a República Federal estava se tornando renazificada, observadores estrangeiros procuravam manter o povo alemão em observação histórica. Deixavam claro que, se os alemães se mostravam relutantes em confrontar o passado nazista, a opinião estrangeira faria com que se lembrassem dele. Para observadores estrangeiros, a memória era uma apólice de seguro. Felizmente, podiam confiar nos Aliados como seus agentes. Mais que qualquer outra coisa, o debate sobre renazificação destacou a importância dos Aliados como presença estabilizadora na jovem República Federal. Dado o fato de que, na história real, os Aliados tiveram de intervir em diversas ocasiões no início dos anos 1950 para suprimir ameaças nazistas à democratização da Alemanha Ocidental, é claro que em sua ausência o país teria estado numa situação mais precária. A presença dos Aliados – e seu compromisso com a lembrança – assegurou que, no início do pós-guerra, a história alemã não acontecesse de outra maneira.

No final das contas, o debate sobre a renazificação teve um impacto paradoxal na ideia do Quarto Reich. No momento exato em que a democracia da Alemanha Ocidental estava se consolidando – no momento exato em que estava se tornando *menos* provável que o país fosse vítima de um retorno nazista – os temores públicos de que acontecesse o contrário se intensificavam. O medo de que a Alemanha Ocidental pudesse um dia se tornar um Quarto Reich foi fortalecido pelos esforços de nazistas impenitentes associados ao SPR e ao Círculo Naumann para substituir a ordem democrática da República Federal por um Reich renascido. A supressão desses esforços reforçou a estabilidade da democracia alemã-ocidental, mas cimentou a conexão entre a ideia de um Quarto Reich e um renovado radicalismo de direita. Na época da entrada da Alemanha Ocidental na OTAN, em 1955, a noção de um Quarto Reich havia se movido de forma decidida para a direita. E apesar de ter sido de fato interrompida, ganhava uma dimensão cada vez maior na consciência ocidental. Essa lacuna entre a percepção e a realidade persistiu bem além dos anos de crise no início da década de 1950. Embora tenham declinado após meados da década, os temores de um Quarto Reich não desapareceram. Com o alvorecer dos anos 1960, eles começaram a evoluir em uma direção nova e inesperada.

4 DA ALEMANHA AOS ESTADOS UNIDOS: UNIVERSALIZANDO O QUARTO REICH NOS TURBULENTOS ANOS 1960

> Na noite de sexta-feira, mais de 5 mil pessoas em Munique – em sua maioria estudantes... e jovens sindicalizados – fizeram um protesto de quase 2 quilômetros contra o neofascismo e o NPD. Os manifestantes marcharam da Königsplatz para o Siegestor portando bandeiras com *slogans* que diziam: "Não queremos um Quarto Reich".[1]
>
> *Neues Deutschland* (19 de novembro de 1966)

> O homem negro na América tem de entender que a integração das raças negra e branca nos EUA jamais funcionará... Na América os negros são uma nação dentro de uma nação, uma nação africana colonizada e cativa.
>
> Os Estados Unidos são um inimigo de todos os povos do mundo amantes da liberdade... É um racismo internacional criminoso. É o Quarto Reich, pior que a Alemanha Nazista.[2]
>
> Max Stanford (março, 1968)

Com o alvorecer da década de 1960, novos acontecimentos começaram a transformar as visões ocidentais do Quarto Reich. A crescente prosperidade econômica da Alemanha Ocidental e a estabilidade política durante os anos 1950 fomentaram a confiança internacional no país e fizeram o debate da renazificação dar uma parada. A parada, no entanto, mostrou-se temporária. Não muito tempo depois da virada da década, o surgimento de novos acontecimentos reacendeu o interesse pelo passado nazista da Alemanha Ocidental. No final de 1959 e início de 1960, o surgimento de um vandalismo antijudaico conhecido como "Epidemia da Suástica" reviveu temores ocidentais quanto ao antissemitismo alemão. A captura pelo Mossad israelense do *SS-Obersturmbannführer** Adolf Eichmann na Argentina, em maio de 1960, redirecionou a atenção do mundo para os crimes do regime nazista contra os judeus. E a ascensão e sucesso eleitoral do Partido Nacional Democrático (*Nationaldemokratische Partei Deutschlands*, NPD), de extrema-direita, nos anos 1964-1969, renovou as preocupações sobre a persistência de ideias nazistas na República Federal. Como foi mostrado pelo protesto de 1966 contra o NPD em Munique, haviam retornado os medos de que a República Federal ainda pudesse se tornar um Quarto Reich. Contudo, em um novo e notável desenvolvimento, esses medos não foram dirigidos unicamente para a Alemanha Ocidental. A irada declaração de um nacionalista negro americano, Max Stanford, em março de 1968, mostrava que a ideia do Quarto Reich havia adquirido novas configurações e passara a denotar novos perigos. Como o significado mais amplo do legado nazista, a ideia do Quarto Reich estava se tornando universalizada.

Esse desenvolvimento refletiu os eventos turbulentos da década de 1960. Já nos primeiros anos da década, mas em especial durante a segunda metade, um número crescente de pessoas nos Estados Unidos e na Europa acabou se convencendo de que o nazismo não era apenas um fenômeno alemão. O fato de a Epidemia da Suástica da Alemanha Ocidental ter seus ataques copiados no mundo inteiro convenceu muitos observadores de que nazismo e antissemitismo contavam com apoios fora da República Federal. Da mesma forma, enquanto a ascensão do NPD reviveu as preocupações ocidentais sobre a saúde da democracia na Alemanha Ocidental, observadores ansiosos percebiam tendências

---

* "Líder de unidade de assalto sênior." Equivale à patente de tenente-coronel no exército alemão. (N. do T.)

"fascistas" também em outros países. A crença de que o fascismo era um perigo cada vez mais universal refletia o senso crescente de polarização política da década. Por todo o mundo ocidental, o início da recessão econômica, a explosão da revolta de gerações e o surgimento da contracultura ampliaram o abismo entre esquerda e direita, levando ambos os campos a aplicar a ideia do Quarto Reich a novas realidades. Era inevitável que esse desenvolvimento se tornasse visível na República Federal, onde estudantes de esquerda invocavam a ideia ao debater o futuro político de seu país. Em uma reviravolta surpreendente, porém, a ideia do Quarto Reich foi invocada com frequência ainda maior nos Estados Unidos, onde grupos esquerdistas radicais – indo de marxistas universitários a nacionalistas negros – empregaram o termo para condenar a Guerra do Vietnã, o racismo americano e o escândalo Watergate. No processo, o Quarto Reich acabou se transformando num significante multiuso do mal contemporâneo.

Revivendo o Debate sobre a Renazificação

Poucos observadores no início da década de 1960 poderiam ter previsto a próxima comoção em torno do passado nazista. Em fins dos anos 1950, o debate sobre a renazificação parecia estar encerrado. Nas eleições federais de 1957, a CDU de Adenauer havia obtido 50% dos votos e uma confortável maioria de assentos no *Bundestag*, um resultado que mostrava a força do centro político e a fraqueza da extrema-direita. A impressionante estabilidade da República Federal parecia confirmar a opinião de muitos observadores de que o país havia extinguido os últimos vestígios do nazismo. O antigo alto comissário dos EUA para a Alemanha, James Conant, resumiu o consenso em 1958 quando declarou que o nazismo estava "morto e enterrado".[3]

Nesse novo clima, as referências alarmistas ao Quarto Reich nazista começaram a declinar. Com uma intensidade nunca vista desde o último período de ocupação, invocações mais neutras do conceito começaram a surgir. Já em 1955, Drew Middleton, jornalista do *New York Times* e observador geralmente crítico da Alemanha, previu a possibilidade de um "Quarto Reich unido, próspero e poderoso" surgindo no futuro.[4] Alguns anos mais tarde, o historiador conservador William Henry Chamberlin escreveu no *The Wall Street Journal* que "movimentos neonazistas... fracassaram por completo" no "Quarto 'Reich' de Konrad Adenauer".[5] A furtiva normalização do conceito foi ainda mais visível em 1960, em uma resenha feita na *The New Yorker* de um filme romântico alemão, *Rosemary*, que a revista descreveu, em tom despreocupado, como voltado para "os *nouveaux riches* do Quarto Reich".[6] A mesma tendência era visível entre jornalistas da Alemanha Ocidental. No final da década de 1950, várias revistas e jornais publicaram artigos com inofensivas referências ao Quarto Reich como Estado sucessor do Terceiro Reich, dando assim ao termo um senso de legitimidade democrática.[7] Um ou outro alemão-ocidental começou até mesmo a empregar o conceito para criticar o regime da Alemanha Oriental. Em 1959, uma companhia de teatro de comédia de Berlim, "The Porcupines" ["Os Porcos-Espinhos"], ganhara as manchetes quando satirizou a premissa da peça de Bertolt Brecht *Terror e Miséria no Terceiro Reich* (*Fear and Misery of the Third Reich*, 1938), substituindo o título por *Terror e Miséria no Quarto Reich* (*Fear and Misery of the Fourth Reich*) e transformando os agentes da Gestapo da peça original em espiões a serviço do regime comunista da Alemanha Oriental.[8] Referências semelhantes a um Quarto Reich comunista em artigos de jornais e livros acadêmicos revelaram que o conceito não se referia com exclusividade à República Federal.[9] Essa mudança no discurso sugeria que a Alemanha Ocidental estava por fim emergindo da sombra do passado nazista e podia encarar o futuro de frente.

Mais ou menos na mesma época, porém, surgiram novos sinais de incerteza. No final dos anos 1950, as relações diplomáticas entre os EUA e a Alemanha Ocidental ficavam cada vez mais tensas. Embora tivessem resistido em conjunto às tentativas soviéticas de minar o processo de integração militar e econômica ocidental, as duas nações começaram a discordar no final da década sobre a adoção de uma política de *détente*. Durante o governo do presidente Dwight D. Eisenhower, os Estados Unidos queriam reduzir as tensões Leste-Oeste negociando acordos de desarmamento e reconhecendo o *status quo* territorial europeu. A Alemanha Ocidental, no entanto, aderiu à Doutrina Hallstein e se recusava a reconhecer a República Democrática Alemã para manter aberta a possibilidade de reunificação. Esses interesses divergentes se tornaram visíveis com a erupção da crise de Berlim nos anos 1958-1961. Em novembro de 1958, o primeiro-ministro soviético Nikita Khrushschev respondeu ao êxodo cada vez mais acelerado de alemães-orientais para Berlim Ocidental exigindo que forças ocidentais abandonassem seus setores da cidade dentro de seis meses ou os soviéticos os colocariam sob pleno controle do governo alemão-oriental. Como não queriam pôr em risco as chances de acomodação entre as superpotências, os EUA ignoraram a oposição da Alemanha Ocidental e organizaram uma série de cúpulas diplomáticas destinadas a definir o *status* da cidade. O fato é que nenhuma delas funcionou, como foi deixado claro pela decisão do governo da Alemanha Oriental de construir o Muro de Berlim em agosto de 1961. Do início ao fim do tenso período de três anos, os alemães ocidentais viveram em um constante estado de ansiedade sobre como as grandes potências poderiam determinar seu destino.[10]

Temiam, em particular, que a confiança ocidental na República Federal pudesse ser abalada pelas novas revelações sobre o passado nazista do país. Embora fosse cada vez mais encarada como um sucesso após meados dos anos 1950, a Alemanha Ocidental tinha de lidar com controvérsias esporádicas envolvendo o legado do Terceiro Reich. A presença de ex-nazistas no Estado do pós-guerra continuava sendo um motivo especial de preocupação. Além de persistir a atenção crítica com relação a membros do gabinete de Adenauer, como Hans Globke, Theodor Oberländer e Hans-Christoph Seebohm, ela começou a se estender aos ambientes legais, educacionais e médicos da Alemanha Ocidental. A presença de nazistas no judiciário foi posta em destaque pelo caso Nieland-Budde de 1958-1959, quando um juiz ex-nazista, Enno Budde, isentou de qualquer culpa um empresário de Hamburgo, Friedrich Nieland, que havia publicado um folheto antissemita condenando a comunidade judaica mundial. Mais ou menos na mesma época, a presença de nazistas no sistema escolar da Alemanha Ocidental foi posta em destaque pelo caso Zind, quando um professor de escola primária, um homem de direita, Ludwig Zind, recebeu amplo apoio de seus concidadãos de Offenburg ao ser julgado, em 1958, por descarregar violentos insultos antissemitas contra um empresário judeu durante uma briga em um restaurante local. Não muito tempo depois, a prisão de um médico de Flensburg, Werner Heyde (também conhecido como Fritz Sawade), por seu envolvimento no tempo da guerra na campanha T4 de "eutanásia" de Hitler, revelava como médicos nazistas haviam encontrado um meio de voltar a exercer a profissão. Esses casos, além da retomada, em 1958, de julgamentos por crimes de guerra de membros dos *Einsatzgruppen* da SS (ou Força-Tarefa, um grupo paramilitar que funcionava como esquadrão da morte) e guardas dos campos de concentração de Buchenwald e Sachsenhausen, receberam considerável cobertura da mídia na Alemanha Ocidental e, em menor grau, no exterior. Contudo, até a virada da década, nenhum desses episódios foi suficiente para reviver o debate da renazificação.

A Epidemia da Suástica

Tudo, no entanto, mudou de forma drástica no final de 1959, quando uma onda sem precedentes de vandalismo antissemita irrompeu por toda a República Federal.[11] No Dia de Natal, na cidade de Colônia, elementos desconhecidos pintaram suásticas com tinha preta e a frase "Fora Judeus" no exterior da sinagoga da cidade, há pouco restaurada (Figura 4.1).[12] Os vândalos também desfiguraram um monumento próximo que homenageava as vítimas da Gestapo. Essa demonstração pública de ódio já era em si mesma bastante chocante, mas se aprofundou no dia seguinte, quando os perpetradores foram apreendidos e revelaram ser jovens filiados do DRP de direita. Ainda mais alarmante foi o fato de que pareciam estar motivados por ideias nazistas. Embora negassem ser antissemitas, criticaram abertamente o que chamaram de "[tendência] do povo alemão a se autodestruir" e insistiram na necessidade de reconhecer os "inúmeros aspectos positivos [do nacional-socialismo]".[13]

O episódio em Colônia foi só o começo. Nos dias e semanas que se seguiram, centenas de ações que o imitavam foram registradas por toda a Alemanha Ocidental. Em Berlim, Nuremberg, Hanover e dezenas de outros locais, vândalos pintaram suásticas, runas da SS e Estrelas de Davi em sinagogas, escolas e vitrines de lojas. Adicionavam com frequência *slogans* antissemitas como "Morte aos Judeus" e "*Heil* Hitler".[14] Em certos casos, chegaram a atirar contra judeus, como na cidade de Scheinfeld, onde a casa de um empresário judeu foi pichada com o *slogan* "Judeu Imundo"; em Hesse, um judeu idoso, sobrevivente de Terezin, foi alvo de uma ameaça anônima de crucificação.[15] Houve ainda indivíduos que foram apanhados cantando canções nazistas, entoando *slogans* nazistas e distribuindo planfletos antissemitas.[16] Houve inclusive tentativas de incêndio criminoso contra sinagogas na Baviera.[17] No total, foram registrados 833 casos em toda a nação entre dezembro de 1959 e meados de fevereiro de 1960 – mais de vinte por dia.[18] Episódios subsequentes foram registrados até mesmo em 1961.[19]

A reação estrangeira foi imediata. A imprensa nos Estados Unidos dedicou considerável cobertura à "Síndrome da Suástica", com os jornais informando cada nova ocorrência com profunda preocupação.[20] Governos da Europa Ocidental, da América do Norte e de Israel condenaram energicamente as "afrontas neonazistas".[21] O desagrado público foi também expresso sob a forma de manifestações de massa em Londres e outras cidades.[22] Esse surto de atenção superou em muito o que se verificara em casos anteriores de antissemitismo alemão no pós-guerra. O alcance sem precedentes da Epidemia da Suástica e sua erupção contra o pano de fundo do aprofundamento da crise de Berlim revelou que a opinião estrangeira continuava desconfiada da República Federal. Como o Ministério das Relações Exteriores da Alemanha admitiu numa declaração oficial em março, a reação à Epidemia da Suástica revelou que "nada foi esquecido no Ocidente" e que "o nome da Alemanha continua associado a campos de concentração e câmaras de gás".[23] Na verdade, observadores anglo-americanos não encararam a Epidemia da Suástica como uma ameaça séria à democracia da Alemanha Ocidental.[24] O vandalismo, no entanto, convenceu críticos estrangeiros de que a República Federal havia fracassado em enfrentar de forma adequada seu passado nazista.[25] Muitos comentaristas sustentaram que a pouca idade dos autores – a maioria estava na adolescência e na faixa dos 20 anos – expunha sérias deficiências do sistema educacional do país.[26] Os críticos levantaram novas preocupações de que os ex-nazistas estavam cada vez mais "aparecendo em locais relevantes, sob os governos tanto oriental quanto ocidental".[27]

Na República Federal, a reação à Epidemia da Suástica foi dividida. Adenauer achava que o episódio havia "comprometido a imagem internacional da Alemanha" em um momento de crescentes tensões Leste-Oeste acerca de Berlim.[28] Em seu comunicado ele descreveu sem rodeios a onda como "fonte de vergonha para todo o povo alemão" e jurou que ia combatê-la. Ao mesmo tempo, entrando na defensiva, seu governo ofereceu explicações politicamente convenientes para o vandalismo antissemita. Funcionários do governo passaram com frequência a dizer que aquilo fazia parte de uma conspiração premeditada posta em prática pelo regime comunista alemão-oriental para "difamar a imagem da Alemanha Ocidental aos olhos do mundo".[29] Outros observadores menosprezaram o vandalismo como ações espontâneas de jovens "arruaceiros", em geral embriagados. Essas explicações reafirmavam que a Epidemia da Suástica não refletia quaisquer sentimentos antissemitas ou antidemocráticos mais profundos.[30] Por outro lado, a oposição política, liderada pelo Partido Social-Democrata (SPD), grupos judaicos e mídia liberal, relacionou a Epidemia da Suástica à integração feita por

Adenauer de ex-nazistas no *establishment* do pós-guerra.[31] Denunciou que a presença de Globke, Oberländer e outros em seu gabinete indicava que o governo fizera mais pelos colaboradores do regime nazista que por suas vítimas. Os alemães mais jovens amplificaram essas denúncias organizando marchas de protesto e exigindo que Adenauer removesse os ex-nazistas de cargos no governo.[32] Os protestos exerceram mais pressão sobre Adenauer e estimularam novos apelos para que o passado nazista da Alemanha Ocidental fosse enfrentado.[33] Ao fazê-lo, estavam revivendo o debate sobre a renazificação.

O Debate sobre a Renazificação: Os Alarmistas

Como aconteceu no início dos anos 1950, o renovado debate do início da década de 1960 incluiu a publicação de livros alarmistas que revisitavam antigas preocupações quanto à confiabilidade da República Federal. O primeiro desses livros foi o *best-seller* mundial *Ascensão e Queda do Terceiro Reich* de William L. Shirer. Embora não tivesse uma ligação direta com o debate sobre a renazificação, o livro o influenciou de maneira profunda.[34] Publicado em outubro de 1960, o estudo de Shirer se beneficiou de um lançamento impecavelmente oportuno, aparecendo menos de seis meses após o refluxo da Epidemia da Suástica em fevereiro e alguns meses após a captura de Eichmann em maio. Esses eventos, adicionados à crise de Berlim então em curso, aprofundaram a atualidade do livro e reviveram memórias da era nazista no exterior. Tais fatos deixaram, por si mesmos, muitas elites da Alemanha Ocidental preocupadas com o livro, mas elas ficaram ainda mais alarmadas por sua tese subjacente, "De Lutero a Hitler", que encontrava as raízes do Terceiro Reich arraigadas de modo profundo na história alemã. Embora Shirer tivesse feito poucas conexões diretas entre a história recente da Alemanha e sua nova realidade, havia pouca dúvida – dada sua atuação como membro fundador da Sociedade para a Prevenção da Terceira Guerra Mundial e seu jornalismo crítico no tempo da guerra e do pós-guerra – de que ele permanecia cauteloso com relação à República Federal. Por essa razão, críticos da Alemanha Ocidental condenaram o livro como uma diatribe "antialemã".[35] Essa reação hiperbólica, no entanto, só aprofundou o interesse internacional pelo período nazista, ampliando o público para outros estudos alarmistas.

Dois desses livros foram *The New Germany and the Old Nazis* (1961), de T. H. Tetens, e *Schizophrenic Germany* (1961), de John Dornberg. O livro de Tetens revisitou algumas teses de seu estudo anterior, *Germany Plots with the Kremlin*, argumentando que "os nazistas tiveram por toda parte um retorno tranquilo" e só estavam "esperando uma mudança no vento político" para retomarem seu jogo. Tetens interpretou sem esperanças a Epidemia da Suástica, afirmando que de 7 a 8 milhões de alemães eram "adeptos fanáticos dos velhos conceitos nazistas" e de um "Reich alemão restaurado".[36] A maioria dos alemães, ele concluiu, estava "à espera de um novo Führer".[37] O livro de Dornberg, ao contrário, trazia uma avaliação com mais nuances. Ele descreveu a Alemanha Ocidental como uma "desconcertante... sociedade cheia de contradições", comentando que seus cidadãos "não eram [capazes] nem de lembrar [nem] de esquecer [o passado nazista]". Como resultado, ele afirmou, "o fascismo não estava morto nem vivo". Sob um ângulo positivo, Dornberg acreditava que o judiciário alemão-ocidental havia respondido de maneira adequada à Epidemia da Suástica punindo os perpetradores dos atentados e estudando novas leis contra o ativismo nazista; ele discordou das advertências de Tetens sobre um ressurgimento nazista, dizendo que era "um exagero dos mais grosseiros" declarar "que os nazistas voltaram ao poder".[38] Ao mesmo tempo, Dornberg levantava dúvidas sobre a estabilidade política da República Federal, escrevendo que "a independência da Alemanha foi concedida com muita rapidez e sua democracia estava apoiada em alicerces demasiado instáveis". O resultado preocupante era que os alemães tinham "se esquecido de procurar entender sua própria história".[39]

Outros estudos durante essa fase do debate levantavam de maneira explícita a questão de um futuro Quarto Reich. O livro *Hitler's Heirs*

(1961), de um jornalista baseado em Nova York, Paul Meskil, lembrava os estudos de Tetens e de Dornberg na crônica que fazia da presença de ex-nazistas no Estado alemão-ocidental. Mas ele deu à sua análise uma ênfase retórica extra em um capítulo intitulado "O Quarto Reich", que utilizava a expressão para descrever os estimados 10 mil alemães que ainda viviam na Alemanha Ocidental e que "tomaram parte em assassinatos de massa nazistas" durante a Segunda Guerra Mundial.[40] Como outros escritores, Meskil detalhava as biografias de figuras como Globke, Oberländer e Heyde, mas chegava mais longe ao conectá-los a um "movimento clandestino nazista", de alcance mundial, que estava "trabalhando de modo muito ativo, silencioso e secreto por um Quarto Reich".[41] Em vista dos elos internacionais com nazistas inveterados no exterior, Meskil concluía que a República Federal não merecia confiança. O jornalista Charles Allen apresentou um argumento semelhante em seu livro *Heusinger of the Fourth Reich* [Heusinger do Quarto Reich] (1963) (Figura 4.2). Em vez de pesquisar os muitos ex-nazistas que prestavam serviço na ordem política do pós-guerra, Allen se concentrou em uma única figura crucial – o chefe do *Bundeswehr* da Alemanha Ocidental e presidente do comitê militar da OTAN, general Adolf Heusinger. O estudo de Allen desafiava o esforço do Departamento de Estado dos Estados Unidos para camuflar a "carreira sórdida" do general no Terceiro Reich e reabilitá-lo para o serviço pós-guerra contra os soviéticos. Rejeitando o "mito" de que Heusinger fora um oponente apolítico de Hitler, Allen mostrou que o general tinha servido com lealdade ao regime nazista e estivera envolvido em seus piores crimes. Como chefe do Estado-Maior do Exército (*Oberkommando des Heeres* – OKH), Heusinger ajudou a planejar a Operação Barbarossa, redigiu a infame "Ordem Comissária", de março de 1941, e foi plenamente informado dos crimes dos *Einsatzgruppen*. Depois da guerra, segundo Allen, Heusinger procurou reviver o militarismo alemão e promover os interesses nacionais do país infiltrando-se na OTAN.[42] Ao fazê-lo, estava trabalhando para estabelecer "a base do Quarto Reich".[43] Allen nunca esclareceu a exata natureza desse futuro

Estado, mas citando de modo liberal outros críticos alarmistas em seu estudo, como Tetens, Dornberg, Shirer e a Sociedade para a Prevenção da Terceira Guerra Mundial, alinhou-se às suas conclusões de que a Alemanha Ocidental poderia não ser totalmente confiável.

A reação dos observadores a esses livros, bem como ao que ocorria na Alemanha, alimentavam ainda mais os temores de um Quarto Reich. Comentando *Schizophrenic Germany*, de Dornberg, em junho de 1961, Whitney Bolton escreveu que uma visita recente a Berlim havia confirmado sua suspeita de que "o espírito que criou o Terceiro Reich continuava vivo o bastante para engendrar um possível Quarto Reich".[44] Assumindo uma posição semelhante estava Clifford E. Carpenter que, durante a crise de Berlim de 1961, advertiu que enquanto o país se mantivesse dividido continuaria havendo a possibilidade de que, um dia, "algum alemão... liderasse um renascido Quarto Reich em um banho de sangue global para reunificar a Alemanha".[45] Mais ou menos nessa mesma época, o Quarto Reich foi cada vez mais empregado como uma ferramenta de marketing. O livro de Dornberg foi anunciado com destaque em *The New York Times Book Review*, em junho de 1961, com uma manchete de impacto: "Haverá um Quarto Reich?".[46] O mesmo aconteceu com *Ascensão e Queda do Terceiro Reich*, de Shirer, com uma livraria de Salt Lake City dizendo aos leitores: "Corra, antes que o QUARTO REICH apareça, leia 'A Ascensão e Queda do Terceiro Reich' – agora em brochura".[47]

Os comentaristas alemães-orientais também expressaram temores de um Quarto Reich. Em 1959, jornalistas reagiram à Epidemia da Suástica afirmando que ela provava que o regime de Adenauer "nunca havia se purificado do fascismo como a República Democrática Alemã".[48] Como membro do politburo do Partido Socialista Unificado da Alemanha (*Sozialistische Einheitspartei Deutschlands*, SED) e diretor da guerra de propaganda alemã-oriental contra a renazificação alemã-ocidental, Albert Norden declarou em *Neues Deutschland*, em janeiro de 1960, que "os regentes do Quarto Reich em Bonn" tinham escondido os "esqueletos no armário [da Alemanha Ocidental]", cobrindo-os com um "véu marrom de silêncio".[49] Não muito tempo depois, o primeiro secretário do Partido Comunista, Walter Ulbricht, denunciou o militarismo da Alemanha Ocidental, declarando que "o Reich de mil anos não foi destruído para que seu sucessor pudesse estabelecer um Quarto Reich".[50] Além dessas declarações de funcionários de alto nível do governo, a imprensa alemã-oriental fazia rotineiramente referências ao Quarto Reich, que apareciam na mídia estrangeira.[51] Em 1963, ela chegou a publicar um poema do escritor Kurt Stern, intitulado "Declaration – To Be Read at Election Rallies ["Declaração – Para Ser Lida em Comícios Eleitorais"], que incluía os seguintes versos:

> Quando vocês [no Ocidente] descrevem o poder financeiro... como liberdade...
> Quando vocês protegem criminosos de guerra e carrascos
> Quando vocês permitem que matadores de judeus se sentem em seus escritórios...
> Quando vocês amam bombas atômicas...
>
> Eu digo para mim mesmo
> E digo a todos vocês...
> Que vamos sobreviver
> Ao seu Quarto Reich
> Tão parecido com o que veio antes.[52]

Essas referências ao Quarto Reich, como as empregadas pelos comunistas fora da Alemanha Oriental, revelavam como o termo servia a objetivos políticos durante um período cada vez mais tenso da Guerra Fria.[53]

O Debate sobre a Renazificação: Os Apologistas

Em contraposição com os alarmistas, críticos mais apologéticos reagiram de maneira sóbria à Epidemia da Suástica, rejeitando os temores quanto à República Federal e defendendo o desenvolvimento do país no pós-guerra. Essa posição foi apresentada no livro *Germany Divided* (1960), do jornalista britânico Terence Prittie, assim como no estudo de Christopher Emmet e Norbert Muhlen, *The Vanishing Swastika* (1961), e no livro do historiador americano conservador William Henry Chamberlin *The German Phoenix* (1963).[54] Todos os três volumes abordavam os mesmos exemplos de atividade neonazista e antissemita desde fins de 1950, mas interpretavam seu significado de modo mais otimista.[55] Emmet, Muhlen e Prittie, por exemplo, reconheciam que os casos Zind e Nieland eram exemplos "repulsivos" de antissemitismo, mas diziam que eram "atípicos" do "público [alemão] em geral".[56] Eles argumentaram de modo semelhante sobre a Epidemia da Suástica, salientando que a maioria dos perpetradores era de "delinquentes juvenis" apolíticos que tinham sido fortemente repreendidos.[57] Esses autores também descartaram a ameaça de ex-nazistas. Emmett e Muhlen declararam que os nazistas mais "oportunistas" tinham se ajustado com facilidade à democracia e insistiam que "os nazistas ultraconservadores que haviam sobrevivido" não "representavam ameaça" porque eram monitorados pelo governo.[58] Chamberlin juntou-se a Emmett e Muhlen na rejeição de preocupações sobre a presença de ex-nazistas no gabinete de Adenauer, afirmando que tinham sido membros apenas nominais do partido durante o Terceiro Reich e que tinham pouca influência na política no pós-guerra.[59] Os apologistas, em suma, argumentavam que o governo alemão-ocidental havia tomado um "curso rigorosamente democrático" em suas políticas, tinha "se empenhado em barrar o caminho de nazistas ressurgentes" e fizera o máximo para "reparar os crimes cometidos pelo governo nazista".[60] "De modo gradual, mas decidido", concluíam eles, "a suástica está desaparecendo da Alemanha Ocidental".[61]

Os apologistas, no entanto, sentiram-se frustrados ao ver que seus oponentes fora da Alemanha Ocidental se recusavam a reconhecer o progresso do país. Prittie discordava da "extrema melancolia" que caracterizava a maioria dos "livros sobre a Alemanha de hoje", desprezando a maior parte da atividade neonazista como proveniente de uma "periferia lunática".[62] Acrescentou que os alemães mereciam "um crédito maior" que aquele que haviam recebido por sua admirável resposta à Epidemia da Suástica, concluindo que "ficar remoendo o incidente de Colônia não levaria a nada".[63] Chamberlin argumentou que o renascimento pós-guerra da Alemanha Ocidental fora distorcido por "uma campanha antialemã" procurando "convencer os americanos de que o nazismo é uma força... real na Alemanha de hoje".[64] Essas afirmações, advertiram os apologistas, podiam facilmente ser um tiro no pé. Como o ex-comissário americano da Baviera em 1950-1951, George Shuster, escreveu no prefácio do livro de Chamberlin, qualquer "exagero... do perigo [nazista]... fortaleceria os próprios elementos da Alemanha cujo renascimento tememos". Vendo "lobos em toda parte", concluiu ele, "podemos muito bem estar preparando o caminho para um retorno futuro dos *Werwolf* nazistas".[65]

A Epidemia da Suástica fora da Alemanha Ocidental

A defesa da República Federal feita por esses críticos ganhou legitimidade graças à propagação da Epidemia da Suástica para outros países. Alguns dias após o vandalismo em Colônia, ataques antissemitas foram relatados em outros pontos da Europa Ocidental e na América do Norte. O país mais atingido foi os Estados Unidos. Entre o final de dezembro de 1959 e fins de fevereiro de 1960, houve um total de 643 incidentes. De uma ponta à outra de cada região do país, de grandes cidades como Los Angeles a cidades pequenas como Darien, em Connecticut, suásticas foram pichadas em sinagogas, fraternidades judaicas e casas de Hilel, bem como em igrejas, escolas e lojas.[66] Também houve relatos de judeus que foram alvo de provocações e ataques físicos. Ocorreram inclusive alguns atentados à bomba. Na noite de 28 de janeiro de 1960, em Kansas City, no Missouri, baderneiros atacaram com bombas a sinagoga Kehilath Israel, destruindo mais de cinquenta janelas.[67] Dois meses depois, uma sinagoga em Gadsden, no Alabama, também foi alvo de bombas e vários membros da congregação foram atingidos e feridos.[68]

Como na Alemanha Ocidental, houve uma condenação veemente da "epidemia da suástica" e um sincero exame de consciência quanto às suas causas. O presidente Eisenhower condenou "o vírus do preconceito" como uma "ameaça à liberdade", enquanto o clero de todas as fés enfatizava a necessidade de combater o ódio e adotar a tolerância.[69] Um dos esforços mais sistemáticos para entender o vandalismo antissemita apareceu em 1961, quando a Liga Antidifamação publicou um estudo de David Caplovitz e Candace Rogers intitulado *Swastika 1960*.[70] Ele relatava que a maioria dos perpetradores era de jovens do sexo masculino que cursavam os últimos anos do ensino secundário e que eram mais motivados por um vandalismo imaturo que por algum virulento antissemitismo; em muitos casos, observavam os autores, "distúrbios de personalidade" encontraram escoamento em atos de "desregrada hostilidade".[71] Contudo, Caplovitz e Rogers também sublinharam que outros perpetradores foram impelidos por motivações políticas. Um número significativo dos vândalos detidos pertencia a "clubes neonazistas" semissecretos, precariamente organizados.[72] Liderados por autodenominados "Jovens Führers", os clubes tinham variados tamanhos, mas todos estavam ligados por uma propensão para colecionar objetos nazistas, em especial uniformes militares, bandeiras com a suástica e armas.[73] Ao serem interrogados, os perpetradores confirmaram cultivar fortes crenças antissemitas. Resumindo a tendência, em 1960 o *The Jewish Advocate* explicou em um tom sombrio que "ser pró-nazismo era descolado; ser antinazismo era 'quadrado'".[74]

Alguns grupos neonazistas encontravam inspiração na ideia de um Quarto Reich. Isso se aplicava aos autores dos atentados de Kansas City, cujos membros pertenciam a dois diferentes ramos de um grupo chamado "Quarto Reich Nórdico", que existia em duas diferentes escolas de ensino médio.[75] Os membros haviam atraído a atenção para suas escolas por usarem suásticas nas roupas e descobriu-se mais tarde que haviam pintado o símbolo em sinagogas locais.[76] Além disso, o grupo emitia para seus membros cartões de identidade que diziam: "Por ordem de *Der Führer*, ____ é um membro do Quarto Reich".[77] Essa história remete a relatos de maio de 1959, em Cleveland, quando alguns alunos do ensino médio foram detidos depois de formar um grupo neonazista chamado "Quarto Reich" que, segundo a imprensa local, estava planejando "estabelecer um Quarto Reich não na Alemanha, mas bem aqui [em Ohio]".[78] Tanto o grupo de Kansas City quanto o de Cleveland, em Ohio, expressavam ódio aos judeus, comunistas e "crioulos", com o clube de Ohio planejando uma campanha de assassinatos contra diversos inimigos, incluindo o presidente Eisenhower.[79] Esses relatos revelaram que a ideia do Quarto Reich se filtrara até o nível da cultura popular, onde mexeu com os instintos rebeldes de adolescentes americanos.

A onda americana da suástica desapareceu em um período de tempo relativamente breve, mas a reação a ela revelou uma tendência nascente para universalizar o passado nazista. Visto que certos americanos estavam exibindo o mesmo comportamento extremista de certos alemães, os observadores perceberam que o vandalismo neonazista não se originava de fatores exclusivos da República Federal. Na realidade, tinha raízes em forças mais abrangentes. Os autores de *Swastika 1960*, por exemplo, sugeriram que o vandalismo antissemita era em parte um reflexo de inquietações existentes entre americanos sobre a mudança social nos Estados Unidos. O estudo especulava que a migração pós-guerra de judeus para bairros suburbanos antes homogêneos, em conjunto com o avanço da ofensiva contra a segregação no sul do país, tinha instigado alguns americanos brancos a protestar contra o surgimento de uma sociedade cada vez mais inclusiva, tornando-se "preocupados quanto... à ideologia nazista".[80] O estudo também apontava para temores da Guerra Fria, citando uma possível conexão entre a "ansiedade generalizada entre jovens dos últimos anos do ensino médio", o declinante "prestígio americano... desde o [lançamento pela União Soviética da sonda espacial] Sputnik I [em 1959]" e a "crença de que somente a ideologia militarista de uma raça superior pode resistir a isso".[81] Segundo essa teoria, a tendência dos adolescentes americanos para se identificarem com o Quarto Reich refletia sentimentos mais profundos de insegurança.

Embora essas análises universalizassem o passado nazista com relação aos motivos dos autores dos ataques, outras o fizeram com relação às identidades das vítimas. Muitas viram a Epidemia da Suástica como uma ameaça não apenas a judeus, mas a outros grupos americanos. A imprensa afro-americana, por exemplo, viu a Epidemia da Suástica como manifestação da busca por um bode expiatório que poderia tão facilmente afetar tanto "o negro" quanto o judeu. Segundo o *Defensor Tri-State*, de Memphis,* o ódio aos judeus provinha do mesmo "preconceito racial... contra o negro americano" e fazia parte de um "vírus [maior] que pode infectar todo um sistema social se não for contido na fonte".[82] Para agir contra isso, o *Los Angeles Tribune* recomendou que as autoridades americanas lembrassem ao público o mal do nazismo "nos mostrando os 6 milhões de judeus... exterminados nos campos" e "nos contando... o que teria acontecido aos 20 milhões de negros nos Estados Unidos".[83] Um rabino de Nova York concordou, argumentado que a suástica era "menos um símbolo de ódio a um povo que... um símbolo de ódio às forças da liberdade [e] justiça". A suástica era "tanto inimiga do cristão quanto do judeu".[84] Esses comentários não tratavam especificamente da noção de um Quarto Reich. Mas estabeleciam um novo contexto para o futuro desenvolvimento do conceito.

Neonazismo, a Nova Esquerda e o Quarto Reich

Em meados dos anos 1960, observadores alemães e ocidentais começaram mais uma vez a se preocupar com a atividade política neonazista na República Federal. A razão foi o surgimento de um novo partido

* O *Defensor Tri-State* é um semanário publicado na cidade americana de Memphis pela comunidade afro-americana. (N. do T.)

político de direita conhecido como NPD. Fundado em 1964 como uma aliança de forças nacionalistas conservadoras e de extrema-direita, o NPD se originou do DRP de Adolf von Thadden, ele próprio saído do SRP de Fritz Dorls e Otto Ernst Remer. As duas alas do partido foram originalmente comandadas por Thadden e pelo nacionalista conservador Friedrich Thielen, ambos procurando unir os variados grupos conservadores de direita em um só partido. De início, os dois trabalharam juntos em nome desse objetivo comum, mas, em 1967, Thadden se apoderou do controle exclusivo do partido, tornando-se seu líder indiscutível.[85]

Sob sua liderança, o NPD se equilibrou entre conservadorismo extremo e neonazismo. A experiência de Tadden com o DRP deixou-o receoso da possibilidade de o NPD ser banido pelos tribunais alemães-ocidentais; em consequência disso, ele tomou providências para que o partido não confessasse abertamente princípios nazistas. Ele também removeu ex-nazistas da liderança do partido para aumentar sua respeitabilidade. Ao mesmo tempo, o líder do NPD procurou reabilitar o Terceiro Reich promovendo uma visão higienizada do passado nazista.[86] Acreditando que o fardo vergonhoso do Terceiro Reich fizera dos alemães um "povo sem história" e danificara sua identidade nacional, Thadden relativizou os crimes do regime como meio de restaurar a "dignidade nacional" da Alemanha.[87] Não só o manifesto fundador do NPD de 1966 rejeita "a mentira da culpa exclusiva da Alemanha" pela Segunda Guerra Mundial, como era comum os líderes partidários minimizarem o número de judeus mortos no Holocausto e enfatizarem o sofrimento alemão nas mãos dos Aliados.[88] O partido se opôs ainda à continuação dos julgamentos de nazistas acusados de crimes de guerra e ao pagamento de reparações a Israel.[89] Só se libertando dessa "condição crônica de ser submetido a acusações" poderia o *Volk* alemão dar um fim à trágica divisão de seu país e alcançar uma verdadeira "autodeterminação nacional". Ao perseguir esse objetivo, o NPD recorreu de forma oportunista à retória anticolonial da época, descrevendo os alemães como um dos "povos oprimidos do mundo", que estavam lutando para se emanciparem do domínio da Guerra Fria de "potências estrangeiras".[90] Na prática, o partido procurava libertar a República Federal da aliança da OTAN, conseguir a devolução de territórios orientais perdidos e forjar uma "Alemanha independente reunificada" dentro de uma "Europa independente". Ao mesmo tempo, o NPD manifestava uma nítida linha anticomunista, denunciando a sujeição da "Alemanha Central pela ditadura soviética" e condenando o ativismo de esquerda do movimento estudantil da Alemanha Ocidental. Por fim, o partido procurava proteger valores culturais alemães de influências exóticas, fossem as trazidas por imigrantes estrangeiros ou pela cultura popular americana.[91]

Nos primeiros anos de sua existência, o NPD atraiu pouca atenção, mas a partir de 1966, depois de alcançar um inesperado sucesso eleitoral, levantou preocupações. Naquele ano, o partido contabilizou 7,9 e 7,4% dos votos nas eleições regionais em Hesse e na Baviera. Um ano depois, o NPD ganhou 6,9% dos votos na Renânia-Palatinado, 7,0% na Baixa Saxônia e 8,8% em Bremen. O ano de 1968 representou o recorde do partido, quando ele recebeu 9,8% dos votos em Baden-Württemberg.[92] Ao registrar esses sucessos, o NPD tornou-se o primeiro partido de extrema-direita a entrar em parlamentos regionais desde o SRP em 1952. Como os partidos anteriores, o NPD recebeu grande parte de seu apoio de ex-membros do Partido Nazista – um fato que combinava com os antecedentes nazistas da maioria dos líderes originais do partido.[93] Mas em um novo e perturbador desdobramento, o partido também apelava aos alemães mais jovens, que estavam buscando novas opções políticas em um período de crescente agitação na República Federal.[94]

O sucesso do NPD refletia o aprofundamento da polarização política da época. Desde meados de 1960, a Alemanha Ocidental experimentava uma desaceleração econômica sem grande importância, mas ainda assim perceptível que, ao lado de déficits orçamentários cada vez maiores e da incerteza sobre as oscilações do marco alemão, levantava dúvidas sobre a liderança do sucessor de Adenauer na CDU, Ludwig Erhard.[95] Logo o FDP se retirou da coalizão de governo liderada pela

CDU, empurrando assim o sistema político para um breve período de paralisia que só foi resolvido quando os democratas cristãos e seu novo chanceler, Kurt Georg Kiesinger, formaram uma "grandiosa coalizão" com o SPD. Esse desobramento alienou os alemães de direita, que rejeitaram uma cooperação com a oposição de esquerda. Mas ele também alienou os estudantes, cada vez mais radicais, que faziam parte da Nova Esquerda (*New Left*). Eles ficaram chocados com a aliança pragmática dos socialistas mais velhos com a direita e com o apoio que eles davam a políticas tão controversas quanto as Leis de Emergência de 1967.[96] Em particular, ficaram estarrecidos com a aliança do *establishment* do SPD com um partido cujo novo líder, Kiesinger, fora membro do NSDAP. No período que se seguiu, a Nova Esquerda intensificou seu protesto contra o que via como as bases capitalistas, imperialistas e "fascistas" da República Federal. Ela também condenava a aliança do país com os EUA (então em guerra no Vietnã), celebrava os movimentos de resistência anticolonial na Ásia e no Oriente Médio, e se rebelava contra normas sociais e culturais burguesas adotando a trindade profana de sexo, drogas e *rock and roll*. Essa onda crescente de protesto atingiu um clímax nas manifestações de massa e violência nas ruas dos anos 1967 e 1968, um período traumático que só serviu para aprofundar o sentimento de polarização política na República Federal. Com os alemães conservadores duvidando que a centrista CDU pudesse restaurar a lei e a ordem, muitos se voltaram para o NPD como a única verdadeira alternativa de direita.[97]

O sucesso eleitoral do NPD nos anos 1966-1969 levantou preocupações entre observadores da Alemanha Ocidental e do exterior. Dentro da República Federal, intelectuais, jornalistas e acadêmicos investigavam as razões para a emergência do partido, debatiam se ele era neonazista e discutiam se deveria ser banido, como o SRP.[98] Muitos críticos faziam comparações polêmicas entre o NPD e o NSDAP, apontando que a sigla do primeiro era quase idêntica à do segundo quando as letras "S" e "A" (uma referência à *Sturmabteilung* [as notórias *SA*, Tropas de Assalto] nazista) eram deletadas, sugerindo assim que o NPD nada mais era que os nazistas sem uma força paramilitar.[99] Outros observaram que Thadden compartilhava um primeiro nome com o infame fundador do Partido Nazista. Chamavam-no de "Adolf II" e protestavam com *slogans* como "Um Adolf já deu!".[100] Análises alarmistas sobre o partido foram também publicadas, sendo a mais notável a do jornalista de esquerda Kurt Hirsch no livro de 1967 *Kommen Die Nazis Wieder?* [Os Nazistas Estão Voltando?].[101] Em seu estudo, Hirsch expôs de maneira metódica as continuidades de ideologia, pessoal e apoio eleitoral entre o NSDAP e o NPD. Mas ele censurava em particular os "partidos burgueses" da República Federal por promover os sentimentos nacionalistas que davam sustentação ao NPD, equiparando suas ações às da Frente Harzburg, uma aliança de conservadores com o NSDAP em 1931. Só reconhecendo os paralelismos entre passado e presente, ele concluiu, "cidadãos de mentalidade democrática, seja qual for o partido" seriam capazes de se levantar e proteger o Estado alemão-ocidental de um "dano renovado".[102]

No domínio anglo-americano, a ascensão do NPD desencadeou lamentações parecidas. *Germany's New Nazis* (1967), de Ivor Montagu, *The New Nazis of Germany* (1968), de Wellington Long e *Return of the Swastika?* (1969), de Lord Russell, explicavam a emergência do NPD contra o pano de fundo de eventos do pós-guerra, como o fracasso da desnazificação, a ascensão do SRP, a entrada de ex-nazistas na ordem política do pós-guerra e a erupção da Epidemia da Suástica.[103] Eles explicavam os princípios do NPD como uma reação à crise de meados dos anos 1960, em especial as crescentes divisões sociais da Alemanha Ocidental e as frustrações políticas externas.Todos os autores eram pessimistas quanto ao presente da Alemanha Ocidental, embora se mantivessem cautelosos ao prever seu futuro. Montagu disse que era "extremamente improvável" que o NPD "conseguisse dominar a Alemanha como fez o Partido Nazista", mas advertiu que o partido estava de novo fabricando "ideias nazistas adequadas a uma sociedade civilizada".[104] Long argumentou que o destino do NPD dependeria de sua capacidade de apelar para "a quarta parte da população que ainda não tem confiança no sistema democrático".[105] Lord Russell foi o mais pessimista, argumentando que havia "ainda mais justificativa" para as pessoas se preocuparem com partidos políticos nazistas em 1969 do que tinha havido em 1952.[106] Embora negasse que a democracia da Alemanha estivesse "prestes a abrir caminho para um novo Hitler", o fato de que "um número cada vez maior de jovens estivesse se voltando... para o novo Adolf" revelava que o NPD estava explorando com eficiência "uma nostalgia real do regime de Hitler".[107]

Todos esses desdobramentos provocaram temores de que o aparecimento do NPD pudesse estar anunciando a ascensão de um Quarto Reich na Alemanha. Na verdade, o NPD nunca mencionou de forma explícita o conceito, o que o diferenciava do SRP no início dos anos 1950. Ainda assim, a noção de um Reich renascido se manteve associada ao partido. Já no início dos anos 1960, Thadden fora acusado de usar o DRP, o partido que antecedeu o NPD, para correr atrás da criação de um novo Reich.[108] As comparações aumentaram depois dos sucessos eleitorais do NPD em 1966-1968. Em novembro de 1966, o jornalista canadense Peter Lust argumentou que o sucesso do NPD na Baviera levantava a possibilidade de que o partido "tomasse o poder [em]... um *Putsch*", "restabelecesse o nazismo" e proclamasse "o Quarto Reich".[109] Nos EUA, Robert Segal esperava que o sucesso eleitoral do NPD em 1966, juntamente com a ascensão de Kiesinger como chanceler "sacudisse a complacência dos melhores amigos da Alemanha" e os alertasse para o fato de que os neonazistas eram "promotores do Quarto Reich".[110] Na primavera de 1968, a Sociedade para a Prevenção da Terceira Guerra Mundial lançou um artigo com o título "A Fourth Reich for Germany ["Um Quarto Reich para a Alemanha"], que esboçava os inúmeros elos do NPD com o nacional-socialismo e advertia que o partido estava prestes a ganhar ainda mais força nas eleições federais de 1969.[111] Analistas da Alemanha Ocidental emitiram avisos semelhantes. O *Die Zeit* se perguntou em um tom nervoso se o sucesso do NPD significava que "um Quarto Reich estava à vista".[112] O livro de Kurt Hirsch

Kommen Die Nazis Wieder? [Os Nazistas Voltaram?] previu que os membros mais proeminentes do NPD se tornariam "líderes de um Quarto Reich".[113] E em novembro de 1966, milhares de manifestantes anti-NPD deram voz a preocupações semelhantes em uma manifestação de massa em Munique.[114]

Por volta dessa época, a imprensa da Alemanha Oriental ampliou a mesma linha de argumentação com uma enxurrada de artigos. Alguns relatavam com satisfação que estudantes de Munique haviam protestado contra o NPD e advertido sobre um "Quarto Reich" que estaria surgindo na República Federal.[115] A maioria dos artigos, no entanto, usava o conceito para atacar o que encaravam como a política externa cada vez mais nacionalista do governo da Alemanha Ocidental. Em outubro de 1966, o *Neues Deutschland* se referiu a um *bunker* subterrâneo usado por políticos alemães-ocidentais durante um treinamento de escape de incêndios, feito pela OTAN no vale do rio Ahr, como o "Covil do Lobo do Quarto Reich", evocando assim o quartel-general do comando de Hitler na Prússia Oriental durante a Segunda Guerra Mundial.[116] No início daquele ano, o mesmo jornal informou que o jornal comunista francês *Combat* havia acusado a Alemanha Ocidental de "se estabelecer como uma espécie de Quarto Reich", dando continuidade à tradição do "*Lebensraum*" [espaço vital] de Joachim von Ribbentrop e alegando possuir direitos sobre antigos territórios orientais na área soviética.[117] Um ano mais tarde, o *Neue Zeit* reportou que a imprensa soviética havia encarado a recusa do chanceler Kiesinger de aceitar o caráter definitivo da linha Oder-Neisse* como prova de que ele tinha por objetivo ser o "Führer de todos os alemães no leme de um Quarto Reich".[118] Por fim, nos anos 1968-1969, a mídia alemã-oriental publicou com frequência comparações feitas por estrangeiros da República Federal com

---

* Fronteira entre Alemanha e Polônia definida ao término da Segunda Guerra Mundial. (N. do T.)

o "Quarto Reich", que saíram na imprensa francesa, russa, búlgara, indiana e síria.[119]

No final, todas as advertências se mostraram desnecessárias. Embora o NPD ganhasse assentos em sete diferentes assembleias estaduais na Alemanha Ocidental, nunca conseguiu um grande avanço em termos nacionais. Nas eleições federais de 1969, o NDP atingiu apenas 4,3% dos votos e não conseguiu ultrapassar o limite dos 5% necessários para entrar no *Bundestag*. Esse fracasso refletiu em parte a melhoria econômica.[120] Mas, antes de qualquer coisa, revelou que o eleitorado alemão-ocidental tinha se voltado para a esquerda. Nas eleições de 1969, o SPD recebeu a maior porcentagem de votos (42,7%) e formou uma coalizão com o FDP, que abandonou a CDU/CSU. Pela primeira vez desde a criação da RFA em 1949, o poder se deslocou pacificamente da direita para a esquerda. O novo chanceler Willy Brandt tornou-se o primeiro líder socialista do país desde o período de Weimar. Esse marco notável concedeu uma legitimidade sem precedentes à jovem democracia da Alemanha Ocidental. Na verdade, sugeriu que a República Federal tinha por fim superado a historicamente trágica *Sonderweg* [especificidade] do país e se tornado uma nação ocidental "normal".[121] Provando que o país estava menos vulnerável a partidos de direita do que se temia, a eleição revelou que a RFA não enfrentava qualquer perigo iminente de se tornar um Quarto Reich. Pela primeira vez no período do pós-guerra, o desenvolvimento histórico da Alemanha Ocidental não parecia suscetível de uma antecipação contrafactual.

Universalizando o Quarto Reich nos Estados Unidos

Ironicamente, ao mesmo tempo que eram encorajados pela energia crescente da democracia na Alemanha Ocidental, os observadores ocidentais começavam a se preocupar com o futuro da democracia nos Estados Unidos. A agitação dos anos 1960 atingiu os EUA com uma força particular. A intensificação da luta pelos direitos civis, a eclosão de tumultos raciais nas cidades americanas, o assassinato de Martin Luther King Jr. e o surgimento do Movimento Nacionalista Negro expuseram a divisão racial do país. A explosão de protestos estudantis contra a Guerra do Vietnã, a demanda por direitos das mulheres e dos homossexuais, além do aparecimento da contracultura revelaram a presença cada vez maior de divisões sociais e culturais. A crescente polarização entre americanos liberais e conservadores acabou produzindo uma forte guinada para a direita quando os votantes elegeram Richard Nixon presidente em 1968 e depois, de novo, em 1972. O curso desastroso dos quase dois mandatos de Nixon, culminando com o escândalo de Watergate, deixou muitos americanos ressabiados com a saúde da democracia de seu país, inspirando-os a atacá-la com uma ferocidade retórica sem precedentes. Não surpreende, no entanto, que os críticos recorressem com frequência à história da era nazista e usassem a ideia do Quarto Reich para denunciar realidades mais americanas que alemãs.

O sentimento de que os EUA podiam ter seu próprio potencial fascista começou a se tornar plausível no início dos anos 1960 com a criação do Partido Nazista Americano (American Nazi Party – ANP). Fundado, em 1958, pelo notório antissemita e segregacionista George Lincoln Rockwell, o ANP sempre foi uma diminuta organização marginal (Figura 4.3). Mas recebeu considerável atenção da mídia (para não mencionar vigilância do governo) por seus protestos espalhafatosos contra judeus e negros. Acreditando que o Movimento pelos Direitos Civis era parte de uma conspiração judaica, Rockwell chegou às manchetes em 1958 quando fez um piquete na frente da Casa Branca com um cartaz exigindo "Salve Ike dos Kikes"* e depois atacou Martin Luther King Jr. como "Martin Luther Coon".**[122] A demagogia racista

* Ike era o presidente Eisenhower; *kikes* era um termo ofensivo para indicar os judeus. (N. do T.)

** *Coon* era um termo ofensivo para indicar os afro-americanos, como o uso de "crioulo" para se referir ao negro brasileiro. (N. do T.)

de Rockwell provocou violentos contraprotestos no início dos anos 1960 e ele atraiu mais reprovações em 1965, ao concorrer para governador da Virgínia com uma plataforma descaradamente racista, que mais tarde ele chamou de "poder branco".[123]

Mais ou menos nessa época, Rockwell passou a ser associado à possibilidade de um Quarto Reich. Em 1966, um alemão amigo e confidente de Rockwell no florescente movimento nazista internacional, o antigo membro da Juventude Hitlerista, veterano da *Wehrmacht* e autodenominado "Führer" Bruno Armin Ludtke, recebeu uma sentença de oito meses com *sursis* de um tribunal em Frankfurt por "tentar formar um governo do Quarto Reich" na Alemanha Ocidental.[124] Nesse mesmo ano, alguns homens teuto-americanos e alemães ligados a Ludtke – Reinhold Ruppe, Erich Lindner e Kurt Reinheimer – foram presos por conspirar para matar o promotor Fritz Bauer, encarregado de crimes de guerra na Alemanha Ocidental, e estabelecer um "Quarto Reich".[125] Esses relatos, somados a casos repetidos de vândalos em pequenas e grandes cidades americanas pichando a expressão "O Quarto Reich" em sinagogas e outros edifícios nos anos 1966-1967, revelaram que o apoio ao nazismo não estava confinado ao NPD da Alemanha Ocidental, mas existia também no supostamente mais democrático Estados Unidos.[126] E revelaram que a ideia de um novo Reich tinha tanta relação com o racismo americano quanto com o antissemitismo alemão.

O desabrochar dessas conexões ajuda a explicar por que os ativistas dos direitos civis – tanto negros quanto brancos – estiveram entre os primeiros a afirmar que os Estados Unidos tinham potencial para se tornarem um Quarto Reich. Já em 1964, a revista *Jet* advertia que o endosso pelo candidato presidencial republicano Barry Goldwater do "extremismo pela causa da liberdade" era um "perigo... não apenas para os negros, mas também para os judeus" e insistia que "se não queremos um Quarto Reich aqui, as minorias raciais e religiosas devem se unir na eleição e enterrar a proposta presidencial de Barry Goldwater".[127] Após os eventos do "Domingo Sangrento" em Selma, no Alabama, em março de 1965, um cidadão comparou os partidários de George Wallace a nazistas e perguntou ansioso: "Estamos tentando estabelecer o Quarto Reich [em] meu amado Estado?".[128] Em 1967, um agravamento de tensões raciais levou nacionalistas negros a adotarem a expressão para descrever a nação dividida. Em agosto desse ano, H. Rap Brown, do Comitê de Coordenação Não Violenta de Estudantes (Student Nonviolent Coordinating Committee – SNCC) declarou: "Você vê que reconhecemos a América pelo que ela é: o Quarto Reich, e dizemos para a América ficar de prontidão, porque se as pessoas brancas jogar como os nazistas, as pessoas negras não vão jogar como os judeus"![129] A crítica mais contundente foi expressa por Max Stanford, um dos principais membros do Movimento de Ação Revolucionária (Revolutonary Action Movement, RAM) que, na primavera de 1968, quando estava preso, escreveu um manifesto para a "nação negra independente", em que declarou:

> Em vez de admitir a verdade das injustiças cometidas contra o afro-americano... a América preferiu eliminá-lo... O Quarto Reich é aqui... O Armagedom está aqui, a guerra racial é iminente...
>
> Todo o Quarto Reich... tentará nos aniquilar quando os americanos negros se rebelarem contra o racismo.
>
> O Quarto Reich usará a mais recente... arma eletrônica, biológica e química contra nós. Sabem que se perderem essa guerra todo o seu império vai ruir... O Quarto Reich vai desencadear contra nós uma guerra mais brutal do que a que eles estão travando contra os vietnamitas.[130]

Jornalistas negros costumavam divulgar esses comentários alarmistas. Em 1967, o editor da revista *Ebony*, Lerone Bennett, chamou a atenção para "a ascensão da Direita Radical, o desespero cada vez maior no gueto [e] o medo cada vez maior na comunidade branca", concluindo que, a não ser que "... façamos mudanças revolucionárias em cada nível de nossa vida", a América corria o risco de se tornar "um Quarto

Reich".[131] Em 1969, o *The Philadelphia Tribune* atacou a recusa do prefeito Frank Rizzo, da Filadélfia, a investigar casos locais de brutalidade policial dizendo que o governo da cidade havia "aprendido muito bem suas lições com o Terceiro Reich" e estava "ajudando a trazer um Quarto Reich" para a cidade do amor fraterno.[132]

Ativistas negros voltaram uma atenção especial para o papel de Richard Nixon na promoção dessa tendência direitista. Em 1970, o *Milwaukee Star* criticou as tendências autoritárias do presidente Nixon chamando-o de o "'Rei Dick', governador do Quarto Reich".[133] Esses comentários se multiplicaram após a reeleição de Nixon. Em uma entrevista de 1973, o escritor James Baldwin criticou com energia a decisão dos eleitores americanos de devolver "Nixon... à Casa Branca", declarando que "para manter o 'crioulo' em seu lugar, colocaram no cargo a lei e a ordem, e é isso que eu chamo de Quarto Reich".[134] Um ano antes, no livro *No Name in the Street* (1972), o escritor expressara sua preocupação com toda a geração dos anos 1960, comentando: "Não pude deixar de sentir, observando-os, que, exatamente como o Terceiro Reich teve de submeter a oposição alemã antes de achar tempo para os judeus... minha república, que... eu estava começando a imaginar como o Quarto Reich, seria empurrada ao poder com os *hippies* pacifistas e suas flores... antes de achar tempo para os negros e depois para o resto do mundo".[135] Comentários semelhantes surgiram em meados da década de 1970, por exemplo, quando Lerone Bennett proferiu um discurso em novembro de 1975 em que avaliou uma série de programas que pretendiam "corrigir... erros sociais" advertindo que "há somente duas estradas à nossa frente... uma para nos tornarmos pela primeira vez uma democracia, outra para um Quarto Reich fascista".[136]

Com base nos esforços de ativistas de direitos civis, outros críticos de esquerda empregaram a ideia do Quarto Reich para condenar a Guerra do Vietnã. Em 1970, o famoso advogado William Kunstler argumentou que, à luz do massacre de My Lai e do fato de as cadeias americanas "estarem sendo usadas como campos de concentração [para presos políticos]", os EUA compartilhavam muitos pontos em comum com a Alemanha nazista. Como ele afirmou: "Se vamos condenar o povo alemão pelo apoio ao Terceiro Reich, temos então de condenar a nós mesmos pelo apoio ao Quarto Reich".[137] O militante comunista francês Régis Debray, então prisioneiro na Bolívia, expressou sua admiração por Charles De Gaulle em 1970 como uma inspiradora figura de resistência nacionalista para "todos os países que lutam pela independência nacional contra a dominação do 'Quarto Reich' – o império dos EUA – que é mais terrível que o Terceiro Reich".[138] No início de 1973, Pamala Haybes, do *The Philadelphia Tribune*, escreveu que os "bombardeios assassinos [do presidente Nixon no Vietnã]" constituíam "os mais brutais crimes de guerra... desde o bombardeio de Adolf Hitler... a Roterdã" e haviam transformado a "Amerika racista" no "Quarto Reich".[139] Por fim, em 1968, Lyndon B. Johnson foi atacado em um ácido cartaz que mostrava o presidente sentado num Fusca da Volkswagen (originalmente projetado, nos anos 1930, com o *slogan* "Energia com o Carro da Alegria" pela Frente Alemã para o Trabalho, de Hitler) com a legenda "A Ascensão e Queda do Quarto Reich" (Figura 4.4).

Os críticos empregaram uma terminologia semelhante para atacar o governo de Richard Nixon durante o escândalo de Watergate. Antes mesmo de as notícias do assalto a Watergate virem à tona na primavera de 1973, jornalistas usavam referências da era nazista para descrever Nixon e seus assessores. Em 1971, o *The Boston Globe* observou que "quase todos os... principais assessores do presidente na Casa Branca" tinham "sobrenomes sem a menor dúvida teutônicos – Kissinger, Haldeman, Ehrlichman... e Schultz" – e eram "coletivamente conhecidos como o... Quarto Reich".[140] Depois que estourou o escândalo Watergate, essas observações adquiriram um teor mais crítico. Em maio de 1973, *The Billings Gazette* se referia "à Queda do Quarto Reich" com referência ao governo sitiado de Nixon.[141] Enquanto isso, de uma ponta à outra da nação, cidadãos comuns escreviam cartas aos editores de seus jornais locais expressando o medo de que "a América tenha se tornado o Quarto Reich e o presidente fosse o filho de Hitler".[142]

Por fim, teóricos da conspiração vincularam o assassinato do presidente John F. Kennedy a um plano mais amplo para estabelecer um Quarto Reich nos EUA. Em meados dos anos 1960, o famoso promotor público de Nova Orleans, Jim Garrison, justificou sua bem-conhecida rejeição do relatório da Comissão Warren partindo da teoria de que o assassinato do presidente fazia parte de uma "operação nazista", bancada por "ricos milionários do petróleo no Texas" que se opunham ao esforço de Kennedy para "chegar a um entendimento" com Nikita Khrushchev e Fidel Castro. Em 1967, Garrison discutiu essa teoria em um ensaio com um título provocador: "The Rise of the Fourth Reich" ["A Ascensão do Quarto Reich"] ou "How to Conceal the Truth about an Assassination Without Really Trying" ["Como Esconder a Verdade sobre um Assassinato sem de Fato Tentar Investigá-lo"].[143] Nele, Garrison argumenta que o governo dos Estados Unidos estava procurando vender ao público americano uma "ilusão" sobre o assassinato de Kennedy e, nesse esforço, estava se comportando de uma maneira nazista. Como ele afirmou: "A... ilusão... de que estamos vivendo no melhor de todos os mundos possíveis é uma estratégia favorita do tipo fascista de governo... para evitar que as pessoas fiquem inquietas. E... vocês estão vendo isso ser aplicado hoje... em uma série de áreas do governo dos Estados Unidos".[144] Os argumentos de Garrison foram retomados por uma lendária teórica da conspiração, a locutora de rádio da Califórnia Mae Brussell. Depois de passar anos pesquisando o assassinato de Kennedy, ela insistia que um grupo de conspiradores de barões do petróleo, agentes da CIA e nazistas anticomunistas associados à John Birch Society havia assassinado o presidente devido à sua "disposição de dar instrução aos negros sulistas e registrá-los para votar". Brussell observou, no entanto, que as ações deles faziam parte de um plano ainda maior. Segundo ela, o assassinato de outras figuras progressistas nos anos 1960, como "[Robert F.] Kennedy... Malcolm X, Martin Luther King Jr., líderes sindicais, juízes, artistas, repórteres, escritores, estudantes, Panteras Negras, índios, *chicanos* e *hippies*", tudo isso estaria relacionado ao recrutamento, feito no pós-guerra pelo governo americano, de ex-oficiais de inteligência e cientistas aeroespaciais nazistas para ajudar "os... estados do sul... a construir... o Quarto Reich" nos EUA.[145]

Embora a maioria desses comentários fosse feita por críticos de esquerda, vez por outra eles também eram feitos por analistas de centro-direita. Em 1963, um furioso segregacionista da Louisiana enviou uma carta ao editor de seu jornal local expressando sua oposição à decisão do governo federal de enviar "30 mil soldados armados ao Mississippi para forçar a universidade a aceitar um negro", argumentando que isso cheirava a "fétido despotismo" e sugeriu que "estamos vivendo agora sob o Quarto Reich".[146] Em fevereiro de 1969, brancos racistas, que se autodenominavam "Os Estudantes do Quarto Reich", enviaram ameaças de morte a membros de um grupo de estudantes negros que defendiam a criação de um Programa de Estudos sobre a Negritude no Sacramento City College.[147] Em 1970, o produtor musical conservador Sidney O. Fields produziu um álbum fonográfico não musical, apenas com material de propaganda intitulado *The Fourth Reich: The Communazis Exposed in Their Own Words: Revolution Today in the USA* [O Quarto Reich: os Comunazis Expostos em suas Próprias Palavras – Revolução Hoje nos EUA], que comparava discursos proferidos na Conferência Revolucionária Nacional do Partido dos Panteras Negras a favor de uma Frente Unida contra o Fascismo, em julho de 1969, a comícios de propaganda nazista (Figura 4.5).[148]

Brotassem esses ataques retóricos da esquerda ou da direita continua sendo um ponto obscuro a razão de tantos críticos americanos adotarem a ideia de um Quarto Reich nos anos 1960. Não há explicação óbvia para a repentina ubiquidade do termo no discurso popular. Nenhuma figura excepcional o popularizou. Nenhuma obra cultural importante o empregou. Na realidade, o conceito parece ter se infiltrado gradualmente no discurso americano pela cobertura noticiosa dos acontecimentos na Alemanha Ocidental, durante os anos 1960. Isso, no entanto, nos obriga a indagar por que o conceito exerceu tamanho apelo nos Estados Unidos. Em parte, a popularidade do Quarto Reich refletiu a crescente universalização do passado nazista na memória americana. Esse desenvolvimento representou a colisão de duas tendências: o interesse crescente pela história do Terceiro Reich típico da época e sua crescente preocupação com problemas sociais e políticos contemporâneos. Ambas as tendências se reforçavam mutuamente: o conhecimento crescente da era nazista influenciava o modo como as pessoas interpretavam os problemas do presente e a preocupação crescente com os problemas do dia instigava comparações com o passado nazista de modo a tornar as pessoas mais conscientes a respeito deles.

Ao longo da década de 1960, o discurso político nos Estados Unidos ficou impregnado de referências ao Terceiro Reich. O presidente Kennedy justificou a Guerra Fria dos Estados Unidos contra o comunismo soviético invocando a defesa que o país fizera da "liberdade" contra o totalitarismo nazista, enquanto o presidente Johnson citava o apaziguamento da Europa praticado por Hitler nos anos 1930 para justificar o envolvimento dos EUA no Vietnã.[149] As analogias empregadas por manifestantes antigoverno eram parecidas.[150] Em 1968, o Partido dos Panteras Negras citou o pagamento pelo governo alemão de reparações a Israel pelo "genocídio de 6 milhões de judeus" para exigir indenização pelo "abate... racista americano de mais de 50 milhões de pessoas negras".[151] Ao mesmo tempo, James Baldwin previu que uma América cada vez mais "fascista" estava pronta para instalar "campos de concentração na Califórnia... Nova York... [e] Filadélfia", e advertia que se negros e brancos não "se unirem, vão acabar no mesmo forno a gás".[152] Finalmente, ativistas antiguerra compararam as ações americanas no Vietnã ao brutal comportamento dos nazistas durante a guerra na Europa, com Bertrand Russell equiparando as "crianças em chamas do Vietnã" aos "judeus mortos nas câmaras de gás de Auschwitz".[153]

A presença crescente do Quarto Reich no discurso público americano pode ser compreendida como atendendo à necessidade de um termo de acusação retoricamente poderoso da época. O conceito de um Quarto Reich fornecia a variados grupos sociais um significante conciso, polêmico, para expressar o medo de que o mundo atual estivesse preso a uma direção "fascista", senão francamente nazista. O caráter do conceito, orientado para o futuro, emprestava ainda mais urgência à perspectiva de um pesadelo que ainda não tinha acontecido – mas que poderia ocorrer. O caráter de advertência do Quarto Reich permitia ainda que a expressão servisse como palavra de ordem para a mobilização de ativistas procurando impedir que ela se transformasse, de uma forma ou de outra, em realidade. Quer se aplicasse à ameaça de racismo, imperialismo ou militarismo, a versatilidade e eficiência do termo para direcionar a atenção para preocupações contemporâneas explica seu apelo crescente.

Ao se tornar, porém, universalizado, o Quarto Reich começou a dar sinais de excesso retórico. Além de ser estendido da Alemanha aos Estados Unidos, foi também aplicado a outras nações. Em 1967, em uma parada pelo Dia da Independência Grega na cidade de Nova York, manifestantes atacaram a nova ditadura militar da Grécia carregando cartazes que diziam: "A Grécia Não Deve se Tornar o Quarto Reich", ao passo que, dois meses mais tarde, a estrela do cinema grego Irene Pappas empregou a expressão ao pedir um boicote cultural ao país.[154] Na Austrália, em 1970, ativistas contra o Apartheid protestaram em um jogo de basquete feminino entre as equipes sul-africana e australiana entoando "Esmaguem o Quarto Reich".[155] Esses usos da expressão foram aplicados a outros regimes ditatoriais, permanecendo assim dentro dos limites da plausibilidade retórica. Mas outros usos do termo foram mais questionáveis. Em 1965, um senador republicano do estado de Indiana, Marlin McDaniel, detonou o plano de repartição da legislatura estadual, encaminhado pelos democratas, declarando: "Precisamos de um sistema mais construtivo de dois partidos em Indiana, não de um Quarto Reich comandado por um punhado de chefes políticos de um só partido".[156] Em 1970, um estudante que protestava em uma manifestação de massa na Pensilvânia contra os aumentos das mensalidades da faculdade foi detido por desfigurar uma bandeira com uma suástica e com as palavras: "Estados Unidos da América: o Quarto Reich".[157] Em 1974, uma carta irritada ao editor de um jornal condenou uma proposta da Flórida para permitir o suicídio assistido por médicos em casos graves de retardo mental e Síndrome de Down, advertindo: "Companheiros da Flórida, bem-vindos ao Quarto Reich. Temos um novo líder para decidir... quem deve viver e quem pode morrer".[158]

Esses comentários foram feitos com seriedade, mas ao estender o conceito do Quarto Reich para muito além de seu contexto histórico original, afetaram de maneira negativa seu significado. Antes de qualquer coisa, ficaram patentes os problemas de uso retórico. Em muitos casos, a expressão "Quarto Rcich" era usada de maneira leviana como *slogan* para uma infinidade de males contemporâneos. O uso crescente mostrava ainda que a expressão estava sendo submetida à dinâmica da "inflação simbólica", em que o emprego excessivo de um símbolo leva à sua desvalorização.[159] Por fim, o Quarto Reich foi atingido pela "Lei de Gresham da linguagem", uma dinâmica em que os significados "ruins" das palavras tiram de circulação os significados "bons".[160] Ao aderir a esse padrão, a proliferação de referências infladas ao Quarto Reich começou a competir com as originais e a desvalorizar por completo o conceito.

O ponto final lógico da rápida universalização do Quarto Reich durante esse período foi sua crescente estetização. Ao mesmo tempo que ia sendo usado como termo de acusação, o conceito estava sendo despido de seu conteúdo moral e político original. Ao longo dos anos 1960, a ideia do Quarto Reich passou a ser associada a uma ampla gama de grupos sem nenhum tipo de vínculo com a era nazista. Um grande número de gangues de motoqueiros, por exemplo, adotou a denominação "Quarto Reich" para se distinguirem das rivais. Relatos de imprensa de Michigan, Massachusetts e Ontário relataram brigas entre homens "usando as jaquetas de couro dos motoqueiros com os dizeres

'Quarto Reich' e as inscrições de gangues como "*the Violators* [os Violadores], *the Half-Breeds* [os Mestiços] e *the Highwaymen* [os Bandidos de Estrada]". Artigos subsequentes sobre os processos judiciais e os esforços de paz entre gangues rivais sugeriram que poucos de seus membros compreendiam o significado histórico por trás do termo.[161] Quando os membros de uma gangue de motoqueiros "Quarto Reich" em Pittsfield, Massachusetts, foram levados a julgamento em 1969 para enfrentar acusações depois de atacar um motorista que havia atirado latas de cerveja na direção deles, por exemplo, o advogado insistiu que seus clientes "não tinham ideia... do que a expressão Quarto Reich significava ou... os símbolos... nazistas... nas jaquetas... de couro".[162] Essas alegações podem não ter sido sinceras, mas a despeito do que os membros da gangue realmente soubessem sobre a história da Alemanha nazista, é provável que a adoção da expressão "Quarto Reich" tenha ocorrido por motivos estéticos.

O mesmo se aplicava a outros usos despolitizados da expressão. Em março de 1968, um baile em uma escola do ensino médio de Mill Hall, na Pensilvânia, apresentou uma *dance band* chamada "O Quarto Reich".[163] A mesma banda – ou talvez outra com o mesmo nome – fez um concerto público na praça do centro de Jasper, Indiana, em maio de 1970.[164] Em janeiro de 1968, em Ukiah, Califórnia, uma liga de basquete amador apresentou um jogo entre o "Quarto Reich" e uma equipe chamada, de modo mais convencional, "Eagles" [Águias].[165] "O Quarto Reich de Wilmington, Delaware" foi um dos muitos grupos participando da atividade cada vez mais popular dos jogos de guerra em 1967.[166] Por fim, e com a maior irreverência, o movimento em uma série de restaurantes de culinária alemã em Houston, Texas, incitou um jornalista local a proclamar que a cidade estava testemunhando a invasão de uma "cozinha Quarto Reich".[167] Todos esses exemplos irreverentes sugeriam uma disposição cada vez maior de usar o conceito antes de maneira irônica que com um teor político. Embora seja impossível saber o que inspirou cada caso individual, tomados em conjunto eles representaram uma reação contra os usos extremamente exagerados do Quarto Reich na época. Da mesma maneira que a seriedade de modo invariável inspira a sátira, a inflação do termo, de forma inevitável, provoca esforços para reduzi-lo ao tamanho certo.

Conclusão

No período de alguns poucos anos durante a turbulenta década de 1960, o conceito do Quarto Reich passou por uma evolução profunda. Depois de sumir de vista no final da década anterior, retomou um lugar de destaque com o renascimento da atenção internacional ao passado nazista da Alemanha Ocidental. A eclosão da Epidemia da Suástica em 1959-1960, o aguçamento do conflito das grandes potências acerca de Berlim e o sucesso eleitoral do NPD nos anos 1966-1969 revelaram que a República Federal não conseguira se livrar da sombra do Terceiro Reich. Contudo, sem dúvida ao mesmo tempo, essa atenção recém-descoberta desviou, de forma paradoxal, o foco da Alemanha Ocidental. À medida que se tornou cada vez mais um assunto de interesse público, o passado nazista passou a servir de referência para avaliar problemas de outros países. Em especial nos Estados Unidos, mas também em outros lugares, os críticos – sobretudo os de esquerda – reagiam ao Movimento dos Direitos Civis, à guerra no Vietnã, ao escândalo Watergate e ao assassinato de JFK fazendo referências ao legado da era nazista. Muitos começaram a temer que seu próprio país pudesse estar descendo a estrada para o fascismo. Para resumir esse medo, invocavam o conceito retoricamente poderoso de um "Quarto Reich". A fazê-lo, sugeriam que a Alemanha Ocidental estava longe de ser o único país cuja ordem democrática enfrentava uma ameaça nazista. Como a possibilidade de um Quarto Reich estava ficando internacionalizada, seu significado estava se universalizando. Precisamente, no entanto, quando isso acontecia, indícios de uma reação se tornavam visíveis nos primeiros esforços de estetizar o Quarto Reich, despindo-o de seu significado moral e político. Nos anos 1970, esse desenvolvimento atingiria um novo nível de intensidade.

5 "HITLER NA ARGENTINA!": TRANSFORMANDO O QUARTO REICH EM FICÇÃO NOS LONGOS ANOS 1970

Eles estavam por toda parte, pensou Johann von Tiebolt, enquanto caminhava para a porta. Por toda parte. *Die Sonnenkinder*. Os Filhos do Sol...

Milhares. Selecionados geneticamente, as... famílias rastreadas por várias gerações... Só os mais puros foram enviados e... guiados, treinados, doutrinados...

Milhões [de dólares] canalizados criteriosamente, *com prudência política*. Uma por uma, as nações ficariam sob controle, moldadas internamente pelo *Sonnenkinder*...

O Chile tinha custado menos de 27 milhões, o Panamá não mais de 6. Na América, assentos no Senado e na Câmara deveriam ser conseguidos por algumas centenas de milhares...

O bloco oriental seria o próximo [e]... quando o sinal chegasse... coletivos do povo por toda parte perceberiam de repente que havia um caminho melhor...

O Quarto Reich teria nascido... e se espalharia por todo o mundo. Os Filhos do Sol seriam os legítimos senhores do globo.[1]

A descrição do escritor americano Robert Ludlum de uma conspiração neonazista que busca a dominação do mundo em seu romance *best-seller* de 1978, *O Documento Holcroft*, ilustra um importante desenvolvimento na evolução pós-guerra do Quarto Reich.

Ao mesmo tempo que se universalizava, a ideia ia se tornando cada vez mais ficcional. De inícios dos anos 1960 a inícios da década de 1980 – um período que pode ser chamado de "os longos anos 1970" – o tema encontrou cada vez mais expressão na cultura popular ocidental. Em especial nos Estados Unidos e na Grã-Bretanha, o tema de um retorno nazista ao poder esteve no centro de dezenas de romances, filmes, seriados de TV, programas de rádio e revistas em quadrinhos. Essas narrativas alteraram a imagem anterior do Quarto Reich. Em vez de retratá-lo como uma ameaça emanando com exclusividade da República Federal da Alemanha, elas o imaginaram como parte de uma conspiração internacional sendo planejada por uma comunidade da diáspora de fugitivos nazistas na América Latina, no Oriente Médio e até nos Estados Unidos.

É paradoxal como a transformação do Quarto Reich em ficção refletia a crença de que um retorno nazista já não representava uma ameaça política real. Histórias de uma rede nazista internacional conspirando para retornar ao poder estavam baseadas em genuínos temores que começaram durante a Segunda Guerra Mundial e se estenderam até os anos 1960. No final dessa década, no entanto, desdobramentos na arena política internacional – sobretudo na Alemanha Ocidental – diminuíram as preocupações ocidentais de que a diáspora nazista pudesse realmente moldar os problemas globais. Quando retrocedeu como ameaça política, a perspectiva da iminência de um Quarto Reich tornou-se uma fonte de entretenimento. As narrativas que surgiram na literatura e no cinema durante o período que se seguiu retrataram a possibilidade de um retorno nazista sob diversas formas. Alguns concebiam nazistas estrangeiros planejando um golpe na República Federal. Outros os descreviam se apoderando do poder em uma escala global. Todos eles, no entanto, representavam vilões familiares, incluindo obstinados nazistas *Werwolf*, militantes que eram generais da *Wehrmacht*, fugitivos que eram homens da SS e criminosos de guerra que não se arrependiam de nada, indo de Martin Bormann ao próprio Hitler. Os autores dessas narrativas eram impelidos por diversos motivos: alguns puramente escapistas;

outros mais didáticos. Todos eles, no entanto, usavam o Quarto Reich como alegoria para avaliar a importância que o passado tinha para o presente. Ao fazê-lo, suas narrativas expressavam métodos divergentes de relembrar a era nazista.

A resposta à onda de narrativas do Quarto Reich também foi variada. A recepção popular foi entusiástica. Milhões de pessoas adotaram o gênero e o transformaram em um grande sucesso comercial. Os críticos, no entanto, não foram tão unânimes, elogiando uma ou outra obra enquanto atacavam a onda maior por estetizar e tornar trivial o legado nazista. No início dos anos 1980, a proliferação de narrativas foi aos poucos diminuindo e, por fim, refluiu. Mas ajudou a ancorar o Quarto Reich na consciência popular ocidental.

A Diáspora Nazista: Até que Ponto uma Ameaça Real?

A ideia de que um Quarto Reich estava sendo planejado do exterior remonta à Segunda Guerra Mundial. Após o curso do conflito se voltar contra o regime nazista em 1942, diplomatas e jornalistas americanos foram ficando cada vez mais convencidos de que os líderes estavam conspirando para fugir para a América Latina com o objetivo de planejar um eventual retorno ao poder.[2] Um dos principais focos de preocupação era a Argentina. Como resultado da grande comunidade imigrante alemã do país e da neutralidade de seu governo militar no período da guerra, a Argentina foi encarada por muitas autoridades americanas como o lugar mais provável para abrigar fugitivos nazistas; na verdade, a primeira referência explícita à possibilidade de um "Quarto Reich" nazista na Argentina data de meados de 1944.[3] Esses medos foram reforçados na primavera de 1945, quando a imprensa anglo-americana publicou histórias sensacionalistas de agentes nazistas – incluindo Martin Bormann e até mesmo Hitler – chegando de submarino a portos argentinos e levando com eles ativos, fruto de pilhagens, destinados a financiar um "movimento clandestino nazista mundial".[4] Convencido da seriedade da ameaça, o Departamento de Estado dos Estados Unidos publicou um *Blue Book on Argentina* [Livro Azul sobre a Argentina] em fevereiro de 1946, advertindo que "os líderes nazistas têm combinado com grupos totalitários da Argentina a criação de um Estado neofascista".[5] Por ironia, a advertência deu um resultado oposto ao objetivo pretendido. Algumas semanas depois, eleitores argentinos, ressentidos da intromissão americana, elegeram o general Juan Perón como seu novo presidente. A decisão de Perón de receber imigrantes alemães na Argentina, sem se importar com seus antecedentes, causou mais ansiedade e levou organizações americanas de vigilância, como a Sociedade para a Prevenção da Terceira Guerra Mundial, a advertir em 1946 que dezenas de milhares de nazistas "tinham planos para um Quarto Reich" na Argentina.[6]

A intensificação, no final dos anos 1940, durante a Guerra Fria, do medo da União Soviética levou ao declínio de tais rumores, mas eles ressurgiram no início dos anos 1950 com o aumento da atividade neonazista na Alemanha Ocidental.[7] Nos Estados Unidos e na Grã-Bretanha, jornalistas examinaram o papel de nazistas estrangeiros na ajuda às ambições políticas do SRP e do Círculo Naumann. As suspeitas foram encaradas com seriedade pelo fato de Hans-Ulrich Rudel e Otto Skorzeny viajarem regularmente entre Argentina, Espanha e outras terras da diáspora nazista.[8] Foram ainda reforçadas pelas atividades da *Der Weg*, uma revista mensal de direita, baseada em Buenos Aires, que foi descrita em 1950, pela Sociedade para a Prevenção da Terceira Guerra Mundial, como o "mais perigoso posto avançado nazista fora das fronteiras da Alemanha".[9] Por fim, essa movimentação confirmou relatos jornalísticos sobre um crescente "fascismo internacional" se estendendo da Europa para a América Latina.[10] A imprensa australiana, por exemplo, reportou em 1952 que os nazistas haviam escondido "milhões" em bens saqueados (incluindo "22 caixas de dentes de ouro 'recolhidos' por... Eichmann") na região dos lagos austríacos de Alt-Aussee a fim de "preparar o terreno para o Quarto Reich".[11] Histórias semelhantes apareceram na imprensa britânica e mesmo na brasileira, que, em 1950, noticiou sobre grupos baseados na Argentina "que trabalhavam para o retorno bem-sucedido do nacional-socialismo".[12]

As inquietações ocidentais sobre um movimento clandestino nazista internacional também se concentraram no Oriente Médio. Essas inquietações refletiam a consciência de que muitos países árabes tinham sido pró-nazistas durante a Segunda Guerra Mundial e alguns, como Egito, Síria e Iraque, deram abrigo a fugitivos nazistas após 1945. Às vezes eram notórios criminosos de guerra, como o comandante Franz Stangl, de Treblinka; o assistente de Eichmann, Alois Brunner; um técnico em câmaras de gás montadas em vans, Walter Rauff; o funcionário do Ministério do Exterior Franz Rademacher; o médico de Mauthausen, doutor Aribert Heim, e o funcionário do Ministério da Propaganda do Reich Johann von Leers; outros indivíduos tinham fugido da República Federal depois de entrar em conflito com as autoridades, como o político do SRP Fritz Rößler e os antissemitas indiciados Hans Eisele e Ludwig Zind.[13] Os casos desses fugitivos foram abordados no início da década de 1950 por escritores americanos como John Dornberg e T. H. Tetens, que detectaram conexões variadas entre "os nazistas expatriados nos... países árabes e os... movimentos neonazistas na Alemanha Ocidental".[14] Talvez os casos mais preocupantes fossem os dos cientistas aeroespaciais nazistas, que foram recrutados pelo ditador egípcio Gamel Abdel Nasser para ajudar a construir a força militar do país.[15] Alguns jornalistas afirmaram ver uma conspiração maior nesses elos.[16] Mas os temores da Guerra Fria com relação à União Soviética deixaram-nos sem a solidariedade de muitos que os escutaram.

No entanto, as preocupações com os nazistas fugitivos se difundiram por um público muito maior após a captura de Adolf Eichmann, em 1960. O governo alemão-ocidental sabia que Eichmann estava na Argentina desde 1952, mas a crença de que não representava ameaça à segurança impediu o esforço para capturá-lo.[17] Só no final dos anos 1950, o governo israelense, acreditando que Eichmann fazia parte de uma rede nazista maior que ajudava os árabes a combater o Estado judeu, autorizou o Mossad a sequestrá-lo e levá-lo para ser julgado em Jerusalém por crimes contra o povo judeu.[18] A captura de Eichmann fez renascer o interesse mundial pela existência de outros nazistas fugitivos em locais de refúgio no exterior, como Bormann, Stangl e o médico de Auschwitz, Josef Mengele, e estimulou os temores de que eles pudessem estar planejando um retorno ao poder.[19] Em 1960, o *Daily Express* escreveu que "os nazistas na Argentina... têm esperança... de que a Alemanha volte a ser a senhora da Europa" e estavam organizando discussões sobre "o tema... do Quarto Reich".[20] Em 1963, diferentes veículos de mídia noticiaram a dragagem do Lago Toplitz feita pelo governo austríaco em busca de um tesouro escondido pelos nazistas para "financiar um Quarto Reich" após a guerra.[21] Nesse mesmo ano, reportagens de jornais sobre cientistas alemães trabalhando no Egito para desenvolver mísseis a serem usados contra Israel levaram a comentários de que eles seriam parte de um plano maior para criar um "Quarto Reich" que ia "reunificar toda a Alemanha e controlar o mundo".[22]

A figura mais importante que alimentava o interesse popular pela diáspora nazista foi o famoso caçador de nazistas Simon Wiesenthal (Figura 5.1). Graças a seu trabalho de rastrear criminosos de guerra fugitivos, como agente do Escritório de Serviços Estratégicos (Office of Strategic Services – OSS) e investigador particular no final da década de 1940 e nos anos 1950, Wiesenthal acreditava que existia uma conspiração internacional para o retorno dos nazistas ao poder. Em seu livro autobiográfico, *The Murderers Among Us* (1967), descreveu como um ex-agente de inteligência alemão, cujo nome não é revelado, contou-lhe durante os Julgamentos de Nuremberg sobre a existência de uma organização secreta chamada ODESSA, que estava ligada a "círculos nazistas... [empenhados] na criação de um Quarto Reich".[23] Sigla para *Organization der Ehemaligen SS-Angehörigen* (Organização dos Ex-membros da SS), a ODESSA, segundo Wiesenthal, foi formada em 1947 por antigos homens da SS para contrabandear ex-nazistas para a América Latina, minar a democracia da Alemanha Ocidental, travar uma guerra secreta contra Israel e, de um modo geral, ameaçar a paz mundial. Para financiar suas atividades, a ODESSA supostamente recorria a ativos do Estado e à riqueza judaica saqueada que estiveram escondidos em determinados locais do Reich nazista e teriam sido transferidos para o exterior logo após uma conferência secreta, organizada por Martin Bormann e industriais alemães, em 10 de agosto de 1944, na cidade de Estrasburgo, na França.[24] O objetivo final, enfatizou Wiesenthal, era usar os "fundos ocultos para a construção de um Quarto Reich".[25] Esse novo Reich era parte de um "movimento mundial" mais amplo que contava com o apoio de países na Europa, nas Américas e no Oriente Médio; recebia ajuda de partidos políticos, como o NPD da Alemanha Ocidental e o ANP de George Lincoln Rockwell; e era composto por nazistas fugitivos como Mengele, Stangl e Skorzeny. Em um tom bastante vibrante, Wiesenthal assegurou que o próprio Bormann era membro ativo da internacional nazista, ajudando a comandá-la de seu esconderijo "perto da fronteira entre Argentina e Chile".[26]

Graças em parte ao livro de Wiesenthal, os temores de uma conspiração nazista internacional durante os anos 1960 concentraram-se cada vez mais em Bormann (Figura 5.2). Depois de 1945, foi amplamente admitido que o ex-*Reichsleiter** morrera em Berlim tentando fugir do Exército Vermelho, mas o fato de seu corpo não ter sido encontrado alimentou as suspeitas pós-guerra de que pudesse estar vivo. As suspeitas aumentaram depois da captura de Eichmann.[27] E ficaram ainda mais intensas em novembro de 1972, quando o jornalista húngaro-americano e ex-agente da inteligência militar Ladislas Farago publicou uma série sensacional de seis artigos no *Daily Express*, de Londres, defendendo com base em documentos da inteligência argentina que Bormann já tinha vivido, sob nome falso, em diferentes países da América Latina.[28] O interesse atingiu um pico algumas semanas depois da declaração de

* *Reichsleiter* era o segundo cargo em importância do Partido Nazista, vindo logo abaixo do Führer. (N. do T.)

autoridades alemães-ocidentais de que haviam descoberto e identificado de forma positiva os restos mortais de Bormann, que tinham sido desenterrados no decorrer da execução do projeto de construção de uma rua em Berlim Ocidental.

A atenção que se seguiu desencadeou uma onda de matérias jornalísticas, incluindo *The Bormann Brotherhood* [A Irmandade Bormann] (1973), de William Stevenson, *Aftermath: Martin Bormann and the Fourth Reich* [Rescaldo: Martin Bormann e o Quarto Reich] (1974), de Farago, e *Inside the Fourth Reich* [Por Dentro do Quarto Reich] (1977), de Erich Erdstein.[29] Eram estudos eletrizantes, relatos em primeira pessoa de como Bormann e outros fugitivos nazistas tinham fugido da Alemanha para locais de abrigo no exterior onde poderiam tramar um retorno ao poder. De modo significativo, todos os livros destacaram em suas análises a existência de um Quarto Reich, atribuindo assim uma nova proeminência ao conceito. Segundo Stevenson, Bormann havia começado "a fazer planos para um Quarto Reich" logo após a derrota alemã em Stalingrado e, desde 1945, havia se apresentado como o futuro "Führer" do Reich, comandando uma "fraternidade" de partidários fanáticos em vastas "redes nazistas no Oriente Médio e na América Latina", que trabalhavam para o "renascimento do movimento nacional-socialista".[30] A ampliação, capaz de ocupar um livro, que Farago fizera de seus artigos anteriores estava mais baseada em documentos que a de Stevenson e evocava a ideia de um Quarto Reich de um modo mais variado. No início do livro, ele explicava que seu estudo procurava "estabelecer até que ponto os nazistas foram bem-sucedidos em reviver o nazismo no exílio e qual era a dimensão da ameaça que esse amorfo Quarto Reich representava para o mundo".[31] O uso frequente feito por Farago do termo "amorfo" em sua narrativa subsequente – como seu uso do termo "nebuloso" – para descrever o Quarto Reich sugeria que se tratava no geral de uma ameaça nascente.[32] Embora retratasse a sobrevivência do sentimento nazista em todas as comunidades de imigrantes alemães da América Latina como um problema sério, Farago encerrava o livro com uma nota sóbria, não alarmista. Na conclusão, ele afirmava ter mantido uma breve reunião de cinco minutos com Bormann, já então senil, em uma casa de repouso boliviana e relatava como o afastamento do *Reichsleiter* da política havia despojado a comunidade nazista da América Latina de seu líder, encerrando sua carreira como representante de "um 'movimento' ou 'uma força'".[33] Por outro lado, o estudo melodramático de Erdstein retratava o Quarto Reich como um perigo mais premente. Escrito como um *thriller* de espionagem, *Inside the Fourth Reich* detalhava em um tom autobiográfico a experiência de Erdstein como um refugiado austríaco judeu que usou toda a sua sagacidade para emigrar para a América Latina, onde – de acordo com seu próprio relato estilizado – tornou-se um agente da inteligência uruguaia, um oficial da polícia brasileira e, por fim, um caçador de nazistas. Como Farago, Erdstein afirmou ter visto Bormann, mas sua narrativa se concentrava mais na caçada a Josef Mengele que, de modo sensacionalista (e equivocado) ele afirmou ter morto a tiros em 1968. Ao narrar suas aventuras caçando nazistas através das regiões de fronteira de Rio del Sul e Marechal Cândido Rondon, Erdstein relatou que Bormann e Mengele, juntamente com Franz Stangl, "tramavam uma revolução nazista" que culminaria com "a ascensão de um Quarto Reich".[34] Ao mesmo tempo, Erdstein questionou o plano de exilados nazistas para "manipular ditadores e controlar o mundo", e descreveu-os como "vivendo num mundo de fantasias", divorciados da realidade.[35] De qualquer modo, suas afirmações, como as de Farago e Stevenson, reforçavam a conexão entre fugitivos nazistas e um possível Quarto Reich.

A onda de estudos de caçada a nazistas recebeu considerável publicidade. Foram comercializados de forma agressiva pelas editoras, ganharam anúncios de página inteira nos principais jornais americanos, venderam bem e foram objeto de muitas resenhas.[36] O livro de Wiesenthal foi aclamado nas mídias americana, britânica e alemã como um "extraordinário" volume escrito pela "consciência de um mundo esquecido".[37] Por outro lado, as monografias que entraram no "Bormann

Books Boom" [súbido aumento dos Livros sobre Bormann] receberam uma resposta mais heterogênea.[38] Críticos anglo-americanos louvaram o volume de Farago como cheio de "material fascinante" baseado em "fontes... de grande respeito", mas os céticos – incluindo o próprio Wiesenthal – chamaram o trabalho de "duvidoso", com "sérias deficiências".[39] Os críticos alemães foram ainda mais hostis, rejeitando o livro como "nada convincente".[40] Os críticos que fizeram avaliações do livro de Stevenson descreveram-no como "horripilante", "assustador" e "emocionante", mas grande parte deles achou "difícil aceitá-lo como real".[41] Por fim, críticos do livro de Erdstein consideraram-no provocativo, mas alguns se perguntavam sem rodeios se "a coisa era real ou fantasia".[42] Apesar dessas ressalvas, os críticos insistiam que os livros voltavam uma atenção necessária para "um triste segmento de nossa história" e traziam uma útil advertência contra a tendência do mundo ocidental para "esquecer e perdoar".[43] Como disse um crítico, os livros mostravam que, a despeito do fato deste ou daquele nazista estar vivo ou morto, estava claro que "existe, na América do Sul, um 'Quarto Reich' de nazistas fugitivos... financiado pela pilhagem nazista".[44] Só permanecendo vigilantes impediríamos que a história se repetisse.[45]

Hoje os estudiosos estão céticos quanto à existência de um Quarto Reich estrangeiro. Embora reconheçam a existência de nazistas fugitivos na América Latina e no Oriente Médio – e tenham mostrado como eles foram da Europa para lá –, rejeitam a ideia de que os ex-nazistas estivessem envolvidos em uma conspiração internacional para voltar ao poder. Por exemplo, em seu estudo recente, *Odessa und das Vierte Reich* [Odessa e o Quarto Reich], o ex-embaixador da Alemanha Ocidental no Paraguai, Heinz Schneppen, declarou com a devida ênfase que "todos os indícios sérios falam contra a existência de uma organização de fuga da SS chamada ODESSA", acrescentando que "em nenhum momento houve jamais qualquer perigo real... de um Quarto Reich".[46] Na verdade, segundo Ronald Newton, a ideia de um Quarto Reich foi um "mito" que só existiu "no reino da... fantasia".[47] Os estudos de Schneppen,

Newton e outros argumentam de modo convincente que os nazistas nunca tiveram um poder significativo na Argentina ou em qualquer outra parte da América Latina. Das dezenas de milhares de imigrantes alemães que partiram para a Argentina após a guerra, só um pequeno percentual (2 a 3%) eram nazistas, e não mais de algumas dezenas eram criminosos de guerra.[48] Os temores de que fossem perigosos resultavam do empenho das pessoas para não serem enganadas como no tempo da guerra. A preocupação, durante a guerra, do Departamento de Estado dos Estados Unidos de que os nazistas estivessem fugindo da Alemanha para a Argentina se originava da interceptação americana de informes da "propaganda negra" gerados por agentes da inteligência britânica – incluindo o jornalista Sefton Delmer – que pretendiam desmoralizar a frente doméstica alemã inventando que a liderança nazista estava abandonando o navio.[49] Os medos de um êxodo nazista para a Argentina também estavam parcialmente baseados em evidências forjadas. Algumas das afirmações mais importantes de Wiesenthal e Farago – sobre a ODESSA, a conferência de Estrasburgo em 1944 e a sobrevivência de Bormann – se apoiavam em materiais fraudulentos fornecidos por intermediários politicamente tendenciosos e jornalistas de escândalos.[50] Na realidade, os nazistas que fugiram para a América do Sul não foram ajudados pela ODESSA, mas pela Cruz Vermelha Internacional, a Igreja Católica e particulares.[51] Além disso, nunca poderia ter havido qualquer conferência em Estrasburgo, visto que muitos dos supostos participantes estavam mortos ou em campos de concentração na época em que ela teria sido convocada.[52] Por fim, não houve conspiração entre Perón e nazistas, pois o ditador argentino não tinha motivos para permitir a criação de um Estado nazista dentro de seu próprio Estado.[53]

Tais rumores infundados foram dignos de crédito por muitas razões. As autoridades americanas aceitaram a propaganda britânica sobre um Quarto Reich latino-americano em parte por pura ingenuidade, mas também de modo deliberado, buscando hegemonia hemisférica e imposição de limites à concorrência econômica de alemães e britânicos.[54]

Países latino-americanos, como o Brasil, alimentaram os rumores como meio de limitar o poder da Argentina.[55] No interior da própria Argentina, críticos de Perón difundiram histórias de seu alegado conluio com ex-nazistas para desacreditá-lo.[56] O conceito de um Quarto Reich foi também empregado para promover interessses da Guerra Fria: os Estados Unidos esperavam distrair a atenção dos fracassos de seu programa de desnazificação; esquerdistas na Alemanha Ocidental queriam manter as pessoas vigilantes sobre o perigo do neonazismo; e comunistas na Alemanha Oriental procuravam comprometer a legitimidade da República Federal.[57] Por fim, a ideia do Quarto Reich serviu aos interesses de indivíduos comuns e da sociedade em geral. Simon Wiesenthal e outros jornalistas empregaram a ideia com vistas ao engrandecimento pessoal e lucro. E o público em geral gravitou para o tema graças a uma obsessão pelas teorias da conspiração.[58]

Contudo, embora os medos de um Quarto Reich fossem muitas vezes exagerados, eles não deixavam de ter uma base nos fatos. A Argentina, por exemplo, tinha um grande efetivo de verdadeiros crentes no nazismo que, após a guerra, procuraram reviver seu movimento por meio do ativismo jornalístico. Em 1947, um alemão pró-nazista nascido na Argentina, Eberhard Fritsch, fundou a revista *Der Weg*, em Buenos Aires, para fornecer a ex-funcionários, jornalistas e intelectuais nazistas um local onde pudessem cultivar seus princípios ideológicos.[59] Em centenas de ensaios publicados até o último número da revista, em 1958, seus colaboradores relativizaram a culpa da Alemanha pela eclosão da Segunda Guerra Mundial, procuraram bodes expiatórios para a derrota militar do país, minimizaram os crimes do regime contra os judeus, reabilitaram sua liderança e instituições, e alertaram contra persistentes ameaças colocadas por judeus e bolcheviques. Os editores da *Der Weg* procuraram obter apoio para suas crenças não só entre leitores alemães na América Latina, mas na própria Alemanha, exportando milhares de exemplares da revista para lá.[60] Em resposta, a grande imprensa alemã condenou a revista em termos estridentes e as autoridades aliadas, temendo que a *Der*

Weg fosse parte de um "centro de resistência nazista" baseado na Argentina, acabaram banindo a revista em maio de 1949.[61] Ao mesmo tempo, a mídia americana e alemã atacaram a revista por estar transformando a Argentina em um "laboratório para um Quarto Reich".[62]

De fato, as evidências sugerem que os editores da *Der Weg* realmente perseguiam esse objetivo. Fritsch romantizava abertamente a ideia de um "Reich unificado, livre e orgulhoso", de acordo com o ideal nazista da *Volksgemeinschaft*, e investigava métodos de realizá-lo do exterior.[63] No início dos anos 1950, a *Der Weg* assumiu um viés ainda mais direitista sob a influência do fanático antissemita Johann von Leers e procurou tornar-se mais politicamente ativa.[64] Os editores da revista estabeleceram estreitas relações com o SRP e o DRP na Alemanha Ocidental, flertaram com a ideia de formar um "governo alemão no exílio" e chegaram a refletir sobre a possibilidade de organizar um golpe via "revolta armada assim que as pré-condições objetivas para o sucesso passem a existir".[65]

De modo mais significativo, os editores da *Der Weg* procuraram realizar seus objetivos políticos estabelecendo uma relação com Adolf Eichmann (Figura 5.3). Como Bettina Stangneth mostrou em seu livro *Eichmann Before Jerusalem*, um dos colaboradores nazista mais importantes da revista foi o holandês Willem Sassen, que conheceu Eichmann por meio do círculo social de Fritsch no início dos anos 1950 e procurou alistá-lo no projeto cada vez mais importante de negação do Holocausto, acalentado pela revista. Como Fritsch e Rudel, com quem estava intimamente conectado, Sassen continuou sendo um verdadeiro crente no nacional-socialismo mesmo após 1945 e esperava que uma "revolução na Alemanha" pudesse pavimentar o caminho para uma "Renascença Nazista".[66] Ele e os demais líderes da *Der Weg* esperavam que, provando que o Holocausto era uma mentira judaica, seriam não apenas capazes de reabilitar o nazismo, mas também de enfraquecer o governo Adenauer – então particularmente impopular entre alemães de direita devido ao acordo de reparações que fizera com Israel em 1952 – antes das iminentes eleições federais de 1953.[67] No que lhe dizia respeito, Eichmann concordava com boa parte da agenda de Sassen. Em contraste com o retrato que Hannah Arendt mais tarde fez dele como um burocrata anônimo, apolítico, Eichmann era um nazista inveterado que agia como se a guerra não tivesse sido perdida e o Terceiro Reich nunca tivesse entrado em colapso.[68] Ainda mais importante era o fato de Eichmann ter também ambições políticas e perseguir "planos para um golpe político" na Alemanha Ocidental.[69] Em meados da década de 1950, ele redigiu um manuscrito extenso como um livro defendendo suas ações no tempo da guerra e traçou esquemas para apresentar suas "conclusões" na forma de uma "carta aberta a Konrad Adenauer".[70] Segundo Stangneth, Eichmann preparou essa defesa como parte de um plano maior para retornar à Alemanha Ocidental, ser julgado, receber uma sentença leve (prática padrão na época para ex-nazistas autores de delitos) e, depois de solto, entrar no mundo da política e destituir Adenauer, que estaria pronto para tentar a reeleição em 1957.[71] O fato é que Eichmann concordou nesse mesmo ano em conversar com Sassen para o que se tornariam quatro meses de entrevistas gravadas sobre o tema do Holocausto. Contudo, para infelicidade de Sassen (que esperava usar o material em um livro), Eichmann em vez de se mostrar interessado em negar a Solução Final, assumiu com orgulho o crédito pelo papel que desempenhou nela.[72] Declarou sem nenhuma emoção que "se dos 10,3 milhões de judeus [na Europa]... tivéssemos matado 10,3 milhões, eu estaria convencido [de que]... destruímos um inimigo".[73] Percebendo que essa admissão condenava seu esforço para provar que o Holocausto era uma mentira, Sassen distanciou-se de Eichmann e abandonou o projeto de reabilitar o nazismo. A reeleição de Adenauer em 1957 constituiu um contratempo adicional para a agenda do círculo nazista argentino de Fritsch e, um ano depois, a revista *Der Weg* deixou de ser publicada.

Apesar dessa derrota final, as atividades dos nazistas fiéis envolvendo a *Der Weg* merece ser levada a sério. Mesmo que estudiosos admitam que Fritsch e Sassen superestimaram sua influência e reconheçam que os planos "insanos" de Eichmann não tinham possibilidade de êxito, permanece o fato de que muitos nazistas na Argentina sonhavam em voltar ao poder.[74] Embora poucos além de Fritsch invocassem a ideia de um Quarto Reich para descrever seus planos, as preocupações estrangeiras acerca deles estavam longe de não ter fundamento.[75] Dado o que as pessoas sabiam no início dos anos 1950, era razoável, escreve Stangneth, que elas percebessem as "muitas atividades de nacional-socialistas" como parte de "uma enorme conspiração mundial".[76] Embora as preocupações tenham sido exageradas, os contemporâneos não faziam ideia de como o futuro iria se desenrolar. Por essa razão, as zelosas advertências sobre os perigos de um Quarto Reich foram prudentes.[77]

Essa conclusão pode parecer inquestionável, mas tem surpreendentes implicações contrafactuais. Sabendo o que sabemos hoje sobre a trama que ocorria na diáspora nazista, pode parecer fácil concluir que os observadores ocidentais deveriam ter agido sobre seus medos e travado uma campanha mais agressiva contra nazistas estrangeiros. Mas os estudiosos também costumam propor contrafactuais de "oportunidade perdida", lamentando o não encaminhamento de antigos nazistas como Eichmann à justiça. Stangneth e outros argumentaram, por exemplo, que o sistema de segurança da Alemanha Ocidental sabia onde estava Eichmann em 1952 e poderia ter conseguido capturá-lo – mas preferiu não fazê-lo. Se o tivessem feito, a República Federal poderia ter tido "um novo e genuíno começo" após o Terceiro Reich.[78] A história poderia ter sido melhor do que na realidade foi.

Mas isso é necessariamente verdade? Para determinar se a falha deve ser criticada ou tolerada, precisamos recordar os motivos que lhe davam respaldo. A relutância das autoridades da Alemanha Ocidental em perseguir Eichmann no início dos anos 1950 deveu-se, em parte, à incerteza sobre as consequências políticas domésticas de sua captura. Na história real, quando Eichmann foi a julgamento em Israel, Adenauer procurou desesperadamente minimizar o que antecipava como consequências negativas para a reputação internacional da Alemanha Ocidental.[79] Em 1960, a ordem democrática da Alemanha mostrava uma relativa estabilidade, mas no início dos anos 1950 se achava mais vulnerável. O governo de Adenauer estava sob ataque de forças domésticas de direita, enquanto na arena internacional persistia a relutância em integrar o país à aliança ocidental. Se Eichmann tivesse sido levado a julgamento nessa época, o governo de Adenauer na Alemanha Ocidental poderia ter sido desestabilizado. Forças de direita teriam acusado o chanceler de abrir mão de seu compromisso com anistia e integração. Críticos estrangeiros, tanto no Ocidente quanto no Oriente, teriam descoberto novas razões para não confiar na nova democracia. Isso teria sido verdadeiro se o testemunho de Eichmann revelasse fatos embaraçosos sobre o passado nazista de autoridades alemãs-ocidentais. Tais considerações ajudam a explicar por que as autoridades da Alemanha Ocidental "perderam" a "oportunidade" de indiciar Eichmann.

Pode ter sido melhor assim. É provável que o desenvolvimento democrático da República Federal tenha se beneficiado do fato de destacados ex-nazistas se manterem escondidos no exterior e não tenham sido levados de volta à Alemanha Ocidental para enfrentar julgamento. Mesmo que se mantivessem ocupados planejando tramas fantasiosas para voltar ao poder e estabelecer um Quarto Reich, faziam isso de uma distância segura e inofensiva. Em vez de ser uma ameaça concreta, a diáspora nazista pode ter servido como válvula de segurança. Como na famosa tese da fronteira de Frederick Jackson Turner – que argumentava que a aptidão dos americanos para migrar para novas terras no Oeste ajudara a neutralizar o descontentamento social no século XIX nos Estados Unidos –, a diáspora nazista pode ter desviado as energias de nazistas inveterados da Alemanha Ocidental e protegido o país da desestabilização política. Também pode ter sido melhor que Eichmann fosse ignorando pelos alemães e capturado pelos israelenses. O próprio Simon Wiesenthal especulou que se Eichmann tivesse sido apanhado mais cedo, "capturado no fim da guerra e julgado em Nuremberg, seus crimes poderiam estar agora esquecidos", pois ele teria sido apenas "outro rosto entre os réus" e a destruição dos judeus não teria recibido o destaque que mais tarde recebeu.[80] Em termos de memória do Holocausto, um confronto posterior com Eichmann – um confronto que destacou a ameaça constante de outros fugitivos nazistas e o papel da amnésia do pós-guerra para permitir que escapassem – chamou a atenção, de maneira mais eficaz, para a importância da lembrança. Imaginar nazistas baseados no exterior perseguindo a ideia de um Quarto Reich pode ter sido em grande parte um mito, mas trouxe uma mensagem significativa.

A Virada Cultural: O Quarto Reich Ficcional

Durante os longos anos 1970, o mito ganhou um novo destaque na cultura ocidental. Os romances e filmes que exploravam a ideia de um Quarto Reich durante e imediatamente após a Segunda Guerra Mundial quase desapareceram nos anos 1950. Uma década mais tarde, no entanto, retornaram com uma força sem precedentes. Do início dos anos 1960 ao início da década de 1980, dezenas de romances, filmes, programas de televisão e histórias em quadrinhos exploraram o cenário de pesadelo de um retorno nazista ao poder. Apresentavam suas narrativas de diversas formas, incluindo dramas de guerra, *thrillers* de espionagem, histórias policiais, contos de terror e sagas de super-heróis. Não importa a forma, as obras retratavam de maneira consistente o Quarto Reich como uma permanente ameaça ao mundo inteiro. Era um tema que conseguia mexer com públicos de toda a América do Norte e toda a Europa. Como mostrou o sucesso comercial das narrativas da época, milhões de leitores e espectadores foram atraídos pelo tema do Quarto Reich. E, no processo, ele se tornou um pilar essencial da cultura popular do Ocidente.

Estetizando o Nazismo

A ficcionalização do Quarto Reich refletia a estetização mais ampla do passado nazista na cultura ocidental. Desde os anos 1960, e se estendendo até a década de 1980, romances, filmes e programas de TV ficaram obcecados por Hitler e o Terceiro Reich. A representação dos nazistas nessas obras não foi estática, alterou-se com o tempo. Os primeiros exemplos, que incluíram o romance *The Last of the Just* (1959) de André Schwartz-Bart, o romance *Mila 18* (1961) de Leon Uris e o filme de Stanley Kramer *Julgamento em Nuremberg* (*Judgment at Nuremberg*, 1961) retratavam os nazistas em termos estritamente moralistas como a encarnação do mal. Expressavam o aumento da consciência do Holocausto que acompanhou a Epidemia da Suástica e as revelações do julgamento de Eichmann. No final da década, contudo, surgiu um novo padrão de representação. Ao se tornarem figuras cada vez mais familiares na cultura de massa, os nazistas se transformaram em vilões despojados de significado ético; foram, na verdade, reduzidos a símbolos superficiais (uniformes negros, braçadeiras com suásticas, botas de cano alto) e a comportamentos, no geral, sociopatas (violência sádica e sexo pervertido). Essa tendência manifestou-se em filmes sofisticados, como *Os Deuses Malditos* (*The Damned*) (1969), de Luchino Visconti, e *O Porteiro da Noite* (*The Night Porter*) (1974), de Liliana Cavani, assim como em romances como *A Escolha de Sofia* (1979), de William Styron, e *The White Hotel* (1981), de D. M. Thomas.[81] A estetização do nazismo também moldou a cultura popular. No cinema, influenciou a "*nazi exploitation*", (subgênero de filmes apelativos/exploitation) em filmes B como *Ilsa – She Wolf of the SS* [Ilsa – A Guardiã Perversa da SS] (1975) e sucessos de bilheteria como *Os Caçadores da Arca Perdida* (*Raiders of the Lost Ark*) (1981).[82] Na música, influenciou os estilos com temática nazista de bandas de *punk rock* como a Sex Pistols, os nomes de bandas de *hard rock* como a KISS e as letras das canções de músicos como David Bowie.[83] Outras obras da cultura popular estetizaram a era nazista representando-a como comédia: filmes e programas de televisão como *Dr. Fantástico* (*Dr. Strangelove*, 1964), *Primavera para Hitler* (*The Producers*, 1967) e *Guerra, Sombra e Água Fresca* (*Hogan's Heroes*, 1965-1971), por exemplo, usavam o legado nazista para risos em vez de lições. Essas obras foram extremamente variadas, mas sinalizavam um "fascínio" preocupante pelo fascismo, em que havia mais identificação com os perpetradores do que com as vítimas.[84] Foram o presságio de uma tendência para esquecer aspectos do passado que precisavam ser lembrados para impedir sua repetição.

Essas tendências se encaixaram na chamada "Onda Hitler". De fins dos anos 1960, e se estendendo até meados da década de 1980 na Alemanha Ocidental, nos Estados Unidos e na Grã-Bretanha, uma torrente de biografias, filmes e romances históricos sinalizaram um aumento vertiginoso do interesse popular pelo falecido Führer.[85] A onda começou em 1969, quando Albert Speer – que acabara de sair da prisão de Spandau – publicou suas memórias, *Por Dentro do III Reich.* A rápida ascensão do livro ao *status* de *best-seller* ajudou a inspirar monografias, filmes e romances – entre eles *Hitler*, de Joachim Fest (1973), *Hitler, um Filme da Alemanha* (*Hitler: A Film from Germany*, 1977) de Hans-Jürgen Syberberg e *The Portage to San Cristóbal of A. H.* [O Transporte para San Cristóbal de A. H.], de George Steiner (1981) – e até mesmo a provocar escândalos, como o que cercou a publicação dos *Diários de Hitler* (forjados) em 1983.[86] A disparada do interesse por Hitler foi em parte uma reação contra a descrição simplista que, no início do pós-guerra, se fazia do Führer como uma figura demoníaca e refletia um desejo de vê-lo como um verdadeiro humano.[87] Foi também uma reação contra as análises sociais científicas do fascismo que se faziam na época e que minimizavam o papel da personalidade na história.[88] Os novos estudos iam além do exame das diretivas políticas de Hitler para estudar os meandros de sua vida privada – incluindo a educação na infância, amizades, relacionamentos românticos, interesses artísticos, hábitos, *hobbies* e animais de estimação. A humanização de Hitler, no entanto, provocou alarme entre muitos críticos. Eles temiam que a tendência de transformar sua vida em algo empolgante e explorá-la para ganho comercial marginalizasse a importância de encarar a era nazista de uma perspectiva ética.[89]

O fascínio crescente pelos nazistas também refletia mudanças no clima político internacional. Desde o início dos anos 1970, a política de *détente* com o mundo comunista, exemplificada pela viagem do presidente

Nixon à China em 1972, produziu um abrandamento na Guerra Fria. Tal desdobramento teve um impacto importante sobre a cultura popular do Ocidente. Como observadores comentaram na época, a melhoria nas relações Leste-Oeste fizera o "espião russo cair em tempos difíceis no mundo editorial" e criaram um vazio que precisava ser preenchido com novos vilões. Não demorou muito para os nazistas serem convocados como o inimigo que as pessoas "adoravam odiar" e se tornarem foco de uma "guerra-relâmpago [sem precedentes] de publicações".[90] Isso foi bastante fácil, pois a maioria das pessoas já não temia que os nazistas voltassem tão cedo ao poder na Alemanha Ocidental. Embora as suspeitas ocidentais de que a República Federal continuasse suscetível a ideias nazistas tivessem irrompido brevemente com a ascensão do NPD em meados dos anos 1960, elas se dissiparam após o pobre desempenho do partido nas eleições de 1969. Contribuiu para reduzir ainda mais os temores ocidentais a política externa da *Ostpolitik* [política do Leste], do chanceler Willy Brandt, que, normalizando as relações com a Alemanha Oriental e a Polônia, diminuiu as inquietações ocidentais sobre o irredentismo alemão-ocidental e reforçou a reputação democrática do país no pós-guerra.[91] Por fim, as preocupações com o neonazismo alemão nos anos 1970 foram atenuadas pela ascensão de grupos terroristas de esquerda, como a Facção do Exército Vermelho (Red Army Faction, RAF) e o bando Baader-Meinhof, ambos mostrando que o principal perigo enfrentado pela Alemanha Ocidental não vinha mais da direita.[92]

As preocupações com o neonazismo se deslocaram da Alemanha Ocidental para outros países, especialmente os Estados Unidos. A publicação de informes de jornalistas e funcionários do governo sobre colaboradores nazistas de nivel médio vivendo nos EUA alertavam sobre o abandono da desnazificação pelo governo americano em função da política de Guerra Fria.[93] Mais ou menos na mesma época, foram despertadas preocupações pelo surgimento de grupos neonazistas relacionados ao Partido Nazista Americano de Rockwell, como o Partido Nacional-Socialista do Povo Branco (1967), o Partido Nacional-Socialista da

América (1970), a Aliança Nacional (1974) e o grupo Desenvolvimento e Organização Estrangeira do Partido Nacional-Socialista dos Trabalhadores Alemães (1971).[94] O surto da atividade neonazista ficou ainda mais visível no mercado em expansão para as recordações e demais parafernálias nazistas, incluindo uniformes, móveis, bandeiras, joias, punhais e outras peças de um variado universo *kitsch*.[95] Ele também foi visto na onda de produção de literatura neonazista, sobretudo no romance racista e antissemita *O Diário de Turner* (*The Turner Diaries*, 1978), de um colega de Rockwell, William L.Pierce, e na literatura de negação do Holocausto publicada pelo Instituto de Revisão Histórica, com sede na Califórnia, fundado em 1978.[96] De modo alarmante, boa parte desse material conseguiu chegar à Alemanha Ocidental, graças ao êxito que tiveram os nazistas americanos em criar laços com seus colegas alemães.[97]

Representando o Quarto Reich: Tramas e Gêneros

Todas essas tendências moldaram a ficcionalização do Quarto Reich. Durante os longos anos 1970, cerca de sessenta narrativas apareceram sob a forma de romances, filmes, episódios de televisão, peças radiofônicas e histórias em quadrinhos. A maior parte foi produzida na Grã-Bretanha e nos Estados Unidos, embora muitas tenham atingido um público mais amplo após serem traduzidas para outras línguas, exportadas para exibição em cinemas no exterior ou mostradas como itens do acervo político de certos sindicatos.[98] As narrativas representavam diferentes ramos da ficção histórica: a maior parte era formada por "histórias secretas" que descreviam o empenho conspiratório (mas finalmente mal-sucedido) dos principais persongens para alterar o curso da história; algumas eram "histórias futuras", ambientadas em um futuro próximo; outras eram "histórias alternativas", que retratavam uma alteração dos eventos históricos reais. As narrativas eram emprestadas de diferentes gêneros literários – *thrillers* de espionagem, aventuras de guerra, dramas conspiratório, assassinatos misteriosos e histórias de terror – mas todas se concentravam no conflito entre nazistas fanáticos se empenhando em criar um Quarto Reich e forças antinazistas procurando desbaratá-los. As narrativas apareciam em quatro diferentes versões: 1) *thrillers* políticos em que nazistas contemporâneos trabalhavam para assumir o controle do governo alemão-ocidental; 2) contos de aventura em que nazistas atuais provocavam tumulto internacional ao lutarem pela dominação do mundo; 3) sagas de guerra em que *Werwolf* nazistas procuravam recuperar o poder; e 4) histórias policiais em que nazistas dos dias de hoje tentavam reinstalar um Adolf Hitler ainda vivo como ditador da Alemanha. Ao identificar como essas diferentes narrativas retratavam o Quarto Reich, podemos compreender melhor como o conceito tomou forma na cultura popular.

Planos Nazistas para um Golpe Alemão-Ocidental

Um dos temas mais populares da época envolvia fanáticos nazistas tentando tomar o poder na República Federal da Alemanha. Esse tema esteve presente em muitos trabalhos nos anos 1960. Em 1962, um romance do escritor britânico Harry Patterson, *The Testament of Caspar Schultz*, descrevia um espião inglês tentando encontrar as memórias reveladoras de um ex-nazista com problemas de consciência. Nelas se denunciava a existência de um movimento clandestino nazista na República Federal.[99] Em 1966, o romance do escritor britânico David Ray, *The End of the Fourth Reich*, retratava um general nazista radicado na Espanha que roubava um *laser* projetado pelos britânicos para forçar tropas britânicas, americanas e soviéticas a se retirarem da Alemanha.[100] No outono de 1967, três episódios do seriado *Missão: Impossível* (*Mission: Impossible*) da televisão americana exploraram cenários similares: *"The Legacy"* ["O Legado"] descrevia "fiéis agentes" dos filhos de Hitler usando a fortuna pessoal do Führer, de 300 milhões de dólares, "para instalar o Quarto Reich" na Alemanha; *"The Bank"* ["O Banco"] retratava um financista da Alemanha Oriental trabalhando em segredo para bancar um novo Partido Nazista; e *"Echo of Yesterday"* ["Eco do Passado"] apresentava um neonazista da Alemanha Ocidental trabalhando para convencer eleitores alemães-ocidentais de que "os nazistas de hoje não são mais bandidos", mas líderes de um respeitável movimento político. Por fim, o filme de terror de Herbert Leder, *The Frozen Dead* [Os Mortos Congelados] (1966), apresentava um cientista nazista estabelecido em Londres que queria tomar o poder reanimando os corpos congelados de 1.500 soldados nazistas de elite escondidos em cavernas alemãs.[101]

As narrativas dos anos 1970, por outro lado, retratavam uma tomada de poder na Alemanha Ocidental promovida pela diáspora nazista. O romance *Contas a Ajustar* (*Canceled Accounts*, 1972), do escritor americano Harris Greene, apresentava um líder da ODESSA radicado na América Latina, Richard Reichart, forçando um banqueiro suíço, sobrevivente judeu do Holocausto, a liberar ativos roubados para bancar uma campanha terrorista palestina contra Israel. Eles também ajudariam a criar um "Quarto Reich... sobre as ruínas do atual e apodrecido sistema capitalista alemão iniciado por Adenauer".[102] O romance do escritor irlandês Manning O'Brine *No Earth for Foxes* (1974) retratava um grupo neonazista austríaco "Die Wespe" ("Brancos Anglo-Saxões Protestantes"), tentando acelerar a retirada das forças americanas e soviéticas da Alemanha para facilitar a criação de um Reich reunificado.[103] *A Herança de Estrasburgo* (*The Strasbourg Legacy*, 1975), do escritor americano William Graig, descrevia o esforço de uma sociedade secreta nazista, baseada na América Latina e no Oriente Médio, para retornar ao poder assassinando o chanceler Willy Brandt, incapacitando as forças da OTAN e proclamando lei marcial em resposta a um simulado ataque soviético.[104] Por fim, o romance da escritora americana Madelaine Duke, *O Recibo de Bormann* (1977), retratava um grupo mafioso latino-americano, chefiado por Bormann, traçando um plano conspiratório. Queriam usar fundos reunidos pela venda de obras de arte judaicas saqueadas para substituir a "frágil e impraticável democracia" da Alemanha Ocidental por um "Quarto Reich [que] vai durar mil anos".[105]

Planos Nazistas para a Conquista do Mundo

Um segundo grupo de narrativas retratava nazistas que atuavam em escala internacional tentando desencadear uma guerra global para estabelecer um Quarto Reich. Um *thriller* de espionagem do escritor britânico Adam Hall, *A Morte não Manda Aviso* (*The Quiller Memorandum*) (publicado em 1965 e transformado, no ano seguinte, em filme estrelado por George Segal), descrevia uma sociedade secreta neonazista liderada pela Argentina. Conhecida como "Fênix", ela se infiltrava no governo da Alemanha Ocidental e tentava desencadear um conflito armado entre os Estados Unidos e a União Soviética em Berlim incapacitando tropas soviéticas com frascos de peste pneumônica. Ela usaria a consequente vantagem militar da Alemanha Ocidental sobre as forças aliadas para se apoderar do país.[106] Um cenário semelhante foi explorado mais ou menos na mesma época em um episódio do programa da TV americana *Viagem ao Fundo do Mar* (*Voyage to the Bottom of the Sea*) intitulado "A Última Batalha" (1965), que retratava um coronel da SS usando uma base secreta numa ilha tropical para lançar ataques nucleares contra os Estados Unidos e a União Soviética, provocando um "Holocausto nuclear" e construindo "o Quarto Reich... destinado a durar mil anos". O *thriller* de espionagem do escritor britânico Martin Hale, *The Fourth Reich* (1965), imaginou um Hitler legalista tornando-se secretário-geral das Nações Unidas e desencadeando uma extensa guerra africana ao usar tropas da ONU para conquistar a região de Katanga, rica em Urânio.[107] Em 1967, episódios de *Missão: Impossível* e *O Agente da U.N.C.L.E* retrataram nazistas sul-americanos baseados em "New Berchtesgaden" e "San Rico" empenhados em "plantar as sementes do nazismo ao redor do mundo". Com maior destaque, o romance de Frederick Forsyth *O Dossiê Odessa* (*The Odessa File*) (publicado pela primeira vez em 1972 e mais tarde transformado num filme estrelado por Jon Voight) se concentrava em um plano diabólico traçado por um criminoso de guerra nazista – o antigo oficial da SS e chefe do gueto de Riga Eduard Roschmann (operando sob o codinome "Vulkan"). Ele queria equipar o Egito com um sofisticado sistema de disparo de mísseis para atacar Israel com ogivas carregadas de pragas (Figura 5.4).[108]

A partir da década de 1970, a ameaça nazista foi cada vez mais apresentada como emanando dos Estados Unidos. Em novembro de 1970, um episódio do programa *Mannix* da televisão americana, intitulado "To Cage a Seagull" ["Para Prender uma Gaivota"], retratava o chefe fanático de um partido político americano, o "Partido do Quarto Reich". Ele planejava "abater os policiais a tiro e massacrar as autoridades civis" em uma "centena das principais cidades americanas" como parte de um lance maior pelo poder mundial. Em 1975, o suspense policial *O Vento Frio do Passado* do romancista americano Thomas Gifford, fazia crônica à iniciativa de nazistas americanos, liderados por altos funcionários do governo, para reabilitar as "virtudes do nazismo" ante o "deboche" de alemães corrompidos e levar a cabo uma "conspiração mundial... [para criar] um... Quarto Reich".[109] Uma premissa semelhante informava o romance *The Croesus Conspiracy* [A Conspiração de Creso] (1978), do escritor Ben Stein, que descrevia um plano de nazistas estabelecidos nos Estados Unidos para garantir a eleição de um de seus peões, um ambicioso senador da Califórnia chamado Travis Bickel, para presidente do país, salvaguardando assim o futuro da raça ariana.[110] O romance de Robert Ludlum *O Documento Holcroft* (publicado em 1978 e transformado em filme em 1985) descrevia o esforço de "agentes adormecidos" alemães, baseados no exterior, conhecidos como *Sonnenkinder*, para proteger quase 1 bilhão de dólares em fundos saqueados e levar a cabo uma campanha global de assassinatos visando estabelecer "o Quarto Reich... em todo o mundo".[111] O romance *Hour of the Assassins* [Hora dos Assassinos] (1980), de Andrew Kaplan, explora o esforço conjunto de um líder da base peruana da ODESSA, Von Schiffen, e agentes da CIA americana para derrubar os governos da América Latina, renovar a luta contra o comunismo soviético e assegurar que "dos pontos mais remotos do Terceiro Mundo, o Quarto Reich nascerá!".[112]

O romance de Mike Pettit *The Axmann Agenda* [O Plano de Axmann] (1980) explorou como uma conspiração americana, liderada por um ex-oficial da SS associado ao *Projeto Lebensborn*,* procura monopolizar "os suprimentos de água e comida do mundo" e deixar essa riqueza para uma nova geração de crianças superiores em termos raciais.[113] Por fim, em 1982, um episódio do programa de televisão dos Estados Unidos *Super-Herói Americano* (*Greatest American Hero*, 1981-1983) mostrava neo-nazistas americanos proclamando "Poder para o Quarto Reich!" enquanto colaboravam com nações árabes para impedir um carregamento de armas norte-americanas para Israel.[114]

Além de romances e filmes, as histórias em quadrinhos mostravam, muitas vezes, nazistas perseguindo um Quarto Reich global. Durante a Segunda Guerra Mundial, os personagens nazistas eram onipresentes nas histórias em quadrinhos americanas e eram retratados, de forma inevitável, no rumo da derrota. A partir dos anos 1960, no entanto, passaram a ser descritos como uma ameaça renovada. Liderando a incumbência de criar um Quarto Reich estava o vilão clássico da Marvel em tempo de guerra, o Caveira Vermelha.[115] Entre 1965 e 1980, o demente mutante nazista foi destaque em muitas ocasiões tentando trazer os nazistas de volta ao poder.[116] Em 1972, por exemplo, o número 148 do *Capitão América* retratou o Caveira Vermelha atacando a cidade de Las Vegas e proclamando que sua organização, Hydra, "nunca passara de um truque... que permitia ganhar tempo para que o Quarto Reich nascesse na hora certa!". No início de 1977, onze números consecutivos (17-27) dos quadrinhos do *Capitão Britânia* (*Captain Britain*) da Marvel UK, mostravam o super-herói britânico tentando impedir o Caveira Vermelha de usar uma "bomba de germes" escondida no Big Ben para

* *Lebensborn* ("Fonte da Vida") foi um projeto de eugenia positiva ligado a uma associação criada pelo Estado nazista, com suporte da SS, para aumentar a taxa de natalidade de crianças "arianas". Tinha como base a ideologia nacional-socialista de higiene racial. (N. do T.)

derrotá-lo e estabelecer "a glória do Quarto Reich". Além da saga do Caveira Vermelha, outros quadrinhos retratavam nazistas fomentando da América Latina o caos global. Em fins de 1974 e inícios de 1975, os números 23-24 da revista em quadrinhos *Master of Kung Fu* retratavam o herói, Shang Chi, tentando impedir que um racista nazista da Amazônia usasse uma ogiva nuclear para criar um "glorioso Quarto Reich". E, em 1982, os números 188-89 de *Superduplas/O Bravo e o Audaz* (*The Brave and the Bold*) apresentavam Batman procurando impedir que nazistas latino-americanos "planejassem... a ascensão do Quarto Reich" e lançassem "outro Holocausto" com a ajuda de "bactérias serum" roubadas.

Histórias de *Werwolf*

Um terceiro grupo de narrativas descrevia *Werwolf* nazistas lançando as fundações para um Quarto Reich. Com base nos medos do início do pós-guerra, a maioria dessas fábulas foi criada no fim da Segunda Guerra Mundial e apresentava obstinados rebeldes nazistas trabalhando com Martin Bormann para assegurar um retorno nazista ao poder. O romance *Court of Honor* (1966), de Geoff Taylor, apresentou um general alemão cego que, no fim da Segunda Guerra Mundial, cria um sistema de tribunais *Fehme* ("de honra") para punir "colaboradores" alemães e tornar Bormann "o Führer do novo Quarto Reich".[117] Em 1976, Jack Higgins (escrevendo sob seu nome verdadeiro, Harry Patterson) publicou *The Valhalla Exchange*, que se concentrava no esforço de dois oficiais alemães da SS para implementar o plano de Bormann de escapar de Berlim por meio de uma troca de prisioneiros por um grupo de importantes reféns ocidentais mantidos em um remoto castelo austríaco.[118] *Sleeper Agent* (1975), de Ib Melchior, apresentava um oficial da SS, Rudolf Kessler, ajudando Bormann a fugir da Alemanha e a criar uma célula adormecida de agentes nazistas nos Estados Unidos dedicada "a garantir... a ascensão do Quarto Reich".[119] *The Tin Cravat* (1981), de Jack Hunter, retratava um anti-herói alemão, Bruno Stachel, trabalhando com forças americanas em 1945 para denunciar a campanha *Werwolf* como uma cobertura para o plano real de Bormann: financiar células de resistência nazista em todo o mundo.[120] Deslocando a premissa para o período posterior do pós-guerra, o romance *The Werewolf Trace* (1977), de John Gardner, retrata um agente nazista (com o codinome "*Werwolf*") disfarçado como um empresário emigrado dinamarquês, chamado Joseph Gotterson, e esperando o momento de liderar britânicos de direita em uma tomada fascista do Reino Unido.[121] E o romance *The Goering Testament* (1978), de George Markstein, imaginava uma conspiração de simpatizantes nazistas britânicos, idosos, mas não arrependidos, que recorrem ao testamento e última vontade de Hermann Goering (ditados antes de seu suicídio em 1946) para reviver um movimento nazista mundial.[122]

Hitler Vive!

A última categoria de narrativas retratava nazistas radicais usando o próprio Adolf Hitler para criar um Quarto Reich. Um drama televisivo de 1962 (mais tarde peça teatral) do escritor britânico Robert Muller, *The Night Conspirators* [Os Conspiradores da Noite], imaginava elites alemãs se reunindo secretamente em uma embaixada estrangeira e conspirando para usar o frágil Führer (que há pouco retornara do exílio islandês) numa tentativa de tomar o poder. Dois anos depois, um episódio do seriado de TV *O Agente da U.N.C.L.E.* retratou um cientista nazista fugitivo empenhado em trazer o corpo de Hitler de volta da "animação suspensa" para que os "rapazes amargos" de sua Pátria tenham "alguém para liderá-los".[123] O filme de David Bradley, *They Saved Hitler's Brain* [Eles Salvaram o Cérebro de Hitler] (1963), descrevia Hitler vivendo no esconderijo sul-americano de Mandoras e planejando dominar o mundo lançando um ataque mortal de gás sarin.[124] O filme de Brad F. Ginter, *Flesh Feast* [Banquete de Carne] (1967), mostrava Hitler sendo submetido a uma cirurgia estética como parte de um plano para montar um retorno político com sombrios nazistas latino-americanos. O filme *The Search for the Evil One* [A Busca do

Maligno] (1967), de Joseph Kane, apresentou o ditador nazista senil servindo de elemento central do plano de Bormann ("Operação Quarto Reich") para conquistar a Argentina e depois o mundo. O romance de Edwin Fadiman Jr., *Who Will Watch the Watchers?* (1970), dramatizou o esforço de uma brutal organização neonazista paraguaia, conhecida como "Filhos da Liberdade", para manter Hitler vivo e ajudar o "Quarto Reich... a irromper de novo".[125] Em 1975, um episódio do *CBS Radio Mystery Theater*, "A Ascensão e Queda do Quarto Reich", apresentava um grupo de alemães cuidando de um Hitler doente, fazendo-o recuperar a saúde na Cidade do México e convencendo-o de que "o dia do Quarto Reich havia raiado".[126] Em 1976, um episódio do seriado da televisão britânica *Os Novos Vingadores* (*The New Avengers*), intitulado "O Ninho da Águia", retratava um grupo de nazistas fazendo reviver, na Inglaterra, um Führer criogenicamente congelado para "lançá-lo de novo à conquista".[127] Por fim, o romance de Philippe van Rjndt, *The Trial of Adolf Hitler* (1978), imaginava Hitler sendo deliberadamente posto em julgamento perante o mundo como parte de um esforço neonazista para transformá-lo num mártir e estabelecer um novo alicerce para um Quarto Reich.[128]

Uma subcategoria relacionada a esse cenário imaginava de outra forma a sobrevivência de Hitler. O romance *Os Meninos do Brasil*, de Ira Levin, publicado em 1976, e transformado em um filme estrelado por Gregory Peck e Laurence Olivier em 1977, retratava o famoso médico nazista Josef Mengele levando a cabo um esquema doentio para matar os pais de 94 adolescentes que tinham sido artificialmente clonados, a partir do material genético de Hitler, em uma tentativa de criar uma versão "pan-ariana" do "Quarto Reich" (Figura 5.5).[129] Em 1977, um episódio do seriado da TV americana *Mulher Maravilha* retratou uma versão clonada de Hitler que punha em prática, na América Latina, uma tentativa renovada de dominação do mundo.[130] O *thriller* policial *The Watchdogs of Abbadon* (1979), de Ib Melchior, imaginava uma célula nazista baseada em Los Angeles. Comandados por um maligno oficial da SS, Franz Schindler, eles planejavam usar Dolfi, um neto de Hitler, portador de deficiência mental (que vivia num *bunker* na área norte de Hollywood), para fabricar uma crise internacional no Oriente Médio, apoderar-se do poder global e estabelecer um "Reich norte-americano" nos Estados Unidos.[131] Por fim, o romance *Hitler's Daughter* (1983), do escritor americano Timothy B. Benford, imaginou uma descendente do Führer – uma congressista chamada Leora Gordon – eliminando seus rivais, sendo eleita presidente e começando a estabelecer um "Quarto Reich na América".[132]

Padrões de Representação

Generalizar sobre as muitas narrativas da época é desafiador, mas podemos discernir as tendências mais gerais. A despeito do fato de apresentarem uma resistência de *Werwolf*, homens fanáticos da SS, criminosos de guerra fugitivos ou políticos enrustidos da Alemanha Ocidental, os relatos sempre descreviam os nazistas como o mal. Divergiam, no entanto, ao retratar seus oponentes: um grupo de histórias descrevia americanos, britânicos e israelenses como heróis idealistas; um segundo grupo os retratava como colaboradores covardes. Essas representações divergentes refletiam as intenções de seus criadores. Os autores da época formavam um grupo heterogêneo: muitos eram escritores profissionais que trabalhavam nas áreas de literatura, cinema e televisão; outros eram ex-jornalistas que passaram para o universo da ficção popular; outros ainda eram escritores amadores que tinham outras carreiras. Várias coisas, no entanto, os ligavam: quase todos eram homens; além disso, a grande maioria deles tinha completado o serviço militar durante ou logo após a Segunda Guerra Mundial. Ao produzir suas narrativas, os autores faziam comentários regulares sobre temas históricos e de sua época. Não havia, porém, uniformidade nisso: um grupo de autores procurava advertir sobre a persistência do neonazismo na Alemanha Ocidental daquele tempo; outro grupo advertia num tom autocrítico sobre a sobrevivência de tendências fascistas mais perto de casa. Essas mensagens divergentes refletiam em parte as diferentes biografias dos dois grupos: o primeiro grupo era composto em geral de veteranos da Segunda Guerra Mundial que procuravam, de modo triunfal, validar o papel que tiveram durante a guerra na derrota dos nazistas; os membros do segundo grupo pertenciam a uma geração mais nova que atingira a maturidade após 1945 e estava mais preocupada com as crises domésticas e internacionais do presente. As narrativas de ambos os grupos foram publicadas mais ou menos simultaneamente, mas suas diferenças assinalavam um início de mudança na memória ocidental da era nazista. Com o tempo, os relatos ficcionais do Quarto Reich foram cada vez mais universalizando e estetizando a era nazista.

Contos de Triunfo: Vilões Nazistas, Heróis Aliados e a Persistente Ameaça Alemã

O primeiro grupo de narrativas ressaltava, sem a menor dúvida, o mal do nazismo. Fazia isso, antes de qualquer coisa, enfatizando a força persistente da ideologia. A maioria das obras descreviam nazistas no pós-guerra perseguindo coletivamente seus objetivos em organizações secretas, como a ODESSA (apresentada em *Contas a Ajustar, O Recibo de Bormann* e *O Dossiê Odessa*), a "Die Spinne" (de *The Werewolf Trace*) ou em organizações fictícias como "a Fênix" e a "Die Wespe" (em *A Morte não Manda Aviso* e *No Earth for Foxex*). Muitos textos retratavam os nazistas como já infiltrados no governo da Alemanha Ocidental: *A Morte não Manda Aviso* revelava que quarenta alemães ligados à Fênix já tinham encontrado postos na burocracia da República Federal, enquanto *O Dossiê Odessa e A Herança de Estrasburgo* descreviam nazistas disfarçados como legítimos políticos alemães-ocidentais. Outras obras imaginavam os nazistas esperando em silêncio em células adormecidas até que surgisse o momento de conquistarem o poder. Esse conceito foi resumido pelo oficial da SS Rudolf Kessler em *The Sleeper Agent*, sendo desenvolvido no plano de Mengele, em *Os Meninos do Brasil*, de "ativar" os adormecidos

Hitlers-crianças pelo assassinato de seus pais. Os nazistas também foram retratados forjando poderosas alianças com colaboradores não menos malignos, em geral terroristas ou governos árabes hostis (como visto em *Contas a Ajustar, O Dossiê Odessa, A Herança de Estrasburgo e The Watchdogs of Abaddon).* Por fim, a maior parte das narrativas mostrava os nazistas recorrendo de forma ampla ao sequestro, tortura e assassinato para atingir seus objetivos.

A malignidade dos nazistas foi também ilustrada por sua tendência para o sadismo. Alguns textos deixaram isso claro recorrendo a *flashbacks* dos anos de guerra. *No Earth for Foxes* descrevia um massacre cometido pela SS de civis italianos nos arredores de Bolonha, no final de 1944, quando um soldado arranca "o feto de um bebê de oito meses... do corpo da mãe". *A Herança de Estrasburgo* retrata seu principal vilão, o médico nazista August Bleemer, planejando "experimentos médicos em Dachau", onde prisioneiros são "injetados... com gangrena gasosa" e forçados "a se deitarem nus em montes de neve". *O Dossiê Odessa* apresentava em detalhes sangrentos o oficial da SS Eduard Roschmann se comportando como a "encarnação do demônio" no gueto de Riga, ao provocar judeus antes de fuzilá-los.[133] Outros textos, como *The Fourth Reich*, de Martin Hale, descreviam atos contemporâneos de tortura, com um bandido nazista usando um "tição ardente" para chamuscar, "com erótica deliberação", as costas do protagonista britânico do romance.[134]

As narrativas enfatizavam a malignidade dos nazistas retratando-os como pervertidos sexuais. Em *The Watchdogs of Abaddon*, por exemplo, o neto de Hitler, Dolfi, é fruto de uma relação incestuosa entre o filho e a filha de Hitller, enquanto o próprio Hitler tem "sexo bizarro" com "inúmeras variações".[135] Outros textos retratam, num tom de homofobia, personagens nazistas como homossexuais. Em *No Earth for Foxes*, um bando de agentes nazistas são "bichas"; em *The Axmann Agenda*, o principal executor nazista, Spade, estupra vários homens, oficiais de inteligência; e em *Contas a Ajustar*, Reichart, líder da SS, organiza em Marrakesh uma orgia com muitas prostitutas, que também incluía "aberrações sexuais" *gays*.[136]

Muitos textos amplificaram a malignidade dos nazistas contrastando-a com a bondade de seus perseguidores. Entre os inúmeros personagens americanos e britânicos, existem figuras militares admiráveis: "o patriótico... [e] inteligente" funcionário do CIC em *Sleepe Agent*, Tom Jaeger; o infatigável general americano Hamilton Canning em *The Valhala Exchange*; e o bravo piloto da RAF britânica e prisioneiro de guerra Tommy Dart em *Court of Honor.*[137] Há também detetives durões da polícia americana (Harry Bendicks em *The Watchdogs of Abaddon*) e agentes de inteligência israelenses (Zvi Harari, que persegue Reichart em *Contas a Ajustar*, e Rudi Ebel, que combate os membros do "The Wasp" em *No Earth for Foxes*).

As narrativas costumavam retratar vilões nazistas não conseguindo alcançar seus objetivos e tendo de conviver com a derrota. Para listar apenas alguns exemplos: Reichart é preso em *Contas a Ajustar*; Bleemer é apanhado e deportado para um campo soviético de prisioneiros de guerra em *A Herança de Estrasburgo*; e Schindler, o principal vilão em *The Watchdogs of Abaddon*, é morto na locação de um filme de Hollywood. Nazistas históricos reais também encontraram a morte: Martin Bormann morre em terríveis quedas de avião tanto em *Court of Honor* quanto em *The Tin Cravat*. Muitas mortes são particularmente violentas. Em *Os Meninos do Brasil*, Mengele é despedaçado de modo brutal por um bando de Dobermans soltos por um dos jovens clones de Hitler, Bobby Wheelock. A morte mais violenta aparece em *No Earth for Foxes*, em que um sádico oficial da SS, Kappler, morre em agonia depois de ser baleado por "uma breve rajada... que destruiu seu pênis".[138] Por fim, Adolf Hitler é liquidado em uma variedade de modos originais: tendo seu corpo inconsciente empurrado para as chamas de um laboratório ardendo (*O Agente da U.N.C.L.E.*), sendo devorado por vermes (*Flesh Feast*), incinerado num carro em chamas (*They Saved Hitler's Brain*), detonado por uma mina terrestre (*The Search for the Evil One*) e crivado de balas (*Os Novos Vingadores*).

Os finais das narrativas traziam a mensagem didática de que recordar os crimes nazistas é a chave da justiça. Em certos textos, o compromisso dos protagonistas de caçar criminosos de guerra reflete experiências traumáticas: em *No Earth for Foxes*, o mais furioso caçador de nazistas, Mills, rastreia de modo obsessivo o criminoso de guerra Kappler porque deseja vingar as atrocidades da SS que ele testemunhou na Itália. Em outras histórias, personagens nascidos após a guerra decidem caçar nazistas desde o momento em que ficam a par de seus crimes: em *O Dossiê Odessa*, um jovem jornalista alemão-ocidental, Peter Miller, sente-se moralmente comprometido a localizar o paradeiro do agente Roschmann, da SS, depois de encontrar, por acaso, o diário de um sobrevivente do Holocausto, Solomon Tauber, que detalha os crimes do agente. Outros textos defendiam a ideia em ordem cronológica inversa, sublinhando o perigo de esquecer. Em *The Watchdogs of Abaddon*, o filho do detetive Harry Bendicks, de Los Angeles, começa dizendo ao pai que a guerra já foi "há muito tempo" e insiste que em geral os criminosos de guerra são velhos "inofensivos"; pouco depois, no entanto, o filho descobre a verdade da convicção de seu pai de que a ameaça nazista continua sendo grave.[139] Os textos deixam claro que, a não ser que guardem lembranças do passado, as pessoas permitirão que ele se repita. Em *Contas a Ajustar*, um agente israelense do Mossad proclama que os nazistas representam "uma ameaça futura para a Alemanha e o mundo se um dia tornarem a se reerguer", pois produziriam "outro Holocausto".[140] Por fim, muitas narrativas insistiam na necessidade de vigilância para impedir que certos nazistas escapassem da justiça. Em *The Valalha Exchange* e *Sleeper Agent*, Martin Bormann parece fugir para a América Latina. Em *Contas a Ajustar*, de Greene, a prisão do líder da ODESSA, Reichart, não impede que os membros do grupo reafirmem seus compromissos com um Quarto Reich. Lutar contra os nazistas continua sendo, então, uma tarefa contínua.

Ao endossar a lembrança, as narrativas refletiam preocupações da época. Muitas obras revelavam inquietações sobre o fato de a Alemanha continuar suscetível a ideias nazistas. A ascensão do NPD teve grande influência sobre alguns trabalhos do período. Certos textos mencionavam explicitamente o partido – por exemplo, *The End of the Fourth Reich*, em que o principal vilão, general Von Klaus, afirma categoricamente que o NPD "aceitará de imediato minha autoridade" já que, como a maioria dos alemães, seus membros querem "seguir um homem que vai reconduzi-los à dignidade e ao poder".[141] Medos de que a adoção pública da democracia pelo NPD mascarasse um sólido compromisso com o nazismo também eram visíveis na versão cinematográfica de *A Morte não Manda Aviso*, em que um agente da inteligência britânica (*sir* Alec Guinness) manda Quiller (George Segal) ficar em guarda contra os nazistas porque, hoje, "mais ninguém usa uma camisa marrom" e "todos se parecem com todos". É provável que a influência do NPD também explique a proliferação de trabalhos de TV e cinema com a temática do Reich nos anos 1966-1969, incluindo episódios de *Missão: Impossível*, *O Agente da U.N.C.L.E.* e os filmes *Flesh Feast* e *The Frozen Dead.*

O compromisso com a memória exibido nessas narrativas refletia as experiências históricas de seus autores e aquilo em que acreditavam naquele momento. Muitos escritores haviam adquirido um ódio profundo pelo nazismo em virtude do serviço que haviam prestado na Segunda Guerra Mundial, e continuaram desconfiados dos alemães após 1945. O autor de *Court of Honor*, Geoff Taylor (1926-2007), foi um piloto australiano de bombardeios da RAF que acabou sendo abatido e mantido como prisioneiro de guerra dos alemães até 1945, quando foi libertado pelos russos. Em uma entrevista de 1966, Taylor confessou que precisou de anos para superar suas experiências de guerra e escrever sobre elas de um modo "objetivo". Admitiu que, se tivesse feito isso mais cedo, "o romance teria sido um hino de ódio".[142] Da mesma forma, o romancista irlandês Manning O'Brine (1913-1977) escreveu *No Earth for Foxes* valendo-se de suas experiências como agente da inteligência militar britânica. O'Brine lutou contra os nazistas na Itália ocupada, um ponto que deixou claro em um pequeno prefácio ao romance, em que admitiu que estava disposto a ser criticado como um "homem preconceituoso", mas não deixaria de advertir que o compromisso dos alemães com o nazismo não morreu "nas chamas do *bunker* de Berlim".[143] O escritor britânico Martin Hale (1937-2016) era muito novo para lutar contra os nazistas, mas ao escrever seu romance *The Fourth Reich* transmitiu as opiniões antialemãs do pai, o veterano de guerra e proprietário do *The Daily Telegraph*, Lord Hartwell – um fato esclarecido no posfácio do livro, em que Hale insistiu que "os métodos e ideias alemães têm centenas de anos, havendo sempre o risco de que venham novamente à tona nos dias de hoje".[144] O escritor dinamarquês-americano e roteirista de Hollywood Ib Melchior (1917-2015) serviu no Corpo de Contrainteligência dos Estados Unidos (CIC), participou da libertação do campo de concentração de Flossenbürg e conquistou uma Estrela de Bronze por ajudar a capturar uma unidade *Werwolf* em 1945. Em *The Watchdogs of Abaddon*, Melchior encerrava cada capítulo do romance com "manchetes e reportagens" sobre atividades neonazistas; elas foram "extraídas de relatos verídicos aparecidos na imprensa mundial no final dos anos 1970".[145] Em *Sleeper Agent*, Melchior afirmava que a ideia de agentes secretos nazistas trabalhando no exterior estava baseada em "fatos" e advertia num tom sinistro: "Onde eles estão agora?". Por fim, outros autores eram refugiados da Alemanha e da Áustria. O autor de *The Night Conspirators*, Robert Muller (1925-1998), era um escritor judeu-alemão que fugira da Alemanha nazista para a Inglaterra em 1938 e passara a nutrir profundas suspeitas da sua antiga terra natal. A autora de *O Recibo de Bormann*, Madelaine Duke (1919-1996), não tinha serviço militar a seu crédito, mas tinha razões pessoais para escrever sobre seu tema, dado o roubo, por saqueadores nazistas, da coleção de arte de sua família vienense judia, o assassinato dos parentes nos campos e uma prolongada luta no pós-guerra para conseguir a restituição pelo governo austríaco do que lhe pertencia.[146]

Outros autores compartilhavam suspeitas dos alemães, mas se abstinham de fazer generalizações a esse respeito. Como outros escritores, o romancista americano Harris Greene (1921-1997) viveu na Alemanha do tempo da guerra e do pós-guerra como agente do CIC e depois como diplomata, mas ao escrever *Contas a Ajustar* incluiu um virtuoso agente duplo alemão, chamado Dieter, que se infiltra na ODESSA a serviço do Mossad.[147] Jack Hunter (1921-2009), autor de *The Tin Cravat*, trabalhou para forças de ocupação americanas na Alemanha do pós-guerra reunindo *Werwolf* nazistas e desempenhando um papel de liderança na Operação Berçário. Muitos de seus romances, no entanto, apresentavam um "bom [herói] alemão", Bruno Stachel, que apesar de ter servido ao Reich no tempo da guerra coopera com forças americanas.[148] Por outro lado, alguns dos escritores que incluíram caracterizações positivas dos alemães não lutaram com eles na Segunda Guerra Mundial. O famoso jornalista e escritor britânico Frederick Forsyth (1938-) era jovem demais para o serviço militar nos anos da guerra (embora depois tenha sido piloto da RAF) e tinha opiniões relativamente moderadas sobre os alemães. Não apenas criou o herói de *O Dossiê Odessa* como um jornalista alemão moralmente correto, Peter Miller, como descreveu um sobrevivente do Holocausto, Solomon Tauber, proclamando em seu diário: "Não alimento ódio... do povo alemão".[149] Ira Levin (1929-2007) também não serviu na guerra (na realidade serviu no Army Signal Corps [comando do Exército dos Estados Unidos] em meados dos anos 1950). Em seu livro *Os Meninos do Brasil*, o protagonista Yakov Lieberman (baseado em Simon Wiesenthal) jura "vingança" na conclusão da história e destrói a lista de 94 clones de Hitler. Isso, no entanto, acaba impedindo que uma organização militante judaica possa localizá-los e matá-los.[150]

Histórias Autocríticas: Vilões Nazistas, Colaboradores Aliados e Fascismo Universal

A segunda categoria de narrativas também retratava os nazistas como o mal. Obras como *The Testament of Caspar Schultz*, *The Werewolf Trace*, *Who Will Watch the Watchers?*, *O Vento Frio do Passado*, *O Documento Holcroft*, *The Croesus Conspiracy* e *The Hour of the Assassins* descreviam os nazistas como extremamente poderosos graças a seu trabalho colaborativo em organizações como ODESSA, "Die Spinne" e outras redes internacionais. Esses textos também retratavam os nazistas como grandes sádicos: *The Testament of Caspar Schultz* mostrava Kruger, um maligno médico nazista, chicoteando uma agente israelense aprisionada, Anna Hartmann, antes de matá-la, enquanto *The Hour of the Assassins* mostra Joseph Mengele torturando o protagonista americano do romance, John Caine, trancando-o em um asfixiante barracão amazônico cheio de formigas-lava-pés. As narrativas também apresentavam os nazistas como sexualmente pervertidos. O nazista maquiavélico Johann von Tiebolt, baseado em Londres, tem uma relação sexual incestuosa com sua irmã, Gretchen, em *O Documento Holcroft*; Mengele tem relações sexuais com a filha masoquista, Inger, em *The Hour of the Assassins*; e o nazista Gunter Brendel, estabelecido em Munique, é comparado a um "homossexual amante da arte" em *O Vento Frio do Passado.*[151] Além disso, todos os textos mostravam os nazistas usando o assassinato para alcançar seus objetivos.

Os textos diferiam, no entanto, ao retratar os oponentes do nazismo em termos nada simpáticos. A divergência apareceu pela primeira vez em relatos britânicos. *The Testament of Caspar Schultz* concluía revelando que o principal vilão da história era o agente da inteligência britânica *sir* George Harvey, que ajuda um nazista disfarçado, Kurt Nagel, a destruir um livro abrangente de memórias para encobrir a conciliação de Harvey com Hitler no tempo da guerra e a revelação de que seria Harvey o primeiro-ministro fantoche logo após a esperada derrota da Grã-Bretanha pelos nazistas. *The Werewolf Trace* retratava os agentes da inteligência britânica como duplamente incompetentes: primeiro, ao permitir que ex-nazistas escapassem da justiça após 1945; segundo, por supercompensar seu fracasso exagerando a ameaça colocada pelo emigrado dinamarquês (e suposto agente adormecido nazista) Joseph Gotterson, que morava na Inglaterra e a quem levam ao suicídio enviando mensagens subliminares de que poderia ser ele o filho sobrevivente de Joseph Goebbels, Helmut. *The Goering Testament* retratava autoridades do governo britânico como figuras "pouco escrupulosas", prontas a sacrificar a vida de cidadãos comuns no esforço para desmascarar uma célula conspiratória de neonazistas britânicos.[152] Por fim, o número 22 das histórias em quadrinhos do *Capitão Britânia* retratava a Inglaterra como um país degradado, cuja população estava tão desmoralizada que o Caveira Vermelha não tinha dificuldades em recrutar colaboradores nazistas "bem aqui em *Londres*".[153]

Relatos americanos fazem acusações parecidas. O principal vilão de *O Vento Frio do Passado* é o advogado americano e agente secreto nazista Arthur Brenner (codinome "Barbarossa") que, na conclusão do romance, informa ao protagonista, John Cooper, que autoridades do governo americano vêm há muito tempo trabalhando com nazistas importantes para colocar um "homem escolhido a dedo... na Casa Branca" e criar um mundo em que "Washington e o movimento nazista sejam...uma coisa só".[154] Em *The Croesus Conspiracy*, os principais vilões são o secretário de Estado americano, Arthur Kosters, e o plutocrata e simpatizante nazista, também americano, Elson Patterson, que arquiteta a eleição de um peão confiável, o senador da Califórnia Travis Bickel, para a presidência e implementa um desonesto plano naziamericano ("Operação Creso") para criar um "*Reich* mundial".[155] *The Hour of the Assassins* revela que a CIA americana ajudou o líder da ODESSA, Von Schiffen, a derrubar o governo peruano e a levar à frente um plano de hegemonia continental. A CIA é também a principal vilã em *Who Will Watch the Watchers?*, de Edwin Fadiman Jr., por esconder a sobrevivência de Hitler do povo americano, "assassinando" assim a confiança no governo.[156] Em *O Documento Holcroft*, a CIA é igualmente indigna de confiança, tendo sido infiltrada por células adormecidas dos "*Sonnenkinder*" nazistas, que planejam desencadear uma onda de "mortes... e conflitos nas ruas".[157]

Ao obscurecer as diferenças entre os nazistas e seus inimigos, as narrativas sugerem que os supostos heróis – fossem britânicos ou americanos – tinham potencial para se tornarem vilões fascistas. Os textos, então, universalizam o significado do nazismo. Ao contrário de outras histórias do período, sugerem que a aptidão para o pensamento de extrema-direita não estava limitada aos alemães, mas era inerente a todas as pessoas. Esse ponto foi esclarecido por inúmeras reviravoltas de enredos que envolviam as identidades dos personagens centrais das narrativas. Alguns personagens pensam que conhecem as histórias de suas famílias, mas acabam descobrindo que tinham ascendentes nazistas: Noel Holcroft, em *O Documento Holcroft*, é informado de que seu pai, Heinrich Clausen, foi um mestre das finanças na era nazista, enquanto em *O Vento Frio do Passado*, John Cooper descobre que o pai, Edward, não morreu quando combatia os nazistas na RAF; na realidade ele trabalhava como agente secreto nazista ao lado de Austin, o avô nazista de Cooper. Outras histórias revelavam que personagens supostamente judeus eram, na realidade, nazistas que tinham escapado da justiça ao assumir identidades de vítimas do Holocausto. Em *The Hour of the Assassins*, o barão judeu da pornografia radicado em Los Angeles e sobrevivente do Holocausto, Karl Wasserman é, na realidade, Von Schiffen, o principal vilão da história, enquanto em *The Croesus Conspiracy* o secretário de Estado, Arthur Kosters, usa antecedentes judaicos para esconder a identidade nazista. A mensagem é clara: qualquer um pode ser um nazista; os nazistas podem estar em qualquer parte.

Ao apresentar essa mensagem pessimista, os autores das narrativas muitas vezes estavam criticando as condições do mundo contemporâneo. Escritores britânicos nas décadas de 1960 e 1970, por exemplo, expressaram o sentimento de declínio pós-imperial da época desafiando o mito nacional da "melhor hora". Em *The Testament of Caspar Schultz*, Jack Higgins* (1929-) desafiou o retrato binário do mito, com heróis britânicos e vilões alemães, ao apresentar autoridades do governo britânico – em primeiro lugar *sir* George – como colaboradores nazistas e determinados alemães – antes de qualquer coisa o valente detetive Von Kraul – como simpáticos heróis.[158] O retrato humanizado que Higgins faz dos alemães refletia sua experiência positiva como soldado britânico

* Pseudônimo de Harry Patterson. (N. do T.)

na Alemanha ocupada, enquanto a descrição de *sir* George colaborando com os nazistas para preservar o império britânico sugeria que o autor compartilhava o ceticismo pós-imperial da década.[159] O romance de John Gardner, *The Werewolf Trace*, também rejeitava uma representação preto no branco de alemães e britânicos. Descrevia, de maneira crítica, como subproduto do imperialismo, o medo dos alemães acalentado no pós-guerra pelo povo britânico, argumentando que "a inútil ação de retaguarda colonial na Palestina" impedira o governo britânico de levar integralmente os nazistas à justiça no final dos anos 1940, e provocara uma duradoura paranoia sobre "agentes adormecidos". Uma mensagem anti-imperialista semelhante informava o retrato que o romance fazia do povo britânico, cuja atração pela "lei e a ordem" dos fascistas domésticos nos anos 1970 estava enraizada na crise vivida pelo país na Irlanda do Norte ("nosso pequeno Vietnã").[160]

A afirmação de narrativas americanas de que o fascismo existia nos Estados Unidos era um meio de comentar o mal-estar da nação na era do Vietnã e de Watergate. Ao retratar os Estados Unidos sendo tomados pelos nazistas em *O Documento Holcroft*, Robert Ludlum (1927-2001) articulou sua crença liberal de que tendências fascistas existiam em todas as instituições modernas, de corporações internacionais a organizações de inteligência.[161] Compartilhando seu ceticismo estava Edwin Fadiman Jr. (1925-1994), cuja acusação de que a CIA estaria ocultando a sobrevivência de Hitler em *Who Will Watch the Watchers?*, refletia o número cada vez maior de críticas à agência de inteligência que eram feitas na época.[162] Escritores mais novos expressavam um sentimento semelhante de desilusão. A crítica à CIA feita em *The Hour of the Assassins* por Andrew Kaplan (1941-) refletia suas experiências pessoais como agente de inteligência e veterano de combate. Elas foram apresentadas nos *flashbacks* de seu protagonista, John Caine, no Vietnã e na crença de que todos os lados cometem atrocidades em períodos de guerra.[163] Não se sabe se Thomas Gifford (1937-2000) procurou defender um ponto de vista político específico ao retratar uma tomada fascista dos Estados Unidos em *O Vento Frio do Passado*, mas sua desilusão com os assuntos americanos ficou clara no comentário, articulado por Cooper, protagonista do romance (e *alter ego* do autor), de que "tudo em que acredito tem se mostrado uma mentira".[164]

Além de perspectivas liberais, as narrativas americanas também apresentam pontos de vista conservadores sobre acontecimentos atuais. A denúncia contundente do *establishment* político americano em *The Croesus Conspiracy*, de Ben Stein, procurava exonerar, em vez de expor, o governo Nixon. Escrito por um tradicionalista, ex-redator de discursos de Nixon, o romance mostra o presidente Nixon recusando-se a cooperar com agentes nazistas americanos que arquitetam, em segredo, o escândalo Watergate para derrubá-lo; além disso, os malfeitos de Watergate cometidos pelo ex-presidente empalidecem em comparação com os crimes muito mais violentos instigados pelo presidente escolhido a dedo pelos nazistas, (o simbolicamente chamado) Travis Bickel.[165] *Hitler's Daughter*, de Timothy B. Benford, também expressava uma mensagem conservadora. Ao mostrar que a ocupação nazista da Casa Branca era comandada por forças externas, exonerava os americanos comuns de qualquer culpa pelo final distópico do romance, ilustrando assim as inclinações patrióticas do autor.[166]

A Ascensão e Queda do Quarto Reich: Recepção Popular e da Crítica

Histórias do Quarto Reich tiveram imensa popularidade na década de 1970. Muitos romances se tornaram *best-sellers* e alguns se transformaram em filmes bem-sucedidos. Contudo, a resposta favorável do público em geral não era compartilhada por críticos profissionais. Embora muitas narrativas fossem aclamadas pela crítica, um número muito maior delas era violentamente atacado. A reação dividida refletia a interação de complexas forças econômicas e culturais. Mas as causas eram menos significativas que o resultado: a enorme atenção recebida pelo Quarto Reich ficcional enraizou ainda mais o tema na consciência popular.

Recepção Popular

A popularidade das narrativas da época foi confirmada por sua lucratividade. Entre os livros mais vendidos estavam *A Morte não Manda Aviso*, *O Dossiê Odessa*, *O Vento Frio do Passado*, *Os Meninos do Brasil*, *The Valhalla Exchange* e *O Documento Holcroft*.[167] O fato de quase todos esses romances terem sido transformados em filmes populares deixava ainda mais patente sua aptidão para fazer dinheiro.[168] A estimativa das audiências de televisão é difícil, mas a presença do Quarto Reich em séries da televisão americana tradicional, como *O Agente da U.N.C.L.E.*, *Viagem ao Fundo do Mar*, *Missão: Impossível*, *Mannix*, *Os Novos Vingadores*, *Mulher Maravilha* e *Super-Herói Americano*, testemunhou ainda mais seu apelo popular. Isso também é sugerido pelo aparecimento repetido do Quarto Reich em revistas em quadrinhos americanas.

A popularidade do tema deveu-se em parte a fatores econômicos. A produção de histórias de ficção sobre o Quarto Reich obedecia a forças de oferta e demanda. Por um lado, os autores e editores ilustravam a influência de forças econômicas keynesianas "do lado da demanda", na medida em que produziam as narrativas para satisfazer as demandas de seus públicos; por outro lado, os mesmos produtores ilustravam as forças "do lado da oferta" da "Lei de Say", na medida em que estimulavam a demanda do consumidor inundando o mercado com o que esperavam que as pessoas consumissem. Assim que escritores, editoras, estúdios de cinema, empresas de televisão e editores de histórias em quadrinhos reconheceram o potencial do Quarto Reich para gerar dinheiro, esforçaram-se ao máximo para sustentá-lo. Primeiro, os próprios escritores viram o tema do Quarto Reich como promissor em termos financeiros. Os grandes nomes da época na ficção popular adotaram o tema: Jack Higgins, Ira Levin, Frederick Forsyth, Robert Ludlum, John Gardner e James Patterson. Juntos, tinham vendido milhões de livros sobre outros assuntos, incluindo guerra (*A Águia Pousou*, de Jack Higgins), espionagem (*O Dia do Chacal*, de Frederick Forsyth) e terror (*O Bebê de Rosemary*, de Ira

Levin). Nenhum dos escritores sabia muita coisa sobre nazismo antes de pôr mãos à obra, mas o fato de terem desenvolvido o tema atraiu a atenção para seus livros e ampliou suas chances de sucesso. Os editores também perceberam que um lucro considerável poderia ser obtido com o tema do Quarto Reich. Em 1972, Forsyth recebeu de seu editor britânico um adiantamento recordista de 250 mil libras pelo *O Dossiê Odessa* enquanto, no mesmo ano, Ladislas Farago recebia um adiantamento de seis dígitos da Simon and Schuster para transformar em livro sua série de artigos jornalísticos sobre Martin Bormann.[169] Estúdios de Hollywood, enquanto isso, corriam para garantir os direitos de filmagem dos romances e até mesmo de obras de não ficção da época.[170]

Editoras e estúdios de cinema apoiaram a onda com grandes campanhas de marketing. Inseriam grandes anúncios para seus livros e filmes nos principais jornais, empregando com frequência a expressão "O Quarto Reich" para adicionar uma aura de sensacionalismo. Anúncios para a versão cinematográfica de *Os Meninos do Brasil*, por exemplo, traziam o cabeçalho: "[Eles] são o começo do Quarto Reich. Se essas crianças sobreviverem... o que será de nós?".[171] Anúncios semelhantes foram produzidos para obras menos importantes, como *Contas a Ajustar*, de Harris Greene, que foi divulgado com a manchete: "Os últimos sobreviventes do Terceiro Reich já lançaram o Quarto".[172] Na esteira do sucesso de *O Dossiê Odessa* e *Os Meninos do Brasil*, foram comercializados outros textos com referência direta aos dois *best-sellers*. *The Axmann Agenda*, de Mike Pettit, por exemplo, foi descrita por seu editor como "além do terror chocante de *Os Meninos do Brasil*", enquanto *Inside the Fourth Reich*, de Erich Erdstein, foi promovido com a chamada: "A Verdadeira História dos Meninos do Brasil". A atenção promocional também alcançou os veículos de rádio e TV. Para promover seus livros, Wiesenthal, Forsyth e Ludlum apareceram no *The Today Show*, enquanto Erdstein se apresentou no *The Dick Cavett Show*.[173]

A onda de livros sobre o Quarto Reich foi também alimentada por fatores culturais e psicológicos mais profundos. Durante a década de

1960 e nos anos 1970, a cultura popular americana estava fascinada pelo mal. Eram particularmente populares os contos de terror, fossem sobre possessão satânica (*O Exorcista*), assassinos em série (*O Massacre da Serra Elétrica*), o paranormal (*Carrie, a Estranha*), zumbis (*A Noite dos Mortos Vivos*) ou psicopatas (*Taxi Driver*). Histórias do Quarto Reich satisfaziam esse interesse pelo mal apresentando nazistas que cometiam atos de assassinato, roubo, agressão militar e genocídio. O fato de mostrarem os nazistas pagando com a vida pelos seus crimes aumentava ainda mais a popularidade desses contos. Ao descrever rotineiramente os nazistas tendo fins violentos, as narrativas desempenhavam uma importante função psicológica ao permitir que pessoas comuns desfrutassem de uma forma delegada, ficcional de vingança contra os vilões que, na história real, não chegavam a ser julgados pelos seus crimes.

As narrativas também exploravam o lascivo interesse do público pelo sexo. *The Hour of the Assassins* descrevia a filha de Mengele, Inger, como tendo "pequenos seios pontudos" com "mamilos eretos como diminutos punhais".[174] A *femme fatale* de *O Documento Holcroft*, Gretchen Beaumont, tinha "um corpo extraordinário clamando por... invasão e satisfação".[175] A inclusão desses elementos refletia o fato de que as narrativas eram em geral produzidas por homens para um público masculino. O Quarto Reich era um tema comum em revistas masculinas durante esse período. A reportagem especial na edição de março de 1962 da revista *Escape to Adventure* era intitulada "Escapada do Calabouço da Tortura do Quarto Reich" e compartilhava o espaço da capa com um artigo intitulado "O Lado Sexual do Incêndio Criminoso".[176] A história original de Erich Erdstein sobre o plano para matar Mengele foi descrita ao lado de uma mulher com roupas escassas na revista masculina alemã *Neue Revue*, de 5 de janeiro de 1969.[177] A capa da edição de setembro de 1984 da revista *Gallery* apresentava a foto de um modelo usando *lingerie* e um título chamando para uma entrevista com Simon Wiesenthal, que dizia: "O Quarto Reich Está Vivo".[178]

A popularidade das narrativas também refletia um fascínio do povo pelo mistério. O colapso do Terceiro Reich em 1945 deixou muitas perguntas sem resposta: Hitler e seus principais capangas realmente morreram ou fugiram para o exterior? A derrota do Terceiro Reich foi permanente ou os alemães ainda procuram dominar o mundo? Na ausência de respostas claras a essas perguntas, o tema do nazismo continuou cercado de rumores e suposições. Relatos sobre criminosos de guerra que eram localizados na América Latina, cientistas aeroespaciais sendo empregados no Oriente Médio e tesouros escondidos por toda a Europa foram uma presença constante na mídia ocidental. Histórias ficcionais do Quarto Reich exploravam esse fascínio e prometiam preencher o vazio informativo com respostas vibrantes.

Por fim, a popularidade das narrativas refletia o clima político da época. Nos Estados Unidos, o aguçamento das tensões raciais, a guerra em andamento no Vietnã, a erupção do escândalo Watergate e a abertura de inquéritos no Congresso sobre missões secretas da CIA e do FBI forçaram os americanos comuns a enfrentar questões fundamentais de moralidade. Na Grã-Bretanha, a explosão de conflitos raciais, o agravamento da violência terrorista na Irlanda do Norte, o início da recessão econômica e a eclosão da agitação trabalhista aprofundaram o sentimento pós-imperial de declínio da nação. Em ambos os países, a atmosfera de pessimismo fomentou a popularidade das narrativas do Quarto Reich. Isso foi feito, no entanto, de dois modos diferentes: algumas promoviam o escapismo, enquanto outras encorajavam a autocrítica. A primeira abordagem foi bastante comum entre escritores mais velhos e é provável que tenha encontrado mais repercussão entre leitores mais velhos; ambos os grupos haviam servido na Segunda Guerra Mundial contra os nazistas e com frequência enfrentavam as crises da época voltando-se de maneira nostálgica para os anos de guerra, quando seus países tinham experimentado sua "melhor hora" travando uma "boa guerra" contra a agressão alemã. Histórias de um Quarto Reich permitiram que esses leitores fugissem para mundos fictícios onde a verdade surgia em preto e branco, não em cinza; onde a linha divisória entre vilões e heróis era clara, não sombria; e onde o mal residia mais no exterior que em casa.[179] A segunda abordagem foi na maioria das vezes desenvolvida por escritores mais jovens e é provável que tivesse maior apelo junto a públicos mais jovens. Tendo sido criados num período de crescente instabilidade, esse grupo procurava enfrentar, não contornar os problemas atuais. Consideravam a possibilidade de que os nazistas representassem uma ameaça mais interna que externa e estivessem trabalhando dentro do sistema democrático para subvertê-lo. Ao adotar uma postura autocrítica, esse grupo sugeria que o nazismo não estava restrito à Alemanha, mas se mantinha como um perigo universal.

Reação da Crítica

A reação da crítica às narrativas da época foi heterogênea. Certas obras foram elogiadas enquanto outras enfrentaram críticas bastante duras. No geral, os críticos reagiram de modo mais favorável às obras que foram lançadas na primeira metade da onda (de meados dos anos 1960 a meados dos anos 1970) do que às que apareceram mais perto de sua conclusão (de meados dos anos 1970 a meados dos anos 1980). Os críticos, sem dúvida, tiveram mais motivos para criticar as narrativas do que para louvá-las. Por fim, eles não se limitaram a analisar trabalhos individuais, mas os explicavam como parte de um fenômeno cultural mais amplo. Ao fazê-lo, prepararam o terreno para seu colapso.

Muitas narrativas da época foram analisadas de modo positivo por críticos britânicos e americanos. Algumas conquistaram prêmios, em especial *A Morte não Manda Aviso*, que foi apontado como o melhor livro de mistério publicado em 1965 nos Estados Unidos.[180] O romance também recebeu algumas críticas bastante entusiásticas, com um crítico qualificando-o como "arrebatadoramente legível" e outro como "um dos melhores romances de espionagem que já li".[181] Outras obras receberam críticas não menos vibrantes. O romance *O Dossiê Odessa,* de

Forsyth, foi aclamado como uma "história de suspense" que foi "concebida de modo brilhante e escrita com perícia".[182] *Os Meninos do Brasil*, de Levin, foi saudado como "paralisante" e "trabalhado de modo impecável".[183] *The Werewolf Trace*, de John Gardner, foi apresentado como escrito "na melhor tradição do *thriller* britânico de espionagem".[184] O romance *The Fourth Reich* de Adam Hall foi elogiado como "inteligente e divertido" (e distinguido por Kingsley Amis com o rótulo de "um pouco excêntrico").[185] Outras narrativas receberam louvores mais genéricos, incluindo *O Documento Holcroft* ("carregado de ação"), *A Herança de Estrasburgo* (uma "ideia bem cuidada") e *The Watchdogs of Abaddon* ("boa diversão").[186]

Muitos críticos louvavam as narrativas por sua atualidade e por serem plausíveis. A versão cinematográfica de *A Morte não Manda Aviso* foi aclamada por vários críticos como "premonitória" e "oportuna" à luz dos sucessos do NPD na Alemanha Ocidental.[187] *The Watchdogs of Abaddon* foi descrito como bastante "verossímil" graças aos recortes de jornais que, intercalados entre a narrativa, traziam notícias sobre a atividade neonazista nos dias atuais.[188] Outras obras foram elogiadas como relevantes para a vida política americana contemporânea. *Who Will Watch the Watchers?* foi aclamado por levantar a questão de se "aqueles que elegemos para cargos importantes" realmente "agem a nosso favor".[189] *The Croesus Conspiracy* foi apontada por compartilhar uma mensagem que "chega de fato ao topo de nossas instituições".[190] Outras narrativas foram louvadas por serem amplamente dignas de crédito: *O Dossiê Odessa* recebeu o elogio de "convincente ao extremo", aos *Os Meninos do Brasil* foi atribuída uma "absurda verossimilhança" e descreveram *O Documento Holcroft* como um relato "plausível" com "um resultado... enervante".[191] Um crítico de *Os Meninos do Brasil* esperava que bibliotecas e livrarias colocassem o livro "na seção de ficção".[192] Outros críticos elogiaram os relatos por tematizarem questões morais do presente. *O Dossiê Odessa* foi admirado por ser um eficiente "estudo sobre a culpa... e a... importância do castigo".[193] *The Trial of Adolf Hitler* foi chamado de "instigante" por perguntar se algum governo "pode governar sem culpa".[194]

Em uma das meditações mais extensas sobre a onda, Greil Marcus elogiou na *Rolling Stone* os "*thrillers* de caçada aos nazistas" que abordam "uma realidade irredutível" sobre o nazismo "que ninguém mais está encarando". Argumentando que "historiadores e analistas políticos" haviam abandonado a linguagem dramática necessária para descrever o que era "inexplicável" acerca do nazismo, Marcus sustentou que "fora preciso que autores de *thrillers* de suspense a empregassem". No processo, suas narrativas articularam os "verdadeiros medos... que naqueles dias em nenhum outro lugar poderiam encontrar sua voz". Livros como *O Vento Frio do Passado*, ele declarou, retratavam com eficácia "com que facilidade o mundo que os nazistas criaram poderia ser encaixado dentro do nosso", mostrando que a "destruição [pelo Terceiro Reich] de todos os limites sobre a ação humana" havia persistido no período do pós-guerra.[195]

Esses comentários positivos, no entanto, foram superados pelos negativos. No início dos anos 1960, duas obras foram alvo de críticas cerradas: o drama televisivo de Robert Muller, *The Night Conspirators*, e a versão cinematográfica do romance de Adam Hall, *A Morte não Manda Aviso*. Ambas provocaram controvérsia política. Quando foi pela primeira vez ao ar na televisão britânica, em maio de 1962, *The Night Conspirators* recebeu uma torrente de críticas irritadas. Muitos espectadores britânicos se recusaram a aceitar a mensagem central da série de que – como um crítico formulou – "o povo alemão aceitaria hoje... de bom grado a volta de Hitler se ele ainda estivesse vivo".[196] Como vários críticos argumentaram, a expressão "histérica" de "ódio" de Muller enfraquecia a tal ponto a credibilidade de sua peça que as únicas pessoas que provavelmente a aceitariam eram "antifascistas que tivessem fobia aos germânicos".[197] Ninguém menos que o antigo alto comissário britânico para a Alemanha, *sir* Ivone Kirkpatrick, observou que a peça "era uma deturpação da situação atual na Alemanha".[198] A mídia da Alemanha Ocidental também rejeitou o programa de TV, desqualificando-o como cheio de "clichês".[199] A crítica mais notável, no entanto, veio do ministro do Exterior alemão-ocidental, cujos diplomatas baseados em Londres pediram para ver o roteiro depois de receberem queixas de espectadores "que estavam indignados com a série".[200] Os diplomatas reconheceram que "sabemos que certas coisas não podem ser esquecidas", mas, perguntaram eles, "por que reviver memórias negativas?".[201] O motivo de sua preocupação era óbvio: na primavera de 1962, o governo alemão-ocidental estava particularmente sensível a opiniões estrangeiras sobre o período nazista, que tinha sido revivido pela Epidemia da Suástica, a crise de Berlim e o julgamento de Eichmann.[202] Ao mesmo tempo, o regime alemão-oriental estava usando ativamente a era nazista para desacreditar a República de Bonn. De fato, autoridades da Alemanha Oriental transmitiram *The Night Conspirators* na televisão estatal no outono de 1962, enquanto a imprensa governamental elogiava Muller por expor o fato de que a República Federal estava preparada para saudar novamente Hitler como a personalidade mais adequada "para ajudar a satisfazer os sonhos de capitalistas monopolistas, clérigos, militaristas e revanchistas".[203]

Preocupações políticas semelhantes cercaram a versão cinematográfica de *A Morte não Manda Aviso*. Quando foi lançado na Inglaterra em 1966, o foco do filme no neonazismo recebeu imediata identificação com a ascensão do NPD (Figura 5.6). Temendo repercussões políticas negativas, o Conselho de Autocontrole Voluntário (*Freiwillige Selbstkontrolle*) da indústria cinematográfica alemã-ocidental ordenou que o distribuidor americano cortasse todas as referências identificando os vilões do filme como neonazistas para que a película pudesse ser liberada para um público alemão-ocidental. Em consequência, o diálogo foi alterado para que os espectadores só ouvissem referências genéricas a "conspiradores" e deduzissem que os vilões eram comunistas.[204] A mudança foi amplamente ridicularizada. O *The Times*, de Londres, descreveu-a como outro exemplo do empenho dos alemães para evitar "ecos do passado"; a imprensa da Alemanha Oriental condenou-a como prova da atitude "anticomunista e militarista" da República de Bonn; mesmo o jornal *Die Zeit*, da Alemanha Ocidental, criticou as mudanças exigidas, observando que o título alemão do filme, "*O Perigo que Vem da Escuridão*", sem intenção, mas de forma precisa, descreveu a tendência doméstica para a autocensura "voluntária".[205]

Após essas duas controvérsias políticas, narrativas subsequentes foram atacadas por uma variedade de deficiências literárias. Os críticos condenavam muitos textos por problemas de escrita, estilo e desenvolvimento de personagens. *Os Meninos do Brasil* foi chamado de "grande porcaria" e descrito como "desprovido de graça ou inteligência".[206] *O Dossiê Odessa* continha "personagens rígidos como papelão".[207] *O Recibo de Bormann* era "confuso e amadorista".[208] Os personagens de *The Watchdogs of Abaddon* "não passavam de robôs".[209] O trabalho mais amplamente criticado foi *O Documento Holcroft*, de Robert Ludlum. Um crítico descreveu o romance como "perfeitamente horrível com [seus]... personagens que parecem saídos de biscoitos da sorte", enquanto outro comentou que os personagens vinham "das costas de caixas de cereal". Alguns se queixavam de que a escrita de Ludlum era desfigurada por "um diálogo risível", enquanto outros reclamavam que estava cheia de "itálicos e elipses" em vez de "sentenças cuidadosamente construídas".[210] Enquanto Ludlum era criticado por falhas estilísticas, outros escritores eram repreendidos por incluir um excesso de material histórico em suas narrativas. Forsyth teria incluído tantos "detalhes tediosos" em seu romance que ele poderia ser lido como se lê uma "enciclopédia".[211] Jack Hunter, nesse meio-tempo, foi atacado por inserir obscuras "referências alemãs" em seu conto, chegando, de modo pretensioso, a incluir um verdadeiro "glossário".[212]

Os críticos também acusavam as histórias de não serem originais. Já em 1964, um crítico acusou o episódio "O Caso dos Jogos Mortais" ("The Deadly Games Affair"), de *O Agente da U.N.C.L.E.*, de usar "todos os clichês do livro".[213] De modo revelador, somente um ano mais tarde outro observador criticou o episódio "A Última Batalha" ("The Last Battle") por repetir um tema que "já fora usado em *O Agente da U.N.C.L.E.*".[214] A trama de *O Dossiê Odessa* era meramente um "eco de todos os filmes B feitos sobre os nazistas."[215] A versão cinematográfica de *A Morte não Manda Aviso* estava cheia de clichês.[216] Mais uma vez, a obra que recebeu o maior número de críticas foi *O Documento Holcroft*. Um crítico zombou de Ludlum pelas fórmulas usadas em sua escrita, afirmando que ele compunha as narrativas escolhendo ao acaso variados "mosaicos" com palavras-chave como "tesouro de guerra dos nazistas", "CIA", "Buenos Aires", jogando-as em um tabuleiro "cujos quadrados vermelhos e azuis estão marcados com violência... sexo... punhalada pelas costas... e assim por diante". "Remaneje os detalhes", conclui o crítico, "e você tem um *thriller* de Ludlum".[217]

Os críticos também atacavam as narrativas por elas não serem plausíveis. O número excessivo de personagens e tramas secundárias contidos em *Court of Honor*, segundo um comentarista, impedia que os elementos "se combinassem... num romance eficiente".[218] Outro se queixava de que "o enredo confuso de *The Valhalla Exchange* faz muito pouco sentido".[219] A narrativa de *O Dossiê Odessa* era "desajeitadamente... unida por uma inacreditável série de coincidências".[220] A propensão de *O Documento Holcroft* para o "obscurecimento gratuito", enquanto isso, tornava-o tão "improvável" que um crítico exclamou: "Nunca acreditei nem me importei com a trama".[221] Críticas semelhantes foram direcionadas para *The Fourth Reich*, *The Werewolf Trace*, *A Herança de Estrasburgo*, *The Croesus Conspiracy* e a versão cinematográfica de *A Morte não Manda Aviso*.[222] Outros críticos duvidaram da plausibilidade elementar de os nazistas planejarem de fato um retorno ao poder. Um crítico cético de *A Morte não Manda Aviso* escreveu que "a moderna organização nazista [parecia estar]... tão bem estabelecida" no governo alemão-ocidental que "é difícil imaginar como essas mesmas pessoas puderam perder a Segunda Guerra Mundial".[223] Um crítico de *O Vento Frio do Passado* queria saber como os nazistas tinham permanecido fortes o bastante durante os últimos "trinta anos" para terem "o vigor [suficiente]... para constituir uma grave ameaça a nossas quatro liberdades, à maternidade e tudo mais".[224] Críticos da Alemanha Ocidental descartaram como "risíveis" as afirmações feitas em *O Dossiê*

Odessa sobre uma conspiração da SS ocorrendo dentro da República Federal.[225] Por fim, outros críticos se queixaram da estupidez de certas narrativas. O filme *Search for the Evil One* foi inteiramente desconsiderado devido a seus "ridículos absurdos".[226] O episódio "O Caso dos Jogos Mortais", de *O Agente da U.N.C.L.E.*, apresentava "o mais bizarro... enredo em muitas luas cheias".[227] Talvez a crítica mais reveladora tenha sido dirigida ao episódio "O Legado", de *Missão: Impossível*, que um crítico descreveu, num tom irritado, como girando em torno de um complô para "recuperar a... fortuna de Hitler e, *oh mein gosh!* [oh, meu Deus!], começar outro Reich".[228] Esse comentário sarcástico sugeria que o esquema desleixado de certas narrativas estava transformando a premissa tão assustadora de um Quarto Reich nazista em um mero parque de diversões.

Uma década mais tarde, essa tendência corrosiva se tornou mais visível. No final dos anos 1970, os críticos admitiram que o Quarto Reich havia se tornado parte de um fenômeno literário maior, embora um fenômeno que já não estava mais em seu auge. Um observador comentou em 1978 que "todo mês... um *caballero* literário pode ser visto cavalgando a suástica para o topo da lista dos *best-sellers* nacionais".[229] Outro escreveu que os romances nazistas tinham se tornado uma "máquina de movimento perpétuo", exatamente "como o Velho Oeste".[230] Outro ainda observou, de modo criativo, que "a preocupação de livros e filmes com a Alemanha nazista constitui, na prática, um Quarto Reich póstumo".[231] No início dos anos 1980, porém, os críticos declararam que histórias sobre nazistas "fazendo planos para o Quarto Reich" haviam se tornado "corriqueiras", "tediosas" e "a coisa mais banal".[232] Em parte, esses argumentos refletiam a qualidade declinante das narrativas. Na virada da década, a perspectiva de um Quarto Reich neonazista havia se reduzido a um cenário batido. Um sinal revelador foi a utilização trivial da premissa em várias séries de livros de aventura, incluindo *Nick Carter-Killmaster*,* *Mercador da Morte* (*Death Merchant*), *Missão Secreta* (*Secret*

* Série de aventuras de espionagem publicada de 1964 a 1990. (N. do T.)

Mission) e *James Bond*.[233] Em todas essas franquias, os neonazistas serviram como o conveniente vilão-do-mês – tão intercambiáveis quanto agentes soviéticos da KGB e terroristas árabes. A essa altura, o Quarto Reich já tinha sido vitimado pelas mesmas forças econômicas que, de início, o lançaram no centro do palco. À medida que iam saturando o mercado com novos títulos, os editores prestavam menos atenção à qualidade, garantindo assim, lá no final, uma queda na demanda popular e, antes de qualquer coisa, uma explosão da bolha que tinham inflado.

Essa dinâmica tornou digna de crédito a acusação condenatória dos críticos de que as narrativas estavam explorando o legado nazista para entretenimento e lucro. Em 1972, um comentarista atacou *O Dossiê Odessa* acusando Forsyth de recorrer a "uma história dolorosa, presente, para criar algumas emoções ligeiras".[234] Outro disse que era "um sacrilégio usar as... brutalidades de um campo de concentração para dar um viés de suposta seriedade a uma história de espiões".[235] Um crítico de *Os Meninos do Brasil*, de Ira Levin, disse que o romance "pega certos problemas sérios", como "antissemitismo patológico" e os "manipula para mero... entretenimento"; ao fazê-lo, o romance mostrava uma "falta de respeito pelo mal".[236] Muitos trabalhos foram acusados de priorizar o lucro. Um espectador argumentou que *Os Meninos do Brasil* "negocia descaradamente com nossa indignação coletiva ante os horrores nazistas" e não procura nada mais do que fazer "muita gente ganhar muito dinheiro".[237] O objetivo de ganhar um cachê de Hollywood era com frequência citado pelos críticos como uma razão para a má qualidade literária dos romances. *Court of Honor* foi acusado de ser lançado como "filme para escoteiros".[238] *The Werewolf Trace* foi descartado como nada mais que "uma ideia para a tela".[239] O motivo lucro também explicaria o caráter previsível das narrativas. Um crítico comentou que um escritor ambicioso tinha apenas de dar a seu romance policial um título como "A Lista de Lavanderia de Von Richthofen" para "garantir a assinatura de um contrato".[240] Não é então de admirar que Robert Ludlum entrasse mais uma vez no foco da crítica, sendo descrito como alguém que "ganhou mais dinheiro de Adolf Hitler... que qualquer um desde Krupp".[241] Ao fazer essas observações, os críticos incitavam os leitores a reconhecer que esse oportunismo autoral refletia uma abdicação da responsabilidade moral frente ao tema da era nazista. Ao resumir a onda nazista, uma crítica respondeu à sua própria pergunta retórica – "precisamos de mais um romance sobre o nazismo?" – concluindo que a popularidade do gênero refletia uma "necessidade nascida do mercado... não da alma".[242]

Vemos por esses comentários que, como era de se prever, a onda de narrativas do Quarto Reich refluiu no final da década de 1970. Esse desdobramento foi exemplificado pelo fracasso comercial da versão cinematográfica de *O Documento Holcroft*, em 1985. Apesar de ter contado com um diretor respeitado (John Frankenheimer) e um elenco importante (incluindo Michael Caine), as críticas foram contundentes. Um crítico chamou o filme de "deplorável", com um argumento "lastimável", enquanto outro dizia que o "roteiro... teria desonrado um filme B dos anos 1940".[243] É possível que a crítica mais reveladora tenha sido a que lamentou a falta de "atualidade" do filme.[244] Em parte, a película foi vítima do momento em que foi lançada. Quando o romance de Ludlum estreou em 1978, o Quarto Reich estava no ápice de sua popularidade; sete anos depois, porém, o tema havia perdido a relevância. Não é de admirar que um crítico tenha escrito que "a perspectiva de um novo regime nazista não desperta grande interesse entre as plateias de hoje".[245] A essa altura, a situação política internacional já havia passado por consideráveis mudanças. Embora a política americana de *détente* com a União Soviética no início dos anos 1970 tenha permitido o surto dos nazistas ficcionais na cultura ocidental, o retorno das tensões da Guerra Fria menos de uma década mais tarde tornou-os irrelevantes. Graças à invasão soviética do Afeganistão em 1979, ao boicote dos Estados Unidos às Olimpíadas de Moscou em 1980 e à ameaça de guerra nuclear do presidente Ronald Reagan, os russos mais uma vez apareciam como vilões na imaginação cultural americana. Em uma época em que os americanos assistiam a filmes como *O Dia Seguinte* (*The Day After*, 1983), *Amanhecer Violento* (*Red Dawn*, 1984) e *Invasão U.S.A.* (*Invasion U.S.A.*, 1985), a perspectiva de um Quarto Reich tinha pouca chance de ser um concorrente sério.

Conclusão

Os relatos ficcionais do Quarto Reich que apareceram durante os longos anos 1970 sinalizaram uma ruptura cada vez maior na memória da era nazista. Por um lado, refletiam um apoio popular generalizado à lembrança. Quando começaram a ser lançados no início dos anos 1960, os primeiros romances, filmes e programas de TV sobre o Quarto Reich expressavam duradouras preocupações ocidentais sobre o relacionamento da Alemanha Ocidental com sua herança nazista. Influenciadas pela Epidemia da Suástica, o julgamento de Eichmann e a ascensão do NPD, as narrativas alertavam o mundo para que os crimes nazistas não fossem esquecidos. Insistiam que os nazistas não eram apenas os vilões vencidos de uma era passada, mas uma ameaça permanente.

Enquanto proliferavam, no entanto, as narrativas refletiam cada vez mais a normalização da memória. Muitas obras estetizavam a época nazista. Recorrendo a estratégias narrativas consagradas por diferentes gêneros literários – incluindo sagas de guerra, contos de espionagem, mistérios de assassinatos e histórias de terror – faziam um vasto uso de violência, sexo, fraude, traição, intriga e conspiração. Muitas das primeiras histórias integravam esses elementos a suas tramas, mas as que vieram depois costumavam usá-los de forma mais abusiva. Cada vez mais os nazistas passaram a ser usados como vilões convenientes – na verdade, bandidos que estavam na moda – em aventuras sem dúvida convencionais. Com isso, isolavam os nazistas de seu contexto histórico mais profundo, transformando-os em significantes genéricos de bandidagem. Sua função era agora mais divertir que instruir. Esse desdobramento acabou levando ao declínio do Quarto Reich ficcional. Quanto mais os nazistas proliferavam nas narrativas da época, mais elas se tornavam repetitivas, derivativas e previsíveis. Não demorou muito para que se tornassem corriqueiras e fossem abandonadas. As narrativas da época não só estetizaram, mas também universalizaram o legado nazista. Embora os primeiros relatos da década de 1960 concebessem o Quarto Reich como uma ameaça emanando da Alemanha, obras posteriores imaginaram a ameaça nazista assumindo dimensões globais. Muitas se concentraram em uma ameaça nazista emanando dos Estados Unidos. Histórias de nazistas se infiltrando no governo americano serviam a uma função autocrítica ao expressar descontentamento com as crises da época, fosse Watergate ou Vietnã. Eram a contrapartida cultural das colocações mais diretamente políticas de militantes de esquerda de que os Estados Unidos haviam aderido, nos governos Johnson e Nixon, a princípios fascistas. Como essas colocações políticas, no entanto, a universalização do Quarto Reich inflou o conceito em termos retóricos, afastando-o do contexto histórico e transformando-o em um significante multiúso, mas cada vez mais sem sentido. Essa tendência continuou na última parte dos anos 1980. Mas antes do final da década, foi interrompida – e finalmente revertida – por acontecimentos inesperados.

6 TORNANDO A GERMANIZAR O QUARTO REICH: DA REUNIFICAÇÃO AO MOVIMENTO DOS CIDADÃOS DO REICH

> Na semana passada, o presidente Bush "reafirmou" o apoio americano à reunificação da Alemanha...
>
> [Sua] declaração... não deve ser subestimada. Isso porque marca um estágio nos dois grandes processos histórico-mundiais em interação que... dominarão as últimas décadas de nosso século: a dissolução do império soviético e a reunificação alemã...
>
> Se essa visão... está correta, então a reunificação alemã é agora inevitável. Estamos no caminho para o Quarto Reich: uma entidade pangermânica, impondo a plena fidelidade dos nacionalistas alemães.[1]
>
> Conor Cruise O'Brien, *The Times* (31 de outubro de 1989)

Embora tenha se tornado cada vez mais universal nos anos 1970, o conceito do Quarto Reich acabou sendo associado mais uma vez à Alemanha na década de 1980. A mudança foi tão repentina quanto inesperada. No início da nova década, poucos observadores na Europa e na América do Norte estavam interessados na República Federal da Alemanha, que encaravam como um membro confiável da aliança ocidental. Essa perspectiva relaxada, porém, transformou-se rapidamente com a queda do Muro de Berlim, no outono de 1989. Como foi mostrado pelo lamento no *The Times* do escritor irlandês Conor Cruise O'Brien, o fim do comunismo e a perspectiva de reunificação alemã fizeram renascer temores de um Reich renovado. Esses medos foram muito agudos nos anos que vieram logo após a fusão da República Federal com a República Democrática Alemã em outubro de 1990. Como efeito do reassurgimento da atividade neonazista e da crescente influência da Alemanha na União Europeia, surgiram preocupações de que o país estivesse revertendo a seus velhos hábitos nacionalistas. Ensaios jornalísticos, monografias acadêmicas e obras de literatura, cinema e televisão atiçaram ainda mais os medos populares. Contudo, no final da década, esses medos haviam diminuído; a habilidade do governo de Helmut Kohl para enfrentar os primeiros desafios da reunificação e a competência de seus sucessores, o chanceler do SPD Gerhard Schroeder (1998-2005) e a chanceler da CDU, Angela Merkel (2005-), para construir sobre o trabalho de Kohl estimularam a confiança popular na estabilidade do país. O período de calma, contudo, não durou. Logo após a crise financeira de 2008, retornaram os comentários sobre um Quarto Reich. Europeus de diferentes nações afirmavam que a Alemanha estava usando a União Europeia como um veículo para a hegemonia continental.

Essas declarações eram motivadas por uma mistura de convicção genuína e cálculo cínico. Por um lado, o medo de que a Alemanha estivesse se tornando um novo Reich estava baseado em tendências políticas reais. Após a reunificação, extremistas alemães de direita e neonazistas – incluindo o *Deutsches Kolleg*, o NPD e o Movimento de Cidadãos do Reich (*Reichsbürgerbewegung*) – procuravam com empenho cada vez maior transformar a República Federal em um Quarto Reich. Suas atividades deram credibilidade às afirmações de críticos temerosos de que a Alemanha estivesse se movendo de forma perigosa para a direita. Ao mesmo tempo, no entanto, preocupações sobre um Reich renovado foram intencionalmente exageradas atendendo a segundas intenções. Por toda a Europa, políticos e jornalistas levantaram a possibilidade de um Quarto Reich ganhar influência sobre a República Federal, afetando negócios da União Europeia e deslocando paixões populistas de alvos internos para alvos externos. O fato é que, embora alguns sem dúvida procurassem transformar o novo Reich em realidade, outros inflavam o risco de seu advento por motivos políticos.

Antes do Dilúvio: o Quarto Reich a Caminho da Normalidade

Na década anterior à unificação alemã, a ideia do Quarto Reich estava de fato em vias de ser normalizada. A ideia continuava a ser usada como um significante universal de intolerância autoritária. Nos Estados Unidos, o destacado político afro-americano Jesse Jackson empregou muitas vezes o termo em sua luta contra o *apartheid* sul-africano. Quando visitava Berlim em 1985, por ocasião do quadragésimo aniversário do fim da Segunda Guerra Mundial, Jackson disse a uma multidão de 25 mil pessoas que "a mesma motivação ética... que foi usada... para rejeitar o Terceiro Reich na Alemanha deve ser empregada para deter o Quarto Reich na África do Sul".[2] Jackson evocou muitas vezes o conceito nos anos que se seguiram, como faziam importantes jornais afro-americanos, que o empregavam para condenar o racismo americano daqueles dias.[3] O governo do presidente Ronald Reagan não foi atacado como um "Quarto Reich" com a mesma frequência que fora o de Richard Nixon, mas não ficou imune. Embora fosse condenado pela esquerda – vez por outra pelo próprio Jackson – pelo apoio que dava ao regime de Botha, Reagan também era atacado pela extrema-direita, por exemplo por um candidato republicano ao Congresso, Gary Arnold, que em 1982 declarou que o presidente estava cooperando com o banqueiro David Rockefeller em políticas econômicas que significavam estabelecer um "Quarto Reich" nos EUA.[4] Fora dos Estados Unidos, o Quarto Reich era empregado por grupos ávidos por despertar a consciência política quanto a outros problemas. Em 1988, jornais panamenhos utilizaram a ideia para condenar restrições à liberdade de imprensa feitas pelo ditador Manuel Noriega.[5] Nesse mesmo ano, cidadãos francófonos de Quebec a empregaram para detonar a proposta do *premier* Robert Bourassa de que só fossem usados letreiros em francês na fachada de estabelecimentos comerciais.[6]

O Quarto Reich também assumia uma presença cada vez mais normalizada na cultura ocidental. Durante as décadas de 1970 e 1980, grupos de *punk rock* adotaram a ideia por suas conotações provocativas, estetizando-a, portanto. Em 1979, uma banda do sul da Califórnia se autodenominou "O Quarto Reich", embora tranquilizando os críticos de que só se chamava assim pelo "valor do choque". Nesse meio-tempo, outras bandas, como os Dead Kennedys, D. I., e os The Lookouts invocavam o conceito em letras de canções para criticar a vida americana contemporânea. Uma canção dos The Lookouts, de 1987, "Fourth Reich (Nazi Amerika)", por exemplo, ecoava *slogans* de esquerda dos anos 1970 na seguinte letra:

> E agora as suásticas vêm em vermelho, branco e azul
> Quarto Reich Nazi Amerika
> O fascismo chega aos EUA
> Quarto Reich a noite está ficando mais escura
> Muito mal que um grande país tivesse de acabar assim.

Além do domínio da música, tendências universalizantes moldaram o uso do Quarto Reich na arte popular. O cartunista americano Garry Trudeau usou uma história em quadrinhos, *Doonesbury*, em 1987, para atacar Evan Mecham, um governador conservador do Arizona (que, de modo polêmico, havia cancelado, em 1986, o Dia de Martin Luther King como feriado estadual). Retratou o governador nomeando um funcionário que era "ativo na política do Quarto Reich" para um cargo oficial.[7] Enquanto isso, no México, a tira de quadrinhos do artista nascido no Chile José Palomo, *El Cuarto Reich*, criticava a corrupção dos governos latino-americanos por meio de uma série de personagens que viviam em uma ditadura não identificada.[8]

O Quarto Reich também encontrou um lugar na cultura esportiva americana. Em 1979, o locutor de TV Beano Cook aludiu de modo descontraído às inclinações para a direita dos treinadores de futebol americano observando que "se a NFL falisse... todos os 28 treinadores iriam para a Argentina, para encontrar Hitler e dar início a um Quarto Reich".[9] Em 1985, o treinador Frank Kush, do Indianapolis Colts, foi agraciado de modo sarcástico com o "Prêmio Quarto Reich" por expressar sua admiração pelo modo como Hitler "coordenava as pessoas".[10] Nesse mesmo ano, um jogador profissional de futebol do San Diego Sockers descreveu uma equipe rival, o Chigado Sting, "como o Quarto Reich".[11] Foram exemplos dispersos. Mas como aconteceu com a adoção do Quarto Reich por gangues de motoqueiros nos anos 1970, o uso do termo em esportes americanos refletia sua transformação em um significante genérico de tenacidade.

O processo de normalização foi mais bem ilustrado pela aplicação benigna do termo à República Federal da Alemanha. Embora tenha sido cercada por uma aura de ameaça durante as primeiras três décadas do período do pós-guerra, a ideia de um Reich alemão renascido tornou-se menos assustadora nos anos 1980. Essa mudança ficou clara com a publicação do livro do jornalista americano Edwin Hartrich, *The Fourth and Richest Reich* (1980).[12] A tese do livro era simples: graças às realizações econômicas do pós-guerra na República Federal, observava Hartrich, "a ecopolítica conseguiu obter para os alemães o que a geopolítica não conseguiu alcançar... no Terceiro Reich de Hitler".[13] As exportações alemãs haviam atingido "um ilimitado *Lebensraum* [espaço vital] por onde se expandir" em uma base muito mais duradoura que a conseguida pelos "milhões de soldados de Hitler em suas mal-sucedidas conquistas militares na Europa, na Rússia e na África". De modo significativo, muitos críticos americanos endossaram a tese de Hartrich, argumentando que os Estados Unidos – então atolados em recessão econômica – poderiam aprender muita coisa com o milagre econômico do pós-guerra na Alemanha. Como escreveu David Schoenbrun no

New York Times, o trabalho de Hartrich deveria ser leitura obrigatória para os americanos que estavam "assistindo com desânimo ao declínio de nossos recursos", pois traz lições importantes sobre "como recuperar nossa posição de superpoder econômico do mundo".[14] A mensagem implícita era clara: o Quarto Reich não era mais um conceito assustador a ser evitado. Em sua última "encarnação" – como a próspera, democrática República Federal – era um modelo admirável a ser copiado.

Durante o restante da década, a ideia do Quarto Reich raramente foi aplicada à Alemanha Ocidental. Em comparação com o início do período do pós-guerra, os temores ocidentais do neonazismo se mantiveram baixos nos anos 1980. Uma importante razão para isso foi a ascensão ao poder, em 1982, da CDU conservadora de Helmut Kohl. Após mais de uma década de governo do SPD, durante a qual observadores ocidentais viram, nervosos, a Alemanha Ocidental buscando uma política externa mais independente com relação ao Leste comunista, o governo Kohl reafirmou seu compromisso com a aliança ocidental. O início dos anos 1980 foi um período de tensões crescentes da Guerra Fria com a União Soviética e a disposição mostrada por Kohl de aceitar o pedido do presidente Ronald Reagan para instalar mísseis Pershing II em solo alemão, em 1983 – apesar de uma considerável oposição doméstica –, tranquilizou observadores ocidentais sobre as lealdades pró-ocidentais da Alemanha. Ao mesmo tempo, o grande esforço de Kohl para criar uma nova forma de identidade nacional, livrando a história alemã da sombra do período nazista, ajudou a tornar menos afiado o apelo da extrema-direita alemã, que permaneceu inativa durante a maior parte da década. O último partido importante a flertar com o sucesso, o NPD, continuou estagnado, caindo de 4,3% dos votos em 1969 para 0,2 em 1980.[15] Nesse meio-tempo, novos partidos, como a *Deutsche Volksunion* [União Popular Alemã] (DVU), de Gerhard Frey, que foi fundada em 1987 com uma plataforma nacionalista e anti-imigrante, e o Republicanos (*Republikaner*), de Franz Schönhuber, estabelecido em 1983, mantiveram-se abaixo da barreira dos 5% nas eleições regionais nos anos 1987-1990.[16] Sem dúvida, entre os liberais de esquerda, o nacionalismo conservador de Kohl levantava suspeitas. Mas embora os alemães de esquerda – e autoridades do governo soviético – vez por outra criticassem Kohl invocando o espectro de um "Quarto Reich", o uso do *slogan* era relativamente raro.[17]

Reunificação Alemã e Temores Renovados do Reich: 1989-1990

Na virada da década, no entanto, a ideia do Quarto Reich retornou de repente ao centro do palco. A derrubada revolucionária da ordem comunista na Europa Oriental nos anos 1989-1990 assinalou o desaparecimento do Estado alemão-oriental e anunciou a possibilidade de uma reunificação alemã. Esses eventos dramáticos provocaram uma grande mudança no uso discursivo do Quarto Reich, ligando mais uma vez o significante a seu referente tradicional, a Alemanha. Por todo o mundo ocidental, analistas reagiram à possibilidade da unidade alemã, advertindo que ela poderia ser o presságio da chegada de um novo Reich. Ao fazê-lo, desencadearam um debate febril entre os que temiam e os que não temiam uma Alemanha unificada. O debate irrompeu mais ou menos na época em que o Muro de Berlim foi cruzado, em novembro de 1989, e destruído durante quase um ano até a unificação final do país, em 3 de outubro de 1990. Nesse período inicial, políticos, jornalistas e estudiosos debateram vigorosamente se um Quarto Reich se assemelharia ao Terceiro, comportando-se como um agressivo Estado de tipo nazista.

Os Críticos

Os primeiros temores foram expressos na Grã-Bretanha. Em 31 de outubro de 1989, Conor Cruise O'Brien publicou um polêmico ensaio no *The Times* de Londres intitulado "Beware, the Reich Is Reviving" ["Cuidado, o Reich está Ressurgindo"]. Convencido de que a fraqueza da União Soviética tornava a reunificação alemã mera questão de tempo, O'Brien declarou que "estamos a caminho do Quarto Reich" e previu que nacionalistas alemães começariam a "limpar a imagem do Terceiro Reich", buscando "a reabilitação do nacional-socialismo... e de Adolf Hitler". Em pouco tempo, receava O'Brien, "intelectuais nacionalistas" descreveriam "o Holocausto... [como um] ato... corajoso", "romperiam... relações com Israel" e ergueriam "uma estátua de Hitler em cada cidade alemã". Sua conclusão era tão sombria quanto brusca: "o Quarto Reich, se ele vier, será... parecido com seu predecessor".[18] As afirmações de O'Brien, como era de se prever, atraíram imediata atenção e receberam, de início, considerável apoio.[19] Artigos no *Daily Express*, no *The Guardian* e em outros jornais fizeram eco ao medo de que a unificação produzisse um novo Reich.[20]

Temores semelhantes foram expressos em outros países. Na França, uma grande maioria de cidadãos franceses (em torno de 75%) temia que a unificação alemã ocasionasse "o renascimento de alguma forma de nazismo".[21] Ministros do governo francês fizeram previsões semelhantes.[22] Na França, no entanto – assim como na Grã-Bretanha – muitas pessoas viram com tranquilidade que a unidade alemã era inevitável. Como a editora de *Politique Etrangère*, Dominique Moïsi, escreveu no *New York Times*, "a tentativa de preservar um condenado *status quo* contra o perigo potencial de um 'Quarto Reich' pode apenas torná-lo uma profecia autorrealizável".[23] Termos semelhantes foram articulados na Suécia, na Dinamarca, na Itália e na Polônia.[24] Foram também visíveis em Israel, onde os principais jornais declararam que um "Quarto Reich no coração da Europa" alimentaria o irredentismo alemão e impediria muita gente de "ter um sono tranquilo".[25]

Críticos de esquerda nas Alemanhas Ocidental e Oriental fizeram comentários parecidos. Em um destacado ensaio da *Der Spiegel*, publicado em dezembro de 1989, o líder do SPD na Alemanha Ocidental, Oskar Lafontaine, alertou contra "*slogans* impensados envolvendo a reunificação", observando que "o espectro de um poderoso Quarto Reich alemão deixa nossos vizinhos ocidentais tão horrorizados quanto nossos vizinhos orientais".[26] Enquanto isso, na Alemanha Oriental, a imprensa estatal oficial reimprimia, em um ritmo frenético, preocupações estrangeiras sobre a unificação alemã e publicava declarações de líderes políticos alemães-orientais alertando contra o desaparecimento de uma Alemanha Oriental independente. Em fevereiro de 1990, o novo partido sucessor do SED, o Partido do Socialismo Democrático (*Partei des Demokratischen Sozialismus* – PDS), opôs-se à absorção da Alemanha Oriental pela República Federal, declarando: "Não queremos um Quarto Reich nem uma grande República Federal".[27] Demonstrações de massa nesse mesmo mês em Berlim Oriental vincularam a ameaça da formação de um novo Reich ao surgimento de "franca violência e de uma ideologia fascista".[28] Protestos semelhantes se prolongaram até o início do outono e foram repetidos nas cidades alemãs ocidentais, como Frankfurt, com milhares de manifestantes protestando contra o iminente "Quarto Reich".[29] A reação mais extrema ocorreu no verão de 1990, quando o grupo terrorista Facção do Exército Vermelho (RAF) enviou uma carta a agências internacionais de notícias declarando "guerra ao Quarto Reich".[30]

Na Alemanha, a crítica mais apaixonada apareceu no livro *Das Vierte Reich: Deutschlands Später Sieg* [O Quarto Reich: Vitória Tardia da Alemanha] de um escritor espanhol radicado na Alemanha, Heleno Saña.[31] Publicado em 1990, antes da reunificação oficial do país em 3 de outubro, o livro descrevia num tom nervoso a unificação como o primeiro passo para o estabelecimento de um novo Reich. Como O'Brien, Saña temia que os alemães estivessem prestes a repetir erros anteriores de sua história. Chamando o "Quarto Reich" de "fórmula mágica" que expressava "o anseio [do povo alemão] por uma nova era imperialista", Saña argumentava que o sonho de um Reich estava enraizado em "paixões sombrias" que jaziam "nas profundezas das... almas [dos alemães]".[32] Saña tranquilizou seus leitores ao dizer que "o Quarto Reich não será uma cópia grosseira... do

Terceiro", insistindo que evitaria "a violência e o terror".[33] Não obstante, o Reich seria movido pela crença de que "os alemães têm um destino especial a cumprir". Como Saña expressou:

> O Quarto Reich representará uma tentativa de expurgar da memória os fracassados Reichs anteriores e adornar com novo brilho a história alemã... Será um Reich dedicado à hegemonia germânica na Europa... O Quarto Reich lutará impiedosamente contra qualquer coisa que bloqueie seus objetivos, se preciso for por meio da... repressão policial. A trajetória expansionista do vindouro Reich será... repetição de uma tragédia alemã... há muito encenada...[34]

A motivação fundamental para essa previsão sombria era a tendência [do povo alemão] para o excesso (*Maßlosigkeit*)".[35] Devido a essa falha de caráter, argumentou Saña, "uma Alemanha unificada não se contentará em permanecer como nação-Estado" e vai acabar procurando se tornar um Reich mais expansivo.[36] O passado trágico da Alemanha anunciava um futuro sombrio. Como "nenhum dos anteriores Reichs alemães terminou bem", ele concluía, "o Quarto Reich tem pouca chance... de chegar a um final feliz, pois o que é excessivo e irracional tem inevitavelmente de entrar em colapso".[37]

Os Defensores

A maioria dos alemães, no entanto, rejeitava qualquer conexão entre a reunificação e um Quarto Reich. A imprensa alemã-ocidental atacou fortemente o editorial que O'Brien escreveu para o *The Times* no outono de 1989, nenhum veículo com maior veemência que o conservador *Frankfurter Allgemeine Zeitung für Deutschaland*, ou *FAZ*, que o repudiou como um "prognóstico... histérico".[38] O artigo chegou a ponto de especular que esses "pontos de vista insanos" representavam um "racismo anglo-saxão dirigido contra alemães".[39] Críticos alemães mais moderados publicaram refutações na imprensa britânica – por exemplo, o editor do *Die Zeit*, Theo Sommer, que escreveu no *The Observer* que "o que os alemães buscam nada tem a ver com um Quarto Reich".[40] Outros jornalistas alemães, no entanto, perceberam que as preocupações dos estrangeiros não poderiam ser ignoradas. Respondendo a temores na França, o *FAZ* tentou desativar a aura de ameaça que cercava a ideia do Reich, argumentando que o termo "não possuía um significado histórico preciso, era um recipiente verbal em que a pessoa derramava qualquer tipo de conteúdo". Ao mesmo tempo, o jornal admitia que a ideia do Reich "sugeria antipatias" que estavam "ancoradas de maneira profunda na consciência da elite francesa".[41] Críticos do livro de Saña fizeram comentários semelhantes, argumentando que os medos expressos no livro não poderiam ser meramente descartados como tentativas "injustificadas" de "caluniar a Alemanha".[42]

Não demorou muito para os políticos alemães perceberem a necessidade de tranquilizar os países ocidentais de que não havia planos para substituir a República da Alemanha por um Reich. Em 21 de dezembro de 1989, o chanceler Helmut Kohl explicou sem rodeios a jornalistas estrangeiros em Dresden que "não haverá um Quarto Reich. Não somos revanchistas".[43] Em fevereiro de 1990, ele usou um tom menos paciente quando, irritado, declarou que "quem quer que fale de um Quarto Reich... quer, de modo consciente, difamar os alemães".[44] Não obstante, em 7 de março de 1990, Kohl afirmou calmamente que "uma Alemanha reunificada será parte de uma Europa pacífica".[45] Mais ou menos na mesma época, outros políticos proeminentes, como o ex-chanceler Willy Brandt, proclamaram ao mundo que "não haverá Quarto Reich".[46] No verão, as garantias que Kohl deu à Polônia sobre o respeito à inviolabilidade das fronteiras do país – confirmadas no tratado assinado com o primeiro-ministro Tadeusz Mazowiecki em 8 de novembro de 1990 – proporcionaram mais segurança. Graças em parte a essas declarações oficiais, muitos articulistas da mídia foram aplacados. Josef Joffe, por exemplo, sentiu-se encorajado a dar "um bravo" pela unificação, escrevendo que "é de todo inimaginável que a República Federal (que em breve será unificada)... seja uma precursora do Quarto Reich". A República Federal, ele insistiu, era um lugar onde reinava a "prosperidade", onde a "democracia florescia" e "os neonazistas [estavam] à beira da extinção". O país, em suma, era "parte do *mainstream* ocidental".[47]

Muitos observadores ocidentais também aceitaram esse veredito otimista. Isso se aplica em particular aos americanos. Embora certos jornalistas estivessem céticos, diplomatas e acadêmicos pareciam mais ou menos animados com relação ao futuro da República Federal.[48] Em uma entrevista à *Der Spiegel*, o vice-secretário de Estado Lawrence Eagleburguer respondeu à pergunta sobre se "os americanos compartilhavam o medo de um Quarto Reich" dizendo que os Estados Unidos eram "o país onde as preocupações com uma Alemanha reunificada estavam menos presentes.[49] O historiador Gordon Craig concordou, explicando que os americanos tinham poucas inquietações acerca de um "Quarto Reich" porque, ao contrário dos britânicos e franceses, eles "não demoraram a esquecer e perdoar" os alemães após 1945.[50] Os jornalistas também adotaram essa posição. William Tuohy escreveu que o "espectro sinistro" de um Quarto Reich estava enraizado em "estereótipos obsoletos".[51] Walter Russell Mead concordou, observando que, enquanto "o Quarto Reich estiver aberto para negócios" em uma Alemanha unificada, haveria pouco perigo de o país se tornar um Estado extremista, pois "o fascismo está morto".[52] Declarações semelhantes foram também ouvidas na Grã-Bretanha. Em dezembro de 1989, em uma declaração confidencial, J. P. Stern disse que a visão angustiada de um Quarto Reich por parte de O'Brien estava destinada a não passar de "quimera" durante o "futuro concebível".[53] Lord Weidenfeld escreveu que "aqueles que ainda têm a visão de pesadelo de um Quarto Reich" deveriam "banir seus medos e depositar sua confiança na duradoura continuidade dos padrões morais... de Adenauer... e da geração mais nova de alemães".[54] Por fim, um distinto painel de peritos acadêmicos convocado pela primeira-ministra Margaret Thatcher em março de 1990 – incluindo Norman Stone, Hugh Trevor-Rope e Fritz Stern – disse à líder britânica que não havia ameaças sérias que se pudessem esperar de uma Alemanha unificada e "nenhum perigo de um Quarto Reich".[55]

O Retorno dos Nazistas: a Direita Revive o Reich

No entanto, embora a conclusão pacífica da reunificação alemã em outubro de 1990 parecesse dissipar os medos dos críticos acerca de um Quarto Reich, acontecimentos subsequentes fizeram-nos reviver. Nos primeiros anos após a reunificação, a Alemanha experimentou um surto de violência neonazista. Imprevistos econômicos e problemas sociais foram os responsáveis por isso. A dificuldade de integrar as economias da Alemanha Oriental e da Alemanha Ocidental levou ao fechamento de fábricas e perdas de emprego no Leste, enquanto no Ocidente gerou impostos mais elevados e inflação. Quando o descontentamento social se espalhou por todo o país, um número crescente de alemães adotou ideias políticas de direita e atacou bodes expiatórios, em suas maioria, imigrantes estrangeiros e pessoas que buscavam asilo. Em 1992, os direitistas *Republikaner* (Republicanos), DVU e NPD conheceram um modesto sucesso eleitoral, recebendo cada um mais de 5% dos votos em eleições regionais.[56] De modo mais ameaçador, aumentou o número de grupos neonazistas e gangues de *skinheads*. Nos anos 1991-1994, os neonazistas lançaram violentos ataques contra trabalhadores estrangeiros e gente que buscava asilo em cidades como Hoyersweda, Rostock, Mölln e Solingen, matando 23 pessoas e ferindo dezenas de outras. Grupos de direita também praticaram ataques antissemitas contra cemitérios e casas de culto judaicas.[57]

Na mídia ocidental, o aumento da violência neonazista reanimou os temores de que um Quarto Reich pudesse mais uma vez ser uma ameaça na Alemanha. Logo após os ataques de Rostock em 1992, o *New York Times* descreveu os neonazistas como os que defendiam um racialmente puro "Quarto Reich, desprovido de judeus, estrangeiros e capitalistas".[58] Nesse mesmo ano, um ataque neonazista contra o museu do campo de concentração Sachsenhausen, perto de Berlim, levou à erupção de manifestações antinazistas em Frankfurt, Düsseldorf e Berlim, com manifestantes carregando faixas que diziam "Não ao Quarto Reich".[59] Um mês depois, o presidente alemão Richard von Weizsäcker disse a 350 mil manifestantes, em uma concentração antinazista em Berlim, que era crucial defender a democracia contra os neonazistas que consideravam a reunificação como "sinal para um 'Quarto Reich'".[60] Exigências de nacionalistas alemães étnicos na Polônia para a devolução de antigas terras alemãs foram descritas como parte do "objetivo maior de um Quarto Reich".[61] Relatórios sobre o interesse de mulheres alemãs pelo neonazismo provocaram artigos sobre "Tricotar para o Quarto Reich".[62] Outros artigos, ainda, levantaram temores de que "o fascismo [estava]... novamente entrando em moda".[63]

Essa cobertura da imprensa era alarmista, mas tinha algum fundamento, já que efetivos crescentes de militantes de direita haviam, de fato, se comprometido de novo com a criação de um Quarto Reich. Sinais desse crescente engajamento haviam começado já nos anos 1970 e 1980, quando aqui e ali figuras neonazistas usavam o conceito para inspirar seus seguidores a investigar métodos novos e radicais – de manifestações de massa a ataques terroristas – de derrubar o Estado alemão-ocidental. Essa política orientada para a ação acabou terminando em fracasso. Contudo, um movimento mais moderado, liderado por um segundo grupo de ativistas associados à "Nova Direita" da Alemanha, provou ser mais promissor. Influenciado pelos "revolucionários conservadores" da era Weimar, esse movimento procurava modernizar e trazer nova sofisticação intelectual a ideias de direita em um esforço para torná-las hegemônicas dentro da sociedade alemã.[64] Os líderes da Nova Direita não conseguiram alcançar seu objetivo. Mas, ao se empenhar para atingi-lo, levaram o conceito do Quarto Reich a um público mais amplo.

Os Agitadores: Manfred Roeder e Michael Kühnen

Uma das principais figuras a renovar o interesse alemão pelo Quarto Reich foi o extremista de direita Manfred Roeder (Figura 6.1). Nascido em 1929, foi membro da geração que entrou para a Juventude Hitlerista e teve sua visão política de mundo profundamente moldada pelas experiências no sistema escolar nazista e na *Wehrmacht*. Após o fim da Segunda Guerra Mundial, Roeder manteve as convicções de direita e se recusou a fazer a paz com a democracia alemã-ocidental. Embora tenha trabalhado algum tempo como advogado, ele se radicalizou na política em fins da década de 1960 e transformou-se em um adversário do que descreveu como "declínio moral e cultural" da era contracultural. Não demorou muito para Roeder passar a gravitar em círculos de direita e se tornar ativo no nascente movimento de negação do Holocausto. Como resultado dessa atividade, acabou sendo excluído do foro, o que o fez deslocar-se ainda mais para a direita.[65]

Durante os anos 1970, Roeder se dedicou a reviver o Reich alemão desenvolvendo um plano enraizado em princípios políticos claros. Como esclareceu em um autopublicado manifesto *underground* de 1979, *Ein Kampf um's Reich* (Luta pelo Reich), o primeiro princípio era que "o Reich alemão nunca desapareceu" em 1945 porque "o governo do Reich nunca renunciou".[66] Ao fazer essa afirmação, Roeder restaurava uma ideia defendida pelo SRP no início dos anos 1950. Mas, em um novo desdobramento, justificou a ideia citando a declaração de 1973 do Supremo Tribunal Federal Alemão-Ocidental segundo a qual, de acordo com o *Grundgesetz*, "o Reich alemão sobreviveu ao colapso de 1945 e não desapareceu como resultado da... ocupação aliada".[67] Essa decisão, que procurava esclarecer o *status* do Reich após a assinatura pela Alemanha Ocidental do Tratado Básico (*Grundlagenvertrag*) com a Alemanha Oriental em 1972, descrevia nitidamente a República Federal como a sucessora legal do Reich. Roeder, no entanto, rejeitou essa visão e propôs um segundo princípio – a saber, que a República era ilegítima, mera "entidade administrativa provisória dos Aliados".[68] Por fim, esses dois princípios levaram Roeder a um terceiro: a necessidade de restabelecer o Reich alemão.[69] Convencido de que o "Reich é indestrutível e, portanto, reaparecerá um dia em nova glória", Roeder citou o líder da diáspora nazista, a declaração de Johann von Leers, nos anos 1950, de que "assim que o Reich voltar... todo alemão honrado se juntará a ele".[70]

A partir de meados da década de 1970, Roeder procurou levar a cabo seus planos mediante uma variedade de táticas quixotescas. Em 1975, fez contato com Karl Doenitz – o último governante legal da Alemanha nazista em maio de 1945 – e tentou convencê-lo a afirmar publicamente que o Reich continuava a existir em um sentido legal e que ele continuava sendo seu líder legítimo. Quando Doenitz, confuso, recusou-se a ser reconhecido como o duradouro "presidente do Reich alemão", Roeder tentou reviver o próprio Reich.[71] Em 1975, criou o Movimento pela Independência do Reich Alemão (*Freiheitsbewegung Deutsches Reich*) e, em um gesto teatral, convocou uma manifestação de massa – um "Dia do Reich Imortal" ("*Tag des unvergänglichen Reiches*") – em 23 de maio daquele mesmo ano em Flensburg, onde o governo Doenitz havia sido dissolvido no final da guerra, trinta anos antes. A manifestação, que pedia "o restabelecimento de um Reich livre e sem tropas de ocupação", atraiu várias centenas de apoiadores, sugerindo um movimento florescente.[72] O ímpeto do movimento pareceu aumentar dois anos mais tarde, em 1977, quando Roeder convocou um segundo *Reichstag* em Regensburg, e de novo em 1978, quando ainda de um modo teatral ele declarou ser o "Regente do Reich" (*Reichsverweser*) e "porta-voz de todos os cidadãos com o espírito do Reich". Em 23 de maio, Roeder publicou um novo "Apelo" (*Aufruf*) em que exigia "um Reich alemão reunificado, neutro", livre de ocupantes aliados, "fronteiras artificiais" e alianças externas "neocoloniais". Exigindo "liberdade para todos os povos oprimidos do mundo", Roeder declarou que a Alemanha deveria ser "apenas para os alemães".[73]

Apesar, no entanto, dessa atividade crescente, o movimento de Roeder não conseguiu tomar fôlego e, na virada da década, ele abandonou a agitação pacífica em prol de um violento terrorismo. Em 1980, fundou os Grupos de Ação Alemã (*Deutsche Aktionsgruppen*), que praticaram uma série de atentados a bomba contra vários alvos, incluindo uma escola judaica em Hamburgo e diversos abrigos para estrangeiros que pediam asilo, num dos quais foram mortos dois refugiados vietnamitas.[74] Em consequência desses atos, Roeder foi levado a julgamento por incitação ao terrorismo, considerado culpado e enviado para a prisão de 1982 a 1990. Com esse revés, sua contribuição pessoal para reviver o Reich foi interrompida. Embora tenha conseguido que vez por outra sua voz fosse ouvida nos anos 1990, ele foi ofuscado por uma geração mais radical de agitadores neonazistas.[75]

Entre eles, o mais influente foi Michael Kühnen (Figura 6.2). Nascido em 1955, era muito mais novo que Roeder e logo se tornou o novo rosto carismático do crescente movimento neonazista da Alemanha Ocidental nos anos 1980. Depois de um breve período associado ao NPD, Kühnen fundou uma variedade de organizações em fins dos anos 1970, destacando-se entre elas a Frente de Ação dos Nacional-Socialistas (*Aktionsfront Nationaler Sozialisten* – ANS). O grupo de Kühnen procurava sem disfarces reviver o legado do NSDAP e trabalhou com organizações de orientação semelhante, como o NSDAP/AO, baseado nos Estados Unidos, que supria a ANS de materiais de propaganda. Ao contrário do NPD e outros partidos de direita, Kühnen não se abstinha de evocar as táticas de propaganda do NSDAP. Influenciado pela fascinação da onda de Hitler pelo imaginário nazista, Kühnen ganhou a atenção da mídia ao organizar provocativas aparições públicas, com tropas de assalto vestidas de preto, bandeiras naziescas e discursos de fidelidade a Hitler. De modo mais ameaçador, Kühnen se uniu a outros grupos nazistas para desenvolver uma atividade terrorista de pequena escala, praticando uma série de roubos a bancos e ataques a bases militares, o que levou à sua detenção e prisão durante os anos 1979-1982.[76]

Enquanto estava preso, Kühnen imitou o exemplo de Hitler escrevendo um manifesto político em dois volumes, intitulado *Die Zweite Revolution* [A Segunda Revolução].[77] Inspirado pelos objetivos do líder da SA, Ernst Röhm (que tinha batalhado por uma "segunda revolução" nos anos 1933-1934), o manifesto apresentava, entre muitas outras coisas, a visão de um futuro Quarto Reich alimentada por Kühnen. Como Roeder, com quem havia interagido nos anos 1970, Kühnen acreditava que a derrota militar da Alemanha na Segunda Guerra Mundial "não tivera qualquer efeito sobre o *status* legal" do Reich alemão, que, insistia ele, sobreviveu após 1945. Como a ocupação aliada que se seguiu era "contrária à lei internacional", não havia escapatória para a conclusão de que "todos os governos alemães do pós-guerra na República Federal da Alemanha, na República Democrática Alemã e na Áustria eram e são ilegais".[78] Kühnen, então, defende que se dê "um fim ao período pós-guerra" e exige a "revogação do banimento do NSDAP", que ele queria reviver como um "movimento libertário" dedicado a "restabelecer o Reich dos alemães".[79] Como ele coloca:

> Vemos o Grande Reich Alemão como o coroamento do anseio secular do povo alemão e sabemos que apenas um Quarto Reich – o Estado popular nacional-socialista (*Volksstaat*) do futuro – pode garantir a sobrevivência de nosso povo no próximo milênio.[80]

Embora se parecesse com a de Roeder, essa visão tinha uma abrangência mais radical. Kühnen argumentava que a meta do futuro Reich era se tornar um poder mundial independente dos EUA e da URSS; para realizá-lo, a Alemanha precisava recuperar as fronteiras territoriais de 1º de setembro de 1939. Mas para cumprir sua grandiosa missão de "salvar a raça branca", a Alemanha tinha de buscar uma "ideia [maior] do Reich" ocidental – incorporada no antigo Império Romano, no Sacro Império Romano-Germânico medieval e na "Terceira Roma" dos czares russos – unindo as nações da Europa Ocidental e Oriental com as do mundo islâmico em uma grandiosa aliança contra o "sionismo, o capitalismo e o comunismo". O Quarto Reich não era apenas uma entidade política alemã do futuro, mas um "grito de guerra" inspirador para uma coalizão, com liderança alemã, empenhada em assegurar o poder hegemônico da raça branca.[81]

Kühnen teve dificuldades para tornar realidade sua visão política. Após ser libertado da prisão em 1982, ele reviveu a ANS, mas, atento a seu banimento pelas autoridades da República Federal, instruiu os seguidores a se infiltrarem no neonazista Partido dos Trabalhadores Alemães Livres (*Freiheitliche Deutsche Arbeiter Partei* – FAP); dois anos depois, fundou a Comunidade de Pessoas Afins da Nova Frente (*Gesinnungsgemeinschaft der Neuen Front* – GdNF).[82] Essa nova organização difundia a necessidade de um Quarto Reich, referindo-se a ele quase três dúzias de vezes em um manifesto de Kühnen, *Lexicon der Neuen Front* [Léxico da Nova Frente] (1987). Contudo, uma nova prisão e encarceramento, de 1984 a 1988, por distribuir propaganda neonazista, assim como o agravamento das brigas com outras facções nazistas, limitou a possibilidade de Kühnen correr atrás de seus objetivos. Ele também perdeu influência após se declarar homossexual, revelação que provocou uma divisão sobre a questão da homossexualidade dentro do FAP. Em 1989, ele procurou de novo se reafirmar e criou outra organização, a Alternativa Alemã (*Deutsche Alternative* – DA), que adotou o *slogan* "O Quarto Reich está Vindo".[83] Com a reunificação, Kühnen viu uma oportunidade de levar a mensagem neonazista da DA para os cinco novos estados da Alemanha Oriental. Mas antes de poder explorar esse potencial, morreu em decorrência de uma doença relacionada com a AIDS em 1991. A DA foi posteriormente banida.[84]

Os Intelectuais: A *Staatsbriefe* e o *Deutsches Kolleg* [Colégio Alemão]

Embora neonazistas violentos não tenham conseguido avançar para a criação de um Quarto Reich, direitistas com maior motivação intelectual continuaram a trabalhar em seu nome. Um dos mais ativos após

1990 foi o acadêmico de direita, e editor da influente revista *Staatsbriefe*, Hans-Dietrich Sander (Figura 6.3). Nascido em 1928, Sander oscilou politicamente no início de sua vida, servindo na Juventude Hitlerista quando adolescente, voltando-se para o comunismo na década de 1950, e retornando à direita nos anos 1960. Depois de completar doutorado em história e se tornar jornalista e professor-assistente na universidade, gravitou para ideias revolucionárias conservadoras. Na virada da década, foi atraído pela ideia de reviver o Reich, uma posição que desenvolveu em seu livro *Der nationale Imperativ: Ideengänge und Werkstücke zur Wiederherstellung Deutschlands* [O Imperativo Nacional: Ideias e Áreas de Trabalho para a Restauração da Alemanha).[85] Publicado pela primeira vez em 1980, o livro argumentava que, enfim, havia chegado a hora de os alemães obedecerem ao "imperativo nacional" de destruir a ordem mundial estadunidense-soviética e refundar o país sobre uma forte base nacionalista.[86] Nesse momento, Sander acreditava que o declínio internacional da influência dos Estados Unidos durante o governo do presidente Jimmy Carter proporcionava uma abertura para um foco renovado na "questão alemã". O segredo era "redespertar o Furor adormecido teutônico" e "restaurar o espírito de luta dos alemães... eles precisarão construir um novo Reich".[87] Sander esperava que seu livro cutucasse as elites da Alemanha Ocidental, estimulando-as a retomar a longa discussão "reprimida" da questão nacional. Porém, para seu desapontamento, o chamado às armas foi amplamente ignorado. Embora tenha encontrado uma resposta considerável (e, como era de se prever, negativa) na Alemanha Oriental, o livro recebeu pouca atenção no Ocidente.[88]

No entanto, logo após os eventos revolucionários de 1989-1990, Sander reiniciou sua mensagem. Em 1990, publicou uma edição revista de *Der nationale Imperativ* [O Imperativo Nacional], onde tornou a declarar sua crença de que "a única coisa que pode satisfazer o novo despertar do desejo de ter uma identidade alemã" era criar um "Quarto Reich" restaurando as fronteiras históricas da Alemanha de 1937.[89] Agir assim daria origem a uma nova constituição do Reich, que refletiria, de modo inevitável, o "espírito nacional" (*Volksgeist*) dos alemães e encontraria sua própria "estrutura de poder" (*Machtform*); mais que tudo, promoveria uma "política de preservar somente interesses alemães".[90] A longo prazo, Sander esperava que "a formação de um Quarto Reich (...) assinalasse a morte de uma Europa Unida".[91] A curto prazo, porém, ele permanecia cauteloso. Embora o novo prefácio do livro afirmasse que a unificação da Alemanha Ocidental com a Alemanha Oriental seria inevitável, ele ao mesmo tempo advertia que a união ia apenas criar "uma versão mais ampla da República Federal", excluindo a Áustria e as históricas terras alemãs do Leste.[92] Sander, porém, acreditava que no fim tudo ia funcionar: as deficiências da forma liberal de unificação "ficariam agudizadas em uma tal extensão que inevitavelmente forçariam o restabelecimento do Reich alemão".[93]

Por volta da mesma época, Sander procurou acelerar esse processo fundando uma nova revista chamada *Staatsbriefe*. Batizada em homenagem às bem conhecidas "cartas do Estado" produzidas pelo imperador medieval Hohenstaufen, Friedrich II, a revista procurava promover um "renascimento do pensamento nacional" e teorizar sobre a forma do futuro Reich alemão.[94] Nos doze anos de existência da revista (1990-2001), Sander publicou ensaios de muitas figuras da direita – de Michael Kühnen a Léon Degrelle – tratando de uma grande variedade de temas que iam da história da Segunda Guerra Mundial à negação do Holocausto.[95] Sander, no entanto, reservava considerável espaço para ele próprio reviver a negligenciada "ideia do Reich".

Foi esse o objetivo dos dois primeiros artigos que publicou em 1990-1991: "O Plano de Ghibellini" e "O Reich como Unidade Política Alemã".[96] Recorrendo ao historiador alemão do século XIX Gustav Droysen, que identificava o Reich com a agenda da facção política Ghibellini dentro do Sacro Império Romano-Germânico, Sander explicava que a "O Plano de Ghibellini" era exercer uma forma de "autoridade" (*Oberhoheit*) que "povos fortes" empregavam para governar outros povos "que fracassam na autodeterminação".[97] Ele foi usado com especial eficiência pela dinastia Hohenstaufen para levar o primeiro Reich alemão ao apogeu de seu poder na Idade Média. Com o tempo, porém, a ideia do Reich foi corrompida, primeiro pelos Hohenzollerns e, mais tarde, pelos nazistas. Ambos substituíram a missão universal, metafísica da ideia – a de ser uma "autoridade governante" (*Ordnungsmacht*) mantendo o Anticristo afastado – por uma visão mais "territorial" (*guelfisch*) que fracassou pela germanização forçada dos povos não alemães do Leste.[98] O resultado dessa corrupção, Sander explicou, foi que "a ideia do Reich desapareceu após 1945".[99] Devido ao programa de "reeducação" dos Aliados, o povo alemão caiu vítima de uma "psicose de massa" e, "pela primeira vez em um milênio, rejeitou a história do Reich". O resultado foi o "esquecimento", o "medo" e a "proibição do Reich".[100] O ano de 1989, no entanto, abriu novas possibilidades para recuperar a visão universalista original do Reich. O colapso do poder soviético levantou a tentadora possibilidade de "reclamar" e "recolonizar" o "leste alemão". Sander estava convencido de que os eslavos da Europa Oriental lamentavam a expulsão dos alemães em 1945 e acreditavam que "seria melhor se eles voltassem". Desde que esse sentimento continuasse a crescer, acreditava ele, as "condições objetivas para a nova criação do Reich alemão" iam melhorar.[101] O primeiro desafio era "recolonizar o oeste alemão", reconquistando os alemães do Ocidente para as virtudes da ideia do Reich. Sander estava otimista de que isso seria possível. Como ele observou com entusiasmo: "A palavra Reich está sendo amplamente discutida... e é mais uma vez um tema de fascínio". "Os alemães precisam do Reich. A Europa precisa do Reich. O mundo precisa do Reich." "Como alemães, temos primeiro de simplesmente querer o Reich."[102]

A *Staatsbriefe* de Sander influenciou outros intelectuais de direita e facilitou a criação da organização mais importante da época dedicada ao estabelecimento do Quarto Reich, o *Deutsches Kolleg* (DK).[103] Fundado em Berlim em 1994 e comandado por um grupo de ativistas de direita, entre eles Reinhold Oberlercher, Horst Mahler e Uwe Meenen, o DK era um *think-tank** (*Denkorgan*) e instituto educacional que procurava "restaurar a plena influência do... Reich alemão" por meio de "atividade teórica, pedagógica e programática".[104] Do início ao fim da década, o grupo gerou um fluxo constante de ensaios, manifestos e materiais curriculares, todos disponíveis no *site* do grupo para estimular o surgimento de uma nova "*intelligentsia* nacional" de direita.[105]

Os líderes do DK eram em sua maioria ex-esquerdistas que, como Sander, haviam se mudado para a direita política. Oberlercher começou sua carreira no final da década de 1960 como líder da União Estudantil Socialista Alemã (Socialist German Student Union – SDS) em Hamburgo, lutando pela revolução operária, e concluiu um doutorado com uma dissertação sobre pedagogia e filosofia em 1975.[106] No final dos anos 1970, no entanto, sua oposição às políticas liberais de imigração da Alemanha Ocidental e seu ressentimento pela oposição da União Soviética à reunificação alemã levou-o a se mover para a direita.[107] Nos anos 1980, ele se uniu a uma série de organizações extremistas e mais tarde publicou artigos em periódicos da Nova Direita, como a *Criticon*, de Armin Mohler, e a *Staatsbriefe*, de Sander.[108] Horst Mahler também era um ex-esquerdista. Formado em direito, fez parte do SDS, da Oposição Extraparlamentar (Extra-Parliamentary Opposition, APO) e, de modo mais notório, da terrorista Facção do Exército Vermelho (RAF). Depois de ser condenado por várias atividades terroristas e de cumprir uma longa sentença de prisão de 1970 a 1980, ele também se deslocou para a direita. Seu desejo, há muito cultivado, de resgatar a honra nacional do povo alemão da vergonha dos crimes do regime nazista levaram-no, durante os anos 1990, a atacar o que considerava as muitas ameaças à identidade nacional do país, entre elas o imperialismo americano, o capitalismo global, a imigração estrangeira e o "culto à memória do Holocausto" liderado por judeus.[109] Na época de seu ingresso no DK, no final da década, Mahler

* Força-tarefa; usina de ideias; catalisador de ideias; laboratório de ideias. (N. do T.)

também entrou na órbita do NPD. Quanto a Uwe Meenen, ele não começou sua carreira política na esquerda e já era há muito tempo um nacionalista de direita quando se juntou ao NPD, ascendendo ao cargo de presidente de distrito (*Bezirksvorsitzende*) na Baixa Francônia e, mais tarde, à posição de presidente de Estado (*Landesvorsitzende*) em Berlim.

Dos três, Oberlercher foi o mais ativo na criação da agenda do DK. Ao longo dos anos 1990, liderou o esforço para imaginar o futuro Quarto Reich publicando numerosos artigos na *Staatsbriefe* e no site do DK. Alguns artigos tinham uma orientação filosófica; outros eram mais programáticos. Todos revelavam um talento para o dramático. Em um tom histriônico, Oberlercher publicou muitos documentos para um futuro Reich, incluindo esboços de constituições e leis, além de manifestos exortando os alemães comuns a derrubar a República Federal.

Ele deu uma primeira visão de sua agenda no outono de 1992, em um ensaio intitulado *Die Neuschöpfung des Deutschen Reiches* ("A Recriação do Reich Alemão").[110] Profundamente pessimista acerca do curso inicial da unificação, queixava-se no ensaio das "divisões cada vez mais profundas entre a Alemanha Ocidental e a Alemanha Central", prevendo que o país enfrentaria um futuro sombrio se não fosse levada a cabo uma ação radical. Oberlercher lamentava o destino de alemães desempregados, que descreveu como vítimas da "presença crescente de estrangeiros (*Verausländerung*) no mercado de trabalho "; ele ainda condenou a situação dos "pobres inquilinos" presos em "guetos metropolitanos estrangeiros" e o iminente "etnocídio" do povo alemão que, tendo perdido seus "direitos de soberania e sua moeda" para Bruxelas, havia se transformado numa "minoria maleável de um conglomerado populacional continental". Rejeitando essas tendências, Oberlercher previu o "desaparecimento da RFA" via revolta da "maioria dos alemães". Tal revolta, esperava ele, levaria ao "colapso da ideia de Europa" e sua substituição pela "ideia do Reich". Citando a influência da *Staatsbriefe*, de Sander, Oberlercher prometeu avançar estabelecendo os "princípios constitucionais" do novo Reich.

Nesse mesmo ano, Oberlercher produziu um ambicioso "Projeto de Constituição" (*Reichsverfassungsentwurf*, *RVerfE*) para o novo Reich.[111] Publicado na *Staatsbriefe*, o *RVerfE* foi um documento agressivamente de direita que adotou uma agenda nacionalista e imperialista. O artigo 2 na seção sobre o "Povo" (*Volk*), por exemplo, declarava que o povo alemão reconhecia "a diversidade de todos os povos", mas insistia no direito de afirmar sua "herança [e]... raça" e "discriminar o que for estrangeiro" (*das Fremde*). O Artigo 3, por seu lado, afirmava o "direito [do povo alemão] a seu tradicional *Lebensraum* na Europa e à integridade de sua *Vaterland* [Pátria]". No entanto, a preocupação fundamental do *RVerfE* era o Reich. Mencionado mais de duzentas vezes (como adjetivo ou substantivo), o Reich fornecia a estrutura abrangente para o futuro Estado. A Constituição de Oberlercher concebia uma Alemanha expandida, *grossdeutsch*, composta pela República Federal, a Áustria e outros territórios germânicos, e dividida em dezenas de ducados e distritos (*Gaue*). Previa quatro cidades principais: Viena (a capital do Reich), Berlim (o principal distrito ou *Hauptgau*), Zurique (sede do *Reichsbank*) e Roterdã (localização do porto principal do Reich). O sistema político do Reich era um arranjo não democrático, neofeudal, governado por "condes" eleitos e liderado por um "líder supremo do Reich" (*Reichsoberhaupt*), selecionado nas fileiras da aristocracia e do exército. Essas e muitas outras características serviam a um significado metafísico mais profundo; como Oberlercher concluiu, "a ideologia do Reich é o modo alemão de reconectar o homem ao reino além do espaço e do tempo".[112]

Oberlercher deu seguimento ao Projeto de Constituição um ano depois com seu "Programa dos Cem Dias" (1993).[113] Esse documento foi composto dos cem itens da agenda a ser implementada pelo "campo nacional" após a "tomada do poder" e a declaração de um "governo de emergência". O programa abrangia uma série de diretivas econômicas, políticas e culturais, todas ecoando a agenda do *RVerfE*. Elas incluíam expulsar estrangeiros desempregados, encarcerar pessoas sem teto e "antissociais", travar uma guerra contra traficantes de drogas, reduzir as liberdades da imprensa e proibir a pornografia. Além dessas políticas punitivas, o programa exigia "revisar de modo positivo a imagem histórica da Alemanha" na arena internacional e tornar o alemão "a principal língua da cultura do mundo", "purificando-o" de influências externas. O programa também exigia o "restabelecimento do Reich alemão".

O planejamento de Oberlercher para o Reich estendia-se a seus símbolos visuais. Argumentando que o "Quarto Reich requer símbolos que são... sem dúvida alguma diferentes daqueles dos três Reichs anteriores", Oberlercher anunciou a adoção de uma nova bandeira no final dos anos 1990, declarando que "a bandeira do Reich apresenta uma cruz preta incrustada em ouro contra um fundo vermelho".[114] A bandeira, explicou ele, vinha de um desenho de 1943-1944 de um combatente conservador da resistência, Josef Wirmer, e era o "único projeto conhecido para uma bandeira do Quarto Reich" (Figura 6.4). Embora Oberlercher acreditasse que Wirmer tinha cometido um crime auxiliando a resistência alemã e que "tinha sido justamente punido com a pena de morte", era aceitável usar seu desenho, pois "hoje se trata de criar um Reich alemão sem Hitler". Ao substituir a bandeira tricolor da República Federal, que tinha suas raízes na "Contrarrevolução Francesa... de 1789", a nova bandeira constituía um símbolo novo e adequado para honrar "a era histórica do nacional-socialismo e o heroico resgate do Reich alemão graças à tenacidade do povo alemão".

Oberlercher procurou inspirar seus seguidores não apenas com novos símbolos, mas com uma retórica agressiva. Em um ensaio de 1997, intitulado *Die Zerstörung der Demokratie durch die Verfolgung der Patrioten* ["A Destruição da Democracia pela Perseguição de Patriotas"], Oberlercher expandiu seu esforço para estabelecer um novo Reich minando a legitimidade da República Federal.[115] Por demasiado tempo, ele argumentou, autoridades alemãs – em conluio com os Aliados – haviam forçado a brotar em cada alemão o "ódio por si mesmo" e haviam enfraquecido o senso de patriotismo. Tinham minado a democracia alemã, transformando-a em mero "capitalismo político". Na falta de uma alma patriótica, a República Federal estava morta em termos espirituais. Oberlercher tirou essa conclusão óbvia fazendo eco às ideias de Roeder, Kühnen, Sander e afirmando que...

> a República Federal da Alemanha é o estado de vigília do Terceiro Reich. Os doze anos mais famosos da história alemã são meramente a época que marca a capacidade de agir (*Handlungsfähigkeit*) do Terceiro Reich. O período subsequente é o coma, sua incapacidade de agir... A República Federal deve desaparecer para que o Terceiro Reich possa afinal morrer e ser suplantado, de modo construtivo, pelo Quarto Reich. Só então o Reich dos alemães vai redimir o mundo e ajudá-lo a florescer.

Oberlercher permaneceu vago sobre como reviver o Reich, mas sugeriu a necessidade de violência. Embora esperasse que o povo alemão fosse "poupado de um novo derramamento de sangue", prometeu colocar "os principais responsáveis" pela "existência de precários estados federados" (*Teilstaaten*) em julgamento por "alta traição" e puni-los com a "pena de morte".

Essa estridente reviravolta no pensamento de Oberlercher tornou-se ainda mais radical depois que Horst Mahler ingressou no DK em 1998 (Figura 6.5). Nesse ano, Mahler convenceu Oberlercher e outro antigo esquerdista que passara para a direita, Günter Maschke, a colaborarem em um manifesto que foi publicado na *Staatsbriefe*, intitulado "Declaração Canônica sobre o Movimento de 1968" (*Kanonische Erklärung zur Bewegung von 1968*).[116] O documento chegou às manchetes nacionais por reinterpretar, de modo polêmico, o movimento de estudantes como um esforço "nacional-revolucionário", liderado em conjunto pela Nova Direita e a Nova Esquerda, para promover a "autolibertação" da Alemanha do sovietismo, americanismo e capitalismo.[117] Mahler e Oberlercher desenvolveram essa declaração no ano seguinte, em novembro de 1999, quando publicaram outro ensaio, "Teses sobre a Governança do

Reich" (*Thesen zur Reichsstatthalterschaft*), que repetia o argumento de que o Reich havia sobrevivido ao fim da Segunda Guerra Mundial e estava destinado a substituir a República Federal após recuperar sua iniciativa.[118] Então, em outubro de 2000, o DK adotou uma plataforma mais violentamente antissemita, quando Mahler, Oberlercher e Meenen publicaram o manifesto *Aufruf zum Aufstand der Anständigen* ("Chamando Quem é Decente a se Levantar"). Esse documento classificou descaradamente o judaísmo como "um perigo mortal para todos os povos", descrevendo os "dois mil anos de história do Ocidente [como]... a batalha contra o corrosivo (*zersetzenden*) espírito judeu" e exigindo "o banimento das comunidades judaicas da Alemanha".

O DK também continuava a pressionar pela criação de um Reich. Em junho de 2002, o grupo publicou uma *Petition an die deutschen Fürsten* ["Petição aos Príncipes Alemães"] instando os líderes de 22 casas reais, de Anhalt a Württemberg, a "tomarem o poder" e "restaurarem o Reich alemão com sua constituição monarquista e aristocrática".[119] A petição repetia o argumento de que os três *Reichszerteilungsregime* ["fragmentados regimes do Reich"] após 1945 – Alemanha Ocidental, Alemanha Oriental e Áustria – eram nulos e inválidos, e declarou que estava na hora de os príncipes alemães transferirem sua *Reichsgewalt* ["autoridade imperial"] para o "*Volk* alemão" e convocar uma *Reichsversammlung* ["assembleia do Reich"]. Liderada por um *Reichsstatthalter* [Governador do Reich] saído da família Hohenzollern, a assembleia empregaria todos os meios – inclusive a lei marcial – para promover o "renascimento do Reich alemão como um forte poder europeu centralizado". Ao perseguir esse objetivo, o "Reich alemão daria fim à horrível era do interregno e apoiaria o surgimento de uma ordem pacífica e duradoura na Europa Central".

Também em 2002, o DK publicou uma extensa série de esboços de "leis" governando diferentes aspectos da vida no Reich. Concentrando-se em quase uma dúzia de áreas, incluindo sociedade, economia, cultura e arte, as leis se desenvolviam sobre o projeto de Constituição e apresentavam nomes sonoros e abreviaturas oficiais – por exemplo, a Lei da Ordem Social (*Sozialordnungsgesetz*, *SozOG*) e a Consolidação das Leis do Trabalho (*Arbeitsdienstgesetz*, *WirtOG*) – que imitavam as leis federais existentes e emprestavam ao futuro Reich o verniz de autenticidade. Nenhum desses adornos, no entanto, poderiam disfarçar o teor direitista das leis. Entre outras coisas, as leis proibiam o judaísmo (um "culto monoteísta") e transformavam a "discriminação" em uma política oficial de Estado, descrevendo-a como a "diferenciação entre o bem e o mal, a feiura e a beleza... e o estrangeiro e o nativo".[120]

Apesar dessa atividade programática, o DK sucumbiu cada vez mais à luta interna entre facções e começou a estagnar após a virada do milênio. O primeiro sinal de problema ocorreu em 1999, quando Sander rompeu com Oberlercher.[121] Um ano mais tarde, Sander havia entrado em conflito com autoridades alemãs depois de publicar textos de Germar Rudolf (que negava o Holocausto) e foi sentenciado a oito meses de prisão por *Volksverhetzung* [discurso de ódio].[122] Devido, ao que parece, a esse problema com a lei, Sander começou a se desassociar da virada cada vez mais antissemita do DK após a chegada de Mahler.[123] A essa altura, Sander havia começado a ter receios da "visão cabalística do Reich" do DK e sua "fetichização da lei e da Constituição".[124] O DK ficou ainda mais fraturado quando Oberlercher rompeu com Mahler. Depois do ano 2000, o comportamento de Mahler tornou-se mais extremo, visto que ele insistia, de modo agressivo, em negar o Holocausto, apoiava abertamente os ataques de 11 de setembro da Al-Qaeda aos Estados Unidos e defendia o NPD de uma tentativa de proibição por autoridades da República Federal.[125] Em 2004, o extremismo de Mahler trouxe problemas para Oberlercher quando os dois, juntamente com Meenen, foram julgados por discurso de ódio com base no manifesto de 2000, "A Call to Those Who Have Remained Decent" ["Chamando Quem é Decente a se Levantar"]. No julgamento, Mahler repetiu os argumentos do DK de que o Reich alemão continuava a existir e que a RFA não tinha qualquer legitimidade. O que mais, no entanto, chamou a atenção foi ele ter usado o julgamento para disseminar suas visões antissemitas entre o público do tribunal (em grande parte constituído de neonazistas) e ter se colocado como um mártir.[126] Como essa ênfase, em particular, contrariava os planos mais amplos de Oberlercher, os dois acabaram se separando.[127] Em virtude disso, o DK perdeu grande parte de sua energia combativa.

Os Populistas: o NPD e o Movimento de Cidadãos do Reich

Outros grupos de direita, no entanto, continuaram a perseguir o objetivo de um Quarto Reich. Um deles era o NPD. Desde sua rápida ascensão à proeminência no fim dos anos 1960, o partido havia estagnado, sendo eclipsado pela DVU e os Republicanos. Logo após a unificação e, sobretudo, depois da virada do milênio, o partido ganhou novo vigor. Após 1996, o novo líder do NPD, Udo Voigt, procurou transformá-lo em um partido mais "orientado para a ação", disposto a ganhar "a batalha das ruas" organizando grandes demonstrações públicas e despertando interesse pelo seu programa.[128] No processo, o NPD adotou, de forma explícita, a ideia do Reich.[129] Desde o final dos anos 1990, o partido identificou a "unificação da Alemanha em um Reich" como seu objetivo supremo, declarando que o futuro Estado teria um "governo fortemente centralizado" e buscaria atender às necessidades maiores da *Volksgemeinschaft*.[130] Essa virada para o Reich pode ter refletido os vínculos crescentes do NPD com o DK – em especial com Meenen e Mahler.[131] A influência do DK pode explicar por que mais tarde Voigt subscreveu algumas das ideias centrais do grupo: em 2004, por exemplo, chamou a República Federal de ilegítimo "Estado vassalo" sem "uma verdadeira Constituição" e disse que o NPD procurava "demolir a RFA" por meio da "ação revolucionária".[132] Fossem quais fossem as origens da virada do partido para o Reich, a adoção do conceito pelo NPD não prejudicou, e pode ter ajudado, seus desempenhos eleitorais; nas eleições regionais de 2004, o partido recebeu 9,2% dos votos na

Saxônia.[133] Esse sucesso preocupou muitos jornalistas alemães e levou alguns a comentar que o partido estava em busca "de um Quarto Reich baseado no modelo do Terceiro".[134]

Apesar, no entanto, de apoiar a ideia, o NPD não conseguiu fazer muita coisa para torná-la realidade. O conflito entre facções foi o responsável por isso. Dois anos após a saída de Mahler do partido em 2003, vários líderes do NPD da Saxônia se afastaram, mencionando uma oposição ao que chamaram, sem rodeios, de priorização dada por Voigt a um "Quarto Reich", não à defesa das necessidades de saxões em péssima situação econômica.[135] Mais ou menos na mesma época, os líderes dos Republicanos citavam o compromisso do NPD com um novo Reich como a razão pela qual se recusaram a trabalhar com o partido.[136] Nas eleições nacionais de 2005, o NPD recebeu apenas 1,8% dos votos; dois anos depois, a mídia alemã informou que os líderes do partido estavam tirando a ênfase do conceito de um futuro Reich em favor de uma mensagem mais anticapitalista.[137] Subsequentes dificuldades financeiras trouxeram novos problemas para o partido, assim como os persistentes esforços das autoridades da República Federal para bani-lo.[138]

Ainda assim, o sonho de um Reich não morreu e encontrou apoio no novo *Reichsbürgerbewegung* (RBB ou Movimento de Cidadãos do Reich). Esse movimento de base remonta aos anos 1980, quando uma variedade de pequenos grupos dissidentes, como o "Governo do Comissariado do Reich" (KRR), alinhou-se ao objetivo de reviver o Reich.[139] Pouco se ouviu falar do movimento durante os anos 1990, mas após a virada do milênio, ele ganhou um novo ímpeto, graças aos esforços de Horst Mahler. Depois de deixar o DK e o NPD, Mahler trabalhou para difundir a crença de que o Reich alemão continuava a existir.[140] Em fevereiro de 2003, formou o *Freundenkreis von Reichsbürgern* ["Círculo dos Cidadãos do Reich"] na cidade de Verden, na Baixa Saxônia, e redigiu um manifesto declarando que a negação do Holocausto ajudaria a desencadear um "levante do povo alemão" e a possibilitar "o ressurgimento do Reich alemão".[141] Em 2006, Mahler continuou a perseguir seu objetivo criando o *Völkische Reichsbewegung* [Movimento *Folkish* do Reich] e publicando um texto programático intitulado *Ehre Wahrheit Heimat* ["Honra, Verdade, Pátria"]. Nesse documento, que apresentava quase 36 páginas de projetos de leis e princípios políticos, Mahler invocou o conceito do Reich mais de oitenta vezes, apontando-o como a única base legal do Estado alemão. "É a vontade do povo alemão", escreveu ele, "a ser constituída por meio do princípio do Führer como um *Volksstaat* e a ressurgir como o Reich alemão". Mahler acrescentou que o "revivido Reich alemão" colaboraria com outras "potências europeias" para proteger "o continente do homem branco" contra "ataques de forças estrangeiras", atuando como "o desencorajador do mal". "Reanimando o Reich alemão e restaurando sua iniciativa... a liberdade e a paz chegariam enfim aos alemães e a todos os povos europeus."

O RBB compreendia muitos grupos além do de Mahler, mas os esforços de Mahler ajudaram a radicalizar o movimento. Durante anos, o RBB foi encarado pelas autoridades federais como um grupo de figuras excêntricas, mas inofensivas. Depois de 2010, no entanto, o movimento foi ganhando uma atenção nacional crescente com seus adeptos começando a executar atos de desobediência civil. Por toda a Alemanha, autoproclamados "cidadãos do Reich" se recusavam a pagar multas de estacionamento, impostos atrasados e outras infrações, afirmando que a República Federal não tinha autoridade para promulgar leis ou para fazer cumpri-las. Citando antigas alegações da direita, membros do RBB argumentavam que o Reich não havia se rendido em 1945, mas apenas concordado com um cessar-fogo. A República Federal do pós-guerra era assim uma "corporação" artificial (GmbH) criada pelos Aliados para administrar o território alemão. Uma Alemanha unificada era igualmente ilegal.[142] Acreditando que o Reich sobrevivia de modo latente dentro da República Federal, o RBB procurava tornar o Estado mais uma vez *handlungsfähig* ["capaz de ação"] ao reivindicar a autoridade para agir em seu nome. Os membros do movimento declararam que obedeceriam a todos os decretos do RBB como expressões do legítimo governo do Reich. Para dar realidade a essa fantasia, o RBB começou a vender falsos documentos do "Reich", como cartões de identificação pessoal, carteiras de motorista, certificados de registro de veículos; também instituíram julgamentos pelo judiciário do "Reich" e realizaram "prisões" por meio de *Deutsche Polizeihilfswerk* (DPHW ou forças policiais de criação própria).[143] Chegaram inclusive a praticar atos de violência contra funcionários do Estado. Em 2016, em quatro operações especializadas, policiais estaduais foram baleados na Bavária (um morreu) enquanto efetuavam uma batida na casa de um ativista do RBB. Desde então, as autoridades federais têm encarado o RBB como uma ameaça terrorista de direita.[144] O movimento se gaba de ter por volta de 12 mil membros e, se isso for verdade, o RBB representa um número notável de militantes em comparação com o tamanho de grupos neonazistas anteriores.[145]

Hoje, o destino da ideia do Reich na Alemanha continua nebuloso. Por um lado, muitos de seus promotores mais importantes foram neutralizados. A morte de Kühnen em 1991 e as mortes subsequentes de Roeder (2014) e Sander (2017) removeram alguns dos principais defensores do Reich da cena política alemã. Mahler foi sentenciado a dez anos de prisão em 2009 e permanece encarcerado.[146] Os líderes Voigt e Meenen do NPD foram considerados autores de discursos de ódio em 2012 e o partido continua vulnerável a um potencial banimento pelas autoridades da República Federal.[147] Por outro lado, a ideia do Reich encontrou novos partidários na direita política.[148] O Partido da Alternativa para a Alemanha (*Alternative für Deutschland* – AfD) recebeu membros do Movimento de Cidadãos do Reich (RBB) e sugeriu que via a República Federal como ilegítima.[149] Enquanto isso, apoiadores da organização anti-imigrante e antimuçulmana Europeus Patriotas Contra a Islamização do Ocidente (*Patriotische Europäer gegen die Islamierung des Abendlandes* – PEGIDA) foram vistos, em demonstrações de massa, agitando a bandeira do Quarto Reich desenhada por Josef Wirmer e promovida pelo DK (Figura 6.6). A ideia do Reich também se filtrou para a corrente principal da cultura alemã graças à sua adoção por círculos de jornalistas, celebridades e políticos de direita.[150] Essas tendências mostram que a ideia de um novo Reich continua sendo uma aspiração e uma meta da extrema-direita. Tendo provado sua capacidade de servir como palavra de ordem e recurso de recrutamento, mantém o potencial de servir de força mobilizadora.

Uma Nova Vida para o Quarto Reich: Medos Culturais do Nazismo

A preocupação crescente após 1989 de que a Nova Direita e grupos neonazistas estivessem lutando para estabelecer um Quarto Reich também encontrou expressão na cultura ocidental. Entre 1990 e a virada do milênio, o tema de um Reich alemão renascido foi articulado com destaque em uma nova onda de romances, filmes e programas de televisão. Comparada com a proliferação de narrativas nos longos anos 1970, a onda da década de 1990 foi menor, mas se assemelhava de várias maneiras à sua predecessora. As narrativas apresentavam violência gratuita, fartura de sexo e escrita desajeitada, mas tinham sido atualizadas para se ajustarem ao mundo pós-Guerra Fria. Os motivos dos escritores das narrativas variavam. Alguns tinham publicado livros notáveis durante o *boom* original e esperavam repetir o sucesso anterior. Outros eram recém-chegados esperando participar de um novo renascimento literário nazista. Como era de se prever, os textos tiveram uma resposta heterogênea.

A maioria das narrativas se concentrou em conspirações nazistas secretas para transformar uma Alemanha unificada em um Quarto Reich. Duas foram sequências. O romance de 1994 de Thomas Gifford, *The First Sacrifice*, continuou de onde parou seu romance de 1976, *O Vento Frio do Passado*, cujo protagonista, John Cooper, é visto agora trabalhando para impedir que um poderoso bilionário nazista, Wolf Koller, execute um plano (conhecido como "SPARTAKUS") para dominar a Europa por meio de uma aliança russa-alemã. O romance de 1995 de

Robert Ludlum, *Sentinelas do Apocalipse*, dava continuidade à narrativa do *best-seller* de 1978, *O Documento Holcroft*, descrevendo agentes de inteligência americanos tentando desarticular a remontagem de uma campanha do nefasto *Sonnenkinder* – dessa vez organizado em um grupo chamado *Bruderschaft* – para causar um estrago global envenenando o suprimento de água de vários países da Europa Ocidental e da América do Norte. Também de volta para outra tacada estava Jack Higgins, cujo romance de 1993, *Cabo do Trovão*, retratava agentes do governo britânico lutando contra simpatizantes nazistas que buscavam no Caribe os destroços de um submarino nazista. O submarino, que teria sido comandado por Martin Bormann, continha documentos incriminadores listando os nomes de simpatizantes nazistas britânicos e americanos no período da guerra. A nova onda literária também testemunhou a chegada de novos talentos. O romance *The Day After Tomorrow* (1994), de Allan Folsom, descrevia um médico americano tentando desarticular uma tentativa neonazista – liderada por um grupo conhecido como "A Organização" – de "ressuscitar o Terceiro Reich" usando técnicas cirúrgicas criogênicas para criar uma raça superior. E o romance de 1997 de Glenn Meade, *O Testamento de Brandeburgo*, retratava uma célula de neonazistas latino-americanos e alemães que desenvolvem um plano assustador, conhecido como "Testamento de Brandeburgo", de usar armas nucleares contrabandeadas para depor o governo alemão existente e estabelecer "um novo, próspero e poderoso Reich".[151]

Algumas histórias recorriam a elementos cruciais nas tramas do gênero "Hitler Vive!" O romance *Sentinelas do Apocalipse*, de Ludlum, apresentou uma surpresa no final quando o protagonista do livro, Drew Latham, expõe o fato de que o objetivo do *Bruderschaft* de semear o caos global está sendo conduzido de um castelo rural francês, cujo habitante principal não é outro senão um "acamado" Adolf Hitler.[152] *The Day After Tomorrow*, de Folsom, culmina quando o protagonista do romance, doutor Paul Osborne, despacha o vilão glacial da "Organização", Von Bolden, empurrando-o da beira de uma geleira e fazendo-o cair numa fenda no

Jungfraujoch, na Suíça. Quando catapulta caindo no abismo, Von Bolden perde o controle de uma caixa secreta que vinha carregando e derrama o que ela contém – "a cabeça cortada, congelada, de Adolf Hitler".[153] Nesse ponto, na frase final do romance, Folsom revela que os experimentos criogênicos da "Organização" pretendiam desde o início criar um corpo adequado para o Führer ressuscitado de um Quarto Reich. Por fim, *O Testamento de Brandeburgo*, de Glenn Meade, tirava uma página do romance de Ib Melchior, *The Watchdogs of Abaddon*, apresentando um filho até então desconhecido de Adolf Hitler e Geli Raubal comandando um esforço neonazista para tornar realidade a visão política de seu falecido pai.

Os autores dessas histórias eram impelidos por diferentes motivos. Alguns esperavam obter ganhos financeiros. Ludlum, Gifford e Higgins já tinham alcançado o *status* de campeões de vendas com seus romances dos anos 1970 e provavelmente esperavam que o interesse em uma Alemanha unificada trouxesse um renovado sucesso comercial. Recém-chegados também procuraram capitalizar a demanda de histórias sobre nazistas. Allan Folsom foi o mais bem-sucedido, recebendo o maior adiantamento jamais pago em um primeiro romance – 2 milhões de dólares.[154] Os escritores também estavam moralmente comprometidos a combater o neonazismo. Em uma "nota do autor" no início de *The First Sacrifice*, Gifford declarou que "os acontecimentos na nova Alemanha reunificada eram perturbadores o bastante para justificar uma visita aos personagens" de seu romance anterior. Folsom, por seu lado, explicava que tinha escrito *The Day After Tomorrow* porque as "memórias [da época nazista] estavam se dissipando" e "eu realmente senti que nunca era demais reenfatizar o que aconteceu".[155] Ludlum comentou que escreveu *Sentinelas do Apocalipse* depois de ter encontrado neonazistas nas ruas de Munique e declarou: "Escrevi o livro com raiva... e a esperança de mudar a cabeça das pessoas".[156]

Os escritores, no entanto, além de retratar o nazismo como um problema especificamente alemão não deixaram de enfatizar suas dimensões universais. O romance de Gifford mostrava agentes de inteligência americanos contribuindo em segredo com a tentativa feita por Hans Koller de reviver o nazismo para manter o governo alemão demasiado ocupado para dominar a Europa. A história de Ludlum descreveu o *Bruderschaft* infiltrando com êxito espiões nazistas no governo americano e desencadeando uma caça às bruxas no estilo McCarthy. O romance de Higgins, por fim, retratou autoridades britânicas suprimindo documentos da colaboração com os nazistas no tempo da guerra, com o próprio primeiro-ministro, ciente de que um parente próximo estava envolvido nos informes, queimando-os em sua lareira. Os governos americano e britânico, em suma, exibiam suas próprias tendências imorais – quando não quase nazistas.

Muitas narrativas foram sucesso comercial e de crítica. *Sentinelas do Apocalipse*, de Ludlum, *The Day After Tomorrow*, de Folsom, *The First Sacrifice*, de Gifford e *O Testamento de Brandeburgo*, de Meade, todas alcançaram *status* de *best-seller* ou tiveram tiragens na faixa dos seis algarismos.[157] Também receberam críticas positivas. O romance de Folsom foi chamado de "incrivelmente absorvente" e "um *thriller* excepcional".[158] O livro de Ludlum foi elogiado como "genial diversão".[159] *The First Sacrifice*, de Gifford, foi descrito como "fabulosa leitura" e "terrivelmente plausível".[160] *O Testamento de Brandeburgo* foi aclamado como "veloz, astucioso e elegante".[161] E *Cabo do Trovão* era "de imenso interesse" e uma "aventura vibrante".[162] Alguns romances foram populares o bastante para ganhar um tratamento cinematográfico em Hollywood, com *Sentinelas do Apocalipse* e *Cabo do Trovão* sendo transformados em filmes feitos para a TV.[163]

Não obstante, as narrativas foram criticadas por uma variedade de deficiências estéticas e temáticas. O romance de Ludlum – o último de sua carreira – teria "250 páginas a mais" do que precisaria ter e foi rotulado de "uma grande decepção".[164] O conto "melodramático" de Gifford foi descrito como "guinando... para o improvável".[165] *O Testamento de Brandeburgo* era "confuso como uma cama desarrumada".[166] O romance de Higgins "não era seu melhor momento" e tinha "pouca profundidade".[167]

Além disso, os filmes feitos para TV tirados de romances de Ludlum e Higgins receberam avaliações medíocres.[168] A crítica mais significativa se concentrou em *The Day After Tomorrow*, de Folsom. Como outros autores, Folsom foi acusado de imitar a escrita "trivial" de Ludlum e produzir "incansáveis explicações" sem perspectivas filosóficas mais profundas.[169] No nível temático, sua história foi encarada como envelhecida. Um crítico chamou a premissa "Hitler-vive" de "cansada, estridente e já muito batida".[170] Outro rejeitou por completo "a premissa 'Hitler voltou!'", declarando que Folsom pertencia a um "museu de cera da cultura pop" por produzir "uma lápide *pulp* para um jogo de RPG como Era da Intriga, em que homens brancos com carreiras profissionais... cobiçavam o papel de *playboys* combatentes da liberdade".[171] Por seu lado, críticos alemães ficaram irritados com a notícia de que *The Day After Tomorrow* ia ser transformado em filme; em 1997, o crítico cultural do *FAZ*, Frank Schirrmacher, disse que estava nauseado pelo fato de a popularidade do livro refletir o "inconsciente coletivo" de leitores anglo-americanos.[172] Tomados em conjunto, esses comentários sugerem que as narrativas da época haviam perdido qualquer originalidade e relevância que tivessem possuído uma geração atrás.

Por fim, essa impressão foi reforçada pelo aparecimento, nos anos 1990, de narrativas dispersas que satirizavam a premissa de um Quarto Reich. Essas obras estetizavam o legado nazista priorizando risos em vez de lições, revelando assim como a passagem do tempo podia transformar a tragédia em comédia. Em uma breve cena do filme de sucesso de 1991, *L.A. Story*, um meteorologista de Los Angeles, interpretado por Steve Martin, convida uma jovem interpretada por Sarah Jessica Parker para irem a um restaurante exclusivo mas, antes de pagar a conta, ele tem de agendar uma entrevista com um consultor financeiro de uma filial local do "Banco Quarto Reich de Hamburgo".[173] Em 1990, a revista *Spy* fez referências esporádicas a um imaginário "romance serializado" que parodiava os ricos e famosos do mundo. Chamava-se *1999:*

Casinos of the Fourth Reich [1999: Cassinos do Quarto Reich].[174] Vários anos mais tarde, o lendário tabloide *Weekly World News* publicou uma série de artigos sensacionalistas que empregavam o Quarto Reich como conceito para semear um falso terror nos leitores: um deles revelava uma "Conspiração Secreta Alemã para Começar a Terceira Guerra Mundial" e estabelecer um "Quarto Reich" que "anexaria a Califórnia" e forçaria "mulheres louras a servir aos ocupantes alemães como 'procriadoras'", enquanto outro proclamava que um "exército nazista" estava "Congelado no Gelo Antártico" e planejava "lançar um sinistro Quarto Reich e dominar o mundo!"[175] Essas obras foram relativamente excepcionais para a década, mas revelavam como o pavor de um retorno nazista ao poder poderia ser trabalhado conforme a época.

Um Cavalo de Troia Alemão? A União Europeia como o Quarto Reich

As preocupações com um Quarto Reich não se concentraram apenas na possibilidade de a Alemanha experimentar um renascimento nazista, mas de dominar a Europa por meio da União Europeia. Já na década de 1970, os temores de que a Alemanha pudesse estabelecer um "Quarto Reich" econômico foram esporadicamente expressos em diversos países europeus.[176] Mas aumentaram de forma vertiginosa nos anos 1989-1990, antes de passarem a refluir durante o restante da década. Após a virada do milênio, eles se manifestaram mais uma vez, sobretudo na sequência da crise financeira de 2008. O papel da Alemanha na definição da resposta da União Europeia à crise – em particular a demanda por dolorosas medidas de austeridade – deixou muitos países europeus ressentidos da sua perda de autonomia e desencadeou uma reação populista. Críticos na Grécia, na Itália e em outras nações manifestaram seu ressentimento acusando a República Federal de tentar criar um novo Reich. Ao fazê-lo, empregaram o conceito de forma retórica para expressar um descontentamento com a integração europeia.

Temores Pós-Unificação nos Anos 1990

Temores europeus de uma dominação econômica alemã não demoraram a vir à tona após o colapso do Muro de Berlim em 1989. Em Londres, o *The Times* articulou as inquietações britânicas em um editorial de 12 de novembro, argumentando que o caráter inevitável da reunificação alemã levaria ao "surgimento de um Quarto Reich alemão como superpotência econômica da Europa". Temendo que a União Soviética só permitisse a reunificação em troca de uma "neutralidade alemã", o *The Times* achava que tal acordo poderia "significar o fim da OTAN" e deixar a Alemanha como "a locomotiva" para a "reconstrução das... economias de livre mercado que haviam há pouco ressurgido na Europa Oriental". Assim emergiu a questão mais urgente: "Para onde isso leva a Grã-Bretanha?".[177] Uma semana mais tarde, o *The Times* respondeu de modo sombrio à sua própria pergunta quando declarou que era provável que a Grã-Bretanha estivesse destinada a "ocupar um pobre segundo lugar em um Quarto Reich".[178] Observadores franceses compartilhavam preocupações semelhantes. Em dezembro de 1989, uma pesquisa revelou que três quartos dos cidadãos franceses temiam que a unificação alemã trouxesse "dominação econômica" e um "Quarto Reich".[179] Enquanto isso, na Grécia, a Organização Revolucionária 17 de Novembro (uma organização terrorista de extrema-esquerda), acusaria em 1990 a República Federal de ser um "Quarto Reich" que procurava usar a "violência econômica" para "comprar a Grécia".[180]

Temores de domínio econômico da Alemanha também estavam ligados a preocupações com as ambições da política externa do país. Essas preocupações vieram à tona no início dos anos 1990 durante a Guerra Civil Iugoslava. Logo após as declarações de independência da Eslovênia e da Croácia da Federação Iugoslava em 1991, políticos e jornalistas sérvios atacaram repetidamente o governo de Helmut Kohl como um predatório "Quarto Reich" por dar apoio diplomático aos Estados separatistas. A ofensiva retórica coincidiu com a tendência mostrada por todos os lados no conflito iugoslavo para ressuscitar memórias suprimidas da Segunda Guerra Mundial. Os sérvios invocavam com frequência os crimes de guerra cometidos contra eles pela croata Ustasha (que assassinou cerca de 600 mil sérvios no início dos anos 1940) para acusar o regime nacionalista do presidente croata Franjo Tudjman de aplicar uma agenda neofascista contra eles.[181] Citando o fato de que a Alemanha nazista dera apoio ao Estado-fantoche da Croácia durante a Segunda Guerra Mundial, os sérvios afirmaram, no início da década de 1990, que o reconhecimento da Croácia pela Alemanha fazia parte de um plano para expandir a influência alemã na península balcânica.[182] Acrescentaram que a tolerância da Alemanha diante da agressão eslovena e croata equivalia a uma nova "conferência de Munique" e acusaram o governo Kohl de ter em vistas um "Quarto Reich" do "Báltico ao mar Adriático".[183] Na Alemanha, como era previsível, a reação esteve longe de ser unânime; grupos marxistas endossaram as alegações sérvias de que "um Quarto Reich queria dominar os Bálcãs", enquanto autoridades alemãs rejeitavam as acusações como retórica tendenciosa.[184] Não demorou muito para essa suspeita de um viés tendencioso se mostrar justificada. Quando a Guerra Civil se deslocou para a Bósnia em 1992, o governo sérvio mudou sua estratégia de propaganda, abandonando referências ao Quarto Reich em favor da tese de que forças bósnias eram a ponta da lança de uma incursão muçulmana respaldada pela Turquia e pelo Irã.[185] Essa alteração revelava os motivos utilitários por trás dos ataques antialemães.[186]

Com o passar dos anos 1990, novas dificuldades econômicas para a República Federal reduziram os medos europeus de uma hegemonia alemã. Em 1991, inquietações francesas sobre o poder econômico alemão declinaram quando o valor do marco alemão caiu com relação ao franco francês.[187] Mesmo os mais críticos observadores britânicos adotaram um tom mais sutil. Em 1995, Martin Walker do *The Guardian* descartou os temores dos céticos britânicos, que se preocupavam com o fato de que "a Europa emergente será um Quarto Reich sob liderança alemã", dizendo que era "absolutamente errado presumir que o Quarto Reich será um eco do Terceiro".[188] Dois anos depois, Niall Ferguson citou os problema econômicos em curso na Alemanha como "uma boa notícia" para a Grã-Bretanha, concluindo que uma Alemanha unificada se parecia menos com "um Quarto Reich – rico e forte" que com uma "Weimar da hiperinflação – esgotada e fraca".[189] Sem dúvida, aqui e ali, conservadores britânicos continuavam a empregar o Quarto Reich como arma retórica – usando-a, por exemplo, em 1996, para atacar a Alemanha por liderar um embargo da União Europeia à carne britânica devido a temores da doença da vaca louca –, mas faziam isso com menor frequência que no início da década.

O clima mais descontraído foi exemplificado pelo aparecimento do livro do jornalista britânico Brian Reading, *The Fourth Reich*.[190] Publicado em 1995, o volume oferecia uma história detalhada do sucesso econômico da República Federal e uma avaliação do futuro econômico do país. Apesar do título sensacionalista, Reading era otimista quanto às perspectivas da Alemanha unificada. Ao contrário dos crentes britânicos no *Sonderweg* alemão, Reading via a história alemã como longe de aberrante. Elogiou o primeiro Reich, o Sacro Império Romano-Germânico, por proteger "a civilização europeia ocidental do ataque bárbaro vindo do Leste"; descreveu o segundo Reich como "nada pior" que a França ou a Grã-Bretanha; e disse que a "mancha" do Terceiro Reich havia sido neutralizada graças ao desenvolvimento "exemplar" da República Federal.[191] Para Reading, a Alemanha havia aprendido as lições corretas de sua história.

Observando que "o Segundo e o Terceiro Reichs" haviam ensinado o país a reconhecer os perigos do "nacionalismo econômico" e do "poder centralizado", argumentou que era tarefa do "Quarto Reich de Kohl... dar uma lição de democracia à Europa" e ajudar a "mantê-la aberta e livre".[192] A República Federal, ele acreditava, era crucial para assegurar o apoio europeu ao livre comércio e acelerar o processo de integração europeia. Foi importante para a Grã-Bretanha reconhecer essa realidade. O crescente afastamento entre Alemanha e França representou uma oportunidade para a Grã-Bretanha forjar laços mais fortes com a Alemanha e guiar a Europa em uma direção liberal, de livre mercado. Segundo Reading, a política britânica "não deveria mais ser conduzida por temores da hegemonia alemã".[193] Em vez disso, "a hegemonia alemã deveria ser... saudada".[194] A recepção positiva do livro na imprensa anglo-americana deixou claro que, para um número crescente de pessoas, o Quarto Reich se tornara inofensivo.[195]

Pelo restante da década e nos primeiros anos do novo milênio, raramente a Alemanha foi atacada por deter uma hegemonia econômica. Na verdade, a reputação internacional do país melhorou continuamente. Em 2005, a entrega, em Berlim, do Memorial aos Judeus Assassinados da Europa trouxe elogios internacionais à Alemanha pelos esforços para encontrar normas de convivência com o passado nazista. A subsequente eleição da primeira chanceler mulher, Angela Merkel, trouxe uma admiração ainda maior pela política progressista do país. E a bem-sucedida realização da Copa do Mundo de Futebol, em 2006, consolidou a reputação do país como uma nação respeitada e até mesmo popular.[196]

A Crise Financeira e o Quarto Reich

A popularidade da Alemanha, no entanto, não durou. A crise mundial financeira de 2008 reacendeu com rapidez os temores europeus de um Quarto Reich. As origens da crise residem em um complicado conjunto de forças econômicas globais, mas a Alemanha desempenhou um papel de liderança na formulação da resposta da Europa a isso. Por volta da virada do milênio, o investimento estrangeiro de países ricos do norte da Europa, como Alemanha, França e Grã-Bretanha, direcionou fluxos maciços de capital para as economias em desenvolvimento na periferia do continente – especialmente Grécia, Irlanda, Portugal, Espanha e Itália. Embora esses países tenham acolhido bem o investimento, ele acabou levando a maior inflação, aumento do déficit comercial e orçamentário, expansão da dívida soberana e surto de desemprego. A severa recessão provocou uma tremenda miséria social e colocou em crise política os governos dos países, que tiveram de se empenhar para encontrar uma saída. Como eles haviam sacrificado suas moedas nacionais anos antes ao ingressar na Zona do Euro, não poderiam adotar a estratégia tradicional de desvalorizar a moeda para diminuir as dívidas. Autoridades da UE, lideradas pelo Banco Central Europeu e o Fundo Monetário Internacional (FMI) com apoio alemão, ofereceram substanciais *bailouts* (socorros financeiros) à Grécia e a outros países nos anos 2010-2014, mas exigiram que eles reduzissem suas dívidas aceitando um programa de austeridade com cortes orçamentários, aumentos de impostos e limites de endividamento constitucionalmente fixados. As autoridades alemãs justificaram essa abordagem citando a necessidade de restaurar a confiança dos investidores nos países endividados, mas também quiseram garantir que os bancos alemães – que eram responsáveis por empréstimos maciços – fossem plenamente reembolsados. Lembravam ainda as autoridades alemãs que medidas de austeridade empreendidas pelo governo Schroeder entre 1998 e 2005 tinham feito a economia alemã renascer. E citavam o argumento do "risco moral", segundo o qual perdoar as dívidas recompensaria comportamentos irresponsáveis.[197] Quaisquer que fossem as razões subjacentes, a imposição de austeridade agravou a crise econômica e provocou uma reação violenta na Grécia, na Itália e em outros lugares. Partidos populistas emergiram tanto na esquerda quando na direita, expressando sua ira pela perda de soberania de seus países. Alguns acabaram empossando novos governos – por exemplo, a Syriza na Grécia em 2015 – e ameaçaram rejeitar os termos do *bailout* ou sair completamente da Zona do Euro. Para intensificar seus descontentamentos, acusaram a Alemanha e a UE de estarem agindo como um opressivo Quarto Reich.

Os gregos estavam entre os mais ativos defensores desse ponto de vista. Quando visitou Atenas em 2012 para conversar sobre austeridade, Angela Merkel deparou-se com milhares de manifestantes, alguns levando faixas proclamando "Não ao Quarto Reich" (Figura 6.7).[198] Em outras demonstrações, manifestantes sacudiam com raiva cartazes com versões nazistas da bandeira azul e amarela da União Europeia.[199] Em 2012, 77% dos gregos pesquisados concordaram com a declaração de que "as políticas da Alemanha estavam servindo à criação de um Quarto Reich".[200] Um ano mais tarde, o político conservador Panos Kammenos atingiu um desafiador tom nacionalista ao declarar: "Nós somos gregos... Nós derrotamos [os alemães] na [Segunda] Guerra [Mundial]. Nós também vamos vencê-los no Quarto Reich que eles estão tentando nos obrigar a aceitar.".[201] Essas declarações estridentes pretendiam ter o máximo efeito retórico, mas elas também tocavam em memórias históricas mais profundas. Desde o início do século XIX, muitos gregos tinham se visto como vítimas de uma relação colonial com a Alemanha, em especial durante a Segunda Guerra Mundial, quando os nazistas ocuparam brutalmente a Grécia, pilharam ativos no valor de centenas de milhões de dólares e mataram cerca de 300 mil de seus cidadãos.[202] Embora a Alemanha Ocidental tenha pago indenizações em 1960, elas estavam muito abaixo do que os gregos esperavam.[203] Os gregos ficaram ainda mais exasperados com o fato de que, embora tivessem obtido, no século XX, socorro financeiro de credores generosos em quatro ocasiões diferentes, a Alemanha se recusava a perdoar a dívida da Grécia.[204] Quando a coalizão Syriza, de esquerda, ganhou o controle do governo grego em janeiro de 2015, o primeiro-ministro Alex Tsipras procurou alavancar memórias históricas em seu proveito. Em seu primeiro dia no cargo, evocou a resistência, durante a guerra, da esquerda comunista aos nazistas prestando homenagem aos duzentos gregos massacrados por forças nazistas no subúrbio do Kaisairani, em Atenas, em retaliação pela morte de um general alemão em 1944. Um mês mais tarde, em fevereiro, Tsipras afirmou que a austeridade estava provocando um "Holocausto social". E, em março, exigiu que a Alemanha pagasse reparações de guerra em atraso.[205]

Críticas semelhantes foram feitas na Itália. No verão de 2012, o sentimento antialemão cresceu depois que o primeiro-ministro Mario Monti não conseguiu o apoio de Merkel para obter custos mais baixos de empréstimos no mercado de títulos. Ao mesmo tempo, Monti estava enfrentando uma pressão do ex-primeiro-ministro Silvio Berlusconi, que sugeria um retorno político e afirmava que a Itália poderia sobreviver fora da zona do euro.[206] Para reunir apoio doméstico, o importante jornal *Il Giornale*, que era dirigido pelo irmão de Berlusconi, Paolo, publicou um artigo polêmico em agosto de 2012 que trazia a manchete "Quarto Reich" e uma foto de Merkel fazendo uma saudação semifascista.[207] O artigo se iniciava declarando:

> "Desde ontem, a Itália... não está mais na Europa, mas no Quarto Reich. No primeiro Reich, o soberano alemão também se vangloriava do título de "imperador de Roma" e é bem conhecido como os outros dois [Reichs] alemães subjugaram países europeus. Contudo, duas guerras mundiais e milhões de mortes sem dúvida não são o bastante para apaziguar as ambições hegemônicas dos alemães. Agora eles estão voltando, desta vez não com armas, mas com o euro.[208]

Dois anos depois, em 2014, dois jornalistas do *Il Giornale*, Vittorio Feltri e Gennaro Sangiuliano, publicaram um livro intitulado *Il Quarto Reich: Come La Germania ha Sottomesso L'Europa* [O Quarto Reich: Como a Alemanha Subjugou a Europa]. Ele dava continuidade ao ataque polêmico do jornal em 2012, declarando que o euro lembrava as "divisões de tanques de outrora", no sentido de que a moeda procurava colocar o território europeu sob domínio alemão – dessa vez por meios econômicos, não militares.[209]

Observadores britânicos também participaram do ataque verbal. No verão de 2011, o jornal conservador *Daily Mail* publicou um artigo de Simon Heffer intitulado "The Fourth Reich: How Germany Is Using the Financial Crisis to Conquer Europe" ["O Quarto Reich: Como a

Alemanha está Usando a Crise Financeira para Conquistar a Europa"].[210] Recorrendo a analogias históricas, ele argumentava que aceitar uma "união fiscal" por parte dos países endividados "acarretaria uma perda de soberania não vista nesses países há setenta anos, quando muitos estiveram sob o coturno do Terceiro Reich". "Onde Hitler falhou com seus meios militares de conquistar a Europa", Heffer declarou, "os alemães modernos estão sendo bem-sucedidos graças ao comércio e à disciplina financeira. Bem-vindo ao Quarto Reich."[211] Mais ou menos na mesma época, o autor de *O Dossiê Odessa* e conservador eurocético Frederick Forsyth concordou que o primeiro *bailout* de 100 bilhões de euros para a Grécia equivalia "à carta fundadora do Quarto Reich alemão", que daria à Alemanha controle sobre a economia de seus "Estados clientes".[212] Em novembro de 2011, o *Daily Mail* insistiu de novo na questão, dessa vez em um tom humorístico, publicando uma paródia da canção imortal de Mel Brooks, *Springtime for Hitler*, do filme *Primavera para Hitler*. A nova letra da canção, escrita pelo jornalista Richard Littlejohn, incluía os seguintes versos:

> Primavera para Merkel e Alemanha,
> Colapso para Irlanda e Grécia,
> Estamos marchando para a bancarrota
> Assistindo à morte da democracia...
> Primavera para Merkel e Alemanha,
> Estamos construindo um novo Quarto Reich,
> O que não deve parecer um mistério
> Para quem estudou nossa história.[213]

Acusações semelhantes em outras nações puseram em destaque as motivações decisivas por trás do ataque à Alemanha como um Quarto Reich. Em Liechtenstein, o príncipe Hans-Adam II provocou polêmica, em 2008, por dizer que seu país estava "esperando melhores relações [com a Alemanha]... já que, nos últimos duzento anos, sobrevivemos a três Reichs alemães e tenho esperanças de que também vamos sobreviver a um Quarto". Enquanto o príncipe rejeitava as acusações de que estava insultando a República Federal da atualidade, a imprensa revelou que ele procurava desviar a atenção de uma investigação feita pelo governo alemão dos bancos de Liechtenstein, que supostamente estavam escondendo fundos depositados por sonegadores de impostos alemães.[214] Alguns anos mais tarde, em 2013, em Chipre, o Partido Comunista do país (AKEL) publicou uma reportagem em seu órgão de imprensa, *Gnomi*, com a manchete "Invasion by the Fourth Reich" ["Invasão do Quarto Reich"] e uma fotomontagem da cabeça de Merkel sobreposta ao corpo de um soldado turco empunhando uma arma e pisando no mapa de Chipre.[215] Ao fazer isso, o partido esperava desacreditar seu rival democrata-cristão (DISY), que era apoiado por Merkel. Os países do Leste Europeu também entraram na corrente. Em 2016, a revista *Gazeta Polska*, nacionalista e governista, respondeu aos esforços alemães para apressar a integração europeia – logo após o voto Brexit pela saída da Inglaterra da União Europeia – publicando uma matéria de capa, intitulada "Will There Be a Fourth Reich?" ["Haverá um Quarto Reich?"], ao lado de uma suástica irrompendo com violência pela bandeira da UE.[216] Mais ou menos na mesma época, *sites* da mídia russa, como *Pravda Report*, *RT* e *Novorussia Today*, fizeram eco aos ataques de autoridades governamentais russas contra o "Quarto Reich... [da] *Bundesführer* [Líder Federal]... Angela Merkel". [217]

A acusação generalizada de que a União Europeia gerida pela Alemanha estava se tornando um Quarto Reich tinha várias causas. Servia, antes de qualquer coisa, como um recurso conveniente para políticos europeus desviarem a raiva popular dos problemas internos de seus países, voltando-a para fontes externas. A acusação tinha também uma força psicológica mais profunda, devido à sua aptidão para canalizar traumáticas memórias históricas. Como Catherine MacMillan argumentou, "o discurso sobre o Quarto Reich" foi marcado por traços literários "góticos" – como o "misterioso", o "retorno do reprimido" e o "monstruoso" – que expressavam legítimas preocupações de que a Alemanha estivesse pronta para voltar a seus velhos hábitos, supostamente enterrados, de dominação. A manifestação de preocupações sobre o Quarto Reich servia então "como uma advertência para a Alemanha se manter dentro [dos] limites... da democracia, do Estado de direito e [do] respeito pelos direitos humanos em que a UE se apoia".[218]

Quaisquer que fossem os motivos que lhe servissem de base, a acusação de que a Alemanha estava se preparando para estabelecer um Quarto Reich provocou uma rápida e violenta reação alemã. Alguns observadores procuraram desacreditar a acusação com argumentos empíricos. Em 2013, o sociólogo Ulrich Beck disse que era "absurdo" chamar o governo de Merkel de "um Quarto Reich", salientando que a relutância da Alemanha em participar da ação militar na Líbia provava que "Merkel não estava empenhada em criar um poder militar".[219] Outros respondiam às acusações questionando os motivos de quem as fazia. Escrevendo em *Junge Freiheit*, em 2012, o estudioso conservador Karlheinz Weissmann observou que os críticos estrangeiros estavam cientes de que "a Alemanha poderia ser facilmente chantageada", por razões oportunistas, com evocações de seu "passado nazista".[220] Três anos depois, Dirk Schümer argumentou que os fabricantes do "ódio aos alemães" exploravam de forma deliberada o "sentimento de culpa da Alemanha", sabendo que atacar o país era mais eficiente que atacar outras nações credoras, como a Finlândia e a Holanda, que estavam menos ligadas aos "fantasmas do passado".[221] Outros observadores advertiam que as acusações infundadas enfraqueciam a unidade europeia atiçando as fogueiras do nacionalismo. O *FAZ* interpelou o líder da oposição grega Alex Tsipras, em 2013, pelo fato de o jornal da Syriza, *Avgi*, ter traficado de modo consciente "comparações nazistas" com o governo de Merkel para agradar partidos nacionalistas de direita.[222] Enquanto isso, críticos alemães atacavam o livro de Feltri e Sangiuliano por "prejudicar a simpatia, a boa vontade e a compreensão" entre Itália e Alemanha.[223]

Outros críticos alemães ofereceram respostas inconvencionais a ataques retóricos. Alguns responderam com equanimidade sarcástica. Em 2011, por exemplo, o *Die Welt* respondeu à invocação frequente do Quarto Reich pelo *Daily Mail* comentando com ironia que os alemães "poderiam se dar por felizes pelo fato de que [o jornal] se contente em fazer comparações com Hitler" e não chegue a ponto de "nos acusar de provocar o câncer".[224] Outros usavam as investidas retóricas de seus atacantes contra eles. Escrevendo sobre o *bailout* na revista de domingo do *Die Zeit* em 2015, Harald Martenstein aconselhou a chanceler Merkel a se comportar de forma menos previsível e a responder às acusações de aspirações imperiais dizendo: "Bem, na realidade a ideia de um Quarto Reich talvez não seja assim tão má. Vamos discuti-la um pouco mais". Isso, ele afirmou, "confundiria" os críticos da Alemanha e os manteria desarticulados.[225] A *Der Spiegel* levou essa abordagem um passo à frente, em março de 2015, publicando uma importante matéria de capa intitulada "The Fourth Reich" ["O Quarto Reich"], que apresentava uma fotografia atualizada de Merkel presa de modo desajeitado, com fita adesiva, à foto de arquivo de um grupo de oficiais da *Wehrmacht* na Acrópole ateniense em 1941. A revista foi criticada pela capa, mas os editores responderam que estavam satirizando, não endossando, a visão de que a Alemanha se conduzia com uma forte agressividade, do tipo nazista, nos assuntos europeus. E opinaram: "Só entenderão mal [a capa], as pessoas que quiserem entendê-la mal".[226]

Outros comentaristas europeus se juntaram à defesa alemã. Em novembro de 2011, o *The Sunday Times* rejeitou a ideia de que a Alemanha fosse um Quarto Reich, insistindo que o único meio que permitiria ao país assumir uma "posição... hegemônica na Europa" seria "contribuir para a quitação... das dívidas de outros países" – precisamente o que até então se recusara a fazer.[227] Mais ou menos na mesma época, o historiador Richard Evans acusou Simon Heffer, do *Daily Mail*, de "antigermanismo" e zombou de suas declarações sobre um futuro Reich como "ignorantes e histéricas".[228] Outros jornalistas britânicos atacaram o

Daily Mail por liderar o ataque discursivo contra a Alemanha, exclamando que o jornal havia escrito sobre o Quarto Reich "com tanta frequência... que devemos estar agora em nosso sétimo ou décimo Reich".[229] Em 2015, o *The Irish Times* recomendou um retorno à sobriedade, argumentando que a retórica historicamente carregada só reforçou a teimosia de ambos os lados e concluindo: "Berlim só agirá se os coquetéis Molotov verbais pararem de voar em sua direção. Acusações... de que Berlim está buscando um Quarto Reich são uma desgraça para as vítimas de crimes nazistas e ofensivas para os alemães comuns".[230] Por fim, nos Estados Unidos, Fareed Zakaria chamou de "vergonhoso" o livro de Sangiuliano e Feltri por "alimentar... velhos ódios que não têm mais sentido no mundo de hoje" e concluiu que "a Alemanha moderna é o mais poderoso exemplo... de que as pessoas podem mudar... e que... a redenção é possível".[231]

Conclusão

Nos anos transcorridos desde a unificação alemã, a ideia do Quarto Reich tem flutuado de forma dramática, tanto em seu uso quanto no significado. A ideia foi ampliada ou relativizada conforme as tendências históricas mais abrangentes, sendo invocada em momentos de crise e se dissipando em tempos de estabilidade. O Quarto Reich foi o foco de imensa atenção em dois períodos específicos. O primeiro foram os anos 1989-1994, quando a perspectiva da unificação alemã e a erupção do neonazismo trouxe temores de que a Alemanha estivesse revivendo o Reich. Essas preocupações se dissiparam na segunda metade dos anos 1990 e nos primeiros anos do novo milênio. Mas voltaram à tona em um segundo período, após 2008, logo após a eclosão da crise financeira mundial. Em ambos os períodos, a conversa sobre um iminente Quarto Reich explodiu, embora de modos diferentes. O significado do Reich oscilou entre duas visões: a de um Estado neonazista na linha do Terceiro Reich de Hitler; e a de um superpoder econômico usando a UE para impor uma ordem hegemônica à Europa. Embora os que falavam no Quarto Reich tivessem em mente um significado específico, ambos os significados eram de forma inevitável sugeridos cada vez que o termo era invocado. Essa flexibilidade simbólica contribuiu, de modo poderoso, para sua utilidade retórica.

CONCLUSÃO

> Prezado Sr. Que Chamam de Presidente:
>
> Deixe-me, então, explicar como funciona.
>
> O senhor foi eleito como diretor-executivo dos Estados Unidos... [embora] por uma minoria do voto popular e uma ajudinha do seu amigo... Vladimir Putin.
>
> E isso lhe dá direito a certas coisas...
>
> Mas... a eleição não lhe dá direito... de fazer o que pipocar na sua alaranjada cabeça peluda... se a coisa for contra a Constituição.
>
> O senhor e outros membros do Quarto Reich parecem estar tendo dificuldades em compreender isso.[1]
>
> Leonard Pitts, Jr., *The Miami Herald*, 14 de fevereiro de 2017

Embora em geral se refira à Alemanha unificada na última geração, a ideia do Quarto Reich tornou-se em tempos recentes a mais nova exportação da República Federal para os Estados Unidos. O comentário acima, do colunista Leonard Pitts, Jr., vencedor do Prêmio Pulitzer, revela que um número crescente de críticos acredita que a eleição de Donald Trump para presidente dos Estados Unidos sinaliza a chegada do fascismo à América. A declaração revela que o Quarto Reich se manteve até os dias de hoje como um poderoso *slogan*. Ela também reflete a contínua universalização do conceito. Nada disso deveria nos espantar, dada a longa história do Quarto Reich no pós-guerra. Desde que surgiu, há mais de três quartos de século, o conceito prosperou como um *slogan* metafórico para indicar um perigo atual ou futuro. Ao que, no entanto, ele especificamente se refere tem variado de forma considerável ao longo do tempo. Ao examinar seu *status* hoje e recapitular seu desenvolvimento no pós-guerra, podemos prever melhor como ele pode se desenvolver nos anos que temos pela frente.

O Quarto Reich Hoje

O Quarto Reich está experimentando agora uma nova fase de normalização. Graças à tumultuada revolta política em todo o mundo ocidental, o conceito está ficando cada vez mais universalizado. A eleição de Donald Trump, os inúmeros e intermináveis conflitos no Oriente Médio e a crise contínua da União Europeia tornaram altamente relevante a perspectiva de um futuro Reich. O Quarto Reich também continua a ser estetizado. Em romances, filmes, histórias em quadrinhos e tabloides, o conceito tem conservado sua capacidade de atrair atenção e provocar controvérsia. Como resultado dessas tendências, o significado do conceito está se expandindo muito além de seu referente original.

A eleição de Donald Trump em 9 de novembro de 2016 desencadeou uma proliferação de referências ao Quarto Reich nos Estados Unidos. Como nos anos 1960, críticos da esquerda liberal e afroamericanos lideraram o ataque. Em fins de 2016, o famoso ator e ativista de esquerda Harry Belafonte reagiu à eleição de Trump começando uma palestra, na Igreja Riverside da Cidade de Nova York, com uma saudação zombeteira: "Bem-Vindos ao Quarto Reich".[2] Mais ou menos na mesma época, o jornalista Stacey Patton argumentou que Trump estava "construindo um Quarto Reich" ao "alinhar-se... com neonazistas e supremacistas brancos".[3] Seguiram-se editoriais de jornais e cartas dos leitores advertindo sobre o "emergente Quarto Reich" de Trump.[4] Postagens nas mídias sociais, no Twitter, Tumblr e Pinterest perguntavam num tom ansioso se "o governo republicano [é] o Quarto Reich".[5] Grupos de protesto, como o "Anonymous" ["Anônimos"], juraram combater "qualquer Quarto Reich proposto pelo fascista Donald Trump".[6] E jornalistas declararam, num tom desafiador, que "nosso quarto Estado impedirá a imposição do Quarto Reich".[7]

A adoção generalizada do conceito confirma sua duradoura utilidade retórica como *slogan* mobilizador. Brandir a expressão "Quarto Reich" como manchete em uma matéria de jornal ou rabiscá-la como sinal de protesto ajuda os ativistas a chamar a atenção para seus programas mais amplos. Essa função universalizante há muito tem sido uma das principais forças a inflar o significado de Quarto Reich, mas teve o efeito negativo de provocar erosão na especificidade histórica da era nazista na memória coletiva. Na maioria dos exemplos mencionados acima, os ativistas fizeram pouco esforço para explicar como a perspectiva de um "Reich" iminente se relaciona com o programa político de direita do presidente Trump. Talvez isso fosse de se prever, dado o caráter efêmero e superficial dos tuítes e postagens da internet. Contudo, o mesmo padrão também tem sido visível em análises mais aprofundadas. Em 2016, o jornalista britânico Nafeez Ahmed publicou um ensaio em quatro partes para o jornal da internet *Medium*, intitulado "The Return of the Reich" ["O Retorno do Reich"], cuja parte final teve como subtítulo "A Fourth Reich Is Rising across Europe – with Ties to Donald Trump and Vladimir Putin" ["Um Quarto Reich está Surgindo por toda a Europa – com laços com Donald Trump e Vladimir Putin"].[8] De modo persuasivo, o artigo traçava as conexões entre grupos de direita na Europa e a política externa de extrema-direita que os analistas associavam ao governo Trump.[9] Contudo, em nenhum momento da conclusão de seu ensaio, Ahmed desenvolveu a afirmação de que "o objetivo final" dos vários partidos era "o retorno gradual do Reich, um movimento furtivo... em... inúmeras democracias europeias". E, em especial, nunca chegou realmente a definir o "Reich", nem a explicar como ele poderia ser estabelecido, nem a esboçar qual poderia ser seu impacto na vida contemporânea. Em outras palavras, Ahmed seguiu a tradição de usar o termo como mero *slogan* metafórico para uma ameaça mais ampla.

Dado o vigor polêmico dessas colocações, críticos conservadores, como era de se prever, rejeitaram-nas como hipóteses sem fundamento. No início de fevereiro de 2017, o jornalista Bernard Goldberg escreveu que "o cenário do dia do juízo final... em que os Estados Unidos da América se tornarão o Quarto Reich com... Trump fazendo o papel de você sabe quem" era "mais do que ligeiramente paranoico".[10] Por volta da mesma época, o repórter William McGurn, do *The Wall Street Journal*, condenou a crença liberal de que "qualquer um que não esteja se voltando de modo implacável contra o 45º presidente o está ajudando a construir o novo Reich".[11] A polemista de direita Ann Coulter adotou uma posição semelhantes em um ensaio intitulado "Pundits and the Fourth Reich" ["Gurus e o Quarto Reich"], contestando o que via como comparações infundadas feitas por jornalistas liberais.[12] Por fim, a colunista conservadora Christine Flowers procurou expor a loucura de tais afirmações, observando: "Se realmente vivêssemos no Quarto Reich, essas malucas [protestando] no aeroporto na semana passada... teriam sido agrupadas e jogadas na prisão... [e não estariam agora] sentadas felizes em suas casas".[13]

Essas objeções têm alguma legitimidade, mas ignoram o fato de os membros da extrema-direita continuarem a ser inspirados pelo sonho de um Quarto Reich. Em agosto de 2017, uma congregação negra em Dumfries, Maryland, foi vandalizada por inscrições racistas, incluindo uma que dizia "o Quarto Reich".[14] Em maio de 2017, uma página do Facebook chamada "Alt-Reich" foi fechada depois que um de seus membros foi preso pelo assassinato de um estudante afro-americano na Universidade de Maryland.[15] Mais ou menos na mesma época, um adolescente da Flórida foi preso por ter assassinado dois de seus colegas de quarto por pertencerem a um grupo neonazista que, supostamente, estaria planejando um "Quarto Reich".[16] Enquanto isso, usuários da internet em *sites* de extrema-direita, como o Stormfront, têm participado de temas de discussão sobre a possibilidade de um "Quarto Reich Aqui na América", com uma discussão particularmente extensa sendo desencadeada em 2016 pela declaração: "Donald Trump é apenas um Ato de Abertura. Sim, Viveremos para Ver um Quarto Reich".[17] O conceito, portanto, continua tendo o potencial de uma palavra de ordem não só para mobilizar adversários, mas também apoiadores, da extrema-direita.

A ideia de um Quarto Reich tem aparecido também em debates sobre o Oriente Médio. Críticos de Israel empregaram o conceito para atacar o país durante seus conflitos militares com o Hezbollah no Líbano, em 2006, e com o Hamas, em Gaza, em 2009. Em maio de 2006, Amir Abdul Malik Ali, um imã negro muçulmano de uma mesquita radical de Oakland, proferiu uma palestra na Universidade da Califórnia em Irvine, patrocinada pela filial no *campus* dos Estudantes pela Justiça na Palestina, chamada "Israel: o Quarto Reich", que provocou controvérsia ao falar em um controle judaico da mídia e ao prever a iminente derrota de Israel por "mártires" muçulmanos.[18] Mais tarde, nesse mesmo ano, o *Canadian Arab News* traçou paralelos entre o "Reich sionista (Quarto Reich) e o Terceiro Reich Nazista" descrevendo Israel como um Estado de "*apartheid* ou *Herrenvolk* ('raça superior')".[19] Em 2009, a guerra em Gaza provocou numerosos protestos de rua em que os manifestantes ergueram cartazes com o *slogan* "Israel: o Quarto Reich". Expressões semelhantes foram veiculadas pelos canais de notícias árabe-americanos.[20] Mais recentemente, músicas de *rap* têm atacado Israel como um Quarto Reich e acusações semelhantes apareceram no Twitter e na seção de comentários do *site* antissionista Mondoweiss.[21]

Não causa surpresa que conservadores que apoiam Israel reagissem empregando a ideia do Quarto Reich para atacar os adversários árabes e muçulmanos do país. Em maio de 2006, notícias falsas de que o Irã estava planejando fazer seus cidadãos judeus usarem emblemas amarelos instigaram o *The New York Daily News* a exibir uma enorme manchete dizendo "O Quarto Reich".[22] Em 2009, apoiadores sionistas cristãos de

Israel apontaram alguns dos países participantes da Segunda Conferência Mundial das Nações Unidas contra o Racismo, realizada na África do Sul (Durban II), como membros de um "Quarto Reich".[23] Por seu lado, em 2015, o eminente escritor indiano V. S. Naipaul atacou a organização terrorista sunita muçulmana Estado Islâmico (EI) afirmando que eles tinham se "devotado a um Holocausto contemporâneo" e podiam, sem dificuldade, "abandonar o rótulo de califado e se autodenominarem o Quarto Reich".[24]

Referências ao Quarto Reich também vieram à tona no debate em curso sobre a União Europeia. Enquanto as nações endividadas do sul da Europa empregavam o *slogan* contra a Alemanha após a crise financeira de 2008, governos europeus nacionalistas do Leste Europeu empregavam-no cada vez mais como parte de uma campanha mais ampla para enfraquecer a UE. Liderando a acusação estava a Rússia de Vladimir Putin. Em resposta à imposição das sanções da UE contra a Rússia em 2014 por sua intervenção no leste da Ucrânia e anexação da Crimeia, o *Pravda Report* publicou um artigo intitulado "The Boys from Brussels" ["Os Meninos de Bruxelas"], que evocava o romance *Os Meninos do Brasil*, de Ira Levin, e argumentava que "os verdadeiros nazistas" não seriam encontrados na América Latina, mas em um "Quarto Reich" com sede "nos escritórios da Comissão Europeia em Bruxelas".[25] Outros *sites* russos acusaram nacionalistas ucranianos de construir um "Quarto Reich" em oposição à Rússia. Alguns chegaram a acusar os Estados Unidos de "criar... um Quarto Reich para destruir a Rússia", dando apoio à Ucrânia e expandindo a OTAN para o Leste.[26] Tomada em conjunto com afirmações semelhantes expressadas por analistas na Polônia e na Hungria, essa hipérbole era parte de um esforço articulado por regimes nacionalistas autoritários para minar a causa da unidade europeia.[27]

Além de universalizado, o Quarto Reich continua sendo estetizado. Romancistas continuam voltando ao tema para explorar seu potencial dramático. O romance de 2009 do jornalista Adam Lebor, *The Budapest Protocol*, retratava nazistas impenitentes usando a UE como veículo para assegurar o domínio econômico alemão sobre nações menores da Europa Oriental.[28] Na outra ponta do espectro literário, vários romances *on demand* exploraram com avidez o conceito com títulos sensacionalistas, como: *4th Reich of Antarctica: Secrets of South America* (2012), *Treasures of the Fourth Reich: A Novel of Suspense* (2012), e *The Fourth Reich – Head of the* (2016).[29] A mesma tendência é visível em filmes recentes, quer em produções do *mainstream* como *Beyond Valkyrie: Dawn of the Fourth Reich* (2016), que retrata homens da SS tentando reviver o Reich a partir da Argentina, quer no filme de baixo orçamento *Dead Walkers: Rise of the Fourth Reich* (2013), que consumou o tão esperado casamento entre nazistas e zumbis. Também revistas em quadrinhos retornaram ao Quarto Reich, com a DC Comics reunindo uma equipe de supervilões – incluindo o Capitão Nazi, a Baronesa Blitzkrieg e o Barão Gestapo – sob a denominação "O Quarto Reich" para combater a Sociedade da Justiça em uma série de números entre 2006 e 2010.[30] Por fim, o Quarto Reich continua a ser apresentado como comédia. Em 2014, o filme satírico *Deu a Louca nos Nazis* retratava um bando de nazistas fanáticos, baseados na Lua, tentando estabelecer um Quarto Reich pelo lançamento de um ataque interestelar à Terra.[31] O termo tem inclusive servido à sátira em paródias musicais, como na paródia de 2017 que o comediante Stephen Colbert fez do sucesso de 1987 da R.E.M., "It's the End of the World", que traz o verso: "vitriolic, xenophobic, troll spite, Fourth Reich" [rancoroso, xenófobo, maldade de ogro, Quarto Reich].[32]

Essas tendências normalizadoras revelam algumas coisas sobre a ideia do Quarto Reich. Seu uso generalizado por ativistas políticos, jornalistas, romancistas e cineastas reflete sua versatilidade como significante político e cultural. A adoção por ativistas tanto da esquerda quanto da direita confirma um caráter político ecumênico. A ressonância renovada da expressão confirma que sua popularidade aumenta em períodos de instabilidade política. E a força polêmica do termo revela que sua importância é tanto retórica quanto histórica.

O Quarto Reich de Ontem: Entre a Ameaça Alemã e o Perigo Global

Todos esses traços estão enraizados na longa história do Quarto Reich. Quando apareceu pela primeira vez, nos anos 1930, o conceito do Quarto Reich se referia de forma exclusiva à Alemanha e a seu futuro político. E manteve grande parte dessa orientação nas décadas seguintes. Contudo, mesmo em um contexto exclusivamente alemão, seu uso e significado evoluíram de modo considerável: o conceito foi empregado por pessoas tanto na Alemanha quanto no exterior; foi adotado por movimentos políticos de esquerda e de direita; e expressou as emoções em duelo da fantasia e do medo. À medida, no entanto, que evoluiu, o Quarto Reich não permaneceu confinado à Alemanha. Ficou normalizado como símbolo de perigo global.

O Quarto Reich como Ameaça Alemã

Durante os anos da ditadura nazista, uma ampla gama de pessoas, dentro e fora da Alemanha, adotou a ideia do Quarto Reich. Entre elas se incluíam socialistas exilados, judeus emigrados, renegados nazistas de esquerda, monarquistas conservadores, oficiais rebeldes da *Wehrmacht* e estudantes universitários radicais. Os membros desses grupos adotaram visões políticas totalmente diferentes, mas todos usaram o Quarto Reich para expressar suas esperanças de um mundo pós-nazista. Durante algum tempo, observadores ocidentais fora da Alemanha compartilharam essa perspectiva otimista e encararam o Quarto Reich como uma designação neutra, senão positiva, para a futura nação. Contudo, durante a segunda metade da Segunda Guerra Mundial e nos anos após sua conclusão, a perspectiva de um novo Reich assumiu um significado mais ameaçador como prenúncio de um renascimento nazista.

Esse desdobramento refletiu os repetidos esforços de extremistas de direita na Alemanha do pós-guerra para tornar realidade a fantasia de criar um Quarto Reich. Eles começaram a agir durante o período da ocupação, com a atuação de grupos insurgentes – incluindo o movimento *Werwolf*, a conspiração da Juventude Hitlerista e o *Deutsche Revolution* – para derrubar o governo aliado. Nos anos 1950, a busca de um novo Reich encontrou uma articulação política com a ascensão do SRP e a infiltração do FDP pelos membros do Círculo *Gauleiter* de Werner Naumann. Mais ou menos na mesma época – embora bem longe dali – o mesmo objetivo estava sendo quixotescamente perseguido por nazistas latino-americanos ligados a uma revista nazista argentina, *Der Weg*, e a um criminoso de guerra fugitivo, Adolf Eichmann. Nos anos 1960, o NPD flertou com a ideia do Reich, enquanto nas décadas de 1970 e 1980, ela recebeu completo endosso de terroristas neonazistas, como Manfred Roeder e Michael Kühnen. Nos anos que se seguiram à unificação alemã em 1990, intelectuais da Nova Direita associados à *Staatsbriefe* e ao *Deutsches Kolleg*, como Hans-Dietrich Sander, Reinhold Oberlercher e Horst Mahler, procuraram dar ao Reich uma base teórica mais sofisticada. E mais recentemente, movimentos populistas como o Movimento de Cidadãos do Reich e o PEGIDA incorporaram símbolos relacionados ao Quarto Reich em suas atividades de propaganda.

Os esforços desses grupos para realizar o sonho de um Reich renascido, no entanto, foram contestados eficazmente por grupos que consideravam esse sonho um pesadelo. Já nos últimos anos da Segunda Guerra Mundial, jornalistas ocidentais evocavam a perspectiva de um Quarto Reich para garantir que os Aliados não deixassem a paz escapar permitindo um retorno nazista ao poder. O termo continuou a ser utilizado após a guerra, sobretudo quando as forças de ocupação aliada tomaram providências para reprimir movimentos de resistência com a Operação Berçário e a Operação Comitê de Seleção nos anos 1946-1947. Na década de 1950, temores de um Quarto Reich ajudaram a assegurar o banimento do SRP e a repressão da conspiração Naumann com a Operação Terminus. Eles também instigaram observadores alemães e ocidentais a monitorar grupos terroristas neonazistas da década de 1960 até os anos 1980. Por fim, após a unificação alemã em 1990, preocupações internacionais de que uma Alemanha unificada pudesse se tornar um Quarto Reich ajudaram a pressionar o governo de Helmut Kohl para conter os radicais neonazistas. Hoje, o termo encoraja as pessoas a se manterem vigilantes ante o perigo do radicalismo de direita.

Como objeto de longa data de fantasias e medos concorrentes, o Quarto Reich desempenhou um papel importante, mesmo que até agora não reconhecido, na história da Alemanha do pós-guerra. Em sua maior parte, os estudiosos têm menosprezado a ideia do Quarto Reich como um mito sensacionalista. Mas isso só se aplica ao sentido mais estrito da expressão. O Quarto Reich é inegavelmente mítico na medida em que nunca chegou a existir. Mas, por ironia, é esse fato mesmo que prova seu valor. A existência do Quarto Reich no domínio do possível impediu-o de entrar no domínio do real. Se é um mito, tem sido um mito necessário. O papel do Quarto Reich na história da Alemanha do pós-guerra chama a atenção para o poder probatório da memória. A frequente evocação do termo no pós-guerra por preocupados observadores ocidentais tem lembrado aos alemães que o mundo não esqueceu os eventos da era nazista e continuará a considerar os líderes do país responsáveis por impedir sua repetição.

Vista apenas em retrospecto, é claro, a ideia do Quarto Reich distorceu a dimensão do perigo colocado por nazistas no pós-guerra e promoveu uma atmosfera de alarmismo. Afinal, os nazistas nunca se saíram bem em seus objetivos pós-guerra. Mas os medos expressos pelo termo eram em geral legítimos. E, sem dúvida, nunca foram infundados. Embora hoje a democratização da Alemanha no pós-guerra pareça ter sido um desenvolvimento inevitável, ela nunca foi uma certeza. Nos primeiros anos da República Federal, havia forças nazistas empenhadas em desafiar a ordem democrática do país. Embora tenham todas fracassado, é possível que, se as circunstâncias tivessem sido ligeiramente diferentes, elas pudessem ter se aproximado mais do êxito. Era vital, portanto, que os defensores da democracia tivessem a capacidade de neutralizar essa possibilidade convocando o espectro de um Quarto Reich. Em certo sentido, o espectro funcionava como uma apólice de seguro retórica, como um *slogan* mobilizador que poderia ser mantido de reserva até que fosse necessário utilizá-lo para combater tendências políticas ameaçadoras. A apólice funcionava. Sempre que manifestavam preocupação sobre um Reich renascido, observadores estrangeiros pressionavam as autoridades alemãs a agir de forma decidida contra isso. Ajudavam assim a garantir que os inimigos de direita da República Federal jamais conseguissem tornar realidade seus objetivos antidemocráticos. Sem o medo de um Quarto Reich, talvez a história da Alemanha do pós-guerra não tivesse sido tão bem-sucedida.

O Quarto Reich como Perigo Global

A ideia do Quarto Reich, no entanto, não se limitava a advertir sobre o renascimento do nazismo na Alemanha, mas também em outros lugares. Ao ser mais difundido, o conceito tornou-se mais universalizado. A partir da turbulenta década de 1960, a expressão foi adotada por vários grupos que queriam chamar a atenção para problemas que emergiam fora da Alemanha. O Quarto Reich foi primeiro aplicado aos perigos enfrentados pelos Estados Unidos em fins dos anos 1950 e inícios da década de 1960, em especial a ameaça de um nazismo doméstico, que se tornou uma preocupação após a erupção da Epidemia da Suástica e o surgimento do Partido Nazista Americano. Alguns anos mais tarde, estudantes inclinados para a esquerda e militantes afroamericanos pelos direitos civis adotaram o conceito para atacar a injustiça racial, a guerra dos EUA no Vietnã e os crimes de Watergate do governo Nixon. Ao despertar um interesse cada vez maior, a expressão "Quarto Reich" foi adotada por ativistas de outras partes do mundo nos anos 1970 e 1980, quer para criticar um governo autocrático na Grécia, o *apartheid* na África do Sul ou as diversas juntas militares na América Latina. Desde os anos 1990, e em especial desde a virada do milênio, ela tem sido empregada por populistas de esquerda e de direita para atacar instituições transnacionais, como a União Europeia.

Ao contrário, no entanto, do caso da Alemanha, a eficácia desses ataques polêmicos é questionável. Embora tenham conseguido chamar a atenção para problemas atuais, não deixaram, com a mesma frequência, de beirar o risível. Os ataques foram em geral desenvolvidos sem um convincente suporte empírico. A maior parte dos ativistas que recorreram ao Quarto Reich como um cassetete retórico não conseguiu explicar como a expressão poderia iluminar os problemas do presente, fosse o racismo, o autoritarismo ou a injustiça econômica. A expressão sugere que essas forças são, de uma forma ou de outra, de natureza "nazista" mas, se não forem apresentadas mais evidências, ela perde credibilidade. Reduzido a um *slogan* metafórico, o conceito sofre de imprecisão semiótica. Como resultado, raramente é levado a sério por quem não for um militante convicto. Em vez de vigilância inspiradora, a expressão provoca atitudes defensivas e aprofunda a polarização. É possível então que a universalização do Quarto Reich tenha antes entravado que promovido a compreensão histórica.

O mesmo pode ser dito sobre a estetização do Quarto Reich. Já na década de 1940, a perspectiva do retorno dos nazistas ao poder em um novo Reich encontrou expressão cultural em obras de ficção na literatura e no cinema. Essas narrativas continuaram a aparecer durante os anos da ocupação antes de desaparecerem no decorrer dos anos 1950. Contudo, após o novo despertar do interesse ocidental pelo passado nazista nos anos 1960, o Quarto Reich foi espetacularmente transformado em um tropo cultural, inspirando uma onda maciça de romances, contos, filmes, programas de TV e revistas em quadrinhos que avançou bastante pela década de 1980. Uma segunda onda, mesmo que menor, irrompeu em meados dos anos 1990, expressando renovadas inquietações ocidentais sobre a potencial virada para a direita de uma Alemanha unificada. Narrativas dispersas continuaram a aparecer desde a entrada do milênio.

O impacto dessas obras tem sido heterogêneo. Por um lado, elas difundiram uma conscientização popular quanto ao Quarto Reich e transformaram o conceito em um significante de perigo global reconhecível de forma instantânea. Por outro lado, transformaram-no num clichê da cultura pop. Tendo sido destaque em inúmeras obras culturais, o Quarto Reich tornou-se um dos muitos, embora esgotados, símbolos icônicos do mal nazista. Tem servido para explorar o passado nazista em nome do entretenimento, tem sido usado para o lucro comercial, encenado para provocar risos e corroer seu poder moral. De todas essas maneiras, o Quarto Reich tem ficado cada vez mais sujeito às forças da normalização. Não causa espanto que estudiosos, jornalistas e outros observadores tenham há muito argumentado que o tema merece pouca atenção séria.

Como esse estudo mostrou, no entanto, o Quarto Reich tem uma rica história que não pode ser facilmente descartada. É verdade que o tema resiste a uma compreensão apressada, mas sua complexidade contribui para o fascínio que exerce. No fundo, a história do Quarto Reich é a história de um paradoxo ontológico. Ele nunca se tornou realidade, mas nunca desapareceu. Recorre a memórias de um passado traumático, mas expressa medos de um futuro desconhecido. Seu significado é tanto particular quanto universal. É imanente mas, em última análise, transcende a história alemã. Simboliza o supremo pesadelo de nosso mundo. Mas é um pesadelo que – até agora – tem sido evitado. Até o momento, o Quarto Reich tem permanecido restrito mais ao reino do mito que ao reino da realidade.

O Quarto Reich Futuro

Veremos se continuará ou não assim. Se o passado é um prólogo, então a história do Quarto Reich fornece um sentido de sua evolução futura. Do ponto de vista de hoje, a história do Quarto Reich tem sido afortunada. É a história de um pesadelo evitado. Mas que ainda poderia prognosticar um desastre por vir.

De modo paradoxal, o fracasso do Quarto Reich em se tornar realidade confirma seu sucesso como conceito. Quer tenha sido concebido em termos metafóricos como uma apólice de seguros, uma profecia profilática ou autorrealizável, sua capacidade de inspirar a vigilância popular sobre um retorno nazista ao poder e impedi-lo de acontecer ressalta seu valor. E, no entanto, o Quarto Reich trouxe consigo consequências adversas, sugerindo que talvez tenha durado mais tempo do que deveria. Graças à sua inflação retórica, tornou-se uma expressão que tem a mesma probabilidade de alienar pessoas quanto de convencê-las quanto aos perigos do radicalismo político de direita. Quanto mais o significante se separa do referente original, mais seu significado fica diluído e sua significação obscurecida. Ninguém pode, é claro, legislar sobre ideias que não existem e, portanto, seria inútil exigir que o Quarto Reich seja expelido à força como conceito. Mas estimular as pessoas a pensar de maneira mais crítica sobre o termo, como faz este livro, pode convencê-las a tratá-lo com mais responsabilidade no futuro.

Isso é especialmente importante dada a probabilidade de que o Quarto Reich permaneça por mais algum tempo conosco. Se a história do conceito nos ensina alguma coisa é que o Quarto Reich preservou uma notável capacidade de inspirar lealdade. Durante mais de mil anos, a ideia do Reich preservou um estranho poder de sobreviver ao curso turbulento, e muitas vezes destrutivo, dos eventos históricos. Inspirou, em cada época, inúmeras pessoas na Alemanha com sua promessa de redenção messiânica. Quer concebida em sentido religioso ou secular, a ideia mística de um "domínio", "um reino" ou "império" tem ajudado a mobilizar e unir milhões de alemães em períodos de crise. Desde a Segunda Guerra Mundial, o conceito foi cercado de tabus devido ao desastroso resultado da tentativa que os nazistas fizeram de tornar realidade seu Reich de mil anos. Mas seria ingênuo pensar que esses tabus permanecerão oportunos para sempre. Em tempos de turbulência, as pessoas se voltam para as épocas em que o país costumava ser "grande". A República Federal teve a sorte de ser poupada do tipo de crise que poderia levar as pessoas a ultrapassar a orla política extremista para flertar com um novo Reich. Se tivesse surgido uma crise dessas, intelectuais, escritores e políticos oportunistas poderiam ter explorado a ideia do Reich para seus próprios objetivos. Se as massas alemãs estivessem desesperadas o bastante, não há razão para pensar que se absteriam de ver um Reich renovado como resposta para seus problemas.

O único meio de silenciar o canto de sereia do Quarto Reich é conhecer toda a sua história. Embora seja cada vez mais difícil em nosso mundo atual de "fatos" falsos e desinformação deliberada chegar a um consenso sobre a verdade histórica, não temos alternativa senão buscá-la. Sem conhecer as origens e a evolução do Quarto Reich, seremos incapazes de influir em seu desenvolvimento. Só entendendo seu apelo histórico podemos impedir sua realização futura.

AGRADECIMENTOS

Ao realizar as pesquisas para este livro, beneficiei-me da ajuda de vários amigos, colegas, pesquisadores e bibliotecários. Todos merecem meu agradecimento. Nos Arquivos Nacionais em Maryland, sou grato a Paul Brown e Eric Van Slander por me ajudarem a encontrar registros relevantes pertencentes às agências da Administração Militar dos Estados Unidos na Alemanha ocupada. Também gostaria de agradecer à equipe do Institut für Zeitgeschichte, em Munique, da Biblioteca Estadual da Baviera, da Biblioteca Pública de Nova York e das bibliotecas da Universidade Harvard, do Seminário Teológico Judaico e da Universidade da Califórnia em Los Angeles pela assistência na localização de outros materiais importantes. Os amigos e colegas acadêmicos Richard Steigmann-Gall, Janet Ward, Thomas Pegelow Kaplan, Alon Confino e Jonathan Wiesen participaram dos painéis de conferência em que apresentei o material do livro. Na Cambridge University Press, eu gostaria de agradecer ao meu editor de longa data, Michael Watson, por seu *feedback* de infalível utilidade, a Christopher Jackson pela meticulosa preparação dos originais e a Lisa Carter e Julie Hrischeva pela ajuda na produção e no projeto do livro. Agradeço também a meu agente, Andrew Stuart, por representar a mim e à minha obra no mundo editorial em constante mudança. Sou grato ao meu pai, Alvin H. Rosenfeld, por ler o manuscrito e fazer atentos comentários. Por fim, meus sinceros agradecimentos à minha esposa, Erika, e aos filhos Julia e Benjamin por me proporcionarem infinitas razões para querer parar de trabalhar mais cedo.

NOTAS

Prefácio

1. "Arson Believed Certain Bloomington Center", *Jewish Post* (Indianápolis), 13 de setembro de 1983, p. 14.
2. "Fire at I.U. Fraternity Declared Arson; I Dead", *The Indianapolis Star*, 22 de outubro de 1984.
3. "Former Student Arrested in Fraternity House Fire", *New York Times*, 23 de outubro de 1984.
4. O grupo responsável pela associação supremacista branca A Aliança, a Espada e o Braço do Senhor (CSA), que estava associado à Irmandade Ariana e praticou inúmeros ataques terroristas por todo os Estados Unidos no início dos anos 1980. O FBI liquidou o grupo após um cerco de seu complexo rural no Arkansas na primavera de 1985. Jessica Eve Stern, "The Covenant, the Sword, and the Arm of the Lord (1985)", em Jonathan B. Tucker, org., *Toxic Terror: Assessing Terrorist Use of Chemical and Biological Weapons* (Cambridge, MA, 2000), pp. 151-52.
5. Otto Friedrich, *Before the Deluge: A Portrait of Berlin in the 1920s* (Nova York, 1995), p. xxi.

Introdução

1. Erwin Lessner, *Phantom Victory: A Fictional History of the Fourth Reich, 1945-1960* (Nova York, 1944), pp. 180-81.
2. Hugh Trevor-Roper, *History and Imagination* (Oxford, 1980), pp. 15, 16, 21.

3. Duncan Gardham, "MI5 Files: Nazis Planned 'Fourth Reich' in Post-War Europe", *The Telegraph*, 4 de abril de 2011. "Dawn of the Fourth Reich", *Toronto Star*, 11 de abril de 2015.
4. Michael Miller, "Antifa: Guardians Against Fascism or Lawless Thrill-Seekers?", *The Washington Post*, 14 de setembro de 2017.
5. Jim Marrs, *The Rise of the Fourth Reich: The Secret Societies That Threaten to Take Over America* (Solon, OH, 2008) e Glen Yeadon, *The Nazi Hydra in America: Suppressed History of a Century – Wall Street and the Rise of the Fourth Reich* (Joshua Tree, CA, 2008). Um dos primeiros estudos desse gênero foi *Fourth Reich of the Rich*, de Des Griffin (Clackamas, OR, 1976).
6. Carlos Collado Seidel, *Angst vor dem "Vierten Reich": Die Allierten und die Ausschaltung des Deutschen Einflusses in Spanien, 1944-1958* (Paderborn, 2001), Ronald Newton, "The United States, the German-Argentines, and the Myth of the Fourth Reich, 1943-1947", *The Hispanic American Historical Review*, 1º de fevereiro de 1984, pp. 81-103, Heinz Schneppen, *Odessa und das Vierte Reich: Mythen der Zeitgeschichte* (Berlim, 2007), Scott Selby, *The Axmann Conspiracy: The Nazi Plan for a Fourth Reich and How the U.S. Army Defeated It* (Nova York, 2012), Daniel Stahl, *Nazi-Jagd: Südamerikas Diktaturen und die Ahndung von NS-Verbrechern* (Göttingen, 2013), pp. 27-8.
7. Mary Fulbrook, *A History of Germany 1918-2014: The Divided Nation* (Chichester, UK, 2014), p. 122.
8. Magnus Linklater, Isabel Hilton e Neal Ascherson, *The Nazi Legacy: Klaus Barbie and the International Fascist Connection* (Nova York, 1985), p. 135.
9. Os estudiosos não apenas teorizaram mal o termo, mas erraram na direção oposta ao fornecer definições excessivamente detalhadas, ideais e típicas do Quarto Reich. K. P. Tauber, por exemplo, em sua obra mais importante, *Beyond Eagle e Swastika*, declarou que "a criação de um Quarto Reich... [implicava] o estabelecimento de políticas de homogeneidade política, unidade social e poder nacional por meios essencialmente conservadores e autoritários, não revolucionários". K. P. Tauber, *Beyond Eagle and Swastika* (Middletown, CT, 1967), p. 882.
10. Richard Evans, *The Third Reich at War* (Nova York, 2009), p. 764.
11. Roger Griffin, *The Nature of Fascism* (Nova York, 1996), p. xii.
12. Dieter Dettke, *The Spirit of the Berlin Republic* (Nova York, 2003), p. 3.
13. Em outras palavras, compreender o Quarto Reich é, em parte, uma questão de compreender seus traços discursivos. Sobre o campo interdisciplinar de análise do discurso, ver Deborah Tannen, Heidi E. Hamilton e Deborah

Schiffrin, orgs. *The Handbook of Discourse Analysis* (Oxford, 2015), em especial: Laurel J. Brinton, "Historical Discourse Analysis" (pp. 222-43), Teun A. van Dijk, "Critical Discourse Analysis" (pp. 466-85) e John Wilson, "Political Discourse" (pp.775-94).

14. Para empregar a terminologia semiótica, o Quarto Reich é um significante que se refere a um conjunto de sentidos diversos (o "significado") que se relaciona com alguma realidade externa (o "referente"). Comunica significado tanto conotativo quanto denotativo, o primeiro por meio da descrição, o segundo por meio da sugestão.

15. Robert E. Denton, "The Rhetorical Functions of Slogans: Classifications and Characteristics", *Communication Quarterly*, primavera de 1980, pp. 10-8.

16. Ver o ensaio de Klaus Naumann, "Selbstanerkennung: Nach 40 Jahren Bundesrepublik: Anstöße zur Bewältigung einer 'Erfolgsgeschichte'", *Blätter*, 9, 1988, 1046-60. Axel Schildt, *Ankunft im Westen: Ein Essay zur Erfolgsgeschichte der Bundesrepublik* (Frankfurt, 1999). Dentre os estudiosos que assumem essa posição estão: Harold Zink, *The United States in Germany* (Princeton, 1957), Fritz René Allemann, *Bonn ist nicht Weimar* (Colônia, 1956), Ralf Dahrendorf, *Society and Democracy in Germany* (Londres, 1965), Hans-Peter Schwarz, *Die Ära Adenauer: Gründerjahre der Republik, 1949-1957* (Stuttgart, 1981), Christoph Kleßmann, *Die doppelte Staatsgründung: Deutsche Geschichte, 1945-1955* (Bonn, 1991), Edgar Wolfrum, *Die geglückte Demokratie: Geschichte der Bundesrepublik Deutschland von ihren Anfängern bis zur Gegenwart* (Munique, 2007), Heinrich August Winkler, *Germany: The Long Road West: volume II, 1933-1990* (Nova York, 2007), Konrad Jarausch e Michael Geyer, *Shattered Past: Reconstructing German Histories* (Princeton, 2009).

17. Thomas Hertfelder, "'Modell Deutschland' – Erfolgsgeschichte oder Illusion?" em Thomas Hertfelder e Andreas Rödder, orgs., *Modell Deutschland – Erfolgsgeschichte oder Illusion?* (Göttingen, 2007), p. 9.

18. Thomas Hertfelder, "Ein Meistererzählung der Demokratie? Die großen Ausstellungshäuser des Bundes", em Thomas Hertfelder, Ulrich Lappenküper e Jürgen Lillteicher, orgs., *Erinnern an Demokratie in Deutschland: Demokratiegeschichte in Museen und Erinnerungsstätten der Bundesrepublik* (Göttingen, 2016), pp. 167-68.

19. Konrad Jarausch, *After Hitler: Recivilizing Germans, 1945-1995* (Nova York, 2006), pp. 13-7; Hertfelder, "Modell Deutschland", p. 15. Peter Pulzer, *German Politics, 1945-1995* (Oxford, 1995), p. 71.

20. Jarausch, "The Federal Republic at Sixty", *German Politics and Society*, 10 de março de 2010. Ver Hertfelder, "'Modell Deutschland'", p. 15.

21. Em seu livro *The German Problem Transformed: Institutions, Politics, and Foreign Policy, 1945-1995* (Ann Arbor, 1999), Thomas Banchoff chamou de "inevitável" a integração ocidental (p. 46).

22. Richard Ned Lebow, *Forbidden Fruit* (Princeton, NJ, 2010), pp. 8-12.

23. Ruth Wittlinger e Steffi Boothroyd, "A 'Usable' Past at Last? The Politics of the Past in United Germany", *German Studies Review*, outubro de 2010, pp. 494-99. Ver também: www.bundespraesident.de/SharedDocs/Reden/DE/Horst-Koehler/Reden/2005/05/20050508_Rede.html.

24. Sobre o prenúncio, ver Michael André Bernstein, *Foregone Conclusions: Against Apocalyptic History* (Berkeley, 1994) e Gary Saul Morson, *Narrative and Freedom: The Shadows of Time* (New Haven, 1994).

25. Ver Peter Novick, *That Noble Dream: The "Objectivity Question" and the American Historical Profession* (Cambridge, UK, 1989).

26. Sonja Levsen e Cornelius Torp, "Die Bundesrepublik und der Vergleich", em Sonja Levsen e Cornelius Torp, orgs., *Wo liegt die Bundesrepublik? Vergleichende Perspektiven auf die Westdeutsche Geschichte* (Göttingen, 2016), p. 13.

27. Andreas Rödder, "Das 'Modell Deutschland' zwischen Erfolgsgeschichte und Verfallsdiagnose", *Vierteljahrshefte für Zeitgeschichte*, 3, 2006, pp. 345-63. Sobre a necessidade de desafiar mitos, ver Hannah Schissler, *The Miracle Years: A Cultural History of West Germany, 1949-1968* (Princeton, 2000), p. 3 e Michael Schwarz, *Vertriebene und 'Umsiedlerpolitik'* (Munique, 2004), p. 3. Sobre "os lados sombrios" da "história de sucesso" do país no pós-guerra, ver Hertfelder, "'Modell Deutschland'", 18. Hans Günter Hockerts escreveu que a narrativa da "história de sucesso" enfatiza sem rodeios "o estável e o nítido, negligenciando perdas, desvios e resistência". Hans Günter Hockerts, org., *Koordinaten deutscher Geschichte in der Epoche des Ost-West Konflikts* (Munique, 2004), p. ix.

28. Jarausch, *After Hitler*, p. vi. Dirk Moses, *German Intellectuals and the Nazi Past* (Cambridge, UK, 2007), p. 6.

29. Philipp Gassert descreveu "ocidentalização" como um termo abertamente "*whiggish*" para a democratização da Alemanha Ocidental. Philip Gassert, "The Specter of Americanization: Western Europe in the American Century", em *The Oxford Handbook of Postwar European History* (Oxford, 2012), p. 194. Maria Höhn criticou o caráter inevitável da "modernização" em *GIs and Fräuleins: The German-American Encounter in 1950s West Germany* (Chapel Hill, NC, 2002), p. 228. Michael Hughes questionou a inevitabilidade da

democratização em *Shouldering the Burdens of Defeat: West Germany and the Reconstruction of Social Justice* (Chapel Hill, NC, 1999), p. 150. Peter Graf Kielmansegg, *Lange Schatten: Vom Umgang der Deutschen mit der nationalsozialistischen Vergangenheit* (Berlim, 1989), p. 10.

30. Kristian Buchna, *Nationale Sammlung an Rhein und Ruhr: Friedrich Middelhauve und die nordrheinwestfälische FDP 1945-1953* (Munique, 2010), p. 10.
31. Peter Bowler, *Darwin Deleted: Imagining a World Without Darwin* (Chicago, 2013); Richard Ned Lebow, *Archduke Franz Ferdinand Lives! A World Without World War I* (Nova York, 2014); Jeffrey Gurock, *The Holocaust Averted: An Alternate History of American Jewry, 1938-1967* (New Brunswick, 2015).
32. *Empires of the Atlantic World: Britain and Spain in America, 1492-1830* (New Haven, 2006), de J. H. Elliott, conclui perguntando o que aconteceria se Henrique VII tivesse financiado a primeira viagem de Cristóvão Colombo (p. 411). *The Enlightenment: And Why It Still Matters* (Nova York, 2013), de Anthony Pagden, termina examinando o que teria ocorrido se o Iluminismo nunca tivesse surgido (pp. 408-15); *Stalin: Volume I, Paradoxes of Power, 1878-1928* (Nova York, 2014), de Steven Kotkin, acaba com o apêndice, "If Stalin Had Died" (pp. 724-39).
33. Gavriel D. Rosenfeld, "The Ways We Wonder 'What If?' Towards a Typology of Historical Counterfactuals", *The Journal of the Philosophy of History*, 3, 2016, pp. 382-411.
34. Richard Ned Lebow, "Counterfactuals, History and Fiction", *Historical Social Research*, 2, 2009, p. 57. Lebow, *Forbidden Fruit*, p. 40.
35. John Lewis Gaddis, *The Landscape of History: How Historians Map the Past* (Oxford, 2004), p. 102.
36. Fritz Ringer, "Max Weber on Causal Analysis, Interpretation, and Comparison", *History and Theory*, maio de 2002, p. 168.
37. Philip E. Tetlock, Richard Ned Lebow e Geoffrey Parker, orgs., *Unmaking the West: "What-If?" Scenarios That Rewrite World History* (Ann Arbor, MI, 2006), pp. 17-8, 25; Roland Wenzlhuemer, "Counterfactual Thinking as Scientific Method", *Historical Social Research*, 2, 2009, p. 49.
38. John Stuart Mill, *On Liberty* (Londres, 1864), p. 33.
39. A influente "interpretação *whig* da história", por exemplo, emergiu durante a ascensão da Grã-Bretanha do século XIX à dominação global, mas declinou com o colapso do império após 1945. Richard Evans, *Cosmopolitan Islanders: British Historians and the European Continent* (Cambridge, UK, 2009), pp. 30-1.

40. Azar Gat, *Victorious and Vulnerable: Why Democracy Won in the Twentieth Century and How It Is Still Imperiled* (Lanham, MD, 2010), pp. 5-7.

41. Ibid., p. ix.

42. Hans-Peter Schwarz, "Die ausgebliebene Katastrophe: Eine Problemskizze zur Geschichte der Bundesrepublik", em Hermann Rudolph, org., *Den Staat denken: Theodor Eschenburg zum Fünfundachtzigsten* (Stuttgart, 1989), p. 151. Schwarz escreveu que a história da República Federal no pós-guerra foi definida por pessoas tentando "fugir da catástrofe" em todas as áreas da vida. Ironicamente, Schwarz descartou a utilidade dos contrafactuais, escrevendo que "há pouca glória historiográfica a ser alcançada se nos deixarmos atolar na pergunta irrespondível: 'o que teria acontecido se...?'" Ibid., p. 167.

43. Klaus Naumann, "Die neunziger Jarhe, ein nervöses Jahrzehnt am Ende der Nachkriegszeit", em Ursula Heukenkamp, org., *Schuld und Sühne? Deutsche Kriegserlebnis und Kriegsdeutung in deutschen Medien der Nachkriegszeit (1945-1961)* (Amsterdã, 2001), p. 801.

44. Yemima Ben-Menahem, "Historical Necessity and Contingency", em Aviezer Tucker, org., *A Companion to the Philosophy of History and Historiography* (Chichester, 2009), pp. 110-30.

45. Winkler, *Germany*, p. 587. Do mesmo modo, Richard von Weizsäcker observou em 1992 que "a primeira República Alemã fracassou... não porque houvesse um número excessivo de nazistas... mas porque durante muito tempo houve um número muito pequeno de democratas". Citado em: Kevin McAleer, *Dueling: The Cult of Honor in Fin-de-Siècle Germany* (Princeton, 2014), p. 208.

46. Por exemplo, o livro de A. J. Nicholls *The Bonn Republic: West German Democracy 1945-1990* (Nova York, 1997) dedica pouca atenção às tentativas feitas no pós-guerra por ex-neonazistas e neonazistas de desafiar a democracia alemã-ocidental, relegando o Partido Socialista do Reich (SRP) a pouco mais que uma nota de rodapé (p. 92) e concedendo menos de uma página ao Partido Nacional Democrático (NPD).

47. Allemann, *Bonn ist nicht Weimar*, p. 295; Gerhard Ritter, *The German Problem: Basic Questions of German Political Life, Past and Present* (1965), p. 204. Sem dúvida, outros estudiosos de inclinação liberal se mantiveram cautelosos neste período – por exemplo, Karl Dietrich Bracher, que se concentrou bastante na "sobrevivência do pensamento nacional-socialista e de seus mitos" na República Federal. Karl Dietrich Bracher, *The German Dictatorship: The Origins, Structure and Effects of National Socialism* (Nova York, 1970), pp. 478, 500-01.

48. Jeffrey Herf, "Multiple Restorations: German Political Traditions and the Interpretation of Nazism, 1945-1946", *Central European History*, 26, 1, 1993, 53; Kielmansegg, *Lange Schatten*, p. 11; Dennis Bark e David Gress, *A History of West Germany: From Shadow to Substance, 1945-1963* (Oxford, 1989), p. xii. Para outros exemplos, ver Jarausch, *After Hitler*, pp. 54, 62; Rand Lewis, *The Neo-Nazis and German Unification* (Westport, CT, 1996), p. 14; Dieter Dettke, *The Spirit of the Berlin Republic*, p. 3.
49. Martin Kitchen, *A History of Modern Germany* (Malden, MA, 2006), p. 343; Wolfrum, *Die geglückte Demokratie*, p. 171.
50. Ver Corey Robin, *Fear: The History of a Political Idea* (Nova York, 2004); Adam Zamoyski, *Phantom Terror: Political Paranoia and the Creation of the Modern State, 1789-1848* (Nova York, 2015).
51. Naumann, "Die neunziger Jahre", p. 801; ver também Schwarz, que escreve que os estudiosos "devem encarar com seriedade" os "medos" que cercam a história alemã do pós-guerra. Schwarz, "Die ausgebliebene Katastrophe", pp. 158-59.
52. Ver Christian Schletter, *Grabgesang der Demokratie: Die Debatten über das Scheitern der bundesdeutschen Demokratie von 1965 bis 1985* (Göttingen, 2015), pp. 9-11, 361-63. Ian Connor, "The Radicalization That Never Was? Refugees in the German Federal Republic", em Frank Biess, Mark Roseman e Hanna Schissler, *Conflict, Catastrophe, and Continuity: Essays on Modern German History* (Nova York, 2007), pp. 221-36.
53. Entre as obras mais importantes sobre o tema do *Vergangenheitsbewältigung* estão: Charles Maier, *The Unmasterable Past: History, Holocaust, and German National Identity* (Cambridge, MA, 1988); Jeffrey Herf, *Divided Memory: The Nazi Past in the Two Germanys* (Cambridge, MA, 1997); Ulrich Brochhagen, *Nach Nürnberg: Vergangenheitsbewältigung und Westintegration in der Ära Adenauer* (Hamburgo, 1994); Manfred Kittel, *Die Legende von der zweiten Schuld: Vergangenheitsbewältigung in der Ära Adenauer* (Berlim, 1993); Helmut Dubiel, *Niemand ist frei von der Geschichte* (Munique, 1999); Bill Niven, *Facing the Nazi Past: United Germany and the Legacy of the Third Reich* (Londres, 2002).
54. Produzido por Jordan Peele, *The Hunt* "segue um diversificado grupo de Caçadores de Nazistas vivendo em 1977 na Cidade de Nova York... [que] descobriu que centenas de… oficiais nazistas estão... conspirando para criar um Quarto Reich nos EUA". "Drama de Caçada aos Nazistas produzido por Jordan Peele trazido para as Séries da Amazon", *Variety*, 17 de maio de 2018.

1 Entre Fantasia e Pesadelo: Inventando o Quarto Reich no Terceiro Reich

1. Georg Bernhard, "Entwurf einer Verfassung für das 'Vierte Reich', Januar/Februar 1936", em Ursula Langkau-Alex, org., *Dritter Band: Dokumente zur Geschichte des Ausschusses zur Vorbereitung einer deutschen Volksfront* (Berlim, 2005), p. 26.
2. Barnet Nover, "The End of Adolf Hitler", *The Washington Post*, 3 de maio de 1945, p. 6.
3. Dieter Gunst, "Hitler wollte kein 'Drittes Reich'", *Geschichte, Politik, und ihre Didaktik*, 17, 1989, pp. 303-04.
4. Para uma discussão, ver Claus-Ekkehard Bärsch, *Die politische Religion des Nationalsozialismus* (Munique, 1998), pp. 46-9; David Redles, "Nazi End Times: The Third Reich as Millennial Reich", em Karolyn Kinane e Michael Ryan, orgs., *End of Days: Essays on the Apocalypse from Antiquity to Modernity* (Jefferson, NC, 2009), pp. 173-74.
5. Thomas Flanagan, "The Third Reich: Origins of a Millenarian Symbol", *Journal of European Ideas*, 3, 1987, p. 285. Ver também Cornelia Schmitz-Berning, *Vokabular des Nationalsozialismus* (Berlim, 1998), p. 156.
6. Nicolas Sollohub, "Forerunners of the Third Reich", *The Contemporary Review*, 1º de julho de 1939, p. 57.
7. Em geral, ver Jost Hermand, *Old Dreams of a New Reich: Volkish Utopias and National Socialism* (Bloomington, IN, 1992). As exceções incluem o romance de Johannes Schlaf, *Das Dritte Reich* (1899), e o romance de Hermann Burte, *Wiltfieber, der ewige Deutsche* (1912). Bärsch, *Die politische Religion des Nationalsozialismus*, pp. 48-9; Flanagan, "The Third Reich", pp. 286-87.
8. Jost Hermand, *Old Dreams of a New Reich: Volkish Utopias and National Socialism* (Bloomington, IN, 1992), pp. 49-58.
9. Em um ensaio intitulado "Kriegsrede", que foi publicado no *Altonaer Nachrichten/Hamburger neueste Nachrichten* em 4 de fevereiro de 1916, Richard Dehmel escreveu sobre a necessidade do "terceiro Reich da totalidade, com o qual sonhavam os apóstolos da paz". Ver também o livro de 1917 do escritor alemão Ernst Krieck, *Die deutsche Staatsidee*. Redles, "Nazi End Times", p. 183; Flanagan, "The Third Reich", pp. 287-88.
10. Fritz Stern, *The Politics of Cultural Despair: A Study in the Rise of the Germanic Ideology* (Berkeley, 1961), capítulo 14.
11. *Ibid.*, p. 259.

12. *Ibid.*, p. 262.

13. Jost Hermand, *Old Dreams of a New Reich: Volkish Utopias and National Socialism* (Bloomington, IN, 1992), p. 83; ver também Fritz Stern, *The Politics of Cultural Despair: A Study in the Rise of the Germanic Ideology* (Berkeley, 1961), pp. 253-65.

14. Bärsch, *Die politische Religion des Nationalsozialismus*, pp. 52-91. Bärsch acredita que Eckart provavelmente tirou a expressão do dramaturgo Henrik Ibsen, que escreveu sobre o Terceiro Reich em sua peça de 1873, *Imperador e Galileu*. Eckart estava familiarizado com a obra de Ibsen, tendo traduzido sua peça *Peer Gynt*. Bärsch, *Die politische Religion des Nationalsozialismus*, p. 55.

15. Bärsch, *Die politische Religion des Nationalsozialismus*, p. 56.

16. Stern, *The Politics of Cultural Despair*, pp. 265, 237; Flanagan, "The Third Reich", pp. 284, 293, 12n; Bärsch, *Die politische Religion des Nationalsozialismus*, pp. 49-57; Redles, "Nazi End Times", p. 181.

17. "The New Order in Germany", *The Times* (Londres), 10 de novembro de 1928, p. 11. Ver também Hermand, *Old Dreams of a New Reich*, p. 74.

18. "Das Dritte Reich", *Börsen-Halle* (Hamburgo), 21 de março de 1926. "Verbündete Prügelhelden", *Berliner Volkszeitung*, 18 de agosto de 1930, p. 1.

19. O escritor *völkisch* Hermann Wirth empregou a ideia do Terceiro Reich em um romance utópico e nativista, *Aufgang der Menschheit* (1928). Hermand, *Old Dreams of a New Reich*, p. 191. O poeta Stefan George era conhecido por defender um "Novo Reich" encabeçado por um "Führer". Hermand, *Old Dreams of a New Reich*, pp. 47-8.

20. Bärsch, *Die politische Religion des Nationalsozialismus*, p. 114; Alfred Rosenberg, *The Myth of the Twentieth Century* (Ostara, 2000), p. 318; Hermand, *Old Dreams of a New Reich*, p. 148.

21. Adolf Hitler, *Mein Kampf* (Boston, 1971), p. 437.

22. Em 1926, estudantes universitários alemães pediram a criação de um "Terceiro Reich, o grande Reich alemão do futuro". Siegfried Scharfe, "Politische Schulung der Studentenschaft", *Hamburger Nachrichten*, 26 de fevereiro de 1926.

23. Gunst defendeu esse argumento no ensaio "Hitler wollte kein 'Drittes Reich'", pp. 303-04.

24. O primeiro aparecimento da expressão no *New York Times* foi em "Berlin Acts to Curb Extremist Parties", *New York Times*, 4 de julho de 1930, p. 6. Ver também "Reich Cabinet Stays", 17 de setembro de 1930, p. 1 e "Conquest of Russia One Aim of Hitler", 29 de setembro de 1930, p. 11.

25. Em 1926, Gregor Strasser pediu um "Terceiro Reich de liberdade nacional e justiça social!" Citado em Detlef Mühlberger, *Hitler's Voice: The Völkische Beobachter, 1920-1933: Volume II, Nazi Ideology and Propaganda* (Berna, 2004), p. 136. Outros exemplos de 1927 a 1928 são citados em *Ibid.*, pp. 271, 339, 354. Em *Der Angriff*, a expressão foi invocada por Otto Baugert em sua história "Hans Sturms Erwachen", *Der Angriff*, 16 de abril de 1928, cujo personagem titular é descrito como um "soldado do Terceiro Reich". Citado em Russell Lemons, *Goebbels and der Angriff* (Lexington, KY, 1994), pp. 93, 153n.
26. Karl Kaufmann invocou o Terceiro Reich em um discurso no início de 1931. Ver "Reichsgründungstag in Hamburg und Altona", *Hamburger Nachrichten*, 19 de janeiro de 1931, p. 5. Wilhelm Kube fez uma palestra em Altona com o tema "O Caminho de Hitler para o Terceiro Reich", *Hamburger Nachrichten*, 10 de fevereiro de 1932, p. 4; Julius Streicher invocou o Terceiro Reich em um discurso em 1927, Redles, "Nazi End Times", p. 181.
27. Sobre o uso da expressão pelos membros do partido, ver: "Vor dem Strafrichter", *Hamburger Anzeiger*, 14 de abril de 1932; "Schüsse auf Polizeibeamte", *Hamburgischer Correspondent und neue hamburgische Börsen-Halle*, 16 de novembro de 1932.
28. Ver David Redles, *Hitler's Millennial Reich: Apocalyptic Belief and the Search for Salvation* (Nova York, 2005), para as lembranças de membros comuns do partido, pp. 98-100.
29. "Wen sollst du wählen?", *Hamburger Anzeiger*, 28 de agosto de 1930, p. 1.
30. Ver coleção de cartazes em Landesarchiv Baden-Württemberg: Staatsarchiv Freiburg, em www.dhm.de/lemo/bestand/objekt/plakat-spd-193233.html.
31. "'Das Dritte Reich' vor Gericht", *Börsen-Halle* (Hamburgo), 9 de março de 1931. No mesmo ano, um filme satírico produzido pelo Partido Social Democrata, intitulado *Into the Third Reich* [No Terceiro Reich], foi banido pelo Centro de Inspeção de Filmes da Alemanha após o Ministério do Interior e o Ministério das Relações Exteriores dizerem que o filme poderia prejudicar a reputação internacional do país. "Das Kino als Parteikampfarena", *Hamburger Anzeiger*, 30 de janeiro de 1931, p. 1
32. "Luftkampf über dem Berliner Luftgarten", *Hamburger Anzeiger*, 23 de abril de 1932, p. 1.
33. Hitler é citado usando a expressão no artigo do *New York Times*, "Hitler Would Scrap Versailles Treaty and Use Guillotine", 26 de setembro de 1930, p. 1.
34. Alfred Rosenberg, "Der Grundstein zum Dritten Reich", *Der Völkischer Beobachter*, 31 de janeiro de 1933, pp. 1-2.

35. O conceito do Terceiro Reich também encontrou apoios literários. Ver, por exemplo, Wilhelm Höper, *Die drei Reiche: Von der Kaiserkrone zum Hakenkreuz* (Breslau, 1934).

36. Max Domarus, *Hitler: Speeches and Proclamations, 1932-1945, The Chronicle of a Dictatorship* (Wauconda, IL, 1990). Depois de 1933, os nazistas se referiram cada vez mais à República de Weimar como o "Zwischenreich" (ou "Reich intermediário"), entre o segundo e o terceiro Reichs. Schmitz-Berning, *Vokabular des Nationalsozialismus*, p. 710.

37. Domarus, *Hitler*, pp. 321-22.

38. *Ibid.*, pp. 542, 718.

39. *Ibid.*, p. 863. Hitler elogiou ainda as mulheres alemãs por terem "dado seus filhos ao Terceiro Reich", *Ibid.*, p. 874.

40. Em um discurso proferido aos moradores de Reichenberg, nos Sudetos, em 2 de dezembro de 1938, Hitler declarou que "é necessário tornar efetiva a certidão de nascimento do Grande Reich Alemão!" *Ibid.*, p. 1.259

41. Schmitz-Berning, *Vokabular des Nationalsozialismus*, pp. 159-60. Christian Zentner e Friedemann Bedürftig, *Das Grosse Lexikon des Dritten Reiches* (Munique, 1985), p. 135.

42. Karl Lorenz, *Methodenlehre und Philosophie des Rechts in Geschichte und Gegenwart* (Berlim, 2010), p. 114.

43. Reinhard Bollmus, *Das Amt Rosenberg und Seine Gegner: Studien zum Machtkampf im Nationalsozialistichen System* (Munique, 2006), p. 236. Ver também Schmitz-Berning, *Vokabular des Nationalsozialismus*, pp. 159-60.

44. A expressão ainda apareceu nos anos de 1939 a 1941, mas desapareceu depois. Ver, por exemplo, "Das Dritte Reich militärisch unbesiegbar", *Deutsches Nachrichtenbüro*, 16 de outubro de 1939, e "Eine Idee hat uns sitiegt", *Altonaer Nachrichten*, 6 de maio de 1941. O principal mecanismo de busca da Biblioteca Europeia registra 1.825 resultados para a expressão *dritte reich* em jornais em língua alemã nos anos de 1930 a 1939 e apenas 46 nos anos de 1940 a 1949.

45. Cornelia Schmitz-Berning, *Vom 'Abstammungsnachweis' zum 'Zuchtwart': Vokabular des Nationalsozialismus* (Berlim, 1964), p. 57.

46. Ver, em termos gerais, Mariano Delgado, Klaus Koch e Edgar Marsch, orgs., *Europa, Tausendjähriges Reich e New Welt: Zwei Jahrtausende Geschichte und Utopie in der Rezeption des Danielbuches* (Friburgo, Suíça, 2003).

47. Jürgen Ebach, *Neue Schrift-Stücke: Biblische Passagen* (Gütersloh, 2012), pp. 35-9.

48. Os bizantinos e os russos também reivindicaram o legado imperial romano e declaravam que seus impérios representavam a "Terceira Roma". *Ibid.*, p. 38.

49. Foi nessa época que a "teoria dos quatro reinos" (*Vier-Reiche-Lehre*) entrou em vigor. Franz Brendle, *Das konfessionelle Zeitalter* (Berlim, 2015), p. 12. Lutero argumentou que, como a profecia de Daniel poderia não estar errada ao sugerir que o Sacro Império Romano-Germânico era o último Reich, sua queda não se daria pelo ataque turco. Wolfgang E. J. Weber, "...oder Daniel würde zum Lügner, das ist nicht möglich: Zur Deutung des Traums des Nebukadnezar im frühneuzeitlichen Reich", em Peer Schmidt e Gregor Weber, orgs., *Traum und res publica: Traumkulturen und Deutungen sozialer Wirklichkeiten in Europa von Renaissance und Barock* (Berlim, 2008), pp. 209-10.

50. A dissolução por Napoleão do Sacro Império Romano-Germânico em 1806 foi um evento particularmente traumático que levou alemães conservadores a prever a chegada iminente do fim dos dias. Stefan Bodo Würffel, "Reichs-Traum und Reichs-Trauma: Danielmotive in deutscher Sicht", em Delgado *et al.*, orgs., *Europa, Tausendjähriges Reich und Neue Welt*, pp. 407-11. Ver também Klaus Koch, "Europabewusstsein und Danielrezeption zwischen 1648 und 1848", em Delgado *et al.*, orgs., *Europa, Tausendjähriges Reich und Neue Welt*, pp. 326-84.

51. Johannes Friedrich Hoffmann, *Antiochus IV. Epiphanes, König von Syrien: Ein beitrag zur allgemeinen und insbesondere israelitischen Geschichte, mit einem Anhange über Antiochus im Buche Daniel* (Leipzig, 1873), p. 85. Para referências na imprensa, ver "Gedanken über Daniel, 7. Cap. 19. Vers.", *Grazer Volksblatt*, 15 de fevereiro de 1871. "Atlantis", *Hamburgischer Correspondent und neue hamburgische Börsen-Halle*, 1º de março de 1922.

52. Kurt van Emsen, *Adolf Hitler und die Kommenden* (Leipzig, 1932).

53. Strünckman apoiou a Reforma da Vida Alemã, a educação física e os movimentos da juventude. Mohler, *Die konservative Revolution in Deutschland*, p. 450. Bernd Wedemeyer-Kolwe, *"Der neue Mensch": Körperkultur im Kaiserreich und in der Weimarer Republik* (Würzburg, 2004), p. 173. Florentine Fritzen, *Gesünder leben: Die Lebensreformbewegung im 20. Jahrhundert* (Stuttgart, 2006), pp. 61-2.

54. Van Emsen, *Adolf Hitler und die Kommenden*, p. 8.

55. *Ibid.*, p. 12.

56. *Ibid.*, pp. 95, 99, 133.

57. *Ibid.*, pp. 125-26, 151. Van Emsen defendia que o Partido Nazista deveria ser "ajudado na vitória". *Ibid.*, p. 100.

58. *Ibid.*, p. 11.

59. *Ibid.*, p. 99.
60. *Ibid.*, p. 130.
61. *Ibid.*, p. 131.
62. *Ibid.*, p. 43.
63. *Ibid.*, p. 134.
64. *Ibid.*, pp. 102, 138, 118.
65. *Ibid.*, p. 15.
66. *Ibid.*, pp. 102, 138, 118.
67. Kevin Starr, *The Dream Endures: California Enters the 1940s* (Nova York, 1997), p. 374. Essa visão apareceu já em 1935, na crítica feita por E. J. Passant a *After Hitler's Fall* em *International Affairs*, maio-junho de 1935, p. 425, e em "A German's Hope for Germany", *The Courier-Journal* (Louisiville, KY), 7 de abril de 1935.
68. Hubertus zu Loewenstein, *After Hitler's Fall: Germany's Coming Reich* (Londres, 1934), p. xxvi.
69. *Ibid.*, p. 12.
70. *Ibid.*, p. 20.
71. *Ibid.*, pp. 24-7.
72. *Ibid.*, pp. 39, 42.
73. Citado em Walter F. Peterson, *The German Left-Liberal Press in Exile: Georg Bernhard and the Circle of Émigré Journalists Around the Pariser Tageblatt-Pariser Tageszeitung, 1933-1940* (dissertação de doutorado, Universidade Estadual de Nova York em Buffalo, 1982), p. 200.
74. *Ibid.*, p. 219.
75. *Ibid.*, p. 286.
76. *Ibid.*, p. 367.
77. Georg Bernhard, "Entwurf einer Verfassung für das 'Vierte Reich,' Januar/Februar 1936", em Ursula Langkau-Alex, org., *Dritter Band: Dokumente zur Geschichte des Ausschusses zur Vorbereitung einer deutschen Volksfront* (Berlim, 2005), pp. 25-33.
78. *Ibid.*, p. 25.
79. *Ibid.*, p. 26.
80. A facção comunista rejeitava os princípios da Constituição. Milorad M. Drachkovitch e Branko Lazitch, *The Comintern: Historical Highlights, Essays, Recollections, Documents* (Palo Alto, 1966), pp. 131-32.

81. W. F. Peterson, *The German Left-Liberal Press in Exile*, p. 299.

82. Peterson escreve que "a maioria dos que se uniram à equipe do *Pariser Tageblatt* eram judeus", enquanto 80% dos refugiados alemães na França também eram judeus. *Ibid.*, pp. 100, 181.

83. Por volta de 100 mil e 150 mil refugiados judeus-alemães chegaram aos EUA entre 1933 e 1940. Cerca de 20 mil deles se estabeceram em Washington Heights. Steve Lowenstein, *Frankfurt on the Hudson: The German Jewish Community of Washington Heights, 1933-1983, Its Structure and Culture* (Detroit, 1989), pp. 22, 68.

84. Valerie Popp, *Aber hier war alles anders...: Amerikabilder der deutschsprachigen Exilliteratur nach 1939 in den USA* (Würzburg, 2008), p. 58. Gerhard Jelinek, *Nachrichten aus dem 4. Reich* (Salzburgo, 2008), p. 18. Claudia Appelius, "Die schönste Stadt der Welt": Deutsch-jüdische Flüchtlinge in New York (Essen, 2003), p. 11.

85. Ernest Stock, "Washington Heights' 'Fourth Reich': The German Émigrés' New Home", *Commentary*, junho de 1951, pp. 581-88. Ver "Refugee Jews Living in New York's 'Fourth Reich' Panic-Stricken over Fate of Relatives", *The Wisconsin Jewish Chronicle*, 18 de novembro de 1938, p. 1.

86. Outro apelido era "Frankfurt on the Hudson". Appelius, "*Die schönste Stadt der Welt*", p. 11.

87. Hans-Jochen Gamm, *Der Flüsterwitz im Dritten Reich* (Munique, 1963), p. 121.

88. "Hitler's Fall Near, Vladeck Declares", *New York Times*, 5 de outubro de 1935, p. 7.

89. "Eine Klubrevue aus dem Jahre 1956", *Aufbau*, 6 de janeiro de 1936, p. 10.

90. "Wie wir hören", *Aufbau*, 1º de agosto de 1939, p. 7.

91. Charles Shulman, *Europe's Conscience in Decline* (Chicago, 1939), p. 27. Ver também "Hitler's Ten Plagues", *The Wisconsin Jewish Chronicle*, 13 de julho de 1934.

92. Ben Mordecai, "I Think as I Please", *Jewish Advocate*, 8 de março de 1940, p. 4.

93. Martin Panzer, "Democracy's Revenge", *The Jewish Exponent*, 2 de maio de 1941, p. 1.

94. James Donohoe, *Hitler's Conservative Opponents in Bavaria: 1930-1945* (Leiden, Holanda, 1961), pp. 15, 20-1. De forma mais abrangente, ver Jeffrey Herf, *Reactionary Modernism: Technology, Culture, and Politics in Weimar and the Third Reich* (Cambridge, UK, 1984), em especial o capítulo 2.

95. Otto Strasser, *Hitler and I* (Boston, 1940); Douglas Reed, *Nemesis? The Story of Otto Strasser and the Black Front* (Boston, 1940).

96. Reed, *Nemesis?* p. 28.

97. *Ibid.*, p. 29.

98. *Ibid.*, pp. 225, 228.

99. *Ibid.*, ver capítulo 11 e posfácio. A discussão de Reed do antissemitismo de Strasser deixa claro que o próprio jornalista aderiu a uma forma virulenta de ódio aos judeus. Reed disse: "Passa agora a ser aceita de forma cada vez mais ampla a visão... de que os judeus são uma comunidade exótica, com uma religião febrilmente contrária a gentios... [com] leis religiosas muito mais ferozes que as leis antijudaicas de Hitler, que aliás não passam de uma pálida inversão das primeiras". *Ibid*, p. 273.

100. Strasser trabalhou esta visão em numerosos ensaios, panfletos e livros. Mas sempre destacou a importância da revisada plataforma Bamberg do NSDAP, de 1925, que levou o partido a tomar um rumo mais à esquerda, e de um livro que posteriormente escreveu e que foi publicado após o rompimento com Hitler em 1930, *The Structure of German Socialism.*

101. Strasser, *Hitler and I*, p. 27.

102. *Ibid.*, pp. 207-08, 215.

103. *Ibid.*, pp. 224, 228, 230.

104. Ver Hans Bauer, "Ohne Kragen ins Dritte Reich!", *Hamburger Anzeiger*, 25 de outubro de 1930, p. 7.

105. "Bausteine für das Vierte Reich gefällig?", *Das Schwarze Korps*, 19 de junho de 1935, p. 16.

106. Ralph Thompson, crítica de *Nemesis*?, 27 de junho de 1940, p. 21; artigo curto, sem título, sobre Strasser em *Life*, 4 de dezembro de 1939. Muitos outros artigos chegaram à mesma conclusão. O *Montreal Gazette* refere-se ao "projeto de Strasser para o Quarto Reich". Donald MacDonald, "Strasser's Life and Work", *Montreal Gazette*, 3 de outubro de 1941. *Kirkus Reviews* referiu-se a Strasser como um "candidato para a liderança do Quarto Reich": *Kirkus Reviews*, 21 de agosto de 1940. Ver também "Leader of the Fourth Reich", *The Wellington Times* (Nova Zelândia), 1º de fevereiro de 1940, p. 4. *The Christian Science Monitor* reportou que Strasser "se esforça para substituir seu 'Quarto Reich' pelo Terceiro Reich de Hitler": *The Christian Science Monitor*, 10 de abril de 1943, p.WM5. *The New Statesman and Nation* chamou Strasser o "profeta do Quarto Reich": "The Strasser Brothers", *The New Statesman*

and Nation, 30 de março de 1940, p. 438. Ver também R. M. W. Kempner, crítica de *Hitler and I* e *Nemesis* em *Annals of the American Academy of Political and Science*, março de 1941, pp. 223-24.

107. Citado no Avalon Project da Universidade de Yale: *Nuremberg Trial Proceedings, Volume IX*. http://avalon.law.yale.edu/subject_menus/imtproc_v9menu.asp.

108. "Goering Nipped Hitler-Strasser Plot, Paris Told", *The New York Herald Tribune*, 6 de julho de 1934, p. 1.

109. Shepard Stone, "Why Dr. Rauschning was a Nazi", *New York Times*, 14 de setembro de 1941, p. BR9.

110. Hermann Rauschning, *The Conservative Revolution* (Nova York, 1941), p. 116. Ver também "Hope for Future of Europe," *The Advertiser* (Adelaide, Austrália), 14 de fevereiro de 1942, p. 12.

111. "Germany Will Try Three for Treason Today; Announcement Made to Decry 'Conspiracy'", *New York Times*, 3 de janeiro de 1939, p. 1.

112. "A Prophet of the Fourth Reich?", *Free Europe*, 3 de dezembro de 1943, pp. 191-92.

113. "Mystisches Österreich", *Vossische Zeitung*, 13 de setembro de 1933, p. 1.

114. "The Habsburgs: Vitriolic Attack in Nazi Newspaper", *Manchester Guardian*, 2 de março de 1937, p. 14. O próprio Goebbels foi satirizado na Alemanha, transformando-se no aristocrático "conde Von Goebbels" em um futuro "Quarto Reich" dominado pela nobreza. Ver "The Spread of Underground Humor in Germany", *St. Louis Post-Dispatch*, 5 de maio de 1935, p. 69.

115. Ver Bernhard Vollmer, *Volksopposition im Polizeistaat: Gestapo-und Regierungsberichte, 1934-1936* (Stuttgart, 1957), p. 259. Manuel Becker e Christoph Studet, *Der Umgang des Dritten Reiches mit den Feinden des Regimes* (Berlim, 2010), p. 68.

116. "Nazi Extremism", *The West Australian* (Perth, Austrália), 10 de agosto de 1935, p. 19.

117. "Hitler's Weak Spot", *The Chronicle* (Adelaide, Austrália), 8 de fevereiro de 1940, p. 47. De modo semelhante, alguns artigos chegaram a prever um retorno ao poder dos *junkers* em um Quarto Reich. A esperança de que Hitler pudesse ter de ceder a conservadores alemães foi expressa em 1935, quando Karl Brandt, do Ministério do Exterior, declarou que a Noite das Facas Longas "pode de fato ser chamada de dia do nascimento do Quarto Reich", porque pavimentou o caminho para uma "retirada [nazista] de praticamente todas as esferas da vida política" e montou o palco para uma restauração *junker*. Karl Brandt, "Junkers to the Fore Again", *Foreign Affairs*, 1º de outubro de 1935, pp. 129, 134.

118. "Report on Munich Bomb Plot", *The Press and Journal* (Aberdeen, Escócia), 14 de novembro de 1939, p. 6. Apoiando esse ponto de vista estava Dorothy Thompson, "The Revolutionary Weapon", *The Boston Daily Globe*, 17 de novembro de 1939, p. 20. Alguns anos mais tarde, em 1942, *The Boston Globe* opinou: "Quando Hitler perece com o regime que criou, Goering quer se erguer triunfante das cinzas para governar o Quarto Reich": "Goering está planejando Selar a Paz Conosco via França, por meio do Big Business", *The Boston Globe*, 17 de agosto de 1942, p. 3. Durante a Guerra, o *Hartford Courant* especulou que o ex-diretor do *Reichsbank*, Hjalmar Schacht, estava "planejando [um] Quarto Reich". Ver "Dr. Schacht Germany's Big Puzzle", *Hartford Courant*, 13 de dezembro de 1942, p. B5.

119. Ver Joachim Scholtyseck, *Robert Bosch und der liberale Widerstand gegen Hitler 1933 bis 1945* (Munique, 1999), pp. 394-96 e p. 670, 571n.

120. Stefan Noethen, "Pläne für das Vierte Reich: Der Widerstandskreis im Kölner Kettelerhaus 1941-1944", *Geschichte in Köln*, 39, 1996, pp. 62-4.

121. O *New York Times* descreveu o futuro Estado como "o Quarto Reich do general-marechal de campo Erwin von Witzleben". "Hitler Has Pledge from Brauchitsch", *New York Times*, 20 de agosto de 1944, p. 14. Hans Peters, do Círculo Kreisau, referiu-se nos mesmos termos a Goerdeler. Citado em Agostino von Hassell e Sigrid MacRae, *Alliance of Enemies: The Untold Story of the Secret American and German Collaboration to End World War II* (Nova York, 2006), p. 197. Ruth Andreas-Friedrich informou que "Goerdeler... [está] viajando pelo país, distribuindo postos no Quarto Reich", p. 141.

122. Gabriel A. Almond, "The German Resistance Movement", *A Current History*, 1º de maio de 1946, p. 419.

123. Hans Bernd Gisevius, *Bis zum bitteren Ende: Vom Reichstagsbrand bis zum 20. Juli 1944*, Volume II (Hamburgo, 1959), p. 326.

124. "Usar a piada como arma", segundo Gamm, "é o último espaço livre (*letzte freie Spiel des Individuums*) do indivíduo que o Estado não consegue sujeitar à 'coordenação'". Gamm, *Der Flüsterwitz im Dritten Reich*, p. 173.

125. Klemperer, *I Will Bear Witness: A Diary of the Nazi Years, 1933-1941* (Nova York, 1998), p. 399. Uma referência mais antiga à piada apareceu no número de outubro de 1938 de *Das wahre Deutschland*, um jornal afiliado ao Partido do Centro Católico. Citado em Günter Buchstab, Brigitte Kaff e Hans-Otto Kleinmann, orgs., *Verfolgung und Widerstand, 1933-1945: Christliche Demokraten gegen Hitler* (Düsseldorf, 1986), p. 109.

126. Ruth Andreas-Friedrich, *Berlin Underground: 1938-1945* (Nova York, 1947), p. 65.

127. Andreas-Friedrich ainda narrou como, na primavera de 1944, após um ataque aéreo, um judeu que ele conhecia requereu um novo cartão de identidade numa repartição do governo e ouviu do funcionário que o atendia: "Mais tarde vamos verificar nossos registros" – um comentário que instigou o amigo que o acompanhava a pensar com um certo humor: "Mais tarde... no Quarto Reich". Em março de 1945, Andreas-Friedrich soube que autoridades governamentais haviam descoberto um "poema satírico sobre Hitler... no Quarto Reich" na pasta de outro conhecido judeu. *Ibid.*, pp. 120, 220.

128. Arthur Dix, "'Wirtschaftsfrieden' der Völker", *Hamburger Nachrichten*, 29 de dezembro de 1934.

129. "Kube in Altona", *Altonaer Nachrichten*, 5 de março de 1936.

130. "Hitler's Shopkeeper Supporters Now Disillusioned", *Derby Evening Telegraph* (Inglaterra), 9 de janeiro de 1940, p. 2.

131. Institut für Zeitgeschichte, ED 474/216. Documento: "In Name des Deutschen Volkes in der Strafsache gegen den Studenten der Chemie, Hans-Konrad Leipelt" (1944).

132. "Das Bild der Lage", *Znaimer Tagblatt*, 26/27 de agosto de 1944, p. 1. Ver também "Roosevelts wahre Nachkriegsziele", *Znaimer Tagblatt*, 4 de agosto de 1944, p. 2.

133. "Ein vergeblicher Sturmlauf", *Neue Warte am Inn*, 12 de julho de 1944, p. 3.

134. "Decent End of Nazism is Held Unlikely", *Hartford Courant*, 26 de março de 1944, p. C6; "Zapp, Mackensen, and Prince Seized", *New York Times*, 16 de abril de 1945, p. 14.

135. Michaela Hoenicke Moore, *Know Your Enemy: The American Debate on Nazism, 1933-1945* (Cambridge, UK, 2010).

136. Citado em "Czech Seizure Shocks German-Americans", *The Winnipeg Tribune*, 29 de março de 1939, p. 13.

137. "The Fourth Reich", *The New Leader*, 27 de abril de 1940, p. 3. Ver também "After Hitler", *The New Leader*, 11 de maio de 1940, p. 5.

138. Heinrich Mann, "Outlook on the Fourth Reich", em Will Schaber, org., *Thinker versus Junker* (Nova York, 1941), p. 272. Harry Levin, *Memories of the Moderns* (Nova York, 1982), p. 71.

139. "Goethe in Hollywood", *The New Yorker*, 20 de dezembro de 1941, p. 22.

140. Ver R. D. Charques, "German Socialist Plea", *The Times Literary Supplement*, 4 de dezembro de 1943.

141. R. G. Waldeck, *Meet Mr. Blank: The Leader of Tomorrow's Germans* (Nova York, 1943), p. 173.
142. Dorothy Thompson, "After Hitler, What?" *The Boston Globe*, 13 de março de 1939, p. 12.
143. Wallace Deuel, "The 'Other' Germany", *New York Times*, 30 de janeiro de 1944, p. BR4.
144. Christof Mauch e Jeremiah Riemer, *The Shadow War Against Hitler: The Covert Operations of America's Wartime Secret Intelligence Service* (Nova York, 2002), pp. 151, 160-61.
145. Curt Riess, *The Nazis Go Underground* (Nova York, 1944), p. 185. Riess também publicou artigos sobre o tema, incluindo "The Nazis Dig in for World War III", *New York Times*, 6 de agosto de 1944, p. SM9, e "The Fourth Reich Casts a Shadow", *Esquire*, fevereiro 1944, pp. 49, 131-32.
146. Riess, *The Nazis Go Underground*, pp. 7, 96, 142.
147. *Ibid.*, pp. 185-86.
148. *Ibid.*, pp. 43, 91-2, 189.
149. Gordon Young, "Mein Zweiter Kampf", republicado em *The Sunday Times* (Perth, Austrália), 8 de agosto de 1944.
150. Vincent Church, "Danger", *Daily Mail* (Londres), 29 de junho de 1944, p. 2.
151. Maxwell Macartney e J. H. Freeman, *The Times Literary Supplement*, 21 de outubro de 1944, p. 506.
152. Barnet Nover, "How Shall Germany Be Dealt with?", *The Washington Post*, 26 de setembro de 1944, p. 6. Em abril de 1945, o Departamento de Estado forneceu confirmação oficial dessa suspeita ao anunciar que "líderes alemães estavam planejando conquistar o mundo por meio de uma terceira guerra mundial", exportando capital e enviando técnicos alemães altamente qualificados a áreas de segurança para que um dia pudessem ser usados pela Alemanha". "Assert Nazis Map New War in Detail", *New York Times*, 8 de abril de 1945, p. 19.
153. Jürgen Heideking e Christof Mauch, *American Intelligence and the German Resistance to Hitler* (Boulder, CO, 1996), p. 9. Ver também apêndice do Memorando de Deuel a Donovan, p. 250.
154. Robert Vansittart, "How Hitler Made the Grade", *The Shepparton Advertiser* (Austrália), 2 de fevereiro de 1945, p. 6.
155. Lessner, *Phantom Victory*, p. 78.
156. *Ibid.*, p. 128.

157. *Ibid.*, p. 149.
158. *Ibid.*, p. 166.
159. *Ibid.*, p. 181.
160. *Ibid.*, pp. 177, 193.
161. *Ibid.*, p. 227.
162. Ver a quarta capa de *Phantom Victory*.
163. *Ibid.*, p. 227.
164. Charles Rolo, "A Preview of Chaos", *New York Times*, 12 de novembro de 1944, p. BR30. Bernard De Voto, crítica de *Phantom Victory*, *New York Herald Tribune*, 10 de outubro de 1944, p. 19. Rolo acrescentou que a "acusação condenatória" que Lessner fez dos alemães desfrutou de uma credibilidade extra porque ele "havia lutado ao lado da Alemanha na Primeira Guerra Mundial".
165. E. S. P., "Nazis after the War", *The Christian Science Monitor*, 28 de outubro de 1944, p. 18; Herbert Kupferberg, crítica de *Phantom Victory*, *New York Herald Tribune*, 15 de outubro de 1944, p. E8.
166. T. E. M., "Fourth Reich Grim Warning", *Hartford Courant*, 5 de novembro de 1944, p. SM13; *The Washington Post* comentou que *Phantom Victory* teve "um impacto maior que qualquer outro livro... até o presente [ao falar] dos perigos [de]... uma 'paz suave'".
167. "Phantom Victory", revista *Life*, 14 de maio de 1945. A resenha apresentava oito pinturas da artista americana, nascida na Rússia, Vera Bock, retratando várias cenas do romance acompanhadas de legendas descritivas. Baseada nas cartas ao editor de leitores comuns com apreciações favoráveis, a resenha da *Life* conseguiu mexer com as emoções do seu público. "Letters to the Editor" ["Cartas ao Editor"], revista *Life*, 4 de junho de 1945, p.7.

2 Da Operação *Werwolf* de 1944 aos Democratas: o Quarto Reich sob Ocupação Aliada

1. Alfred Werner, "The Junker Plot to Kill Hitler: The Dying Gesture of a Class", *Commentary*, 1º de janeiro de 1947, p. 42.
2. Lynn W. Landrum, "Price of Peace", *The Dallas Morning News*, 27 de junho de 1947.
3. Ver Hans Dieter Schlosser, *"Es wird zwei Deutschlands geben": Zeitgeschichte und Sprache in Nachkriegsdeutschland 1945-1949* (Frankfurt, 2005), pp. 26-30.

4. "Reich Will Be Years under Allied Control", *The Examiner* (Launceston, Tasmânia), 10 de maio de 1945, p. 1. Ver também "Fourth Reich Will Be a Smaller, Quieter Place", *The Stars and Stripes*, 8 de maio de 1945, p. 2.
5. "British and U.S. Take Over in Berlin To-Day", *Courier and Advertiser* (Dundee, Escócia), 12 de julho de 1945, p. 3.
6. "Fourth Reich", *Time*, 10 de setembro de 1945, p. 40.
7. "The Fourth Reich", *The Palestine Post*, 20 de julho de 1945, p. 4; Joachim Josten, "Germany's Capital", *The Washington Post*, 21 de fevereiro de 1947, p. 9.
8. "A Plan for Germany", *The Courier-Mail* (Brisbane, Austrália), 9 de setembro de 1946, p. 2.
9. Drew Middleton, "Big 4 Have Four Plans for Remaking Germany", *New York Times*, 23 de março de 1947, p. E4.
10. "At Last, Victory", *The Cleveland Plain-Dealer*, 8 de maio de 1945, p. 8. Ver também Jay Franklin, "We the People", *The Cleveland Plain-Dealer*, 11 de maio de 1945, p. 24.
11. "The Problem of Germany", *New York Times*, 21 de maio de 1945, p. 18.
12. Anthony Eden, "Issues Empire Statesmen Must Face", *The Sydney Morning Herald*, 20 de março de 1946, p. 2.
13. Sefton Delmer, "There's a Revolution Going on in Europe", *The News* (Adelaide), 25 de março de 1946, p. 2.
14. "United Europe Envisaged", *New York Times*, 1º de junho de 1946, p. 11.
15. Erich Koch-Weser, *Hitler and Beyond: A German Testament* (Nova York, 1945), p. 187.
16. "Bodies of German Leaders Cremated", *The Irish Times*, 18 de outubro de 1946, p. 1.
17. "Nazi Hangings to be Filmed", *The Sunday Times* (Perth, Austrália), 13 de outubro de 1946, p. 2; "Still Doodling", *The Glasgow Herald*, 14 de outubro de 1946, p. 4. "Hess Assumes Goering's Role", *The Trenton Evening Times*, 21 de outubro de 1946, p. 1.
18. Friedrich Gaupp, *Deutsche Fälschung der abendländischen Reichsidee* (Berna, 1946).
19. *Ibid.*, p. 8.
20. *Ibid.*, p. 10.
21. *Ibid.*, p. 10.
22. *Ibid.*, pp. 32-3, 73.
23. *Ibid.*, p. 11.
24. *Ibid.*, pp. 85-6.

25. *Ibid.*, p. 13.
26. *Ibid.*, p. 11.
27. *Ibid.*, p. 13.
28. *Ibid.*, p. 13.
29. *Ibid.*, p. 9.
30. *Ibid.*, p. 14.
31. *Ibid.*, p. 90.
32. *Ibid.*, p. 9.
33. Dolf Sternberger, *Dreizehn politische Radio Reden* (Heidelberg, 1947), p. 9.
34. *Ibid.*, p. 9.
35. *Ibid.*, p. 9.
36. *Ibid.*, pp. 10, 12.
37. *Ibid.*, p. 13.
38. *Ibid.*, pp. 17-8.
39. Drew Middleton, "Germans Return to Nationalism", *New York Times*, 25 de fevereiro de 1946, p. 3. C. L. Sulzberger, "Educators Stress Needs in Germany", *New York Times*, 1º de abril de 1946, p. 5.
40. "Anti-Ally Slogans Spread in U.S. Zone of Germany", *New York Times*, 19 de maio de 1947, p. 14. Alemães dos Sudetos expatriados compartilhavam a opinião de que o Quinto Reich seria melhor que o Quarto. Ver "Czechoslovakia Recovering Fast", *St. Louis Post-Dispatch*, 5 de maio de 1946.
41. "What Is Germany Thinking?" *Le Courrier Australien*, 28 de novembro de 1947, pp. 1, 3.
42. Perry Biddiscombe, *Werwolf!: The History of the National Socialist Guerrilla Movement, 1944-1946* (Toronto, 1998). Perry Biddiscombe, *The Last Nazis: Werewolf Guerilla Resistance in Europe, 1944-1947* (Stroud, UK, 2006).
43. Biddiscombe descreve o fracasso do movimento, mas ressalta que ele foi mais importante do que admitiram estudiosos anteriores. Ver também Gerhard Rempel, *Hitler's Children: The Hitler Youth and the SS* (Chapel Hill, NC, 1990), que reconhece o fanatismo dos membros com frequência muito jovens dos *Werwolf* (pp. 244-50). Mais decidido a declarar o fracasso dos *Werwolf* é o livro de Volker Koop, *Himmlers letztes Aufgebot* (Colônia, 2008), que argumenta que o movimento nunca teve qualquer apoio popular (pp. 119, 244). Ver também Christina von Hodenberg, "Of German Fräuleins, Nazi Werewolves, and Iraqi Insurgents: The American Fascination with Hitler's Last Foray", *Central European History*, 41, 2008, pp. 75, 81; Tauber, *Beyond Eagle and Swastika*, p. 23;

Rodney G. Minott, *The Fortress That Never Was: The Myth of Hitler's Bavarian Stronghold* (Nova York, 1964); Frederick Taylor, *Exorcising Hitler: The Occupation and Denazification of Germany* (Nova York, 2011), capítulo 2; Antony Beevor, *The Fall of Berlin 1945* (Nova York, 2002), p. 175; Stephen Fritz, *Endkampf: Soldiers, Civilians, and the Death of the Third Reich* (Lexington, KY, 2004), pp. 221-22.

44. Biddiscombe, *The Last Nazis*, p. 10; Biddiscombe, *Werwolf!*, p. 7; Koop, *Himmlers letztes Aufgebot*, p. 265. Biddiscombe foi também influenciado pela "história da vida cotidiana" (*Alltagsgeschichte*) para mostrar como a resistência persistente contra os Aliados desafia o mito da passividade alemã na derrota. Biddiscombe, *Werwolf!*, p. 3.
45. Biddiscombe discute o assunto em "Donald and Me: The Iraq War and the '*Werwolf*' Analogy'", *International Journal*, verão, 2004, pp. 669-80. Ver também David B. MacDonald, *Thinking History, Fighting Evil: Neoconservatives and the Perils of Analogy in American Politics* (Lanham, MD, 2009), pp. 138-44.
46. Colin Fernandez, "Killer Sausages: How the Nazis Plotted to Fight Back After Losing the War", *Daily Mail* (Londres), 4 de abril de 2011. Duncan Gardham, "MI5 Files: Nazis Plotted to Kill Allied Troops with Coffee", *The Telegraph*, 4 de abril de 2011.
47. Biddiscombe, *The Last Nazis*, p. 23.
48. Koop, *Himmlers letztes Aufgebot*, pp. 72, 172, 183.
49. *Ibid.*, pp. 47-8; Biddiscombe, *The Last Nazis*, pp. 40, 48.
50. Koop, *Himmlers letztes Aufgebot*, p. 41.
51. *Ibid.*, p. 54, Biddiscombe, *The Last Nazis*, pp. 11-6. Fritz, *Endkampf*, pp. 195-96.
52. Koop, *Himmlers letztes Aufgebot*, p. 55.
53. Biddiscombe, *The Last Nazis*, pp. 13-5.
54. Koop, *Himmlers letztes Aufgebot*, pp. 188-89.
55. Ver, por exemplo, a manchete do jornal *Front und Heimat* de abril de 1945, "*Werwolf*, Attack!" [*Werwolf*, Atacar!], www.dhm.de/lemo/kapitel/zweiter-weltkrieg/kriegsverlauf/*Werwolf*; Koop, *Himmlers letztes Aufgebot*, pp. 107-08.
56. Biddiscombe, *The Last Nazis*, pp. 63-87.
57. Biddiscombe diz que quase cinquenta soldados americanos foram mortos. Biddiscombe, "*Donald and Me*", p. 672.
58. Koop, *Himmlers letztes Aufgebot*, p. 159.
59. Biddiscombe menciona em *The Last Nazis* o caso do prefeito de Kirchlegen: *The Last Nazis*, p. 135.

60. *Ibid.*, p. 172.

61. *Ibid.*, p. 8. Biddiscombe estima entre "3 mil e 5.500 mortos". Ibid., p. 276.

62. As primeiras reportagens sobre os *Werwolf* incluem: "Nazi Force for Last Stand", *The Times* (Londres), 20 de outubro de 1944, p. 4; "Nazis Plan Underground Fight", *The Sydney Morning Herald*, 29 de agosto de 1944, p. 2; "Nazis Preparing to 'Go Underground' When Germany is Occupied", *Townsville Bulletin* (Queensland, Austrália), 10 de fevereiro de 1945, p. 3.

63. "Hitler Orders Party Men to Quit State Jobs", *The Chicago Daily Tribune*, 8 de abril de 1945, p. 2.

64. Koop, *Himmlers letztes Aufgebot*, pp. 62, 77; "Near the End", *New York Times*, 29 de abril de 1945, p. E1. "Battle of Germany", *New York Times*, 8 de abril de 1945, p. 52; "Spreading German Disaster", *New York Times*, 9 de abril de 1945, p. 18.

65. Harlowe Hoyt, "Germany's Werewolves Follow Same Old Pattern", *The Cleveland Plain-Dealer*, 24 de abril de 1945, p. 6.

66. "Clear-Cut Reich Surrender Is Doubted by Eisenhower", *New York Times*, 6 de abril de 1945, p. 1.

67. Dwight D. Eisenhower, *Crusade in Europe* (Baltimore, 1997), p. 397.

68. "Werewolves", *The Washington Post*, 5 de abril de 1945, p. 6; "Himmler Warns of 'Werewolves' War on Victors", *Los Angeles Times*, 7 de abril de 1945, p. 4; "Current Events", *Evening Telegraph and Post* (Inglaterra), 3 de abril de 1945, p. 2.

69. "Hitler's Last Failure", *New York Times*, 10 de abril de 1945, "Reich Army Rebels", *New York Times*, 29 de abril de 1945, p. 1.

70. "Nazi Werewolves Fail to Terrify Any But Germans", *Springfield Daily Republican*, 10 de abril de 1945, p. 13. "First of 'Werewolves' Prove to Be Boys of 15", *The Sunday Oregonian*, 18 de abril de 1945, p. 2.

71. "Goebbels Berlin's Pet 'Hate': Germans Jeer His 'Werewolf'", *The Atlanta Constitution*, 11 de abril de 1945, p. 1.

72. "Werewolves Can't Huff", *Sunday Mail* (Brisbane, Austrália), 8 de abril de 1945, p. 1.

73. "Murders Blamed on 'Werewolves'", *The Baltimore Sun*, 3 de abril de 1945, p. 1.

74. Drew Middleton, "Nazi Die-Hards Man Their 'National Redoubt'", *New York Times*, 8 de abril de 1945, p. 54.

75. Wes Gallagher, "Nazi Werewolf Effect Called 'Flop' Thus Far", *Los Angeles Times*, 10 de abril de 1945, p. 2.

76. "First of 'Werewolves' Prove to Be Boys of 15", *The Sunday Oregonian*, 18 de abril de 1945, p. 2.
77. Biddiscombe, *The Last Nazis*, p. 56.
78. Koop, *Himmlers letztes Aufgebot*, p. 248.
79. *Ibid.*, p. 76.
80. Carta do embaixador americano na França (Caffery) para o secretário de Estado, 1º de maio de 1945, em *Foreign Relations of the United States, Diplomatic Papers, 1945: European Advisory Commission, Austria, Germany, Volume III* (Washington, DC, 1945), p. 938.
81. Memorando de Brewster Morris, 16 de julho de 1945, em *ibid.*, p. 952.
82. Telegrama do ministro na Suécia (Johnson) para o secretário de Estado, 11 de abril de 1945, em *ibid*, pp. 753-54.
83. Biddiscombe, *The Last Nazis*, p. 173.
84. "Werewolves Busy in British Zone", *Courier and Advertiser* (Dundee, Escócia), 7 de julho de 1945, p. 3. Biddiscombe, *The Last Nazis*, p. 204. Koop, *Himmlers letztes Aufgebot*, pp. 180-82. Sobre os assassinatos de policiais tchecos e antifascistas alemães, ver Petr Blahus, "Werwölfe 1945", *Reflex*, 17, 22 de abril de 2004. https://www.zukunft-braucht-erinnerung.de/werwoelfe-1945/.
85. "In the Bavarian Redoubt", *The Times* (Londres), 28 de maio de 1945, p. 3; "14 Youths Boast 'Werewolf' Ties", *The Alexandria Times-Picayune* (Alexandria, Indiana), 13 de julho de 1945, p. 3; "'Werewolves' Arrested", *Daily Mail* (Hull, UK), 20 de agosto de 1946, p. 4; "Nazi-Geheimorganisation in Trutnow", *Berliner Zeitung*, 6 de outubro de 1945, p. 3.
86. "Nazi Underground Is at Work – With Rumors", *The News* (Adelaide, Austrália), 20 de setembro de 1945, p. 2; "Sinister Nazi Movement Uncovered by Allies", *The Mercury* (Hobart, Tasmânia), 17 de julho de 1945, p. 2.
87. *Prevent World War III*, outubro de 1945. Apelos por vigilância persistem na primavera de 1946. Ver também "British Expect Trouble in Germany", *Daily Mail* (Hull, UK), 11 de março de 1946.
88. Koop, *Himmlers letztes Aufgebot*, p. 244.
89. *Ibid.*, p. 7.
90. *Ibid.*, p. 30.
91. *Ibid.*, pp. 89-90.
92. *Ibid.*, p. 119.
93. Biddiscombe, *Werwolf!*, p. 277.

94. Koop diz que os *Werwolf* mataram sobretudo concidadãos alemães em vez de tropas aliadas. Koop, *Himmlers letztes Aufgebot*, p. 61.

95. De modo semelhante, David Donald especulou que soldados confederados poderiam facilmente ter levado a cabo uma prolongada campanha de resistência subterrânea contra forças nortistas de ocupação após 1865, mas preferiram não fazê-lo. David Donald, *Liberty and Union* (Boston, 1978), pp. 173-75.

96. Koop, *Himmlers letztes Aufgebot*, p. 244.

97. Biddiscombe, *The Last Nazis*, p. 8.

98. Koop, *Himmlers letztes Aufgebot*, pp. 17, 81; Biddiscombe, *The Last Nazis*, p. 201.

99. Koop, *Himmlers letztes Aufgebot*, pp. 208-25; Biddiscombe, *Werwolf!*, pp. 268-70; Biddiscombe, *The Last Nazis*, pp. 248-50.

100. O general britânico Bernard Montgomery observou que os "alemães... estavam dispostos a cumprir quaisquer ordens que lhes fossem dadas [pelos Aliados após 1945], sendo seu principal medo a possibilidade de serem entregues aos russos". David MacDonald, *Thinking History, Fighting Evil*, p. 144.

101. Para uma comparação entre as ocupações americanas da Alemanha e do Iraque, ver Thomas W. Maulucci, Jr., "Comparing the American Occupations of Germany and Iraq", *Yale Journal of International Affairs*, inverno de 2008, pp. 120-28.

102. Outro fator-chave foi a heterogeneidade etnorreligiosa da sociedade iraquiana e o sectarismo que daí resultava – sendo que ambos não foram fatores presentes na ocupação da Alemanha após 1945. MacDonald, *Thinking History, Fighting Evil*, p. 143.

103. Norman Davies, *Rising '44: The Battle for Warsaw* (Nova York, 2004), p. 417.

104. John Lewis Gaddis, *The Cold War: A New History* (Nova York, 2005), p. 14.

105. Michael Bess, *Choices under Fire: Moral Dimensions of World War II* (Nova York, 2008), p. 172.

106. Os soviéticos também poderiam ter tomado a Alemanha sozinhos se Winston Churchill tivesse conseguido, em 1942, apoio para seu plano original de abrir uma segunda frente contra os nazistas atacando a "zona vulnerável" dos Bálcãs em vez de invadir a Normandia. Esse plano era em parte motivado pelo desejo acalentado por Churchill de impedir Stalin de impor controle comunista sobre o sudeste europeu, mas enfrentou a oposição de Roosevelt e Eisenhower, sendo rejeitado na conferência de Casablanca em janeiro de 1943. Ver Dwight D. Eisenhower, *Crusade in Europe* (Baltimore, 1997), pp. 281-84. Se a decisão tivesse seguido o outro caminho (aberto, digamos,

pela morte prematura de FDR e sua substituição por um Harry S. Truman mais complacente), os aliados ocidentais poderiam ter se apoderados dos Bálcãs, impedindo-o de cair sob controle soviético, mas ao preço de permitir que o Exército Vermelho capturasse território alemão até o Reno. Ver Gerhard Weinberg, "Who Won World War II and How?", em Walter L. Hixson, org., *The American Experience in World War II*, volume XII (Nova York, 2003), pp. 7-8.

107. Jacques Pauwels, *The Myth of the Good War: America in the Second World War* (Toronto, 2002), p. 104. Churchill desistiu desse plano após o desastroso ataque a Dieppe, conhecido como Operação Jubileu, em agosto de 1942.
108. Caleb Carr, "VE Day – November 11, 1944", em Robert Cowley, org., *What If? 2: Eminent Historians Imagine What Might Have Been* (Nova York, 2001), pp. 333-43.
109. www.bbc.co.uk/history/worldwars/wwtwo/battle_arnhem_01.shtml.
110. Biddiscombe, *The Last Nazis*, p. 252.
111. www.dhm.de/lemo/biografie/arthur-axmann.
112. Biddiscombe, *Werwolf!*, p. 77.
113. Koop, *Himmlers letztes Aufgebot*, p. 252.
114. "Operation Nursery" (Operação Berçário), 16 de março de 1946. Pasta "3rd Army G-2 Operation Nursery 380.4, Third United States Army, G-2 Section, Decimal Files 1944-1947, RG 338, NA".
115. *Ibid.*
116. Scott Selby, *The Axmann Conspiracy: The Nazi Plan for a Fourth Reich and How the U.S. Army Defeated It* (Nova York, 2012), p. 150.
117. *Ibid.*, pp. 151, 219. "Attempt to Revive Nazism Crushed", *The Times* (Londres), 1º de abril de 1946, p. 3.
118. Selby, *The Axmann Conspiracy*, p. 219.
119. Koop, *Himmlers letzte Aufgebot*, p. 253.
120. A ruptura foi entre Heidemann, no sul, e Willi Lohel e Kurt Budaeus no norte da Alemanha. Os últimos estavam mais inclinados que o primeiro a usar de violência contra os Aliados e queriam a fusão dos grupos. Selby, *The Axmann Conspiracy*, pp. 180, 190-91.
121. "Operation Nursery" (Operação Berçário), 16 de março de 1946.
122. "200 Towns Raided in Hunt for Nazis", *New York Times*, 1º de abril de 1946, p. 5; "Nazis Battle Allied Troops", *Detroit Free Press*, 31 de março de 1946; "Raids Smash Plot to Re-Nazify Germany", *The Cincinnati Enquirer*, 31 de março de 1946, p. 1.

123. "Underground Raid Holds 183 Germans", *New York Times*, 2 de abril de 1946, p. 2.

124. Citado em "Underground Nazi Movement Smashed", *The Canberra Times* (Austrália), 1º de abril de 1946, p. 1. Ver também "Yanks Smash Nazi Plot", *The Boston Globe*, 31 de março de 1946, p. D1.

125. "Stateside Editorials Point Up the Lesson of 'Operation Nursery'" (Operação Berçário), *Weekly Information Bulletin*, maio de 1946, pp. 21-2. Ver também "Repeat Performance?", *The Boston Globe*, 1º de abril de 1946, p. 10.

126. "Nazis Are Still Fighting Like Cornered Dingoes", *The World's News* (Sydney), 4 de maio de 1946, p. 3.

127. "Patrioten?", *Passauer Neue Presse*, 2 de abril de 1946, p. 1; "How Could It Happen?" *Weekly Information Bulletin*, abril de 1946, p. 15.

128. "Hoegner und die Reaktion", *Neue Zeit*, 24 de abril de 1946, p. 1.

129. A conspiração não é mencionada em importantes estudos como: James F. Tent, *Mission on the Rhine: Reeducation and Denazification in American-Occupied Germany* (Chicago, 1982); John Gimbel, *The American Occupation of Germany: Politics and the Military, 1945-1949* (Palo Alto, 1968); Edward Peterson, *The American Occupation of Germany: Retreat to Victory* (Detroit, 1977); Earl Frederick Ziemke, *The U. S. Army in the Occupation of Germany: 1944-1946* (Washington, DC, 1975); Eugene Davidson, *The Death and Life of Germany* (Nova York, 1959); Zink, *The United States in Germany*; Terence Prittie, *Germany Divided: The Legacy of the Nazi Era* (Nova York, 1960).

130. "Artur Axmann, 83, a Top Nazi Who Headed the Hitler Youth", *New York Times*, 7 de novembro de 1996, p. D27. "Obituary: Artur Axmann: In the Bunker with Hitler", *The Guardian*, 6 novembro de 1996, p. 15; "Hitler treu bis zur letzten Minute", *TAZ*, 4 novembro de 1996.

131. Selby, *The Axmann Conspiracy*; para uma menção muito mais breve, ver Fritz, *Endkampf*, p. 219.

132. Essa previsão do *The Guardian* é citada em *Weekly Information Bulletin*, setembro de 1945, p. 24.

133. Na zona britância, havia uma carência de 600 mil toneladas de grãos. F. Taylor, *Exorcising Hitler*, p. 205. Davidson, *The Death and Life of Germany*, p. 135.

134. "British to Quell Hamburg Rioting", *New York Times*, 24 de março de 1946, p. 11. "Shots Deter Mob in Hamburg Riot", *New York Times*, 22 de março de 1946, p. 4.

135. Zink, *The United States in Germany*, pp. 298-300.

136. "Nazis Charged with Making Human Sausages", *The Daily Advertiser* (New South Wales, Austrália), 5 de dezembro de 1946, p. 1. "Policemen Went into Sausages", *The Scone Advocate* (New South Wales, Austrália), 6 de dezembro de 1948, p. 2. Um total de 32 pessoas pertencentes ao grupo dos "Canibais Nazistas" foram detidas, todas membros de um mais amplo "movimento clandestino nazista".

137. "Nazi Revival Fails", *New York Times*, 1º de abril de 1946, p. 20.

138. Alan Barth, "Rule or Ruin in Germany", *The New Republic*, 24 de junho de 1946, p. 897.

139. "Nazism Scotched – Not Killed", *The Sydney Morning Herald*, 2 de abril de 1946, p. 2.

140. *Ibid.*, p. 2.

141. Ver, por exemplo, "End of the German Era", *Courier and Advertiser* (Dundee, Escócia), 5 de abril de 1945, p. 2. Tania Long, "They Long for a New Fuehrer", *New York Times*, 9 de dezembro de 1945, p. 89. "Reich Girls Want Return of Nazism", *New York Times*, 22 de outubro de 1945, p. 3.

142. "Nazi Virus Thrives in American Zone", *New York Times*, 22 de abril de 1946, p. 1.

143. "The Shape of Things", *The Nation*, 4 de maio de 1946, p. 521.

144. "New Bomb Hurled in Stuttgart Area", *New York Times*, 29 de outubro de 1946, p. 12; "55 Germans Taken in Stuttgart Raids", *New York Times*, 22 de outubro de 1946, p. 8.

145. "Rumblings in Germany", *The Boston Globe*, 23 de outubro de 1946, p. 16.

146. "Schacht Trial Bomb Target", *The Trenton Evening Times*, 21 de outubro de 1946, p. 1. "Bombs at Nazi Record Rooms", *The Press and Journal* (Aberdeen, Escócia), 21 de outubro de 1946, p. 1. "3 Bombs Set Off in Germany", *The Wilkes Barre Record*, 21 de outubro de 1946.

147. "Bomben auf Spruchkammern", *Der Spiegel*, 11 de janeiro de 1947, p. 5.

148. "More Bombings Are Expected in Germany", *The Hope Star* (Arkansas), 21 de outubro de 1946, p. 2.

149. Fritz, *Endkampf*, p. 220; "Bomb Exploded in Denazification Court", *Dunkirk Evening Observer*, 8 de janeiro de 1947, p. 4.

150. Biddiscombe, *The Last Nazis*, p. 214; "Öhringen", *Neues Deutschland*, 26 de março de 1947, p. 1; "Anti-Nazi in Stuttgart Shot by 2 Gunmen", *Santa Cruz Sentinel*, 23 de março de 1947, p. 1.

151. "75,000 at Stuttgart Strike in Protest Against Bombings", *The Boston Globe*, 23 de outubro de 1946, p. 6.

152. Arthur D. Kahn, *Experiment in Occupation: Witness to the Turnabout: Anti-Nazi War to Cold War, 1944-1946* (University Park, PA, 2004), p. 179.

153. "Bombenattentat in Nürnberg", *Neues Deutschland*, 9 de janeiro de 1947, p.1.

154. Mais tarde Zitzmann tornou-se membro do Partido Socialista do Reich (SRP). Rempel, *Hitler's Children*, p. 251.

155. "Bomben auf Spruchkammern", *Der Spiegel*, 11 de janeiro de 1947, p. 5. "He Planned to Succeed Hitler", *The Press and Journal* (Aberdeen, Escócia), 16 de janeiro de 1947, p. 1. "Wahnwitziges Komplott", *Berliner Zeitung*, 15 de janeiro de 1947, p. 2.

156. "Kabus-Geschwister Scholl", *Passauer Neue Presse*, 28 de fevereiro de 1947, p. 3.

157. "'Fourth Reich' Boss Due to Be Hanged", *The Alexandria Times-Picayune* (Alexandria, Indiana), 21 de fevereiro de 1946, p. 3. Ver também "U.S. Swoop on Nazis", *Courier and Advertiser* (Dundee, Escócia), 21 de novembro de 1946, p. 2.

158. Ver Perry Biddiscombe, "Operation Selection Board: The Growth and Suppression of the Neo-Nazi 'Deutsche Revolution' 1945-1947", *Intelligence and National Security*, 1, 1996, pp. 59-77.

159. Tom Bower, *Klaus Barbie: The "Butcher of Lyons"* (Nova York, 1984), p. 124.

160. Biddiscombe, "Operation Selection Board", 61. "Right-Wing Movements Curtailed by Operation Selection Board", 15 de julho de 1947, p. 6. Operation Selection Board File. 114. NA.

161. Biddiscombe, "Operation Selection Board", 65.

162. "Right-Wing Movements Curtailed by Operation Selection Board", 15 de julho de 1947, pp. 2, 10. Operation Selection Board File. 114. NA.

163. "Round-Up Thwarts Budding Nazi Plot for War on Soviet", *New York Times*, 24 de fevereiro de 1947, p. 1.

164. Biddiscombe, "Operation Selection Board", pp. 66-7.

165. *Ibid.*, pp. 69-70. Ver "The Comeback of the Nazis", *The Boston Globe*, 28 de janeiro de 1947, p. 14.

166. Biddiscombe, "Operation Selection Board", pp. 70-1.

167. Um total de 89 pessoas foram detidas na zona britânica e 44 na zona americana, somando 133. "Appendix B: Summary of Arrests and Disposal", sem data, Operation Selection Board File. 114. NA.

168. Guy Walters, *Hunting Evil: The Nazi War Criminals Who Escaped and the Quest to Bring Them to Justice* (Nova York, 2010), pp. 210-14.

169. "Sudden Swoop by Allies Smashes Nazi Plot", *The Press and Journal* (Aberdeen, Escócia), 24 de fevereiro de 1947, p. 1.

170. "Blow at Nazi Coup Ends", *New York Times*, 26 de fevereiro de 1947; "The Nazi Underground", *New York Times*, 24 de fevereiro de 1947. "Biggest Nazi Round-Up Made Since Hitler Died", *The Telegraph* (Brisbane, Austrália), 24 de fevereiro de 1947.

171. "Nazi Plan to Use Disease Germs as World Plot", *The Canberra Times* (Austrália), 3 de março de 1947, p. 1.

172. "Round-Up Thwarts Budding Nazi Plot for War on Soviet", *New York Times*, 24 de fevereiro de 1947, p. 1, "Allies Crack Germ-War Plot", *Democrat and Chronicle* (Rochester, NY), 24 de fevereiro de 1947, p. 1. Embora tivessem experiência bacteriológica, Karl Rosenberg e Hans-Georg Eismann não militavam no *Deutsche Revolution* e só foram presos em uma varredura maior. Perry Biddiscombe, "Operation Selection Board", p. 76, 16n.

173. "Biggest Nazi Round-Up Made Since Hitler Died", *The Telegraph* (Brisbane, Austrália), 24 de fevereiro de 1947; "Nazi Germ Threat to Britain", *The Courier-Mail* (Brisbane, Austrália), 25 de fevereiro de 1947, p. 1.

174. "High Nazis Held in Germ Warfare Plot", *The Boston Globe*, 24 de fevereiro de 1947, p. 1; ver também "Leaders in Nazi Plot Arrested, Army Says", *The Stars and Stripes*, 25 de fevereiro de 1947, p. 1.

175. Ver "Bazillen", *Der Spiegel*, 1º de março de 1947, p. 2.

176. "Memorandum for the Officer in Charge", Frank J. Buttenhoff, 17 de março de 1947. Documento intitulado "Subject: Operation Selection Board", assinado por John R. Himmelright, 13 de março de 1947. Operation Selection Board File. 114. NA. Funcionários do CIC ficaram surpresos com a reação de indiferença dos alemães à existência da conspiração e acreditaram que isso refletia uma preocupação com a "crise do petróleo e de alimentos que estavam vivendo". Especularam que, "se tivesse ocorrido durante os meses de verão, quando as pessoas enfrentam menos problemas domésticos, é provável que a operação despertasse maior interesse". "Memorandum for the Officer in Charge", assinado por Edwin Eich, 13 de março de 1947. Operation Selection Board File. 114. NA.

177. "Naziverschwörer", *Tribüne*, 25 de fevereiro de 1947. Operation Selection Board File.

178. "Die Grossen hängen", *Neues Deutschland*, 25 de fevereiro de 1947, p. 2. Ver também "Späte Erkenntnis", *Neues Deutschland*, 6 de fevereiro de 1947, p. 2, e "Ein ernstes Alarmsignal", *Tägliche Rundschau*, 26 de fevereiro de 1947.

179. Isso vale para todos os estudos mencionados na nota 130. Uma exceção é *Endkampf*, de Stephen Fritz, que faz alusão à Operação Comitê de Seleção, mas não a menciona pelo nome; *ibid.*, pp. 220-21. A maior parte da atenção na literatura jornalística se concentrou em Klaus Barbie. Ver Magnus Linklater, Isabel Hilton e Neal Ascherson, *The Nazi Legacy: Klaus Barbie and the International Fascist Connection* (Nova York, 1985), p. 143. Brendan Murphy, *The Butcher of Lyon: The Story of Infamous Nazi Klaus Barbie* (Nova York, 1983), pp. 225-27. Bower, *Klaus Barbie*, pp. 128-29. Stephen Dorril, *MI6: Inside the Covert World of Her Majesty's Secret Intelligence Service* (Nova York, 2000), p. 109. Wellington Long, *The New Nazis of Germany* (Filadélfia, 1968), p. 41.

180. "Right-Wing Movements Curtailed by Operation Selection Board", 15 de julho de 1947. "High Nazis Held in German Warfare Plot", *The Boston Globe*, 24 de fevereiro de 1947, p.1.

181. "Razzia gegen Nazis", *Kasseler Zeitung*, 24 de fevereiro de 1947.

182. "Biggest Nazi Round-Up Made Since Hitler Died", *The Telegraph* (Brisbane, Austrália), 24 de fevereiro de 1947, p. 1.

183. Biddiscombe, "Operation Selection Board", p. 74.

184. Allan A. Ryan, Jr., *Klaus Barbie and the United States Government: A Report to the Attorney General of the United States* (Washington, DC, agosto de 1983), pp. 35-7, 60. Em abril de 1947, o agente Robert S. Taylor do CIC tinha recrutado Barbie para conduzir um trabalho de inteligência contra os franceses e os soviéticos. Barbie foi detido em dezembro de 1947, mas só para ser interrogado sobre as atividades de colegas da SS; *ibid.*, p. 39. Mais tarde, Barbie foi para a Bolívia e manteve contatos amistosos com outros ex-nazistas. Murphy, *The Butcher of Lyon*, pp. 293, 270, 276.

185. Murphy, *The Butcher of Lyon*, p. 228.

186. Erhard Dabringhaus, *Klaus Barbie: The Shocking Story of How the U. S. Used This Nazi War Criminal as an Intelligence Agent. A First-Hand Account* (Washington, DC, 1984), p. 132.

187. Dorril, *MI6*, p. 110.

188. Como conclui Biddiscombe: "Foi... uma sorte que as potências ocupantes estivessem dispostas a guiar a Alemanha em seu período de transição", pois "lançaram com êxito as bases de uma Alemanha democrática" ajudando a "sufocar os resquícios do... movimento nacional-socialista". Biddiscombe, "Operation Selection Board", p. 75.

189. "The Nazi Underground", *New York Times*, 24 de fevereiro de 1947, p. 18.

190. Hugh R. Trevor-Roper, "The Danger of a Neo-Nazism", *New York Times*, 27 de julho de 1947.

191. Ver também Delbert Clark, "Economic Crisis First in the German Picture", *New York Times*, 6 de abril de 1947, p. E4; Delbert Clark, "Quarrels among Allies Wreck Aims in Germany", *New York Times*, 7 de setembro de 1947, p. E5; "Germans Still Clinging to Nazism", *Derby Evening Telegraph*, 25 de março de 1947, p. 1.

192. Tauber, *Beyond Eagle and Swastika*, p. 35.

193. Zink, *The United States in Germany*, p. 299.

194. Geoffrey Cocks, "Hollywood über Alles: Seeing the Nazis in American Movies", *Film & History*, 45.1, verão de 2015, p. 42.

195. Welles também possuía uma veia didática e um ávido interesse pela educação pública. Jennifer Lynde Barker, *The Aesthetics of Antifascist Film: Radical Projection* (Nova York, 2013), p. 114.

196. Joseph McBride, *Whatever Happened to Orson Welles? A Portrait of an Independent Career* (Lexington, KY, 2006), p. 88. Welles disse que era bom "fazer com que o público visse algumas cenas de um campo de concentração". Gene D. Phillips, *Out of the Shadows: Expanding the Canon of Classic Film Noir* (Lanham, MD, 2012), p. 204.

197. Rashna Wadia Richards, *Cinematic Flashes: Cinephilia and Classical Hollywood* (Bloomington, IN, 2013), p. 150. "Disturbing Aliens, Some from Space", *New York Times*, 27 de outubro de 2013, p. 13. Welles disse em seu programa de rádio que, "embora tivesse sido derrotado na Europa, Hitler estava se saindo bem na América". Cocks, "Hollywood über Alles", p. 44; Barker, *The Aesthetics of Antifascist Film*, p. 113.

198. Para as críticas, ver "'Cornered' Absorbing Melodrama", *Los Angeles Times*, 1º de março de 1946, p. A2, e Bosley Crowther, "The Screen in Review", *New York Times*, 26 de dezembro de 1945.

199. Ver Patrick McGilligan, *Alfred Hitchcock: A Life in Darkness and Light* (Nova York, 2003), pp. 158-59, 361-75. Não é preciso dizer que tanto Hitchcock quanto Ben Hecht (que escreveu o roteiro do filme) eram inabaláveis antinazistas. Matthew H. Bernstein, "Unrecognizable Origins: 'The Song of the Dragon' and Notorious" em R. Barton Palmer e David Boyd, orgs., *Hitchcock at the Source: The Auteur as Adapter* (Albany, 2011), p. 140.

200. Crítica de *O Estranho* (*The Stranger*) em *Variety Movie Reviews*, 1º de janeiro de 1946; *Time*, resenha de *O Estranho*, 17 de junho de 1946. Para outras críticas positivas, ver *The Boston Globe*, 19 de julho de 1946, p. 8; "Orson Does It

Twice as Welles", *Daily Mail* (Londres), 23 de agosto de 1946, p. 2; "The Cinema", *Spectator*, 6 de setembro de 1946, p. 239. Ver também a crítica em *Time*, 17 de junho de 1946, que descreveu os alemães planejando a "Terceira Guerra Mundial". Mesmo resenhas críticas refletiam a suspeita que reinava acerca dos alemães. Ao atribuir a Welles o fracasso em criar uma "ilusão (convincente) de... um nazista... depravado", o *New York Times* sugeria que *O Estranho* não criava seu vilão de modo assustador o bastante. Bosley Crowther, resenha de *O Estranho* no *New York Times*, 11 de julho de 1946, p. 18.

201. Para resenhas de *Bloqueado pela Neve* (*Snowbound*), ver "At the Symphony", *New York Times*, 21 de fevereiro de 1949, p. 20. Richard Coe, "'Snowbound' Gets Lost in the Alps", *The Washington Post*, 4 de abril de 1949, p. 12. Para críticas de *Counterblast*, ver Stephen Guy, *After Victory: Projections of the Second World War and Its Aftermath in British Feature Films, 1946-1950* (tese de doutorado, Queen Mary, Universidade de Londres, 2002), pp. 142-43. Ver, juntamente com a crítica do *The Washington Post*, as resenhas em *The Irish Times*, 26 de julho de 1948 e *New York Times*, 21 de fevereiro de 1949, p. 20.

202. Guy, *After Victory*, pp. 142-43.

203. Resenha de *Expresso para Berlim* (*Berlin Express*), *Variety Movie Reviews*, 1º de janeiro de 1948. Ver também *New York Times*, 21 de maio de 1948, p. 19; Philip Scheuer, "Granet Makes Picture in Berlin Despite Reds", *Los Angeles Times*, 18 de abril de 1948, p. C1; resenha de *Expresso para Berlim* em *Hartford Courant*, 22 de julho de 1948, p. 16; resenha de *Expresso para Berlim* em *The Boston Globe*, 7 de maio de 1948, p. 22.

204. Bosley Crowther, "The Screen", *New York Times*, 15 de março de 1946, p. 27. Marjory Adams, "New Films", *The Boston Globe*, 9 de maio de 1946, p. 14.

205. Ver Bosley Crowther, "The Screen in Review", *New York Times*, 16 de agosto de 1946, p. 29. Também Bosley Crowther, "Love Conquers All", *New York Times*, 25 de agosto de 1946, p. 49

206. Além de *Expresso para Berlim*, retratos cinematográficos simpáticos de alemães comuns apareceram em *Foreign Affair* (1948) e *The Big Lift* (1950). Emily Rosenberg, "'Foreign Affairs' after World War II: Connecting Sexual and International Politics", *Diplomatic History*, janeiro de 1994, pp. 59-70.

207. Paul Mittag, "Formalistische Justiz", *Berliner Zeitung*, 19 de fevereiro de 1947, p. 6.

208. "Kampfprogramm für ein 4. Reich", *Neues Deutschland*, 4 de abril de 1947, p. 1.

209. "Russian Talk Adds to Berlin Tension", *New York Times*, 12 de setembro de 1948, p. 2.

210. Leon Dennen, "National Bolshevism in Germany", *The New Leader*, 27 de abril de 1946, p. 29.

211. Drew Middleton, "Soviet Concessions on Berlin Held Possible", *New York Times*, 20 de abril de 1947, p. E3. Lord Vansittart, "Russia's Plan for Germany Would Mean the Ruin of Britain and France", *The Shepparton Advertiser* (Austrália), 16 de março de 1947, p. 11.

212. E. L. Woodward, "Europe is Worth Saving and Can Be Saved", *New York Times*, 13 de julho de 1947, p. 107.

213. "West Germany and the French", *Southern Cross* (Adelaide, Austrália), 25 de junho de 1948, p. 3.

214. A expressão se originou na *Sie*, uma revista de Berlim. Citado em "Der Marsch in die rote Diktatur", *Mittelbayerische Zeitung*, 12 de novembro de 1949.

215. Victor Klemperer, *The Lesser Evil: The Diaries of Victor Klemperer, 1945-1959* (Londres, 2003), p. 19.

216. Victor Klemperer, *The Language of the Third Reich: LTI, Lingua Tertii Imperii: A Philologist's Notebook* (Londres, 2000), p. 14.

217. Klemperer, *The Lesser Evil*, pp. 54, 40.

218. *Ibid.*, p. 68.

219. Eberhard Pikart e Wolfram Werner, orgs., *Das Parlamentarische Rat, 1948-1949*, volume V (Boppard, 1993), pp. 169-70.

220. Wolfram Werner, *Das Parlamentarische Rat, 1948-1949*, volume IX (Munique, 1996), p. 200. Ao fazê-lo, Seebohm mencionou a importância de preservar a "continuidade" com antigas tradições alemãs.

221. *Ibid.*, p. 182.

222. *Ibid.*, p. 445.

223. *Ibid.*, p. 437.

224. *Ibid.*, p. 445. Depois de 8 de maio de 1945, o governo do Terceiro Reich deixou de existir mas, segundo o direito internacional, o conceito do Reich conservou sua existência em uma espécie de limbo legal. Os Aliados nunca anexaram ou aboliram a Alemanha e esperavam que um governo unificado fosse estabelecido. Os desacordos entre Oriente e Ocidente impediram, no entanto, que isso acontecesse. Mais tarde, os tribunais da Alemanha Ocidental decidiram que a RFA não era a sucessora do Reich alemão, visto que era só *uma parte* da antiga Alemanha. O Reich, então, continuava existindo. Bark e Gress, *A History of West Germany*, pp. 58-9.

225. "Name for West Germany: Reich, Republic, Bund?" *New York Herald Tribune*, 16 de outubro de 1948, p. 2.

226. "De Gaulle fordert allgemeine Wahlen", *Passauer Neue Presse*, 20 de abril de 1948, p. 1. Em 1949, a França encarou a criação da RFA como "o nascimento do Quarto Reich" e afirmou que ela tinha de ser integrada a uma comunidade de nações e não sucumbir ao nacionalismo. *Evening Telegraph and Post* (Dundee, Escócia), 9 de maio de 1949, p. 1.

227. "A Blow in the Face", *Daily Mail* (Londres), 12 de novembro de 1948.

228. Polyzoides, "Strassbourg Talks Guide U.S. Policy", *Los Angeles Times*, 21 de agosto de 1949, p. 17.

229. *Ibid.*, p. 17.

230. "New German Policy", *Hartford Courant*, 22 de novembro de 1949, p. 16.

231. "The Fourth Reich", *Westralian Worker* (Perth, Austrália), 26 de agosto de 1949, p. 2.

232. Tauber, *Beyond Eagle and Swastika*, pp. 62-71. O partido era também conhecido como DRP.

233. *Ibid.*, pp. 89-90. Cerca de 38% da população da Baixa Saxônia era constituída por expatriados, refugiados e evacuados.

234. *Ibid.*, pp. 71-5, 99. O partido se apoiava em uma plataforma de oposição à desnazificação e lutava por "um Reich alemão sob as cores preta-branca-vermelha".

235. *Ibid.*, pp. 104-05.

236. "Unrest in Germany: Germans Are at It Again, Says Clay", *The Press and Journal* (Aberdeen, Escócia), 11 de janeiro de 1949, p. 1.

237. Milton Friedman, "Capital Spotlight", *The Wisconsin Jewish Chronicle*, 26 de agosto de 1949, p. 7.

238. Douglas Willkie, "As I See It", *The Advertiser* (Adelaide, Austrália), 29 de agosto de 1949, p. 2; "Little Hitlers in Sheep's Clothing", *Daily Mail* (Londres), 17 de fevereiro de 1949, p. 4.

239. Otto Strasser, *Deutschlands Erneuerung* (Buenos Aires, 1946), pp. 172-74.

240. *Ibid.*, pp. 148-51.

241. Strasser não usou a expressão "Quarto Reich" em seu manifesto, mas, ao se referir à "era do machado" (*Beilzeit*) e à "era da cura" (*Heilzeit*), pode ter revelado a influência de Karl Strünckman, que havia usado as mesmas expressões em sua previsão de um iminente Quarto Reich em 1932 (ver p. 31 do presente estudo). É significativo que Strünckman e sua esposa fossem ambos

filiados a uma ala socialista dissidente do movimento pós-guerra de Strasser (conhecido como *Sammlung zur Tat,* SzT) e defendessem abertamente a criação de um Quarto Reich cristão-comunista após a guerra. Tauber, *Beyond Eagle and Swastika*, pp. 112-14. O grupo obteve 14% dos votos na seção americana de Baden-Württemberg.

242. Strasser, *Deutschlands Erneuerung*, pp. 24-5, 76. Todas as novas posições de liderança na futura Alemanha começavam com a palavra "Reich". *Ibid.*, p. 80.
243. "Black Front Rises in Reich", *Los Angeles Times*, 11 de janeiro de 1949, p. 9. "Strasser Seeks Passport", *New York Times*, 11 de janeiro de 1949, p. 7. Ver também "Extreme Rightists Gain in Germany", *New York Times*, 17 de novembro de 1949, p. 2.
244. "The Fourth Reich?" *The News* (Adelaide, Austrália), 12 de janeiro de 1949, p. 2.
245. "Germans Reviving Nationalist Ideas", *New York Times*, 15 de fevereiro de 1949, p. 10.
246. "New German President", *Courier and Advertiser* (Dundee, Escócia), 13 de setembro de 1949, p. 2.
247. *Sozialdemokratischer Pressedienst*, Hanover, 5 de novembro de 1948, p. 7.
248. "Der drohende Zeigefinger", *Berliner Zeitung*, 11 de janeiro de 1949, p. 2.
249. "Memorandum for the Officer in Charge, Subject: Otto Strasser", assinado por J. Thomas Dale, 25 de março de 1948. Strasser file. NND007017.
250. *Ibid.*
251. *Ibid.* Ver também "Memorandum for the Officer in Charge, Subject: Otto Strasser", assinado por Ernest Baer, 24 de maio de 1948. Strasser file. NND007017.
252. Drew Middleton, "British Fear Rightist Groups in Germany Plan to Combine", *New York Times*, 12 de dezembro de 1949, p. 1.
253. Tauber, *Beyond Eagle and Swastika*, p. 112.
254. "British Won't Allow Strasser to Enter Their Zone of Reich", *The Chicago Daily Tribune,* 20 de setembro de 1949, p. 7.

3 O Quarto Reich Vira à Direita: Renazificando a Alemanha nos anos 1950

1. "Das 'vierte Reich' der SRP", *Mittelbayerische Zeitung*, 25 de fevereiro de 1950, p. 1.
2. Um dos poucos estudos sobre renazificação é "Vergangenheitsbewältigung or 'Renazification'? The American Perspective on Germany's Confrontation

with the Nazi Past in the Early Years of the Adenauer Era", de Norbert Frei, em Michael Ermarth, org., *America and the Shaping of German Society, 1945-1955* (Nova York, 1993), pp. 47-59.

3. K. P. Tauber foi um dos primeiros estudiosos a discutir a utilização do termo "renazificação". Ver Tauber, *Beyond Eagle and Swastika*, pp. 881-83. Juliane Wetzel argumenta que "o sistema político da República Federal nunca... foi posto realmente em risco por partidos extremistas de direita", "Der parteipolitische Rechtsextremismus", em Wolfgang Kowalsky e Wolfgang Schroeder, orgs., *Rechtsextremismus: Einführung und Forschungsbilanz* (Opladen, 1994), p. 99.
4. O tratado foi assinado em 26 de maio de 1952, mas só teve validade a partir de 5 de maio de 1955, devido a atrasos provocados pela não ratificação do tratado da EDC (e a decisão que se seguiu de permitir que a RFA se juntasse à OTAN).
5. "The Road to Disaster", *Prevent World War III*, maio-agosto de 1949, p. 1. Menções anteriores à renazificação podem ser encontradas em "Hitler's Ex-Enemy Turns to Defense of 'Little Nazis'", *The Abilene Reporter-News*, 24 de março de 1948; "U.S. Policy in Germany Called 'Renazification'", *The Wisconsin Jewish Chronicle*, 26 de novembro de 1948, p. 1.
6. Drew Middleton, "Hitler Aides Ruling Bavaria; Germans Cool to Democracy", *New York Times*, 30 de novembro de 1949, p. 1; Drew Middleton, *The Renazification of Germany* (Nova York, 1949).
7. "Renazification", *New York Times*, 2 de dezembro de 1949, p. 28.
8. Delbert Clark, *Again the Goose Step* (Nova York, 1949), p. 296.
9. O *Daily Express* foi o maior jornal do mundo, com uma circulação diária de 4,4 milhões em 1954. "Illustrierte Schreckenskammer", *Der Spiegel*, 6 de janeiro de 1954, p. 24. Ver também Karen Bayer, *"How Dead Is Hitler?" Der Britische Starreporter Sefton Delmer und die Deutschen* (Mainz, 2008).
10. Sefton Delmer, "Can Germany Harm Us?" *Daily Express*, 12 de setembro de 1949.
11. William Shirer, "Germany Is Marching Again", ver *Magazine*, maio de 1950, p. 10.
12. "Nothing to Worry About?" *Prevent World War III*, junho-agosto de 1950, p. 1.
13. Moses Miller, *Nazis Preferred: The Renazification of Western Germany* (Nova York, 1950); West Side Committee against Renazification of Germany, *Shadow of the Swastika: German Rearmament & Renazification. The Road to World War III* (1950); Anglo-Jewish Association, *Germany's New Nazis* (1951).

14. Carolus, "The Road to Hell", *The Nation*, 29 de abril de 1950, pp. 394-95; Louis Harap, "Renazification Versus the People", *Jewish Life*, julho 1950, pp. 8-11.
15. O Comitê Judaico Americano dedicou uma seção inteira ao problema da "renazificação" na cobertura do ano 1950-1951 na edição de 1952 de seu anuário *The American Jewish Year Book*, pp. 438-40. Ver também "Nazis Returning to Power Says Anti-Defamation League", *Brooklyn Daily Eagle*, 21 de maio de 1950.
16. "Die Gefahren der Renazifizierung", *Mittelbayerishe Zeitung*, 3 de junho de 1948. "Gegen Renazifizierung der Presse", *Passauer Neue Presse*, 30 de agosto de 1949; "Regierungspräsident gegen Renazifizierung", *Passauer Neue Presse*, 11 de junho de 1948; "'Braunes Haus' in München", *Berliner Zeitung*, 8 de outubro de 1949, p. 2.
17. Citado em Manfred Görtemaker, *Thomas Mann und die Politik* (Frankfurt, 2005), p. 227.
18. Eugen Kogon, *The Theory and Practice of Hell* (Nova York, 1964), p. 319.
19. Deutscher *Bundestag* – 40. Sitzung, 23 de fevereiro de 1950, p. 1.330. http://dip21.*Bundestag*.de/dip21/btp/01/01040.pdf.
20. Alvarez Del Vayo, "Germany: Cold War Victor?", *The Nation*, 1º de abril de 1950, p. 295; ver também Alvarez Del Vayo, "The Eternal Dr. Schacht", *The Nation*, 18 de fevereiro de 1950, p. 157.
21. Ernest S. Pisko, "This World...," *The Christian Science Monitor*, 31 de janeiro de 1950, p. 7.
22. Anglo-Jewish Association, *Germany's New Nazis*, p. 71.
23. Brian Connell, "Muddle as Bonn Rulers Meet", *Daily Mail* (Londres), 8 de setembro de 1949, p. 1.
24. "A Fourth Reich", *The Dallas Morning News*, 10 de dezembro de 1949.
25. Daniel E. Rogers, *Politics After Hitler: The Western Allies and the German Party System* (Nova York, 1995), p. 21. A organização lobista pró-refugiados conhecida como Liga dos Expatriados Alemães e Daqueles Privados de Direitos (BHE) foi fundada em janeiro de 1950 e recebeu, nesse mesmo ano, mais de 24% dos votos em Schleswig-Holstein. Richard Stöss, *Die extreme Rechte in der Bundesrepublik: Entwicklung – Ursachen – Gegenmaßnahmen* (Opladen, 1989), p. 88.
26. "Neo-Nazi Parties of Today", *Prevent World War III*, março-abril 1950, pp. 20-1.
27. Tauber, *Beyond Eagle and Swastika*, p. 743.

28. Norbert Frei, *Adenauer's Germany and the Nazi Past: The Politics of Amnesty and Integration* (Nova York, 2002), capítulo 10, em especial pp. 237-40. Hedler disse que os nazistas poderiam ter usado "outros métodos" para se livrarem dos judeus além das câmaras de gás. Dois terços dos membros do tribunal eram ex-nazistas.
29. Para outra cobertura de jornal, ver Antony Terry, "Will German Dilemma End in New Hitler?" *The Press and Journal* (Aberdeen, Escócia), 29 de março de 1950.
30. "Das 'Vierte Reich' marschiert", *Neue Zeit*, 24 de fevereiro de 1950, p. 1.
31. Norbert Muhlen, "In the Backwash of the Great Crime", *Commentary*, fevereiro de 1952, p. 110.
32. "German Nationalism High Again on Day Hitler Took Full Rule", *The Anniston Star* (Anniston, AL), 30 de janeiro de 1950, p. 1; "New German Party Pledges 4th Reich", *The Boston Globe*, 23 de janeiro de 1950, p. 2; "A Führer Sets Them Singing", *Daily Mail* (Londres), 23 de janeiro de 1950, p. 1. Ver também Tauber, *Beyond Eagle and Swastika*, p. 743, para o apoio que Richter prestou ao Reich quando ainda era membro do DRP.
33. "Franz Richter: The New Adolf Hitler?" *Daily Mail* (Londres), 4 de março de 1950, p. 4.
34. *Information Bulletin*, março 1952.
35. Anne Freemantle, "Was It Better under Hitler?" *The New Republic*, 29 dc dezembro de 1952, p. 15.
36. Henning Hansen, *Die Sozialistische Reichspartei (SRP): Aufstieg und Scheitern einer rechtsextremen Partei* (Düsseldorf, 2007), p. 78; Otto Busch e Peter Furth, *Rechtsradikalismus im Nachkriegsdeutschland: Studien über die Sozialistische Reichspartei (SRP)* (Berlim, 1957), p. 23; Tauber, *Beyond Eagle and Swastika*, p. 692.
37. Busch e Furth, *Rechtsradikalismus im Nachkriegsdeutschland*, p. 18. Dorls descreveu, em um tom polêmico, as câmaras de gás como um dos "métodos revolucionários" da época nazista. Citado em William J. Collins, "Otto Remer: The New Nazi Threat", *The Jewish Advocate*, 21 de junho de 1951, p. 1. Sobre Dorls, ver também Leonard J. Schweitzer, "Hitler's Would-Be Heirs", *The Reporter*, 25 de dezembro de 1951, pp. 31-2.
38. De início Remer deu apoio aos vinte conspiradores de julho, mas, de modo oportunista, mudou de lado após ser interpelado por Joseph Goebbels, que conseguiu que Remer falasse com Hitler ao telefone para provar que o Führer continuava vivo. Tauber, *Beyond Eagle and Swastika*, p. 87.

39. Hansen, *Die Sozialistische Reichspartei*, pp. 52-3; Busch e Furth, *Rechtsradikalismus im Nachkriegsdeutschland*, p. 20; Tauber, *Beyond Eagle and Swastika*, p. 692.
40. Tauber, *Beyond Eagle and Swastika*, pp. 119-32. Martin A. Lee, *The Beast Reawakens: Fascism's Resurgence from Hitler's Spymasters to Today* (Boston, 1997), pp. 76-7.
41. *Germany's New Nazis*, p. 26. Hansen, *Die Sozialistische Reichspartei*, p. 178; Peter Dudek e Hans-Gerhard Jaschke, *Entstehung und Entwicklung des Rechtsextremismus in der Bunderepublik: Zur Tradition einer besonderen politischen Kultur* (Opladen, 1984), p. 67.
42. "Die gleiche Blutgruppe?" *FAZ*, 7 de março de 1952, p. 2.
43. *Information Bulletin*, 6 de setembro de 1949, p. 4; "Schickt deutsche Maurer", *Der Spiegel*, 2 de maio de 1951.
44. *Ibid.*
45. Busch e Furth, *Rechtsradikalismus im Nachkriegsdeutschland*, pp. 33-44.
46. Hansen, *Die Sozialistische Reichspartei*, p. 117.
47. *Ibid.*, p. 123. "Otto Remer: The New Nazi Threat", *The Jewish Advocate*, 21 de junho de 1951, p. 1; Don Doane, "Reich Party Frankly Wants a Dictator", *The Washington Post*, 23 de dezembro de 1951, p. B3.
48. Anne Freemantle, "Was It Better under Hitler?", *The New Republic*, 29 de dezembro de 1952, p. 14.
49. Hansen, *Die Sozialistische Reichspartei*, p. 120.
50. "Trial of Nazi Accents Voluntary Reeducation", *The Christian Science Monitor*, 17 de abril de 1952, p. 13.
51. "Are the Nazis Coming Back?", *Picture Post*, 16 de junho de 1951.
52. Hansen, *Die Sozialistische Reichspartei*, pp. 117, 130.
53. Como escreveram os historiadores Otto Busch e Peter Furth, "o SRP encarava o 'Reich' como a realidade existencial, consagrada pelo tempo, do povo alemão, a fonte mítica de sua consciência missionária". Busch e Furth, *Rechtsradikalismus im Nachkriegsdeutschland*, p. 296.
54. The Anglo-Jewish Association, *Germany's New Nazis*, p. 24; Hansen, *Die Sozialistische Reichspartei*, p. 124.
55. Ver o *Aktionsprogramm der SRP* (1949), em Uwe Backes e Eckhard Jesse, *Politischer Extremismus in der Bundesrepublik Deutschland*, volume III (Colônia, 1989), pp. 87-9.
56. Busch e Furth, *Rechtsradikalismus im Nachkriegsdeutschland*, pp. 24, 295-96; Günter J. Trittel, "Die Sozialistische Reichspartei als Niedersächsische

Regionalpartei", em Bernd Weisbrod, org., *Rechtsradikalismus in der politischen Kultur der Nachkriegszeit: Die verzögerte Normalisierung in Niedersachsen* (Hanover, 1995), p. 74.

57. Frei, *Adenauer's Germany*, p. 254; Busch e Furth, *Rechtsradikalismus im Nachkriegsdeutschland*, pp. 298-99.

58. Em meados dos anos 1950, a Corte Suprema Federal endossou a ideia de que, com o fim da guerra, o Reich não fora abolido, mas meramente "suspenso" e tornado "incapaz de agir" (*handlungsunfähig*), já que os Aliados nunca concordaram com um tratado de paz e se limitaram a substituir o derrotado governo nazista por dois Estados criados após a guerra, mas "provisórios". Em 1955, o Centro de Imprensa e Informação da Alemanha Ocidental declarou que "a República Federal é uma forma legítima do Reich alemão". Allemann, *Bonn ist nicht Weimar*, p. 17.

59. "Das 'Vierte Reich' marschiert", *Neue Zeit*, 24 de fevereiro de 1950, p. 1. Ver também "Das 'Vierte Reich'", *Hamburger Abendblatt*, 21 de fevereiro de 1950, que menciona Heimhardt fazendo uma palestra em Luckau, onde proclamou a intenção "de criar o Quarto Reich".

60. Citado em Heiko Buschke, *Deutsche Presse, Rechtsextremismus und nationalsozialistische Vergangenheit in der Ära Adenauer* (Frankfurt, 2003), p. 161. "Nazis Find New Fuhrer", *The Advertiser* (Adelaide, Austrália), 8 de maio de 1951, p. 3.

61. "Saalschlachten wie einst", *Neue Zeit*, 7 de fevereiro de 1950, p. 2. "Remer in Aktion", *Aufbau*, 15 de setembro de 1950. "Tumult um Remer", *FAZ*, 12 de janeiro de 1950, p. 4.

62. "Tumult um Remer", *FAZ*, 12 de janeiro de 1950, p. 4.

63. The Anglo-Jewish Association, *Germany's New Nazis*, p. 33; Tauber, *Beyond Eagle and Swastika*, p. 693.

64. Hansen, *Die Sozialistische Reichspartei*, pp. 196-203; Beate Baldow, *Episode oder Gefahr? Die Naumann-Affäre* (tese de doutorado, Freie Universität Berlin, 2012), pp.105-06.

65. "Geheim ins Reich", *Der Spiegel*, 18 de março de 2013.

66. Bernd Weisbrod, "Einleitung", em Weisbrod, org., *Rechtsradikalismus in der politischen Kultur der Nachkriegszeit*, p. 9. David Johst, "Nur allerbeste Nazis", *Die Zeit*, 29 de março de 2012.

67. Heiko Buschke, "Die Sozialistische Reichspartei im Raum Lüneburg 1949-1952", em Weisbrod, org., *Rechtsradikalismus in der politischen Kultur der Nachkriegszeit*, 91.

68. Na realidade, é provável que o SRP tivesse por volta de 10 mil membros. Hansen, *Die Sozialistische Reichspartei*, p. 59; Steffen Kailitz, *Politischer Extremismus in der Bundesrepublik Deutschland: Eine Einführung* (Wiesbaden, 2004), p. 32; Tauber, *Beyond Eagle and Swastika*, p. 698.

69. Trittel, "Die Sozialistische Reichspartei als Niedersächsische Regionalpartei", p. 83; Hansen, *Die Sozialistische Reichspartei*, p. 64.

70. Hansen, *Die Sozialistische Reichspartei*, p. 173; David Johst, "Nur allerbeste Nazis", *Die Zeit*, 29 de março de 2012.

71. Jaschke e Dudek, *Entstehung und Entwicklung des Rechtsextremismus in der Bunderepublik*, p. 65.

72. Hansen, *Die Sozialistische Reichspartei*, pp. 29, 86; Weisbrod, "Einleitung", 12.

73. The Anglo-Jewish Association, *Germany's New Nazis*, p. 15. Hansen, *Die Sozialistische Reichspartei*, p.173.

74. Hansen, *Die Sozialistische Reichspartei*, p. 68.

75. *Ibid.*, p. 81.

76. Buschke, "Die Sozialistische Reichspartei im Raum Lüneburg 1949-1952", pp. 99-100.

77. Drew Middleton, "Neo-Nazism: 'A Cloud Like a Man's Hand'", *New York Times*, 1º de julho de 1951, p. 115.

78. Don Doane, "Otto Remer Wants to Be New Hitler", *The Abilene Reporter-News*, 26 de março de 1952, p. 3B; Richard Hanser, "Is He Germany's New Hitler?" *St. Louis Post-Dispatch*, 4 de novembro de 1951. "The New Hitler?" *Prevent World War III*, novembro-dezembro de 1949, p. 21.

79. Richard Hanser, "He Hopes to Be Tomorrow's Führer", *Reader's Digest*, dezembro de 1951, p. 120.

80. Sefton Delmer, "Is a New Hitler Rising?", *Daily Express*, 6 de julho de 1951. Sefton Delmer, "I Heard Remer Echo That Nazi Style", *Daily Express*, 10 de julho de 1951.

81. "Are the Nazis Coming Back?", *Picture Post*, 16 de junho de 1951.

82. William Stevenson, "General Remer – A New Hitler?" *The Seattle Times*, 3 de fevereiro de 1952.

83. William Attwood e Seymour Freidin, "The Nazis March Again", *Collier's*, 25 de novembro de 1950, p. 23.

84. John LaFarge, "Reconstructing a Divided Germany", *America*, 28 de julho de 1951, p. 417.

85. "West German Unions Rebuff Communists But Warn Against Any Growth of Nazism", *New York Times*, 23 de junho de 1951, p. 3.

86. "Das 'Vierte Reich' marschiert", *Neue Zeit*, 24 de fevereiro de 1950, p. 1.

87. Frei, *Adenauer's Germany*, p. 263.

88. Kailitz, *Politischer Extremismus in der Bundesrepublik Deutschland*, p. 33; Hansen, *Die Sozialistische Reichspartei*, p. 179.

89. "'Das wär' bei Hitler nicht passiert...,'" *Die Zeit*, 3 de maio de 1951.

90. Ver "The Radical Right", *Information Bulletin*, setembro de 1951, pp. 65-8.

91. "McCloy Warns of Neo-Nazis", *New York Times*, 28 de fevereiro de 1952, p. 8; John J. McCloy, "Germany's Future", *Information Bulletin*, janeiro de 1952, pp. 7-9. Frei, *Adenauer's Germany and the Nazi Past*, p. 260.

92. Hansen, *Die Sozialistische Reichspartei*, pp. 205-08.

93. Frei, *Adenauer's Germany and the Nazi Past*, p. 400, 51n.

94. Hansen, *Die Sozialistische Reichspartei*, pp. 179, 204n, p. 225.

95. "Schickt deutsche Maurer", *Der Spiegel*, 2 de maio de 1951, p. 8.

96. Rand C. Lewis, *A Nazi Legacy: Right-Wing Extremism in Postwar Germany* (Nova York, 1991), p. 44.

97. O SRP foi declarado hostil ao Estado (*staatsfeindlich*) em 19 de setembro de 1950. O *Reichsfront* foi banido em 1951. Remer foi impedido de discursar em 1951. Tauber, *Beyond Eagle and Swastika*, p. 710.

98. Remer enfrentou pela primeira vez proibições de falar em público em nível regional, em fevereiro de 1950. Frei, *Adenauer's Germany and the Nazi Past*, pp. 252, 267. Em março de 1952, foi levado a julgamento em Brunswick e mais tarde considerado culpado por caluniar o grupo de resistência de 20 de julho, chamando-os de traidores.

99. Trittel, "Die Sozialistische Reichspartei als Niedersächsische Regionalpartei", p. 69; Frei, *Adenauer's Germany and the Nazi Past*, p. 274.

100. Na realidade Dorls dissolveu o SRP antes de 12 de setembro de 1952.

101. Tauber, *Beyond Eagle and Swastika*, pp. 714-25. Dorls fugiu para a Espanha para escapar da prisão, enquanto Remer fugiu para o Egito escapando de uma nova pena por ter sido condenado pela segunda vez por difamação. Remer continuou ativo em círculos de direita e se tornou mais tarde um negador do Holocausto.

102. Hansen, *Die Sozialistische Reichspartei*, p. 275. "Nazi Threat of Comeback Is Exploded", *Hartford Courant*, 13 de setembro de 1952.

103. Kommunistiche Partei Deutschlands, *Viertes Reich fällt aus: Das Urteil des Bundes-Verfassungsgerichtes über die SRP* (Hilden, 1952).
104. Hansen, *Die Sozialistische Reichspartei*, pp. 274-75.
105. "Das Ende der SRP", *Die Zeit*, 18 de setembro de 1952.
106. Hugh Trevor-Roper, "The Germans Reappraise the War", *Foreign Affairs*, janeiro de 1953, p. 233. Frei, *Adenauer's Germany and the Nazi Past*, p. 276; Allemann, *Bonn ist nicht Wiemar*, p. 294.
107. Baldow, *Episode oder Gefahr?*, pp. 17-23.
108. Ver Werner Naumann, "The Time to Decide" (abril de 1945), do arquivo de propaganda do Calvin College. https://research.calvin.edu/german-propaganda-archive/naumann1.htm.
109. Günter Trittel, *"Man kann ein Ideal nicht verraten..." Werner Naumann – NS-Ideologie und politische Praxis in der frühen Bundesrepublik* (Göttingen, 2013), pp. 72-90.
110. Baldow, *Episode oder Gefahr?*, p. 25; Trittel, *"Man kann ein Ideal nicht verraten..."*, p. 81.
111. Baldow, *Episode oder Gefahr?*, pp. 39-55; Tauber, *Beyond Eagle and Swastika*, pp. 119-32.
112. Baldow, *Episode oder Gefahr?*, p. 83.
113. *Ibid.*, pp. 2-3, 85; Tauber, *Beyond Eagle and Swastika*, pp. 133-35. Ver também "Naumann-Kreis", sem data, p. 10, nos documentos de Leo Freiherr Geyr von Schweppenburg, ED 91, Bd. 1-54, Institut für Zeitgeschichte, Munique.
114. Baldow, *Episode oder Gefahr?*, pp. 29, 33-4, 57-8, 82.
115. *Ibid.*, p. 28.
116. Trittel, *"Man kann ein Ideal nicht verraten...,"* p. 7.
117. Tauber, *Beyond Eagle and Swastika*, p. 38.
118. Isto foi extraído de um tratado escrito por Naumann in 1951. Baldow, *Episode oder Gefahr?*, pp. 25-6, 92-4, 111-12, Trittel, *"Man kann ein Ideal nicht verraten...,"* p. 134.
119. Trittel, *"Man kann ein Ideal nicht verraten...,"* p. 130.
120. Trittel rejeita a ideia de que Naumann quisesse assumir o controle do FDP ou tomar o poder através do partido e defende que, na realidade, o FDP perseguia Naumann. Trittel, *"Man kann ein Ideal nicht verraten...,"* pp. 13, 136-37, 156-59, 162-63, 177n. A maioria dos estudiosos, no entanto, vê Naumann como um conspirador ativo. Ver Baldow, *Episode oder Gefahr?*, pp. 93-6; Alistair Horne, *Return to Power: A Report on the New Germany* (Nova York, 1956), p. 169; Tauber, *Beyond Eagle and Swastika*, pp. 135-39.

121. Trittel, "*Man kann ein Ideal nicht verraten...*," p. 130.

122. *Ibid.*, pp. 128, 133.

123. *Ibid.*, p. 148.

124. *Ibid.*, pp. 128, 134.

125. Baldow, *Episode oder Gefahr?*, p. 30.

126. Buchna, *Nationale Sammlung an Rhein und Ruhr*, p. 217.

127. Baldow, *Episode oder Gefahr?*, p. 148; Buchna, *Nationale Sammlung an Rhein und Ruhr*, p. 220.

128. Frei, *Adenauer's Germany and the Nazi Past*, pp. 289-90; Baldow, *Episode oder Gefahr?*, p. 32.

129. Baldow, *Episode oder Gefahr?*, p. 33.

130. Best era o ex-oficial de mais alta patente da RSHA ainda vivo na Alemanha e conhecia Achenbach e Six dos anos da guerra.

131. Diewerge foi uma das figuras de destaque que forjaram os contatos entre o FDP e Naumann, que fora seu superior no Ministério da Propaganda.

132. Susanna Schrafstetter, "Siegfried Zoglmann, His Circle of Writers, and the Naumann Affair", em David A. Messenger e Katrin Paehler, orgs., *A Nazi Past: Recasting German Identity in Postwar Europe* (Lexington, KY, 2015), p. 118. Zoglmann ajudou a editar as publicações do FDP, *Die Deutsche Zukunft* e *Die Plattform*, ambas trazendo artigos apologéticos, pró-nazismo, escritos por Grimm e Diewerge. Baldow, *Episode oder Gefahr?*, pp. 136-38.

133. Frei, *Adenauer's Germany and the Nazi Past*, p. 280; Schrafstetter, "Siegfried Zoglmann", pp. 122-26.

134. Ver o texto do documento em Peter Juling, *Programmatische Entwicklung der FDP 1946 bis 1969: Einführungn und Dokumente* (Meisenheim am Glan,1977), pp. 120-24.

135. *Ibid.*

136. Trittel, "*Man kann ein Ideal nicht verraten...*," pp. 164-65; Baldow, *Episode oder Gefahr?*, pp. 154-58.

137. Baldow, *Episode oder Gefahr?*, pp. 96-7, 160-69, 193-95. Trittel, "*Man kann ein Ideal nicht verraten...*" pp. 169-72. Originalmente Naumann acreditava que não entraria na vida pública antes de 1957. Trittel, "*Man kann ein Ideal nicht verraten...*", p. 148.

138. *Ibid.*, p. 185.

139. Tauber, *Beyond Eagle and Swastika*, p. 895.

140. "British Arrest Seven Nazi Ringleaders", *The Times* (Londres), 16 de janeiro de 1953; Baldow, *Episode oder Gefahr?*, p. 205.

141. "Naumann-Kreis", sem data, p. 17. Nos documentos de Leo Freiherr Geyr von Schweppenburg, ED 91, Bd. 1-54, no Institut für Zeitgeschichte, em Munique.

142. "New Nazi Specter in Western Germany", *New York Herald Tribune*, 25 de janeiro de 1953.

143. "7 Ex-Nazis Seized by British for Plot", *New York Times*, 16 de janeiro de 1953, p. 1; "Nazism Hangs On", *New York Times*, 19 de janeiro de 1953, p. 22.

144. "Echo from the Bunker", *Daily Mail* (Londres), 16 de janeiro de 1953, p. 4; "The Web Spun by Naumann", *The Times* (Londres), 6 de maio de 1953, p. 7.

145. Baldow, *Episode oder Gefahr?*, p. 233.

146. "The Re-Nazification of Germany", *Prevent World War III*, verão de 1953, p. 31.

147. "Germans Threaten Allied Forces' Security", reeditado em *The Examiner* (Launceton, Tasmânia), 10 de março de 1953, p. 2.

148. "British Break Up Nazi Plot to Seize Power in Germany", *The Jerusalem Post*, 16 de janeiro de 1953, p. 1.

149. "British Nab 7 Nazis, Charge Plot to Create '4th Reich'", *The Cleveland Plain-Dealer*, 6 de janeiro de 1953. "Seventh Nazi Seized in Communist-Backed Plot", *Los Angeles Times*, 6 de janeiro de 1953, p. 2. "7 Ex-Nazis Jailed for Plotting Coup", *The Boston Globe*, 16 de janeiro de 1953, p. 13.

150. A imprensa britânica reportou que membros dos *Freikorps* [Brigadas Livres] estavam planejando um Quarto Reich quando foram detidos no início de fevereiro de 1953. "Nazi Leaders Are Hunted by Night", *Daily Express*, 11 de fevereiro de 1953. A demanda por um "novo Reich" foi também apresentada por veteranos de guerra associados ao general Hermann Ramcke: *Daily Mail* (Londres), 23 de janeiro de 1953. Relatos sobre o esmagamento de outro golpe nazista, dessa vez pelo Freikorps Deutschland, apareceram no *New York Times*, de 11 de fevereiro de 1953. Três dias após as prisões de Naumann, uma enquete do HICOG pareceu confirmar um apoio crescente ao neonazismo entre os alemães. Segundo os resultados, 41% dos alemães achavam que "o número de coisas boas superava o de coisas más" no Terceiro Reich, enquanto 35% diziam o contrário; só 4% disseram que o povo alemão tinha alguma parcela de culpa pela era nazista; por fim, 24% afirmavam que apoiariam um novo movimento nacional-socialista. Drew Middleton,

"Rise in Neo-Nazism Is Shown by Survey in West Germany", *New York Times*, 18 de janeiro de 1953, p. 1.

151. Ver Baldow, *Episode oder Gefahr?*, pp. 215-22; "Mit Nau-Nau Argumenten", *Der Spiegel*, 11 de março de 1953, p. 19. Para uma lista geral de alegações, ver "Nau-Nau", *Der Spiegel*, 21 de janeiro de 1953, p. 6.

152. Trittel, "*Man kann ein Ideal nicht verraten...*," p. 197.

153. "Nau-Nau", *Der Spiegel*, 21 de janeiro de 1953, p. 8. Nos Estados Unidos, o *The Wall Street Journal* questionou a seriedade da ameaça nazista em "Nazi Revival", 26 de fevereiro de 1953, p. 8.

154. "Nau-Nau", *Der Spiegel*, 21 de janeiro de 1953, p. 6; "Zum Totenschädel verzerrt", *Der Spiegel*, 11 de março de 1953, p. 6.

155. Baldow, *Episode oder Gefahr?*, pp. 222-24; Trittel, *"Man kann ein Ideal nicht Verraten...*," pp. 204, 263.

156. Trittel, "*Man kann ein Ideal nicht verraten...*," p. 207. Dehler observou que o Círculo Naumann ia "tomar o poder após as próximas eleições". "The Re-Nazification of Germany", *Prevent World War III*, verão de 1953, p. 31.

157. Baldow, *Episode oder Gefahr?*, p. 225; Frei, *Adenauer's Germany and the Nazi Past*, p. 288.

158. Baldow, *Episode oder Gefahr?*, p. 242.

159. *Ibid.*, p. 298.

160. "Naumann, a New Hitler?", *The Corpus Christi Caller Times*, 24 de agosto de 1953. "Ex-Nazi Reviving Hitler Technique", *New York Times*, 17 de agosto de 1953, p. 6.

161. Trittel, "*Man kann ein Ideal nicht verraten...*," p. 260.

162. Baldow, *Episode oder Gefahr?* pp. 298, 283; Trittel, *"Man kann ein Ideal nicht Verraten...*," pp. 264-70. "Rotten Eggs Hurled at Naumann in Kiel" em *New York Times*, 21 de agosto de 1953, p. 2. "Naumann Out of German Politics Under Ruling That He Is a Nazi", *New York Times*, 25 de agosto de 1953, p. 1.

163. Baldow, *Episode oder Gefahr?*, p. 273.

164. Tauber, *Beyond Eagle and Swastika*, pp. 803-07. O FDP foi de 11,9 a 9,5%, o DP de 4,0 a 3,3% e o DRP de 1,8 a 1,1%. O BHE alcançou menos do que era esperado, apenas 5,9% dos votos. Só 34% dos expatriados votaram no partido. Baldow, *Episode oder Gefahr?*, p. 287.

165. Tauber, *Beyond Eagle and Swastika*, p. 811. Wolfrum, *Die geglückte Demokratie*, pp. 128-29.

166. Tauber, *Beyond Eagle and Swastika*, pp. 806-07.

167. Baldow, *Episode oder Gefahr?*, pp. 298-301. Depois de absolvidos, em dezembro de 1954, da acusação de procurar "restabelecer um Estado nacional-socialista sob o comando de um Führer", os conspiradores do FDP continuaram mais ou menos incólumes. Middelhauve, reivindicando total inocência, permaneceu no cargo. Achenbach foi um pouco rebaixado mas, em 1957, tornou-se, juntamente com Zoglmann, deputado no *Bundestag*. Frei, *Adenauer's Germany and the Nazi Past*, pp. 289-90.

168. T. H. Tetens, *Germany Plots with the Kremlin* (Nova York, 1953).

169. *Ibid.*, p. 6.

170. *Ibid.*, pp. viii-ix.

171. *Ibid.*, p. 95.

172. *Ibid.*, p. 94.

173. *Ibid.*, p. 158.

174. *Ibid.*, p. 159.

175. *Ibid.*, p. 179.

176. *Ibid.*, p. viii.

177. Hans Habe, *Our Love Affair with Germany* (Nova York, 1953).

178. *Ibid.*, p. 27.

179. *Ibid.*, p. 233.

180. *Ibid.*, pp. 61, 66.

181. *Ibid.*, pp. 71-2.

182. *Ibid.*, pp. 236-37.

183. *Ibid.*, pp. 242-43.

184. Embora alguns críticos tenham achado o livro de Tetens "oportuno", outros argumentaram que seu "tom alarmista" fazia "mais mal do que bem". Ver as resenhas do livro de Tetens feitas por Louis Snyder, em *The American Historical Review*, julho de 1953, pp. 963-64; por Koppel Pinson in *Jewish Social Studies*, abril de 1954, pp. 182-86, e por Elizabeth Wiskemann em *International Affairs*, abril de 1954, pp. 235-36. O livro de Habe, enquanto isso, foi descrito como marcado pelo "ressentimento pessoal" (Pinson, p. 184); ver também a resenha de Richard F. Schier em *The Western Political Quarterly Review*, junho de 1954, pp. 264-65.

185. Norbert Muhlen, *The Return of Germany* (1953). Norbert Muhlen, "Is There a West German Menace?", *Commentary*, junho de 1953.

186. Muhlen, *The Return of Germany*, pp. 50-2.

187. *Ibid.*, p. 69.

188. *Ibid.*, pp. 4-5.

189. *Ibid.*, p. 12.

190. Ver também Norbert Muhlen, "German Anti-Americanism: East and West Zones", *Commentary*, fevereiro de 1953, p. 130.

191. Muhlen, "Is There a West German Menace?", *Commentary*, junho de 1953.

192. Peter Schmid, "The Germans' Present Conservatism: Its Roots", *Commentary*, novembro de 1953, pp. 422-23.

193. Herbert Lüthy, "Behind Reawakened German Nationalism", *Commentary*, 1º de fevereiro de 1952, p. 116.

194. Richard Lowenthal, "The New Nazi Round-up", *The New Leader*, 23 de fevereiro de 1953, p. 36.

195. Horne, *Return to Power*, p. 165.

196. Bayer, "How Dead Is Hitler?". Reeditado em *Prevent World War III*, verão de 1954, pp. 24-8.

197. Bayer, "How Dead Is Hitler?", pp. 205-17.

198. "Schwarze Propaganda", *Der Spiegel*, 8 de setembro de 1954, pp. 16-22.

199. Lord Russell, *The Scourge of the Swastika* (Londres, 1954), p. 1.

200. Horne, *Return to Power*, pp. 41-5, 182, e capítulo 9.

201. Jacques Soustelle, "France and Europe", *Foreign Affairs*, julho de 1952, p. 547.

202. Lewis Namier, *Avenues of History* (Londres, 1952), pp. 94, 98.

203. Frederick Schuman, "The Tortured German Psyche", *The Nation*, 8 de janeiro de 1955, pp. 34-5.

204. Anthony Terry, "Germans Unhappy over New Fourth Reich", *The Pittsburgh Press*, 15 de janeiro de 1955, p. 9.

205. Louis Mitelberg, Walter Heynowski e Hans Picard, *Das Vierte Reich* (Berlim, 1955).

206. A campanha de propaganda alemã-oriental era comandada por Albert Norden, membro do Partido Socialista Unificado da Alemanha (*Sozialistische Einheitspartei Deutschlands* – SED). Ver Michael F. Scholz, "Active Measures and Disinformation as Part of East Germany's Propaganda War, 1953-1972", em Kristie Macrakis, Thomas Wegener Friis e Helmut Müller-Enbergs, orgs., *East German Foreign Intelligence: Myth, Reality and Controversy* (Nova York, 2010), p. 114.

207. As charges apareceram pela primeira vez no jornal comunista francês *L'Humanité*.

208. Norbert Frei descreveu esses medos como "descabidos" e "com frequência forjados", Frei, *Adenauer's Germany and the Nazi Past*, pp. 52, 59. Wetzel diz que a reação exagerada não era uma estratégia útil, "Der parteipolitische Rechtsextremismus", p. 99.

209. Norbert Frei garante que "a anistia política e reintegração social do exército de 'companheiros de viagem' era tão necessária quanto inevitável", *Adenauer's Germany and the Nazi Past*, pp. xiv, 310. Ulrich Herbert escreve que "a política de Adenauer com relação a ex-nazistas se mostrou acertada". Ulrich Herbert, *Best: Biographische Studien über Radikalismus, Weltanschauung und Vernunft, 1903-1989* (Bonn, 1996), p. 474. Wilfried Loth e Bernd-A. Rusinek escrevem que "dos nazistas emergiram democratas, sem que fosse investigada sua responsabilidade pelo nazismo", em Wilfried Loth e Bernd-A. Rusinek, "Einleitung", em Wilfried Loth e Bernd-A. Rusinek, orgs., *Verwandlungspolitik: NS-Eliten in der westdeutschen Nachkriegsgesellschaft* (Frankfurt, 1998), p. 8. Richard Stöss escreveu: "A integração política do extremismo de direita pós-guerra... deu uma contribuição decisiva para a enorme estabilidade da República Federal": Stöss, *Die extreme Rechte in der Bundesrepublik*, p. 94. Jeff Olick, *In the House of the Hangman: The Agonies of German Defeat, 1943-1949* (Chicago, 2005), pp. 9-10. Klaus Epstein argumentou que a "política de 'domesticação' de ex-nazistas por meio da aceitação gentil tem... de ser considerada um sucesso político", em Pinson e Epstein, *Modern Germany*, p. 580.

210. Klaus Dietmar Henke, "Die Grenzen der politischen Säuberung in Deutschland nach 1945", em Ludolf Herbst, org., *Westdeutschland 1945-1955: Unterwerfung, Kontrolle, Integration* (Munique, 1986), pp. 132-33.

211. Adenauer disse que a desnazificação tinha trazido "um grande infortúnio para a Alemanha" e queixou-se do interminável "farejamento de nazistas" (*Naziriecherei*). Citado em Georg von Bönisch, "Amnesie und Amnestie", *Der Spiegel*, 21 de fevereiro de 2006, pp. 112-18. Ver também "Böse Erinnerungen", *Der Spiegel*, 4 de abril de 1956, p. 18.

212. Adenauer percebeu que cerca de 10% dos votantes nas eleições de 1949 para o *Bundestag* revelavam a disposição de votar em partidos da extrema-direita. Como a CDU só recebeu 31% dos votos em 1949 e os parceiros de coalizão do bloco de Adenauer só obtiveram um total de 46%, ele compreendeu que era crucial conquistar todos os eleitores que pudessem dar

apoio a um partido à direita da CDU. Stöss, *Die extreme Rechte in der Bundesrepublik*, pp. 86-8.

213. Em 1949, foi aprovada a primeira lei de anistia (*Straffreiheitsgesetz*), que perdoava cerca de 800 mil pessoas e restaurava seus direitos de voto. Eram pessoas que haviam recebido sentenças leves, de seis meses a um ano, por crimes cometidos antes de 1949. Dois anos depois, em 1951, foi aprovada a "Lei 131", que concedia aposentadorias a cerca de 160 mil funcionários públicos do período nazista que haviam sido demitidos após 1945 e lhes permitia retornar ao trabalho (a lei chegou a incluir algum pessoal da Gestapo). In 1954, a segunda lei de anistia (*zweite Straffreiheitsgesetz*) perdoava crimes cometidos no final da Segunda Guerra Mundial. Frei, *Adenauer's Germany and the Nazi Past*, capítulos 2-4; ver também Dominik Geppert, *Die Ära Adenauer* (Darmstadt, 2002), pp. 74-7.

214. A política de anistia de Adenauer foi parte de uma "dupla estratégia" de ignorar o passado nazista de determinados indivíduos enquanto condenava o nazismo na esfera pública. Helmut König, "Das Erbe der Diktatur: Der Nationalsozialismus im politischen Bewusstsein der Bundesrepublik", *Leviathan*, 2, 1996, pp. 169-70.

215. Herbert, *Best*, pp. 473-76.

216. Frei, *Adenauer's Germany and the Nazi Past*, p. 310; Tauber, *Beyond Eagle and Swastika*, pp. 809-13; Herbert, *Best*, pp. 474-75. Herbert, "Rückkehr in die Bürgerlichkeit: NSEliten in der Bundesrepublik", em Weisbrod, org., *Rechtsradikalismus in der politischen Kultur der Nachkriegszeit*, pp. 157-73.

217. Hermann Lübbe, "Der Nationalsozialismus im politischen Bewusstsein der Gegenwart", em Martin Broszat, org., *Deutschlands Weg in die Diktatur* (Berlim, 1983), pp. 333-34.

218. Hermann Lübbe, *Hermann Lübbe im Gespräch* (Munique, 2010), p. 158.

219. Christian Meier, *Das Gebot zu vergessen und die Unabweisbarkeit des Erinnerns: Vom öffentlichen Umgang mit schlimmer Vergangenheit* (Munique, 2010), p. 62. Ver a entrevista com Götz Aly, "Vereiste Vergangenheit", *Die Zeit*, 14 de março de 2013. Dirk Moses se refere ao "silêncio funcionalmente necessário" e argumenta que "teria sido impossível integrar a população em grande parte convertida ao nazismo numa nova ordem" se tivesse havido após a guerra alguma tentativa radical de levar a cabo "uma revolução antifascista". Moses, *German Intellectuals and the Nazi Past*, pp. 69, 73. Ulrich Herbert argumentou que "sem ex-nazistas integrando grupos de liderança no governo, a formação do novo Estado... teria sido impossível". Ulrich Herbert, "NS-Eliten

in der Bundesrepublik", em Loth e Rusinek, orgs., *Verwandlungspolitik: NS-Eliten in der westdeutschen Nachkriegsgesellschaft*, p. 114.

220. Norbert Frei, "Das Problem der NS-Vergangenheit in der Ära Adenauer", em Weisbrod, org., *Rechtsradikalismus in der politischen Kultur der Nachkriegszeit*, pp. 26-31.

221. Thomas Schmid, "Der Streit der alten Männer", *Die Welt*, 5 de dezembro de 1998.

222. Wolfrum, *Die geglückte Demokratie*, p. 171.

223. Lübbe resistiu a fazer afirmações contrafactuais explícitas. Chegou perto quando especulou que "um programa [de desnazificação] conduzido por alemães poderia ter sido melhor" que o programa aliado, mas insistiu que "quaisquer alternativas não passam de história imaginária". Lübbe, *Hermann Lübbe im Gespräch*, p. 375.

224. Ralf Beste, Georg Bönisch, Thomas Darnstaedt, Jan Friedmann, Michael Fröhlingsdorf e Klaus Wiegrefe, "From Dictatorship to Democracy: The Role Ex-Nazis Played in Early West Germany", *Der Spiegel*, 6 de março de 2012.

225. Citado em Joachim Perels, *Das juristische Erbe des Dritten Reiches* (Frankfurt, 1999), p. 125.

226. Helmut Schmidt e Fritz Stern, *Unser Jahrhundert: Ein Gespräch* (Munique, 2010), p. 250.

227. Epstein e Pinson, *Modern Germany*, p. 580.

228. Rudolf Augstein, "Konrad Adenauer und seine Epoche", *Der Spiegel*, 41, 1963, p. 99.

229. Hansen, *Die Sozialistische Reichspartei*, p. 300.

230. Baldow, *Episode oder Gefahr?*, p. 7. Baldow cita também Theo Rütten insistindo nesse ponto em seu livro *Der deutsche Liberalismus 1945 bis 1955*. Baldow, *Episode oder Gefahr?*, p. 309.

231. *Ibid.*, pp. 305-06.

232. Trittel chama o caso Naumann de "o mais sério projeto de renazificação na história da República Federal". Trittel, *'Man kann ein Ideal nicht verraten...,'* p. 306. Walters diz que o caso Naumann foi "severamente subestimado". De modo mais geral, William Hagen escreveu que, se os Aliados não tivessem presidido a Alemanha do pós-guerra, o país "talvez tivesse caído em uma... guerra civil". William W. Hagen, *German History in Modern Times: Four Lives of the Nation* (Cambridge, MA, 2012), p. 360.

233. Ivone Kirkpatrick, *The Inner Circle: Memoirs of Ivone Kirkpatrick* (Nova York, 1959), pp. 252-53.

234. Tauber, *Beyond Eagle and Swastika*, p. 146. De modo semelhante, Terence Prittie especulou, em 1960, que "se o grupo de Naumann tivesse sequestrado quarenta membros do *Bundestag* e depois pressionasse um dos principais partidos para pagar o resgate, teria criado uma chance única de realizar sua planejada concentração nacional com milhões de ex-nazistas... que ainda não haviam chegado a um acordo com a democracia". Prittie, *Germany Divided*, p. 326.

235. Frei, *Adenauer's Germany and the Nazi Past*, p. 233. *Die Zeit* disse que é uma "questão em aberto" saber se o SRP teria criado raízes em outros lugares da Alemanha se tivesse contado com um tempo maior. David Johst, "Nur allerbeste Nazis", *Die Zeit*, 29 de março de 2012.

236. Frei, *Adenauer's Germany and the Nazi Past*, p. 306. Frei acrescentou que "sem esse controle aliado direto, as antigas fronteiras políticas teriam sido ainda mais nebulosas", *ibid.* Kielmansegg escreveu que "a presença física dos Aliados impediu coisas que teriam tornado mais difícil um novo começo democrático." Kielmansegg, *Lange Schatten*, p. 10.

237. Buchna, *Nationale Sammlung an Rhein und Ruhr*, pp. 222-23. Ao intervir naquele momento, os britânicos impediram que Naumann ficasse esperando até 1957 para executar seus planos e forçaram-no a agir antes de estar pronto. Trittel, "*Man kann ein Ideal nicht verraten...*," pp. 304-05. Se tivessem esperado, Naumann teria sido capaz de levar os planos mais longe. Tauber acrescenta que, se não tivesse sido detido, Naumann poderia ter infiltrado o BHE e conseguido que Kraft subscrevesse seu programa; *Beyond Eagle and Swastika*, p. 145.

238. Herbert, *Best*, p. 462.

239. Trittel, "*Man kann ein Ideal nicht verraten...*," p. 8.

240. Stöss, *Die extreme Rechte in der Bundesrepublik*, p. 94.

241. Foi esse o título do controvertido ensaio escrito por Ernst Nolte no *Frankfurter Allgemeine Zeitung* que ajudou a inflamar o Debate dos Historiadores (*Historikerstreit*) sobre a singularidade do Terceiro Reich.

242. Em 1950, Arendt se perguntou se uma "revolta... sangrenta" poderia ter sido possível "contra todos aqueles que eram... representantes do regime nazista". Citado em König, "Das Erbe der Diktatur", p. 166. Em 1950, Walter Dirks condenou o clima "restauracionista" na Alemanha Ocidental e, em

1967, escreveu: "Posso imaginar outra Alemanha" que teria surgido sem o "obstáculo" de Adenauer. Ver o artigo de Dirks, "Der restaurative Charakter der Epoche", *Frankfurter Hefte*, 9, 1950, pp. 942-55.

243. Wehler fez essa observação em "Podiumsdiskussion zum Thema des Abschlußvortrages", em Broszat, org., *Deutschlands Weg in die Diktatur*, p. 359.

244. Wilfried Loth, "Verschweigen und Überwinden: Versuch einer Bilanz", em Loth e Rusinek, orgs., *Verwandlungspolitik: NS-Eliten in der westdeutschen Nachkriegsgesellschaft*, pp. 357-59.

245. Kielmannsegg, *Lange Schatten*, pp. 39-41.

246. Pinson e Epstein, *Modern Germany*, p. 580.

247. Jeffrey Herf, "The Holocaust and the Competition of Memories in Germany, 1945-1949", em Dan Michman, org., *Remembering the Holocaust in Germany, 1945-2000: German Strategies and Jewish Responses* (Nova York, 2002), pp.15-6.

248. Jason Dawsey, "The Antinomies of German Memory", *H-German*, setembro de 2009. www.h-net.org/reviews/showpdf.php?id=25045

249. Peter Merseburger, "Ein deutscher Sozialdemokrat", *The European Circle*, 8 de novembro de 2010. Ver também Edgar Wolfrum, *Geschichte als Waffe: Vom Kaiserreich bis zur Wiedervereinigung* (Göttingen, 2001), p. 107.

250. Ulrich Herbert, "NS-Eliten in der Bundesrepublik", pp. 94-5; Kielmansegg, *Lange Schatten*, p. 20.

251. Marc von Miquel, *Ahnden oder amnestieren?: Westdeutsche Justiz und Vergangenheitspolitik in den sechziger Jahren* (Göttingen, 2004), pp. 28, 66-8. "Germany's FBI Examines Its Nazi Roots", *Der Spiegel*, 1º de outubro de 2007; "A German Ministry's Criminal Past", *The Wall Street Journal*, 26 de outubro de 2010; Klaus Wiegrefe, "The Nazi Criminals Who Became German Spooks", *Der Spiegel*, 16 de fevereiro de 2011; "Mitarbeiter mit braunen Flecken", *TAZ*, 29 de janeiro de 2015.

252. Sven Felix Kellerhoff, "Wie viele Nazis arbeiteten für Adenauers Polizei?" *Die Welt*, 29 de fevereiro de 2012. Ver também "Nazis zählen reicht nicht", *Die Zeit*, 25 de fevereiro de 2016.

253. Ulrich Brochhagen mostra o acentuado declínio no número de nazistas condenados por atos criminosos entre 1945 e 1958. Brochhagen, *Nach Nürnberg*, p. 165.

254. Klaus Wiegrefe, "Triumph der Gerechtigkeit", *Der Spiegel*, 28 de março de 2011, pp. 37-43; Georg Bönisch e Klaus Wiegrefe, "From Nazi Criminal to Postwar Spy", *Der Spiegel International*, 20 de janeiro de 2011.

255. Lutz Hachmeister, "Mein Führer, es ist ein Wunder!" *TAZ*, 27 de dezembro de 1996, pp. 11-3. Hachmeister argumenta que Rudolf Augstein contratou os ex-oficiais da SS Horst Mahnke e Georg Wolff devido às informações privilegiadas que eles poderiam fornecer para histórias sobre o passado nazista. Ver também "Eine Handvoll Nazis", *Der Spiegel*, 22 de setembro de 2012 e "The Role Ex-Nazis Played in Early West Germany", *Der Spiegel*, 6 de março de 2012.

256. Herbert, "Rückkehr in die Bürgerlichkeit", pp. 157-73.

257. Ver a discussão de Dirk van Laak sobre os casos do ex-funcionário do DAF Otto Wetzel e do especialista em Direito Constitucional Theodor Maunz em "'Nach dem Sturm schlägt man auf die Barometer ein...' Rechtsintellektuelle Reaktionen auf das Ende des 'Dritten Reiches'", *WerkestattGeschichte*, 17, 1997, pp. 36-7.

258. Kielmansegg argumentou de forma determinista que "a democracia de Bonn nunca foi posta em risco pelo fato de funcionários públicos conservarem simpatias por... qualquer alternativa à democracia". Kielmansegg, *Lange Schatten*, pp. 41-2. Herbert argumenta que alguns nazistas importantes entraram na política do pós-guerra, embora isso possa ter representado uma queda de *status* (em comparação com a situação que desfrutavam no Terceiro Reich), para não colocar em risco suas oportunidades na economia. Herbert, "NS-Eliten in der Bundesrepublik", pp. 106-15.

259. Tauber, *Beyond Eagle and Swastika*, p. 810; Winkler, *Germany*, p. 148; Kielmansegg, *Lange Schatten*, p. 12.

260. Van Laak, "Nach dem Sturm", p. 40.

261. Kleßmann, *Die doppelte Staatsgründung*, pp. 223-26. Wolfrum, *Die geglückte Demokratie*, p. 51; Adam Tooze, "Reassessing the Moral Economy of Post-War Reconstruction: The Terms of the West German Settlement in 1952", *Past and Present*, 2011, pp. 53-4.

262. Wolfrum, *Die geglückte Demokratie*, p. 78.

263. *Ibid.*, p. 80; Herbert Giersch, *et al.*, *The Fading Miracle: Four Decades of Market Economy in Germany* (Cambridge, UK, 1992), pp. 62-5. Winkler, *Germany*, p. 148; Gert-Joachim Glaeßner, *Politik in Deutschland* (Wiesbaden, 2006), p. 90. Kitchen, *A History of Modern Germany*, pp. 330-31.

264. Ver Tooze, "*Reassessing the Moral Economy of Post-War Reconstruction*", pp. 56-60; Wolfrum, *Die geglückte Demokratie*, pp. 80-1.

265. Lawrence S. Kaplan especulou, em termos contrafactuais, que se os EUA não tivessem aprovado o tratado da OTAN em 1949 e voltado a uma política

externa mais isolacionista, a Alemanha poderia ter se deslocado na direção de um "Quarto Reich" neonazista. O ponto de divergência de Kaplan envolve o Senado americano potencialmente rejeitando o artigo 5 do tratado (obrigando os Estados membros à defesa coletiva). Isso, no entanto, parece ser um cenário improvável, considerando o fato de que o Senado acabou ratificando o tratado por uma ampla margem, 82-13, em julho de 1949. Ver Lawrence S. Kaplan, "NATO after Forty-Five Years: A Counterfactual History", em S. Victor Papacosma e Mary Ann Heiss, orgs., *NATO in the Post-Cold War Era: Does It Have a Future?* (Nova York, 1955), pp. 5-6, 12-4.

266. L.C. B. Seaman, *Post-Victorian Britain 1902-1951* (Londres, 1966), p. 385. Ver também o capítulo 6 ("Korean War Alternatives") do livro de Jennifer Milliken, *The Social Construction of the Korean War: Conflict Possibilities* (Manchester, UK, 2001). Arthur Mitchell, *Understanding the Korean War: The Participants, the Tactics, and the Course* (Jefferson, NC, 2013), p. 236. Benjamin David Baker, "What if the Kuomintang Had Won the Chinese Civil War?" *The Diplomat*, 24 de dezembro de 2015.

267. Tooze argumenta que os EUA pressionaram a Alemanha a finalizar um acordo com o Estado judeu em troca de uma redução da dívida, mas autoridades alemãs, como Fritz Schäffer, queriam priorizar o gasto doméstico com refugiados e só concordaram com o plano de compromisso de Adenauer sob uma imensa pressão. Tooze, "Reassessing the Moral Economy of Post-War Reconstruction", p. 61. No final, a Alemanha reduziu sua dívida externa pré-1933 e pós-1945 de 30 bilhões para 14 bilhões de marcos alemães. Isso não incluía a dívida de mais de 20 bilhões de *reichsmarks*. A Alemanha ficou protegida de quaisquer reivindicações por reparações pelos programas de trabalho forçado da época nazista até que fosse assinado um tratado definitivo de paz entre os Aliados e uma Alemanha unificada. A Alemanha Ocidental, portanto, recebeu um tratamento muito indulgente. Tooze, "Reassessing the Moral Economy of Post-War Reconstruction", pp. 56, 60.

268. Tooze, "Reassessing the Moral Economy of Post-War Reconstruction", pp. 68-9.

269. Michael Hughes, *Shouldering the Burdens of Defeat*, 1999; Hagen, *German History in Modern Times*, pp. 360-65. A lei visava compensar expatriados pela perda de cerca de 300 bilhões de marcos alemães de ativos privados. No final, a lei só proporcionou compensação parcial (mais ou menos metade da soma total). Görtemaker, *Geschichte der Bundesrepublik Deutschland*, p. 171.

270. Ulrich Herbert argumentou que "sem o milagre econômico, a integração dos refugiados... teria sido impossível". Ao mesmo tempo, ele conjecturou que "sem [o] vasto influxo de refugiados... teria surgido nos anos 1950 uma enorme escassez de mão de obra", acrescentando que "sem o trabalho adicional que eles proporcionaram, o próprio milagre econômico teria sido uma impossibilidade". Ulrich Herbert, *A History of Foreign Labor in Germany* (Ann Arbor, 1990), p. 195.

271. Görtemaker escreve que a única "alternativa" para o *Lastenausgleich* era "a concretização violenta da demanda dos expatriados de retornarem a suas casas", o que "teria semeado novas inimizades e tornado impossível chegar a uma solução duradoura para o problema alemão e europeu". Görtemaker, *Geschichte der Bundesrepublik Deutschland*, p. 172; ver também Hughes, *Shouldering the Burdens of Defeat*, p. 194.

272. Rudolf Augstein, "Konrad Adenauer und seine Epoche", *Der Spiegel*, 41, 1963, p. 87.

273. A maior parte dos expatriados ficaram relutantes em voltar para o leste depois que entenderam o quanto suas cidades natais haviam sido dramaticamente transfiguradas pelo governo comunista. Mas isso só aconteceu depois que o *Lastenausgleich* deu aos expatriados uma base segura e lhes permitiu se consolarem com uma imaginária "Terra Natal da memória" no lugar de suas verdadeiras terras natais. Ver Andrew Demshuk, *The Lost German East: Forced Migration and the Politics of Memory, 1945-1970* (Nova York, 2012), pp. 60-1, 77, 120.

274. "Trial of Nazi Accents Voluntary Reeducation", *The Christian Science Monitor*, 17 de abril de 1952, p. 13.

275. Trittel, "*Man kann ein Ideal nicht verraten...*," p. 256. Ver também "Ex-Nazi Reviving Hitler Technique", *New York Times*, 17 de agosto de 1953, p. 6.

276. Theodor W. Adorno, "What Does Coming to Terms with the Past Mean?" em Geoffrey Hartman, org., *Bitburg in Moral and Political Perspective* (Bloomington, IN, 1986), p. 121.

277. Em 1952, 21% dos alemães-ocidentais acreditavam que a Alemanha teria ganho a guerra se não tivesse havido um movimento de resistência, enquanto 45% acreditavam que a guerra seria de qualquer modo perdida. Kittel, *Die Legende von der zweiten Schuld*, p. 224.

278. Esse cenário foi esboçado por Richard Lowenthal em seu ensaio, "The New Nazi Round-Up", *The New Leader*, 23 de fevereiro de 1953, p. 11.

279. Muitos têm invocado a premissa sem se preocuparem em mostrar como poderia ter acontecido. Ver Banchoff, *The German Problem Transformed*, p. 46. Edgar Wolfrum, *Geschichte als Waffe: Vom Kaiserreich bis zur Wiedervereinigung* (Göttingen, 2001), p. 107. Lewis Joachim Edinger, *Kurt Schumacher: A Study in Personality and Political Behavior* (Palo Alto, 1965), p. 142.

280. Edinger, *Kurt Schumacher*, p. 206; Wolfrum, *Die geglückte Demokratie*, pp. 47-8; Ina Brandes, "Kurt Schumacher: Der Kandidat aus Weimar", em Daniela Forkmann e Saskia Richter, orgs., *Gescheiterte Kanzler-Kandidaten: Von Kurt Schumacher bis Edmund Stoiber* (Wiesbaden, 2007), p. 36.

281. Do total de 402 votos necessários, seu próprio voto lhe deu o voto 202, que correspondia à metade mais um.

282. Von Thomas Rieke, "Erinnerung an den 'Kanzlermacher'", *Mittelbayerische Zeitung*, 23 de maio de 2013, www.mittelbayerische.de/region/regensburg-stadtnachrichten/erinnerung-an-den-kanzlermacher-21179-art918696.html

283. Görtemaker, *Geschichte der Bundesrepublik Deutschland*, pp. 99-100.

284. David Childs e Jeffrey Johnson, *West Germany: Politics and Society* (Nova York, 1981), p. 204.

285. Wolfrum, *Die geglückte Demokratie*, p. 49. "Eine Stimme mehr? Das reicht!" *Der Tagesspiegel*, 23 de agosto de 2009, www.tagesspiegel.de/meinung/kommentare/konrad-adenauer-eine-stimme-mehr-das-reicht/1585880.html.

286. Geppert, *Die Ära Adenauer*, p. 31. Wolfrum, *Die geglückte Demokratie*, p. 50.

287. Geppert, *Die Ära Adenauer*, p. 31. Brandes, "Kurt Schumacher", p. 42.

288. Schwarz continua: "A coalizão burguesa poderia ter entrado em colapso se os Tratados Ocidentais não tivessem sido completados [ou] se a Guerra da Coreia e o *boom* coreano que a acompanhou não tivessem acontecido". As observações de Schwarz aparecem em "Podiumdiskussion: Kurt Schumacher – Mensch und Staatsmann", patrocinado pela Fundação Friedrich Ebert, setembro de 1999, pp. 169-71.

289. Tooze, "Reassessing the Moral Economy of Post-War Reconstruction", p. 49.

290. Ver Christopher Simpson, *Blowback: America's Recruitment of Nazis and Its Effects on the Cold War* (Nova York, 1988), pp. 146-48. Deborah Kisatsky, *The United States and the European Right, 1945-1955* (Columbus, OH, 2005), capítulo 3. "Hitlers Werewolf sollte wiedererstehen". *Aufwärts* (Colônia), 19 de março de 1953.

291. "Podiumdiskussion: Kurt Schumacher – Mensch und Staatsmann", patrocinado pela Fundação Friedrich Ebert, setembro de 1999, p. 169.

292. Ver Barnard A. Cook, *Europe Since 1945: An Encyclopedia*, volume I (Nova York, 2001). Cook escreve: "Se tivesse havido eleições federais em 1950, é provável que o governo tivesse caído", *ibid.*, p. 467.

293. Herf, *Divided Memory*, pp. 242-52; Kittel, *Die Legende von der zweiten Schuld*, p. 80.

294. Ver Herf, *Divided Memory*, esp. pp. 267-80.

295. Ver Jürgen Weber, *Germany, 1945-1990: A Parallel History* (Budapeste, 2004), p. 44. A partir daí, podemos ter dúvidas sobre o argumento de A. J. Nicholls de que "se o SPD de Schumacher estivesse no poder em 1950, talvez a exclusão de ex-colaboradores do Terceiro Reich tivesse continuado", fazendo-os entrar em "irremediável oposição ao novo regime", Nicholls, *The Bonn Republic*, p. 110.

296. Frank M. Buscher, "Kurt Schumacher, German Social Democracy and the Punishment of Nazi Crimes", *Holocaust and Genocide Studies*, 3, 1990, p. 262.

297. *Ibid.*, p. 265. Edinger, Kurt Schumacher, pp. 90-2. Herf, *Divided Memory*, pp. 278-79.

298. Edinger, *Kurt Schumacher*, p. 90.

299. Mesmo Herf comenta isto. Herf, *Divided Memory*, p. 295.

300. Brandes, "Kurt Schumacher", pp. 39-40.

301. A imprensa alemã-oriental refletiu sobre as possibilidades contrafactuais dessa oferta no artigo "Was wäre, wenn...", *Neues Deutschland*, 22 de maio de 1952, p. 4. Para a literatura, ver Ruud van Dijk, "The 1952 Stalin Note Debate: Myth of Missed Opportunity for German Unification?", *Working Paper* nº 14, *Woodrow Wilson International Center for Scholars*, maio de 1996. Görtemaker, *Geschichte der Bundesrepublik Deutschland*, pp. 305-10. Ver também Winkler, *Germany*, pp. 137-41.

302. Winkler, *Germany*, p. 138; ver ainda "Podiumdiskussion: Kurt Schumacher – Mensch und Staatsmann", patrocinado pela Fundação Ebert Stiftung, setembro de 1999. Augstein admite a possibilidade de que a reunificação pudesse ter ocorrido se Adenauer não tivesse sido chanceler.

303. Herbert Lüthy, "Behind Reawakened German Nationalism", *Commentary*, 1º de fevereiro de 1952, p. 120.

304. Geppert, *Die Ära Adenauer*, pp. 52-4; Wolfrum, Die *geglückte Demokratie*, pp. 115-21.

305. Banchoff, *The German Problem Transformed*, pp. 46-9.

306. Lothar Kettenacker reflete brevemente sobre o que teria acontecido se a rebelião de 17 de junho tivesse conseguido derrubar o regime alemão-oriental em *Germany, 1989: In the Aftermath of the Cold War* (Nova York, 2009), p. 41.

4 Da Alemanha aos Estados Unidos: Universalizando o Quarto Reich nos Turbulentos Anos 1960

1. "Marsch gegen Neofaschismus", *Neues Deutschland*, 19 de novembro de 1966, p. 1.
2. John H. Bracey, Jr., August Meier e Elliott Rudwick, orgs., *Black Nationalism in America* (Indianapolis, 1970), p. 514.
3. James Bryant Conant, *Germany and Freedom: A Personal Appraisal* (Cambridge, MA, 1958), pp. 13, 33.
4. Drew Middleton, "Geneva Mood: Less 'Spirit' More Realism", *New York-Times*, 30 de outubro de 1955, p. E3.
5. William Henry Chamberlin, "Adenauer's Fourth Reich", *The Saturday Review*, 19 de novembro de 1960, p. 27.
6. "Goings On About Town: Motion Pictures", *The New Yorker*, 20 de fevereiro de 1960; ver também a referência neutra aos "cidadãos do Quarto Reich" em um artigo sobre a proliferação das escolas de línguas Berlitz na Alemanha Ocidental. Mel Heimer, "My New York", *The Kane Republican*, 12 de maio de 1958.
7. Em um artigo em *Der Spiegel*, o diplomata alemão Otto Bräutigam declarou que ele um dia temeu que seu diário caísse "nas mãos erradas durante o Terceiro Reich, mas não no Quarto Reich": "Es gab Gänsebraten", *Der Spiegel*, 21 de março de 1956, p. 23. Ver também o comentário do ministro das Comunicações da República Federal, Felix von Eckhardt, sobre sua vontade de escrever uma continuação para um filme que ele ajudou a roteirizar no Terceiro Reich – *Die Entlassung* (1942) – "mas que se passaria no Quarto Reich": "Die heilgraue Eminenz", *Der Spiegel*, 6 de fevereiro de 1957.
8. "Brecht Scene Brought Up to Date", *The Times* (Londres), 16 de dezembro de 1959, p. 9; "Commie Berthold Brecht Sacred Cow Even in Café of 'Free City of Berlin'", *Variety*, 30 de dezembro de 1959.
9. Em 1962, a *Passauer Neue Presse* declarou que o líder comunista da Alemanha Oriental, Walter Ulbricht, "sonhava em ser o criador de um Quarto Reich... sob a égide comunista". "Ulbrichts 'Nationalkongreß'", *Passauer Neue Presse*, 5 de junho de 1962, pp. 1-2. De modo semelhante, o livro de David S. Collier

e Kurt Glaser, *Berlin and the Future of Eastern Europe* (Chicago, 1963), referiu-se ao "Quarto Reich de Ulbricht" como um governo "totalitário" (p. 17).

10. Roger Morgan, *The United States and West Germany, 1945-1973: A Study in Alliance Politics* (Londres, 1974), p. 115. Ver também Wolfram Hanrieder, *Germany, America, Europe: Forty Years of German Foreign Policy* (New Haven, 1989), pp. 164-72.
11. Shida Kiani, "Zum politischen Umgang mit dem Antisemitismus in der Bundesrepublik: Die Schmierwelle im Winter 1959/1960", em Stephan Alexander Glienke, Volker Paulmann e Joachim Perels, orgs., *Erfolgsgeschichte Bundesrepublik? Die Nachkriegsgesellschaft im langen Schatten des Nationalsozialismus* (Göttingen, 2008), pp. 115-45.
12. "Vandals Desecrate Synagogue Opened by Adenauer in Cologne", *New York Times*, 26 de dezembro de 1959, p. 1.
13. Kiani, "Zum politischen Umgang", 116. Ver também "Cologne Vandals Defiant in Court", *New York Times*, 6 de fevereiro de 1960, p. 5.
14. "Wieder mehrere antisemitische Übergriffe", *FAZ*, 2 de janeiro de 1960, p. 3; "Das Kabinett befaßt sich mit den antisemitischen Übergriffen", *FAZ*, 4 de janeiro de 1960, p. 1. "Nach der Synagogenschändung", *FAZ*, 31 de dezembro de 1959, p. 5. Igreja em Gelsenkirchen. "Hakenkreuzschmierereien", *FAZ*, 13 de abril de 1961.
15. "West Germans Fight Anti-Semitism", *The Chicago Daily Tribune*, 31 de dezembro de 1959, p. 3.
16. Kiani, "Zum politischen Umgang", p. 118.
17. "Synagogue Arson Foiled in Bavaria", *New York Times*, 20 de janeiro de 1960, p. 15.
18. John Dornberg, *Schizophrenic Germany* (Nova York, 1961), p. 102.
19. "Hakenkreuze vor der Hamburger Synagoge", *FAZ*, 22 de abril de 1961, p. 3.
20. "The Swastika Syndrome", *The Washington Post*, 14 de janeiro de 1960, p. A22.
21. "Neo-Nazi Outrages", *New York Times*, 31 de dezembro de 1959, p. 20.
22. "Britons Protest Anti-Semitic Acts: Jewish War Veterans Lead London Throng in March on Bonn's Embassy", *New York Times*, 18 de janeiro de 1960, p. 8.
23. Ulrich Brochhagen, *Nach Nürnberg: Vergangenheitsbewältigung und Westintegration in der Ära Adenauer* (Berlim, 1999), p. 295.

24. O fato de a Alemanha estar "gorda e próspera" era um bom presságio para o futuro do país, segundo "Nazis in High Office at Issue in Germany", *New York Times*, 24 de janeiro de 1960, p. 1.
25. "British Press Attacks Germans", *The Chicago Daily Tribune*, 4 de janeiro de 1960, p. B4. Drew Pearson, "Nazism Revival Laid Partly to U.S.", *The Washington Post*, 13 de janeiro de 1960, p. D11.
26. Os críticos se concentraram em relatos de mídia segundo os quais livros didáticos de história da Alemanha Ocidental dedicavam apenas um parágrafo à perseguição dos judeus pelos nazistas. "German Students Get Swastika Truth", *The Salt Lake Tribune*, 18 de janeiro de 1960, p. 30.
27. "Ghost of Nazism Still Haunts Bonn", citado em *The Washington Post*, 23 de janeiro de 1960, p. A10.
28. Kiani, "Zum politischen Umgang", pp. 130-34; "Adenauer verurteilt die antsemitische Schmierereien", *FAZ* 6 de janeiro de 1960, p. 4.
29. "Das Kabinett befaßt sich mit den antisemitischen Übergriffen", *FAZ*, 4 de janeiro de 1960, p. 1.
30. Só 12% dos alemães acreditavam que a Epidemia da Suástica fosse resultado da pregação de velhos nazistas impenitentes. Kiani, "Zum politischen Umgang", p. 136.
31. *Ibid.*, p. 135. Manfred Kittel, "Peripatie der Vergangenheitsbewältigung: Die Hakenkreuzschmierereien 1959/60 und das bundesdeutsche Verhältnis zum Nationalsozialismus", *Historisch-Politische Mitteilungen*, 1, 1994, p. 56.
32. "Berliners Decry Ex-Nazis' Power", *New York Times*, 19 de janeiro de 1960, p. 7; "35.000 in Berlin Parade Denounce Hate Wave", *The Washington Post*, 9 de janeiro de 1960, p. A4.
33. Em vista da pressão crescente, Adenauer aceitou a renúncia de Oberländer em 1960. Kiani, "Zum politischen Umgang", p. 139. "Spread of Anti-Semitism Indicates W. German Youth in Vacuum of Ideals", *The Washington Post*, 7 de janeiro de 1960, p. A5.
34. William L. Shirer, *The Rise and Fall of the Third Reich* (Nova York, 1960).
35. Gavriel D. Rosenfeld, "The Reception of William L. Shirer's *The Rise and Fall of the Third Reich in the United States and West Germany, 1960-1962*", *Journal of Contemporary History*, janeiro de 1994, pp. 95-129.
36. T. H. Tetens, *The New Germany and the Old Nazis* (Nova York, 1961), p. 84, 86.
37. *Ibid.*, p. 256.
38. Dornberg, *Schizophrenic Germany*, p. 288.

39. *Ibid.*, p. 287.

40. Paul Meskil, *Hitler's Heirs* (Nova York, 1961), p. 112.

41. *Ibid.*, p. 8.

42. Charles Allen, *Heusinger of the Fourth Reich* (Nova York, 1963), p. 222.

43. *Ibid.*, p. 34.

44. Whitney Bolton, "Glancing Sideways", *The Cumberland Evening Times* (Maryland), 15 de junho de 1961.

45. C. E. Carpenter, "A Miscalculation by K, and Lights Go Out", *Democrat and Chronicle* (Rochester, NY), 17 de agosto de 1961.

46. *New York Times*, 4 de junho de 1961, p. BR20.

47. *The Salt Lake Tribune*, 21 de maio de 1962.

48. "Nazis schänden die Kölner Synagoge", *Berliner Zeitung*, 28 de dezembro de 1959, p. 1; "Die Kölner Hakenkreuze", *Neues Deutschland*, 28 de dezembro de 1959, p. 2; "Die Antworten", *Berliner Zeitung*, 29 de dezembro de 1959, p. 1.

49. "Ihre Saat geht auf", *Neues Deutschland*, 6 de janeiro de 1960, p. 2. Albert Norden condenou Theodor Oberländer por dar apoio às "políticas imperialistas do Quarto Reich" e estabeleceu elos entre os "chefes da Gestapo do Terceiro Reich e as lideranças do Quarto Reich". Albert Norden, "In Urlaub? Vor Gericht!", *Neues Deutschland*, 13 de abril de 1960, p. 1; "Revanchisten-Allianzgegen Entspannung," *Neues Deutschland*, 7 de dezembro de 1963, p. 3; Norden se referia à editora de Springer como "a confiável imprensa de guerra do Quarto Reich". "Nazi-Journaille beherrscht Bonns Presse", *Neue Zeit*, 17 de março de 1962, p. 1.

50. "Deutschlands Weg zum Friedensvertrag", *Berliner Zeitung*, 7 de julho de 1961, p. 3.

51. "Gedanken eines Engländers zur Deutschlandfrage", *Neues Deutschland*, 10 de agosto de 1961, p. 7; "Das vierte Reich ist im Entstehen begriffen", *Neue Zeit*, 8 de novembro de 1961, p. 2. "Pressespiegel, 'La Tribune des Nations'," *Berliner Zeitung*, 21 de novembro de 1961, p. 12; "Holländer müssen Westirian räumen", *Berliner Zeitung*, 17 de agosto de 1962, p. 5; "Ein Buch warnt vor Bonn", *Neues Deutschland*, 27 de março de 1963, p. 5.

52. Kurt Stern, "Erklärung", *Neues Deutschland*, 13 de outubro de 1963, p. 4.

53. Em 1960, Thomas Harlan, filho do cineasta nazista Veit Harlan, recebeu apoio do governo polonês para um vasto estudo, a ser intitulado *The Fourth Reich*, que procurava traçar as biografias de 17 mil autores de crimes nazistas e revelar sua importância na República Federal do pós-guerra. O estudo foi

financiado pelo Partido Comunista Polonês e pelo editor comunista italiano Giangiacomo Feltrinelli, mas nunca foi concluído devido a uma rivalidade entre os líderes do Partido Comunista Polonês. Pierre Stephan, *Thomas Harlan: Das Gesicht deines Feindes: Ein deutsches Leben* (Berlim, 2007), pp. 105-37; "Thomas Harlan von Warschau aus", *FAZ*, 18 de janeiro de 1960, p. 4; Jonas Engelmann, "Sauvater, du Land, du Un, du Tier", 7, *Jungle World*, 18 de fevereiro de 2010. Stephan, Thomas Harlan, pp. 125-31, 136-37.

54. Prittie, *Germany Divided*; Christopher Emmet e Norbert Muhlen, *The Vanishing Swastika: Facts and Figures on Nazism in West Germany* (Chicago, 1961); William Henry Chamberlin, *The German Phoenix* (Nova York, 1963). Ver também o ensaio contrito de Chamberlin, "Jews in Germany", *The Wall Street Journal*, 13 de janeiro de 1960, p. 12.
55. Emmet e Muhlen, *The Vanishing Swastika.*
56. *Ibid.*, pp. 19-20. Prittie, *Germany Divided*, p. 259. Ver também Chamberlin, *The German Phoenix*, pp. 267-69.
57. Emmet e Muhlen, *The Vanishing Swastika*, pp. 8, 47; Prittie, *Germany Divided*, pp. 331-35; Chamberlin, *The German Phoenix*, pp. 220-21.
58. Emmet e Muhlen, *The Vanishing Swastika*, p. 21.
59. *Ibid.*, pp. 30-8; Chamberlin, *The German Phoenix*, p. 224.
60. Emmet e Muhlen, *The Vanishing Swastika*, p. 3.
61. *Ibid.*, p. 54.
62. Prittie discutiu as persistentes tendências nazistas do país, fazendo observações sobre as atividades do SRP, do DRP e do Círculo Naumann. Prittie, *Germany Divided*, pp. 354, 303.
63. *Ibid.*, pp. 331-35.
64. Chamberlin, *The German Phoenix*, p. 234.
65. *Ibid.*, p. ix.
66. "Swastika Smeared in 13 U.S. Cities", *The Washington Post*, 10 de janeiro de 1960, p. D19.
67. "Bomb Blast at Temple", *The Kansas City Times*, 28 de janeiro de 1960, p. 1.
68. "Jews in Gadsden Reassured", *Jewish Telegraphic Agency*, 28 de março de 1960.
69. "President Scores 'Virus Of Bigotry'", *New York Times*, 13 de janeiro de 1960, p. 1.
70. David Caplovitz e Candace Rogers, *Swastika 1960: The Epidemic of Anti-Semitic Vandalism in America* (Nova York, 1961).
71. *Ibid.*, p. 33.

72. *Ibid.*, p. 36.
73. "Boy 'Fuehrers'", *The Washington Post*, 17 de janeiro de 1960, p. A8.
74. Milton Friedman, "Nazism in American Schools", *The Jewish Advocate*, 11 de fevereiro de 1960, p. A2.
75. "Neo-Nazis Reported in Kansas City Schools", *Bridgeport Post*, 1º de fevereiro de 1960.
76. "On in Bombing Probe", *The Kansas City Times*, 30 de janeiro de 1960, p. 1.
77. "Neo-Nazi Youth Party in U.S. School", *The Age* (Melbourne, Austrália), 1º de fevereiro de 1960, p. 4.
78. "Nazi Activities of Boys Stirs Debate on Studies", *Hartford Courant*, 26 de maio de 1959, p. 1A. "'4th Reich' Plot Confessed by Ohio High School Boys", *The New York Tribune*, 26 de maio de 1959, p. 8.
79. "Youthful Nazis Idealize Bitter Period of World", *The Kansas City Times*, 30 de janeiro de 1960, pp. 1, 5.
80. Caplovitz and Rogers, *Swastika* 1960, p. 51.
81. *Ibid.*, p. 41.
82. "Negroes and Jews Face Bias", *Tri-State Defender* (Memphis, TN), 23 de janeiro de 1960, p. 7.
83. Leon Carter Smith, "Young Ideas", *Los Angeles Tribune*, 15 de janeiro de 1960, p. 14.
84. "Rabbi Scorns Swastika", *New York Times*, 26 de janeiro de 1960, p. 24.
85. John David Nagle, *The National Democratic Party: Right Radicalism in the Federal Republic of Germany* (Berkeley, 1970), pp. 33-4, 52-7.
86. *Ibid.*, pp. 84, 93.
87. Ver a plataforma de 1967 do partido em Ivor Montagu, *Germany's New Nazis* (Londres, 1967), pp. 130-31.
88. Nagle, *The National Democratic Party*, pp. 77-9.
89. Montagu, *Germany's New Nazis*, pp. 130-31.
90. "Programm der NPD", www.hdg.de/lemo/bestand/objekt/druckgut-flugblattnpd-kurier.html.
91. Montagu, *Germany's New Nazis*, pp. 24, 127, 128; Nagle, *The National Democratic Party*, pp. 88-92.
92. Nagle, *The National Democratic Party*, capítulo 3.
93. Dois terços da liderança pertenceram ao NSDAP: Montagu, *Germany's New Nazis*, pp. 49-51; Nagle, *The National Democratic Party*, p. 34.

94. Acreditava-se que entre 14 e 18% dos eleitores alemães fossem potenciais votantes no NPD. Dietrich Strothmann, "Das Gespenst der NPD", *Die Zeit*, 19, 1968. Nagle, *The National Democratic Party*, pp. 133-34.

95. A taxa de desemprego ultrapassou 3% em março de 1967. Nagle, *The National Democratic Party*, p. 50.

96. Stöss, *Die extreme Rechte in der Bundesrepublik*, pp. 97-121; Montagu, *Germany's New Nazis*, pp. 59-62.

97. Nagle, *The National Democratic Party*, p. 66.

98. Ver Karl Dietrich Bracher, "Democracy and Right Wing Extremism in West Germany", *Current History*, 1º de maio de 1968, pp. 281-87.

99. Dietrich Strothmann, "Die Nationalen probten den Aufstand", *Die Zeit*, 26, 1966.

100. "Close-Up: Von Thadden Boss of the Reich's Reborn Right", revista *Life*, 19 de julho de 1968, p. 37.

101. Kurt Hirsch, *Kommen Die Nazis Wieder? Gefahren für die Bundesrepublik* (Munique, 1967).

102. *Ibid.*, pp. 37-97, 115-51, 178-79.

103. Montagu, *Germany's New Nazis*.

104. *Ibid.*, pp. 82-3. Ele também censurou Kiesinger por ajudar "a camuflar a imagem do NPD" e a reviver o nacionalismo alemão.

105. Long, *The New Nazis of Germany*, p. 247.

106. Lord Russell, *Return of the Swastika?* (Nova York, 1969), p. 28.

107. *Ibid.*, pp. 103-04.

108. George Vine escreveu que Thadden estava empenhado em "camuflar" os crimes cometidos pelos nazistas contra os judeus porque "o feio entulho do Terceiro Reich [tem de ser] removido sem demora para serem erguidos os novos mitos sobre os quais o Quarto Reich será construído". George Vine, "Fanatical Nazis Seek to Destroy the Truths about Hitler's Germany", *The Age* (Melbourne, Austrália), 3 de fevereiro de 1960, p. 8. *The Montreal Gazette* escreveu que o DRP queria "a criação de um 'Quarto Reich' e a unificação de todas as áreas cujo alemão é a primeira língua... na Europa." Brian Horton, "Nazi Underground Discounted", *The Montreal Gazette*, 30 de março de 1961.

109. Peter Lust, "Sees History Repeating Itself in Germany", *The Canadian Jewish Chronicle*, 25 de novembro de 1966.

110. Robert E. Segal, *The Wisconsin Jewish Chronicle*, 23 de dezembro de 1966. Ver também Nino Lo Bello, "Specter of Horror: Neo-Nazis Arise", *The Philadelphia Inquirer*, 26 de fevereiro de 1967.

111. "A Fourth Reich for Germany?" *Prevent World War III*, 71, inverno/primavera de 1968, pp. 10-2.

112. Dietrich Strothmann, "Das Gespenst der NPD", *Die Zeit*, 10 de maio de 1968.

113. Hirsch, *Kommen die Nazis wieder?*, p. 38.

114. "Students Fight the Extremists in Munich", *Guardian*, 18 de novembro de 1966; "Munich Clashes over Right-Wing Rally", *The Times* (Londres), 19 de novembro de 1966, p. 1.

115. "Marsch gegen Neofaschismus", *Neues Deutschland*, 19 de novembro de 1966, p. 1.

116. "Sechs drängende Fragen", *Neues Deutschland*, 23 de outubro de 1966, p. 1.

117. "'Combat': Bonn gebärdet sich as 'Viertes Reich'", *Neues Deutschland*, 12 de fevereiro de 1966, p. 1.

118. "Kiesingers 'Geheimnis'", *Neue Zeit*, 17 de setembro de 1967, p. 2.

119. "Ein neuer 'Rat der Götter' entsteht in Westdeutschland", *Berliner Zeitung*, 5 de junho de 1968; "Bonn schuf 'viertes Reich'", *Neues Deutschland*, 1º de fevereiro de 1968; "Prawda: Wölfe bleiben Wölfe", *Neues Deutschland*, 28 de julho de 1968, p. 7; "Strauß giert nach der Atombombe", *Neues Deutschland*, 17 de janeiro de 1969, p. 7; "Kurs auf das 'vierte Reich'", *Neue Zeit*, 30 de janeiro de 1969, p. 3; "Polen warnt Bonn", *Neue Zeit*, 13 de fevereiro de 1969, p. 1.

120. Nagle, *The National Democratic Party*, p. 201.

121. Ver Jarausch, *After Hitler*, pp. 99-185.

122. Frederick J. Simonelli, *American Fuehrer: George Lincoln Rockwell and the American Nazi Party* (Urbana, IL, 1999), pp. 27, 75.

123. *Ibid.*, pp. 98-101; "Washington Crowd Attacks Rockwell", *New York Times*, 4 de julho de 1960, p. 28; "American Nazi Stoned in Boston", *New York Times*, 16 de janeiro de 1961, p. 22.

124. "Neo-Nazi's Fourth Reich Plan Dropped", *Pittsburgh Post-Gazette*, 15 de janeiro de 1966, p. 3. Ver Frederick J. Simonelli, "The World Union of National Socialists and Postwar Transatlantic Nazi Revival", em Jeffrey Kaplan e Tore Bjørgo, orgs., *Nation and Race: The Developing Euro-American Racist Subculture* (Boston, 1998), pp. 37-42. Ver também Simonelli, *American Fuehrer*,

pp. 82-95; "Plot to Set Up 'Fourth Reich'", *The Canberra Times* (Austrália), 9 de novembro de 1966, p. 5.

125. "'Schuhgrösse neun reicht im allgemeinen", *Der Spiegel*, 14 de novembro de 1966, pp. 80-2. "West Germany Accuses 2 of Neo-Nazi Murder Plot", *New York Times*, 25 de setembro de 1966, p. 13.

126. "Swastika Charge", *The News-Herald* (Franklin, PA), 25 de outubro de 1966, p. 24. "Police Investigating Two Building Defacings", *The Journal News* (White Plains, NY), 22 de junho de 1966, p. 25; "Seek Solution to Wave of Vandalism in Dubuque", *The Des Moines Register*, 3 de julho de 1967.

127. "*Jet* Editorial Comment", *Jet*, 30 de julho de 1964, p. 10. Um perfil do *New York Times* da cidade de Filadélfia no Mississippi, onde três ativistas pelos direitos civis foram assassinados em 1964, suscitou a reação de um leitor que criticou a cidade como o "Quarto Reich". "Civilized?" *New York Times*, 24 de janeiro de 1965, p. SM6.

128. Citado em Aniko Bodroghkozy, *Equal Time: Television and the Civil Rights Movement* (Urbana, IL, 2012), p. 142.

129. Citado em Judith Trotsky, "Generations of Silence", *Harper's*, 1º de outubro de 1973, p. 44. Ver também "Protesters Plan 'Attack' on Pentagon", *Newsday*, 29 de agosto de 1967, p. 3; "4th Reich", *Independent* (Long Beach), 9 de agosto de 1967, p. 2.

130. Citado em Bracey, Meier e Rudwick, *Black Nationalism in America*, pp. 513-17. Após mudar seu nome para Muhammad Ahmed, Stanford advertiu, em dezembro de 1972, que o governo dos EUA estava montando um plano para criar a "Alemanha Nazista da América – o Quarto Reich – pondo militantes negros em campos de concentração". "The Ahmed Case", *The Oakland Post*, 3 de dezembro de 1972.

131. Lerone Bennett, "What Do You Say?", *Negro Digest*, março de 1967, p. 76.

132. Timothy S. Lewis, "Press 'Cop-Out' Helping to Bring on Fourth Reich", *The Philadelphia Tribune*, 3 de junho de 1969, p. 9.

133. "The Fourth Reich", *The Milwaukee Star*, 2 de maio de 1970.

134. Fred L. Standley e Louis H. Pratt, orgs., *Conversations with James Baldwin* (Jackson, MS, 1989), p. 145.

135. James Baldwin, *No Name in the Street* (Nova York, 1972), p. 184. Baldwin se referiu aos Estados Unidos como o "Quarto Reich" desde 1968, em uma manifestação no East Harlem por ocasião do terceiro aniversário do assassinato

de Malcolm X. "Negroes Urged at I. S. 201 to Arm for 'Self-Defense'", *New York Times*, 22 de fevereiro de 1968, p. 1.

136. "Editor Points Social Wrongs, Urges Billions for Jobs Program", *The Journal News* (Hamilton, OH), 19 de novembro de 1975, p. 86.

137. "Kunstler Calls U.S. 4th Reich", *The Troy Record*, 20 de maio, 1970, p. 34.

138. "Famous Last Words?", *The Guardian*, 7 de dezembro de 1970, p. 15.

139. Pamala Haynes, "Right On!", *The Philadelphia Tribune*, 16 de janeiro de 1973, p. 9.

140. "What's Your Origin?", *The Boston Globe*, 12 de setembro de 1971, p. E10.

141. "Friday Finishers", *The Billings Gazette*, 11 de maio de 1973.

142. "Fourth Reich", *The Fresno Bee*, 13 de outubro de 1973, p. 11; "'Dictatorship' Symptoms", *The Courier-Journal* (Louisville, KY), 30 de janeiro de 1973, p. 14. Ver também "Suggests New Title", *The Des Moines Register*, 7 de julho de 1973, p. 10; "Maximum John", *The Lowell Sun* (Lowell, MA), 5 de março de 1975, p. 11.

143. Gerald Posner, *Case Closed: Lee Harvey Oswald and the Assassination of JFK* (Nova York, 2003), p. 440. Jim Garrison, "The Rise of the Fourth Reich", *Los Angeles Free Press*, 22 de dezembro de 1967, p. 3.

144. *Ibid.* A crítica de Garrison lembra o discurso da extrema-esquerda, mas ele o pratica, no essencial, de uma perspectiva libertária. Embora em termos formais seja um democrata, Garrison alterou suas lealdades políticas no final dos anos 1960, ressaltando em uma famosa entrevista à *Playboy* que tinha começado a se identificar com um "sentimento libertário de conservadorismo". http://22november1963.org.uk/jim-garrison-political-views.

145. Ver Alex Constantine, org., *The Essential Mae Brussell: Investigations of Fascism in America* (Port Townsend, WA, 2014), pp. 5, 11-2.

146. "Mr. Hyde Fourth Reich", *Monroe Morning* (LA), 2 de junho de 1963.

147. "BSU Leader Says: Administration Betrayed BS", *The Sacramento Observer*, 27 de fevereiro de 1969.

148. Um vídeo representativo apresenta massas dando vivas na Alemanha nazista com o narrador entoando: "Estas são as vozes do Terceiro Reich, a celebração socialista da Alemanha". Segue-se, então, um curto *clip* de um discurso dos Panteras Negras com o orador dizendo: "São estas as vozes do Quarto Reich atual, dos nazistas socialistas e comunistas da América, os comunazis".

149. Etheridge, *Enemies to Allies: Cold War Germany and American Memory* (Lexington, KY, 2016), pp. 167-68.

150. Ativistas pelos direitos civis e nacionalistas negros já invocavam nas décadas de 1930 e 1940 comparações com os nazistas. Thomas Sugrue, "Hillburn, Hattiesburg e Hitler: Wartime Activists Think Globally and Act Locally", em Kevin M. Kruse e Stephen Tuck, orgs., *Fog of War: The Second World War and the Civil Rights Movement* (Nova York, 2012), pp. 90-1. Ver também Chris Vials, *Haunted By Hitler: Liberals, the Left, and the Fight Against Fascism in the United States* (Amherst, MA, 2014), capítulo 6.

151. Bracey, Meier e Rudwick, *Black Nationalism in America*, p. 532.

152. Fred L. Standley e Louis H. Pratt, orgs., *Conversations with James Baldwin* (Jackson, MS, 1989), pp. 96, 140. O exaltado nacionalista negro Milton Henry disse à revista *Esquire*, em 1969, que tinha estimulado "toda casa negra [a] ter uma arma para autodefesa contra a possibilidade de uma Treblinka". Bracey, Meier e Rudwick, *Black Nationalism in America*, p. 523.

153. John Duffett, *Against the Crime of Silence: Proceedings of the International War Crimes Tribunal* (Nova York, 1970), p. 51. Em 1972, o primeiro-ministro sueco Olof Palme comparou o bombardeamento de Hanói às "atrocidades [nazistas] em Guernica, Oradour, Lídice e Treblinka". Declarações semelhantes foram feitas pelo líder Mark Rudd do SDS e pelos ativistas religiosos Daniel Berrigan e Abraham Joshua Heschel. Ver Walter L. Hixson, *The United States and the Vietnam War / Leadership and Diplomacy in the Vietnam War* (Nova York, 2000), p. 441; Melvin Small, *Antiwarriors: The Vietnam War and the Battle for America's Hearts and Minds* (Wilmington, DE, 2002), p. 105. *Feminine Mystique* (1963), de Betty Friedan, descreve mulheres suburbanas sendo confinadas em "confortáveis campos de concentração".

154. "Parade and a Protest Mark Greek Independence Day Here", *New York Times*, 22 de maio de 1967, p. 3; *"Irene Pappas Asks Boycott of Greece's 'Fourth Reich'"*, *New York Times*, 20 de julho de 1967, p. 2.

155. "Arrests, Batons in Park Battle", *The Age* (Melbourne, Austrália), 4 de junho de 1970, p. 1.

156. "Democrats Propose New State Reapportionment Plan", *The Alexandria Times-Picayune* (Alexandria, Indiana), 5 de outubro de 1965, p. 1.

157. "5,000 Pa. Students Rally to Protest Tuition Hikes", *Bucks Co. Courier Times* (PA), 16 de outubro de 1970, p. 14.

158. "Mongoloid Death Plan Deplored", *Florida Today* (Cocoa, FL), 31 de maio de 1974, p. 8A.

159. Ver Orrin E. Klapp, *Inflation of Symbols: Loss of Values in American Culture* (New Brunswick, NJ, 1991), pp. 1-5.

160. A Lei de Gresham descreve como a moeda "má" (no sentido de "inflacionada e desvalorizada") expulsa a moeda boa do mercado. Referências à "Lei da Linguagem de Gresham" em Klapp, *Inflation of Symbols*, p. 18.

161. "Cowboy–Longhair Fight Brings Killings", *Detroit Free Press*, 23 de novembro de 1970; "26 Charged after Motorbike Gangs Clash", *The Ottawa Journal*, 4 de junho de 1968, p. 5; "Police and Cyclists Hold Peace Talks", *Detroit Free Press*, 2 de abril de 1967, p. 8.

162. Essa declaração foi recebida com ceticismo pelo juiz que presidia a seção. "Judge Orders Disbanding of 'Fourth Reich' Group", *The Berkshire Eagle*, 10 de setembro de 1969, p. 1.

163. "Pantherama at BEN March 15, 16", *The Express* (Lock Haven, PA), 14 de março de 1968, p. 8.

164. Ver propaganda em *The Herald* (Jasper, IN), 25 de maio de 1970, p. 5.

165. "Boys, Girls Open Rec Cage Loops Thursday", *The Ukiah Daily Journal*, 9 de janeiro de 1968, p. 2.

166. "Armchair Generals", *The Boston Globe*, 24 de setembro de 1967, p. C4.

167. "German 'Invaders' Link Chain", *The Port Arthur News* (Port Arthur, TX), 1º de setembro de 1974, p. 15.

5 "Hitler na Argentina!": Transformando o Quarto Reich em Ficção nos Longos Anos 1970

1. Robert Ludlum, *The Holcroft Covenant* (Nova York, 1978), pp. 179-80.

2. Ronald Newton afirma que funcionários do Departamento de Estado desenvolveram esses temores em 1942: "The United States, the German-Argentines, and the Myth of the Fourth Reich, 1943-47", p. 92. Ver também Stahl, *Nazi-Jagd*, pp. 27-8.

3. Heinz Schneppen, *Odessa und das Vierte Reich: Mythen der Zeitgeschichte* (Berlim, 2007), p. 111; Newton, "The United States, the German-Argentines, and the Myth of the Fourth Reich, 1943-47", p. 96.

4. Newton, "The United States, the German-Argentines, and the Myth of the Fourth Reich, 1943-47", p. 97. "Hitler Is Reported Alive", *New York Times*, 17 de julho de 1945, p. 14; "Hitler and Eva Braun Reported on Nazi Submarine Reaching Argentina", *The Coshocton Tribune* (Ohio), 17 de julho de 1945, p. 6. "Argentines Deny Nazi's Arrival", *New York Times*, 20 de fevereiro de 1945, p. 10.

5. Departamento de Estado dos Estados Unidos, *Blue Book on Argentina: Consultation Among the American Republics with Respect to the Argentine Situation* (Nova York, 1946), p. 1.
6. Citado em Gerald Steinacher, *Nazis on the Run: How Hitler's Henchmen Fled Justice* (Oxford, 2011), p. 220.
7. Newton, "The United States, the German-Argentines, and the Myth of the Fourth Reich, 1943-47", p. 100. "Nazi Activity in Argentina Told", *The Des Moines Register*, 15 de junho de 1947, p. 10.
8. Ver o livro de T. H. Tetens, *Germany Plots with the Kremlin* (Nova York, 1953). Para o papel da Espanha nos temores aliados, ver Seidel, *Angst vor dem "Vierten Reich"*.
9. "'Der Weg' – Mouthpiece of Pan-Germanism", *Prevent World War III*, verão de 1950, p. 21.
10. Sobre temores de uma "Internacional Nazista", ver Leon Poliakov, "Launching the New Fascist International", *Commentary*, novembro de 1952; J. Alvarez Del Vayo, "Rebirth of the Nazi International", *The Nation*, 5 de abril de 1952, pp. 318-20; J. Alvarez Del Vayo, "Argentina, Nazi Paradise", *The Nation*, janeiro de 1950; "Fascists Clinging to Hope of Coming Back to Power", *New York Times*, 29 de maio de 1951, p. 8.
11. "Hitler's Hidden Millions Finance Nazi Comeback", *The Worker* (Brisbane, Austrália), 28 de julho de 1952, p. 11.
12. O artigo brasileiro é citado em Daniel Kosthorst e Michael Feldkamp, *Akten zur Auswärtigen Politik der Bundesrepublik* (Munique, 1997), p. 85, 9n. Ver também "Persistence of Neo-Nazism", *Manchester Guardian*, 2 de abril de 1956, p. 5.
13. Stangl fugiu da Alemanha para a Síria e depois foi para o Brasil. Ver Gitta Sereny, *Into That Darkness: From Mercy Killing to Mass Murder, a Study of Franz Stangl, the Commandant of Treblinka* (Nova York, 1974). Sobre Heim, que fugiu da Alemanha Ocidental para o Egito em 1962, ver Nicholas Kulish e Souad Mekhennet, *The Eternal Nazi: From Mauthausen to Cairo, the Relentless Pursuit of SS Doctor Aribert Heim* (Nova York, 2014). Von Leers trocou a Argentina pelo Egito em 1956, converteu-se ao Islã e mudou seu nome para Omar Amin. Martin Finkenberger, "Johann von Leers und die 'faschistische Internationale' der fünfzieger und sechziger Jahre in Argentinien und Ägypten", *Zeitschrift für Geschichtswissenschaft*, 6, 2011, pp. 522-43. Fritz Rößler fugiu para o Egito em 1957 e adotou o nome Achmed Fritz Rößler; *Der Spiegel*, 6 de novembro de 1957, p. 64; Eisele e Zind fugiram para o Egito em 1958.
14. Dornberg, *Schizophrenic Germany*, p. 62.

15. Ray Alan, "Nazis in the Near East", *The New Republic*, 14 de dezembro de 1953, pp. 8-11.
16. Ver, por exemplo, *Prevent World War III*, 41, p. 13.
17. Stahl, *Nazi-Jagd*, p. 112.
18. Ben Gurion insistiu nesse ponto, assim como o chefe do Mossad Isser Harel e o promotor alemão-ocidental Fritz Bauer. *Ibid.*, pp. 118-20.
19. "Israeli Agents on Trail of Hitler Deputy", *The Salt Lake Tribune*, 27 de maio de 1960, p. 51.
20. Reimpresso em *The El Paso Herald*, 13 de outubro de 1960. "Runaway Nazis Are Working for a Revival", *Daily Express*, 5 de outubro de 1960.
21. Flora Lewis, "Lake Probed for Rumored Nazi Hoard", *Los Angeles Times*, 17 de novembro de 1963, p. L3; "Das Geheimnis des Toplitzsees", *Berliner Zeitung*, 5 de novembro de 1963, p. 5.
22. "'Fourth Reich' Employs Egypt as Lab for War", *Detroit Free Press*, 14 de junho de 1963.
23. Simon Wiesenthal, *The Murderers Among Us* (Nova York, 1967), p. 80. Em 1961, Wiesenthal publicou o livro em língua alemã *Ich jagte Eichmann: Tatsachenbericht* (Gütersloh, 1961).
24. Wiesenthal, *The Murderers Among Us*, pp. 86-95.
25. *Ibid.*, p. 87.
26. *Ibid.*, pp. 184-87, 332.
27. Em 1965, autoridades da Alemanha Ocidental escavaram a área em torno da Invalidenstrasse em Berlim Ocidental em uma tentativa, que não resultou em nada, de encontrar os restos mortais de Bormann. Ver "Verschwörung am Wendekreis des Steinbocks", *Der Spiegel*, 43, 1968, pp. 54-5. "Bormann Arrest Is Sought by Bonn", *New York Times*, 5 de julho de 1967, p. 15.
28. "British Paper Reports Bormann Alive", *New York Times*, 25 de novembro de 1972, p. 10. Farago confiou em documentos que supostamente lhe haviam sido passados por agentes da política secreta argentina e que mostravam que Bormann estava vivendo como Ricardo Bauer.
29. William Stevenson, *The Bormann Brotherhood* (Nova York, 1973), Ladislas Farago, *Aftermath: Martin Bormann and the Fourth Reich* (Nova York, 1974) e *Inside the Fourth Reich*, de Erich Erdstein (Nova York, 1977). Ver também *Martin Bormann: Nazi in Exile*, de Paul Manning (Secaucus, NJ, 1981), que afirmava que, em 1944, Hitler mandou que Bormann "enterrasse seu tesouro... pois você precisará dele para começar um Quarto Reich" (p. 29).

30. Stevenson, *The Bormann Brotherhood*, pp. 66, 97.
31. Farago, *Aftermath*, p. 71.
32. *Ibid.*, pp. 167, 307.
33. *Ibid.*, p. 404.
34. Erdstein, *Inside the Fourth Reich*, pp. 133, 136. Erdstein já tinha começado a se referir ao Quarto Reich em 1968. Ver "'Fourth Reich' Reported in Brazil", *The Christian Science Monitor*, 22 de maio de 1968, p. 6.
35. Erdstein, *Inside the Fourth Reich*, pp. 172, 181.
36. Ver o anúncio de página inteira para o livro de Stevenson em *New York Times*, 6 de maio de 1973, p. 462.
37. Richard Shepard, resenha de *The Murderers Among Us*, em *New York Times*, 12 de abril de 1967, p. 45. Harriett Woods, "In Persistent Pursuit of the Nazi Criminals", *The St. Louis Post-Dispatch*, 28 de maio de 1967. Trechos do livro de Wiesenthal foram publicados em *Der Spiegel*, 14 de agosto de 1967, pp. 60-3.
38. "Bormann Books Boom", *Detroit Free Press*, 6 de dezembro de 1972, p. 60.
39. As resenhas positivas incluíram Terence Prittie, "The Ramifications of Nazism", *New York Times*, 10 de novembro de 1974, p. 410; "The Vatican and the Nazis", *Commentary*, 1º de abril de 1975, p. 82; Robert Payne, "Bormann – Wanted, Dead or Alive", *The Chicago Tribune*, 10 de novembro de 1974, p F6. Mais críticos foram: Eric Pace, "Accuracy of Recent Reports on Bormann Challenged", *New York Times*, 10 de dezembro de 1972, p. 2; Margaret Manning, "A Dubious Resurrection of Bormann Mystery", *The Boston Globe*, 21 de novembro de 1974, p. A19; Hal Burton, "Alive in Argentina?", *Newsday*, 7 de novembro de 1974, p. 7A; Herbert D. Andrews, "Did Bormann Make It?", *The Baltimore Sun*, 24 de novembro de 1974, p. D7; Heinrich Fraenkel, "57 Varieties of Bormann", *TLS*, 26 de setembro de 1975, p. 1.106.
40. "Ich bin tot", *Der Spiegel*, 2 de fevereiro de 1969, p. 150.
41. Resenha de *The Bormann Brotherhood* em *The Arizona Republic*, 21 de abril de 1974, p. 185. Bill Shelton, resenha de *The Bormann Brotherhood*, em *The Independent* (Long Beach, CA), 12 de julho de 1973, p. 81; Sylvia Sachs, "Nazis Still at Top He Says", *The Pittsburgh Press*, 17 de fevereiro de 1974, p. 143. W. Emerson Wilson, "Hitler Described as Just a Stooge", *The Morning News* (Wilmington, DE), 29 de maio de 1973, p. 30.
42. Nicholas Knezevich, "Is 'Fourth Reich' Real or Fantasy?" *The Pittsburgh Press*, 8 de junho de 1978. Ver também I. J. Blynn, "Mystery Man's Claim: 'I Killed Mengele'", *The Jewish Exponent*, 24 de março de 1978, p. 4 e Agnes F.

Peterson, resenha de *Inside the Fourth Reich*, em *The Library Journal*, 1º de março de 1978. Estudiosos mais recentes puseram em dúvida a credibilidade de Erdstein salientando que ele fugiu da América Latina para o Canadá não porque estivesse sendo ameaçado por nazistas vingativos, mas porque estava "passando cheques sem fundo". Gerald Posner, *Mengele: The Complete Story* (Nova York, 1986), p. 218.

43. Bill Shelton, resenha de *The Bormann Brotherhood*, *The Independent* (Long Beach, CA), 12 de julho de 1973, p. 81. O SPD alemão-ocidental concordava sobre a necessidade de vigilância. Ver "Existiert wirklich ein 'Viertes Reich?'", *Sozialdemokratischer-Pressedienst*, 12 de novembro de 1975, pp. 7-9.
44. Robert Kirsch, "Ladislas Farago and the Fourth Reich", *Los Angeles Times*, 4 de novembro de 1974, p. E9.
45. Abraham S. Hyman, "Post-Holocaust Puzzles", *The Jerusalem Post*, 10 de janeiro de 1975, p. A12; C. L. Grant, "Bormann Myths Still Alive", *The Atlanta Constitution*, 3 de junho de 1973, p. 12C; James J. Devaney, "Flawed Premise", *Hartford Courant*, 20 de janeiro de 1975, p. 13.
46. Schneppen, *Odessa und das Vierte Reich*, pp. 22, 112.
47. Newton, "The United States, the German-Argentines, and the Myth of the Fourth Reich, 1943-47", p. 83.
48. Ibid., 84; Schneppen, *Odessa und das Vierte Reich*, pp. 121, 208.
49. Newton, "The United States, the German-Argentines, and the Myth of the Fourth Reich, 1943-47", pp. 83, 98.
50. Wiesenthal recebeu grande parte de suas informações, em meados dos anos 1950, de um diplomata argentino antiperonista, chamado Silvio Santander, que fora enganado por um agente duplo, Heinrich Jürges, que trabalhava para o Governo Militar Americano na Alemanha e repassava informação fabricada às autoridades americanas. Schneppen, *Odessa und das Vierte Reich*, pp. 91-106. Newton, "The United States, the German-Argentines, and the Myth of the Fourth Reich, 1943-47", p. 97. Schneppen diz que relatórios da Conferência de Estrasburgo emergiram pela primeira vez em um documento de novembro de 1944 entregue ao Comando Supremo da Força Expedicionária Aliada (SHAEF) por um suposto informante francês. Schneppen, *Odessa und das Vierte Reich*, p. 77. Sobre dúvidas acerca de declarações de Farago, ver "Tolle Geschichte", *Der Spiegel*, 50, 1972, pp. 87-91; "Verdammtes Ding", *Der Spiegel*, 52, 1972, pp. 73-4.
51. Schneppen, *Odessa und das Vierte Reich*, pp. 41-70, 307.
52. *Ibid.*, pp. 74-87.

53. *Ibid.*, p. 107.

54. Newton, "The United States, the German-Argentines, and the Myth of the Fourth Reich, 1943-47", p. 82.

55. Stanley E. Hilton, "The United States and Argentina in Brazil's Wartime Foreign Policy, 1939-1945", em Guido Di Tella e D. Cameron Watt, orgs., *Argentina Between the Great Powers, 1939-1946* (Pitsburgo, 1990), p. 176.

56. Isso aconteceu principalmente no início dos anos 1970, quando Perón estava pensando num retorno à Argentina. "Tolle Geschichte", *Der Spiegel*, p. 50, 1972, p. 91.

57. Ver H.-Georg Lützenkirchen, "Keine Angst vor Odessa", http://literaturkritik.de/public/rezension.php?rez_id=11078; Schneppen, *Odessa und das Vierte Reich*, pp. 216-17.

58. Schneppen, *Odessa und das Vierte Reich*, pp. 216-17.

59. Holger Meding, *Der Weg: Eine deutsche Emigrantenzeitschrift in Buenos Aires, 1947-1957* (Berlim, 1997). A editora Dürer-Verlag, de Fritsch, foi o centro nevrálgico de um grande círculo de exilados nazistas, pp. 110-20. Ver também Finkenberger, "Johann von Leers und die 'faschistische Internationale'", p. 534.

60. A circulação da revista subiu para 25 mil exemplares mensais. Finkenberger, "Johann von Leers und die 'faschistische Internationale'", p. 534.

61. Meding, *Der Weg*, p. 117.

62. Era essa a convicção de T. H. Tetens, como repisada no artigo "German Plotters in Argentina?", *The Des Moines Register*, 16 de janeiro de 1950; ver também "German Dreams of World Domination Still Live in Hearts of Exiled Nazis", *The Salt Lake Tribune*, 1º de dezembro de 1949, p. 7. O *Neue Zeitung* atacou Fritsch como "o mais novo astro do Quarto Reich". Meding, *Der Weg*, p. 117.

63. Meding, *Der Weg*, p. 109.

64. Leers fugiu da Alemanha Ocidental para a Argentina em 1950. Finkenberger, "Johann von Leers und die 'faschistische Internationale'", p. 529.

65. Meding, *Der Weg*, pp. 126-28.

66. Bettina Stangneth, *Eichmann Before Jerusalem* (Nova York, 2014), p. 134.

67. *Ibid.*, p. 143.

68. *Ibid.*, p. 89.

69. *Ibid.*, p. xxi.

70. *Ibid.*, p. 212.

71. *Ibid.*, pp. 213-14.

72. *Ibid.*, p. 143

73. *Ibid.*, p. 304.

74. *Ibid.*, pp. 114-17, 214; ver também Nikolaus Barbian, *Auswärtige Kulturpolitik und "Auslandsdeutsche" in Latinamerica, 1949-1973* (Wiesbaden, 2013), pp. 279-80.

75. Stangneth, *Eichmann Before Jerusalem*, p. 237.

76. *Ibid.*, p. 138.

77. Stangneth descreve como "bem fundadas" as preocupações de autoridades alemãs-ocidentais acerca dos planos políticos de Eichmann. *Ibid.*, p. 326.

78. *Ibid.*, pp. xxii, 118. Klaus Wiegrefe escreveu que "Eichmann poderia ter sido apanhado – se a República Federal tivesse se disposto a isso". Klaus Wiegrefe, "Triumph der Gerechtigkeit", *Der Spiegel*, maio de 1960, p. 37.

79. Wiegrefe, "Triumph der Gerechtigkeit", *Der Spiegel*, maio de 1960, p. 37.

80. Wiesenthal, *The Murderers Among Us*, p. 97.

81. A tendência também moldou arte e arquitetura, como visto nas pinturas de Anselm Kiefer das saudações de Hitler e na celebração feita por Leon Krier da arquitetura de Albert Speer. Ver Andreas Huyssen, "Anselm Kiefer: The Terror of History, the Temptation of Myth", *October*, primavera de 1989, pp. 22-45; Leon Krier, *Albert Speer: Architecture, 1932-1942* (Nova York, 1985).

82. Daniel Magilow, Elizabeth Bridges e Kristin T. Van der Lugt, orgs., *Nazisploitation! The Nazi Image in Low-Brow Cinema and Culture* (Nova York, 2012).

83. James J. Ward, "This is Germany! It's 1933!' Appropriations and Constructions of 'Fascism' in New York Punk/Hardcore in the 1980s", *The Journal of Popular Culture*, inverno de 1996, pp. 155-84.

84. Susan Sontag, "Fascinating Fascism", em *Under the Sign of Saturn* (Nova York, 1980), pp. 73-105 (originalmente publicado em *The New York Review of Books* em 6 de fevereiro de 1975). Ver também Saul Friedlander, *Reflections of Nazism: An Essay on Kitsch and Death* (Nova York, 1982); George Mosse observou que, como "Hitler foi adotado pela indústria do entretenimento, os livros sobre suas vítimas são menos procurados". George Mosse, "Hitler Redux", *The New Republic*, 16 de junho de 1979, p. 21.

85. Wyden, Peter, *The Hitler Virus: The Insidious Legacy of Adolf Hitler* (Nova York, 2001).

86. Outras obras incluíram a monografia *Hitler* (1973) de Werner Maser, o estudo de Sebastian Haffner *The Meaning of Hitler* (1978), o filme *Hitler: Os Últimos Dez Dias* (*Hitler: The Last Ten Days*, 1972) e o romance de Beryl Bainbridge,

Young Adolf (1979). Ver também Robert Harris, *Selling Hitler: The Story of the Hitler Diaries* (Nova York, 1986).

87. Ver, por exemplo, Robert Hughes, "The Hitler Revival: Myth v. Truth", *Time*, 21 de maio de 1973, pp. 81-2.
88. Ver Ian Kershaw, *The Nazi Dictatorship: Problems and Perspectives of Interpretation* (Londres, 1985), capítulo 2.
89. Robert S. Levine, "The Hitler Vogue", *The Nation*, 29 de junho de 1974, p. 807.
90. Paul Weingarten, "Nazis Still Fighting War – In Literary Blitz", *The Chicago Tribune*, 3 de março de 1977, p. A1.
91. Craig Whitney, "Der Führer Who?", *The Courier-Journal & Times Magazine* (Louisville, KY), 11 de novembro de 1973, pp. 40-8.
92. Contudo, os grupos neonazistas não desapareceram inteiramente durante esse período, como mostraram as atividades de Manfred Roeder e Michael Kühnen (ver capítulo 6).
93. Howard Blum, *Wanted! The Search for Nazis in America* (Nova York, 1977); John Loftus, *The Belarus Secret* (Nova York, 1982); Tom Bower, *The Pledge Betrayed: America and Britain and the Denazification of Postwar Germany* (Nova York, 1982); Allan A. Ryan, Jr., *Quiet Neighbors: Prosecuting Nazi War Criminals in America* (Nova York, 1984). Ver, mais recentemente, Eric Lichtblau, *The Nazis Next Door: How America Became a Safe Haven for Hitler's Men* (Nova York, 2014).
94. Como foi mostrado pelo filme-documentário *The California Reich* [O Reich da Califórnia] (1976), as pessoas "sem poder" que ingressaram em partidos sucessores do partido de Rockwell estavam em parte motivadas pela "popularização dos nazistas por meio de filmes e da televisão". "American Nazis: Are They More Than Just a Curiosity?", *U.S. News & World Report*, 7 de novembro de 1977, pp. 57-8. Betty Liddick, "Profile of California's Fourth Reich", *Los Angeles Times*, 23 de março de 1976, p. E1.
95. Wyden, *The Hitler Virus*, capítulo 25.
96. Ver Deborah Lipstadt, *Denying the Holocaust: The Growing Assault on Truth and Memory* (Nova York, 1993), capítulo 8.
97. "American Neo-Nazis Aid German Fourth Reich", *The Sarasota Journal*, 10 de janeiro de 1979, p. 12.
98. Um exemplo alemão-oriental foi a série de televisão *Ich, Axel Cäsar Springer* (1968), que retratava o barão da mídia alemã-ocidental, Axel Springer, guiando a República Federal do "Terceiro para o Quarto Reich". Stefan Wolle, *Der Traum von der Revolte: Die DDR 1968* (Berlim, 2008), pp. 25-6.

99. No lançamento da primeira edição do romance, em 1962, Patterson usava o pseudônimo de Martin Fallon. O livro foi mais tarde relançado com seu pseudônimo mais conhecido, Jack Higgins. As citações do romance vêm da seguinte edição: Jack Higgins, *The Testament of Caspar Schultz* (Nova York, 1985).
100. David Ray, *The End of the Fourth Reich: A Rat Catcher's Adventure* (Londres, 1966).
101. Para mais informações sobre programas e filmes de televisão, ver imdb.com.
102. Harris Greene, *Canceled Accounts* (Nova York, 1976), p. 7.
103. Manning O'Brine, *No Earth for Foxes* (Nova York, 1976), p. 200.
104. William Craig, *The Strasbourg Legacy* (Nova York, 1976).
105. Madeline Duke, *The Bormann Receipt* (Londres, 1977), p. 145.
106. Adam Hall, *The Quiller Memorandum* (Nova York, 1965). O romance foi originalmente publicado na Grã-Bretanha como *The Berlin Memorandum.*
107. Martin Hale, *The Fourth Reich* (Londres, 1965), pp. 44-6.
108. Frederick Forsyth, *The Odessa File* (Nova York, 1972).
109. Thomas Gifford, *The Wind Chill Factor* (Nova York, 1994), pp. 413-14, 424.
110. Ben Stein, *The Croesus Conspiracy* (Nova York, 1979).
111. Ludlum, *The Holcroft Covenant*, p. 180.
112. Andrew Kaplan, *Hour of the Assassins* (Nova York, 1980), p. 433.
113. Mike Pettit, *The Axmann Agenda* (Nova York, 1980).
114. O episódio foi chamado "Divorce Venusian Style".
115. O Caveira Vermelha apareceu em 1941 nos quadrinhos do *Capitão América.* Ver John H. Moser, "Madmen, Morons, and Monocles: The Portrayal of the Nazis in Captain America", em Robert G. Weiner, org., *Captain America and the Struggle of the Superhero: Critical Essays* (Jefferson, NC, 2009), pp. 24-35.
116. No final de 1965 e início de 1966, a revista em quadrinhos *Tales of Suspense,* número 72-4, apresentou o Caveira Vermelha honrando sua profecia do tempo da guerra segundo a qual "se o nazismo não conquistasse o mundo", ele "usaria seu poder para destruir toda a Terra!" Em junho de 1980, os números 16 e 17 de *Super-Villain Team-Up* [Supervilões Unidos] retratava o Caveira Vermelha e um clone de Hitler, conhecido como o "Monge do Ódio", lutando com um caçador de nazistas israelense, chamado Yousuf Tov, pela conquista de um "cubo cósmico".
117. Geoff Taylor, *Court of Honor* (Nova York, 1967), p. 301.
118. Harry Patterson, *The Valhalla Exchange* (Greenwich, CT, 1977).
119. Ib Melchior, *Sleeper Agent* (Nova York, 1977), p. 175.

120. Jack Hunter, *The Tin Cravat* (Nova York, 1981).
121. John Gardner, *The Werewolf Trace* (Nova York, 1977).
122. George Markstein, *The Goering Testament* (Nova York, 1978).
123. O episódio foi intitulado "The Deadly Games Affair".
124. *They Saved Hitler's Brain* foi lançado com o título *Madmen of Mandoras* [Loucos de Mandoras] em 1963. O filme recebeu cenas adicionais e foi relançado com seu título mais conhecido em 1968.
125. Edwin Fadiman, Jr., *Who Will Watch the Watchers?* (Nova York, 1970), p. 150. Nesse mesmo ano, Peter Sellers concordou em desempenhar o papel de um Hitler de 80 anos no projetado filme *The Phantom versus the Fourth Reich*, que nunca foi concluído. A. H. Weiler, "Life with Father Hitler", *New York Times*, 21 de maio de 1972, p. D15.
126. Estava baseado num conto de Henry Slesar, "The Rise and Fall of the Fourth Reich", *The Magazine of Fantasy and Science Fiction*, agosto de 1975, pp. 63-75.
127. www.dissolute.com.au/the-avengers-tv-series/new-avengers/n01-the-eagles-nest.html.
128. Philippe van Rjndt, *The Trial of Adolf Hitler* (Nova York, 1978), p. 255.
129. Ira Levin, *The Boys from Brazil* (Nova York, 1976), p. 245.
130. O episódio foi intitulado "Anschluss' 77".
131. Ib Melchior, *The Watchdogs of Abaddon* (Nova York, 1980), p. 237.
132. Timothy B. Benford, *Hitler's Daughter* (Nova York, 1983), p. 215.
133. O'Brine, *No Earth for Foxes*, p. 31; Craig, *The Strasbourg Legacy*, pp. 88-9; Forsyth, *The Odessa File*, p. 37.
134. Hale, *The Fourth Reich*, p. 66.
135. Melchior, *The Watchdogs of Abaddon*, p. 234.
136. O'Brine, *No Earth for Foxes*, p. 205; Greene, *Canceled Accounts*, p. 16.
137. Melchior, *Sleeper Agent*, p. 1.
138. O'Brine, *No Earth for Foxes*, p. 282.
139. Melchior, *The Watchdogs of Abaddon*, p. 90.
140. Greene, *Canceled Accounts*, p. 174.
141. Ray, *The End of the Fourth Reich*, p. 128.
142. Neil Jillett, "Thanks to Dr. Goebbels", *The Age* (Melbourne, Austrália), 11 de junho de 1966.

143. O'Brine acrescentou que "uma estirpe de séculos, de Martin Luther... a Martin Bormann, não muda sua identidade da noite para o dia". O'Brine, *No Earth for Foxes*, pp. 13-4, 280.

144. Hale, *The Fourth Reich*, pp. 183-84.

145. As citações são tiradas da página não numerada entre a dedicatória e os agradecimentos. Para a biografia de Melchior, ver "sobre o autor", p. 369.

146. "Author Hunts Treasures Stolen by Nazis", *The Toronto Star*, 2 de novembro de 1977, p. E5. Duke era filha do destacado advogado judeu-austríaco Richard Herzog; ela fugiu para a Inglaterra em 1939.

147. Ver obituário de Greene em *The Washington Post*, 1º de setembro de 1997.

148. Ver Selby, *The Axmann Conspiracy*, que descreve o papel de Hunter na Operação Berçário.

149. Forsyth, *The Odessa File*, p. 29.

150. I. Levin, *The Boys from Brazil*, p. 60. Lieberman passaria, então, a recomendar a "lembrança", insistindo com otimismo que "agora as pessoas são melhores e mais inteligentes" porque conhecem a "história". *Ibid.*, p. 272.

151. Gifford, *The Wind Chill Factor*, p. 272.

152. Markstein, *The Goering Testament*, p. 263.

153. *Capitão Britânia*, 22. Quando um curioso exclama: 'Não dá para confiar em ninguém! *Qualquer um* de nós pode ser um nazista!", outro pensa consigo mesmo: "Você nem imagina como está certo, colega!"

154. Gifford, *The Wind Chill Factor*, p. 424.

155. Stein, *The Croesus Conspiracy*, pp. 262, 305.

156. Fadiman, *Who Will Watch the Watchers?*, p. 252.

157. Ludlum, *The Holcroft Covenant*, p. 447.

158. Von Kraul ajuda a capturar o principal vilão nazista do romance, Nagel.

159. *Sir* George admite que ainda "recorda o Império com nostalgia". Higgins, *The Testament of Kaspar Schultz*, p. 29. O ceticismo pós-imperial também era visível no romance *The Other Man* (1964), de Giles Cooper, e no filme de Kevin Brownlow e Andrew Mollo, *It Happened Here* (1964).

160. Gardner, *The Werewolf Trace*, p. 99. Não fica claro por que Gardner (1926-2007) desafiou o mito da melhor hora. Como Higgins, ele havia concluído o serviço militar prestado a seu país (servindo como voluntário durante a Segunda Guerra Mundial e mais tarde na Marinha Real e nos Royal Marines [fuzileiros navais]), mas é possível que uma série de crises de identidade no pós-guerra (ele deixou o sacerdócio e lutou contra o alcoolismo) o tenham

levado a adotar uma postura mais iconoclástica em sua escrita. Gardner fez um relato de sua desilusão com a religião organizada e queda no alcoolismo no livro *Spin the Bottle* (Londres, 1963).

161. Ludlum, que serviu com os fuzileiros navais no Pacífico em 1944-1945, tinha visões políticas liberais bastante amplas. Foi um apoiador do democrata Adlai Stevenson e se descreveu como um homem que se opunha às "grandes corporações", aos "grandes governos" e aos "fanáticos por qualquer convicção". Herbert Mitgang, "Robert Ludlum", *New York Times*, 16 de abril de 1978, p. 272. Gina Macdonald, *Robert Ludlum: A Critical Companion* (Westport, CT, 1997), pp. 11, 14, 61, 90, 102.

162. Fadiman era sobrinho do famoso jornalista Clifton Fadiman. Dada a filiação do segundo à Sociedade para a Prevenção da Terceira Guerra Mundial, é possível que compartilhasse os pontos de vista antinazistas do tio.

163. Para um perfil do autor, ver "Tim Boxer's Traveling with the Stars", *The New York Jewish Week*, 1º de março de 1981. Kaplan é mais conhecido por seus romances da série *Homeland.*

164. Gifford, *The Wind Chill Factor*, p. 424. A visão liberal de Gifford foi sugerida por sua crítica aberta à Igreja Católica. Ver Jack Adrian, "Obituary: Thomas Gifford", *The Independent*, 11 de novembro de 2000, p. 6.

165. Ver Ben Stein, "Watergate: No Big Deal", *USA Today*, 17 de junho de 1992; Bob Woodward e Carl Bernstein, *The Final Days* (Nova York, 1976), p. 447. David Greenberg, *Nixon's Shadow: The History of an Image* (Nova York, 2003), p. 386, 95n, e p. 211. As tendências de Bickel para a misantropia são sinalizadas pelo nome compartilhado com o protagonista psicótico do filme de Martin Scorsese, *Taxi Driver.*

166. Este é o argumento desenvolvido por Michael Butter em *The Epitome of Evil: Hitler in American Fiction, 1939-2002* (Nova York, 2009), pp. 113-17.
As exatas inclinações políticas de Benford são desconhecidas, mas seu obituário o descreveu como um "ex-coroinha" e "comissário da guarda municipal". "Timothy B. Benford, 67", *The Westfield Leader and The Scotch Plains – Fanwood Times*, 14 de agosto de 2008, www.goleader.com/08aug14/11.pdf. Ele também escreveu uma variedade de livros patrióticos sobre a Segunda Guerra Mundial. Ver Timothy B. Benford, *World War II Quiz and Fact Book*, volumes I e II (Nova York, 1982 e 1984); Timothy B. Benford, *World War II Flasbhback – A Fact-Filled Look at the War Years* (Stamford, CT, 1991). Essas publicações sugerem que *Hitler's Daughter* concebia a unidade nacional como a resposta adequada para as crises dos anos 1970.

167. "Best Seller List", *New York Times*, 23 de setembro de 1973, p. 422; "1975's Best Sellers", *Chicago Tribune*, 28 de dezembro de 1975, p. E1; "Best Sellers of the Year", *New York Times*, 4 de dezembro de 1977, p. 312; *New York Times*, 6 de agosto de 1978, p. BR7; *The Westfield Leader and The Scotch Plains – Fanwood Times*, 4 de agosto de 2008. www.goleader.com/08aug14/11.pdf.

168. *The Wind Chill Factor* e *The Valhalla Exchange* não se transformaram em filmes.

169. "The Best Seller Who Wants to Stop", *The Times* (Londres), 22 de abril de 1972, p. 14; "Bormann's False Role as 'Priest' Is Related", *The Bridgeport Telegram*, 29 de novembro de 1972, p. 38.

170. Farago conversou com estúdios cinematográficos sobre a possibilidade de vender os direitos de seu livro para o cinema. "Book about Bormann, Nazi War Criminal, to Become a Movie", *The Wall Street Journal*, 14 de dezembro de 1972.

171. Ver anúncio no *The Sydney Morning Herald*, 26 de novembro de 1978, p. 109.

172. *New York Times*, 22 de março de 1973, p. 41.

173. Para a grade de programação com Forsyth, ver *Daily Independent Journal* (San Rafael, CA), 1º de novembro de 1972, p. 41; com Wiesenthal, ver *The Democrat e Chronicle* (Rochester, NY), 29 de março de 1967, p. 28; com Ludlum, ver *Detroit Free Press*, 22 de março de 1978, p. 50; com Erdstein, ver *The Kingsport Times-News* (Kingsport, TN), 3 de abril de 1978, p. 21.

174. A. Kaplan, *The Hour of the Assassins*, p. 287.

175. Ludlum, *The Holcroft Covenant*, pp. 120, 318.

176. Bert C. Martin, "Escape from the Torture Dungeon of the Fourth Reich", *Escape to Adventure*, março de 1962, pp. 40, 78-81.

177. A manchete foi "Nazi Mass Murderer Mengele Shot in Brazil", *Neue Revue*, 5 de janeiro de 1969.

178. *Gallery*, setembro de 1984. A revista *Playboy* publicava com frequência discussões sobre nazistas. Ver Alex Haley, "Interview: George Lincoln Rockwell", *Playboy*, abril de 1966; Eric Norden, "Interview: Albert Speer", *Playboy*, junho de 1971.

179. Kevin Phillips, "Era Demands New Political Leadership", *The Piqua Daily Call* (Piqua, OH), 17 de maio de 1974, p. 6.

180. Em 1965, *The Quiller Memorandum* ganhou o Prêmio Edgar da Mystery Writers of America como melhor romance de suspense. "Capote's 'Cold Blood' Wins Prize", *The Times Record* (Troy, NY), 23 de abril de 1966, p. 4.

181. Rex Barley, "Books in the News", *The Arizona Republic*, 28 de março de 1965, p. 66; Robert Baldick, "Bereavement of a Simple Man", *Daily Telegraph*, 15 de abril de 1965, p. 21. As resenhas do filme também foram positivas: R. H. Gardner, "Pinter Can Be Comprehensible", *The Sun*, 10 de fevereiro de 1967, p. B4; Patrick Gibbs, "The Complete Spy", *The Daily Telegraph*, 11 de novembro de 1966; Dilys Powello, "Gentlemanliness Is Out", *The Sunday Times*, 13 de novembro de 1966, p. 23.

182. "'Jackal' Author Does It Again", *The Des Moines Register*, 12 de novembro de 1972, p. 11C; Don Keown, "Frederick Forsyth Proves 'Day of Jackal' No Fluke", *Daily Independent*, 11 de novembro de 1972. A versão do filme foi elogiada em David Robinson, "Invention Scuppered by Reality", *The Times* (Londres), 18 de outubro de 1974, p. 14.

183. Robert Clere, "The Creation of the Fourth Reich", *The Cincinnati Enquirer*, 25 de abril de 1976, p. 105; Jeremy Brooks, "Strong-Arm Storytelling", *The Sunday Times*, 11 de abril de 1976, p. 38.

184. Nancy Tipton, "Books & Art", *Clarion-Ledger* (Jackson, MS), 14 de agosto de 1977, p. 103. Ver também H. R. F. Keating, "Crime", *The Times* (Londres), 24 de fevereiro de 1977, p. 12; Frank White, "Goebbels Son Alive?" *The Atlanta Constitution*, 28 de agosto de 1977, p. 7E.

185. Roger Lupton, "Crime Corner", *The Age* (Melbourne, Austrália), 29 de setembro de 1965; "Science Fiction", *The Observer*, 28 de março de 1965, p. 26.

186. "Packed with Action", *The Guardian*, 17 de agosto de 1978, p. 7; Newgate Callendar, "Criminals at Large", *New York Times*, 1º de fevereiro de 1976, p. BR7; Edward Warre, "Thrillers", *The Sydney Morning Herald*, 28 de junho de 1980, p. 24.

187. Herbert Luft, "Germany's Past and Present on the Screen", *The Jewish Advocate*, 15 de setembro de 1966, p. 16B. Originalmente os diretores tencionavam incluir cenas reais de uma concentração do NPD no filme. Ver "'Quiller' Photographs New Nazi Strutters", *Variety*, 29 de junho de 1966, p. 1.

188. Shirley Murray, "What if…? War Yields Four Thrillers", *The Courier-Journal* (Louisville, KY), 30 de agosto de 1979, p. 35.

189. "Mission Became Thriller", *The Lincoln Star* (Lincoln, NE), 3 de maio de 1970, p. 75.

190. Newgate Callendar, "Crimes", *New York Times*, 24 de dezembro de 1978, p. BR10.

191. Violet Grant, "One Man vs. the SS", *The Daily Telegraph*, 28 de setembro de 1972, p. 8; Jeremy Brooks, "Strong-Arm Storytelling", *The Sunday Times*, 11

de abril de 1976, p. 38; Bill Hayden, "Robert Ludlum Produces His Most Intricate Plot Yet", *The Morning News* (Wilmington, DE), 26 de março de 1978.

192. Robert Clere, "The Creation of the Fourth Reich", *The Cincinnati Enquirer*, 25 de abril de 1976, p. 105.
193. Don Keown, "Frederick Forsyth Proves 'Day of Jackal' No Fluke", *Daily Independent*, 11 de novembro de 1972.
194. Joseph McLellan, "Evils of Hitler and the World", *The Washington Post*, 30 de janeiro de 1979, p. B4.
195. Greil Marcus, *The Dustbin of History* (Cambridge, MA, 1995), pp. 60, 63, 68. O ensaio apareceu originalmente na revista *Rolling Stone*, em 1976, com o título "Götterdämmerung after Twenty-One Years".
196. "Return of Hitler", *The Stage and Television Today*, 30 de maio de 1963, p. 15.
197. Alan Brien, "Wrong Side of the Footlights", *The Sunday Telegraph*, 26 de maio de 1963, p. 14.
198. Carol Kennedy, "Adolf Hitler Returns to London Stage", *The Brandon Sun*, 12 de junho de 1963.
199. "Wie sie Deutschland sehen", *Die Zeit*, 31 de maio de 1963.
200. "Germans Seek BBC's Script of Hitler Play", *The Globe and Mail* (Canadá), 9 de maio de 1962, p. 9.
201. "Protest Anti-German Brit. Vidfilm", *Variety*, 23 de maio de 1962; "Hitler Play Leads to Embassy Protest", *The Age* (Melbourne, Austrália), 9 de maio de 1962.
202. Ver a discussão de C. Etheridge da "onda antialemã" dos anos 1960 no capítulo 4 de seu *Enemies to Allies*.
203. "Neuentdeckte Satire", *Neue Zeit*, 25 de janeiro de 1963, p. 4; a rede estatal de televisão da Alemanha Oriental transmitiu o programa com o título "Comeback bei Nacht". "Lorbeer für Robert Müller", *Neue Zeit*, 18 de janeiro de 1963, p. 4.
204. "Braune Katacomben", *Der Spiegel*, 27 de fevereiro de 1967; "'Quiller Memorandum' Cuts Neo-Nazi Scenes in Germany", *New York Times*, 28 de fevereiro de 1967, p. 32.
205. "Brauner Pfiff", *Neues Deutschland*, 12 de março de 1967, p. 10. Ernst Wendt, "Entnazifizierung", *Die Zeit*, 3 de março de 1967.
206. Tom Nugent, "Hitler's Baby: Junk from Brazil", *The Sun*, 7 de março de 1976, p. D7.

207. Christopher Lehmann-Haupt, "A Couple of Good Explosions", *New York Times*, 24 de outubro de 1972, p. 41.
208. *Kirkus Reviews*, 28 de junho de 1978.
209. Resenha de *The Watchdogs of Abaddon*, em *Science Fiction and Fantasy Book Review*, janeiro de 1980, p. 14.
210. "Porno and the Swastika", *The Anniston Star* (Anniston, AL), 2 de abril de 1978, p. 56; John Leonard, "Thrillers", *The Sun*, 14 de março de 1978, p. B2; "Robert Ludlum", *The Times* (Londres), 14 de março de 2001, p. 25; David Shaw, "Another Digger in the Mother Lode of Villainy", *Los Angeles Times*, 2 de abril de 1978, p. L4.
211. Margaret Manning, "The SS Lives – With Same Purpose", *The Boston Globe*, 26 de outubro de 1972, p. 48.
212. Bill Frank, "End of Trilogy Disappointing", *The Morning News* (Wilmington, DE), p. 16.
213. "Today's Video Tips", *The Arizona Republic*, 20 de outubro de 1964, p. 31; ver também *The Decatur Daily* (Decatur, IL), 4 de janeiro de 1965, p. 3.
214. *Tucson Daily Citizen*, 4 de janeiro de 1965, p. 36.
215. Robert Kirsch, "Forsyth's Second Novel Misfires Badly", *Tucson Daily Citizen*, 4 de novembro de 1972, p. 46.
216. Joseph Gelmis, "'Memorandum' Flashes Style, Flubs Message", *Newsday*, 16 de dezembro de 1966, p. 2A.
217. Allan A. Ryan, Jr., "Triple Word Score", *The Washington Post*, 19 de março de 1978.
218. "Blind General Presides over Secret Nazi Court", *The Bridgeport Post*, 12 de junho de 1966. Ver também Harry Themal, "Books in the News", *The Morning News* (Wilmington, DE), 30 de março de 1966, p. 25.
219. Richard Lipe, "The Archfiend and Debussy", *Newsday*, 6 de março de 1977, p. B23.
220. Sterlin Holmsley, "Forsyth Novel Hard to Swallow", *Express/News*, 12 de novembro de 1972, p. 15.
221. "Terrorists, Mad Scientists, and Neo-Nazis", *The Chicago Daily Tribune*, 21 de maio de 1978, p. I12; Stuart Byczynski, "A Nazi behind Every Bush and Stone", *The Sun*, 16 de abril de 1978, p. D4; Hope Hewitt, "Intrigues and Suspense", *The Canberra Times* (Austrália), 9 de fevereiro de 1980, p. 15; ver também Jack Zaiman, "Big Theme", *Hartford Courant*, 26 de março de 1978, p. 6G.

222. Louise Sweeney, "'Quiller Memorandum'", *The Christian Science Monitor*, 30 de dezembro de 1966, p. 4; resenha de *The Quiller Memorandum*, *The Monthly Film Bulletin*, 1º de janeiro de 1967, p. 34; Richard L. Coe, "Neo-Nazis Are Latest in Heels", *The Washington Post*, 28 de janeiro de 1967, p. C6.

223. John Breitlow, "Destructive Female, Nazis Provide Thriller Fodder", *The Winona Daily News*, 31 de outubro de 1965, p. 39.

224. "Crime and Suspense", *The Anniston Star* (Anniston, AL), 5 de janeiro de 1975, p. 37.

225. Wolf Donner, "Erbarmen mit den Nazis", *Die Zeit*, 8, 1975; Hellmuth Karasek, "Angst vorm einstmals Schwarzen Mann", *Die Zeit*, 13 de abril de 1973.

226. Resenha de *Search for the Evil One*, *The Monthly Film Bulletin*, 1º de janeiro de 1978, p. 162.

227. *The Oneonta Star* (Oneonta, NY), 20 de outubro de 1964, p. 9.

228. *Daily Mail* (Hagerstown, MD), 7 de janeiro de 1967, p. 21; *The News Journal* (Wilmington, DE), 7 de janeiro de 1967, p. 19.

229. David Shaw, "Another Digger in the Mother Lode of Villainy", *Los Angeles Times*, 2 de abril de 1978, p. L4.

230. Alex Hamilton, "Back to the Bunker", *The Guardian*, 31 de janeiro de 1977, p. 8.

231. Tom Shales, "Back in the Bunker", *The Washington Post*, 27 de janeiro de 1981, p. B1.

232. George Warren, "Soft Cover", *Los Angeles Times*, 25 de janeiro de 1981, p. K8; Stuart Elliott, "Familiar Spy Plot Tingles with New Twists", *Detroit Free Press*, 8 de março de 1981, p. 21.

233. Joseph Rosenberger, #39 na série *Death Merchant,* intitulado *The Fourth Reich* (Los Angeles, 1980); *Nick Carter: Plot for the Fourth Reich* (Nova York, 1977), *Nick Carter: The Israeli Connection* (Nova York, 1982); John Gardner, *Icebreaker* (Nova York, 1983).

234. Richard Brickner, "'The Odessa File'", *New York Times*, 5 de novembro de 1972, p. BR5.

235. Gloria Whelan, "'Odessa File' is Too Convincing", *Detroit Free Press*, 12 de novembro de 1972.

236. Christopher Lehmann Haupt, "Great Experiments in Living", *New York Times*, 10 de março de 1976, p. 33.

237. Tom Nugent, "Hitler's Baby: Junk from Brazil", *The Sun*, 7 de março de 1976, p. D7.
238. Elliott Fremont-Smith, "Two for the Show", *New York Times*, 30 de março de 1966, p. 43.
239. Gene Lyons, "Intriguing Intrigue", *New York Times*, 15 de maio de 1977, p. 231.
240. Owen Findsen, "We Have Ways of Making You Talk", *The Cincinnati Enquirer*, 4 de março de 1979, p. 110.
241. David Shaw, "Another Digger in the Mother Lode of Villainy", *Los Angeles Times*, 2 de abril de 1978, p. L4.
242. "'Wind Chill Factor' a Deft Work", *The Winona Daily News*, 5 de janeiro de 1975.
243. George Perry, "Screen: Crying Out for Truth", *The Sunday Times*, 22 de setembro de 1985; David Robinson, "Cinema: Painful Perspectives on the Recent Past", *The Times* (Londres), 20 de setembro de 1985.
244. Michael Wilmington, "'Holcroft': Out-of-Kilter Thriller", *Los Angeles Times*, 18 de outubro de 1985, p. G4.
245. Resenha de *The Holcroft Covenant*, *Variety*, 9 de outubro de 1985.

6 Tornando a Germanizar o Quarto Reich: Da Reunificação ao Movimento dos Cidadãos do Reich

1. Conor Cruise O'Brien, "Beware the Reich is Reviving", *The Times* (Londres), 31 de outubro de 1989, p. 18.
2. "Jackson Tours Europe", *Jet*, 3 de junho de 1985. Durante uma visita ao campo de concentração de Natzweiler-Struthof, Jackson disse que "o Quarto Reich está na África do Sul". "Jackson Tours Nazi Camp", *The Philadelphia Inquirer*, 8 de maio de 1985, p. A17.
3. Ver também "Jackson Compares Botha to Hitler", *New York Times*, 30 de agosto de 1986, p. 4; "75,000 Protesters March on Capitol", *The Boston Globe*, 26 de abril de 1987, p. 22; "Jackson's Radical Platform Woos the Voters", *The Canberra Times* (Austrália), 31 de março de 1988, p. 4. Jornais editados por negros condenam racistas brancos por procurar "estabelecer... um quarto Reich" nos EUA: "Hitlerism in Our Country", *The New Tri-State Defender* (Memphis, TN), 20 de agosto de 1986, p. 5.
4. "Anti-Reagan Rally Draws 75,000 Marchers", *The Toronto Star*, 26 de abril de 1987, p. H2. "Candidate Says Reagan Runs Politburo", *The Times* (Shreveport,

LA), 8 de outubro de 1982, p. 7. Apoiadores de direita de Lyndon La Rouche fizeram comentários parecidos; "Reagan Budget's 'Warped Vision'", *Los Angeles Times*, 13 de janeiro de 1985, p. 4.

5. "Armed Men Close Paper in Panama", *The Philadelphia Inquirer*, 20 de fevereiro de 1988, p. A8.
6. "Perceptions and Realities", *Financial Post* (Toronto), 30 de dezembro de 1988, p. 10. Fizeram referência ao "Quarto Reich de Quebec".
7. A tira pode ser encontrada em *The Southern Illinoisan* (Carbondale, IL), 11 de setembro de 1987, p. 15.
8. A tira apareceu em 1977. Oakland Ross, "The Mighty Pens of Mexico", *The Globe and Mail* (Canadá), 28 de junho de 1983; "Mexico's Troubled Masses Can Laugh at Powerful", *The Atlanta Constitution*, 8 de abril de 1984, p. 19C.
9. Citado em "Daytona Engines Salute Free Life in the Fast Lane", *The Washington Post*, 18 de fevereiro de 1979, p. D1.
10. "Losers of 1984 Deserve Special Awards for Feats", *The Sun*, 1º de janeiro de 1985, p. 1B.
11. "Sockers Face a Revamped Sting Tonight", *The San Diego Union Tribune*, 9 de novembro de 1985, p. C1.
12. Edwin Hartrich, *The Fourth and Richest Reich* (Nova York, 1980).
13. *Ibid.*, pp. 6-7.
14. David Schoenbrun, "Economic Miracle", *New York Times*, 23 de março de 1980, p. BR4.
15. Lee McGowan, *The Radical Right in Germany: 1870 to the Present* (Londres, 2002), pp. 158-59.
16. *Ibid.*, pp. 160-69. Os *Republikaners* receberam respectivamente 8,7% e 14,6% nas eleições parlamentares europeias em Baden-Württemberg e na Baviera.
17. "Folksy Kohl Attracts Votes Despite Contempt of Media", *The Globe and Mail* (Canadá), 23 de janeiro de 1987; "Moscow's Deep-Seated Fear – A Fourth Reich", *The Guardian Weekly*, 22 de março de 1987, p. 4.
18. Conor Cruise O'Brien, "Beware, the Reich Is Reviving", *The Times* (Londres), 31 de outubro de 1989.
19. Conor Cruise O'Brien, "Taking Germany's Nationalist Pulse", *The Times* (Londres), 7 de novembro de 1989, p. 18. Neste ensaio, o escritor admitiu que seu ensaio original exagerava um pouco na "hipérbole", mas insistiu que "o Quarto Reich... vai... se parecer... com a Alemanha dos Hohenzollern", declarando que isso já era "bastante assustador".

20. Ver "The Freedom March That May Create a Fourth Reich", *Daily Express*, 6 de novembro de 1989. Alex Brummer, "All Change for EC as It Ponders Birth of the Fourth Reich", *The Guardian*, 10 de novembro de 1989, p. 16.
21. "Keine Angst, aber Sorgen", *FAZ*, 10 de março de 1990, p. 12. Ver também "Die Furcht vor dem 'Vierten Reich'", *FAZ*, 13 de dezembro de 1989, p. 16.
22. "Als ob Kohl das vierte Reich gründen wolle", *Berliner Zeitung*, 13 de março de 1990, p. 5. Foi essa a declaração do ex-ministro do Interior francês, Michel Poniatowski. Foi também o que declarou o ex-assessor de Jacques Chirac para a política externa francesa, Claude Lellouche, como noticiado em "Müssen wir lernen, Europäer zu werden?", *Neues Deutschland*, 9 de janeiro de 1990, p. 6.
23. Dominique Moïsi, "Germany's Unity, Europe's Rebirth", *New York Times*, 20 de novembro de 1989, p. A23.
24. Sobre a Suécia, ver "Gelassene Zustimmung in Norden", *FAZ*, 6 de março de 1990, p. 6; Jochen Reinert, "Die Dänen, die Deutschen und Europa – Sorgen und Hoffnungen", *Neues Deutschland*, 11 de maio de 1990, p. 7; sobre a Itália, ver *Bezeichungen für "Deutschland" in der Zeit der "Wende": Dargestellt an ausgewählten westdeutschen Printmedien* (Göttingen, 1997), p. 239; "Auf der Geisterbahn", *FAZ*, 16 de março de 1990, p. 16; "A Bit of Warmth Amid Tensions of Germans, Poles", *Philadelphia Inquirer*, 31 de março de 1990, p. A2.
25. Citado em Matthias Morgenstern, "Vor der 'dcutschen Intifada' zum 'vierten Reich'", Andrea Kaiser e Tobias Kriener, orgs., *Normal ist das besondere: Streiflichter aus 30 Jahren deutsch-israelischer Beziehungen* (Schwalbach/Taunus, 1996), p. 54; ver também "Israel Haunted by Specter of 'Fourth Reich'", *The Tennessean*, 20 de fevereiro de 1990. "Getting Their Act Together?", *The Jerusalem Post*, 20 de novembro de 1989, p. 8.
26. "Das Gespenst des Vierten Reiches", *Der Spiegel*, 39, 18 de dezembro de 1989, p. 21.
27. "Europakonzept der PDS", *Neues Deutschland*, 6 de fevereiro de 1990, p. 6. No final desse mês, o líder do PDS Gregor Gysi perguntou em um discurso: "Deveríamos dar vida a um Quarto Reich depois de três já terem desmoronado?" "Gute Gründe, die PDS zu wählen", *Neues Deutschland*, 26 de fevereiro de 1990, p. 8.
28. "Gemeinsam gegen rechts", *Berliner Zeitung*, 5 de janeiro de 1990, p. 1.
29. Em outubro de 1990, 5 mil oponentes de esquerda da reunificação fizeram uma manifestação contra a criação de um "Quarto Reich". "Symbols of the Past Linger as Protesters Strike Note of Dissent", *The Times* (Londres), 4 de

outubro de 1990, p. 15. Em julho, o grupo de esquerda radical SpAD (Spartakist-Arbeiterpartei Deutschlands) denunciou que os planos alemães-ocidentais de expropriar propriedades do Partido Comunista indicavam a "aurora de um Quarto Reich". "Nein zur Enteignung", *Neues Deutschland*, 21 de julho de 1990, p. 6.

30. "Terrorists Declare War on the 'Fourth Reich'", *The Times* (Londres), 1º de agosto de 1990, p. 7. "Terrorist Group Threatens Unified Germany", *The Washington Post*, 1º de agosto de 1990.
31. Heleno Saña, *Das vierte Reich: Deutschlands später Sieg* (Hamburgo, 1990).
32. *Ibid.*, pp. 230, 234.
33. *Ibid.*, pp. 234, 235.
34. *Ibid.*, p. 236.
35. *Ibid.*, p. 238.
36. *Ibid.*, p. 241.
37. *Ibid.*, p. 242.
38. "Britische Bangen vor 'Viertem Reich'", *FAZ*, 9 de novembro de 1989, p. 5.
39. "Eine Hitler-Statue in jeder Stadt", *FAZ*, 2 de novembro de 1989, p. 4.
40. Theo Sommer, "Germans Want to Be Good Neighbors", *The Observer*, 12 de novembro de 1989, p. 16.
41. Günther Nonnenmacher, "Falsche Angst vor Deutschland", *FAZ*, 16 de dezembro de 1989, p. 1.
42. Peter Grubbe, "Furcht vor Deutschen", *Die Zeit*, 24 de agosto de 1990. "Brechen die Deutschen nun auf ins Vierte Reich?", *Berliner Zeitung*, 7 de dezembro de 1990, p. 13.
43. "Kohl Rallies German Reunification Hope", *The Times* (Londres), 21 de dezembro de 1989, p. 10.
44. "Kohl Rejects Soviet Call for Reunification Referendum", *Los Angeles Times*, 4 de fevereiro de 1990, p. 1.
45. "Kohl: Es wird kein viertes Reich geben", *FAZ*, 7 de março de 1990, p. 2.
46. "Ein viertes Reich wird es nicht geben", *Berliner Zeitung*, 21 de fevereiro de 1990, p. 5.
47. Josef Joffe, "One-and-a-Half Cheers for German Unification", *Commentary*, 1º de junho de 1990, pp. 29-31.
48. Um dos céticos era William Safire, que em 1989 atacou "partidários [dos soviéticos] no *lobby* de desarmamento do Ocidente", como o "malicioso ministro

do Exterior da Alemanha Ocidental, Hans-Dietrich Genscher" que supostamente estaria imaginando "um Quarto brotando das cinzas da OTAN". William Safire, "Bush's 'New Path'", *New York Times*, 15 de maio de 1989. *Der Spiegel* respondeu dizendo que os problemas econômicos dos EUA estavam levando o país a transformar em um bode expiatório não só a Alemanha, mas também o Japão. "Viertes Reich", *Der Spiegel*, 21, 1989, pp. 23-5.

49. "Wiedervereinigung unausweichlich", *Der Spiegel*, 48, 1989, p. 39.
50. "Zu gross für Europa?", *Der Spiegel*, 46, 1989, p. 187.
51. William Tuohy, "Allies Wary as Bonn Plays Host to Gorbachev", *Los Angeles Times*, 12 de junho de 1989, p. 1.
52. Walter Russell Mead, "United Germany Must Confront Chaos", *Los Angeles Times*, 30 de setembro de 1990, p. 2.
53. J. P. Stern, Diary, *London Review of Books*, 7 de dezembro de 1989. Cartas dos leitores criticaram o ensaio de O'Brien como "distante da realidade". "German Unity a Threat to Europe?", *The Times* (Londres), 2 de novembro de 1989, p.15. Ver também Peter Pulzer, "East Berlin Diary", *London Review of Books*, 19 de abril de 1990.
54. Lord Weidenfeld, "All Roads Lead to German Unity", *The Times* (Londres), 19 de janeiro de 1990, p. 12.
55. "What Experts Told Maggie", *Daily Mail* (Londres), 16 de julho de 1990, pp. 6-7; Mais tarde Stone mudou de ideia em um artigo intitulado "'Germany? Maggie Was Absolutely Right?'", *The Sunday Times*, 29 de setembro de 1996, p. 9.
56. McGowan, *The Radical Right in Germany*, p. 173.
57. O número de alemães que se associaram a grupos neonazistas aumentou para cerca de dois mil no antigo Leste – duas vezes o número que existia na metade ocidental do país, que tinha muito mais habitantes; ibid., p. 189. Entre 1990 e 2007, 130 pessoas foram mortas em diferentes ataques; Gerard Braunthal, *Right-Wing Extremism in Contemporary Germany* (Basingstoke, UK, 2009), pp. 96-103. O pior ataque contra um alvo judeu foi o bombardeamento de uma sinagoga em Lübeck, em 1994. Para comentários gerais sobre a tendência, ver Robert Gerald Livingston e Volkmar Sander, orgs., *The Future of German Democracy* (Nova York, 1993).
58. "German Attacks Rise as Foreigners Become Scapegoat", *New York Times*, 2 de novembro de 1992, pp. A1, A6.

59. "New Clashes in Germany as Politicians Voice Alarm", *New York Times*, 4 de outubro de 1992, p. 15.

60. "Germans Stage Rally against Neo-Nazis", *St. Louis Post-Dispatch*, 9 de novembro de 1992, p. 1A.

61. "Kriegerdenkmäler schüren Angst", *Berliner Zeitung*, 10 de dezembro de 1992, p. 7.

62. Christine Toomey, "Women Dreaming of Fourth Reich Swell German Neo-Nazi Ranks", *The Sunday Times*, 13 de dezembro de 1992, p. 21.

63. Sabine Reichel, "A Legacy of Hate Revives in the East", *Los Angeles Times*, 10 de maio de 1991, p. B7. Ver também "Germany Creating Police Unit Aimed at Rightist Groups", *New York Times*, 29 de novembro de 1992, p. 1.

64. Thomas Pfeiffer, "Avantgarde und Brücke", em Wolfgang Gessenharter e Thomas Pfeiffer, orgs., *Die neue Rechte – eine Gefahr für die Demokratie?* (Wiesbaden, 2004), pp. 51-69.

65. Hartmut Herb, Jan Peters e Mathias Thesen, *Der neue Rechtsextremismus: Fakten und Trends* (Lohra-Rodenhausen, 1980), p. 52.

66. Manfred Roeder, *Ein Kampf um's Reich* (Schwarzenborn, 1979), p. 11.

67. O trecho aparece na carta de 1975 de Roeder a Doenitz. Ver Roeder, *Ein Kampf um's Reich*, pp. 22-4.

68. *Ibid.*, p. 61.

69. *Ibid.*, p. 15.

70. *Ibid.*, p. 24.

71. *Ibid.*, p. 41.

72. *Ibid.*, p. 34.

73. *Ibid.*, pp. 61-3.

74. "Miese Weise", *Der Spiegel*, 26, 1982, pp. 77-8.

75. Em 1995, Roeder fez uma palestra a convite de uma importante academia do *Bundeswehr*, o que causou controvérsia quando a noticiaram em 1997. "30 German Army Officers Attended '95 Speech by Right-Wing Terrorist", *Los Angeles Times*, 30 de dezembro de 1997, p. A6. "Hitlerjunge mit Tränensäcken", *Der Spiegel*, 18, 1998, pp. 69-76. Em 1996, ele chegou às manchetes por vandalizar a exposição "Crimes da Wehrmacht", em Erfurt. "Neonazis und CSU kämpfen für die Ehre der Wehrmacht", *TAZ*, 20 de fevereiro de 1997. Em 1997, ele se candidatou às eleições em Stralsund filiado ao NPD, mas perdeu. Braunthal, *Right-Wing Extremism in Contemporary Germany*, p. 59.

76. Lee, *The Beast Reawakens*, pp. 195-201.

77. Michael Kühnen, *Die Zweite Revolution* (1982). O livro foi originalmente publicado pela Kritik Verlag de Thies Christophersen e mais tarde pela NSDAP/AO, de Gary Lauck.
78. *Ibid.*, pp. 84, 86.
79. *Ibid.*, p. 27.
80. *Ibid.*, p. 119.
81. *Ibid.*, pp. 88-93.
82. "Mit Todesmut", *Der Spiegel*, 27 de março de 1989.
83. McGowan, *The Radical Right in Germany*, pp. 180-88; "Schon gehuscht", *Der Spiegel*, 3, 1990, p. 76; Braunthal, *Right-Wing Extremism in Contemporary Germany*, pp. 31-2.
84. https://openjur.de/u/211744.html. Embora Kühnen tenha indicado como seu sucessor à frente da GdNF o austríaco neonazista Gottfried Küssel, este nunca fez grande progresso no Quarto Reich, sendo preso pelas autoridades austríacas em 1992. Ver "Hitlerjugend ohne Partei", *Der Spiegel*, 50, 1992, p. 28. Braunthal, *Right-Wing Extremism in Contemporary Germany*, p. 85.
85. Hans-Dietrich Sander, *Der nationale Imperativ: Ideengänge und Werkstücke zur Wiederherstellung Deutschlands* (Essen, 1990).
86. *Ibid.*, p. 18.
87. *Ibid.*, pp. 19, 30.
88. Em 1982, a imprensa alemã-oriental condenou o livro de Sander como sintomático de um plano revanchista da Alemanha Ocidental. Ver "Ein Aufbruch ohne Ankunft", *Berliner Zeitung*, 28 de janeiro de 1982, p. 9. Ver também Ludwig Elm, *Aufbruch ins Vierte Reich?* (Berlim, 1981). Peter Glotz criticou o livro em *Die Deutsche Rechte* (Stuttgart, 1989).
89. Sander, *Der nationale Imperativ*, p. 150.
90. *Ibid.*, p. 192.
91. *Ibid.*, pp. 191-94.
92. Sander mais tarde observou: "Percebi em 1989 que os Aliados pretendiam dar uma solução final à questão alemã [meramente] unificando... seus dois Estados de ocupação". A *Staatsbriefe* tentou se contrapor a isso. Como disse Sander, "uma das pré-condiçõs para reviver o Reich é superar o dualismo do Reich entre Berlim e Viena". Hans-Dietrich Sander e Jürgen Maass, *Im Banne der Reichsrenaissance* (Kiel, 2011), pp. 85, 88.
93. Sander, *Der nationale Imperativ*, p. 16.

94. A expressão *Staatsbriefe* [Cartas do Estado] remontava à descrição feita por Wolfram von den Steinen dos vários decretos emitidos por Frederick II. Sander e Maass, *Im Banne der Reichsrenaissance*, p. 87.

95. O jornal publicou muitos artigos sobre o Reich de uma variedade de pontos de vista, incluindo o ensaio de Kühnen "Vom Reichsmythos zum Vierten Reich".

96. Hans-Dietrich Sander, "Die Ghibellinische Idee", *Staatsbriefe*, 1, 1990, pp. 24-31 e Hans-Dietrich Sander, "Das Reich als politische Einheit der Deutschen", *Staatsbriefe*, 1, 1991, pp. 25-33.

97. Sander, "Die Ghibellinische Idee", *Staatsbriefe*, 1, 1990, p. 26.

98. Sander empregou a ideia sagrada do *Katechon*, que Carl Schmitt usava para se referir a uma fortaleza que afasta ameaças. *Ibid.*, p. 29.

99. Sander, "Das Reich als politische Einheit der Deutschen", *Staatsbriefe*, 1, 1991, p. 29.

100. *Ibid.*

101. Sander, "Die Ghibellinische Idee", *Staatsbriefe*, 1, 1990, p. 31.

102. Sander, "Das Reich als politische Einheit der Deutschen", *Staatsbriefe*, 1, 1991, p. 33.

103. http://brd-ende.com/.

104. Ver http://brd-ende.com/. Ver também Manuel Seitenbecher, *Mahler, Maschke, & Co.: Rechtes Denken in der 68er-Bewegung?* (Schöning, 2013), p. 339. O DK se originou de um grupo de leitura patrocinado pelo jornal conservador *Junge Freiheit*.

105. Thomas Grumke e Bernd Wagner, *Handbuch Rechtsradikalismus: Personen – Organisationen – Netzwerke von Neonazismus bis in die Mitte der Gesellschaft* (Opladen, 2002), p. 293.

106. Seitenbecher, *Mahler, Maschke, & Co.*, p. 346. Oberlercher cunhou a célebre expressão antinazista "Unter den Talaren, Muff von 1000 Jahren" (em tradução livre: "Sob a capa [dos acadêmicos] se esconde o cheiro mofado de mil anos" – uma referência ao "Reich de mil anos" de Hitler).

107. Essa mudança refletiu em parte as dificuldades de Oberlercher para conseguir um cargo permanente na universidade. Depois de ver rejeitada sua *Habilitation*, ele se tornou professor particular em Hamburgo, administrando grupos de estudo. *Ibid.*, pp. 348-50.

108. Oberlercher, que se aproximou de variados grupos dissidentes de direita, também participou da anarquista Freie Arbeiter Union (FAU). Ibid., pp. 292-93.

109. Hans Kundnani, *Utopia or Auschwitz? Germany's 1968 Generation and the Holocaust* (Nova York, 2009), pp. 46, 76-7, 137-38, 223-34. Braunthal, *Right-Wing Extremism in Contemporary Germany*, pp. 66-70. George Michael, "The Ideological Evolution of Horst Mahler: The Far Left-Extreme Right Synthesis", *Studies in Conflict and Terrorism*, 32, 2009, pp. 346-66.

110. Reinhold Oberlercher, "Die Neuschöpfung des Deutschen Reiches", 12 de setembro de 1992. www.oberlercher.de/blog/neuschoepfung-des-deutschen-reiches.

111. "Reichsverfassungsentwurf", *Staatsbriefe* 1, 1992, pp. 23-6.

112. Só certos alemães (os que executavam serviço militar ou civil) eram considerados aptos para votar (*Reichsdeutsche*, em oposição aos *Volksdeutsche*).

113. https://reichstr.eu/1993/01/das-100-tage-programm/.

114. https://reichstr.eu/die-fahne-weht/.

115. Reinhold Oberlercher, "Die Zerstörung der Demokratie durch die Verfolgung der Patrioten", *Staatsbriefe*, 4, 1997, pp. 9-11, www.vho.org/D/Staatsbriefe/Oberlercher8_4.html

116. Horst Mahler, Günter Maschke e Reinhold Oberlercher, "Kanonische Erklärung zur Bewegung von 1968", 24 de dezembro de 1998, https://reichstr.eu/1998/12/kanonische-erklaerung-68/

117. O SDS foi rebatizado de "*Waffen-SDS*." Kundnani, *Utopia or Auschwitz?*, p. 227.

118. Michael Fischer, *Horst Mahler: Biographische Studie zu Antisemitismus, Antiamerikanismus, und Versuchen deutscher Schuldabwehr* (Karlsruhe, 2015), pp. 329-31. Grumke e Wagner, *Handbuch Rechtsradikalismus*, p. 293.

119. https://reichstr.eu/2002/06/petition-an-die-deutschen-fuersten/

120. https://reichstr.eu/2002/06/sozialordnungsgesetz-sozog/ e https://reichstr.eu/2002/06/arbeitsdienstgesetz-arbdg/

121. Grumke e Wagner, *Handbuch Rechtsradikalismus*, p. 293; Seitenbecher, *Mahler, Maschke, & Co.*, pp. 338-39.

122. Sander e Maass, *Im Banne der Reichsrenaissance*, pp. 102-06. Dois artigos chamaram atenção em 1995: um envolvendo Germar Rudolf e um artigo satírico, intitulado"The Miracle of Technology", de um autor (obcecado por trocadilhos) que assinou com o pseudônimo "Ole Caust" [mistura de "o velho traste" com "o velho Fausto"].

123. Brigitte Mihok, org., *Handbuch des Antisemitismus: Judenfeinschaft in Geschichte und Gegenwart: Band VI Publikationen* (Berlim, 2013), p. 667.

124. Grumke e Wagner, *Handbuch Rechtsradikalismus*, p. 293.

125. Mahler na realidade deixou o partido em 2003, acusando-o de não ser radical o bastante.

126. "Das Gericht als Bühne", www.netz-gegen-nazis.de/artikel/das-gericht-alsbuehne-horst-mahlers-revisionismus-kampagne.

127. Mahler encontrou resistência por parte de Oberlercher depois de tentar privilegiar os interesses de negadores do Holocausto (*Verein zur Rehabilitierung der wegen des Bestreiten des Holocaust Verfolgten*, VRBHV), em vez de formar uma coalizão mais ampla. Seitenbecher, *Mahler, Maschke, & Co.*, pp. 339-40.

128. Grumke e Wagner, *Handbuch Rechtsradikalismus*, p. 407.

129. Fabian Virchow e Christian Dornbusch, orgs., *88 Fragen und Antworten zur NPD* (Schwalbach, 2008), p. 60.

130. www.hagalil.com/archiv/2000/12/npd.htm.

131. Grumke e Wagner, *Handbuch Rechtsradikalismus*, p. 320. Ver o manifesto de Mahler em defesa do NPD, "Appell an die Bürger des deutschen Reiches", de 2000. https://groups.google.com/forum/#!topic/de.sci.geschichte/5bL77sueC68.

132. "Ziel ist die BRD abzuwickeln", *Junge Freiheit*, 24 de setembro de 2004. www.jfarchiv.de/archiv04/404yy08.htm.

133. O NPD explorou a insatisfação com o corte de benefícios sociais associados às reformas de Hartz IV. Rainer Burger, "Da waren es nur noch neun", *FAZ*, 23 de dezembro de 2005.

134. "Sie wollen ein viertes Reich und fressen dafür Kreide", *Sächsische Zeitung*, 7 de setembro de 2004. www.sz-online.de/nachrichten/sie-wollen-ein-viertes-reichund-fressen-dafuer-kreide-598885.html. Ver também Funke, *Paranoia und Politik* (Berlim, 2002), p. 88. Ver ainda Jan Rübel, "Der Kampf um die Strasse", *Die Welt*, 2 de novembro de 2004.

135. "Das waren es nur noch neun", *FAZ*, 23 de dezembro de 2005.

136. "Rep-Chef eröffnet zweite Volksfront", *TAZ*, 2 de novembro de 2004. www.taz.de/!678959/.

137. "Demonstrationen der NPD und Gegendemonstrationen in Frankfurt", *FAZ*, 7 de julho de 2007, p. 4.

138. David Crossland, "Neo-Nazi Threat Growing Despite NPD Cash Woes", *Spiegel Online*, 19 de março de 2009.

139. A miríade de pequenos grupos que constituíam o movimento é discutida em Andreas Speit, org., *Reichsbürger: Die unterschätzte Gefahr* (Berlim, 2017).

140. Ele deixou isso claro desde 1998 em seu ensaio "Der Globalismus als höchstes Stadium des Imperialismus erzwingt die Auferstehung der deutschen Nation". Fischer, *Horst Mahler*, pp. 327, 514, 59n. Ver o documento em www.scribd.com/document/230495275/Mahler-Horst-Der-Globalismus-Als--Hochstes-Stadium-Des-Imperialismus-Erzwingt-Die-Auferstehung-Der--Deutschen-Nation.

141. O grupo de Mahler encenou mais tarde uma demonstração no Wartburg, em Eisenach, em fins de julho de 2003. *Handbuch des Antisemitismus*, pp. 726-77.

142. Membros do RBB insistiam que a Constituição de Weimar não fora abolida nem pelos nazistas nem pelos Aliados. Eles se referiam à República Federal da Alemanha como uma OMF, "Organisationsform einer Modalität der Fremdherrschaft".

143. Kai Biermann e Astrid Geisler, "Ein Volk, viele Reiche, noch mehr Führer", *Die Zeit*, 16 de abril de 2016; Thomas Schade, "Eins, zwei, drei – falsche Polizei", *Sächsische Zeitung*, 16 de dezembro de 2015, p. 3.

144. Verfassungsschutzbericht Brandenburg 2012; ver também o *website* "Gelber Schein", www.gelberschein.net/.

145. Speit, org., *Reichsbürger*, p. 9.

146. Seitenbecher, *Mahler, Maschke, & Co.*, p. 344.

147. www.npd-berlin.de/tag/uwe-meenen/ "Unrecht behalten", *Die Zeit*, 22 de setembro de 2016, p. 11.

148. Além disso, Oberlercher permanece ativo. Ver David Begrich e Andreas Speit, "'Heiliges Deutsches Reich': Reichsidee und Reichsideologie der extremen Rechte", em Speit, org., *Reichsbürger*, pp. 22-40.

149. Florian Gathmann e Severin Weiland, "Die unterschätzte Gefahr", *Der Spiegel*, 20 de outubro de 2016. www.spiegel.de/politik/deutschland/reichsbuerger-bewegungdie-unterschaetzte-gefahr-a-1117575.html.

150. O ex-esquerdista Jürgen Elsässer endossou a ideia do Reich em seu jornal *on-line*, *Compact*. "Ein Netzwerk für Putin und Pegida", *Der Tagesspiegel*, 16 de agosto de 2015. O popular cantor e compositor Xavier Naidoo causou polêmica ao apoiar o Movimento de Cidadãos do Reich em 2014. "Naidoo bekräftigt Thesen über 'unfreies Deutschland'", *Die Welt*, 11 de março de 2015. O mesmo se aplica ao músico de extrema-direita Frank Rennicke, que compôs a canção "Das Reich". Begrich e Speit, "Heiliges Deutsches Reich", pp. 39-40. Peter Fitzek chegou às manchetes por proclamar um "Reino da Nova Alemanha" em 2012 e por ser indiciado por crimes financeiros em 2016. Ver "'König von Deutschland' zu Haftstrafe verurteilt", *Der Spiegel*, 15

de março de 2017. Ver Tobias Ginsburg, *Die Reise ins Reich: Unter Reichsbürgern* (Berlim, 2018).

151. Glenn Meade, *Brandenburg* (Nova York, 1997), p. 462.

152. Robert Ludlum, *Apocalypse Watch* (Nova York, 1995), pp. 736-42.

153. Alan Folsom, *The Day after Tomorrow* (Nova York, 1995).

154. "The $5 Million Thriller", *The Boston Globe*, 26 de abril de 1994, p. 65.

155. Entrevista com Folsom na revista *January*, www.januarymagazine.com/profiles/afolsom.html.

156. "Ludlum Goes Full Circle in 4 Hours", *The News Journal* (Wilmington, DE), 1º de março de 1997, p. E8; Linda Marx, "Robert Ludlum: On a Mission with the Spy Novelist", *Orlando Sentinel*, 21 de maio de 1995, p. 196.

157. O romance de Folsom alcançou o segundo lugar na lista de *best-sellers* do *New York Times. New York Times*, 12 de fevereiro de 1995, p. BR36. *Apocalypse Watch* de Ludlum chegou à lista dos dez mais vendidos no *Times*, de Londres. *The Sunday Times*, 23 de abril de 1995, p. 11. O livro de Gifford, *The First Sacrifice*, teve uma edição inicial de 100 mil exemplares. A primeira tiragem de *Brandenburg* foi de 125 mil. *Publishers' Weekly*, 28 de abril de 1997.

158. Robert Ward, "Right for the Jugular", *Los Angeles Times*, 10 de abril de 1994; George Hackett, "First Time Novelist Delivers Smashing Thriller", *Santa Cruz Sentinel*, 20 de maio de 1994, p. 57.

159. *Kirkus Reviews*, 1º de abril de 1995.

160. *Booklist*, 1º de outubro de 1994; *Library Journal*, julho de 1994. Ver também Mary Danforth, "'Sacrifice' Revives Nazi Threat after 20-Year Hiatus", *South Florida Sun Sentinel*, 13 de novembro de 1994, p. 88.

161. *Booklist*, junho de 1997; *Kirkus Reviews*, 1º de junho de 1997. Ver também Zannah Lyle, "Uncovering New Mysteries", *Tallahassee Democrat*, 13 de julho de 1997, p. 2E.

162. Resenha de *The Desert Sun* (Palm Springs), 14 de julho de 1993, p. 15; Ann Hellmuth, "Excitement, Intrigue Aplenty to Liven Up a Lazy Summer", *The Orlando Sentinel*, 27 de junho de 1993, p. 49.

163. O primeiro exibido na rede ABC em 1997. Enquanto o segundo foi dividido em dois filmes, *Thunder Point* e *The Windsor Protocol* (ambos estrelados por Kyle MacLachlan) e exibido na TMC em 1996 e 1998.

164. Guy Powers, "Ludlum Disappoints in 'Watch'", *Hartford Courant*, 7 de julho de 1995, p. 4.

165. "Two Presidents, One Big Problem", *Chicago Tribune*, 23 de outubro de 1994.

166. Ann Hellmuth, "The Hunter Becomes the Hunted", *Orlando Sentinel*, 8 de junho de 1997, p. F-9.

167. Mike Kent, "Author Treads Water with His Latest Work", *The Indianapolis Star*, 29 de julho de 1993, p. 27. Ron Weiskind, "Thunder Point Makes Noise But Has Little Depth behind It", *Pittsburgh Post-Gazette*, 29 de agosto de 1993, p. 86.

168. Os filmes feitos para a TV foram descritos como "implausíveis". "'Apocalypse' Centers on Neo-Nazi Plot", *Los Angeles Times*, 1º de março de 1997, p. F19.

169. Harry Levins, "Complicated Conspiracy Chapter Makes Entertaining Reading", 22 de maio de 1994, p. 25; Lawrence DeVine, "Folsom Novel a Movie Just Waiting to Happen", *The Times* (Shreveport, LA), 30 de abril de 1994. Newgate Callendar, "Spies and Thrillers", *New York Times*, 22 de maio de 1994.

170. *Kirkus Reviews*, 6 de abril de 1994.

171. Resenha de *The Day After Tomorrow* na revista *New York*, 4 de abril de 1994, p. 69.

172. "New Front Opens in German War with Hollywood", *The Times* (Londres), 14 de janeiro de 1997, p. 14.

173. Steve Martin, *L.A. Story and Roxanne: Two Screenplays* (Nova York, 1997), pp. 74-5.

174. Revista *Spy*, janeiro de 1990; revista *Spy*, abril de 1990. Dois anos mais tarde, a revista informou que o "Quarto Reich" vinha em sexto lugar (numa lista de 100) em seu "catálogo anual dos mais irritantes, chocantes e aterrorizantes lugares, pessoas e coisas". "A *Spy 100* de 1992", revista *Spy*, dezembro de 1992 – janeiro de 1993.

175. "Secret German plot to start World War III", *Weekly World News*, 9 de dezembro de 1997; "Nazi Army Lies Frozen in Antarctic Ice", *Weekly World News*, 15 de outubro de 2002.

176. Já em 1974, certos observadores britânicos se referiam à Comunidade Econômica Europeia como um Quarto Reich. "Argwohn und gespannte Neugier schlagen Schmidt entgegen", *FAZ*, 2 de dezembro de 1974, p. 3. O mesmo fazia a Suécia: "Ein mehr als bedrückendes Schauspiel", *Der Spiegel*, 22 de agosto de 1987.

177. "The Fourth German Reich", *The Sunday Times*, 12 de novembro de 1989, p. 2.

178. "The Future for Britain", *The Sunday Times*, 19 de novembro de 1989, p. 2.

179. "Keine Angst, aber Sorgen", *FAZ*, 10 de março de 1990, p. 12. Ver também "Die Furcht vor dem 'Vierten Reich'", *FAZ*, 13 de dezembro de 1989, p. 16; Henri Froment-Meurice, "Ein Starkes Deutschland, den Nachbarn verpflichtet", *FAZ*, 2 de outubro de 1990, p. 10.

180. "Griechische Terrorgruppe droht deutschen Firmen", *FAZ*, 24 de novembro de 1990, p. 6. Ver também "Brüssel und Delphi orakeln um die Wette", *Berliner Zeitung*, 30 de dezembro de 1993, p. 8.

181. "Wenn die Geschichte zur Waffe wird", *Tageszeitung* (*TAZ*), 7 de novembro de 1991, p. 10.

182. "Belgrade Whips Up Fear of Croatia", *The Times* (Londres), 18 de setembro de 1991, p. 12.

183. "Deutschfeindliche Ausfälle Belgrader Blätter häufen sich", *Nürnberger Nachrichten*, 8 de julho de 1991. "In den Medien der jugoslawischen Teilrepublik Serbien häufen sich antideutsche Berichte", *Nürnberger Nachrichten*, 3 de agosto de 1991, p. 2.

184. www.marxists.org/history/etol/document/icl-spartacists/periodicals/spartakist/088_July_1991_Spartakist.pdf "Germany Denies Charges of 'Fourth Reich'", *Northwest Herald* (Illinois), 9 de julho de 1991, p. 7.

185. "When Horror Stories Are Just Another Weapon", *The Globe and Mail* (Canadá), 12 de agosto de 1992.

186. www.welt.de/print-welt/article646955/Belgrad-fuerchtet-das-Vierte-Reich.html.

187. "Nach dem Vierten Reich die Katastrophen-Republik", *FAZ*, 13 de abril de 1991, p. 3.

188. Martin Walker, "Overstretching Teutonia: Making the Best of the Fourth Reich", *World Policy Journal*, primavera de 1995, p. 4.

189. Niall Ferguson, "The Golden Mirage of Helmut's Fourth Reich", *The Sunday Times*, 15 de junho de 1997, p. 5.

190. Brian Reading, *The Fourth Reich* (Londres, 1995).

191. *Ibid.*, pp. 3-4.

192. *Ibid.*, p. 237.

193. *Ibid.*, p. x.

194. *Ibid.*, p. 3.

195. Harold James, "Should We Fear a German Europe?", *The Times* (Londres), julho de 1995, p. 36. Diethelm Prowe chamou de "lúcido" o estudo feito pelo livro, em *German Studies Review*, fevereiro de 1999, pp. 172-73. Ver

Quentin Peel, "Smokescreen of the British Obsession", *Financial Times*, 27 de julho de 1995. Ver também "Viertes Reich und Europäische Union", *FAZ*, 21 de agosto de 1995, p. 10.

196. Richard Bernstein, "In World Cup Surprise, Flags Fly with German Pride", *New York Times*, 18 de junho de 2006, p. 3. Roger Cohen, "Germany and the Cup: A Liberating Normality", *New York Times*, 17 de junho de 2006, p. 2.

197. No governo de Schroeder, a Alemanha cortou salários reais e pensões na tentativa de tornar sua economia mais competitiva. Os trabalhadores foram atingidos de modo substancial, mas a inflação na Alemanha continuou modesta, enquanto os preços subiam na Grécia, na Espanha, em Portugal e na Itália. Isso ajudou os bens alemães a vencer a concorrência com as mercadorias mais caras das nações do GIPSI e promoveu um maior superávit comercial da Alemanha. Mark Blyth, "A Pain in the Athens: Why Greece Isn't to Blame for the Crisis", *Foreign Affairs*, 7 de julho de 2015, www.foreignaffairs.com/articles/greece/2015-07-07/pain-athens; Eduardo Porter, "Germans Forget Postwar History Lesson on Debt Relief in Greece Crisis", *New York Times*, 8 de julho de 2015, p. B1.

198. "For Germany's Angela Merkel Storm and Stress in Greece", *The Globe and Mail* (Canadá), 10 de outubro de 2012.

199. Alguns manifestantes inseriram a suástica entre as doze estrelas da bandeira, enquanto outros agruparam miniaturas das estrelas da UE para formar uma suástica gigante. www.welt.de/politik/ausland/article13439625/Deutsche-werden-zum-Suendenbock-fuer-die-Griechen.html.

200. "77 percent der Griechen glauben: Deutschland will das Vierte Reich", *Deutsche Mittelstands Nachrichten*, 23 de fevereiro de 2012.

201. Michael Martens, "Widerstand gegen das Vierte Reich", *FAZ*, 20 de março de 2012.

202. Dikos Dimou, "The Bailout Crisis: Why Greece Is Content to Put the Blame on Germany", *The Observer*, 26 de março de 2015.

203. Michael Martens, "Widerstand gegen das Vierte Reich", *FAZ*, 20 de março de 2012.

204. Eduardo Porter, "Germans Forget Postwar History Lesson on Debt Relief in Greece Crisis", *New York Times*, 8 de julho de 2015, p. B1. Ver também Peter Casey, "Dig Deep to Find the Real Meaning of Debt Forgiveness", *Sunday Independent*, 8 de fevereiro de 2015, p. 7.

205. "Greek Lawmaker Compares Debt Crisis to Holocaust", *New York Times*, 24 de junho de 2015; "Berlin Faces Austerity Challenge in Brussels", *Spiegel*

Online, 10 de fevereiro de 2015; "Tsipras Raises War Reparations Claim at Berlin Press Conference with Merkel", *The Guardian*, 23 de março de 2015.

206. "Italy's Monti Takes Gloves Off in Euro Fight", *Times & Transcript* (New Brunswick), 9 de agosto de 2012.
207. "Von Hitler-Merkel bis Terminator", *Süddeutsche Zeitung*, 20 de março de 2015.
208. www.ilgiornale.it/news/quarto-reich-827668.html "Antideutsche Stimmung in Italien", *FAZ*, 7 de agosto de 2012, p. 11.
209. "What Some Europeans See When They Look at Germany", *Der Spiegel International*, 23 de março, 2015. www.spiegel.de/international/germany/germanpower-in-the-age-of-the-euro-crisis-a-1024714.html; "Italienische Zeitung zeigtMerkel mit Hitler-Bart", *Die Welt*, 8 de agosto de 2011. www.welt.de/politik/ausland/article13532791/Italienische-Zeitung-zeigt-Merkel-mit-Hitler-Bart.html.
210. Simon Heffer, "Rise of the Fourth Reich", *Daily Mail* (Londres), 17 de agosto de 2011. www.dailymail.co.uk/news/article-2026840/European-debt-summit-Germanyusing-financial-crisis-conquer-Europe.html.
211. *Ibid.*
212. Frederick Forsyth, "New Deal Is a Charter for the Fourth Reich", *Sunday Independent*, 24 de julho de 2011.
213. Richard Littlejohn, "Springtime for Merkel!" *Daily Mail* (Londres), 18 de novembro de 2011.
214. "Wir überleben auch noch das Vierte Reich", *FAZ*, 12 de setembro de 2008, p. 1.
215. "Tales from the Coffee Shop", *Cyprus Mail*, 13 de janeiro de 2013.
216. www.wsws.org/en/articles/2016/07/01/unio-j01.html.
217. "Russian TV talk show predicts cold war", *BBC Worldwide Monitoring*, 11 de dezembro de 2014. www.pravdareport.com/opinion/columnists/08-06-2016/134656-russia_fourth_reich-0/; http://novorossia.today/150391-2/ *Novorussia Today* atacou o "Quarto Reich" de Merkel pelas críticas de seu governo às "*fake news*". http://europe.newsweek.com/max-keiser-interview-britain-epicentrefinancial-fraud-327254: programa popular da RT, *Keiser Report*, do youtuber Max Keiser, sobre a Alemanha se tornando um "Quarto Reich".
218. Catherine MacMillan, "The Return of the Reich? A Gothic Tale of Germany and the Eurozone Crisis", *Journal of Contemporary European Studies*, 1, 2014, pp. 31-5.

219. "Über den Merkiavellismus", *FAZ*, 17 de janeiro de 2013, p. 25. "Ulrich Beck im Gespräch", *Goethe Institut*, abril de 2013. www.goethe.de/ins/gr/de/kul/mag/20572701.html.
220. Karlheinz Weissmann, "Der häßliche Deutsche", *Junge Freiheit*, 19 de fevereiro de 2012.
221. Dirk Schümer, "Eine Welle von Deutschenhass rollt durch Europa", *Die Welt*, 19 de julho de 2015. Ver também Thomas Steinfeld, "Der Zorn des Südens auf das 'Vierte Reich'", *Süddeutsche Zeitung*, 15 de dezembro de 2014.
222. Michael Martens, "Und willst du nicht mein Bruder sein", *FAZ*, 28 de julho de 2013, p. 5.
223. Frank Vollmer, "Italiens Zorn auf Deutschland", *Rheinischer Post*, 10 de março de 2015.
224. Konrad Putzler, "Das vierte Reich – Deutschland erobert Europa", *Die Welt*, 19 de agosto de 2011. www.welt.de/politik/ausland/article13554379/Das--vierte-Reich-Deutschland-erobert-Europa.html.
225. Harald Martenstein, "Über Deutschlands Image", revista *Die Zeit*, 6 de agosto de 2015, p. 10.
226. "Kritik an 'Spiegel'– Cover mit Merkel und Nazis", *Die Welt*, 22 de março de 2015.
227. Dominic Lawson, "Cease Fire! Merkel Isn't Building a Fourth Reich", *The Sunday Times*, 13 de novembro de 2011, p. 24.
228. Richard Evans, "The Shackles of the Past", *The New Statesman*, 21 de novembro de 2011, p. 24.
229. Martin Ivens, "It's 'Never Again' That Made This Euro Mess", *The Sunday Times*, 20 de novembro de 2011.
230. Derek Scally, "Language of 'Perpetrator' and 'Victim' Fuels EU Crisis", *The Irish Times*, 18 de julho de 2015, p. 13.
231. Fareed Zakaria, "Germany's Road to Redemption", *The Washington Post*, 10 de setembro de 2015.

Conclusão

1. Leonard Pitts, Jr., "Mr. President", *The Miami Herald*, 4 de fevereiro de 2017.
2. "Welcome to the Fourth Reich", *Democracy Now*, 6 de dezembro de 2016. www.democracynow.org/2016/12/6/welcome_to_the_fourth_reich_legendary.

3. Stacey Patton, "How Donald Trump Is Building a Fourth Reich", *Dame*, 21 de novembro de 2016, www.damemagazine.com/2016/11/21/how-donald-trump-building-fourth-reich.

4. Mike Rivage-Seul, "'Fourth Reich' Is Coming to Incinerate the Planet", *Lexington Herald-Leader*, 25 de dezembro de 2016. Jacob Rubashkin, "Trump's Fourth Reich", *The Cornell Daily Sun*, 23 de novembro de 2015, https://issuu.com/cornellsun/docs/11-24-15_entire_issue_hi_res_3637854916e22c; "Sieg Heil", *The Collegian*, 22 de fevereiro de 2016, http://collegian.csufresno.edu/2016/02/22/donald-trump-is-going-to-get-us-all-killed/.

5. Ver https://twitter.com/JennyTwist1/status/840128399477620736 e https://twitter.com/search?q=%22fourth%20reich%22&src=typd; ver também http://fightfascism.tumblr.com/; www.pinterest.com/cbest55/trump-the-fourth-reich/?lp=true; www.reddit.com/r/EnoughTrumpSpam/comments/5cvgv1/america_2016_the_dawn_of_the_fourth_reich/; www.reddit.com/duplicates/4r8qa7/welcome_to_donald_trumps_nascent_fourth_reich/.

6. www.maciverinstitute.com/2016/12/protesters-fail-to-derail-trump-election--at-wisconsin-electoral-college/.

7. Warren Blumenfeld, "The Fourth Estate as Antidote for the Fourth Reich", *The Good Men Project*, 18 de novembro de 2017. https://goodmenproject.com/featuredcontent/the-fourth-estate-as-antidote-for-the-fourth-reich-wcz/.

8. https://medium.com/return-of-the-reich.

9. Os analistas incluíam Frank Gaffney, que chefiava o Centro de Política de Segurança, Pamela Geller do Atlas Shrugs e Robert Spencer do Jihad Watch.

10. Bernard Goldberg, "The New Party of No", *Rapid City Journal,* 15 de fevereiro de, 2017. http://rapidcityjournal.com/news/opinion/columnists/national/goldberg-the-newparty-of-no/article_00566bff-8424-5204-bf41-fe3353654b16.html.

11. William McGurn, "Who's 'Normalizing' Donald Trump Now?", *The Wall Street Journal*, 7 de fevereiro de 2017, p. A13.

12. Ann Coulter, "Pundits and the Fourth Reich", *The St. Augustine Recorder*, 13 de março de 2016. http://staugustine.com/opinions/2016-03-13/ann-cokulter-pundits-and-fourth-reich.

13. Christine Flowers, "Hitler References to Trump Are Lazy, Offensive", *The Winona Daily News*, 9 de fevereiro de 2017, www.winonadailynews.com/news/opinion/columnists/other/christine-flowers-hitler-references-to-trump-are-lazy-offensive/article_53281f28-36da-541e-9f81-577804fbbe08.html.

14. “Racist, Anti-Semitic Signs Placed at Dumfries Church”, *Fox5 News*, 28 de agosto de 2017, www.fox5dc.com/news/local-news/racist-anti-semitic-signs-placed-at-dumfries-church.

15.www.usatoday.com/story/news/nation-now/2017/05/22/what-alt-reich-nationfacebook-group-fbi-investigating-possible-hate-crime-university-maryland/335961001/.

16. “Florida Nazi Leader Gets Five Years for Having Explosive Material”, *NBC News*, 9 de janeiro de 2018. www.nbcnews.com/news/us-news/florida-neo-nazi-leader-gets-5-years-having-explosive-material-n836246.

17. www.stormfront.org/forum/t951387/; www.stormfront.org/forum/t923534/; Ver https://angrywhitemen.org/2016/02/16/stormfront-users-predict-tha-t-donaldtrump-will-usher-in-the-fourth-reich/.

18. Kimi Yoshino, “Fresh Muslim-Jewish Discord on Campus”, *Los Angeles Times*, 12 de maio de 2006, p. B3. Ver também “Sabiqun and Anti-Semitism on Campus”, http:// https://www.adl.org/resources/backgrounders/sabiqun--and-anti-semitism-on-campus.

19. “Remembrance Day – A Delusional Escape to a Time When Fascists Were the Enemy”, *Canadian Arab News*, 9 de novembro de 2006.

20. Robert Horenstein, “The Ultimate Abuse”, *The Jerusalem Post*, 16 de março de 2009, p. 46. Sherri Muzher, “Turning the Palestinian Cause into Medusa”, *The Arab American News*, 27 de setembro de 2008, p. 13; “Israel is now the Fourth Reich”.

21. Ver, por exemplo, a canção de 2013 do Doc Jazz’s, “Hungry,” www.docjazz.com/damnedfourth-reich/; https://twitter.com/moderate_rabble/status/777324354216624128 e https://twitter.com/communicipalist/status/772719520477765633 Ver a referência 2017.3 no *Mondoweiss* à “queima de civis palestinos com o uso ilegal de fósforo branco pelo Quarto Reich”. http://mondoweiss.net/2012/04/englisheffort-to-boycott-israeli-theater-is-likened-to-nazi-book-burning/.

22. Marc Perelman, “False Report Triggers Rush of Iranian-Nazi Comparisons”, *The Forward*, 26 de maio de 2006, p. 1.

23. Mathew Wagner, “Jesus’s Zionists”, *The Jerusalem Post*, 1º de maio de 2009, p. 14.

24. “A Grotesque Love of Propaganda”, *Daily Mail* (Londres), 21 de março de 2015.

25. www.pravdareport.com/opinion/columnists/01-04-2015/130153-boys_from_brussels-0/#sthash.hvQ8xDh6.dpuf.

26. "USA Creates Fourth Reich to Destroy Russia", *Pravda Report*, 9 de fevereiro de 2015. www.pravdareport.com/world/americas/09-02-2015/129738-0/.
27. www.express.co.uk/news/world/841539/EU-news-European-Union-fourth-reich-Germany-communism-Poland; www.sueddeutsche.de/politik/ungarn-wer-hatangst-vor-dem-fremden-mann-1.3088398.
28. Adam Lebor, *The Budapest Protocol* (Londres, 2011).
29. Cotton Levi Grove, *4th Reich of Antarctica: Secrets of South America* (2012), Patrick Parker, *Treasures of the Fourth Reich: A Novel of Suspense* (2012) e Gary Compton, *The Fourth Reich – Head of the Snake* (2016).
30. http://dc.wikia.com/wiki/Fourth_Reich.
31. Ver Gavriel D. Rosenfeld, *Hi Hitler! How the Nazi Past Is Being Normalized in Contemporary Culture* (Cambridge, UK, 2015), pp. 198-203.
32. Em 1998, Rage Against the Machine lançou uma música, "No Shelter" [Sem Abrigo], que incluía o verso: "Cinema, vida simulada, drama doentio; Cultura – americana – do Quarto Reich". www.azlyrics.com/lyrics/rageagainstthemachine/noshelter.html.

BIBLIOGRAFIA

Adorno, Theodor W., "What Does Coming to Terms with the Past Mean?" em Hartman, org., *Bitburg in Moral and Political Perspective,* pp. 114-29.

Allemann, Fritz René, *Bonn ist nicht Weimar* (Colônia, 1956).

Allen, Charles, *Heusinger of the Fourth Reich* (Nova York, 1963).

Andreas-Friedrich, Ruth, *Berlin Underground: 1938-1945* (Nova York, 1947).

Associação Anglo-Judaica, *Germany's New Nazis* (1951).

Appelius, Claudia, *"Die schönste Stadt der Welt": Deutsch-jüdische Flüchtlinge in New York* (Essen, 2003).

Backes, *Uwe and Jesse Eckhard, Politischer Extremismus in der Bundesrepublik Deutschland,* Volume III (Colônia, 1989).

Baldow, Beate, *Episode oder Gefahr? Die Naumann-Affäre* (Dissertação de Doutorado, Freie Universität Berlin, 2012).

Banchoff, Thomas, *The German Problem Transformed: Institutions, Politics, and Foreign Policy, 1945-1995* (Ann Arbor, 1999).

Barbian, Nikolaus, *Auswärtige Kulturpolitik und "Auslandsdeutsche" in Latinamerika, 1949-1973* (Wiesbaden, 2013).

Bark, Dennis e David Gress, *A History of West Germany: From Shadow to Substance, 1945-1963* (Oxford, 1989).

Barker, Jennifer Lynde, *The Aesthetics of Antifascist Film: Radical Projection* (Nova York, 2013).

Bärsch, Claus-Ekkehard, *Die politische Religion des Nationalsozialismus* (Munique, 1998).

Bayer, Karen, *"How Dead Is Hitler?", Der Britische Starreporter Sefton Delmer und die Deutschen* (Mainz, 2008).

Becker, Manuel e Christoph Studet, *Der Umgang des Dritten Reiches mit den Feinden des Regimes* (Berlim, 2010).

Beevor, Antony, *The Fall of Berlin 1945* (Nova York, 2002).

Begrich, David e Andreas Speit, "'Heiliges Deutsches Reich': Reichsidee und Reichsideologie der extremen Rechte," em Speit, org., *Reichsbürger*, pp. 22-40.

Ben-Menahem, Yemima, "Historical Necessity and Contingency", em A. Tucker, org., *A Companion to the Philosophy of History and Historiography*, pp.110-30.

Benford, Timothy B., *Hitler's Daughter* (Nova York, 1983).

______, *World War II Quiz and Fact Book*, Volumes I e II (Nova York, 1982 e 1984)

______, *World War II Flasbhback – A Fact-Filled Look at the War Years* (Stamford, CT,1991)

Bernhard, Georg, "Entwurf einer Verfassung für das 'Vierte Reich', janeiro/fevereiro de 1936", em Langkau-Alex, org., *Dritter Band*, pp. 25-34.

Berning, Cornelia, *Vom 'Abstammungsnachweis' zum 'Zuchtwart': Vokabular des Nationalsozialismus* (Berlim, 1964).

Bernstein, Matthew H., "Unrecognizable Origins: 'The Song of the Dragon' and Notorious", em Palmer e Boyd, orgs., *Hitchcock at the Source*, pp. 139-59.

Bernstein, Michael André, *Foregone Conclusions: Against Apocalyptic History* (Berkeley, 1994).

Bess, Michael, *Choices under Fire: Moral Dimensions of World War II* (Nova York, 2008).

Biddiscombe, Perry, "Donald and Me: The Iraq War and the 'Werewolf' Analogy", *International Journal*, verão de 2004, pp. 669-80.

______, *The Last Nazis: Werewolf Guerilla Resistance in Europe, 1944-1947* (Stroud, UK, 2006).

______, "Operation Selection Board: The Growth and Suppression of the Neo--Nazi 'Deutsche Revolution' 1945-1947," *Intelligence and National Security*, 1, 1996, pp. 59-77.

______, *Werwolf!: The History of the National Socialist Guerrilla Movement, 1944-1946* (Toronto, 1998).

Biess, Frank, Mark Roseman e Hanna Schissler, *Conflict, Catastrophe, and Continuity: Essays on Modern German History* (Nova York, 2007).

Blum, Howard, *Wanted! The Search for Nazis in America* (Nova York, 1977).

Bodroghkozy, *Aniko, Equal Time: Television and the Civil Rights Movement* (Urbana, IL, 2012).

Bollmus, Reinhard, *Das Amt Rosenberg und seine Gegner: Studien zum Machtkampf im nationalsozialistichen System* (Munique, 2006).

Bower, Tom, *Klaus Barbie: The "Butcher of Lyons"* (Nova York, 1984).

______, *The Pledge Betrayed: America and Britain and the Denazification of Postwar Germany* (Nova York, 1982).

Bowler, Peter, *Darwin Deleted: Imagining a World without Darwin* (Chicago, 2013).

Bracey Jr., John H., August Meier e Elliott Rudwick, orgs., *Black Nationalism in America* (Indianapolis, 1970).

Bracher, Karl Dietrich, "Democracy and Right Wing Extremism in West Germany", *Current History*, 1º de maio de 1968, pp. 281-87.

______, *The German Dictatorship: The Origins, Structure and Effects of National Socialism* (Nova York, 1970).

Brandes, Ina, "Kurt Schumacher: Der Kandidat aus Weimar", em Forkmann e Richter (orgs.), *Gescheiterte Kanzler-Kandidaten*, pp. 27-44.

Braunthal, Gerard, *Right-Wing Extremism in Contemporary Germany* (Basingstoke, UK, 2009).

Brendle, Franz, *Das konfessionelle Zeitalter* (Berlim, 2015).

Brinton, Laurel J., "Historical Discourse Analysis", em Tannen *et al.*, orgs., *The Handbook of Discourse Analysis*, pp. 222-43.

Brochhagen, Ulrich, *Nach Nürnberg: Vergangenheitsbewältigung und Westintegration in der Ära Adenauer* (Hamburgo, 1994).

Broszat, Martin, org., *Deutschlands Weg in die Diktatur* (Berlim, 1983).

Buchna, Kristian, *Nationale Sammlung an Rhein und Ruhr: Friedrich Middelhauve und die nordrheinwestfälische FDP 1945-1953* (Munique, 2010).

Buchstab, Günter, Bri-gitte Kaff e Hans-Otto Kleinmann, orgs., *Verfolgung und Widerstand, 1933-1945: Christliche Demokraten gegen Hitler* (Düsseldorf, 1986).

Busch, Otto e Peter Furth, *Rechtsradikalismus im Nachkriegsdeutschland: Studien über die Sozialistische Reichspartei (SRP)* (Berlim, 1957).

Buscher, Frank M., "Kurt Schumacher, German Social Democracy and the Punishment of Nazi Crimes", *Holocaust and Genocide Studies*, 3, 1990, pp. 261-73.

Buschke, Heiko, *Deutsche Presse, Rechtsextremismus und nationalsozialistische Vergangenheit in der Ära Adenauer* (Frankfurt, 2003).

Buschke, Heiko, "Die Sozialistische Reichspartei im Raum Lüneburg 1949-1952", em Weisbrod, org., *Rechtsradikalismus in der politischen Kultur der Nachkriegszeit*, pp. 87-107.

Butter, Michael, *The Epitome of Evil: Hitler in American Fiction, 1939-2002* (Nova York, 2009).

Caplovitz, David e Candace Rogers, *Swastika 1960: The Epidemic of Anti-Semitic Vandalism in America* (Nova York, 1961).

Carr, Caleb, "VE Day – November 11, 1944", em Cowley, org., *What If? 2*, pp. 333-43.

Chamberlin, William Henry, *The German Phoenix* (Nova York, 1963).

Childs, David e Jeffrey Johnson, *West Germany: Politics and Society* (Nova York, 1981).

Clark, Delbert, *Again the Goose Step* (Nova York, 1949).

Cocks, Geoffrey, "Hollywood über Alles: Seeing the Nazis in American Movies", *Film & History*, 45.1, verão de 2015, pp. 38-54.

Collier, David S. e Kurt Glaser, *Berlin and the Future of Eastern Europe* (Chicago, 1963).

Comitê do Lado Oeste Contra a Renazificação da Alemanha, *Shadow of the Swastika: German Rearmament & Renazification. The Road to World War III* (1950).

Conant, James Bryant, *Germany and Freedom: A Personal Appraisal* (Cambridge, MA, 1958).

Connor, Ian, "The Radicalization that Never Was? Refugees in the German Federal Republic", em Biess, Roseman, e Schissler, orgs., *Conflict, Catastrophe, and Continuity*, pp. 221-36.

Constantine, Alex, org., *The Essential Mae Brussell: Investigations of Fascism in America* (Port Townsend, WA, 2014).

Cook, Barnard A., *Europe Since 1945: An Encyclopedia*, Volume I (Nova York, 2001).

Cowley, Robert, org., *What If? 2: Eminent Historians Imagine What Might Have Been* (Nova York, 2001).

Craig, William, *The Strasbourg Legacy* (Nova York, 1976).

Dabringhaus, Erhard, *Klaus Barbie: The Shocking Story of How the U.S. Used This Nazi War Criminal as an Intelligence Agent. A First-Hand Account* (Washington, DC, 1984).

Dahrendorf, Ralf, *Society and Democracy in Germany* (Londres, 1965).

Davidson, Eugene, *The Death and Life of Germany* (Nova York, 1959).

Davies, Norman, *Rising '44: The Battle for Warsaw* (Nova York, 2004).

Delgado, Mariano, Klaus Koch, e Edgar Marsch, orgs., *Europa, Tausendjähriges Reich und Neue Welt: Zwei Jahrtausende Geschichte und Utopie in der Rezeption des Danielbuches* (Friburgo, Suíça, 2003).

Demshuk, Andrew, *The Lost German East: Forced Migration and the Politics of Memory, 1945-1970* (Nova York, 2012).

Denton, Robert E., "The Rhetorical Functions of Slogans: Classifications and Characteristics", *Communication Quarterly*, primavera de 1980, pp. 10-8.

Dettke, Dieter, *The Spirit of the Berlin Republic* (Nova York, 2003).

Di Tella, Guido e D. Cameron Watt, orgs., *Argentina Between the Great Powers, 1939-1946* (Pitsburgo, 1990).

Dirks, Walter, "Der Restaurative Charakter der Epoche", *Frankfurter Hefte*, 9, 1950, pp. 942-55.

Domarus, Max, *Hitler: Speeches and Proclamations, 1932-1945, The Chronicle of a Dictatorship* (Wauconda, IL, 1990).

Donald, David, *Liberty and Union* (Boston, 1978).

Donohoe, James, *Hitler's Conservative Opponents in Bavaria: 1930-1945* (Leiden, Holanda, 1961).

Dornberg, John, *Schizophrenic Germany* (Nova York, 1961).

Dorril, Stephen, *MI6: Inside the Covert World of Her Majesty's Secret Intelligence Service* (Nova York, 2000).

Drachkovitch, Milorad M. e Branko Lazitch, *The Comintern: Historical Highlights, Essays, Recollections, Documents* (Palo Alto, 1966).

Dubiel, Helmut, *Niemand ist frei von der Geschichte* (Munique, 1999).

Dudek, Peter e Hans-Gerhard Jaschke, *Entstehung und Entwicklung des Rechtsextremismus in der Bundesrepublik: Zur Tradition einer besonderen politischen Kultur* (Opladen, 1984).

Duffett, John, *Against the Crime of Silence: Proceedings of the International War Crimes Tribunal* (Nova York, 1970).

Duke, Madeline, *The Bormann Receipt* (Londres, 1977).

Ebach, Jürgen, *Neue Schrift-Stücke: Biblische Passagen* (Gütersloh, 2012).

Edinger, Lewis Joachim, *Kurt Schumacher: A Study in Personality and Political Behavior* (Palo Alto, 1965).

Eisenhower, Dwight D., *Crusade in Europe* (Baltimore, 1997).

Elliott, J. H., *Empires of the Atlantic World: Britain and Spain in America, 1492-1830* (New Haven, 2006).

Elm, Ludwig, *Aufbruch ins Vierte Reich?* (Berlim, 1981).

Emmet, Christopher e Norbert Muhlen, *The Vanishing Swastika: Facts and Figures on Nazism in West Germany* (Chicago, 1961).

Erdstein, Erich, *Inside the Fourth Reich* (Nova York, 1977).

Ermarth, Michael, org., *America and the Shaping of German Society, 1945-1955* (Nova York, 1993).

Etheridge, Brian C., *Enemies to Allies: Cold War Germany and American Memory* (Lexington, KY, 2016).

Evans, Richard, *Cosmopolitan Islanders: British Historians and the European Continent* (Cambridge, UK, 2009).

______, *The Third Reich at War* (Nova York, 2009).

Fadiman Jr., Edwin, *Who Will Watch the Watchers?* (Nova York, 1970).

Farago, Ladislas, *Aftermath: Martin Bormann and the Fourth Reich* (Nova York, 1974).

Finkenberger, Martin, "Johann von Leers und die 'faschistische Internationale' der fünfziger und sechziger Jahre in Argentinien und Ägypten", *Zeitschrift für Geschichtswissenschaft*, 6, 2011, pp. 522-43.

Fischer, Michael, *Horst Mahler: Biographische Studie zu Antisemitismus, Antiamerikanismus, und Versuchen deutscher Schuldabwehr* (Karlsruhe, 2015).

Flanagan, Thomas, "The Third Reich: Origins of a Millenarian Symbol", *Journal of European Ideas*, 3, 1987, pp. 283-95.

Folsom, Alan, *The Day after Tomorrow* (Nova York, 1995).

Forkmann, Daniela e Saskia Richter, orgs., *Gescheiterte Kanzler-Kandidaten: Von Kurt Schumacher bis Edmund Stoiber* (Wiesbaden, 2007).

Forsyth, Frederick, *The Odessa File* (Nova York, 1972).

Frei, Norbert, *Adenauer's Germany and the Nazi Past: The Politics of Amnesty and Integration* (Nova York, 2002).

______, "Das Problem der NS-Vergangenheit in der Ära Adenauer", em Weisbrod, org., *Rechtsradikalismus in der politischen Kultur der Nachkriegszeit*, pp. 19-31.

______, "Vergangenheitsbewältigung or 'Renazification'? The American Perspective on Germany's Confrontation with the Nazi Past in the Early Years of the Adenauer Era", em Ermarth, org., *America and the Shaping of German Society*, pp. 47-59.

Friedlander, Saul, *Reflections of Nazism: An Essay on Kitsch and Death* (Nova York, 1982).

Friedrich, Otto, *Before the Deluge: A Portrait of Berlin in the 1920s* (Nova York, 1995).

Fritz, Stephen, *Endkampf: Soldiers, Civilians, and the Death of the Third Reich* (Lexington, KY, 2004).

Fritzen, Florentine, *Gesünder leben: Die Lebensreformbewegung im 20. Jahrhundert* (Stuttgart, 2006).

Fulbrook, Mary, *A History of Germany 1918-2014: The Divided Nation* (Chichester, UK, 2014).

Funke, Hajo, *Paranoia und Politik* (Berlim, 2002).

Gaddis, John Lewis, *The Cold War: A New History* (Nova York, 2005).

______, *The Landscape of History: How Historians Map the Past* (Oxford, 2004).

Gamm, Hans-Jochen, *Der Flüsterwitz im Dritten Reich* (Munique, 1963).

Gardner, John, *Spin the Bottle* (Londres, 1963).

______, *The Werewolf Trace* (Nova York, 1977).

Gassert, Philipp, "The Specter of Americanization: Western Europe in the American Century," em *The Oxford Handbook of Postwar European History*, pp. 182-200.

Gat, Azar, *Victorious and Vulnerable: Why Democracy Won in the Twentieth Century and How It Is Still Imperiled* (Lanham, MD, 2010).

Gaupp, Friedrich, *Deutsche Fälschung der abendländischen Reichsidee* (Berna, 1946).

Geppert, Dominik, *Die Ära Adenauer* (Darmstadt, 2002).

Gessenharter, Wolfgang e Thomas Pfeiffer, orgs., *Die Neue Rechte – eine Gefahr für die Demokratie?* (Wiesbaden, 2004).

Giersch, Herbert, *et al.*, *The Fading Miracle: Four Decades of Market Economy in Germany* (Cambridge, UK, 1992).

Gifford, Thomas, *The Wind Chill Factor* (Nova York, 1994).

Gimbel, John, *The American Occupation of Germany: Politics and the Military, 1945-1949* (Palo Alto, 1968).

Ginsburg, Tobias, *Die Reise ins Reich: Unter Reichsbürgern* (Berlim, 2018).

Gisevius, Hans Bernd, *Bis zum bitteren Ende: Vom Reichstagsbrand bis zum 20. Juli 1944*, Volume II (Hamburgo, 1959).

Glaeßner, Gert-Joachim, *Politik in Deutschland* (Wiesbaden, 2006).

Glienke, Stephan Alexander, Volker Paulmann e Joachim Perels, orgs., *Erfolgsgeschichte Bundesrepublik? Die Nachkriegsgesellschaft im langen Schatten des Nationalsozialismus* (Göttingen, 2008).

Glotz, Peter, *Die Deutsche Rechte* (Stuttgart, 1989).

Görtemaker, Manfred, *Geschichte der Bundesrepublik Deutschland: Von der Grundung bis zur Gegenwart* (Munique, 1999).

______, *Thomas Mann und die Politik* (Frankfurt, 2005).

Greenberg, David, *Nixon's Shadow: The History of an Image* (Nova York, 2003).

Greene, Harris, *Canceled Accounts* (Nova York, 1976).

Griffin, Des, *Fourth Reich of the Rich* (Clackamas, OR, 1976).

Griffin, Roger, *The Nature of Fascism* (Nova York, 1996).

Grumke, Thomas e Bernd Wagner, *Handbuch Rechtsradikalismus: Personen – Organisationen – Netzwerke von Neonazismus bis in die Mitte der Gesellschaft* (Opladen, 2002).

Gunst, Dieter, "Hitler wollte kein 'Drittes Reich'", *Geschichte, Politik, und ihre Didaktik*, 17, 1989, pp. 299-305.

Gurock, Jeffrey, *The Holocaust Averted: An Alternate History of American Jewry, 1938-1967* (New Brunswick, 2015).

Guy, Stephen, *After Victory: Projections of the Second World War and Its Aftermath in British Feature Films, 1946-1950* (Dissertação de Doutorado, Queen Mary, Universidade de Londres, 2002).

Habe, Hans, *Our Love Affair with Germany* (Nova York, 1953).

Hagen, William W., *German History in Modern Times: Four Lives of the Nation* (Cambridge, MA, 2012).

Hale, Martin, *The Fourth Reich* (Londres, 1965).

Hall, Adam, *The Quiller Memorandum* (Nova York, 1965).

Hanrieder, Wolfram, *Germany, America, Europe: Forty Years of German Foreign Policy* (New Haven, 1989).

Hansen, Henning, *Die Sozialistische Reichspartei (SRP): Aufstieg und Scheitern einer rechtsextremen Partei* (Düsseldorf, 2007).

Harris, Robert, *Selling Hitler: The Story of the Hitler Diaries* (Nova York, 1986).

Hartman, Geoffrey, org., *Bitburg in Moral and Political Perspective* (Bloomington, IN, 1986).

Hartrich, Edwin, *The Fourth and Richest Reich* (Nova York, 1980).

Hassell, Agostino von e Sigrid MacRae, *Alliance of Enemies: The Untold Story of the Secret American and German Collaboration to End World War II* (Nova York, 2006).

Heideking, Jürgen e Christof Mauch, *American Intelligence and the German Resistance to Hitler* (Boulder, CO, 1996).

Henke, Klaus Dietmar, "Die Grenzen der politischen Säuberung in Deutschland nach 1945" em Herbst, org., *Westdeutschland 1945-1955*, pp. 127-33.

Herb, Hartmut, Jan Peters e Mathias Thesen, *Der neue Rechtsextremismus: Fakten und Trends* (Lohra-Rodenhausen, 1980).

Herbert, Ulrich, *Best: Biographische Studien über Radikalismus, Weltanschauung und Vernunft, 1903-1989* (Bonn, 1996).

______, *A History of Foreign Labor in Germany* (Ann Arbor, 1990).

______, "NS-Eliten in der Bundesrepublik", em Loth e Rusinek, orgs., *Verwandlungspolitik: NS-Eliten in der westdeutschen Nachkriegsgesellschaft*, p. 114.

______, "Rückkehr in die Bürgerlichkeit: NS-Eliten in der Bundesrepublik", em Weisbrod, org., *Rechtsradikalismus in der politischen Kultur der Nachkriegszeit*, pp. 157-73.

Herbst, Ludolf, org., *Westdeutschland 1945–1955: Unterwerfung, Kontrolle,Integration* (Munique, 1986).

Herf, Jeffrey, *Divided Memory: The Nazi Past in the Two Germanys* (Cambridge, MA, 1997).

______, "The Holocaust and the Competition of Memories in Germany, 1945-1949", em Michman, org., *Remembering the Holocaust in Germany*, pp. 9-30.

______, "Multiple Restorations: German Political Traditions and the Interpretation of Nazism, 1945-1946", *Central European History*, 26, 1, 1993, pp. 21-55.

______, *Reactionary Modernism: Technology, Culture, and Politics in Weimar and the Third Reich* (Cambridge, UK, 1984).

Hermand, Jost, *Old Dreams of a New Reich: Volkish Utopias and National Socialism* (Bloomington, IN, 1992).

Hertfelder, Thomas, "Ein Meistererzählung der Demokratie? Die großen Ausstellungshäuser des Bundes", em Hertfelder, Lappenküper e Lillteicher, orgs., *Erinnern an Demokratie in Deutschland*, pp. 139-78.

______, "'Modell Deutschland' – Erfolgsgeschichte oder Illusion?" em Hertfelder e Rödder, orgs., *Modell Deutschland*, pp. 9-27.

Hertfelder, Thomas e Andreas Rödder, orgs., *Modell Deutschland – Erfolgsgeschichte oder Illusion?* (Göttingen, 2007).

Hertfelder, Thomas, Ulrich Lappenküper e Jürgen Lillteicher, orgs., *Erinnern an Demokratie in Deutschland: Demokratiegeschichte in Museen und Erinnerungsstätten der Bundesrepublik* (Göttingen, 2016).

Heukenkamp, Ursula, org., *Schuld und Sühne? Deutsche Kriegserlebnis und Kriegsdeutung in deutschen Medien der Nachkriegszeit (1945-1961)* (Amsterdam, 2001).

Higgins, Jack, *The Testament of Caspar Schultz* (Nova York, 1985).

Hilton, Stanley E., "The United States and Argentina in Brazil's Wartime Foreign Policy, 1939-1945", em Di Tella e Watt, orgs., *Argentina Between the Great Powers*, pp. 158-80.

Hirsch, Kurt, *Kommen die Nazis Wieder? Gefahren für die Bundesrepublik* (Munique, 1967).

Hitler, Adolf, *Mein Kampf* (Boston, 1971).

Hixson, Walter L., org., *The American Experience in World War II*, volume XII (Nova York, 2003).

______, *The United States and the Vietnam War: Volume III, Leadership and Diplomacy in the Vietnam War* (Nova York, 2000).

Hockerts, Hans Günter, org., *Koordinaten deutscher Geschichte in der Epoche des Ost-West Konflikts* (Munique, 2004).

Hoenicke Moore, Michaela, *Know Your Enemy: The American Debate on Nazism, 1933 1945* (Cambridge, UK, 2010).

Hoffmann, Johannes Friedrich, *Antiochus IV. Epiphanes, König von Syrien: Ein beitrag zur allgemeinen und insbesondere israelitischen Geschichte, mit einem Anhange über Antiochus im Buche Daniel* (Leipzig, 1873).

Höhn, Maria, *GIs and Fräuleins: The German-American Encounter in 1950s West Germany* (Chapel Hill, NC, 2002).

Höper, Wilhelm, *Die drei Reiche: Von der Kaiserkrone zum Hakenkreuz* (Breslau, 1934).

Horne, Alistair, *Return to Power: A Report on the New Germany* (Nova York, 1956).

Hughes, Michael, *Shouldering the Burdens of Defeat: West Germany and the Reconstruction of Social Justice* (Chapel Hill, NC, 1999).

Hunter, Jack, *The Tin Cravat* (Nova York, 1981).

Huyssen, Andreas, "Anselm Kiefer: The Terror of History, the Temptation of Myth", *October*, primavera de 1989, pp. 22-45.

Jarausch, Konrad, *After Hitler: Recivilizing Germans, 1945-1995* (Nova York, 2006).

______, "The Federal Republic at Sixty", *German Politics and Society*, março de 2010, pp. 10-29.

Jarausch, Konrad e Michael Geyer, *Shattered Past: Reconstructing German Histories* (Princeton, 2009).

Jelinek, Gerhard, *Nachrichten aus dem 4. Reich* (Salzburgo, 2008).

Juling, Peter, *Programmatische Entwicklung der FDP 1946 bis 1969: Einführungn und Dokumente* (Meisenheim am Glan, 1977).

Kahn, Arthur D., *Experiment in Occupation: Witness to the Turnabout: Anti-Nazi War to Cold War, 1944-1946* (University Park, PA, 2004).

Kailitz, Steffen, *Politischer Extremismus in der Bundesrepublik Deutschland: Eine Einführung* (Wiesbaden, 2004).

Kaplan, Andrew, *Hour of the Assassins* (Nova York, 1980).

Kaplan, Jeffrey e Tore Bjørgo, orgs., *Nation and Race: The Developing Euro-American Racist Subculture* (Boston, 1998).

Kaplan, Lawrence S., "NATO after Forty-Five Years: A Counterfactual History", em Papacosma e Heiss orgs., *NATO in the Post-Cold War Era: Does It Have a Future?* (Nova York, 1995), pp. 3-21.

Kershaw, Ian, *The Nazi Dictatorship: Problems and Perspectives of Interpretation* (Londres, 1985).

Kettenacker, Lothar, *Germany 1989: In the Aftermath of the Cold War* (New York, 2009).

Kiani, Shida, "Zum politischen Umgang mit dem Antisemitismus in der Bundesrepublik: Die Schmierwelle im Winter 1959/1960", em Glienke, Paulmann e Perels, orgs., *Erfolgsgeschichte Bundesrepublik?*, pp. 115-45.

Kielmansegg, Peter Graf, *Lange Schatten: Vom Umgang der Deutschen mit der nationalsozialistischen Vergangenheit* (Berlim, 1989).

Kinane, Karolyn e Michael Ryan, orgs., *End of Days: Essays on the Apocalypse from Antiquity to Modernity* (Jefferson, NC, 2009).

Kirkpatrick, Ivone, *The Inner Circle: Memoirs of Ivone Kirkpatrick* (Nova York, 1959).

Kisatsky, Deborah, *The United States and the European Right, 1945-1955* (Columbus, OH, 2005).

Kitchen, Martin, *A History of Modern Germany* (Malden, MA, 2006).

Kittel, Manfred, *Die Legende von der zweiten Schuld: Vergangenheitsbewältigung in der Ära Adenauer* (Berlim, 1993).

Kittel, Manfred, "Peripetie der Vergangenheitsbewältigung: Die Hakenkreuzschmierereien 1959/60 und das bundesdeutsche Verhältnis zum Nationalsozialismus", *Historisch-Politische Mitteilungen*, 1, 1994, pp. 49-67.

Klapp, Orrin E., *Inflation of Symbols: Loss of Values in American Culture* (Nova Brunswick, NJ, 1991).

Klemperer, Victor, *I Will Bear Witness: A Diary of the Nazi Years, 1933-1941* (Nova York, 1998).

______, *The Language of the Third Reich: LTI, Lingua Tertii Imperii: A Philologist's Notebook* (Londres, 2000).

______, *The Lesser Evil: The Diaries of Victor Klemperer, 1945-1959* (Londres, 2003).

Kleßmann, Christoph, *Die doppelte Staatsgründung: Deutsche Geschichte, 1945-1955* (Bonn, 1991).

Koch, Klaus, "Europabewusstsein und Danielrezeption zwischen 1648 und 1848", em Delgado *et al.*, orgs., *Europa, Tausendjähriges Reich und Neue Welt*, pp. 326-84.

Koch-Weser, Erich, *Hitler and Beyond: A German Testament* (Nova York, 1945).

Kogon, Eugen, *The Theory and Practice of Hell* (Nova York, 1964).

Kommunistiche Partei Deutschlands, *Viertes Reich fällt aus: Das Urteil des Bundes-Verfassungsgerichtes über die SRP* (Hilden, 1952).

König, Helmut, "Das Erbe der Diktatur: Der Nationalsozialismus im politischen Bewusstsein der Bundesrepublik", *Leviathan*, 2, 1996, pp. 163-80.

Koop, Volker, *Himmlers letztes Aufgebot* (Colônia, 2008).

Kosthorst, Daniel e Michael Feldkamp, *Akten zur Auswärtigen Politik der Bundesrepublik* (Munique, 1997).

Kotkin, Steven, *Stalin: Volume I, Paradoxes of Power, 1878-1928* (Nova York, 2014).

Kowalsky, Wolfgang e Wolfgang Schroeder, orgs., *Rechtsextremismus: Einführung und Forschungsbilanz* (Opladen, 1994).

Krier, Leon, *Albert Speer: Architecture, 1932-1942* (Nova York, 1985).

Kruse, Kevin M. e Stephen Tuck, orgs., *Fog of War: The Second World War and the Civil Rights Movement* (Nova York, 2012).

Kühnen, Michael, *Die Zweite Revolution* (1982).

Kulish, Nicholas e Souad Mekhennet, *The Eternal Nazi: From Mauthausen to Cairo, The Relentless Pursuit of SS Doctor Aribert Heim* (Nova York, 2014).

Kundnani, Hans, *Utopia or Auschwitz? Germany's 1968 Generation and the Holocaust* (Nova York, 2009).

Langkau-Alex, Ursula, org., *Dritter Band: Dokumente zur Geschichte des Ausschusses zur Vorbereitung einer deutschen Volksfront* (Berlim, 2005).

Lebor, Adam, *The Budapest Protocol* (Londres, 2011).

Lebow, Richard Ned, *Archduke Franz Ferdinand Lives! A World without World War I* (Nova York, 2014).

______, "Counterfactuals, History and Fiction", *Historical Social Research*, 2, 2009, p. 57.

______, *Forbidden Fruit* (Princeton, NJ, 2010).

Lee, Martin A., *The Beast Reawakens: Fascism's Resurgence from Hitler's Spymasters to Today* (Boston, 1997).

Lemons, Russell, *Goebbels and der Angriff* (Lexington, KY, 1994).

Lessner, Erwin, *Phantom Victory: A Fictional History of the Fourth Reich, 1945-1960* (Nova York, 1944).

Levin, Harry, *Memories of the Moderns* (Nova York, 1982).

Levin, Ira, *The Boys from Brazil* (Nova York, 1976).

Levsen, Sonja e Cornelius Torp, "Die Bundesrepublik und der Vergleich", em Levsen e Torp, orgs., *Wo liegt die Bundesrepublik?* pp. 9-28.

Levsen, Sonja e Cornelius Torp, orgs., *Wo liegt die Bundesrepublik? Vergleichende Perspektiven auf die Westdeutsche Geschichte* (Göttingen, 2016).

Lewis, Rand C., *A Nazi Legacy: Right-Wing Extremism in Postwar Germany* (Nova York, 1991).

______, *The Neo-Nazis and German Unification* (Westport, CT, 1996).

Lichtblau, Eric, *The Nazis Next Door: How America Became a Safe Haven for Hitler's Men* (Nova York, 2014).

Linklater, Magnus, Isabel Hilton e Neal Ascherson, *The Nazi Legacy: Klaus Barbie and the International Fascist Connection* (Nova York, 1985).

Lipstadt, Deborah, *Denying the Holocaust: The Growing Assault on Truth and Memory* (Nova York, 1993).

Livingston, Robert Gerald e Volkmar Sander, orgs., *The Future of German Democracy* (Nova York, 1993).

Loewenstein, Hubertus zu, *After Hitler's Fall: Germany's Coming Reich* (Londres, 1934).

Loftus, John, *The Belarus Secret* (Nova York, 1982).

Long, Wellington, *The New Nazis of Germany* (Filadélfia, 1968).

Lorenz, Karl, *Methodenlehre und Philosophie des Rechts in Geschichte und Gegenwart* (Berlim, 2010).

Loth, Wilfried e Bernd-A. Rusinek, "Einleitung", em Loth e Rusinek, orgs., *Verwandlungspolitik: NS-Eliten in der westdeutschen Nachkriegsgesellschaft*, pp. 7-11.

______, orgs., *Verwandlungspolitik:NS-Eliten in derwestdeutschenNachkriegsgesellschaft* (Frankfurt, 1998).

______, *Frankfurt on the Hudson: The German Jewish Community of Washington Heights, 1933-1983, Its Structure and Culture* (Detroit, 1989).

Lübbe, Hermann, "Der Nationalsozialismus im politischen Bewusstsein der Gegenwart", em Broszat, org., *Deutschlands Weg in die Diktatur*, pp. 329-49.

______, *Hermann Lübbe in Gespräch* (Munique, 2010).

Ludlum, Robert, *Apocalypse Watch* (Nova York, 1995).

______, *The Holcroft Covenant* (Nova York, 1978).

MacDonald, David B., *Thinking History, Fighting Evil: Neoconservatives and the Perils of Analogy in American Politics* (Lanham, MD, 2009).

Macdonald, Gina, *Robert Ludlum: A Critical Companion* (Westport, CT, 1997).

MacMillan, Catherine, "The Return of the Reich? A Gothic Tale of Germany and the Eurozone Crisis", *Journal of Contemporary European Studies*, 1, 2014, pp. 24-38.

Macrakis, Kristie, Thomas Wegener Friis e Helmut Müller-Enbergs, orgs., *East German Foreign Intelligence: Myth, Reality and Controversy* (Nova York, 2010).

Magilow, Daniel, Elizabeth Bridges e Kristin T. Van der Lugt, orgs., *Nazisploitation! The Nazi Image in Low-Brow Cinema and Culture* (Nova York, 2012).

Mahler, Horst, *Ehre Wahrheit Heimat* (2009).

Maier, Charles, *The Unmasterable Past: History, Holocaust, and German National Identity* (Cambridge, MA, 1988).

Manning, Paul, *Martin Bormann: Nazi in Exile* (Secaucus, NJ, 1981).

Marcus, Greil, *The Dustbin of History* (Cambridge, MA, 1995).

Markstein, George, *The Goering Testament* (Nova York, 1978).

Marrs, Jim, *The Rise of the Fourth Reich: The Secret Societies That Threaten to Take Over America* (Solon, OH, 2008).

Martin, Steve, *L.A. Story and Roxanne: Two Screenplays* (Nova York, 1997).

Mauch, Christof e Jeremiah Riemer, *The Shadow War Against Hitler: The Covert Operations of America's Wartime Secret Intelligence Service* (Nova York, 2002).

Maulucci, Jr., Thomas W., "Comparing the American Occupations of Germany and Iraq", *Yale Journal of International Affairs*, inverno de 2008, pp. 120-30.

McAleer, Kevin, *Dueling: The Cult of Honor in Fin-de-Siècle Germany* (Princeton, 2014).

McBride, Joseph, *Whatever Happened to Orson Welles? A Portrait of an Independent Career* (Lexington, KY, 2006).

McGilligan, Patrick, *Alfred Hitchcock: A Life in Darkness and Light* (Nova York, 2003).

McGowan, Lee, *The Radical Right in Germany: 1870 to the Present* (Londres, 2002).

Meade, Glenn, *Brandenburg* (Nova York, 1997).

Meding, Holger, *Der Weg: Eine deutsche Emigrantenzeitschrift in Buenos Aires, 1947-1957* (Berlim, 1997).

Meier, Christian, *Das Gebot zu vergessen und die Unabweisbarkeit des Erinnerns: Vom öffentlichen Umgang mit schlimmer Vergangenheit* (Munique, 2010).

Melchior, Ib, *Sleeper Agent* (Nova York, 1977).

______, *The Watchdogs of Abaddon* (Nova York, 1980).

Meskil, Paul, *Hitler's Heirs* (Nova York, 1961).

Messenger, David A. e Katrin Paehler, orgs., *A Nazi Past: Recasting German Identity in Postwar Europe* (Lexington, KY, 2015).

Michael, George, "The Ideological Evolution of Horst Mahler: The Far Left--Extreme Right Synthesis", *Studies in Conflict and Terrorism*, 32, 2009, pp. 346-66.

Michman, Dan., org., *Remembering the Holocaust in Germany, 1945-2000: German Strategies and Jewish Responses* (Nova York, 2002).

Middleton, Drew, *The Renazification of Germany* (Nova York, 1949).

Mihok, Brigitte, org., *Handbuch des Antisemitismus: Judenfeinschaft in Geschichte und Gegenwart: Band VI Publikationen* (Berlim, 2013).

Mill, John Stuart, *On Liberty* (Londres, 1864).

Miller, Moses, *Nazis Preferred: The Renazification of Western Germany* (Nova York, 1950).

Milliken, Jennifer, *The Social Construction of the Korean War: Conflict Possibilities* (Manchester, UK, 2001).

Minott, Rodney G., *The Fortress That Never Was: The Myth of Hitler's Bavarian Stronghold* (Nova York, 1964).

Mitchell, Arthur, *Understanding the Korean War: The Participants, the Tactics, and the Course* (Jefferson, NC, 2013).

Mitelberg, Louis, Walter Heynowski e Hans Picard, *Das Vierte Reich* (Berlim, 1955).

Mohler, Armin, *Die konservative Revolution in Deutschland 1918-1932: Ein Handbuch* (Graz, 1999).

Montagu, Ivor, *Germany's New Nazis* (Londres, 1967).

Morgan, Roger, *The United States and West Germany, 1945-1973: A Study in Alliance Politics* (Londres, 1974).

Morson, Gary Saul, *Narrative and Freedom: The Shadows of Time* (New Haven, 1994).

Moses, Dirk, *German Intellectuals and the Nazi Past* (Cambridge, UK, 2009).

Mühlberger, Detlef, *Hitler's Voice: The Völkische Beobachter, 1920-1933: Volume II, Nazi Ideology and Propaganda* (Berna, 2004).

Muhlen, Norbert, *The Return of Germany* (Berna, 1953).

Murphy, Brendan, *The Butcher of Lyon: The Story of Infamous Nazi Klaus Barbie* (Nova York, 1983).

Nagle, John David, *The National Democratic Party: Right Radicalism in the Federal Republic of Germany* (Berkeley, 1970).

Namier, Lewis, *Avenues of History* (Londres, 1952).

Naumann, Klaus, "Die neunziger Jahre, ein nervöses Jahrzehnt am Ende der Nachkriegszeit", em Heukenkamp, org., *Schuld und Sühne?*, pp. 801-11.

______, "Selbstanerkennung: Nach 40 Jahren Bundesrepublik: Anstöße zur Bewältigung einer 'Erfolgsgeschichte'", *Blätter 9*, 1988, pp. 1046-60.

Newton, Ronald, "The United States, the German-Argentines, and the Myth of the Fourth Reich, 1943-1947", *The Hispanic American Historical Review*, 1º de fevereiro de 1984, pp. 81-103.

Nicholls, A. J., *The Bonn Republic: West German Democracy 1945-1990* (Nova York, 1997).

Niven, Bill, *Facing the Nazi Past: United Germany and the Legacy of the Third Reich* (Londres, 2002).

Noethen, Stefan, "Pläne für das Vierte Reich: Der Widerstandskreis im Kölner Kettelerhaus 1941-1944", *Geschichte in Köln*, 39, 1996, pp. 51-73.

Novick, Peter, *That Noble Dream: The "Objectivity Question" and the American Historical Profession* (Cambridge, UK, 1989).

O'Brine, Manning, *No Earth for Foxes* (Nova York, 1976).

Olick, Jeff, *In the House of the Hangman: The Agonies of Germany Defeat, 1943-1949* (Chicago, 2005).

Pagden, Anthony, *The Enlightenment: And Why it Still Matters* (Nova York, 2013).

Palmer, R. Barton e David Boyd, orgs., *Hitchcock at the Source: The Auteur as Adapter* (Albany, 2011).

Papacosma, S. Victor e Mary Ann Heiss, orgs., *NATO in the Post-Cold War Era: Does It Have a Future?* (Nova York, 1995).

Patterson, Harry, *The Valhalla Exchange* (Greenwich, CT, 1977).

Pauwels, Jacques, *The Myth of the Good War: America in the Second World War* (Toronto, 2002).

Perels, Joachim, *Das juristische Erbe des Dritten Reiches* (Frankfurt, 1999).

Peterson, Edward, *The American Occupation of Germany: Retreat to Victory* (Detroit, 1977).

Peterson, Walter F., *The German Left-Liberal Press in Exile: Georg Bernhard and the Circle of Émigré Journalists around the Pariser Tageblatt-Pariser Tageszeitung, 1933-1940* (tese de doutorado, State University of New York at Buffalo, 1982).

Pettit, Mike, *The Axmann Agenda* (Nova York, 1980).

Pfeiffer, Thomas, "Avantgarde und Brücke", em Gessenharter e Pfeiffer, orgs., *Die neue Rechte – eine Gefahr für die Demokratie?*, pp. 51-69.

Phillips, Gene D., *Out of the Shadows: Expanding the Canon of Classic Film Noir* (Lanham, MD, 2012).

Pikart, Eberhard e Wolfram Werner, orgs., *Das Parlamentarische Rat, 1948-1949*, volume V (Boppard, 1993).

Pinson, Koppel e Klaus Epstein, *Modern Germany: Its History and Civilization* (Nova York, 1966).

Popp, Valerie, *Aber hier war alles anders...; Amerikabilder der deutschsprachigen Exilliteratur nach 1939 in den USA* (Würzburg, 2008).

Posner, Gerald, *Case Closed: Lee Harvey Oswald and the Assassination of JFK* (Nova York, 2003).

______, *Mengele: The Complete Story* (Nova York, 1986).

Prittie, Terence, *Germany Divided: The Legacy of the Nazi Era* (Nova York, 1960).

Pulzer, Peter, *German Politics, 1945-1995* (Oxford, 1995).

Rauschning, Hermann, *The Conservative Revolution* (Nova York, 1941).

Ray, David, *The End of the Fourth Reich: A Rat Catcher's Adventure* (Londres, 1966).

Reading, Brian, *The Fourth Reich* (Londres, 1995).

Redles, David, *Hitler's Millennial Reich: Apocalyptic Belief and the Search for Salvation* (Nova York, 2005).

______, "Nazi End Times: The Third Reich as Millennial Reich", em Kinane e Ryan, orgs., *End of Days*, pp. 173-96.

Reed, Douglas, *Nemesis? The Story of Otto Strasser and the Black Front* (Boston, 1940).

Rempel, Gerhard, *Hitler's Children: The Hitler Youth and the SS* (Chapel Hill, NC, 1990).

Richards, Rashna Wadia, *Cinematic Flashes: Cinephilia and Classical Hollywood* (Bloomington, IN, 2013).

Riess, Curt, *The Nazis Go Underground* (Nova York, 1944).

Ringer, Fritz, "Max Weber on Causal Analysis, Interpretation and Comparison", *History and Theory*, maio de 2002, pp. 163-78.

Ritter, Gerhard, *The German Problem: Basic Questions of German Political Life, Past and Present* (1965).

Robin, Corey, *Fear: The History of a Political Idea* (Nova York, 2004).

Rödder, Andreas, "Das 'Modell Deutschland' zwischen Erfolgsgeschichte und Verfallsdiagnose", *Vierteljahrshefte für Zeitgeschichte*, 3, 2006, pp. 345-63.

Roeder, Manfred, *Ein Kampf um's Reich* (Schwarzenborn, 1979).

Rogers, Daniel E., *Politics after Hitler: The Western Allies and the German Party System* (Nova York, 1995).

Rosenberg, Alfred, *The Myth of the Twentieth Century* (Ostara, 2000).

Rosenberg, Emily, "'Foreign Affairs' After World War II: Connecting Sexual and International Politics", *Diplomatic History*, janeiro de 1994, pp. 59-70.

Rosenfeld, Gavriel D., *Hi Hitler! How the Nazi Past Is Being Normalized in Contemporary Culture* (Cambridge, UK, 2015).

______, "The Reception of William L. Shirer's The Rise and Fall of the Third Reich in the United States and West Germany, 1960-1962", *Journal of Contemporary History*, janeiro de 1994, pp. 95-129.

______, "The Ways We Wonder 'What If? Towards a Typology of Historical Counterfactuals'", *The Journal of the Philosophy of History*, 3, 2016, pp. 382-411.

Rudolph, Hermann, org., *Den Staat denken: Theodor Eschenburg zum Fünfundachtzigsten* (Stuttgart, 1989).

Russell, Lord, *Return of the Swastika?* (Nova York, 1969).

______, *The Scourge of the Swastika* (Londres, 1954).

Ryan, Jr., Allan A., *Klaus Barbie and the United States Government: A Report to the Attorney General of the United States* (Washington, DC, agosto de 1983).

______, *Quiet Neighbors: Prosecuting Nazi War Criminals in America* (Nova York, 1984).

Saña, Heleno, *Das vierte Reich: Deutschlands später Sieg* (Hamburgo, 1990).

Sander, Hans-Dietrich, *Der nationale Imperativ: Ideengänge und Werkstücke zur Wiederherstellung Deutschlands* (Essen, 1990).

Sander, Hans-Dietrich e Jürgen Maass, *Im Banne der Reichsrenaissance* (Kiel, 2011).

Schaber, Will, org., *Thinker versus Junker* (Nova York, 1941).

Schildt, Axel, *Ankunft im Westen: Ein Essay zur Erfolgsgeschichte der Bundesrepublik* (Frankfurt, 1999).

Schissler, Hannah, *The Miracle Years: A Cultural History of West Germany, 1949-1968* (Princeton, 2000).

Schletter, Christian, *Grabgesang der Demokratie: Die Debatten über das Scheitern der bundesdeutschen Demokratie von 1965 bis 1985* (Göttingen, 2015).

Schlosser, Hans Dieter, *"Es wird zwei Deutschlands geben": Zeitgeschichte und Sprache in Nachkriegsdeutschland 1945-1949* (Frankfurt, 2005).

Schmidt, Helmut e Fritz Stern, *Unser Jahrhundert: Ein Gespräch* (Munique, 2010).

Schmidt, Peer e Gregor Weber, orgs., *Traum und res publica: Traumkulturen und Deutungen sozialer Wirklichkeiten in Europa von Renaissance und Barock* (Berlim, 2008).

Schmitz-Berning, Claudia, *Vokabular des Nationalsozialismus* (Berlim, 1998).

Schneppen, Heinz, *Odessa und das Vierte Reich: Mythen der Zeitgeschichte* (Berlim, 2007).

Scholtyseck, Joachim, *Robert Bosch und der liberale Widerstand gegen Hitler 1933 bis 1945* (Munique, 1999).

Scholz, Michael F., "Active Measures and Disinformation as Part of East Germany's Propaganda War, 1953-1972", em Macrakis, Friis e Müller-Enbergs, orgs., *East German Foreign Intelligence*, pp. 113-34.

Schrafstetter, Susanna, "Siegfried Zoglmann, His Circle of Writers, and the Naumann Affair", em Messenger e Paehler, orgs., *A Nazi Past*, pp. 113-38.

Schwarz, Hans-Peter, *Die Ära Adenauer: Gründerjahre der Republik, 1949-1957* (Stuttgart, 1981).

______, "Die ausgebliebene Katastrophe: Eine Problemskizze zur Geschichte der Bundesrepublik", em Rudolph, org., *Den Staat denken*, p. 151.

Schwarz, Michael, *Vertriebene und "Umsiedlerpolitik"* (Munique, 2004).

Seaman, L. C. B., *Post-Victorian Britain 1902-1951* (Londres, 1966).

Seidel, Carlos Collado, *Angst vor dem "Vierten Reich": Die Allierten und die Ausschaltung des deutschen Einflusses in Spanien, 1944-1958* (Paderborn, 2001).

Seitenbecher, Manuel, *Mahler, Maschke, & Co.: Rechtes Denken in der 68er-Bewegung?* (Schöning, 2013).

Selby, Scott, *The Axmann Conspiracy: The Nazi Plan for a Fourth Reich and How the U.S. Army Defeated it* (Nova York, 2012).

Sereny, Gitta, *Into That Darkness: From Mercy Killing to Mass Murder, a Study of Franz Stangl, the Commandant of Treblinka* (Nova York, 1974).

Shirer, William L., *The Rise and Fall of the Third Reich* (Nova York, 1960).

Shulmansacro império roman, Charles, *Europe's Conscience in Decline* (Chicago, 1939).

Simonelli, Frederick J., *American Fuehrer: George Lincoln Rockwell and the American Nazi Party* (Urbana, IL, 1999).

______, "The World Union of National Socialists and Postwar Transatlantic Nazi Revival", em Kaplan e Bjørgo, orgs., *Nation and Race*, pp. 34-57.

Simpson, Christopher, *Blowback: America's Recruitment of Nazis and Its Effects on the Cold War* (Nova York, 1988).

Slesar, Henry, "The Rise and Fall of the Fourth Reich", *The Magazine of Fantasy and Science Fiction*, agosto de 1975, pp. 63-75.

Small, Melvin, *Antiwarriors: The Vietnam War and the Battle for America's Hearts and Minds* (Wilmington, DE, 2002).

Sontag, Susan, "Fascinating Fascism", em Sontag, org., *Under the Sign of Saturn*, pp. 73-105.

______, org., *Under the Sign of Saturn* (Nova York, 1980).

Speit, Andreas, org., *Reichsbürger: Die unterschätzte Gefahr* (Berlim, 2017).

Stahl, Daniel, *Nazi-Jagd: Südamerikas Diktaturen und die Ahndung von NS-Verbrechen* (Göttingen, 2013).

Standley, Fred L. e Louis H. Pratt, orgs., *Conversations with James Baldwin* (Jackson, MS, 1989).

Stangneth, Bettina, *Eichmann Before Jerusalem* (Nova York, 2014).

Starr, Kevin, *The Dream Endures: California Enters the 1940s* (Nova York, 1997).

Stein, Ben, *The Croesus Conspiracy* (Nova York, 1979).

Steinacher, Gerald, *Nazis on the Run: How Hitler's Henchmen Fled Justice* (Oxford, 2011).

Stephan, Pierre, *Thomas Harlan: Das Gesicht deines Feindes: Ein deutsches Leben* (Berlim, 2007).

Stern, Fritz, *The Politics of Cultural Despair: A Study in the Rise of the Germanic Ideology* (Berkeley, 1961).

Sternberger, Dolf, *Dreizehn politische Radio Reden* (Heidelberg, 1947).

Stevenson, William, *The Bormann Brotherhood* (Nova York, 1973).

Stone, Dan, *The Oxford Handbook of Postwar European History* (Oxford, 2012).

Stöss, Richard, *Die extreme Rechte in der Bundesrepublik: Entwicklung – Ursachen – Gegenmaßnahmen* (Opladen, 1989).

Strasser, Otto, *Deutschlands Erneuerung* (Buenos Aires, 1946).

______, *Germany Tomorrow* (Londres, 1940).

______, *Hitler and I* (Boston, 1940).

Sugrue, Thomas, "Hillburn, Hattiesburg, and Hitler: Wartime Activists Think Globally and Act Locally", em Kruse e Tuck, orgs., *Fog of War*, pp. 87-102.

Tannen, Deborah, Heidi E. Hamilton e Deborah Schiffrin, orgs., *The Handbook of Discourse Analysis* (Oxford, 2015).

Tauber, K. P., *Beyond Eagle and Swastika* (Middletown, CT, 1967).

Taylor, Frederick, *Exorcising Hitler: The Occupation and Denazification of Germany* (Nova York, 2011).

Taylor, Geoff, *Court of Honor* (Nova York, 1967).

Tent, James F., *Mission on the Rhine: Reeducation and Denazification in American-Occupied Germany* (Chicago, 1982).

Tetens, T. H., *Germany Plots with the Kremlin* (Nova York, 1953).

______, *The New Germany and the Old Nazis* (Nova York, 1961).

Tetlock, Philip E., Richard Ned Lebow e Geoffrey Parker, orgs., *Unmaking the West: "What-If?" Scenarios That Rewrite World History* (Ann Arbor, MI, 2006).

Tooze, Adam, "Reassessing the Moral Economy of Post-War Reconstruction: The Terms of the West German Settlement in 1952", *Past and Present*, 2011, pp. 47-70.

Trevor-Roper, Hugh, *History and Imagination* (Oxford, 1980).

Trittel, Günter J., "Die Sozialistische Reichspartei als Niedersächsische Regionalpartei", em Weisbrod, org., *Rechtsradikalismus in der politischen Kultur der Nachkriegszeit*, pp. 67-85.

______, *"Man kann ein Ideal nicht verraten..." Werner Naumann – NS-Ideologie und politische Praxis in der frühen Bundesrepublik* (Göttingen, 2013).

Tucker, Aviezer, org., *A Companion to the Philosophy of History and Historiography* (Chichester, 2009).

Tucker, Jonathan B., org., *Toxic Terror: Assessing Terrorist Use of Chemical and Biological Weapons* (Cambridge, MA, 2000).

Departamento de Estado dos Estados Unidos, *Blue Book on Argentina: Consultation Among the American Republics with Respect to the Argentine Situation* (Nova York, 1946).

______, *Foreign Relations of the United States, Diplomatic Papers, 1945: European Advisory Commission, Austria, Germany,* volume III (Washington, DC, 1945).

van Dijk, Ruud, "The 1952 Stalin Note Debate: Myth of Missed Opportunity for German Unification?", *Working Paper No. 14, Woodrow Wilson International Center for Scholars*, maio de 1996.

van Dijk, Teun A., "Critical Discourse Analysis", Tannen *et al.*, orgs., *The Handbook of Discourse Analysis*, pp. 466-85.

van Emsen, Kurt, *Adolf Hitler und die Kommenden* (Leipzig, 1932).

van Laak, Dirk, "'Nach dem Sturm schlägt man auf die Barometer ein...' Rechtsintellektuelle Reaktionen auf das Ende des 'Dritten Reiches'", *WerkstattGeschichte*, 17, 1997, pp. 25-44.

van Rjndt, Philippe, *The Trial of Adolf Hitler* (Nova York, 1978).

Vials, Chris, *Haunted By Hitler: Liberals, the Left, and the Fight against Fascism in the United States* (Amherst, MA, 2014).

Virchow, Fabian e Christian Dornbusch, orgs., *88 Fragen und Antworten zur NPD* (Schwalbach, 2008).

Vollmer, Bernhard, *Volksopposition im Polizeistaat: Gestapo- und Regierungsberichte, 1934-1936* (Stuttgart, 1957).

Von Hodenberg, Christina, "Of German Fräuleins, Nazi Werewolves, and Iraqi Insurgents: The American Fascination with Hitler's Last Foray", *Central European History*, 41, 2008, pp. 71-92.

Von Miquel, Marc, *Ahnden oder amnestieren?: Westdeutsche Justiz und Vergangenheitspolitik in den sechziger Jahren* (Göttingen, 2004).

Waldeck, R. G., *Meet Mr. Blank: The Leader of Tomorrow's Germans* (Nova York, 1943).

Walters, Guy, *Hunting Evil: The Nazi War Criminals Who Escaped and the Quest to Bring Them to Justice* (Nova York, 2010).

Ward, James J., "'This is Germany! It's 1933!' Appropriations and Constructions of 'Fascism' in New York Punk/Hardcore in the 1980s", *Journal of Popular Culture*, inverno de 1996, pp. 155-84.

Weber, Jürgen, *Germany, 1945-1990: A Parallel History* (Budapeste, 2004).

Weber, Wolfgang E. J., "...oder Daniel würde zum Lügner, das ist nicht möglich: Zur Deutung des Traums des Nebukadnezar im frühneuzeitlichen Reich", em Schmidt e Weber, orgs., *Traum und res publica*, pp. 203-26.

Wedemeyer-Kolwe, Bernd, *"Der neue Mensch": Körperkultur im Kaiserreich und in der Weimarer Republik* (Würzburg, 2004).

Weinberg, Gerhard, "Who Won World War II and How?" em Hixson, org., *The American Experience in World War II*, volume XII, pp. 1-13.

Weiner, Robert G., org., *Captain America and the Struggle of the Superhero: Critical Essays* (Jefferson, NC, 2009).

Weisbrod, Bernd, "Einleitung", em Weisbrod, org., *Rechtsradikalismus in der politischen Kultur der Nachkriegszeit*, pp. 7-18.

______, org., *Rechtsradikalismus in der politischen Kultur der Nachkriegszeit: Die verzögerte Normalisierung in Niedersachsen* (Hanover, 1995).

Wenzlhuemer, Roland, "Counterfactual Thinking as Scientific Method", *Historical Social Research*, 2, 2009, pp. 27-54.

Werner, Wolfram, org., *Das Parlamentarische Rat, 1948-1949*, volume IX (Munique, 1996).

Wetzel, Juliane, "Der parteipolitische Rechtsextremismus", em Kowalsky e Schroeder, orgs., *Rechtsextremismus*, pp. 89-102.

Wiesenthal, Simon, *The Murderers Among Us* (Nova York, 1967).

Wilson, John, "Political Discourse", em Tannen *et al.*, orgs., *The Handbook of Discourse Analysis*, pp. 775-94.

Winkler, Heinrich August, *Germany: The Long Road West: Volume II, 1933-1990* (Nova York, 2007).

Wittlinger, Ruth e Steffi Boothroyd, "A 'Usable' Past at Last? The Politics of the Past in United Germany", *German Studies Review*, outubro de 2010, pp. 489-502.

Wolfrum, Edgar, *Die geglückte Demokratie: Geschichte der Bundesrepublik Deutschland von ihren Anfängen bis zur Gegenwart* (Munique, 2006).

______, *Geschichte als Waffe: Vom Kaiserreich bis zur Wiedervereinigung* (Göttingen, 2001).

Wolle, Stefan, *Der Traum von der Revolte: Die DDR 1968* (Berlim, 2008).

Würffel, Stefan Bodo, "Reichs-Traum und Reichs-Trauma: Danielmotive in deutscher Sicht", em Delgado *et al.*, orgs., *Europa, Tausendjähriges Reich und Neue Welt*, pp. 407-11.

Wyden, Peter, *The Hitler Virus: The Insidious Legacy of Adolf Hitler* (Nova York, 2001).

Yeadon, Glen, *The Nazi Hydra in America: Suppressed History of a Century – Wall Street and the Rise of the Fourth Reich* (Joshua Tree, CA, 2008).

Zamoyski, Adam, *Phantom Terror: Political Paranoia and the Creation of the Modern State, 1789-1848* (Nova York, 2015).

Zentner, Christian e Friedemann Bedürftig, *Das Grosse Lexikon des Dritten Reiches* (Munique, 1985).

Ziemke, Earl Frederick, *The U.S. Army in the Occupation of Germany: 1944-1946* (Washington, DC, 1975).

Zink, Harold, *The United States in Germany* (Princeton, 1957).

ÍNDICE REMISSIVO

Números em itálico são referentes ao caderno de fotos

Figura 1.1 Esse cartaz, produzido pelo Partido Social-Democrata (SPD) nas eleições de 1932 para o *Reichstag* alemão, previa que, em um Terceiro Reich, a Alemanha se tornaria um imenso cemitério repleto de lápides (Fonte: Landes-Archiv Baden-Württemberg).

Figura 1.2 As raízes da ideia do Quarto Reich remontam ao Livro de Daniel, que previa a ascensão e queda de quatro reinos mundiais (*Reiche*, em alemão). Essa estampa de cerca de 1750 retrata a pujança do domínio real, feito de quatro metais e cercado por quatro animais místicos retratando os quatro reinos mundiais. No canto superior direito, uma enorme rocha enviada por Deus cai das alturas para derrubar o domínio humano pela ação da justiça divina. (Fonte: Fine Art Images/AGB Photo Library)

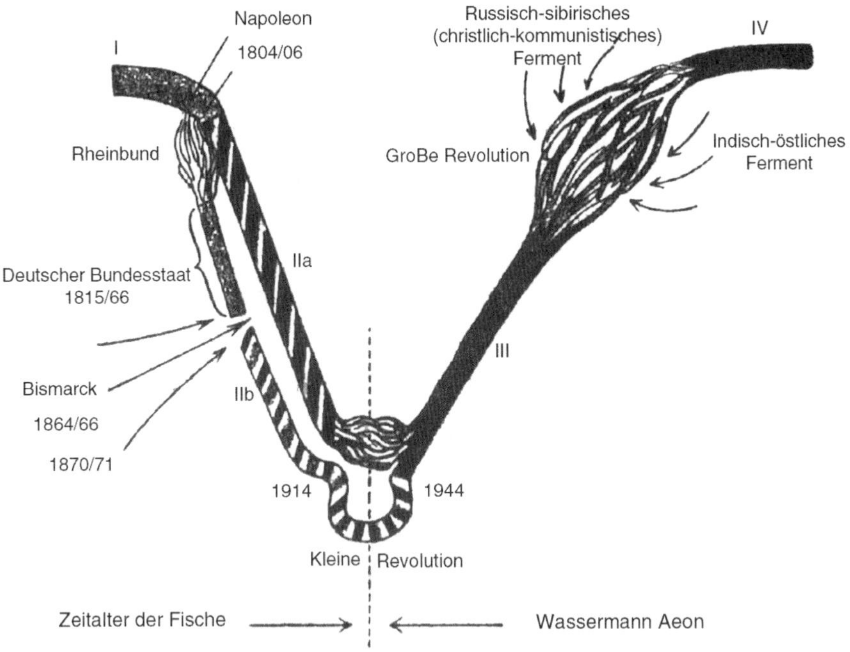

I. Römisches Reich deutscher Nation.

IIa. Das alpen- und sudentendeutsche II. Reich (Österreichisch-ungarische Monarchie).

IIb. Das Bismarcksche II. Reich.

II./III. Kleine Revolution.

III. Das III. Reich.

III./IV. GroBe Revolution.

IV. Das IV. Reich.

Figur VII. Deutschland in der Welten-Wende.

Figura 1.3 O livro de Kurt van Emsen, de 1932, *Adolf Hitler und die Kommenden* [*Adolf Hitler e Aqueles Que Ainda Estão por Vir*], profetizava, em termos místicos, um Quarto Reich. Este diagrama biomórfico, intitulado "Alemanha em Transição no Mundo" (p. 129), retrata a evolução da Alemanha através de quatro fases de existência: "I) o Sacro Império Romano-Germânico da Nação Alemã; II a) o Segundo Império Alpino e Sudeto-Alemão (Monarquia Austro-Húngara); II b) o Segundo Império Bismarckiano (revolução breve); III) o Terceiro Reich (grande revolução); IV) o Quarto Reich".

Figura 1.4 Otto Strasser rompeu com o Partido Nazista em 1930 para formar o movimento dissidente da "Frente Negra", que ele esperava que expulsasse Hitler do poder e criasse um novo Reich alemão (Fonte: Photo Scala, Florence/ bpk, Bildagentur fuer Kunst, Kultur und Geschichte, Berlim).

Figura 1.5 O romance de 1944, *Phantom Victory*, do escritor austríaco Erwin Lessner, exerceu influência na associação do Quarto Reich à perspectiva apavorante de um retorno dos nazistas ao poder (Fonte: Random House).

Figura 2.1 Em 1944, Heinrich Himmler (esquerda) encarregou o *SS-Obergruppenführer* Hans-Adolf Prützmann (direita) de montar unidades "*Werwolf*" de guerrilha para combater os Aliados (Fonte: United States Holocaust Memorial Museum, cortesia do American Jewish Joint Distribution Committee).

Figura 2.2 *SS-Hauptsturmführer* e ex-chefe da Gestapo de Lyon, Klaus Barbie tomou parte na fracassada rebelião do *Deutsche Revolution*, que as forças aliadas desbarataram na "Operação Comitê de Seleção" em fevereiro de 1947 (Fonte: TopFoto/AGB Photo Library).

Figura 2.3 O filme de 1946 de Orson Welles, *O Estranho* (*The Stranger*), traça o perfil de um investigador dos Aliados para os crimes de guerra tentando rastrear um criminoso de guerra nazista que mudou de identidade e se escondeu na área rural de Connecticut (Fonte: Wikimedia Commons).

Figura 2.4 O filme britânico *Bloqueado pela Neve* (*Snowbound*, 1948) mostra um ex-agente nazista da Gestapo, em uma pousada italiana de esquiadores abandonada, tentando recuperar ouro roubado para bancar a criação de um Quarto Reich.

Figura 2.5 Em seu diário pós-guerra, o professor de literatura de Dresden, Victor Klemperer, identificou uma nova "linguagem do Quarto Reich" (uma "LQI", ou "*lingua quarti imperii*") (Fonte: Fotoreport Aufbau Verlag/picture-alliance/dpa/AGB Photo Library).

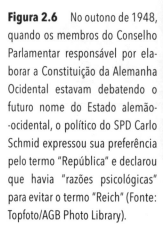

Figura 2.6 No outono de 1948, quando os membros do Conselho Parlamentar responsável por elaborar a Constituição da Alemanha Ocidental estavam debatendo o futuro nome do Estado alemão-ocidental, o político do SPD Carlo Schmid expressou sua preferência pelo termo "República" e declarou que havia "razões psicológicas" para evitar o termo "Reich" (Fonte: Topfoto/AGB Photo Library).

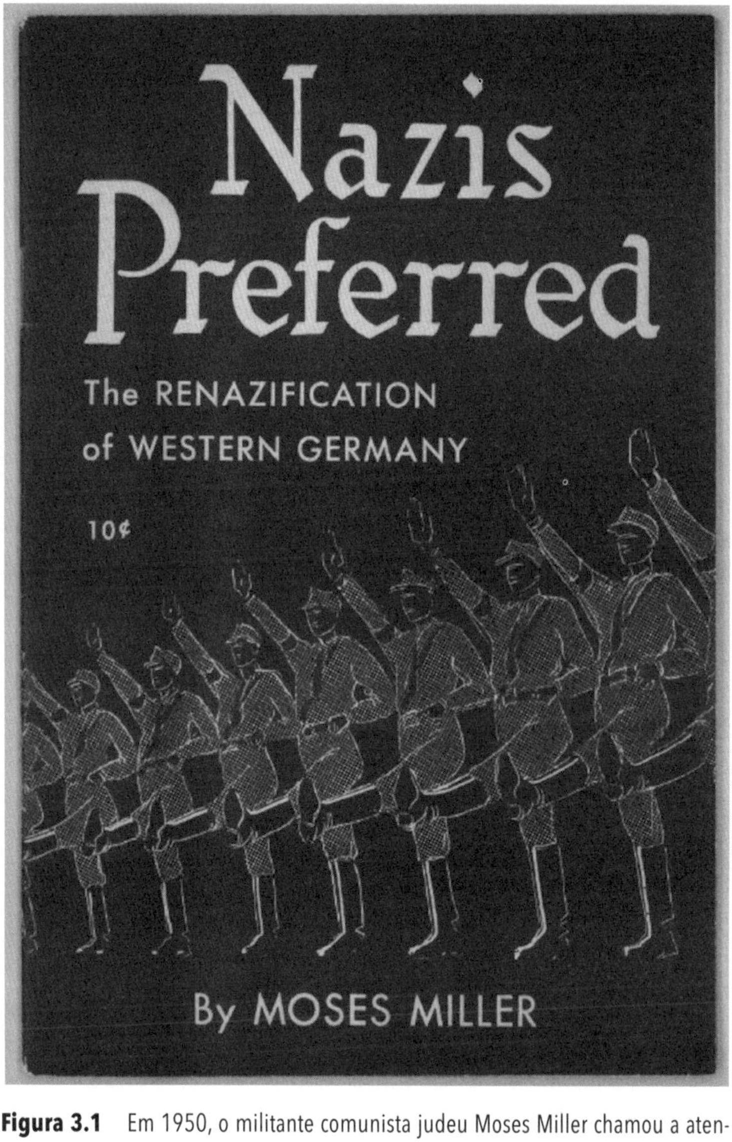

Figura 3.1 Em 1950, o militante comunista judeu Moses Miller chamou a atenção para o problema da "renazificação" com seu panfleto *Nazis Preferred*.

Figura 3.2 Nos anos 1950-1952, o general da *Wehrmacht* e nazista inveterado Otto Ernst Remer tornou-se um dos representantes mais carismáticos do Partido Socialista do Reich (SRP), de extrema-direita (Fonte: TopFoto/AGB Photo Library).

Figura 3.3 Em 1955, uma editora alemã-oriental publicou a antologia do artista comunista francês Louis Mitelberg com charges políticas contra a Alemanha Ocidental e o título *The Fourth Reich* [O Quarto Reich]. Na capa, o chanceler Konrad Adenauer, da Alemanha Ocidental, é retratado tocando calmamente uma harpa feita com arame farpado.

Figure 3.4 Nos anos 1950, o chanceler Konrad Adenauer, da Alemanha Ocidental, aprovou um generoso programa de anistia para integrar ex-nazistas na sociedade alemã do pós-guerra sob a condição de que prometessem lealdade à ordem democrática. Continua em debate se havia ou não alternativas a esse compromisso (Fonte: TopFoto/AGB Photo Library).

Figura 4.1 No dia do Natal de 1959, na cidade de Colônia, Alemanha, elementos desconhecidos pintaram suásticas com tinha preta e a expressão "Fora Judeus" no exterior da sinagoga da cidade, há pouco restaurada (Fonte: Keystone Press/Alamy Stock Pho).

Figura 4.2 Em 1963, o livro do jornalista Charles Allen, *Heusinger of the Fourth Reich* [Heusinger do Quarto Reich], expôs o passado nazista do chefe da *Bundeswehr* da Alemanha Ocidental e presidente do comitê militar da OTAN, general Adolf Heusinger.

Figura 4.3 Em 1958, o notório antissemita e segregacionista George Lincoln Rockwell fundou o Partido Nazista Americano (ANP) e reintroduziu ideias nazistas nos Estados Unidos. Essa imagem mostra Rockwell marchando com apoiadores em 1967 (Fonte: Underwood Archives/Agefotostock/AGB Photo Library).

Figura 4.4 Durante a guerra do Vietnã, esse cartaz atacou o Presidente Lyndon B. Johnson. Ele era mostrado sentado num Fusca da Volkswagen (originalmente projetado com o *slogan* "Energia com o Carro da Alegria" pela Frente Alemã para o Trabalho, de Hitler, na década de 1930) com a legenda: "A Ascensão e Queda do Quarto Reich" (Fonte: Digital Image Whitney Museum of American Art / Licenciado por Scala).
Legenda do cartaz: A Ascensão e Queda do Quarto Reich

Figura 4.5 A fotomontagem que apareceu na capa do álbum *The Fourth Reich: The Communazis Exposed* [O Quarto Reich: Os Comunazis Expostos] revelou como críticos de direita procuravam retratar o radicalismo de esquerda dos anos 1960 como de inspiração "nazista". Observe o símbolo de paz na letra "o" de "Fourth".

Figura 5.1 Em seu livro *Os Assassinos Entre Nós* (*The Murderers Among Us*, 1967), o sobrevivente do Holocausto e caçador de nazistas Simon Wiesenthal declarou que uma organização secreta de fugitivos nazistas, chamada ODESSA, estava empenhada em criar um Quarto Reich (Fonte: TopFoto/AGB Photo Library).

Figura 5.2 No final dos anos 1960 e início da década de 1970, havia rumores muito difundidos de que o ex-secretário de Hitler e o *Reichsleiter* Martin Bormann estava vivendo na América do Sul e planejando estabelecer um Quarto Reich (Fonte: Heritage-Images/TopFoto/AGB Photo Library).

Figura 5.3 Juntamente com outros nazistas associados à revista argentina *Der Weg*, de direita, o ex-oficial da SS e criminoso de guerra Adolf Eichmann estava empenhado em substituir, nos anos 1950, o governo de Adenauer por um Reich nazista restaurado (Fonte: World History Archive/TopFoto/AGB Photo Library).

Figura 5.4 A versão cinematográfica do romance de sucesso de Frederick Forsyth, *O Dossiê Odessa*, de 1972, estrelado por Jon Voight, que tenta frustrar uma campanha de terror global organizada pelo ex-membro da SS e criminoso de guerra procurado Eduard Roschmann (Fonte: DOSSIER ODESSA (1974-Aff. US) 01 – Collection christophel/AGB Photo Library).

Figura 5.5 A versão cinematográfica do romance de 1976 de Ira Levin, *Os Meninos do Brasil*, retratava o notório médico nazista Josef Mengele tentando estabelecer um Quarto Reich com a ajuda de clones de Hitler (Fonte: Ronald Grant/TopFoto/AGB Photo Library).

Figura 5.6 Nesta cena da versão cinematográfica do romance de 1965 de Adam Hall, *A Morte não Manda Aviso*, o agente especial britânico Quiller (George Segal) se vê capturado por uma célula de ex-nazistas comandada por "Oktober" (Max von Sydow), que se infiltrou no governo da Alemanha Ocidental (Fonte: Collection christophel/AGB Photo Library).

Figura 6.1 Nos anos 1970, Manfred Roeder foi um dos primeiros líderes da Nova Direita alemã a pedir o ressurgimento do Reich alemão. Ele popularizou a ideia de que a República Federal era ilegítima porque o Reich não desapareceu em 1945. Roeder se voltou para o terrorismo nos anos 1980 e, mais tarde, gravitou para o NPD (Fonte: Bernd Wüstneck/picture-alliance/ZB /AGB Photo Library).

Figura 6.2 O líder neonazista Michael Kühnen (no meio) criou uma variedade de organizações de direita nos anos 1980 e pediu abertamente um Quarto Reich em seu manifesto de 1982, *Die zweite Revolution* [A Segunda Revolução]. (Fonte: Von Meyerhoff/picture-alliance/dpa/AGB Photo Library).

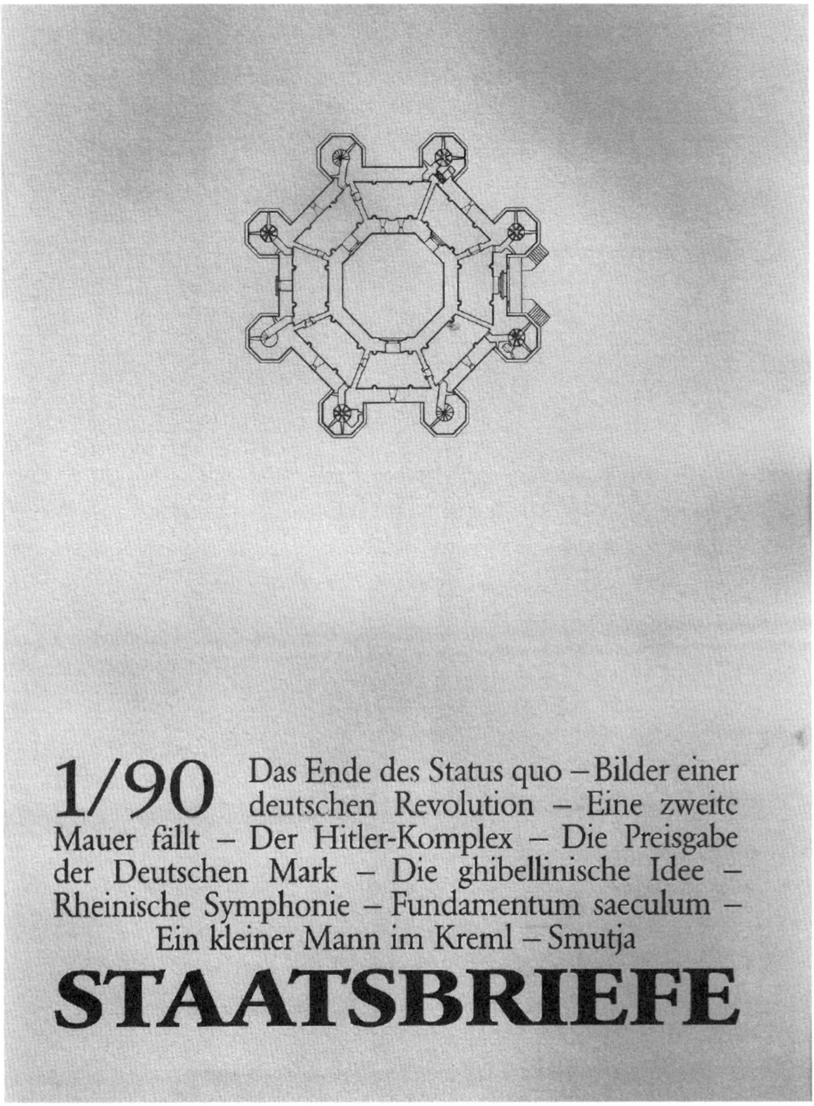
1/90 Das Ende des Status quo – Bilder einer deutschen Revolution – Eine zweite Mauer fällt – Der Hitler-Komplex – Die Preisgabe der Deutschen Mark – Die ghibellinische Idee – Rheinische Symphonie – Fundamentum saeculum – Ein kleiner Mann im Kreml – Smutja
STAATSBRIEFE

Figura 6.3 Nos anos 1990, o intelectual de direita Hans-Dietrich Sander deu início à publicação de sua influente revista, *Staatsbriefe*, que com frequência pedia um Quarto Reich. Na capa do primeiro número pode ser visto um diagrama do Castel del Monte do século XIII, construído pelo imperador Hohenstaufen Friedrich II, que Sander elogiou em seu ensaio "O Plano de Ghibellini".

Figura 6.4 A Bandeira do "Quarto Reich", desenhada pelo participante da resistência antinazista alemã Josef Wirmer em 1943-1944, apresenta uma Cruz Nórdica com o esquema de cores preto, vermelho e amarelo da bandeira da Alemanha de Weimar. O ativista de direita Reinhold Oberlercher apropriou-se dela para servir como bandeira da "resistência" de seu futuro Quarto Reich e a incluiu no *banner* do *site* do *Deutsches Kolleg*. (Fonte: WikimediaCommons).

Figura 6.5 Horst Mahler foi o mais radical defensor direitista de um Quarto Reich após a unificação alemã, combinando sua demanda pela derrubada do governo alemão com o apoio ao antissemitismo e à negação do Holocausto (Fonte: Von Meyerhoff/picture-alliance/dpa/AGB Photo Library).

Figura 6.6 Em anos recentes, alemães de direita, como os da organização anti-imigrante e antimuçulmana Europeus Patriotas Contra a Islamização do Ocidente (*Patriotische Europäer gegen die Islamierung des Abendlandes* – PEGIDA), ostentaram a bandeira do "Quarto Reich" – desenhada em 1943-1944 pelo ativista Josef Wirmer, da resistência antinazista – para protestar contra as políticas da chanceler Angela Merkel (Fonte: Marcus Golejewski/Geisler-Fotopress/picture alliance/Geisler--Fotopress /AGB Photo Library).

Figura 6.7 Desde 2012, manifestantes gregos protestaram contra as políticas alemães de austeridade com *slogans* evocando o passado nazista. Nesse protesto de maio de 2017, em Atenas, participantes levantaram uma faixa que dizia: "Terceiro Reich – Tanques; Quarto Reich – Bancos" (Fonte: Ton Koene/Agefotostock/AGB Photo Library).